西方传统 经典与解释

Classici et commentarii

HERMES

HERMES

在古希腊神话中，赫耳墨斯是宙斯和迈亚的儿子，奥林波斯神们的信使，道路与边界之神，睡眠与梦想之神，亡灵的引导者，演说者、商人、小偷、旅者和牧人的保护神……

西方传统 经典与解释
Classici et commentarii

HERMES

古典学丛编

刘小枫 ● 主编

图斯库路姆论辩集

Tusculanae disputationes

［古罗马］玛尔库斯·图珥利乌斯·西塞罗 ● 著

顾枝鹰 ● 译注

华东师范大学出版社
·上海·

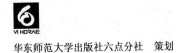

华东师范大学出版社六点分社　策划

本书为国家社会科学基金重大项目"《牛津古典大辞典》中文版翻译"（项目批准号：17ZDA320）的阶段成果

"古典学丛编" 出版说明

近百年来，我国学界先后引进了西方现代文教的几乎所有各类学科——之所以说"几乎"，是我们迄今尚未引进西方现代文教中的古典学。原因似乎不难理解：我们需要引进的是自己没有的东西——我国文教传统源远流长一以贯之，并无"古典学问"与"现代学问"之分，其历史延续性和完整性，西方文教传统实难比拟。然而，清末废除科举制施行新学之后，我国文教传统被迫面临"古典学问"与"现代学问"的切割，从而有了现代意义上的"古今之争"。既然西方的现代性已然成了我们自己的现代性，如何对待已然变成"古典"的传统文教经典同样成了我们的问题。在这一历史背景下，我们实有必要深入认识在西方现代文教制度中已有近三百年历史的古典学——这一与哲学、文学、史学并立的一级学科。

认识西方的古典学，为的是应对我们自己所面临的现代文教问题，即能否化解、如何化解西方现代文明的挑战。西方的古典学乃现代文教制度的产物，带有难以抹去的现代学问品质。如果我们要建设自己的古典学，就不可唯西方的古典学传统是从，而应该建设有中国特色的古典学：恢复古传文教经典在百年前尚且一以贯之地具有的现实教化作用。深入了解西方古典学的来龙去脉及其内在问题，有助于获得前车之鉴：古典学为何自娱于"钻故纸堆"，与现代问题了不相干？认识西方古典学的成败得失，有助于我们体会到，要成为一个真正的学人，必经之途仍然是研习古传经典。中国的古典学理应是我们已然后现代化了的文教制度的基础——学习古传经典将带给我们的是通透的生活感觉、审慎的政治观念、高贵的伦理态度，永远有当下意义。

　　本丛编旨在引介西方古典学的基本文献：凡学科建设、古典学史发微乃至具体的古典研究成果，一概统而编之。

古典文明研究工作坊

西方典籍编译部乙组

目　录

图 1 西塞罗胸像（局部），引自 Hommel 1968，另见于多种相关图书，例如王焕生 2008：184、Greenough & Kittredge 1896、Hill 1903：263、Taylor 1918：456 和 Radke 1968；原图系佛罗伦萨阿利纳瑞兄弟（Fratelli Alinari）公司的摄影作品；这尊胸像现藏于乌菲齐美术馆（Galleria degli Uffizi）

译者弁言

题　解

古罗马 "最伟大的"（greatest/größte，参见 Lewis & Short 1879: 330、Georges 2019: 873）思想者、政治人、修辞家西塞罗（Marcus Tullius Cicero）的《图斯库路姆论辩集》（*Tusculanae disputationes*）是作于公元前 45 年的一部散文体对话，分为五卷。

公元前 46 年，与西塞罗持有相似政治立场的小卡托因凯撒的政治行动而自杀。公元前 45 年 2 月，西塞罗之女图珥利阿（Tullia）去世，西塞罗遂作《安慰》以排遣心中的悲痛，《论辩集》也多次提到这部作品（参见 1.65、1.76、3.70、3.76 和 4.63）。公元前 44 年，凯撒遇刺。从写作时间上看，《论辩集》是西塞罗在家庭生活和政治生涯上遭到双重残酷打击时的作品（参见 Corbeill 2013）。这正是罗马政制发生巨变之时，也是西塞罗的人生最低谷——他唯独在这部作品中明确表达，对于摆脱凯撒的统治，自己已然不抱希望（参见 Douglas 1994: 17）。[1]

在这一背景下，西塞罗于公元前 45 年撰写了一系列哲学散文：3 月7—15 日写作《安慰》，4 月中旬《霍尔腾西乌斯》完稿，随后写作《学园派之书》第一版（5 月 13 日之前），《论善恶之极》第一卷定稿于 5 月29 日前，《学园派之书》第二版发表于 6 月 19—20 日左右。[2]一般认为，《图斯库路姆论辩集》的写作晚于《学园派之书》和《论善恶之极》，可能是在公元前 45 年的夏天或秋天（参见 Gildenhard 2007: 280）。

不过，图斯库路姆庄园中的五场论辩的发生时间却是另一个问题。珀伦茨（Pohlenz 1957: 24）认为，五场论辩发生于公元前 45 年 6 月

---

* 题解部分曾刊于《国外文学》（参见顾枝鹰 2019），收入本稿时有所修订。

[1] 对比《图斯库路姆论辩集》全书的最后一个单词 levatio[减轻/抬升]。

[2] 这些考证主要基于西塞罗《论预言》2.2 中的陈述以及他在多封书信中的说法。

16—20 日，菲利普松（PHILIPPSON 1939）在编写《大保利古典学百科全书》中的西塞罗词条时也接受了这一判断。在时间问题上，吉尔登哈德（GILDENHARD 2007: 3, 280）的两个观点对我们的启发较大：首先，从西塞罗的著述历程上看，《论辩集》居于公元前 45 年的一系列作品中的顶点；其次，西塞罗并未把《论辩集》视作五场论辩的实录，他有意呈现此书在历史上的模糊性和在哲学上的普遍性。

就《论辩集》的历史背景、文献背景和方案的篇幅而言，这部重要著作值得我们关注——首先，我们要关注这部作品的奇特书名。[1]

西塞罗作品的标题

习惯上，我们通常把现存的西塞罗著作分为四类：演说词、书信、[2]哲学-政治学-修辞学作品以及一些零星的译文和诗作等等。[3]演说词的标题大都提到了案件当事人或者所涉及的事务，比如《为米洛辩护》《反卡提利纳》和《论脏卜官的回应》。书信则按照收信人分为四类：《致阿特提库斯书》《致亲友书》《致胞弟昆图斯书》和《致布鲁图斯书》。

现存的西塞罗哲学-政治学-修辞学作品的名称大都也比较规则、直白，书名本身即所论述的主题，比如《演说家》《论演说家》《论诸神的本性》和《论取材》[4]皆是如此。另有个别著作还带有罗马政治人的名字，比如《老卡托论老年》《莱利乌斯论友谊》和《布鲁图斯》。[5]因此，

---

[1] 关注到西塞罗此书标题的另有 GILDENHARD 2007: 6–7、LEFÈVRE 2008: 179–182。

[2] 西塞罗的某些书信也可被视作哲学作品或政治作品，参见 MCCONNELL 2014: 112。

[3] 西塞罗的译文种类不少，但今天大都以片段、残篇甚至标题的形式存在。诗歌译文中最重要当数《阿剌托斯集》，另有少量肃剧、谐剧和叙事诗（如《伊利昂纪》《奥德修斯纪》）的译文等等；散文译文中最受关注的是《蒂迈欧》，另有《普罗塔戈拉》《治家者之书》等（均见附录《西塞罗作品列表》）。值得一提的是，西塞罗在《图斯库路姆论辩集》第一卷节译了柏拉图的《斐德若》，全书还包含多处译自希腊语的拉丁语诗行。古代哲学研究专家莱维（LÉVY 2022）提醒我们，在对待西塞罗的翻译实践时应摒弃所谓的"来源研究"（详见本稿第 xxxiv–xxxv 页脚注）：西塞罗并非一知半解的业余哲人。关于西塞罗的诗作，亦见《西塞罗作品列表》。

[4] 关于后两个书名的中译，见《西塞罗作品列表》。

[5] 这里忽略《学园派之书》的复杂情况，见《西塞罗作品列表》。

图斯库路姆论辩集这一书名可谓仅有的特例：唯有它不涉及具体的主题或人，而由一个地名[1]和一种言说方式组成。[2]

图斯库路姆和西塞罗的图斯库路姆庄园

在这个书名中，形容词 Tusculanae[图斯库路姆的]源于地名 Tusculum[图斯库路姆]。[3]此地在罗马城东南 23 公里。如果不作地名，那么 tusculum 就是一个指小词，派生自 t(h)us[乳香/芳香的树胶]。这种乳香可以入药，也常常用于宗教祭仪和葬礼，例如普劳图斯《一坛金子》中的厄乌克利欧（Euclio）在给家神献祭之前说：nunc tusculum emi hoc et coronas floreas[我现已买了这点乳香和花环]（行 385）。另外，t(h)us 可能来自古希腊语 θύος[燔祭]（参见 OLD[2] 词条 tus）。

在《论预言》中，[4]西塞罗把《论辩集》第一卷的主题概括为"论蔑视死亡"（de contemnenda morte，2.2），[5]而且这场论辩大量涉及罗马、希腊和波斯的各种祭仪和葬礼。另外，西塞罗之女图珥利阿在离异后死于分娩造成的并发症，也是在这座庄园（参见 TREGGIARI 2007: 135）。

---

[1] 西塞罗在其他散文作品中也明确提到了对话的发生地点，却并没有把地点置于书名之中。比如《论法律》的对话发生在阿尔皮努姆（Arpinum），《学园派之书》的对话发生在库迈（Cumae），《论演说家》与《论辩集》一样，其中的对话亦发生于图斯库路姆庄园（不过是在对话主角克拉苏的庄园）。然而，这几部作品的标题中均未出现地名。

[2] 西塞罗的这个书名可能模仿了迪凯阿尔科斯的《科林多之书》（Κορινθιακοί，见《论辩集》1.21）和《勒斯波斯之书》（Λεσβιακοί，见 1.77），参见 GILDENHARD 2007: 7。

[3] 译者早先将书名译作图斯库拉奈对话录（参见凯撒 2015: 199），其中的音译在原则上完全错误：应当从 Tusculum 而非从发生屈折变化后的派生词 Tusculanae 音译；关于对话录、谈话录或论辩集，详见后文关于 disputatio 一词的解读。据译者所见，图斯库路姆论辩集这一译名最早见于《简明不列颠百科全书》（美国不列颠百科全书公司 1985: 670），而且广为使用，例如伯纳德特 2005: 248、伯瑞 2005: 85 和维拉莫维茨 2008: 21 等等。这三处均为译注中对本特利的介绍，提到他对《图斯库路姆论辩集》的校勘工作（不过后两者却把《图斯库路姆论辩集》的原名标注为 Dissertation upon the Epistles of Phalaris[论法拉瑞斯书简]，误；关于《论法拉瑞斯书简》，见斯威夫特 2015 和刘小枫 2017: 115–117）。将 Tusculum 音译作图斯库卢姆的情况亦有出现，比如王焕生先生就把书名译作图斯库卢姆对话录。译者遵从《罗氏希腊拉丁文译音表》的做法，把 lu 音译作路（参见罗念生、水建馥 2004: 1077）。

[4] 关于这个书名的中译，见《西塞罗作品列表》。

[5] 其他四卷的主题详见后文。

因此，tusculum一词的本义与第一卷不无关联，并非西塞罗率意而为。[1]

图斯库路姆在公元前381年获得罗马特权，孕育出一大批重要的罗马家族，诸如玛米利乌斯（Mamilia）、昆克提乌斯（Quinctia）以及珀尔奇乌斯（Porcia）家族等等。后来，许多罗马智识人在图斯库路姆纷纷建起自己的庄园（参见斯特拉波《地理志》5.3.12）。西塞罗也在图斯库路姆拥有一座庄园，而且《论辩集》中的五场对话均发生于这座庄园。在1.7、1.119、2.2、2.9、3.6、4.7和5.11这七处，西塞罗反复用同一个短语in Tusculano不厌其烦地强调每一场对话都发生在自己的图斯库路姆庄园（Tusculanum）。甚至，在第五卷开头，他一字不差地重复了书名，明确、完整地把五场对话统称为图斯库路姆论辩，显得冗余、累赘。

大修辞家西塞罗难道没有意识到自己的饶舌——或者，图斯库路姆这个地方和他的庄园对西塞罗而言有独特的意义，他是故意用冗词赘句提醒我们不要轻易忽视这个地名？普鲁塔克也暗示我们西塞罗和图斯库路姆之间的联系，在《西塞罗传》[2]中，他没有提到作为西塞罗出生地的阿尔皮努姆，却两次提及图斯库路姆（40.3、47.1）。

重视土地的西塞罗对故乡情感深厚（参见格里马尔1998: 9），不过他更喜欢与其身份相当的庄园（参见Bonjour 1975: 169，转引自格里马尔1998: 10）。西塞罗的庄园不止一处，[3]但图斯库路姆庄园尤其受他钟爱。这一情感甚至没有被父亲去世带来的悲伤遮蔽。西塞罗在公元前68年11月下旬写给挚友阿特提库斯的信中说：

> 我的父亲在十二月朔日前八天去世了。……图斯库路姆庄园是如此地（ita）让我感到愉悦（nos ... delectamur），以至于（ut）只有

---

[1] 前文已然提到，《论辩集》的写作时间十分特殊，此时西塞罗的生命轨迹和罗马政制都处于急剧变化之中，因而我们无法想象在一个书籍流通、流传均不便利的时代，作为古罗马最伟大思想者的西塞罗会随随便便地为他最厚的作品之一取名。

[2] 校勘本如Ziegler & Gärtner 1994，罗念生先生的中译本见于其全集第六卷（2004年版、2007年版）和第七卷（2016年版），较详细的英译本如Moles 1988、Lintott 2013。

[3] 西塞罗至少有9处地产，参见Everitt 2003: 7，转引自Koch 2006: 58。

在我去到那里时，我才对我本人满意。(《致阿特提库斯书》1.6.2[= 2 SB])

公元前 45 年 2 月，尽管女儿在图斯库路姆庄园去世后"这位深受打击的父亲无法待在这座他先前最喜爱的庄园"(vermochte es der tiefge-beugte Vater nicht, auf diesem ehemaligen Lieblingslandsitz zu bleiben，参见 SCHMIDT 1893: 176)，可是西塞罗最终还是回到了那里。

西塞罗在精神层面需要这座庄园，在身体层面亦是如此——

当我肠胃严重（graviter）不适到第十天的时候（由于我并没有发烧，因此我未能向那些希望从我的劳动中受益的人证明自己病了），我逃往了图斯库路姆庄园——事实上，此时我已禁食两天，以至于滴水未进。(《致亲友书》7.26.1[= 210 SB])

图斯库路姆庄园在西塞罗痛苦时提供慰藉，它当然也可能在西塞罗表达积极情感时得到提及。在他写给秘书提若（Tiro）的一封信中，西塞罗告诉这位心腹，自己前一封信里 Tullius Tironi s.[图珥利乌斯向提若问好]这一使用氏族名自称的问候语并没有过度亲昵，这位忠心耿耿的仆人受之无愧（在给别人写信时，西塞罗都使用家族名 Cicero，仅胞弟和妻子例外[参见 BAILEY 1977: 385]）。为了强调他对收信人的信任和赏识，西塞罗随后使用了一个感叹句——

其实，如果图斯库路姆庄园也对你有益，那么，良善的诸神啊，它对我来说就会是多么地更值得喜爱（quanto mihi illud erit amabi-lius）！(《致亲友书》16.18.1[= 219 SB])

西塞罗为何如此偏爱图斯库路姆庄园？它本身有什么特别之处？图斯库路姆庄园里有上下两处讲习所（gymnasium），高处的讲习所名为 Lyceum[吕克昂]，其中有一座图书馆（参见《论预言》2.8）；低处的讲习所名为 Academia[阿卡得米阿]（参见《论辩集》2.9、3.7）。两处讲习所的名称分别与亚里士多德学园和柏拉图学园的名称相同。显然，在西塞罗心目中，图斯库路姆庄园象征着对柏拉图和亚里士多德的继承：它是罗马的哲学园。这个判断符合这一普遍的事实：对于共和末期的罗马智识人而言，郊外的庄园为沉思提供了安静的场所，从而庄园主人有意识地把智识成就的氛围与庄园所提供的环境融为一体（参见 CORBEILL 2013）。如果我们把目光转回到西塞罗一人，那么我们还会看到，他对学园中雕塑的炫耀也体现出其对居所在文化内涵方面的要求——

> [缪斯雕像]依旧适合图书馆（bibliothecae），而且与我的研究吻合；不过，在我这儿哪里有位置给酒神[雕像]呢？……其实，我本人惯于购买那些能在我的修辞学校（palaestra）中装饰空间的雕像——以[使之]相似于讲习所（ad similitudinem gymnasiorum）……我在图斯库路姆庄园的小柱廊里新辟出某几处小凹室（exhedria）[1]，打算用几幅画来装饰它们。（《致亲友书》7.23.2–3[= 209 SB]）

显然，我们很难否认，当西塞罗于公元前 46 年写下上面这封给法比乌斯·伽玛路斯（Fabius Gallus）的书信时，心中没有考虑到图斯库路姆庄园作为一座知识宫殿所应有的风貌和尊严。

不过，这座罗马学术殿堂在历史上命途多舛。根据西塞罗《致阿特提库斯书》4.5.2（= 80 SB）的说法，它至少有过四任主人：独裁官苏拉（Sulla）、卡图路斯（Catulus）、威特提乌斯（Vettius）以及西塞罗本人。

---

[1] ex(h)edrium 是 ex(h)edra[凹室]的指小词，后者来自古希腊语 ἐξέδρα。凹室主要用作谈话、论辩和发表论说的文化场所，通常具有一定程度的私人性。《论演说家》3.17：in eam exedram ... in qua Crassus posito lectulo recubuisset ... defixum esse in cogitatione[在那间凹室，克拉苏躺在放置于其中的卧榻上，专注于思考]。《论诸神的本性》1.15：eum sedentem in exedra et cum C. Velleio senatore disputantem[（科特塔）坐在凹室里而且在与元老伽·威珥勒尤斯论辩]。另外，维特鲁威《论建筑》5.11.2 在论及 palaestra[角力学校/修辞学校]时也说：constituantur autem in tribus porticibus exhedrae spatiosae, habentes sedes, in quibus philosophi, rhetores reliquique, qui studiis delectantur, sedentes disputare possint[而在那三边柱廊中要建造宽敞的凹室——后者提供座位，以使哲人、修辞家和其他爱好探究的人能够坐着在其中论辩]，详见 TYRRELL & PURSER 1906: 272–273、PEASE 1955: 163–164。

无论这里的卡图路斯是老卡图路斯[1]还是他的儿子，也无论威特提乌斯究竟是谁（参见 BAILEY 1965: 185–186），这座庄园数易主人的事情至少说明罗马的政治局面并不稳定。甚至，即便在西塞罗于公元前 68 年买下这座庄园之后，它依旧未能见证长久的安宁。公元前 58 年，西塞罗被迫流亡希腊，这座庄园被臭名昭著的护民官克洛迪乌斯焚毁（参见 PEASE 1920: 65）。

一年后，西塞罗重回罗马，在手头拮据的情况下依旧斥资重建、修复了图斯库路姆庄园（参见 RAWSON 1983: 125）。我们不禁要问，在风云变幻的时代，罗马城郊的这座庄园究竟为什么会受到西塞罗的如此重视——以至于他会把这个名字写入一部巨作的书名？

西塞罗本人的两部政治学对话给出了答案。它们不仅能在希腊的一位学园建立者笔下找到各自的对应物（《论共和国》和《论法律》，分别对应于柏拉图的《王制》和《法义》），而且共同指向同一个人：生于图斯库路姆的老卡托（Marcus Porcius Cato）。[2]西塞罗这样说——

> 其实，玛·卡托，不为人知的新人（homini ignoto et novo）——所有我们这些致力于相同事业的人都凭借榜样般的他而被引向勤奋和美德（industriam virtutemque）——本来完全可以在图斯库路姆这个怡人而毗邻[罗马]的地方使自己在闲暇中享乐。（《论共和国》1.1）

> 赫拉克勒斯作证！我本人认为，对于他[3]和所有的自治邦邦民而言，存在两个祖邦（duas esse ... patrias），一个属自然，另一个属公民权（civitatis）。就像那位卡托，尽管他出生在图斯库路姆，但是他被接纳入罗马人民的城邦。（《论法律》2.5）

---

[1] 老卡图路斯（Quintus Lutatius Catulus），公元前 102 年的执政官，是《论演说家》第二卷中的对话者（2.13 及下）。

[2] 老卡托就属于前文提到的珀尔奇乌斯家族。

[3] 指《论法律》上文提到的 sapienti illi Catoni[那位智慧的卡托]。

在这两段以卡托为重点的文字中，图斯库路姆的重要性都在于它是养育卡托的出生地。卡托与西塞罗有两个共同之处：他们都以政治新人（homo novus）的身份逐渐进入罗马的政治核心；而且，他们在文明立场上高度相似，都具有浓厚的罗马本土意识。[1]当然，与西塞罗相比，卡托显得尤其排斥希腊文明，直至晚年才开始在希腊文辞之学上投入精力（参见《学园派前篇》2.5 以及《论老年》3、26 和 38）。

卡托与罗马传统

图斯库路姆这个地方把西塞罗的《论辩集》与老卡托关联在一起。在此书中，明确提到卡托《史源》的地方仅有两处——1.3 以及它的"简化版"4.3——西塞罗在前一处还提到了卡托的演说词：

> 诗人后来才被我们认识或接受。尽管《史源》中说宾客们惯于在宴会上伴着笛手[的演奏]吟咏贤达的德性（canere ... de clarorum hominum virtutibus），卡托的一篇演说词依旧宣称尊荣并不属于这类[人]。在那篇[演说词]中，他责备玛·诺比利欧尔丢人现眼——因为他把诗人带到行省那里去（quod is in provinciam poëtas duxisset）。而正如我们所知，那位执政官带到埃托利阿（Aetoliam）的，是恩尼乌斯（Ennium）。

这是书中提到的第一部前人著述。在《布鲁图斯》66 和《论演说家》1.227 中，西塞罗对卡托的这部作品给予了高度评价。西塞罗这里使用复数形式 poëtas[诗人]是为了表达被引述者卡托的轻蔑口吻（参见 DOUGAN 1905: 5）。看起来，卡托对恩尼乌斯的态度并不友好。然而，在《论老年》10 中，西塞罗笔下的卡托却用 familiaris noster[我们的一位亲友]来指称恩尼乌斯，在第 14 节也没有将恩尼乌斯归为 insipientes[愚蠢之人]，还在第 16 节褒奖了他的诗句——

---

[1] 卡托的《农业志》和《史源》显然是极佳的实物证明。

恩尼乌斯用诗歌详述了（versibus persecutus est）这些……而且极其动人地（gravissime）［述说了］其他内容。

而西塞罗笔下的卡托也曾得到恩尼乌斯的极高赞美——

卡托被［恩尼乌斯］抬举上天（in caelum tollitur）。（《为诗人阿尔奇阿斯辩护》22）

显然，卡托和恩尼乌斯互相赞赏、彼此认可。那么《论老年》和《论辩集》中老卡托对恩尼乌斯的态度为何几近截然相反？要害不在于恩尼乌斯，而在于上文提到的诺比利欧尔（Marcus Fulvius Nobilior）。诺氏于前 189 年任执政官，曾在埃托利亚战役中迫使阿姆卜剌奇阿（Ambracia）投降，而且劫掠了这座城市（参见李维《自建城以来》38.3–10、38.43–44），甚至在公元前 186 年举办豪奢的竞技节来庆祝自己的胜利。卡托指责诺氏当时过于轻率地颁发花环以讨好士兵（参见革利乌斯《阿提卡之夜》5.6.24–26）。所谓"把诗人带到行省"指的是诺比利欧尔把恩尼乌斯带去战场以记录自己的"功业"的行为（参见 KENNEDY 2010: 23）。如上种种，可见遭到卡托贬损的并非恩尼乌斯，而是诺氏——西塞罗在《论演说家》中告诉我们，卡托曾斥之为 Nobilior mobilior［相当善变的诺比利欧尔］（2.256）。

然而，西塞罗为何要提到图斯库路姆人老卡托的批评呢？借助老卡托的批评，西塞罗在批评什么呢？

《论辩集》第一卷的对话部分之前是西塞罗给同为政治人的布鲁图斯的献词（1.1–8）。西塞罗说，自己由于政治事业的中断才回过身去研究哲学。这种探究不是为希腊人作的，也不使用希腊语，而是以拉丁语为罗马人而作（1.1）。随后，西塞罗对罗马人的"祖先"（maiores）[1]大加歌颂，说他们不仅更好地调理了"公共事务"（rem publicam），而且

---

[1] maiores 一词在 1.2 中出现了两次。

罗马祖先的"德性已然在各种事情上出类拔萃"（excellens in omni genere virtus in ullis fuit），因而，从"天性"（natura）上说，他们无需与希腊人比较（1.2）。西塞罗解释说，之所以希腊人在整个文辞领域上超过罗马人，是后者不作回击（1.3）。但是，西塞罗并未告诉布鲁图斯，为何现在的罗马人认为值得在文教上"努力"（elaborarent，1.1）、为何罗马人需要"作出回击"（repugnare，1.3）。之前的完成时 fuit 或许暗示了答案：如今的罗马人出于对物质的贪婪而穷兵黩武，已然丧失了祖先的德性，传统的政制正遭受危机（参见麦克科马可 2011、DOUGLAS 1994: 4）。

西塞罗简要比较了希腊和罗马各自最早的几位诗人后，便提及卡托的《史源》和演说词：作为文教的诗歌（"吟咏贤达的德性"，1.3）已经进入罗马人的生活，但诗教却未能得到足够的"尊荣"（honor，1.3）。相反，罗马人的武教日益昌盛：西塞罗说自己的同胞不仅"武德健旺"（virtute multum valuerunt，1.2），"而且兵法也更加强猛"（plus etiam disciplina，1.2）。

公元前 49 年，以"武教"发迹的凯撒进军罗马，改变了罗马的政制，致使西塞罗被迫失去原本的政治舞台（参见 CORBEILL 2013）。[1]三年后，在他写作《论辩集》的前一年，老卡托的曾孙、凯撒的激烈反对者小卡托（Cato minor）自杀。《论辩集》中不仅提到小卡托之死，而且说"神明亲自给出了正当的原因"（causam iustam deus ipse dederit），甚至将它与苏格拉底之死相提并论（1.74）！因此，对于西塞罗而言，图斯库路姆不仅是其哲学园之所在地，而且象征着他和两位卡托共同信奉的罗马传统。眼下，他因为这一传统和罗马政制的危机而被迫迁居图斯库路姆庄园，在这里筹谋一种独特的言说方式，试图对他的聆听者施以文教。

---

[1] 科赫的解读把《论辩集》视作西塞罗的灵魂治疗，更偏重其私人性和情感性，但他依旧强调，是"凯撒的权力扩张"（der Machtfülle Caesars）导致西塞罗在哲学上因为"灵魂的紊乱"（perturbatio animi；《论辩集》中多次出现，首次见于 3.7，最后一次见于 5.76）而不得不寻求"针对灵魂的解药"（Medizin für die Seele，参见 KOCH 2006: 59–60, 164）。

论辩抑或论说？

除了前面提到的第五卷开头，西塞罗本人在《论预言》2.2、《论命运》4、《致阿特提库斯书》15.2.4（= 379 SB）和 15.4.2（= 381 SB）都给出了《论辩集》的完整名称 Tusculanae disputationes。[1]由此可见，这部作品的书名应该毫无争议。然而奇怪的是，并非所有的抄工都原原本本地抄下这一书名。抄本 G 和抄本 V 将本书称作 Tusculanae，抄本 R 的校改者则使用 quaestio［探寻/讯问/争辩］而非 disputatio［论辩/讨论/论证/证据］，抄本 K 上的标题则被擦去了（参见 GIUSTA 1984: 1）。尽管这种异文可能只是少数抄工的笔误（参见 KENNEDY 2010: 19），但是它为一些早期的刊本所继承。另外，一些古罗马语法学家，诸如诺尼乌斯（Nonius）、璞瑞斯奇阿努斯（Priscianus），将这部作品简单地称作 Tusculanae，并未提到 disputatio 或 quaestio（参见 ANTHON 1852: 175），更使得这个书名显得扑朔迷离。

我们不禁开始怀疑，标题中提到的这一形式是否与全书匹配。[2]

尽管西塞罗在 1.8（引文见后）说自己采用了苏格拉底式的对话方式，但全书并未呈现出柏拉图笔下的戏剧色彩和相对密集的问答，却代之以较长篇幅的陈述（参见 KING 1971: xi）。在论及西塞罗此著时，苏联学者乌特琴柯最先提到的就是对话形式的问题——他注意到，"《论辩集》的文学形式不同于其先前的作品"（его литературная форма отлична от предыдущих произведений，参见 УТЧЕНКО 1972: 298）。由于西塞罗本人在书中各卷重复强调五场对话都是 disputatio，[3]因此我们必须考究

---

[1] 《致阿特提库斯书》15.2.4（= 379 SB）中仅提到第一场对话，故用了单数。

[2] 在《论演说家》1.104 中，西塞罗笔下的克拉苏以轻蔑的态度使用 istius modi disputationibus［那种类型的论辩］这一表达拒绝对苏珥皮奇乌斯等人发表讲辞。吉尔登哈德（GILDENHARD 2008: 8–12）认为西塞罗在这里区分了希腊人和罗马人的两种论辩。

[3] 将第一卷中的对话称作论辩的有 1.7、1.8、2.2、2.66、3.6、4.7、4.64、4.82、5.1、5.11、5.76 和 5.121；第二卷：2.9、2.26、3.6、4.7、4.64、4.82、5.1、5.11、5.76 和 5.121；第三卷：3.6、4.7、4.8、4.82、5.1、5.11、5.17、5.48、5.76 和 5.121；第四卷：4.82、5.1、5.11、5.17、5.48、5.76 和 5.121；第五卷：5.1、5.11、5.15、5.28、5.71 和 5.121。这与西塞罗反复使用同一个短语 in Tusculano 的做法相仿，见上文。

西塞罗在《图斯库路姆论辩集》中如何定义 disputatio 这种言说方式：

> [1.7]但是，就像亚里士多德……那般，由于被修辞家伊索克拉底的荣耀触动，他也开始教年轻人言说，还教他们把明智与口才结合起来（et prudentiam cum eloquentia iungere）……我总是断定，这种已然完满了的哲学正是那种能够丰富而精致地探讨最重大的问题的事物；就这样，我们热忱地把自己奉献给这一实践（in quam exercitationem ita nos studiose [operam] dedimus），从而我们现在甚至敢于以希腊人的方式展开论说（scholas Graecorum more habere auderemus）。比如，最近在你离开之后，由于众亲友与我一同（complures mecum familiares）待在图斯库路姆庄园，我就尝试了我能以这种方式来[做]的事情。其实，正如我早先模拟诉讼来练习修辞（declamitabam causas）——这件事情没有人比我做得更久——同样，现在这于我而言就是老年的修辞练习。我当时命[人]提出他想要听的事情，就此我或是坐着或是步行着论辩（disputabam）。[8]从而，我把五天的论说（scholas）（如希腊人所称的那样）置于数量相同的卷帙中。不过[我的做法]是这样的：在那位想听的人说出在他看来的情况之后，我本人便反驳（contra dicerem）。其实，这如你所知，就是古老的苏格拉底式方法（Socratica ratio），反驳他人论述中的观念——因为苏格拉底认为，这样就能够轻而易举地发现什么是逼近真实的东西。不过，为了更加适宜地展现我们的论辩（nostrae disputationes），我就把它们这样表述，好像事情正在进行，而不是像被叙述那般。

我们首先注意到，在这段引文中，西塞罗使用希腊语 σχολή[闲暇/讨论/论说/讲课/学派]来描述作品中的对话方式，其次才使用动词 disputabam，随后 σχολή 再次出现，最终才回到名词 disputationes。这四个单词构成十字配列（chiasmus），将 σχολή（schola）与 disputatio 等同。

在第一卷的结束语部分，作为对话者之一的玛尔库斯，也即某种程度上的西塞罗本人（见后文），询问另一位对话者，他们是否需要"修辞家的结束语"（rhetorum epilogum，1.112）。西塞罗不仅得到了肯定回答，而且他自己也被称作一位修辞家，他随后说："[修辞家们]惯于在论说中呈现不朽诸神对死亡的判断。"从而，与1.7–8相应，西塞罗再次把自己所用的言说方式定性为 σχολή。

可是，σχολή 却使我们想到古代哲学流派中普遍具有的对学派创建者或权威的"宗教式忠诚"（religious commitment，参见 SEDLEY 1997），与西塞罗这里定义的 disputatio 不完全等同。这点的一个直接证据就是西塞罗同时代的伊壁鸠鲁派哲人菲洛得摩斯（Φιλόδημος）的《论直率》（Περὶ παρρησίας）一书——这部论述师生关系的著作还有一个"副标题"：来自芝诺的论说/课堂（ἐκ τῶν Ζήνωνος σχολῶν）。[1]不宁唯是，σχολή 在西塞罗同时期的作品《论善恶之极》第二卷中还被明确归为智术师的言说方式，并未得到西塞罗的接受，甚至遭到苏格拉底的嘲笑：

[1]首先，我说，我恳请你们不要认为，我会如哲人那样给你们展现某场论说（scholam）。即便是在那些哲人那儿，我也从未表示过很多赞同。因为，那位能够被正当地称作哲学之父的（qui parens philosophiae iure dici potest）苏格拉底在什么时候做过这样的事情吗？这种习惯属于那群当时被称作智术师的人（eorum ... qui tum sophistae nominabantur）……[2]而我们发现，高尔吉亚和其他智术师遭到苏格拉底嘲笑（lusos videmus a Socrate）。

接续这段引文，西塞罗说，苏格拉底的习惯未被后人延续，幸得新学园派掌门阿尔刻西拉欧斯（Ἀρκεσίλαος）复兴：学习者提出一个可能自己并不认同的观点，然后"得到[阿氏]用连续的言辞反驳"（perpetua oratione contra disputatur）。我们看到，在《论辩集》第一卷和《论善恶

---

[1] 这是伊壁鸠鲁派的西冬（Σιδών）的芝诺。

之极》第二卷的引文中，disputatio 都被定义为一种反驳，而且都与苏格拉底式的言辞近似。然而，在前者中它与 σχολή 等同，在后者中则与之对立。由此，我们的问题是：在《论辩集》中，西塞罗使用的对话方式在何种意义上可被称作 disputatio，又在何种意义上是 σχολή？

西塞罗的驳辞

五场对话都只有两位对话者参与。现今的大多数校勘本和译本使用字母 M 和 A 分别标示主、次对话者。珀伦茨认为（POHLENZ 1911）推断抄本的原型并没有用字母来标示他们，而是以换行或空格来表示对话者的变化。六世纪拜占庭的尤尼乌斯·阿弗瑞卡努斯（Iunius Africanus）在一部教理问答中使用希腊字母 M 和 Δ 来标示主、次对话者（magister[老师]、discipulus[门生]；用希腊字母是为了避免混淆）。这种方式后来用于《图斯库路姆论辩集》的部分抄本（也有抄本用拉丁字母 M 和 D）。十五世纪的一些早期印刷本使用拉丁字母 M 和 A。

这些字母有多种解释。比如，也有人认为 Δ 和 M 分别代表古希腊语 διδάσκαλος[导师]和 μαθητής[学生]（参见 GILDENHARD 2007:28），有人认为 M 表示西塞罗的前名 Marcus[玛尔库斯]或者 magister[老师]。

可以确定的是，M 在一定程度上象征西塞罗本人。在上面的引文（页 xii）中，西塞罗使用了 mecum[与我一同]和 nostrae disputationes[我们的论辩]这两个表达，显然他是一位对话者。而且，《图斯库路姆论辩集》1.53 提到了《论共和国》，1.65、1.76 和 4.63 提到了《安慰》，5.32 提到了《论善恶之极》。这些都可以佐证对话中的主角在某个方面可以被理解为西塞罗自己。[1]

字母 A 所代表的另一位对话者则很可能是一位罗马青年（adulescens），[2]因为对话者玛尔库斯在 2.28 正是以这个单词来称呼 A 的。A 是

---

[1] 奥尔特曼（ALTMAN 2009, 2016c）认为，作者西塞罗和对话者玛尔库斯有所差异。

[2] 拉刻坦提乌斯在《神圣原理》1.15 把 A 理解作 Atticus[阿特提库斯]，恐不确——作为西塞罗好友的阿特提库斯藏书丰富、学养深厚但不关心罗马政治，而且当时已然 65 岁，与对话中 A 的形象距离甚远。A 也可以理解作 auditor[聆听者/门生]，见下文。

西塞罗"众亲友"（complures familiares，1.7）中的一员，曾在雅典学习哲学（2.26），掌握希腊语、了解希腊文学（1.15），阅读过柏拉图的《斐多》（1.24），而且加入了厄琉息斯秘仪（1.29）。不仅如此，这位罗马青年在讨论哲学时最先想到的例子便是前三巨头中的克拉苏和庞培（1.12）。可见，A 代表罗马贵族青年，是西塞罗眼中潜在的政治人。[1]

因而，《论辩集》中仅有的两位对话者的身份并不相当：玛尔库斯是罗马前执政官和首屈一指的演说家，次对话者则是罗马政治的初生牛犊。另外，两位对话者的悬殊地位还体现于言辞的长短。五场对话的长度分别大约为一万词、六千词、九千词、八千词和一万词，而各卷中罗马青年的话分别约为七百词、二百词、二十二词（确数）、八十四词（确数）和四百词。罗马青年的发言与全书篇幅相比微乎其微，而在内容上也多为 certe［当然］、minime vero［完全不］和 ita prorsus existimo［我认为完全就是如此］等等表达认同或反对的形式化语言。[2]

对话者玛尔库斯和罗马青年的关系显得像是老师和门生的关系。而这恰恰是作为一种言说方式的 σχολή 的特征。私淑西塞罗的昆体良说：

> 高尔吉亚最著名的门生（auditor）是伊索克拉底……伊索克拉底的门生在所有领域都极其出众……亚里士多德曾在午后的论说中（postmeridianis scholis）开始讲授（praecipere）言说的技艺。（《演说家的培育》3.1.13–14）

在作为一种言说方式的 disputatio 中，几位持不同意见的对话者展开对话，轮流发言，而在 σχολή 中则具有明显的师生之分（比较普鲁塔

---

[1] 勒弗维尔（Lefèvre 2008: 182–184）注意到各卷中的次对话者可能并非同一个人，而且在第四、第五两卷中其个人特征弱化，总体上只承担泛泛的形式功能而无具体的个体性功能。这种普遍性也与西塞罗的教育意图吻合。另需注意，西塞罗的一系列作品都表达过以罗马文教（paideia Romana）教育同胞的愿望（参见 Gildenhard 2007: 69）。

[2] 当然，罗马青年在对话中也说过成段的话，屈指可数的例子如 5.13–14，而这段话仅一百五十余词，与玛尔库斯动辄逾千言的话语无法相比。道格拉斯反复提醒我们，尽管《论友谊》和《论老年》等作品中也只有一个主要的发言人，但是仍与《论辩集》有所差异。在前两部对话中，对话者不止两位，而且都有具体的姓名，参见 Douglas 1994: 16。

克《论听讲》[Περὶ τοῦ ἀκούειν]开头）。从这个层面上说，西塞罗在《论辩集》中采用的对话方式的确就是 σχολή。然而与此同时，我们不能判定西塞罗所用的对话方式并非 disputatio，这是因为，作为全书主体的五场对话都展现出了 disputatio 的反驳特征。

在第一卷的对话部分，罗马青年首先发言。他没有提问，而是直接给出个人判断："死亡在我看来是一种恶"（malum mihi videtur esse mors，1.9），玛尔库斯随后着手反驳。第二场对话类似，罗马青年抛出相应的观点"我判断，痛苦是一切恶中最严重的"（dolorem existimo maximum malorum omnium，2.14），亦得到玛尔库斯的反驳。第三卷中的情形进一步证实了对话的反驳性质，与第一卷中高度一致——第三场对话中的第一句话出自罗马青年之口："在我看来，忧愁[也会]降临在智慧者身上"（videtur mihi cadere in sapientem aegritudo，3.7）。而这是整场对话中罗马青年说的最长的话，甚至可以视作仅有的一句话——倘若我们忽略问句和其他的形式化表达。西塞罗在第四卷和第五卷中"故伎重演"：

> 玛：若有谁愿意，那么就让他说出他希望什么主题得到论辩。
>
> 罗：在我看来，智慧者不可能免于灵魂的一切紊乱。（4.8）
>
> 罗：在我看来，德性就幸福生活而言并不充分。（5.12）

论辩的过程恰如西塞罗本人所安排的那样（见上 1.7 引文），先由罗马青年以 mihi videtur[在我看来]（第一、三、四、五卷）或 existimo[我认为]（第二卷）引出一个待批驳的错误意见，随后玛尔库斯便倾泻出大篇幅的反驳之辞。西塞罗本人在其《论预言》第二卷中对《论辩集》的各卷主题作了概括，同样强调了全书的反驳色彩——

> 第一卷论蔑视死亡（contemnenda morte），第二卷论忍受痛苦（tolerando dolore），第三卷论缓解忧愁（aegritudine lenienda），第四卷论灵魂的其他紊乱（reliquis animi perturbationibus），第五卷据有那个最大程度地照亮整个哲学的话题——因为[这个话题]教授的

是，德性就幸福生活而言自足（ad beate vivendum virtutem se ipsa esse contentam）。（《论预言》2.2）[1]

"蔑视"和"缓解"这两个词显然都暗含着对死亡、痛苦和忧愁的反击和抵抗，而"紊乱"也表明了类似的否定态度。从而，西塞罗在《论辩集》中站在幸福生活的角度为德性辩护而作出他的反驳。与其说他写的是对话体散文，不如说《论辩集》中的对话实则为驳辞。在这个意义上，这里的"论辩"继承了 disputatio 本有的反驳特征，也吸收了 σχολή 中对"对话者"的明确区分。

罗马文教

西塞罗此书的标题才两个词（远少于同为五卷的《论善恶之极》）。我们的目光很难不注意到长达近三十个单词的全书第一句话：

Cum defensionum laboribus senatoriisque muneribus aut omnino aut magna ex parte essem aliquando liberatus, rettuli me, Brute, te hortante maxime ad ea studia, quae retenta animo, remissa temporibus, longo intervallo intermissa revocavi.

既然我终于从辩护的辛劳和元老的职分中，或是完完全全地，或是很大程度地，得到了释放，布鲁图斯啊，经你劝勉，我向那些探究特别地回过身去——我唤回了这些存于灵魂中、由于时局而被放松并中断了好一阵的事情。

西塞罗以一个复杂句展开全书。我们知道，"当西塞罗根据写作的

---

[1] 从五卷各自的主题来看，《论辩集》显然也表现出西塞罗一贯的反伊壁鸠鲁学派的立场。"在他看来，这一学派和凯撒的党羽几乎就是同一个概念"（Caesarianer und Epikureer waren ihm fast identische Begriffe，参见 SCHMIDT 1893: 51）。西塞罗在《论预言》2.1–4（译文见附录）中简略介绍了自己的多部作品，但特别给出了《图斯库路姆论辩集》每一卷的主题，可见其内容的丰富，亦可见其书名具有十分刻意的含混性。难怪有学者认为，我们无法在《论辩集》中找出"统一而一体的关于世界的观点"（una visione del mondo unitaria e monolitica，参见 STUCCHI 2011）。温（WYNNE 2020b）提到，西塞罗在《论预言》2.1–4 对自己作品的介绍突出了《图斯库路姆论辩集》所具有的怀疑论色彩。

体裁或论证的步骤来调整其文风时，他对自己的选择有相当明确的理解"（Cicero himself had a good deal of conscious understanding of what he was doing when he adjusted his style to suit the genre of writing or the progress of his argument，参见 POWELL 2013a），因此这个开头值得细读。

西塞罗随后告诉我们，"这些探究"是 studio sapientiae, quae philosophia dicitur［对智慧的探究，被称作哲学］（1.1），而他在这里运用了四组十字配列来强调哲学与政治在其生命中的张力·最明显、最浅表的　纽正是 ea studia［那些（哲学）探究］和 defensionum laboribus senatoriisque muneribus［辩护的辛劳和元老的职分］，从外向内的第二组是表达程度的副词 aut omnino aut magna ex parte［或是完完全全地或是很大程度地］和 maxime［特别地］，第三组（aliquando［终于］和 te hortante［经你劝勉］）表达情状，第四组则是 essem liberatus［我得到了释放］和 rettuli me［我回过身去］，而核心是布鲁图斯（参见 GILDENHARD 2007: 95–96）。

西塞罗在开篇以精心构造的长句告诉读者，他先前因为政治责任而中断了哲学研究，现在因为政治行动的停止而"得到了释放"，被迫回归。也就是说，西塞罗即将开展的文教之起因是政治生活的变化。尽管西塞罗对这一变故含糊其词，但四组十字配列所围绕的核心则是一条暗示：布鲁图斯啊！他是政治人、西塞罗的好友，两年后将在元老院刺杀凯撒——后者正是这些政制变化的主导者。

图斯库路姆小镇在罗马城墙之外而依旧与罗马政治密切相关。同样，图斯库路姆庄园中西塞罗的哲学教育也出于政治而依旧指向政治。

公元前 45 年的西塞罗，前执政官，由于凯撒对罗马政制传统的颠覆而失去了发表政治演说词的希望（参见 DOUGLAS 1994: 17）。因而，他现在只得"退隐"于图斯库路姆庄园，如同早年"模拟诉讼来练习修辞"那样，进行"老年的修辞练习"（1.7，见前引文）：前者为演说词作准备，后者则是演说词在哲学园中的延续。而在这五篇"演说词"中，"狡猾"的西塞罗超越了学派的界限而同时显示出怀疑论色彩和折中倾向，从而自由地开展其兼及个人层面和共同体层面的心灵治疗与灵魂教育（参见 KOCH 2006: 164）。

《论辩集》所包含的五场论辩是西塞罗给予的一连串哲学教育，以死亡教育开头而指向就幸福生活而言自足的德性。这一文教的接受者是各卷中以一位罗马青年为代表的现在和将来的罗马政治人，施行文教的地点图斯库路姆庄园则兼为西塞罗本人的哲学园、罗马政治家族的聚集区和罗马传统的象征。《图斯库路姆论辩集》不仅在行文上与西塞罗其他哲学作品之间有不可抹平的根本差异，而且其书名本身已然暗示，西塞罗试图以反驳性的哲学论辩为文教，应对罗马的政制巨变。

版本与文献

抄　本

《图斯库路姆论辩集》的抄本（manuscript）[1]为数众多，而且都来自同一个原型（archetype），这个原型不会晚于六或七世纪。根据校勘者的整理，这些抄本主要分为 α 和 β 两个系（familia）。α 系中包含几个质量最好的抄本，其中抄本 V 的一些校改提供了一些 β 系中已佚抄本上的信息，这些修改与抄本 V 和 α 系差异不小，对校勘者颇有助益。

抄本 G，即德国沃尔芬比特尔（Wolfenbüttel）奥古斯塔图书馆（Bibliotheca Augusta）第 294 号藏本，可能抄于十世纪，仅含《论辩集》。

抄本 K，即法国康布雷（Cambrai）公共图书馆第 943 号藏本，抄于九世纪，仅含《论辩集》，未经装饰，但有不同校改者的修订。

抄本 R，即法国国家图书馆第 6332 号藏本，兽皮纸本，九世纪的产物，除了《论辩集》外还抄有《论老年》的大部分内容。

抄本 V，即梵蒂冈宗徒图书馆第 3246 号拉丁藏本，兽皮纸本，每

---

[1] manuscript 一词指手写的文稿。在汉语中，抄本或钞本指抄写的书本，手稿则指作者本人亲手写的原稿，二者区分严格。抄字的提手旁显然也体现了 manu- 的含义，不必拘泥于手字。参见顾枝鹰 2020b。

页双栏。自公元十世纪开始这份抄本就保存在梵图了，可学者们直至1618 年方才意识到这份抄本的价值。

以上四个为学者所重的册子本（codex）均属于 α 系。另外，九世纪法国科尔比修道院的哈多阿尔都斯（Hadoardus）亦摘抄过《论辩集》，见于瑞典皇家图书馆旧藏梵蒂冈宗徒图书馆现藏第 1762 号藏本。

另一些抄本藏于牛津伯德雷恩图书馆、不列颠博物馆、瑞士伯尔尼（Berne）图书馆和布鲁塞尔皇家图书馆（Bruxellensis 5351，抄本 B）等地。部分抄本的扫描版见于图书馆的网站（比如抄本 R 和抄本 V）。

抄本的详情参见 DOUGAN 1905: xxvi–lv、POHLENZ 1918: iii–xxiv 和GIUSTA 1984: vii–lxxix。雷诺兹（REYNOLDS 1983: 132–135）简述了抄本的流传史，并提示说，我们目前对抄本谱系的判断可能还会发生改变。

早期的印刷本

以印刷品形式呈现的《图斯库路姆论辩集》的初版（editio princeps）诞生于 1469 年。朱斯塔（GIUSTA 1984: lxxxi–lxxxv）罗列了此后的逾 80个印刷本。这些版本并非都经过精良的校勘，比如拜特尔版（BAITER1863）只提到了三个抄本（抄本 G、R 和 B），没有校勘记。

译者仅得见少数早期的印刷本，兹不赘述。相比于抄本和早期的印刷本，晚近带有校勘记（apparatus criticus）的校勘本（critical edition）更值得我们利用。

晚近的校勘本

译者使用的珀伦茨（M. Pohlenz，1872—1962）[1]校勘本（1918）收

---

[1] 珀伦茨是维拉莫维茨（Wilamowitz）的学生。除了《论辩集》之外，珀氏还参与校勘了"托伊布纳希腊罗马文献丛刊"中普鲁塔克的《伦语》，其研究领域涉及波塞冬尼欧斯、廊下派、古代政制、古代政治观念和阿提卡戏剧等等，参见 DÖRRIE 1962、KUHLMANN& SCHNEIDER 2014: 500–501。在珀伦茨的校勘本正式出版前，他关于《图斯库路姆论辩集》的作品有三种：一本讨论第一卷结构和《论辩集》抄本问题的小册子（POHLENZ 1909）、研究抄本上用以标示两位对话者的字母的短文（POHLENZ 1911）以及第一、第二卷笺注（POHLENZ 1957，见后文）。关于珀氏有这样一则逸闻：当他的学生斯内尔（Bruno Snell）博士毕业时，珀氏对他说，"古典语文学中的重要问题[都]已经得到探究了"（die wichtigen

于"托伊布纳希腊罗马文献丛刊"（Bibliotheca Scriptorum Graecorum et Romanorum Teubneriana），是这个系列中"玛·图珥利乌斯·西塞罗现存作品全集"（M. Tulli Ciceronis scripta quae manserunt omnia）子系列的第44册。珀本出版后不断重印，德古意特出版社2008年仍在影印。读者可在"珀尔修斯电子图书馆"（Perseus Digital Library）或"帕卡德人文研究所拉丁语文本"（PHI Latin Texts）数据库上浏览珀本。[1]《牛津拉丁语词典》（*OLD*[2]）、《希英大辞典》（LSJ）和《博睿希英词典》（GE）中的《图斯库路姆论辩集》引文也都取自珀本（《博睿希英词典》亦参考了朱斯塔本，见后文）。学界公认，珀本是一个比较稳妥的版本。[2]

　　杜根、亨利本（DOUGAN 1905、DOUGAN & HENRY 1934）是集校勘与笺注为一体的版本。杜根去世后，亨利整理杜氏的遗稿，添加自己的研究，出版了下册（第三至第五卷）。珀伦茨（POHLENZ 1935）认为下册的质量远不如上册。杜氏蒐集了大约80个抄本，仔细考察了其中对校勘工作有较大价值的30种抄本，其中一些首次得到学者研究。不过，克拉克（CLARK 1906）对杜根提出了比较多的批评，主要分为三个方面：第一，杜根的校勘方式与拉戈玛尔西尼（Lagomarsini）的相仿——这位耶稣会士收集了佛罗伦萨的所有西塞罗作品抄本，以编号命名，而不评判优劣；第二，杜根呈现异文的方式过于复杂，校勘记中的冗余信息过多；第三，杜根选择异文的理由有时并不充分。不过，克拉克和伍德（WOOD 1935）都对杜根、亨利的注释赞赏有加。据译者所见，这个版本的笺注旁征博引，对《图斯库路姆论辩集》中涉及的名物、引文、史事和概念等均有详细的解释。

Dinge in der klassischen Philologie (sind) erforscht，珀氏可能仅就校勘和考订而言）。但斯内尔却认为"我们才刚刚开始"（wir fangen doch eben erst an，参见 BURKERT 2004）。学术史和斯内尔后来的成就表明，是珀伦茨过于自信了。

　　[1] 这两个电子版各有短长。珀尔修斯版有校勘记，但有一些错误，比如1.7的[operam]缺少方括号，1.22的[alia]和1.29的(homines)类似，1.93的 coeperat 误作 coeuperat，2.25的 hunc 误作 nunc。帕卡德版中这几处无误（2.25的 nunc 除外），但是它没有校勘记。

　　[2]《拉丁辞海》（*TLL*）中的《图斯库路姆论辩集》引文则取自朱斯塔本。然而，中译者主要参考的几种晚近的英、德译本都没有以朱本为主要依据。

比代本（FOHLEN & HUMBERT 2011），1930 年第一版，福朗校勘，安贝尔翻译，2011 年又由博尔内克（H. Bornecque）和里沃（A. Rivaud）修订。珀伦茨（POHLENZ 1931）在其书评中对旧版上册（第一、第二卷）作出了相当尖锐的批判。珀文开头对比了自己与福朗对抄本的介绍。两相比较之下，我们能明显感到福朗有抄袭的嫌疑。根据珀氏的说法，福朗的拉丁语水平恐怕并不足以理解珀本的前言。在历数了福朗的众多谬误之后，珀伦茨评批评整套"比代文库"（Collection Budé）不应试图赶超德国的"托伊布纳丛刊"。

尽管珀氏的怒气与一战战败国学者的政治心态不无关联，但比代本的质量的确当受质疑。莱彻（FLETCHER 1932）给出的评价亦甚低，认为其异文选择不善，译文舛误明显，误植字符尤多，排版不便阅读。比代本新版中依旧没有完全更正这些业已指出的错谬。从中译者的角度看，比代本的校勘记稍嫌简略，部分译文的意译成分较多，与原文距离较远。

相较于其他几种校勘本，德雷克斯勒的版本（DREXLER 1964）似乎没有受到学界太多的关注。[1]《博睿新保利》（*Brill's New Pauly*）的补卷《希腊拉丁作家作品词典》（*Dictionary of Greek and Latin Authors and Texts*）中就没有罗列这个版本，《牛津古典学词典》（*Oxford Classical Dictionary*）各版次中"西塞罗"词条的参考文献都没有提到它。德本是罗马的西塞罗研究促进协会/西塞罗研究中心（Collegium Ciceronianis studiis provehendis / Centro di studi ciceroniani）[2]主编的"玛·图珥利乌斯·西塞罗现存作品考订版全集"（M. Tulli Ciceronis opera omnia quae exstant critico apparatu instructa）中的一册。比利时学者范·登·布鲁瓦纳（VAN DEN BRUWAENE 1968）认为，这个系列中的校勘本"并未提供许多新的

---

[1] 这或许是因为，德雷克斯勒是一名活跃的纳粹分子。尽管德雷克斯勒校勘了《图斯库路姆论辩集》，他对西塞罗的评价却很低：他说，西塞罗"没有观看现实的能力"（Unfähigkeit, Realitäten zu sehen，参见 DREXLER 1966: 73）。德氏的纳粹立场和轻视西塞罗的观点佐证了认为这两种观念之间存在关联的看法，详见本稿第 xxxiv–xxxv 页脚注。

[2] 该机构与巴黎的国际西塞罗之友协会（Société Internationale des Amis de Cicéron）办有学术期刊《西塞罗学刊》（*Ciceroniana*）。

资料"（n'apporte pas beaucoup de ressources nouvelles）。他提到，一些校勘者在心态上可能比较急躁，没有阅览抄本原件而仅仅使用了影印本或微缩胶卷，在一定程度上还依赖"托伊布纳丛书"中的相关版本。

针对德本，范·登·布鲁瓦纳也作了一些批评。他说，德氏对杜根、亨利的版本过于挑剔，但实际上"从前人那里借鉴了不少"（doit beaucoup aux prédécesseurs），却没有完全理解他们的意图；德雷克斯勒对西塞罗作品中的互文现象也不够熟悉，比如，他在 1.28 的旁证中没有提到《论诸神的本性》2.62，在 1.27–28 没有提到西塞罗的《蒂迈欧》拉丁语译本（尤其是第 7 节），在 1.67 没有提到《斯奇皮欧之梦》；在异文的取舍方面，德本有时也让人费解，比如他如珀伦茨那样在 1.37 选择了 opertae［被覆盖的］异文，却放弃了"被他视作文本的基础的"（reconnus par lui comme base du texte）抄本 G、V、R 和 K 上的 apertae［露出来的］。

最新的《论辩集》校勘本是朱斯塔本（GIUSTA 1984），但由于其引发的争议，这个版本至今尚未完全取代珀伦茨本。对西塞罗书信全集以及《反腓力》有过深入研究的贝利（BAILEY 1986）比较含蓄地批评朱斯塔的校改价值有限——尽管他肯定朱斯塔对早期抄本之间的关系、文字舛误和正字法差异等等作了比较充分、细致的梳理和介绍（其他学者的书评，比如 VAN DEN BRUWAENE 1987，在这一点上亦给予充分认可）。

朱本问世两年后，遭到伦德斯特伦以一部 138 页的专著（见后文）给出的猛烈攻击——伦氏甚至断言朱斯塔校勘本会对拉丁语文献（而不仅仅是《论辩集》或西塞罗的作品）的校勘工作产生负面影响（参见 LUNDSTRÖM 1986: 8）。伦氏的主要观点是，朱斯塔错误地相信存在所谓乙族抄本（die Handschriftenklasse „Y"），[1]从而在其校勘本中出现了过多且过分大胆的主观臆断（参见 LUNDSTRÖM 1986: 38–66）。

---

[1] 关于《图斯库路姆论辩集》的抄本传统，主流观点（如 POWELL 1988）是，现存的早期抄本之间并无明显的本质差异。抄本 V 上的一些校改（可能还有残本 F）代表着另一个抄本传统。这一传统对晚期的抄本有所影响，被称作"乙族抄本"，而主要的抄本传统则名为"甲族抄本"。需要注意，实际上我们并没有乙族抄本，只有所谓的传统乙。

相比于伦德斯特伦，同时作为西塞罗文献研究和思想研究专家的鲍威尔教授（POWELL 1987）对朱本的评价更加正面。鲍威尔在他后来的另一篇书评（POWELL 1996，此系对朱斯塔的回应性著作的评论）中坦言他不相信会有读者嫌朱本不够激进，但伦氏的批评也让他始料未及。鲍威尔在整体上理解朱本的"激进做法"（radicalism）：朱本中有 150 多处校改（平均每两页一处），而且朱本标注了大量可能的脱漏和存疑之处（朱本注意到的这些问题的确是《图斯库路姆论辩集》校勘方面的难点和疑点）。鲍威尔对朱本的批评首先在于，朱本主要关注较早的四个抄本 G、K、R、V，以及牛津大学所藏的残本 F（fragmentum oxoniense），而将其他抄本提供的信息（除了抄本 V 上的校改）仅仅用作推测的来源（fontes coniecturarum）。与此同时，朱斯塔较少关注晚近抄本（recentiores）。虽然鲍威尔没有完全否定朱本的这些通例，但他显然对此并不满意，谓之"有些过于自信"（a little over-confident）。鲍威尔在一些相对次要的问题上也有所批评。比如，他认为朱斯塔没有必要在 1.38 的校勘记中给出中世纪抄工的纯粹笔误 Gretiam（当作 Graeciam［希腊］），因为这在正字法上毫无意义——这些细枝末节的问题理应在前言中统一处理。另外，鲍威尔批评朱氏只顾及如实反映抄本的情况而忽视了读者的阅读感受，比方他依旧如珀伦茨那样保留了诸如 i（即阳性复数主格的 ei/ii［他们］）、is（即复数与格或夺格 eis/iis［他们］）的杂乱形式。不过，鲍威尔对朱斯塔最主要的批评在于，后者相信第一卷和第三卷的文本是西塞罗前后两个版本的组合产物，出自一位古代编者之手。朱氏只有所谓的内部证据，亦即西塞罗的自我重复。然而鲍威尔却以西塞罗的所有读者几乎都知晓的一个事实轻松地表达了自己强有力的观点：西塞罗的自我重复正是其写作风格的一个特点。

朱氏在受到众多批评之后以专著（1991）作出回应。鲍威尔的书评（1996）提到，这部将近四百页的专著分为两个部分。第一部分处理普遍的问题。首先是乙族抄本的问题：朱斯塔重申自己坚信它的存在。其

次，朱氏又阐述了其"前原型"（pre-archetype）理论。再次，朱斯塔回应了鲍威尔等学者对第一、第三两卷的"双重校订"（double recension）理论的质疑。在第二部分中，朱斯塔就校勘的细节问题作了更加细致的论述。鲍威尔说，这部分内容是后来的校勘者必须参考的内容，具有相当的价值。不过与此同时，鲍威尔也明确表示自己不愿继续讨论朱本的校勘问题。里夫（Reeve 1991）的整体评价与鲍威尔接近。

从实用的角度说，朱本的主观校改过多，往往"使读者无所适从"（sconcertano il lettore，参见 Venini 1986），不宜用作中译本的底本。

肯尼迪（Kennedy 2010: 11）的校注本也批评朱本过度关注可能的异文而忽视文本的思想脉络。肯氏自己的校勘却有严重的低级错误（参见 1.84 和 1.117 的译注）。肯氏仅校注了第一卷。对肯注的评述见后文。

另外，"牛津古典文献丛刊/牛津古典文本"（Scriptorum Classicorum Bibliotheca Oxoniensis / Oxford Classical Texts）中至今都没有《图斯库路姆论辩集》的校勘本。[1]

译　本

《图斯库路姆论辩集》第一卷有王焕生先生的中译文。这篇译文与《论老年》《论友谊》和《论法律》的第一卷合为一册《论灵魂》（1998、

---

[1] 我们可以对比十九世纪之前的情况：瑞士学者冯·奥雷利（J. C. von Orelli，1787—1849）和拜特尔（J. G. Baiter，1801—1877）编纂的三卷本《西塞罗专名词典》（Onomasticon Tullianum，1836—1838；系他们编订的多卷本《西塞罗全集》[1826—1838]的"附录"；《全集》的出版可被视作现代西塞罗研究开始的标志，参见 Manuwald 2015: 145）的第一册（Orellius & Baiterus 1965）从第 197 页开始罗列西塞罗作品的印刷版。其中，各种版本的西塞罗全集就占据近 20 页篇幅（第 197–203 页），随后是修辞学著作（第 215 页–238 页）、演说词（第 238–276 页）、书信集（第 276–307 页）、哲学作品（第 307–376 页；《图斯库路姆论辩集》在第 368–374 页）、托名作品（第 376–380 页）、选集（第 380–382 页）、译本（第 383–423 页；大体按照古希腊语、德语、英语、法语、丹麦语、意大利语、波兰语、葡萄牙语、西班牙语、瑞典语和匈牙利语的顺序，其中提到的最早的《图斯库路姆论辩集》英、德、法、意译本分别出版于 1561 年、1531 年[第一卷]、1543 年和 1544 年）和注释（第 424–477 页）。

美国古典学家麦克肯德里克推测，《图斯库路姆论辩集》（以及西塞罗的其他哲学作品）受到忽视的原因可能就是流行于十九世纪德国学界的来源研究（麦氏对这一研究范式持负面态度，参见 MacKendrick 1989: ix）。关于来源研究，见后文脚注。

2009)。王译据洛布本译出（版本信息不见于 2009 年重排本）。王焕生先生是我国古典学前辈，这份译文展现了其一贯的流畅风格。不过，或许由于整个"经典对话录"系列偏重普及性、通俗性，因此王译只有章（chapter）的划分，并没有按照学术惯例标注节（section，详见后文）。[1]

让人颇感诧异的是，最新的《图斯库路姆论辩集》学术性全本英译是 1927 初版、1945 年修订的拉英对照的洛布本。译者手中的纸质版印刷于 1971 年，其中提到，"我们现在（1971）有德雷克斯勒的校勘本（米兰 1964）"（We have now (1971) H. Drexler's edition, Milan 1964，参见 KING 1971: xxxiv）。"洛布古典丛书"（Loeb Classical Library）网站中的电子版也有这句话（洛布本不同版次之间的其他差异暂且忽略）。洛布本并非校勘本，但给出了一些比较重要的异文，章节划分则与珀伦茨本有所出入。纳普（KNAPP 1927）认为洛布本英译和参考书目显然都很不令人满意。德·维特（DE WITT 1928）也认为译文不够忠实。修订版更正了斯图尔特（STEWART 1929）指出的部分误译，但仍有不容忽略的错误（比如 2.16，参见 DOUGLAS 1990b），[2] 而且索引亦有谬误，并非善本。不过，洛布本注释对译者有较大帮助，大部分都吸收在本稿注释中。

洛布本出版半个世纪后，道格拉斯的两册译注本（DOUGLAS 1994, 1990a）推进了《图斯库路姆论辩集》的英译：前一册仅有第一卷（初版于 1985 年），第二册包含第二、第五两卷（均为拉英对照本）。道氏的英译更贴近字面（偶有误译，参见本稿 5.18 译注），注释亦详实，且鲜有与洛布本重合者，为读者比较清晰地呈现了《论辩集》在西塞罗作品中的具体位置以及它与其他作品之间的联系，在哲学和修辞方面的注释也远比洛布本丰富。道格拉斯的译注本得到了鲍威尔（POWELL 1987, 1991）的赞赏。格勒（GÖRLER 1987, 1992）[3] 不认同道氏的一些哲学解

---

[1] 王焕生的其他西塞罗译本均标注了节号。
[2] 另可参见布鲁姆《王制》译本前言（BLOOM 2016: xxv–xxxviii）所述的翻译理念。
[3] 格勒（W. Görler, 1933—2022），古典语文学者。他的西塞罗研究著作 GÖRLER 1974 和 GAWLICK & GÖRLER 1994 尤其重要，参见 MASO 2022: 51–52。

释，但肯定其译文和注释对学生较有帮助。鲍、格二文均提到，道氏尽力兼顾专家与学生的需求，但在一些细节上并未达成最完美的平衡。亚当斯（ADAMS 1988）也指出了一些瑕疵，但他的态度稍嫌苛刻。

《论辩集》的第三、第四卷还有一个并不陈旧的英译本，即格雷弗译注本（GRAVER 2002）。卡斯特（KASTER 2002）对格氏的译文和注释给予了较高的评价，而赖特（WRIGHT 2006）批评格氏对道格拉斯缺乏敬意，又因忽视《论辩集》的形式而产生误解。在译者看来，格氏的翻译思路可能暂时并不适用于西塞罗（以及其他古希腊罗马作家）作品的中译，主要因为她更在意译文的优美（参见 DYCK 2004）而非精确。

晚近还有戴维的英语节译本（DAVIE & GRIFFIN 2017），注释由美国著名古典学者格里芬所作。不过，其中的译文和注释都令人失望。这个译本以"论生命与死亡"（On Life and Death）为标题，收录了《论老年》《论友谊》以及《论辩集》的第一、第二和第五卷（亦即道格拉斯翻译的部分）和第三、第四卷的开头（3.1–7、4.1–7）。其中，《论辩集》的译文和注释在很大程度上因袭了道格拉斯本，从而延续了道氏的错误（参见本稿 5.9、5.18 和 5.109 注释），甚至可以被粗略地视作道本的改编版。格里芬的注释则有较多出处标注方面的错误，[1]但总体上简明扼要、重点突出。另外，在戴维本中，几乎每一节译文都单独成段，以至于割裂了文意（参见本稿 2.40 注释），不便于读者获得对作品的整全理解。

美国海军陆战队退役军人托马斯（George Thomas）以库尔提乌斯（Quintus Curtius）的笔名出版了最新的全本英译（2021）。库氏自称译自

---

[1] 比如其对 1.6 的注释提到西塞罗批评伊壁鸠鲁写作方式粗率，引用《论诸神的本性》1.123，却写成 1.125（《论诸神的本性》第一卷仅 124 节）；1.16 的注释提及《论善恶之极》3.3，却写成 3.2（道格拉斯本不误）；1.18 的注释提及恩尼乌斯《编年纪事》10.329，却写成 1.329；1.96 注释提及色诺芬《希腊志》2.3.11–56，却写成 2.311–56（道氏不误）；1.99 注释提及《学园派前篇》2.74，却写成 2.74.1（道氏不误）；2.3 注释提及《布鲁图斯》284–290，却写成 28.4–29（道氏不误）；2.34 注释提及亚里士多德《政治学》（《邦务》）1271b22，却写成 127b22（道氏亦误）；4.1 注释提及《学说汇纂》1.2.2.2，却写成 2.2.2；4.6 注释提及《论善恶之极》4.21，却写成 4.22……如是种种，实在令人遗憾。

蒂舍尔（G. Tischer）和佐罗夫（G. Sorof）1884 年的"校勘本"，[1]另参
考了 ROCKWOOD 1903（见后文）。库本有过度因袭洛布本的嫌疑（参见
1.73、1.88），亦未标注节号，因此其学术性有限，但仍具一定价值。

梅因（MAIN 1824）、奥蒂斯（OTIS 1839）、皮博迪（PEABODY 1886）、
扬（YONGE 1899）和格兰特（GRANT 1971: 49–116，仅第五卷）等人的
英译，译者参考得较少。在译者见到的各种版本中，最早的两个《图斯
库路姆论辩集》常译本（ANON. 1683, 1715）均未署名，其中后者的译
文正文前有一篇启蒙哲人托兰德所作的评述（TOLAND 1715）。[2]

《图斯库路姆论辩集》的几种德译本在精确性方面为眼下这个中译
本提供了帮助。译者找到的较早的德译本出自著名的古典语文学者毕希
纳（K. Büchner，1910—1981）之手（1966 年修订版），译文流畅清晰。
本稿主要参考的德译本是基尔福本（KIRFEL 1997），拉德对照，收于"万
有文库"（Universal Bibliothek）系列。基氏译文尤其贴近拉丁原文，但
不少注释则与洛布本注释相似。

除了这两个版本之外，"图斯库路姆丛书"（Sammlung Tusculum）
中拉德对照的葛恭本（GIGON 1970）也值得一提：葛氏在古代哲学方面
颇有贡献，[3]但 VAN DEN BRUWAENE 1972 一文批评葛本在注释中往往忽
略廊下派的波塞冬尼欧斯（参见 2.61）对西塞罗的影响。另外，这篇书
评提到，葛氏并未交代其所使用的底本，因而评论者便"会关注其译文
和注释"（l'intérêt portera donc sur la traduction et les notes）；不过，文中
涉及具体译文的地方仅寥寥数语，可能亦有批评之意。在译者看来，葛
恭本在德语表达上似不如毕希纳本流畅，而其精确性则不如基尔福本。[4]

---

[1] 据中译者所见，蒂舍尔本初版于 1850 年，再版于 1854 年，不分册；1887 年出版
了经佐罗夫修订的下册（第三至五卷，第 8 版），1899 年出版了经佐氏修订的上册（第
一、第二卷，第 9 版）。这几个版本都不是严格意义上的校勘本，是德语笺注本。

[2] 关于托兰德对西塞罗的歪曲，参见 EAST 2017。

[3] 中国学者对葛恭的评价可见葛恭 2010 的"编者前言"。

[4] 另外还有布林格曼（K. Bringmann）的第一卷拉德对照本，收于 REICH, BRINGMANN
& ZEKL 1969: 24–135，中译者未能得见。

译者收集到的唯一一个法译本是比代本（见上文）；另有马里诺内（MARINONE 1955）、迪·维尔吉尼奥（DI VIRGINIO 1996）和迪·蒂利奥（DI TILLIO 2016）的意译以及加斯帕罗娃的俄译（ГАСПАРОВА 2017）。[1]

笺注本

《图斯库路姆论辩集》的笺注本亦不算少。保罗、阿诺德本（PAUL & ARNOLD 1851）、安东本（ANTHON 1852）、蔡斯本（CHASE 1868，第一卷）、斯莫利本（SMALLEY 1892，第五卷）、罗克伍德本（ROCKWOOD 1903，第一卷）和纳丁本（NUTTING 1909，第一、第二和第五卷）这几个英语注本在语法方面的解释相当清晰、实用，不过杜根、亨利本（DOUGAN 1905 和 DOUGAN & HENRY 1934，见上文）这套校注本更胜一筹——它充分吸收了德国学者屈纳的拉丁语校注本（KÜHNER 1874）的成果。

比较重要的德语笺注本是海涅本第二版（HEINE 1873，五卷全）、海涅本第四版上册（HEINE 1892，第一、第二卷）、下册（HEINE 1957，第三至五卷，据 1929 年版影印）和珀伦茨本（POHLENZ 1957，第一、第二卷，据 1912 年第五版影印）。珀本与海本第四版下册合为一册刊行。

肯尼迪本（KENNEDY 2010）系一部博士论文，仅关注第一卷。肯氏比较清晰地呈现了《论辩集》与希腊哲学作品之间的互文性（intertextuality）。然而，肯注的部分内容与杜根本雷同而又未注明出处，在引述古代文献时则屡有出处标注错误（肯氏的硕士论文亦然，见后文）。[2]

义疏本

霍梅尔（HOMMEL 1968）以近六十页的篇幅考察了《论辩集》第五

---

[1] 根据 LUCIANI 2010: 391，还有冈萨雷斯（A. M. González）的西班牙语译本（2005）。根据 GUIDOBALDI & PESANDO 1993: 155，还有巴伦蒂（E. Valenti）的加泰罗尼亚语拉丁语对照译本（1948—1950，三卷本）。《论辩集》有木村健治、岩谷智的日译本『トゥスクルム荘対談集』（2002），系岩波书店版「キケロー選集」第十二册（哲学卷第五册）；还有鼎严学堂（정암학당/Jungam Academy）金南佑（김남우）的韩译本《투스쿨룸 대화》（2014/2022）。日译本和韩译本依据的都是珀伦茨本勘本。这四个译本，译者都未能得见全书。

[2]《论辩集》还有雍克斯（E. J. Jonkers）的荷兰语第一卷笺注本（1966），译者未得见全书。

卷第 5–6 节中对哲学的"祷文礼赞"（Gebetshymnus）。霍氏分析了这段文字的修辞性结构和内容，认为它可能受《法义》2.661b–e 的直接影响，并且经由波塞冬尼欧斯而间接地受影响于《圣咏集》84（83）。米克斯（MIX 1968）注意到霍著主要基于早期德国学者施密特（W. Schmid）和魏因赖希（O. Weinreich）的研究，而且认为其呈现古代文本的方式可能会给读者造成一定的障碍。鲁赫（RUCH 1972）完全承认西塞罗这段文字中的"宗教性特征"（caractère religieux），但他认为西塞罗所体现的是一种"普遍的智慧"（sagesse universelle），并不完全信服霍氏的钩沉。

我们已经提到过肯尼迪的博士学位论文（KENNEDY 2010）。肯氏的硕士学位论文（KENNEDY 2006）着眼于西塞罗《图斯库路姆论辩集》的第一卷，侧重于哲学解读。肯尼迪本人所写的内容摘要如下：

> 本文考察了西塞罗《图斯库路姆论辩集》的言说形式和哲学内容。笔者认为，这部作品与西塞罗的其他哲学著作迥然不同，因此有必要作一番独特的解释。西塞罗此书以演说家的优雅来阐述思想，而不是随辩证哲人缓慢而谨慎的步伐来阐述思想。西塞罗习以为常的怀疑论似乎退居其次，因为他现在明确旨在论证，我们的死亡不应受到哀悼，而应得到迎接和享受，从而免除生活中的伤痛和痛苦。笔者澄清了廊下派和伊壁鸠鲁派的论证（西塞罗有时把它们融合为有趣而有创造力的表述）。西塞罗精心组织了关于不朽、感觉和欲望的论证，以对早先有争议的各种论证给出一个尖锐的新说法（to give a new poignant turn to the old contentious arguments）。这位训练有素的专业律师没有调和这些论证，而是娴熟地施展策略使之彼此巩固——他的目的并非宣告死亡不是恶，而是为读者竖立起十足的信心：死亡当然是一种善。

肯尼迪主要从西塞罗对学园派、廊下派和伊壁鸠鲁学派的取舍上作出解读，在一些细节上为我们的思考提供了新的思路。美中不足的是，肯氏的部分结论比较草率，缺乏文本依据，似乎为了追求"创新"而故作惊人之语（比如他在解读 1.44 的 profecto beati erimus［我们当然会是幸福的］时对策勒［ZELLER 1870: 206］的批评就不太合理）。

科赫的义疏（KOCH 2006）以"针对灵魂的解药"（Medizin für die Seele）为主线对《论辩集》加以哲学解读，他本人所撰的英语摘要如下：

> 本书旨在展现西塞罗用以连接五场图斯库路姆论辩的脉络。我们认为这条脉络就在于对灵魂的治疗（in therapy of the soul）。西塞罗不仅描述了这种治疗，并且试图通过四个阶段来执行它。治疗的概念及其灵魂学/心理学（psychological）预设在第四卷中得到解释：根据廊下派的说法，各种情绪（emotions）看起来是灵魂的疾病，如果其中隐含的假设得到改变或者根除，那么疾病就可根除。第一到第四卷的四场论辩就旨在改变这种引发情绪的（emotion-arousing）假设。最危险的假设是"死亡是恶"和"痛苦是恶"，分别位于第一卷和第二卷。第三卷意在表明，我们不该允许忧愁这种折磨人的情绪出现。第四卷意在表明，根本不允许任何情绪存在。
>
> 西塞罗似乎受到他的老师拉瑞斯撒的菲隆启发。后者显然把哲学推理比作医学实践，而且至少区分了三个步骤：规劝性步骤（protreptic）、治疗性步骤（therapeutic）和保护性步骤（preservative）。在这一语境中，《图斯库路姆论辩集》的五篇前言就可被视作规劝性步骤，第一至第四卷的论辩是治疗，第五卷的论辩则开具了一张"保护性处方"（"preservative formula"），用来维持灵魂的良好状态：智慧者将会是永远幸福的。
>
> 治疗性过程的特征在于，它组合了强有力的辩证论证和修辞（标志是划船和航海的意象），这涉及西塞罗的怀疑论的认识论立场。（KOCH 2006: 199–200）

此书出版不久之后，又有两部对《论辩集》作义理阐发的著作问世。

吉尔登哈德（GILDENHARD 2007）对《图斯库路姆论辩集》作了文本细读，作者本人所撰的内容摘要如下：

> 《罗马教化：西塞罗的〈图斯库路姆论辩集〉》（*Paideia Romana: Cicero's Tusculan Disputations*）以全新的视角审视西方典籍中不受青睐的《论辩集》，揭示出它是一部具有冲击力和深刻独创性的作品，可以说是西塞罗对凯撒僭政的最精巧的文学回应。拙著展示的是，当我们按照《论辩集》之所是来阅读这部对话时，其迄今备受诟病的（lambasted）文学设计、在研究上被孤立的五篇前言和被忽视的教导策略以什么方式开始融为一体——它不是希腊哲学中的一部拉丁语论著，而是以教化为目的的罗马戏剧，带有强烈的政治潜台词。拙著第 1 章"形式：谜题和谜底"（The form – enigmas and answers）试图理解学者们认为令人困惑或令人失望的作品特点，比如无特征的人物、不确定的体裁和背景的缺失。第 2 章"五篇前言：反僭主和文化之战"（The prologues – *in tyrannum* and cultural warfare）分析了西塞罗如何在五卷书的前言中将其创立并传授"拉丁语哲学"的愿望置于更广阔的语境下——尤其是置于凯撒的独裁下和古希腊罗马的智识传统中。最后的第 3 章"策略：老师和门生"（The plot – teacher and student）探讨了对话中呈现为一种建构性拓展（constructive outreach）的教学法，面向未来一代的罗马贤良。拙著关注《论辩集》中的修辞、文学艺术性以及历史背景，借助前人的研究推进对这部作品的理解，从而为当前对西塞罗思想及其写作实践的重新评估作出有意义的贡献。

吉氏在其结论中为读者指明了一条阅读《论辩集》的路径：

> 如果我们把《图斯库路姆论辩集》当作一部[现代]哲学论著来阅读，那么它就是一部呈现出作者之无能的寡味作品。如果我们把《论辩集》视作西塞罗在智识上所尝试的对现实僭政的应对，那么

这部对话就会大放异彩，并且会证明西塞罗在政治和文学上的创造力。（GILDENHARD 2007: 277）

吉尔登哈德十分强调作品开头对于作者和读者的重要地位：西塞罗通过他的前言向读者展示理解作品的方式，因此前言是进入一部作品的"大门"（gateway）。从而，由于西塞罗的"前言库存"（参见《致阿特提库斯书》16.6.4，引文见附录《西塞罗作品列表》脚注）便轻视其价值、否定其作用的研究路向令他遗憾（参见 GILDENHARD 2007: 89）。[1]

吉尔登哈德的审慎态度扎根于《图斯库路姆论辩集》本身的文本脉络和西塞罗本人的思想语境。因此，他细致的阅读方式在整体上得到了其他学者的明确认可（参见 LA BUA 2009、STEEL 2009 和 STENUIT 2009）。但在根本的学术立场上，吉氏未必能获得众多知音——西塞罗不也是如此吗？斯蒂尔（STEEL 2009）在肯定吉著的同时也有所疑惑：大多数读者没有能力深入理解西塞罗么？吉著对西塞罗和他的这部作品是否过于敬重？显然，斯蒂尔基于现代古典学立场对古代经典作出了一种俯视性的评价，这篇评论的思维模式在本质上恰恰就是非古典的。斯蒂尔不仅拒绝在理解的态度上自我反思，而且它对吉著的批评也未涉及《图斯库路姆论辩集》的文本细节，却只提出一种泛泛的评论。[2]吉尔登哈德的研究成果自然不是完美的研究（比如 BALBO 2008、SCHOFIELD 2009 就提到论证上的个别瑕疵），但它使得学界对《论辩集》的理解焕然一新（参见 GRIFFIN 2013），无疑是我们理解西塞罗此书的重要参考。

勒弗维尔的义疏（LEFÈVRE 2008）也尤其重要。氏著分为"分析"

---

[1] 从这一点来看，瑞典学者扬松的著作（JANSON 1964）似乎与我们的探究不无关联，可惜译者未能获取此书全文。扬著曾受到西塞罗研究专家道格拉斯（DOUGLAS 1965）的批评：首先，作为非英语母语者的扬松出现了一些"不符合语言习惯的表达"（unidiomatic expressions）；其次，他未能勾勒拉丁散文的前言与希腊文学的关联；最重要的是，扬松几乎没有提到西塞罗的哲学散文，却稍显冗长地转述其他学者的观点，而且这些观点也并不可靠。

[2] 我们可以对比这种态度和罗德之、沃格林对柏拉图研究的反思态度。他们认为，"柏拉图的思想被那些装作是其门徒的人歪曲了……今天的西方哲学沦陷于废墟之中"（参见罗德之 2012: 1）。

（Analyse）和"画面/造型"（Tableau）两部分。有学者赞许说"它并不只是一部页边注释的汇编"（nicht lediglich eine Kompilation von Marginalien darstellt，参见 ENGELS 2010），而是以"僭政下的哲学"（Philosophie unter der Tyrannis）为核心问题对西塞罗全书的结构、内容、方法论和原创性等等所作的基础性研究。正如这位评论者所言，勒著的第一部分并不关注细节问题，而致力于作出哲学解释，试图理解西塞罗的"整体思路"（des generellen Gedankengangs）和"作品的结构设计"（Architektonik der Schrift）。勒著的第二部分从"[基本]情况"（Situation）、"个人问题"（Persönlich Problematik）、"政治"（Politik）、"哲学"（Philosophie）、"修辞"（Rhetorik）、"来源"（Quellen）和"产生"（Genese）这七个层面深入文本的细节，对全书作出全面阐释，在第八章"展望"（Ausblick）中考察了《图斯库路姆论辩集》和西塞罗完整存世的最后一部哲学作品《论义务》之间的关系。如一位法国学者（GUILLAUMONT 2010）所言，勒著明显摆脱了 19 世纪的来源研究（Quellenforschung）的模式，[1]没有企图

---

[1] 西塞罗研究界对来源研究的反思和清理已有约百年的历史，最新的西塞罗哲学导论依旧持否定态度（参见 MASO 2022: VI, 50, 69—70, 80）。沙利文（SULLIVAN 1951: 1—20）认为来源研究的"始作俑者"是著名的古希腊哲学史研究者策勒（E. Zeller, 1814—1908），希策尔（R. Hirzel）和蒂奥古（C. Thiaucourt）紧随其后，海涅（O. Heine）、伯恩哈德（M. Bernhard）和于贝伟格（F. Überweg）等人亦落入这一窠臼。策勒对这种失之偏颇的研究路径负有主要责任——他不仅不严肃对待西塞罗哲学作品的文学面相，而且也不关心西塞罗亲身参与而在其中发挥了重要作用的政治事件。策勒把西塞罗的作品当作晚期希腊哲学文本的复制品，从而否定其原创性，仅仅作为个人研究的工具和材料。希策尔和蒂奥古的做法也值得让人警惕，因为他们的研究"几乎完全忽视了一幅整全的西塞罗形象中的其他许多重要元素"（almost completely neglect the many other important elements in the total picture of Cicero）。来源研究的数种文本"证据"已经被严肃的研究者从西塞罗的自我表述、写作速度和所谓的"实例"这三个角度否定了（参见 WYNNE 2019: 18—28）。

另外值得注意的是，以德国历史学家德鲁曼（W. Drumann，1786—1861）和蒙森（T. Mommsen，1817—1903）为代表的另一条研究路径也遭到沙利文的批判。德、蒙二人关注西塞罗在罗马共和末期的书信、演说词和政治行动，试图研究西塞罗在共和政制消亡的历史变革中发挥的作用。他们嘲笑西塞罗政治生涯的"失败"，轻视西塞罗的哲学成就，贬低西塞罗的灵魂品质（麦克肯德里克[MACKENDRICK 1989: 3—4]则提到，一些法国学者认为，蒙森由于自己的政治立场而刻意抬高凯撒、抹黑西塞罗的做法与纳粹思想并非毫无干系；这不禁让我们想起，与来源研究几乎处于同时的三百多卷本的"日耳曼历史文献集成"[Monumenta Germaniae historica]恰恰源于日耳曼民族主义的兴起；芬利[M. Finley]自称与蒙森为伍，被今日的西塞罗研究者视为反面典型，参见 ATKINS 2013: 227）。

研究《图斯库路姆论辩集》每一卷的所谓的"希腊来源",而更加关注西塞罗此书的个人性;相比于前面提到的两本义疏,勒著在整全性上也更胜一筹。其他学者(比如 STUCCHI 2011)亦有较高评价。

上述两种带有明显历史局限和主观倾向的所谓"实证式"研究很快就得到了布瓦西耶(G. Boissier)、里德(J. S. Reid)、洛朗(L. Laurand)、普拉斯贝格(O. Plasberg)和彼得松(T. Petersson)等多位学者的"拨乱反正"。在西塞罗研究史上,尤其值得一提的是德国学者屈纳(R. Kühner, 1802—1878;他为《图斯库路姆论辩集》做过校注,见前文)。屈纳之前的学者往往强调西塞罗的文风(style)而忽视其他方面的研究。然而 23 岁的屈纳展现出他对西塞罗哲学作品的整全把握,认为西塞罗对其哲学著作有明确的规划,涵盖了古代哲学的每一个重要话题。以苛刻著称的尼布尔(B. G. Niebuhr)也对屈纳的才华称赞有加(提到尼布尔,我们还可想起,这位实证主义史学家出于其日耳曼民族主义的政治立场而对色诺芬横加贬低,而这与西塞罗所遭遇的情况如出一辙,参见 NADON 2016: 1)。

沙利文认为,经学者们努力,当时主流的西塞罗研究重现出追求整全和立足于文本的面貌,《大保利古典学百科全书》中的西塞罗词条(GELZER 1939、KROLL 1939、PHILIPPSON 1939、BÜCHNER 1939a 和 BÜCHNER 1939b;后有补编 VON ALBRECHT 1973)就是以"一种同情且学术的方式"(a sympathetic and scholarly manner)来理解西塞罗的范例。

对来源研究的清理并未止步于此。西塞罗研究领域的耆宿鲍威尔(POWELL 1995b)曾明确指出,学界已经否定了 20 世纪初盛行于各种博士论文的"寻找来源的这种机械的研究方式"(the mechanical method of searching for sources),这并非来源研究本身的错,而是研究者逾越了应有的界限,而且没有按照"西塞罗实际所说的"(what Cicero actually says)来理解西塞罗。鲍威尔教授的这番话出自他主编的论文集《哲人西塞罗》(POWELL 1995a,见后文)的引言,说得相对温和,但在主要写给学生读者的《斯奇皮欧之梦》译注本(POWELL 1990: 129)中,他非常明确地斥之为"荒唐的"(absurd)路径。西塞罗研究专家戴克(DYCK 1996)在评论《哲人西塞罗》时以更加尖锐的措辞说道:

> 在西方思想的漫长历史中,西塞罗的哲学作品直到 19 世纪都占有一席之地。也就是说,对其哲学作品的忽视是相对晚近才产生的。而且,这种忽视在很大程度上根植于 19 世纪开始的对重构西塞罗作品之来源的关注。我们可以断言,这种忽视是学术潮流所引发的异常/畸变(aberration),而学界最近对其哲学作品兴趣大增,使之恢复了(restores)正常的核心地位(normal centrality)。

或许是因为我们耳熟能详的多位德国学者都曾深陷于来源研究,因此,系统的反思仍在持续。贝格曼(BEGEMANN 2015)在她的论文标题中以"破坏"(damage(d))一词来描述这种"日耳曼历史主义"(German historicism)对西塞罗《论诸神的本性》《论预言》和《论命运》三书的"理解"。奥尔特曼(ALTMAN 2016d)对这一描述完全赞同。在后者看来,贝格曼准确分析了来源研究"在方法论上的种种荒谬"(methodological absurdities)。译者认为,贝文的价值不仅在于她罗列出乌泽纳(H. Usener)、霍耶(R. Hoyer)、莱茵哈特(K. Reinhardt)和芬格(P. Finger)这些需要引起注意的名字,更重要的是,贝氏揭示了来源研究在根基处的核心态度——这些受到批判的日耳曼学者并不愿意理性对待西塞罗哲学本身,反倒认为曾在多位希腊哲人身边求学多年的西塞罗"实际上并不理解自己在写什么,也不理解自己是如何写作的"(did really not understand what and how he wrote),甚至"不知道自己在谈论的东西"(doesn't know what he is talking about)。难怪布瓦扬塞的著名檄文(BOYANCÉ 1936b)开头就揭露,来源研究企图"除掉"(éliminer)西塞罗!

令人欣慰的是,对来源研究的反思并不局限于西塞罗研究。近几十年来,古代史书的研究者也在作类似的批判(参见吴桐 2021: 152)。

其他相关文献

汉语学界对西塞罗的严肃研究正在起步。

傅永东的博士论文（1992）分为两个部分：《论共和国》的详细介绍（中英双语）及全书中译。就译者所见，这是中国首部研究西塞罗的博士论文。法国学者格里马尔撰写的西塞罗传记简明扼要、重点突出，中译（1993）值得细读。林志雄的博士论文（2007）从政治哲学的视角研究《论演说家》。刘小枫所编的文选（2008）收录了三篇涉及西塞罗的解读文章（巴洛 2008、克里斯 2008 和雷克辛 2008），分别关于《论共和国》《论义务》和《论法律》。余友辉的专著（2010）扩充自他的博士论文，梳理了西方古典修辞学与西方古典政治哲学之间的关系，尤其关注西塞罗。刘小枫、陈少明主编的辑刊（2011）以"西塞罗的苏格拉底"为线索集中提供了五篇西塞罗哲学研究文献。英国学者罗森所著的西塞罗传记颇具文学色彩，可惜中译本（2015）的质量让人失望。施特劳斯的课堂录音整理稿关注西塞罗的政治哲学，主要涉及《论共和国》《论法律》《论善恶之极》和《论义务》，此书中译本（2018）的译者为于璐，其博士论文（2020）研究西塞罗的自然法思想传统。段红玉的博士论文（2021）借助西塞罗的书信考察罗马共和末期的政治。

西方学界对西塞罗的研究成果值得我们批判地吸收。这里仅概述近六十年来与《图斯库路姆论辩集》关系较为紧密的部分文献。

伦德斯特伦有三部著作（LUNDSTRÖM 1964, 1982, 1986）涉及《论辩集》的校勘。译者未得见其中的第二部（据 VAN DEN BRUWAENE 1982 等书评，这本小册子讨论了 2.26 的一处校勘问题）。LUNDSTRÖM 1964 按类别讨论了《论辩集》中逾六十处涉及古注的校勘问题。一些校勘者往往通过删除的手段来处理某个疑难字词，而伦氏则以另辟蹊径的解读来化解，因而整体上较保守，宁可增补也不愿删改（参见 NISBET 1966）。

LUNDSTRÖM 1986 批评朱斯塔校勘本（GIUSTA 1984，见前文）。此书分为四个部分：语法（又分为词法和句法）、乙族抄本、想象出来的前原型（die vermeintlichen Vorarchetypen）和朱斯塔的推测（又分为不必要的校改［unnötige Eingriffe］和错误的推测［falsche Konjekturen]）。鲍威尔（POWELL 1988）评论说，尽管伦著（LUNDSTRÖM 1986: 8）肯定朱本是"一部相当重要的成果"（eine sehr wichtige Leistung）而且"令人印象深刻"（imponierend），但是它在校勘细节和校勘原则（亦即前原型和乙族抄本的问题）上都对朱本大加批判。伦氏承认不存在乙族抄本，但是他也否认存在传统乙。在他看来，抄本 V 上优秀的校改和残本 F 并不来自所谓的传统乙，而是来自中世纪的推测。伦氏的这一观点在鲍威尔看来高估了中世纪校改者的水平——造成抄本问题的原因实则是，那些校改和残本 F 所来自的抄本丢失了。鲍威尔在整体上认为伦氏过于保守（相反朱氏在 1.13 和 1.40 两处的增补就非常合理），而且他对朱氏的指责可能过于严厉和苛刻。本稿并不特别关注《图斯库路姆论辩集》的校勘，但在重要的义理问题涉及校勘差异时，这部著作依旧值得参考。

古尔德的博士论文（GOULD 1968）关注《论辩集》第一卷与柏拉图对话之间的关联。古氏认为，西塞罗不仅间接地了解到柏拉图的学说，而且长期浸淫于柏拉图对话，故在写作《论辩集》时信手拈来；西塞罗终其一生都非常认同柏拉图，他不是简单的模仿者，而是在内容和形式上都有所选择地运用了柏拉图的言辞和思想。

鲍威尔主编的论文集《哲人西塞罗》（POWELL 1995a）关注作为一名古代哲人的西塞罗，含论文十二篇，其中收有重要的西塞罗研究者道格拉斯对《图斯库路姆论辩集》的形式和内容的梳理（DOUGLAS 1995）。

格勒（GÖRLER 1996）关注《图斯库路姆论辩集》的文学特征和全书的结构，从而论证此书在西塞罗作品中的重要地位以及西塞罗在哲学和修辞学上的"双重才华"（Doppelbegabung）。格文的另一目的是说明门生（罗马青年）这一角色的作用"被低估了"（unterschätzt ist）。格勒注意到，"西塞罗并未彻底地忠实于他本人的角色"（Cicero bleibt seiner Rolle nicht durchweg treu），他也会与门生陷入相同的疑惑，并为这些疑惑代言。格氏重视门生，又区分了作者西塞罗与对话者玛尔库斯，这两点为之后的研究思路作出了贡献。

森（SENG 1998）聚焦于《论辩集》的谋篇布局。此文开头就提到，来源研究（见上文脚注）限制了学界对此书结构的研究，随后又说，《论辩集》其实是"一部文学杰作"（ein literarisches Kunstwerk）。森认为，这五卷都具有精巧的对称结构（图2）：

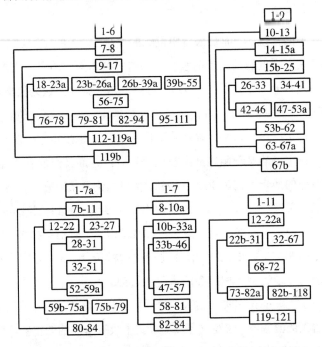

图 2　森所作的五卷结构示意图

在森看来，不止每一卷内部有对称结构，而且第一和第五卷、第二和第四卷在结构上也对应。第一、第五卷的层次划分大都由次对话者罗马青年的发言来标示；第一卷的核心部分 1.56–75 关注灵魂的永恒性和神圣性，对应于第五卷的核心 5.68–72，后者论述智慧者的灵魂的幸福。第二和第四卷都具有轴对称结构，这两卷的主体部分都分为对应的两个版块（2.26–41 和 2.42–53a，还有 4.33b–46 和 4.47–57），每个版块的开始都有门生的发言作为标记。第三卷与第一、第五卷相似，也是中心对称结构。然而，与那两卷不同，第三卷的核心部分（3.32–51）并非肯定性的内容，而是对伊壁鸠鲁的批判。森认为，"正是通过[第三卷]，才可能不知不觉地实现从经验到标准的蜕变"（gerade dadurch kann der Umschlag von der Empirie zur Norm unbemerkt geschehen），而为了使对"幸福生活"的理解在标准和经验层面达成一致，西塞罗自然要在《图斯库路姆论辩集》的中心对伊壁鸠鲁（及其罗马追随者）大加鞭挞。[1]

哈默在《罗马的政治思想与现代的理论想象》（HAMMER 2008）中专辟一章解读《图斯库路姆论辩集》。他从政治角度来考察《论辩集》，有助于读者思考古今政治思想的流变，但其部分论述却打破了《论辩集》的整体性，而且有以西塞罗解读阿伦特的嫌疑。

奥尔特曼（ALTMAN 2009）从女性人文主义（womanly humanism）的角度来解读《图斯库路姆论辩集》。奥文的内容摘要如下：

> 与《论善恶之极》相仿，西塞罗的《图斯库路姆论辩集》最好也放到其女图珥利阿因产子而去世的语境中来理解。把《论辩集》中的老师视作西塞罗本人是一种不加批判的假设。这种不妥当的假设使得我们认为《论辩集》驳斥无男子气概的（unmanly）悲伤而肯定与阿那克萨戈拉有关的一种冷漠的超然（an aloof detachment）。由于《论辩集》适合作为一处文辞圣龛，由一位柏拉图主义者所构想，献给一位给予他者生命的女性，因此这部多层次的文本巧妙地提倡利他（altruism）。西塞罗具有足够的男子气魄（was man enough）在字里行间把这种君子般（virtuous）而富有同情心的（compassion-

---

[1]《论辩集》第五卷的前言可能也有对称结构，参见顾枝鹰 2020a。容科尼（RONCONI 1967: 36–37）认为，《斯奇皮欧之梦》具有对称结构：第 13 节（劝勉）是核心，第 9 节（进入梦境）对应第 29 节（脱离梦境），第 10 节（老阿弗瑞卡努斯在梦境中显现）对应第 26–29 节（灵魂和肉体），第 11 节（预言未来）对应第 22–25 节（鄙夷尘世之物），第 12 节（预言斯奇皮欧之死）对应第 14–21 节（地球和其他天球）。麦克肯德里克（MACKENDRICK 1989: 54–55）认为这种理解有一定道理（第二、第三组对应文段中重复出现了一些表达），但是第二、第三和第四组对应在篇幅上显得失衡。

ate）人文主义呈现为女性人文主义。

尽管"女性人文主义"似乎是一种现代概念，但奥氏并未以现代观念和现代理论来"生吞活剥"，而是细腻地呈现出"阳刚的"《论辩集》中隐含的"阴柔"面相，彰显了西塞罗灵魂中罕见于古罗马文明的温和与中正。奥文的修订版 ALTMAN 2016c 见于其著作 ALTMAN 2016a，后者以西塞罗晚期哲学作品与柏拉图的关系为主题，收有奥氏论文十二篇。

法国学者吕西亚尼的论著（LUCIANI 2010）分为三个部分：上篇考察"自我的时间"（temps du moi）与"社会时间"（temps social）的关系以及 otium[闲暇]与 negotium[工作/事务]的对立；中篇从语文学的角度考察西塞罗作品中的 tempus[时间]和 aeternitas[永恒]；下篇关注灵魂永恒的伦理结果（参见 DYCK 2011、LE DOZE 2013）。

斯塔尔的论文（STULL 2012）接续 GOULD 1968（见上文）的思路，考察了《论辩集》第一卷与《斐多》之间的互文性。

汉奇的论文（HANCHEY 2013）研究《论辩集》第一卷中的修辞和不朽的灵魂。他所作的摘要如下：

> 在《图斯库路姆论辩集》第一卷的核心论证中，对话者 M 辨识出属于灵魂的四种使其不朽的品质或行为：motus[运动]、memoria[记忆]、inventio[发现]和 philosophia[爱智]。其中的前三项对应于通常指定给演说家的三项活动。本文考察西塞罗在各种修辞学作品中对这些活动的讨论，揭示出西塞罗往往以独特的哲学深度来对待每一种活动，从而将每一种活动与灵魂活动联系起来。根据《论辩集》第一卷的论证，演说家在创作和发表讲辞时就在践行他那不朽灵魂的最崇高的行为，因此他在做有价值的事情，无论是在公共演说方面还是在修辞性哲学方面。

《剑桥西塞罗指南》（STEEL 2013）从"希腊罗马智识人""罗马政治人"和"对西塞罗的接受"这三个方面汇集了十九篇研究文献，是一部总论性的西塞罗研究论文集；西塞罗接受史指南如 ALTMAN 2015a。

贝格利（BEGLEY 2014）考察了抄本 B 页边的各种考订符号和让布卢（Gembloux，这一抄本当时所在地）作者对《论辩集》的引用，发现当时的一些读者将其用作哲学学说和典故的资料库以及哲人的逸事集。

温有两篇论文（WYNNE 2020a, 2020b）关注《图斯库路姆论辩集》。前一篇解读 1.49–76，考察了西塞罗和奥古斯丁对"灵魂的自我觉知"（the soul's sensation of itself）问题的不同理解。后一文主要探究西塞罗在《论辩集》中的怀疑论立场：西塞罗在书中呈现的怀疑论色彩和非怀疑论的廊下派倾向只是表面矛盾，主对话者玛尔库斯和作者西塞罗本人使用廊下派的论证协助次对话者和读者清理各自的错误观念，从而让怀疑论有可能得到接受。[1]

两位米勒主编的论文集（MÜLLER & MÜLLER 2020，译者暂未得见）着眼于《图斯库路姆论辩集》和《论善恶之极》之间的关联，收有八篇论文。加拿大学者沃顿的书评（WATTON 2022）作了概述并给予了较高的评价。沃顿注意到，两位米勒的引言强调了严肃对待西塞罗哲人身份的重要性，而第一编者米勒的文章尤其关注这两部作品的形式。

《剑桥西塞罗哲学指南》（ATKINS & BÉNATOUÏL 2022）含有论文十八篇。贝纳图伊的编者引言（BÉNATOUÏL 2022）批评来源研究"抓错了重点"（misses the point），提倡"一种把每部对话都视作一个整体的细致阅读"（a careful reading of each dialogue as a whole），明确指出应当以阅读柏拉图对话的方式来阅读西塞罗的哲学作品，其戏剧形式不应忽略。[2]

---

[1] 温在此文的第一个脚注中提到了努斯鲍姆的《善的脆弱性》和《欲望的治疗》。在温看来，努氏仅仅"利用了"（make use of）《图斯库路姆论辩集》（尤其第三、第四卷，作为论述廊下派的材料）而并不关注学园派怀疑论，也无意探究西塞罗整体的著述计划。译者认为，努氏二书对理解《图斯库路姆论辩集》的助益比较有限。关于努斯鲍姆对古典著作的其他"解读"，参见刘小枫 2017: 117–118。关于西塞罗对廊下派的改造以及他对廊下派"世界城邦论"（cosmopolitanism）的批判，参见 PANGLE 1999。

[2] 类似地，《指南》的另一位编者阿特金斯（ATKINS 2013: 8）也十分强调西塞罗与柏拉图密切的内在联系，而且特别点明了文学形式对于理解西塞罗作品的重要性。

《指南》第 10 章（McCONNELL 2022）关注《图斯库路姆论辩集》中西塞罗对灵魂问题和情绪问题的讨论。相较于前文提到的其他文献，麦康奈尔似乎相当粗率（甚至在某种程度上有违引言的理念）：其一，他仅仅比较笼统地概述了第一、第三卷，几乎完全遗忘了第二、第四和第五卷；[1]其二，重点引用的文段缺乏细致的解读；其三，该文比较忽视《论辩集》的修辞性和对话形式。[2]麦氏的结论比较平泛——《论辩集》以西塞罗本人为例介绍了哲学在心灵治疗方面的实际作用，表达了个人的哲学倾向：在灵魂问题上赞同柏拉图，在情绪问题上赞同廊下派。

意大利学者玛索的《西塞罗的哲学》（MASO 2022）一书从西塞罗的哲学学习、写作、问题、术语以及研究史等角度作了简明的导论。[3]

译本说明

体　例

与柏拉图（和普鲁塔克）作品的斯特方码（Stephanus pagination）、

---

[1] 与这种忽略类似的是，当麦氏在该章最后的阅读书目中给出《图斯库路姆论辩集》的拉丁文本和英译本时，只提到了比较陈旧的洛布本（KING 1971），未提到 DOUGLAS 1990a 和 DOUGLAS 1994 这两个非常重要的英译本，也没有提到二十世纪的三个校勘本和两个晚近的英译本。麦氏在全文开头第一段概述《论辩集》全书时就显得不够严谨，他说第一卷讨论死亡是否是恶，第五卷讨论德性是否对幸福而言充分，又暗示第一、第三和第四卷在很大程度上体现了西塞罗本人的看法，这些表述都存在一定的漏洞。

[2] 比如，麦氏在概述 1.38—39 时没有注意到那里对柏拉图的认可出自次对话者之口。

值得我们思考的是，作为西塞罗专业研究者的麦康奈尔（他曾有专著《西塞罗书信中的哲学生活》[McCONNELL 2014]）为何会有这样的疏漏？内德曼（NEDERMAN 2020: 187）说，西塞罗与亚里士多德（其他诸多思想者亦然）的一大不同在于，亚里士多德的学说的系统性使得我们可以比较明确地区分亚里士多德式的观点和非亚里士多德式的观点，然而，"西塞罗式的"各种观点具有维特根斯坦所说的"家族相似性"（family resemblances），我们几乎无法指出"一个具体的'核心'特征"（a specific "core" property）。在内德曼看来，西塞罗思想的这种具有学园派怀疑色彩的整体面貌在很大程度上可以解释西塞罗所遭受的忽视。因此，如果我们要理解西塞罗，显然不仅需要知道他提到了什么观点，而且要看到他以什么方式作出表达。换句话说，西塞罗很可能无法接受我们无视其修辞之后以独断论的态度对他作出的理解。就此而言，倘若我们有意尝试成为西塞罗的属己读者，那么我们自然应当尽可能完全而细腻地对待西塞罗的作品。

[3] 译者正在翻译此书。另外，麦克肯德里克编写的两部工具书（MACKENDRICK 1989, 1995）比较细致地梳理了西塞罗哲学作品和演说词的形式和结构，还叙述了西塞罗在美国的接受史。MANUWALD 2015 则是较为全面的西塞罗阅读、研究导论。

亚里士多德作品的贝克码（Bekker pagination）相仿，西塞罗作品也有一套标准的引用系统（参见 2.40 注释）。因此，译文正文遵循通行的学术惯例给出章节编号：加粗的数字表示章，半角方括号中的数字表示节。在引用西塞罗作品时，一般只写出卷和节，不写章，比如 1.39 表示第一卷第 39 节。其他古代文献的引用格式仿此。

本稿中现代文献的引用格式遵循推荐性的国家标准（著者-出版年制，参考文献的罗列方式与之对应；参见全国信息与文献标准化技术委员会 2015），偶有变通，以求明晰或便于核查。

不见于原文、为求译文通顺而增补的内容置于方括号中。两个方框（□□）表示阙文（比如 1.41）。

原文所用的古希腊语术语在中译文里均恢复为单数主格，比如 1.22 原文使用单数宾格 ἐνδελέχειαν，中译文使用 ἐνδελέχεια，又如 3.7 原文用复数宾格 πάθη，中译文用 πάθος。

译文正文中的楷体（用以标注对话人的师、生除外）表示珀伦茨本中以加宽字符间距的方式来强调的内容，比如 1.9、3.24 和 4.58 等等。

在涉及专名、概念、语法和校勘等等的译注中，所针对的正文以楷体标示，随后的括号中给出原文，此时专名、概念等均不恢复为主格。

底　本

本稿中《图斯库路姆论辩集》的原文依据珀伦茨校勘本（POHLENZ 1918），章节标注和分段均同此本。西塞罗的其他哲学-政治学-修辞学作品的原文也基本取自托伊布纳版的相关校勘本。[1]不过，《论法律》《论共和国》《论老年》《论友谊》《论善恶之极》和《论义务》这六部作品依据牛津版（POWELL 2006、REYNOLDS 1998 和 WINTERBOTTOM 1994），[2]

---

[1] 其中《布鲁图斯》取自 MALCOVATI 1970（第二版），《论预言》取自 GIOMINI 1975（而非同系列中的旧版 PLASBERG & AX 1965）。

[2] 最新的《论善恶之极》校勘本是 MORESCHINI 2005，但 REYNOLDS 1998 更受认可（参见 DYCK 2000、DYCK 2005、BAILEY 2001 和 REEVE 2006）。同理，《论诸神的本性》依据托伊布纳版（PLASBERG & AX 1933），而非范·登·布鲁瓦纳的拉托穆斯（Latomus）版；

《论取材》依据比代版（ACHARD 1994），《演说术的各个部分》依据 GIO-MINI 1996，西塞罗书信均依据贝利（S. Bailey）校勘本（引用时另外标注贝利本编号）。其他拉丁希腊文献的原文大都依据"帕卡德人文研究所拉丁语文本"数据库、"古希腊语语料库"（Thesaurus Linguae Graecae）或者"洛布古典丛书"中的相关版本。

附　录

本稿附录包含两种索引《专名索引》和《事典概念索引》，均编制自珀伦茨校勘本。译者另外整理出《〈图斯库路姆论辩集〉卷节号与珀伦茨本页行码对照表》，以便读者使用两种索引。

西塞罗在《论预言》2.1–4 中把自己的大部分哲学作品编织成一个整体，对理解《图斯库路姆论辩集》在其全部作品中的位置较有助益，常常为学者引用。《图斯库路姆论辩集》第一卷与《斯奇皮欧之梦》（《论共和国》6.8–29）有相当紧密的关系，它们都关注死亡和灵魂不朽的话题——西塞罗把柏拉图《斐德若》245c–246a 译为拉丁语，用于前者的第 53–54 节和后者的第 27–28 节。因此，附录中给出《论预言》2.1–4 和《斯奇皮欧之梦》的中译，带有较为详细注释。

《牛津古典学词典》第四版"西塞罗"词条比较简洁地介绍了西塞罗的生平和作品，可惜若干表述不够严谨，故译者在注释中作了补正。

《西塞罗作品列表》罗列了西塞罗的绝大部分作品。

本稿中常见的专名均从旧译（如 Pythagoras 作毕达哥拉斯），相对少见的专名依据原文按照《简化版拉丁语、古希腊语汉字转写（音译）表》[1]译出（如 Epicharmus 作厄皮卡尔摩斯），不附译名对照表。

最新的奥夫雷-阿萨亚校勘本（AUVRAY-ASSAYAS 2019）有待西塞罗研究界的检验。《论共和国》鲍本第三至六卷的节号不同于齐格勒（K. Ziegler）本，本稿引用时标注齐本节号。

　[1] 此系第四稿，不同于中文版《剑桥古典希腊语语法》的附录。现代西语人名、地名的汉字音译基本遵照了《世界人名翻译大辞典》和《世界地名翻译大辞典》。奥地利学者雷立柏（Leopold Leeb）在其《古希腊罗马人名译名词典》（2018 年未刊稿）的前言最后借用据说是卡托所言的"迦太基必须毁灭"一语，宣称"我断定，在音译专名时汉字必须毁灭"（censeo charecteres esse delendos in transcriptione nominum）。本稿以行动反对雷氏。

第一卷　论蔑视死亡

1. [1] 既然我终于从辩护的[1]辛劳和元老的职分中，或是完完全全地，或是很大程度地，得到了释放，[2]布鲁图斯啊，[3]经你劝勉，我向那些探究特别地[4]回过身去——我唤回了这些存于灵魂中、由于时局而被

---

[1] 辩护的（defensionum）：西塞罗在这里没有用 labores forenses[法庭上的辛劳]来描述自己的工作，显然，他区分了 defensio[辩护]和 accusatio[控告]，而且强调自己主要从事的是辩护工作。

现存的西塞罗演说词大多是辩护性的。就发表于法庭的演说词而言，仅有的控告词是《反维勒斯》。《对证人瓦提尼乌斯的盘问》承接《为色斯提乌斯辩护》，《反皮索》《反卡提利纳》和《反腓力》诸篇则或是发表于元老院，或是在罗马民众面前发表的。因而，西塞罗在《演说家》103 中的说法 Accusationis septem libris[（我的）七篇《控告词》]不虚——当然，我们甚至可以把《反维勒斯》和《反卡提利纳》视作西塞罗为共同体所作的辩护词。

[2] 既然我终于……得到了释放（cum ... essem aliquando liberatus）：这里的 cum 带虚拟式，表明这个从句在表示时间的同时也暗示原因，从而为西塞罗的哲学写作辩护。aliquando 本是一个不定副词，意为在某时，与 tum[那时]和 quando[在何时]等等构成一串关联形式（correlative forms），但是这里的 aliquando 则等同于 tandem，意为终于、最终，从而暗示释放来得太迟了，1.105 的 aliquando sapiens Achilles[阿喀琉斯最终理智起来]类似，另见《学园派之书》1.11。

[3] 布鲁图斯啊（Brute）：即刺杀凯撒的布鲁图斯（Marcus Iunius Brutus，前 85—前 42），他也热心于希腊哲学。除了《论辩集》之外，西塞罗的《演说家》《论善恶之极》《廊下派的反论》以及《论诸神的本性》这四部作品也是献给他的——另外，西塞罗还有一部《布鲁图斯》。布鲁图斯撰有《论德性》（De virtute，已佚）献给西塞罗，在《论辩集》5.1、5.30 和《论善恶之极》1.8 中西塞罗都提及了布鲁图斯的这部作品。小塞内卡在《道德书简》95.45 中用希腊语把这部作品称作 Περὶ καθήκοντος[论合适的行为]。

[4] 特别地（maxime）：副词 maxime 修饰什么成分？

我们接受吉尔登哈德（GILDENHARD 2007: 95—96）的观点，认为这个副词修饰动词 rettuli：首先，maxime 不可能修饰 ad ea studia[向那些探究]，因为倘若如此，那么西塞罗势必会在《论辩集》中区分至少两种不同的 studia[探究]，而《论辩集》的文本本身否定了这一看法。从句法上看，maxime[特别地]也可能修饰 te hortante[经你劝勉]，肯尼迪（KENNDY 2010: 19）注意到 me Brute te hortante maxime 这几个单词构成了一串末尾重复（ὁμοιοτέλευτον），而且赞同这种理解。然而，肯尼迪没有注意到 me ... maxime 这两个单词的四个音节中就有三个以 m 开头的音节，头韵（alliteration）现象无法支持肯氏把 maxime 加于 te hortante 的观点。与此同时，肯尼迪反驳吉尔登哈德的理由也不成立——前者说 maxime 与 rettuli 相距过远，又有逗号隔开（倘若我们接受珀伦炎的标点）。然而，这里的逗号只是将呼格 Brute 独立出来，不足以割断句子。更重要的是，肯尼迪没有看到《论辩集》第一个单词 cum 到 ad ea studia 构成了一个更大、更精密的四层十字配列（参见"译者弁言"）。

放松[1]并中断了好一阵的[2]事情；另外，由于通向正确生活方式的一切技艺的思维和训练[3]都由对智慧的探究（它被称作哲学）[4]组成[5]，我认为，这种探究就该由我以拉丁语文[6]来阐述，[7]这并非因为哲学无法借助希腊语文和希腊学人来领会，而是，我的判断一向都是：我们的同胞或是已然凭靠自己而比希腊人更智慧地发现了一切事物，或是已然使得从后者那里吸取的东西（至少是那些他们判断自己值得为之努力[8]的事情）变

---

[1] 存于……被放松（retenta animo, remissa temporibus）：西塞罗早就热心于哲学，在公元前 88 年之前，他就已在伊壁鸠鲁学派的斐德若斯（Φαῖδρος）、廊下派的迪欧多托斯（Διόδοτος）以及拉瑞斯撒的菲隆（Φίλων ὁ Λαρισσαῖος）门下学习过（另见《论义务》2.4）。这里的 temporibus 是原因夺格，并且意为时局，而非时间；tempus 的复数往往表示艰难或充满危险的时局/情势（又如其残诗标题 De temporibus suis[论他的(艰难)时光]，见附录《西塞罗作品列表》），此处的所指更为宽泛。

[2] 中断……的（longo intervallo intermissa）：指西塞罗任西利西亚（Κιλικία）行省总督和凯撒与庞培打内战的时候，大约是前 52 年至前 46 年。这个短语实际上重复了 remissa temporibus，这种同义反复常见于西塞罗笔下。

[3] 思维和训练（ratio et disciplina）：或译作原理和规则、体系和方法。道格拉斯（DOUGLAS 1994: 89）认为西塞罗在这里使用了重言（ἓν διὰ δυοῖν），即用连词和两个名词代替一个名词修饰另一个名词的结构，从而这个短语就等同于 disciplina rationis，意为体系性方法。吉尔登哈德（GILDENHARD 2007: 101）则对道格拉斯的这种理解加以批判：从最基本的含义上说，ratio 指理性的思考，disciplina 指训练和指导，这两个单词并非希腊语借词，所表达的也不是抽象的"体系性方法"。《论义务》3.20 中有类似表达 Stoicorum rationi disciplinaeque[廊下派的思维和训练]。

[4] 探究（它被称作哲学）（studio ... quae philosophia dicitur）：尽管这个关系从句的先行词 studio 在 cum 引导的原因从句之中，但是这个关系从句只是解释 studio，所以从句动词不用虚拟式，而用直陈式 dicitur；另外，由于关系从句中有谓语性名词 philosophia，因此引导这个从句的关系代词的性和数应与这个阴性名词一致，而不与其先行词 studio 一致。有观点认为在西塞罗写作《论辩集》的时候，philosophia 一词在拉丁语文中或许还不太常见，因此西塞罗才用关系从句加以补充。但是这一观点并不成立，因为在普劳图斯笔下，与 philosophia 同源的单词就已出现多次了（《俘虏》284、《商人》147、《普修多路斯》687 和 974，等等）。显然，西塞罗此处是用拉丁语 studium sapientiae[对智慧的探究/热忱]来翻译或解释古希腊语 φιλοσοφία[爱智/哲学]，《论法律》1.58 和《论义务》2.5 类似。

[5] 由……组成（contineretur）：支配夺格 studio，亦可译作取决于，参见 OLD² 词条 contineo 11–12。

[6] 以拉丁语文（Latinis litteris）：形容词在前，强调罗马本土性。

[7] 参见《学园派之书》1.25 末尾：quod si Graeci faciunt qui in his rebus tot iam saecula versantur, quanto id nobis magis concedendum est, qui haec nunc primum tractare conamur[而如果置身于这些事情如此多个世纪的希腊人（这样）做，那么对于我们这些现在首次试图从事这些事情的人而言，此事应该在多大程度上得到更多的许可？]。

[8] 自己……努力（digna ... in quibus elaborarent）：e-laborarent 的前缀具有强调意味，

得更好。[1][2]比如，我们自己当然更好而且更得体地[2]维护着习俗、生活规范以及家庭和家族事产，而我们的祖先肯定[3]曾以更好的制度和法律[4]调理[5]公共事务。我为何要谈论军事呢？[6]在这方面，我们的[同胞]不仅武德[7]健旺，而且兵法也更加强猛。[8]另外，那些以天性而非文辞来获得的东西，并不需要与希腊或任何种族[之所获取]相比较。[9]其实，在一切[种族]中，有谁如此庄重，[10]有谁如此笃定[11]，灵魂如此伟岸、正直、忠

1.6 开头亦然。elaboro 这个词还出现在 1.6、3.6 和 5.1。

[1] 参见《演说家》23：multum tribuerim Latinis, vel ut hortarer alios vel quod amarem meos[我对拉丁人贡献良多：或是为了劝勉其他人，或是因为我爱我的同胞]。洛布本注云此句出自《布鲁图斯》，误：西塞罗在《演说家》上文提到了《布鲁图斯》。把西塞罗的各种类似表述视作自鸣得意的浮泛之辞并非一种正确的理解态度（参见 LONG 1986: 230）。

[2] 更好……地（et melius et lautius）：melius 强调德性层面，修饰 mores et institua vitae[习俗、生活规范]，而 lautius 强调技艺，修饰 res domesticas ac familiaris[家庭和家族事产]，参见泰伦提乌斯《两兄弟》764：laute munus administrasti tuom[你已然出色地完成了自己的职分]。

[3] 肯定（certe）：这个单词暗示，在西塞罗看来罗马当时的政治风貌完全不及从前。

[4] 以……制度和法律（et institutis et legibus）：在《论共和国》2.2 中，西塞罗笔下的斯奇皮欧口中的老卡托在讲述共同体的建立时，首先提到的就是这两个概念。

[5] 曾……调理（temperaverunt）：《论共和国》2.65 在谈到君主制、贤良制和民主制的混合时也使用了这个动词。在《论辩集》中，派生自 tempero 的单词出现得尤其频繁。

[6] 我……呢（quid loquar de re militari）：或译作关于军事我还要说什么呢，这里的 quid 意为为何，疑问句中的虚拟式 loquar 表明在军事方面并不需要言说什么。对于罗马人而言，从事法律事务和从军是朝向仕途的两条道路。

[7] 武德（virtute）：在通常语境下，virtus 是人/君子（vir）的各种优良品质的总称，即德性（参见 2.43），但本句中的 in qua[在这方面]则把这个单词的意义限定在了军事方面。

[8] 兵法也更加强猛（plus etiam disciplina）：这里的 disciplina 意为兵法，参见凯撒《高卢战记》1.40.5 的 usus ac disciplina[演练与兵法]和苏厄托尼乌斯《尤利乌斯传》24 的 disciplina cultuque Romano[用罗马人的兵法和生活方式]。

[9] 并不……比较（neque cum Graecia neque ulla cum gente sunt conferenda）：这里的 cum Graecia 是短化式比较（comparatio compendiaria），等同于 cum eis quae Graecia adsecuta est，下面的 cum maioribus nostris 亦然。这里的被动迂说法并不表达可能性，而是表达必要性或合适性（参见 DOUGAN 1905: 3）。

[10] 有谁如此庄重（quae enim tanta gravitas）：这里的 quae 是形容词疑问代词，修饰后面的一系列名词（gravitas 等等），在汉译中我们略作变通以求通顺。

[11] 笃定（constantia）：名词 constantia 在这里以夺格形式出现，表达品质（参见上注）。它来自形容词 constans，后者源自动词 constare。这几个词和副词 constanter 在本书中多次出现。constantia 在本稿中主要译作笃定、恒固。笃定在本书中指与紊乱（perturbatio）相对的灵魂状态（参见 4.14 等多处），常常与庄重同时出现（除了 1.3 之外，另见 4.57、4.60—61、5.12—13、5.81 和 5.104）。关于恒固，参见 2.5 和 5.33 的注释。动词 constare 的含义比较多，本书中主要出现的是坚持己见（1.9）、确立（1.40）、构成（1.42）、众所周

信，有谁的德性已然在所有[事情]上[1]如此出类拔萃，以至于能同我们的祖先[2]比配？[3]希腊当时在学识和每一种文辞领域上超过我们。在这方面，胜过不作回击的人并不难。因为，虽然在希腊人中诗人这一族是学人[3]中最古老的（而事实上荷马与赫西俄德[4]生活在罗马建立之前，阿尔奇洛科斯[5]生活在罗穆路斯统治之时），但我们自己较晚[才]接受了诗歌。大约在罗马建立五百一十年之后，[6]利维乌斯编排了一出戏剧[7]——那是凯库斯之了伽·克劳迪乌斯和玛·图迪塔努斯任执政官的时候，在恩尼乌斯出生前一年——[利氏]比普劳图斯和奈维乌斯都年长。[8] 2. 由

知（3.66）、保持笃定（4.39）等含义。

[1] 在所有[事情]上（in omni genere）：这里省略了 rerum。

[2] 与我们的祖先（cum maioribus nostris）：这个短语亦为短化式比较，从语法上说，实际上作比较的是 quae[谁]的德性与 virtus maiorum nostrorum[我们祖先的德性]，而短化式比较的用处正在于避免过多的属格。

[3] 学人（doctis）：在罗马人中就是模仿、学习希腊哲人或诗人的人。

[4] 赫西俄德（Hesiodus）：希腊名 Ἡσίοδος，公元前九世纪诗人，归于其名下著作有《劳作与时日》《神谱》和《赫拉克勒斯之盾》等等。在《论善恶之极》2.115 中，与荷马和阿尔奇洛科斯并列的不是赫西俄德，而是品达。

[5] 阿尔奇洛科斯（Archilochus）：希腊名 Ἀρχίλοχος，生活于公元前八至前七世纪，伊奥尼亚琴歌（Lyric）诗人，据说是短长格（iambic）的发明者。罗马诗人贺拉斯的不少诗歌均采用阿尔奇洛科斯体诗行。

[6] 公元前 240 年。

[7] 利维乌斯……戏剧（Livius fabulam dedit）：一般用 fabulam docere（如 4.63）而非 fabulam dare，这里还省略了 populo[为民众]。利维乌斯（Lucius Livius Andronicus）一般被视作第一位拉丁语作家。他在公元前 285 年生于希腊移民地塔壬图姆（Tarentum），后在罗马为奴（约前 272 年），释放后成为教师。他曾用萨图尔努斯格律把《奥德修斯纪》译为拉丁语，这一译本当时通行于罗马的初级学校。

[8] [利氏]……年长（qui fuit maior natu quam Plautus et Naevius）：这里的关系代词 qui 指前方的 Livius 而非更近的 Ennium，证据如下：（1）在《布鲁图斯》73 中，西塞罗明确说恩尼乌斯比普劳图斯和奈维乌斯年轻；（2）qui ... Naevius 原本可能只是抄本的页边注释，说明利维乌斯（而非恩尼乌斯）的年代，后来窜入了正文；（3）类似的语法现象在本卷中还有出现，如 1.86 中的 qui 指该节开头的 Pompeio。

普劳图斯（Plautus，前 274—前 184），古罗马谐剧诗人，生于翁布里亚（Umbria）。奈维乌斯（Naevius，约前 270—前 199），古罗马叙事、戏剧诗人，生于坎帕尼亚（Campania）。恩尼乌斯（Ennius，前 239—前 169），生于卡拉卜瑞阿（Καλαβρία），后通过执政官福珥维乌斯·诺比利欧尔之子取得罗马公民权，撰有《编年纪事》（Annales），诗体，十八卷，今存残篇。恩尼乌斯是老斯奇皮欧（Scipio Africanus，前 235—前 183）的好友，死后葬于后者的家族墓地。贺拉斯在《书信集》2.1.50 中称他为 alter Homerus[另一位荷马]。注意利、普、奈、恩四人都不生于罗马，因此后文（1.3）中用了 recepti[接受]一词。

此，诗人后来才被我们认识或接受。尽管《史源》中说[1]宾客们惯于在宴会上伴着笛手[的演奏]吟咏贤达的德性，卡托的一篇演说词[2]依旧宣称尊荣并不属于这类[人][3]。在那篇[演说词]中，他责备玛·诺比利欧尔[4]丢人现眼——因为他把诗人带到行省那里去。[5]而正如我们所知，那位执政官带到埃托利阿的，是恩尼乌斯。由此，诗人的尊荣越少，[对诗艺的]探究也就越少。不过，任何在这方面凭借突出禀赋而曾有所展露的人，都并非不足以配得上希腊人的荣耀。[4]或者，我们认为，即便法比乌斯[6]，一位极其高贵的[7]人士，因为作画[8]而曾被给予赞誉，我们中

---

[1] 卡托（Marcus Porcius Cato，前 234—前 149），图斯库路姆人，撰有《史源》（*Origines*）。此书可视作第一部拉丁语散文体史记，原七卷，今存残篇，第一卷叙述罗马王政时代的历史，卷二、卷三谈意大利诸城邦史，卷四、卷五谈前两次布匿战争，最后两卷涉及之后的罗马历史，结束于卡托卒年。在《布鲁图斯》66 和《论演说家》1.227 中，西塞罗对卡托的这部作品给予了高度评价。而在《论辩集》中，这是西塞罗提到的第一部前人著作。西塞罗的《论辩集》与卡托的《史源》的一个共同特点是，它们都具有浓厚的罗马本土意识——由罗马人站在罗马人的角度以罗马人的方式为罗马人而作。尽管如此，卡托老年时在希腊文辞之学上投入了大量精力，参见《学园派前篇》2.5、《论老年》3、26 和 38 以及《论辩集》4.3。

[2] 卡托的一篇演说词（oratio Catonis）：在西塞罗时代，还有超过 150 篇老卡托演说词流传（参见《布鲁图斯》65）。

[3] 这类[人]（huic generi）：指诗人。不过，卡托本人写过一首《习俗之歌》（*Carmen de moribus*）。

[4] 玛尔库斯·福珥维乌斯·诺比利欧尔（M. Fulvius Nobilior），前 189 年的执政官，曾在埃托利亚战役（Aetolian campaign）中占领了阿姆卜剌奇阿（Ἀμβρακία），参见下一条注释。Nobilior 一名来自形容词 nobilis[出身高贵的/为人共知的]的比较级 nobilior。

[5] 因为……那里去（quod is in provinciam poëtas duxisset）：quod 带虚拟式的 duxisset 表明这是言说者卡托而非写作者西塞罗的看法。这里用复数 poëtas 表达卡托对诺比利欧尔的轻视，这种用法并不罕见，尤其常见于早期拉丁语，例如普劳图斯《孪生兄弟》321–322：quas tu mulieres, quos tu parasitos loquere[你你自己说的是哪些女子，哪些食客？]。

[6] 伽尤斯·法比乌斯·皮克托尔（Gaius Fabius Pictor），史家昆图斯·法比乌斯（Quintus Fabius）的祖父。尽管他出生高贵，但还是在公元前 304 年被指派往福佑女神（Salus）神庙的墙壁上作画（绘画当时是一种卑微的工作），由此被戏称为 Pictor[皮克托尔/绘画者]，而这个名字被他的后代继承了。此画表现了格奈·尤尼乌斯·布鲁图斯·布布珥库斯（Cn. Junius Brutus Bubulcus）击溃撒姆尼人（Samnites）的场景（参见《自建城以来》9.43.25），这位布鲁图斯在公元前 302 年以独裁官的身份把神庙献给女神（参见《自建城以来》10.1.9）。法比乌斯的这幅画一直保存到克劳迪乌斯统治的时代，最终与神庙一起烧毁了（参见《博物志》35.4.7）。

[7] 极其高贵的（nobilissimo）：此为形容词 nobilis 的最高级，比较上节中的人名 Nobilior。

[8] 因为作画（quod pingeret）：这里的 quod（而非 quia）带虚拟式，表示这个原因及

的许多人依旧不会成为珀吕克勒伊托斯或帕尔剌西欧斯[1]？尊荣滋养技艺，而每一个人都在荣耀的激发下[才]探究[技艺]，而且那些不受任何人待见的东西总是沉寂。[2]希腊人当时认为，至高的学养就在于丝弦和声音的歌唱[3]；从而厄帕美伊农达斯[4]（按我的判断，他是希腊魁首）据

其结果是作者之外另一人带有褒贬的判断。

[1] 珀吕克勒伊托斯（Polyclitos），希腊名 Πολύκλειτος，生于西曲昂（Σικυών），长于阿尔戈斯（Ἄργος），活跃于公元前 430 年左右。

尽管没有抄本支持，但是一些学者认为这里的原文当为 Polygnotos[珀吕格诺托斯]，因为他们认为前者是雕塑家而后者是画家。

然而，我们有证据保留抄本上的写法：拜占庭学者约安内斯·泽泽斯（Ἰωάννης Τζέτζης）的《千行杂编》（Χιλιάδες）8.320 中说：Πολύκλειτος Ἀργεῖος ἦν πλάστης τε καὶ ζωγράφος, πολλὰ καὶ ζωγραφήσας τε καὶ ἀνδριαντουργήσας[阿尔戈斯的珀吕克勒伊托斯是雕塑家兼画家，因为他曾画过、塑造过许多（作品）]。西塞罗在《论善恶之极》2.115 中把斐伊迪阿斯（参见 1.34）、珀吕克勒伊托斯和孜得乌克西斯（Ζεῦξις，前五世纪画家）并列。

帕尔剌西欧斯（Parrhasios），希腊名 Παρράσιος，画家，前 430 年左右活跃于雅典。

西塞罗在这里列出帕尔剌西欧斯的名字可能与《论辩集》后面几卷的主题有关。帕氏尤擅表现人物的强烈情绪，比如他曾描绘过菲洛克忒忒斯受折磨时的痛苦，参见《古希腊诗选》（Greek Anthology）16.111：τόνδε Φιλοκτήτην ἔγραφε Παρράσιος· ἔν τε γὰρ ὀφθαλμοῖς ἐσκληκόσι κωφὸν ὑποικεῖ | δάκρυ, καὶ ὁ τρύχων ἐντὸς ἔνεστι πόνος[帕尔剌西欧斯曾画过这幅菲洛克忒忒斯，因为在已然干瘪的双眼之下有无声的泪水，而折磨人的痛苦又在他内心深处]。

帕尔剌西欧斯还画过普罗米修斯，参见老塞内卡《辩驳辞》（Controversiae）10.34。西塞罗在第二卷中以较大的篇幅提到过他。

原文中的 Polyclitos 和 Parrhasios 都是复数，并不仅仅指珀和帕二人，而是指他们所代表的整个一类人。

[2] 尊荣……沉寂（honos ... improbantur）：本句中的 iacent[沉寂]或译作不受重视，1.5 的 iacuit 亦然，参见 OLD² 词条 iaceo 5b，另见《致阿特提库斯书》11.9.2（= 220 SB）：tanto me dolore adfecit ut postea iacuerim[他用如此强烈的痛苦影响我，以至于我就自此沉寂下去]。比较《王制》8.551a：ἀσκεῖται δὴ τὸ ἀεὶ τιμώμενον, ἀμελεῖται δὲ τὸ ἀτιμαζόμενον[实际上人们总是去做受尊重的事情，而无视不受尊重的事情]。

[3] 至高……歌唱（summam eruditionem ... in ... cantibus）：古希腊人认为学养和作为一种缪斯之艺的音乐相关，参见《斐多》61a 的 ὡς φιλοσοφίας μὲν οὔσης μεγίστης μουσικῆς, ἐμοῦ δὲ τοῦτο πράττοντος[因为哲学就是最了不起的缪斯之艺，而我正在做此事]、阿里斯托芬《骑士》188 以下的 ἀλλ' ὠγάθ' οὐδὲ μουσικὴν ἐπίσταμαι πλὴν γραμμάτων, καὶ ταῦτα μέντοι κακὰ κακῶς[可是，好伙计啊，我什么都不懂，除了识字……可是识字也糟透了]、《名哲言行录》1.12 的 ἀλλὰ καὶ οἱ ποιηταὶ σοφισταί[而诗人也是智慧者]以及《论演说家》3.174 的 musici, qui erant quondam eidem poetae[那些曾经同样是诗人的通缪斯之艺者]。另外，《论辩集》5.113 提到廊下派哲人迪欧多托斯会弹奏弦琴。

[4] 厄帕美伊农达斯（Epaminondas）：希腊名 Ἐπαμεινώνδας，忒拜将军，参见内波斯《厄帕美伊农达斯传》2.2。在《论演说家》3.139，西塞罗对厄氏大加赞扬：haud scio an summum virum unum omnis Graeciae[窃以为（他是）整个希腊中最杰出的那个人]。

说甚至[1]曾伴着弦琴高歌[2]，而忒米斯托克勒斯[3]则于数年之前[4]因拒绝在宴会上[弹奏]吕剌琴，被认为很无学识。从而，通缪斯之艺者涌现于希腊，而且所有人都学习它[5]，而不了解[它]的人就被认为在学识上不够精深。[5]在希腊人中几何学享有极高尊荣，从而没有谁比数学家更有光彩；而我们自己则用丈量和计算上的用途限制了这一技艺的范围。

3. 不过相反的是，我们更快地接纳了演说家，起初他[们]学养未备，不过善于言说，[6]后来则学养已备。比如伽玛巴、阿弗瑞卡努斯和莱利乌斯[7]据传就是学人，而那位辈分上先于他们的卡托也是好学之人，[8]后来则是勒皮都斯、[9]卡尔波[10]以及格拉古[兄弟]，从而自此到我们的时代便有伟大的[演说家]，[11]以至于不很逊于或者说完全不逊于希腊人。

---

[1] 甚至（et）：这个 et 不表达递进，而表达转折，参见 GILDENHARD 2007: 137–138。

[2] 曾……高歌（fidibus praeclare cecinisse）：亦可理解为弦琴弹得出色（见内珀斯《厄帕美伊农达斯传》2.1)，但西塞罗这里似乎更强调歌唱。

[3] 忒米斯托克勒斯（Themistocles），希腊名 Θεμιστοκλῆς，公元前五世纪雅典政治家、将军，内珀斯亦为其作过传。

[4] 于数年之前（aliquot ante annos）：实际上是大约一个世纪以前。俗本中 annos 作 annis，解作差异程度夺格（参见 A&G 414）。

[5] 它（id）：指前面的缪斯之艺，这是根据意思而来的结构（constuctio ad sentantiam）或说词意上的一致（synesis），故不拘于性属。

[6] 不过善于言说（aptum tamen ad dicendum）：这里的 aptum 指在天资上适合，而前后的 eruditum[具有学养的]以及 doctus[学人]则侧重于理论上的知识。

[7] 色尔维乌斯·苏珥皮奇乌斯·伽玛巴（Servius Sulpicius Galba），前 144 年的执政官，另见《布鲁图斯》82。阿弗瑞卡努斯（Publius Cornelius Scipio Africanus Minor），即小斯奇皮欧，路奇乌斯·埃米利乌斯·泡路斯（Lucius Aemilius Paulus）的亲生儿子，于前 150 年过继给老斯奇皮欧的长子，参见《论义务》1.116 和 121，另见本稿附录《斯奇皮欧之梦》中译注释。莱利乌斯（Gaius Laelius），西塞罗的挚友（即《论友谊》中的发言人莱利乌斯），前 140 年执政官，关于他的修辞技艺，参见《布鲁图斯》83。

[8] 卡托被称为"好学之人"（studiosum）而非"学人"（doctus），因为他缺少希腊文化的熏陶，老年才开始学希腊语。

[9] 勒皮都斯（Marcus Aemilius Lepidus Porcina），伽玛巴的同时代人，西塞罗在《布鲁图斯》96 中说他可能是第一个把平稳的文风和圆周句结构从希腊带入罗马的人。

[10] 卡尔波（Papirius Carbo），前 131 年护民官。

[11] 伟大的[演说家]（magnos）：西塞罗把罗马演说家分为六个辈分（aetas)：（1）伽玛巴；（2）勒皮都斯等人；（3）卡尔波与格拉古兄弟（勒氏的学生）；（4）安东尼（Marcus Antonius，前 99 年执政官）；（5）克拉苏（Lucius Licinius Crassus，前 95 年执政官）、科特塔（Gaius Aurelius Cotta）和苏珥皮奇乌斯（Publius Sulpicius)；（6）霍尔腾西乌斯（Quintus Hortensius）和西塞罗本人。"伟大的[演说家]"即指后三辈。另见《布鲁图斯》139–165。

哲学直到这个时代还在沉寂，而且未曾享有任何拉丁语文之光，这光应当由我们来点亮、激起，从而，如果我们在忙碌时对自己的同胞已经有所助益，那么我们在闲暇时——如果能够——就也会有用。[6]在这方面我们应当更为努力，因为，许多拉丁语著作现在据说是由那些实际上极其优秀但学养尚未足备之人[1]漫不经心地写成的。然而可能的是，某位正确理解的人却[2]无法精细地表达他感知到的那点。但是，把自己既无法整理也无法阐明的认识付诸文字，而且无法以某种乐趣[3]诱导读者的，就是毫无节制地既滥用闲暇也滥用文辞的人。[3]从而，这群人就与自己的同伙一起阅读自己的著作，而且，任何人都不会提到[它们]，除了那些希望自己获得相同的许可来写作的人。由于这一情况，如果我们已然凭靠自己的勤勉带来了对演说术的某种赞美，那么我们就会以明显更大的热忱挖掘出哲学之泉——那些[赞美]正是从这里流淌出来的。

4.[7]但是，就像亚里士多德[4]——那位天赋异禀、知识渊博、[言语]能力卓越[5]的君子——那般，由于被修辞家伊索克拉底[6]的荣耀触动，

---

[1] 那些……之人（optimis illis quidem viris, sed non satis eruditis）：optimus vir[极其优秀的人/至善的君子]和 bonus vir[优秀的人/正人君子]常表示智慧限于一隅之人，具有讽刺意味（参见2.44、3.50），西塞罗常用这两个短语来指称他并不认可的伊壁鸠鲁派学者，即阿玛菲尼乌斯（Gaius Amafinius）、剌比瑞乌斯（Rabirius）、卡提乌斯（Gaius Catius）等人（参见4.6）。类似地，西塞罗在《致阿特提库斯书》12.21.1（＝260 SB）中就用 optimum consulem[最棒的执政官]这个短语来自我嘲讽。这里的 quidem 紧跟代词 illis，有让步意味。关于 eruditis，见1.5 不过善于言说注。

[2] 却（et）：这里的 et 实际上等同于 et tamen，但并没有转折连词所表达的对立含义。拉丁语常把这种转折意味留给读者或听者自己来填补。参见 *OLD*² 词条 et 14。

[3] ……的，就是……之人（quemquam ..., hominis est）：这里的 quemquam 是作名词的不定式 mandere 的宾格主语（参见 A&G 452），由于后面有 hominis 因而显得冗余。《论诸神的本性》1.123 亦批评伊氏写作之粗率：ludimur ab homine non tam faceto quam ad scribendi licentiam libero[我们被此人嘲笑，他的机智并不胜过随意写作上的自由]。

[4] 亚里士多德（Aristoteles）：希腊名 Ἀριστοτέλης，公元前384年生于马其顿，前365年拜于柏拉图门下，前342年成为亚历山大的老师，前335年返回雅典，讲学于吕克昂（Λύκειον），他的学生常在附近漫步（περιπατεῖν），故其学派称作漫步派（περιπατητικοί）。

[5] [言语]能力卓越的（summo copia）：copia 在这里指亚里士多德的言辞能力，参见《学园派前篇》2.119 中对他的描述：flumen orationis aureum fundens[流淌着言辞组成的黄金之河]。这个 copia 受中性的 summo 修饰——这个形容词还修饰中性的 ingenio。

[6] 伊索克拉底（Isocratis）：希腊名 Ἰσοκράτης，雅典演说家，高尔吉亚（Γοργίας）的

他也开始教年轻人言说，[1]还教他们把明智与口才结合起来，同样，合我们心意的并非搁置之前关于言说的探究，而是置身于这种更强大、更多产的技艺。其实，我总是断定，这种已然完满了的哲学正是那种能够丰富而精致地探讨最重大的问题的事物；就这样，我们热忱地把自己奉献给这一实践，[2]从而我们现在甚至敢于以希腊人的方式展开论说[3]。比如，最近在你离开之后，[4]由于众亲友与我一同待在图斯库路姆庄园[5]，我就尝试了我能以这种方式来[做]的事情。其实，正如我早先模拟诉讼来练习修辞[6]——这件事情没有人比我做得更久——同样，现在这于我而言就是老年的修辞练习。[7]我当时命[人]提出他想要听的事情，就此我或是坐着或是步行着论辩。[8]从而，我把五天的论说（如希腊人所称的那样）置于数量相同的卷帙中。不过[我的做法]是这样的：在那位想听的人说出在他看来的情况之后，我本人便反驳。其实，这如你所知，就是古老的苏格拉底式方法[8]，反驳他人论述中的观念——因为苏格拉底

学生。人们常把这句话归给亚里士多德：αἰσχρὸν σιωπᾶν, Ἰσοκράτην δ' ἐᾶν λέγειν[沉默不语，却让伊索克拉底说话，是可耻的]（参见《名哲言行录》5.3）。

　　[1] 参见《论演说家》3.141。

　　[2] 就这样……实践（in quam exercitationem ita nos studiose [operam] dedimus）：学者们大都依从米雷（Muret）的观点，认为抄本上的 operam 只是针对 dedimus 的一个页边注释；少数学者认为这里的文句该是 operam impendimus[我们花费精力]。由于从未在西塞罗笔下发现 operam dare in aliquid[对某事投入精力]这一结构，而且保留 operam 会让 nos[我们]一词显得累赘，因此宜将 operam 置于方括号中以示删除见于抄本的字句。

　　[3] 论说（scholas）：参见"译者弁言"。

　　[4] 大多数观点认为这指的是公元前 47 年布鲁图斯出发前往山内高卢就任的时候（依据是《致亲友书》6.6），不过施密特（SCHMIDT 1893: 57）依据《致阿特提库斯书》13.44.1（= 336 SB）和 13.34.1（= 350 SB）认为，布鲁图斯在公元前 45 年 7 月 20 日出发，穿过山内高卢去见从西班牙返回的凯撒，他首先到西塞罗的图斯库路姆庄园，五场论辩就发生在 7 月 20—24 日。然而这一观点稍嫌牵强（参见 KENNEDY 2010: 31）。

　　[5] 图斯库路姆庄园（Tusculano）：参见"译者弁言"。

　　[6] 模拟……修辞（declamitabam causas）：参见 OLD²、L&S 的相关词条以及《布鲁图斯》310。修辞学校的罗马青年要通过虚拟的案件来进行修辞练习（declamatio）以准备参与法庭诉讼。

　　[7] 2.26 中有类似的表达。辩护人是西塞罗年轻时的职业，然而业已年老的他却是一位哲人。

　　[8] 苏格拉底式方法（Socratica ratio）：参见 OLD² 词条 ratio 14。比较《学园派之书》1.17、《论诸神的本性》1.11。

认为，这样就能够轻而易举地发现什么是逼近真实的东西。[1]不过，为了更加适宜地[2]展现我们的论辩，我就把它们这样表述，好像事情正在进行，而不是像被叙述那般。[3]于是，开篇就将这样产生——

5. [9]门生：死亡在我看来是一种恶。[4]

老师玛尔库斯：对那些已然死去的人还是对那些必将死去的人而言是恶？

生：对这两类人而言都是恶。

师：因此它是悲惨的[5]，既然它是恶。

生：当然。

师：由此，死亡现已降临其身的人以及死亡将会降临其身的人都是悲惨的。[6]

生：在我看来就是如此。

师：于是没有人不是悲惨的。

生：没有任何人。

师：而且实际上，如果你想坚持己见，那么所有已然出生的或是将会出生的人，不仅悲惨，而且永远悲惨。因为，假设你说只有那些必将死去的人是悲惨的，那么你本人实际上就没有排除任何一个活着的人

---

[1] 发现……东西（quid veri simillimum esset, inveniri）：或译作发现什么是最可能真实的东西。这更像是新学园派的方法，追寻可能性，并不认为真的能够达到真实。比较《论善恶之极》2.2：is enim percontando atque interrogando elicere solebat eorum opiniones quibuscum disserebat, ut ad ea quae ii respondissent si quid videretur diceret[其实，（苏格拉底）惯于用询问和质疑来引出（高尔吉亚等人）的观念，他与后者讨论，从而若有什么发现，他便就他们所回答的这些（内容）来言说]。

[2] 为了更加适宜地（quo commodius）：在夺格 quo 作为连词的时候，它一般引导带比较级的目的从句（参见 A&G 531.a）。

[3] 类似的说法另见《论友谊》3。

[4] 关于门生（A）和老师玛尔库斯（M），参见"译者弁言"。珀伦茨校勘本中以加宽字符间距的方式表示强调，中译以楷体表示。

[5] 悲惨的（miserum）：前面的 malum[恶]是客观的评价，而这里的 miserum 则是主观感受。

[6] 玛尔库斯在这里区分了两种情况，1.10–15 所涉及的是第一种情况，1.16–23 涉及第二种。

——因为所有人都必将死去——而在死亡中却存在属于悲惨的终点。然而，由于已然死亡的人也悲惨，我们就出生在永恒的悲惨中。其实，必然会发生的情况就是：那些十万年前殂落的人是悲惨的，毋宁说，每一个出生了的人皆然。

生：我认为完全如此。

[10]师：我请你说：难道是那些事物使你恐慌吗——冥府中的三头[犬]刻尔贝若斯[1]、科曲托斯河的咆哮、渡过阿刻戎河，以及"下巴触及水面却因口渴而奄奄一息"[2]的坦塔洛斯[3]？还有那种"西绪弗斯汗流浃背地[4]转动岩石而一无所成"的情况？[5]或许[使你恐慌的]还有铁面无私的审判员米诺斯和剌达曼托斯[6]？在他们面前，路·克拉苏和玛·安东尼[7]都不会为你辩护——既然案情是由希腊人中的审判员来处理的——你也不会有能力请来德摩斯梯尼[8]。必须由你本人在团团包围之中来为你自己辩护[9]。这些事情或许就是你所恐惧的，而且你因此认为死亡就是永久的恶。

生：你是否判断我是如此疯狂，以至于相信这种东西？

6. 师：你本人真的不相信这些吗？

---

[1] 刻尔贝若斯（Cerberus）：希腊名 Κέρβερος，冥府的看门狗，参见《神谱》312：κύρα πεντηκοντακάρηνον[长有五十个脑袋的狗]。

[2] 参见 1.98，关于对冥界的恐惧，参见《论万物的本性》3.978 及下、《埃涅阿斯纪》6.548 及下。

[3] 坦塔洛斯（Tantalus）：希腊名 Τάνταλος，宙斯之子，佩洛璞斯（Πέλοψ）之父，因泄露了诸神的秘密而受罚。

[4] 汗流浃背地（sudans nitendo）：更贴近字面的译文是流着汗而费力地。

[5] 参见《奥德修斯纪》11.582–600。西绪弗斯（Σίσυφος）为科林多王，因欺骗和贪婪而受此惩罚。

[6] 米诺斯（Μίνως）是克里特王，剌达曼托斯（Ῥαδάμανθος）是他的兄弟，由于此二人行为公正，故逝世后在冥府做审判员。

[7] 参见 1.5 中关于罗马演说家的注释，此二人是《论演说家》中主要的对话者。

[8] 德摩斯梯尼（Demosthenen）：希腊名 Δημοσθένης，著名的古代演说家，参见 5.103 及《布鲁图斯》35。

[9] 在团团包围之中……辩护（erit maxima corona causa dicenda）：corona 在这里不作花环解，而是意为人群、集会，这个短语是独立夺格，表达伴随的情状。词组 causam dicere 为固定搭配，意为辩护。

生：完全不。

师：赫拉克勒斯作证，你说得不好。¹

生：为何？我请[你说出来]。

师：因为我能够说得巧妙，²假设我要反驳这种东西。

[11]生：其实谁在这种话题³上说得不好呢？拆穿诗人和画家的这些奇谈臆造有什么麻烦呢？

师：何况还有许多由哲人的论述⁴组成的书籍驳斥这种东西。

生：完全没用。因为有谁如此缺心眼，连这种东西也会扰动他们？

师：那么，如果在冥府中并没有悲惨的人，那么冥府中甚至也就没有任何人。

生：我认为完全如此。

师：从而，那些你谓之悲惨者的人在哪里呢？他们又居住在什么位置？其实，如果他们存在，那么他们不可能不在任何地方。

生：我本人确实认为他们不存在于任何地方。

师：由此，你认为他们甚至不存在？

生：完全如此，不过，[我]实际上恰恰因为这一点[而认为他们悲惨]：他们并不存在。⁵

---

1 你说得不好（male ... narras）：口语性表达，等同于 male nuntias，又如《致阿特提库斯书》16.14.3（=425 SB）的 male narras de Nepotis filio[我对内珀斯之子(的去世)感到遗憾]以及泰伦提乌斯《阉奴》916 的 probe edepol narras[珀珥路克斯作证，你说得真让人高兴！]。

2 我能够说得巧妙（disertus esse possem）：关于 disertus[善于言辞的人]与 eloquens[雄辩家]的区别，见《论演说家》1.94。

3 话题（causa）：或译作案件，参见 1.7 模拟……修辞注。肯尼迪（KENNEDY 2006:20）认为，《图斯库路姆论辩集》混合了法庭演说和哲学对话这两种文体，而且在西塞罗的所有作品中，《论辩集》最明显地体现出了这种混合。

4 哲人的论述（disserentium philosophorum）：与前面的 poëtarum et pictorum portenta[诗人和画家的奇谈臆造]构成十字配列。西塞罗这里可能是在挪揄伊壁鸠鲁派哲人，他认为并不会有人真的相信文学和艺术作品中所描绘的死后世界，因此伊壁鸠鲁的论述并无实质作用，参见 1.48 和《论诸神的本性》2.5。

5 他们并不存在（quia nulli sint）：这里的 quia 带虚拟式，从而这是言说者转述的原因。这里的 nulli 代替否定小品词 non，语气更强，这一现象常见于口语，另见《致阿特

[12]师：我现在[1]宁可你恐惧的是刻尔贝若斯，而非你这般不假思索地说的这些。

生：这[2]究竟是什么？

师：你所否认存在的东西却同样是你说存在的东西。你的敏锐[去]哪儿了？因为，当你说那个并不存在的人是悲惨的，你就在说他存在。

生：我没这么愚钝，以至于说这种话。

师：那么你在说什么？[3]

生：例如，玛•克拉苏[4]是悲惨的，他由于死亡而散[尽]了那些财富；格奈•庞培[5]是悲惨的，他被剥夺了如此巨大的荣耀。所有人最终都是悲惨的——他们会缺乏光明。

师：你回到了相同的点上。因为如果他们是悲惨的，那么他们就应当存在；[6]然而你自己刚才却否认那些已然死亡的人存在。由此，如果他们并不存在，那么他们就不可能是什么，从而他们甚至也不是悲惨的。

生：我可能还没有说出我所认为的。因为我认为，当你存在时，"不存在"这件事本身是最悲惨的。

[13]师：什么？[7]比彻底未曾存在过更加悲惨？那么，那些尚未出生的人现已是悲惨的了，因为他们并不存在；而且，如果我们自己在死亡

提库斯书》11.24.4（＝234 SB）的 Philotimus non modo nullus venit［菲洛提摩斯不仅根本没有来］以及泰伦提乌斯《安德若斯女子》370 的 ac nullum quidem［而实际上并非如此］。这种用法在谐剧作家笔下十分常见。

[1] 现在（iam）：这里有感叹意味。

[2] 这（quid）：门生用的是单数 quid，弱化了老师的复数 ista［这些］。

[3] 那么你在说什么（quid dicis igitur）：igitur 本该出现在 quid 和 dicis 之间，而现在的词序则强调了 dicis。

[4] 玛•克拉苏（M. Crassum）：前三巨头之一，罗马富豪，公元前 53 年亡于安息。

[5] 格奈•庞培（Cn. Pompeium）：亦为前三巨头之一，公元前 48 年败于凯撒，死于埃及，参见 1.86。作为前三巨头之一的凯撒本人是否悲惨呢？

[6] 因为……存在（sint enim oportet, si miseri sunt）：拉丁语动词 esse 同时有是和存在的意思。门生本该说系动词只是连接性小品词，并不表达存在含义，比如某人是不存在的这个表达。

[7] 什么（quid）：有学者认为这个 quid 可改作 qui id［为何这］（参见 GIUSTA 1984: 10、POWELL 1988）。

后将是悲惨的，那么我们在出生前就已然是悲惨的。然而，我本人并不记得自己在出生前是悲惨的；如若你本人有更好的记忆力[1]，那么我想知道你是否想起了[2]关于你自己[的事情]。

7. 生：那你就在开玩笑，好像我本人宣称那些尚未出生的人是悲惨的，而那些已然死去的人并不悲惨。

师：因此你宣称他们存在。

生：并非如此，[我说]他们悲惨，是因为他们现在不存在，尽管他们曾经存在。

师：你没察觉自己在说自相矛盾的事情吗？因为，什么话会如此自相矛盾，以至于说一个并不存在的人不仅是悲惨的，而且完全是个什么？当你本人走出卡佩纳城门，看见卡拉提努斯的陵墓、斯奇皮欧家族的寝园、色尔维利乌斯家族的坟冢和美忒珥路斯家族的茔地时，[3]你难道认为那些人悲惨？

生：既然你在言辞上压制我，现在起我就不这样说"是悲惨的"，而只说"悲惨的"，就是出于那个原因：他们并不存在。

师：从而你不说"玛·克拉苏是悲惨的"，而只说"悲惨的玛·克拉苏"？[4]

生：完全如此。

[14]师：好像，无论你以此方式宣称什么，它都不必然要么存在要

---

[1] 记忆力（memoria）：这是全书第一次提到记忆力，最后一次是在全书最后（5.121），第二次是在1.57。玛尔库斯在1.57–67的论述涉及记忆力。

　　memoria 一词的首要含义是记忆的能力，而作为动作或过程的记忆次之，再次才是作为结果的记忆，参见 *OLD*[2] 词条 1–4。

[2] 想起了（recordere）：相比于 memini，这个动词更强调回想（to call to mind）的过程而较少传达具有记忆的事实（to retain in mind、remember），参见 *OLD*[2] 的相关词条。

[3] 卡拉提努斯（Calatinus）是第一次布匿战争中的罗马大将，斯奇皮欧（Scipio）、色尔维利乌斯（Servilius）和美忒珥路斯（Metellus）均为罗马的名门望族，穿过卡佩纳城门（porta Capena）后沿着阿璞皮乌斯大道前行，就是这些家族的豪华墓地。

[4] 在拉丁语中，系词 esse 常常省略，因此 miser M. Crassus［悲惨的玛·克拉苏］与 miser est M. Crassus［玛·克拉苏是悲惨的］并无太大的区别。

么不存在！难道你本人甚至没有初步了解过辩证法？因为这是最初传授的：每一个命题（其实，当下发生在我身上的，是这样来称呼 $ἀξίωμα$，如果我以后发现了更妥当的[名称]，就会用其他[词]）——因此这就是一个命题，[1]它为真或为假。从而，当你说"悲惨的玛·克拉苏"时，你或是在说"玛·克拉苏是悲惨的"这一点，从而它能够被判断那是真还是假，或者，你什么都没有说。

生：好吧，我现在就承认那些已然死去的人并不悲惨——既然你已强迫我承认，那些根本不存在的人甚至不可能是悲惨的。怎么？[2]我们这些活着的人，由于注定要死，难道不是悲惨的么？人生中究竟可能有什么愉悦呢——既然[我们]不得不日日夜夜地意识到，自己注定随时[3]会死？

8. [15]师：那么你真的意识到自己从人类的境况中去除了多么大量的恶吗？

生：到何种程度呢？

师：因为，如果死亡对于死者而言甚至是悲惨的，那么在生命中[4]我们就会有某种无限而永恒的恶。现在我看到了终点线，在我们跑到它那里后，除了它就没有什么要惶惧的了。但是在我看来，你本人遵循厄皮卡尔摩斯[5]的名言——[他是]一个机敏而并不无趣的人，就如西西里人

---

[1] 因此……命题（id ergo est pronuntiatum）：之前括号中的插入语打断了文意，于是西塞罗在这里使用 ergo（也可使用 igitur、sed 或 sed tamen）接续插入语之前的话，而正常的句子其实是 omne pronuntiatum ergo verum est aut falsum[因此每一个命题为真或为假]。我们把这种现象称为错格（anacoluthon），即在同一个句子中发生了结构变化，造成句子的前一部分不连贯或不完整，参见 A&G 640。在《论辩集》中，错格现象常见。

[2] 怎么（quid）：在拉丁语中常常出现这种情况：用一个简短的引导性疑问句带出作者想要回答的真正的问句，这里的 quid 就是这一用法。这种简短的疑问句的目的在于引起听者的注意。

[3] 随时（iam iamque）：参见 OLD^2 词条 iam 5。

[4] 生命中（in vita）：道格拉斯（DOUGLAS 1994: 95）说，这指一种"曾经出生过"（ever have been born）的状态，而非与死亡相对的生命，而且这个唐突的表述在形式上也被一些校勘者出于格律的考虑删除。

[5] 厄皮卡尔摩斯（Epicharmi）：希腊名 Ἐπίχαρμος，毕达哥拉斯的传人，科斯岛的谐剧诗人，生活于公元前五世纪。由于希耶罗在西西里施行僭政，他便"把毕达哥拉斯的想

那样。

生：什么[名言]？其实我并不知道。

师：如果我可以的话，就会用拉丁语来说。因为你知道，我在拉丁辞章中说希腊语的情况并不多于我在希腊辞章中说拉丁语的情况。[1]

生：实际上[你]也[做得]正确。不过，厄皮卡尔摩斯的那句名言究竟是什么？

师："我不属死亡，但是我不把死去的自己算作什么。"[2]

生：我已经知晓希腊语[诗行]了。但是，由于你们已然逼迫我承认那些已死之人并不悲惨，如果你可以，就请你来完善，以使我认为甚至注定要死也并不悲惨。

[16]师：实际上这并非什么麻烦事，而我本人在致力于更重要的事。

生：这如何不是什么麻烦事？而这种更重要的事情究竟是什么？

师：因为，既然在死亡后没有什么恶，那么甚至死亡也不是恶，对于它来说，最邻近的时间就是死亡后[的时间]——你认同死亡中不存在任何恶。从而，注定要死也就不是一种恶；其实，它就是注定达到我们承认并不是恶的那个点。

生：我请[你]更详细地[讲讲]这种事情。因为，这些更加繁复的东西[3]在逼迫我同意[4]之前先逼迫我承认。[5]不过，那些你说自己在致力于的

法编入格律中"（εἰς μέτρον δ᾽ ἐντεῖναι τὰς διανοίας τῶν ἀνδρῶν，扬布里科《论毕达哥拉斯式的生活》[Περὶ τοῦ Πυθαγορικοῦ βίου]36.266）以韵文秘密传授，参见亚里士多德《论作诗术》3.1448a30–35、刘小枫 2019: 348–349。

[1] 西塞罗的书信中常常使用一些希腊语表达，但在他的演说词中则不然，这是为了避免不懂希腊语的听众与他疏远。在西塞罗的哲学作品中，他有时直接使用希腊语，有时则使用拉丁语译文。

[2] 绍佩（H. Sauppe）认为希腊语诗行是 ἀποθανεῖν οὐχ ἀνδάνει μοι· τεθνάναι δ᾽ οὐ διαφέρει [死亡并不合我心意，但是死亡无关紧要]（参见 KING 1971: 20）。

[3] 指廊下派的逻辑论证，参见《演说家》114、《论善恶之极》3.3。

[4] 我同意（adsentiar）：这个词对应于古希腊语 συγκατάθεσις[同意]，后者指心灵对各种感觉（αἴσθησις）的赞同：对正确感觉的同意产生知识，对错误感觉的同意导致错误的意见（参见 PREUS 2015: 375）。另见普鲁塔克《西塞罗传》40.2 以及 MOLES 1988: 189。

[5] 门生承认自己在言辞上失败，但依旧不认同玛尔库斯。类似的现象在柏拉图笔下多

更重要的事情是什么？

师：就是展现——我若能够——死亡不仅不是恶，而且是一种善。

生：实际上我并不要求这点，不过我期待聆听。因为即便你没有实现你所愿望的事情，你仍将得出，死亡并不是一种恶。不过，我不会打断你——我更想聆听一场连续的演说。

[17]师：什么？如果我问了你什么，难道你不会回答吗？

生：实际上这是傲慢的[做法]，不过，除非有什么必要，我更希望你不问。[1]

9. 师：我会执行你的意愿[2]，而且我会尽我所能解释那些你希望的事情。不过，我不[会]像宰蟒神阿波罗那般以至于我将说的东西是确凿而固定的，[3]而是如众人中的一个凡夫俗子，[4]以推测来寻求可信之事。[5]其实，我无法[6]再前进而超过看见近似真相之事的程度。[7]那些人言说确凿之事——他们既说那些事情可以被知晓，又宣布自己是智慧者。

生：你就如看起来合适的那般[做吧]，我们已经准备好聆听了。

见，参见希普帕库斯 232b、《希琵阿斯后篇》369b-c、《伊翁》533c、《法义》10.903a 以及《王制》6.487c 的跳棋比喻。

[1] 肯尼迪注意到，这里与《王制》的情节相似：忒剌叙玛科斯被苏格拉底驳倒后，苏格拉底被要求讲述自己对正义的看法，而且，相对简短的问答随后都变为长篇论述（参见 KENNEDY 2006: 16）。参见《高尔吉亚》462b。

[2] 我会……意愿（geram tibi morem）：或译作我会顺从你、我会迁就你。参见 *OLD*[2] 词条 gero 8d 和词条 mos 6。

[3] 然而神谕确定无疑，ὡς ἐκ τρίποδος[好像来自三足祭坛]。

[4] 而是……俗子（sed ut homunculus unus e multis）：西塞罗在 5.64 中用 homunculus 一词形容阿基米德。

[5] 西塞罗属于新学园派，这一学派的代表卡尔内阿得斯（3.54）认为，尽管无法保证绝对的确定性，但是我们有能力发现一些可信之事（probabilia），或者说近似真相的事情。关于西塞罗的学园怀疑论，参见梁中和 2019: 76–81 以及 POWELL 1995b。在本书的每一卷中，西塞罗都明确表示自己的哲学立场是学园派怀疑论，参见 1.78、2.5、2.63、3.50–51、4.7、4.47、5.11 和 5.83。有说法认为西塞罗属于折中派（eclecticism），但译者认同塞德利（SEDLEY 1997）的这一观点：并不存在作为折中派的古代哲人；诸如波塞冬尼欧斯和西塞罗这类所谓的折中派的"综合忠诚"（complex allegiances）与"对单一传统的种种忠实原则"（the rules for loyalty to a single tradition）完全并行不悖。西塞罗在学派归属上的含混或许暗示了其作品带有的隐微属性，另见 2.4–5 以及梅尔泽 2018: 29, 244, 302。

[6] 我无法（non habeo）：参见 L&S 词条 habeo II. A. 2. β，这里的 habeo 表达能力。

[7] 再……超出（ultra ... quam ut）：参见 *OLD*[2] 词条 quam 11d；ut 引导实词性从句。

[18]师：因此，死亡这一看起来极其为人熟知的事情本身是什么，便是首先应当得到观察的。其实，有一些人，他们认为灵魂从肉体的离开就是死亡，[还]有一些人，他们判断并不会发生这种离开，而是灵魂和肉体一起殂落，而且灵魂在肉体中熄灭。[在]那群判断灵魂离开的人[中]，一些判断灵魂立刻消散，一些判断灵魂长久延续，另一些判断灵魂永[存]。进而，灵魂本身是什么、灵魂在何处、灵魂来自何处，就是在些昏分晦的问题，在另一些人看来，心脏本身就是灵魂，[1]由此有人被称作"愚惑的""丧心病狂"和"同心的"，而且那位明智的、两度担任执政官的纳西卡[2]被称作"小心脏"，还有"尤其聪慧之人，机敏的埃利乌斯·色克斯图斯"。[3][19]恩培多克勒[4]判断，灵魂就是流往心脏的血液。在一些人看来，大脑的某一部分掌控着灵魂的大权；一些人不赞成心脏本身就是灵魂，也不赞成灵魂是大脑的某一部分。但是，一些人说灵魂的居所和位置在心脏里，一些人说在大脑里。然而，一些人说灵魂就是灵气，几乎就如我们[所做]的那样——那个名称表明了[这点]：因为我们说"咽气""断气"，也说"生气勃勃""有灵气"和"以灵魂之所想"。进而，"灵魂"这个词本身据说就来自"灵气"。[5]在廊下派的芝诺看来，灵魂是火。[6]10. 不过，实际上，这些我已然提到的[说法，即灵魂是]心脏、大脑、气或者火，是常见的[说法]，其余的基本是单个人的[观点]，

---

[1] 这是廊下派哲人克律西璞珀斯（参见1.108）的观点。

[2] 纳西卡（Nasica）：斯奇皮欧家族的成员，公元前162年、前155年执政官，因其对祭司法和民法的熟习而著称。

[3] 西塞罗在这里提到了几个带有cord-的拉丁语单词：excordes[愚惑的/缺心眼的]、vecordes[丧心病狂]、concordes[同心的]、Corculum[小心脏]和cordatus[聪慧]。参见《史记·日者列传》："夫愚惑之人，岂能以一言而知之哉！"埃利乌斯·色克斯图斯（Aelius Sextus）是公元前198年的执政官。这行诗来自恩尼乌斯《编年纪事》10.329，西塞罗在《论共和国》1.30中也引过这行诗。

[4] 恩培多克勒（Empedocles）：希腊名 Ἐμπεδοκλῆς，公元前五世纪西西里哲人。

[5] 咽气、断气、生气勃勃、有灵气、以灵魂之所想、灵魂和灵气的原文分别是：agere animam、efflare (animam)、animosos、bene animatos、ex animi sententia、animus 和 anima。

[6] 芝诺（Ζήνων，前334—前262年），塞浦路斯人，廊下派创始人，后居于雅典。严格地说，这里的"火"指"热气"（πνεῦμα ἔνθερμον），但西塞罗在1.42把这种理解归给了帕奈提欧斯。

比如很久之前的古人[1]——然而，最晚近的阿瑞斯托克色诺斯[2]，一位通缪斯之艺者兼哲人，[他认为灵魂是]肉体本身的某种紧绷，就好像歌唱与弦琴中那种被称作 ἁρμονία[3] 的东西：同样，各种运动就从整个身体的本性和形态中震动而出，好像歌唱中的声音那般。[20]他并没有放弃自己的手艺，不过他还讲了某个说法——这一点本身性质如何已在很久之前由柏拉图说过并作过解释。[4]克色诺克剌忒斯[5]曾否认灵魂有形态或者任何如同肉体的东西，他说[灵魂]是数——就好像早先已经在毕达哥拉斯[6]看来的那般——它的力量在自然界中最是强大。克氏的导师柏拉图把灵魂描述为三部分，将其中的首位，亦即理性，放在头脑里好像在堡垒中；他还主张[7]，[另]两个部分，愤怒和欲望，臣服于[理性]；在位置方面，柏拉图把它们分开：他置愤怒于胸中，置欲望于隔膜之下。[8][21]然而，在那篇发生于科林多、以三卷呈现出来的辞章中，迪凯阿尔科斯[9]

---

[1] 古人（veteres）：指前苏格拉底哲人。

[2] 阿瑞斯托克色诺斯（Aristoxenus）：希腊名 Ἀριστόξενος，塔壬图姆人，先为毕达哥拉斯派传人，后拜于亚里士多德门下。

[3] ἁρμονία[和谐]：这并非现代音乐的和声，而指的是给乐器调音（调到某一音阶或调式）。阿瑞斯托克色诺斯更侧重音价的听觉效果而非音符之间的数学关系。另见《论万物的本性》3.130–135。

[4] 参见《斐多》92a：ψυχὴν δὲ ἁρμονίαν τινὰ ἐκ τῶν κατὰ τὸ σῶμα ἐντεταμένων συγκεῖσθαι[而灵魂就是某种和谐，由绷在身体上的(琴弦)组成]。这是西塞罗在本书中第一次提到柏拉图。在第一卷中，西塞罗屡屡提及苏格拉底、柏拉图和亚里士多德，对其他哲人仅仅一笔带过——甚至，卡尔内阿得斯（参见 3.54）的名字在第一卷中并未出现。《布鲁图斯》24 提到，西塞罗在罗马家中放有一尊柏拉图的雕像。

[5] 克色诺克剌忒斯（Xenocrates）：希腊名 Ξενοκράτης，卡尔西登（Χαλκηδών）人，柏拉图的门生，后成为学园派掌门（前 319 年—前 315 年）。

[6] 毕达哥拉斯（Pythagorae），希腊名 Πυθαγόρας。他宣称灵魂是 ἀριθμὸν ἑαυτὸν κινοῦντα[自我推动的数]（参见《论灵魂》1.404b27–30）。西塞罗在《论辩集》中多次提到毕达哥拉斯，特别需要注意 5.8–10。另见张文江 2019: 231–233、黄瑞成 2021。

[7] 他……主张（voluit）：参见 OLD² 词条 uolo¹ 18，这里的 volo 意为主张、声称，带宾格和不定式，后文 1.42、1.57、1.79 和 5.28 等处亦然。

[8] 关于灵魂的三部分理性（ratio, νοῦς）、血气（ira, θυμός）和欲望（cupiditas, ἐπιθυμία）的位置，参见《蒂迈欧》69。西塞罗用 principatum[首位]一词翻译希腊语 τὸ ἡγεμονικόν[主导]。另见 1.80 注释。

[9] 迪凯阿尔科斯（Dicaearchus）：希腊名 Δικαίαρχος，亚里士多德的门生，阿瑞斯托克色诺斯的同学。迪氏以虚拟对话所发生的地点来为他的一些著作命名（另见 1.77 和 BAILEY 1966: 349）。

在第一卷中使许多正在论辩的学人成为谈话者。在[另]两卷中，迪氏引入了一位弗提阿老人[1]斐热克剌忒斯（迪氏说他是丢卡利翁的后裔）。[2][斐氏]论述说，灵魂根本不是任何东西，这个名称也完全是空洞的，而且"有灵魂之物"和"有灵魂之人"的说法也并无根据。[3]无论是在人类中还是在野兽中，都不存在灵魂或灵气；另外，那整个力量——我们凭借它或是行动或是有所感知——均等地灌注于每一个活着的身体中，而且不准从身体分离，因为[离了身体]它就什么也不是，除了啪一、单独的身体之外，什么都不存在，身体如此形成，以至于它凭靠自然的调理而强壮起来并有知觉。[22]亚里士多德——我总是排除柏拉图——在天赋和勤奋方面远远超过所有人，由于他理解了万物所源出的那著名的四种元素，[4]他就判断存在某个第五种自然素，心灵就出自它。因为亚氏认为，思考、预见、[5]学习、教授、发现某物，还有记住如此众多的东西、[6]喜爱、厌恶、欲求、畏惧、苦闷、欢乐，这些以及与之近似的东西并不包括在这四种[元素]中的任何一种之中。[7]他引入了第五种[元素]，名称阙如，就这样用一个新的名字把灵魂本身称作 $\dot{\epsilon}\nu\delta\epsilon\lambda\dot{\epsilon}\chi\epsilon\iota\alpha$，[8]好像它是

---

[1] 弗提阿……人（Phthiotam）：名词 Phthiota（属格-es 或-ae）派生自地名 Phthia。

[2] 传说普罗米修斯之子丢卡利翁（$\Delta\epsilon\upsilon\kappa\alpha\lambda\dot{\iota}\omega\nu$）躲过了宙斯降下的大洪水，成为了弗提阿（$\phi\theta\dot{\iota}\alpha$）的国王。

[3] 有灵气之物、有灵气之人的原文分别作 animalia、animantis。

[4] 西塞罗在《学园派之书》1.26 说，气（aer）和火（ignis）拥有"运动"（movendi）和"造就"（efficiendi）的能力，水（aqua）和土（terra）则拥有"接受"（accipiendi）和仿佛是"忍耐"（patiendi）的能力。

[5] 预见（providere）：西塞罗在《论义务》1.12 中特别强调了这点。

[6] 如此众多的东西（tam multa [alia] meminisse）：抄本上大都有 alia，珀伦茨本删之。删除的理由是 multa meminisse 符合西塞罗所偏好的格律模式 $-\cup\cup\cup-\times$，保留的理由是 alia 与前面的 aliquid[某物]形成了对比（参见 DOUGLAS 1994: 18, 98）。

[7] 四种元素是 $\tau\grave{\alpha}\ \dot{\alpha}\pi\lambda\hat{\alpha}\ \tau\hat{\omega}\nu\ \sigma\omega\mu\dot{\alpha}\tau\omega\nu$[组成身体的单纯之物]，亦即土、火、气和水，参见《物理学》（《关于自然的课程》）2.192b10。第五种元素 $\alpha\dot{\iota}\theta\dot{\eta}\rho$[以太]是天体的质料。这些区分似乎不是亚里士多德本人所作的。亚氏认为灵魂是 $\dot{\alpha}\sigma\dot{\omega}\mu\alpha\tau\sigma$[非肉体的]。

[8] 原文使用宾格 $\dot{\epsilon}\nu\delta\epsilon\lambda\dot{\epsilon}\chi\epsilon\iota\alpha\nu$，中译改作主格，下仿此（现代西文译本皆然）。亚里士多德实际上用的是 $\dot{\epsilon}\nu\tau\epsilon\lambda\dot{\epsilon}\chi\epsilon\iota\alpha$[完全实现/隐德莱希]，相当于拉丁语的 actus[实现]和 perfectio[完备]，指事物的完善状态，比如在《论灵魂》2.412a27 中亚里士多德说 $\dot{\eta}\ \psi\upsilon\chi\dot{\eta}\ \dot{\epsilon}\sigma\tau\iota\nu\ \dot{\epsilon}\nu\tau\epsilon\lambda\dot{\epsilon}\chi\epsilon\iota\alpha\ \dot{\eta}\ \pi\rho\dot{\omega}\tau\eta\ \sigma\dot{\omega}\mu\alpha\tau\sigma\varsigma\ \phi\upsilon\sigma\iota\kappa\sigma\hat{\upsilon}\ \delta\upsilon\nu\dot{\alpha}\mu\epsilon\iota\ \zeta\omega\dot{\eta}\nu\ \dot{\epsilon}\chi\sigma\nu\tau\sigma\varsigma$[灵魂就是在潜能上拥有生命

某种持续而永久的运动。

11. 除非我[说的]这些碰巧有什么疏漏，那么这些差不多就是涉及灵魂的各种观点。[1]其实，那位德谟克利特[2]实际上是一位伟人，但是让我们略过他吧，因为他使得灵魂由于某种偶然的汇聚而由光滑的球形微粒[3][构成]；其实，根据这种人[的看法]，没有什么不是原子的杂烩所形成的。[23]这些观点中的哪个为真，让某位神明来看吧。哪个最逼近真相才是大问题。因此，我们更愿意在这些观点之间下判断，还是返回那个主题？[4]

生：如果可能，两者我实际上都欲求。但组合是困难的。因此，倘若我们能从对死亡的恐惧中得到释放，我就会这样做，即便那些[说法]本身不会得到讨论；但如果关于灵魂的这个问题未得解释它就毫无可能，那么，如果看起来妥当，现在就[谈]这个，下次[谈]那个。

师：我认为，我所理解的那件你更愿意的事情更加合适。因为，理性将会表明，在我展示出的那些观点中无论哪个为真，死亡要么不是恶，要么更是善。[24]因为，如果灵魂是心脏、血液或大脑，那么当然，由于灵魂是一种物质，它就会与肉体的其他[部分]一同逝去；如果灵魂是气，那么它就可能被吹散；如果是火，就会被熄灭；如果是阿瑞斯托克

的自然躯体的第一实现]。而 ἐνδελέχεια[连续]则是一种运动，相当于拉丁语的 continuatio[连续]，比如水滴石穿的现象。但亚里士多德否认灵魂有运动（参见《论灵魂》1.406a3）。不过，我们似乎没有理由批评西塞罗混淆了 ἐντελέχεια 和 ἐνδελέχεια 这两个词，因为亚里士多德显然也使用了后者的内涵（参见 PREUS 2015: 146）。这两个单词的混淆古已有之，比如路吉阿诺斯《辅音诉讼》（Δίκη συμφώνων）10 中字母 δ 就指控字母 τ 窃走了 ἐνδελέχεια 一词，使之变为 ἐντελέχεια。关于路氏作品名称的中译，参见程茜雯 2018。

　　[1] 肯尼迪（KENNEDY 2006: 21）注意到，在其他哲学作品中，西塞罗往往会让其所引述的各种观点相互交锋，然而在这里，西塞罗的做法有些特殊：在不加调和与判断的情况下，以观点的堆砌充当论证。

　　[2] 德谟克利特（Democritum）：希腊名 Δημόκριτος，生活于公元前五世纪，原子论创立者，阿卜得剌（Ἄβδηρα）的著名哲人——此地是德谟克利特、阿纳克撒戈尔科斯（参见 2.52）和普罗塔戈拉的故乡，却以当地人的愚蠢著称。

　　[3] 微粒（corpusculis）：或译作原子，参见 *OLD*[2] 词条 corpusculum 2b。

　　[4] 参见 1.9。

色诺斯的和谐，那么它就会被打破。关于迪凯阿尔科斯我该说什么呢
——他说灵魂根本就不是任何东西？就所有这些观点而言，在死亡后，
没有什么可能与任何人相关；因为感觉与生命一同离去；进而，对于无
感觉之人而言，不存在在任何一个方面有所影响的东西。其他人的观点
提供了希望，如果这点正好使你愉快——灵魂从肉体中离开后，它能够
抵达上天，就好像到了自己的居所。

生，这的确使我愉快，而且，我首先就希望如此，其次，就算不是
[这样]，我仍旧希望自己被说服。

师：那么对你而言，我们的工作有什么必要？难道我们可能在口才
上超过柏拉图？悉心展开他那卷关于灵魂的著作[1]吧！没有什么还会是
你所缺少的。

生：赫拉克勒斯作证，我已读过，而且实际上常常读。可是，当我
阅读时，我以某种方式同意[柏拉图]，当我放下书卷并开始与自己一同
思考灵魂的不朽时，那种同意[2]就整个地滑落了。

[25]师：怎么？你是否认可这点：灵魂在死亡之后或是继续存在或
是因死亡本身而泯灭？

生：我的确认可。

师：倘若灵魂继续存在，会怎样？

生：我认同[灵魂]是幸福的。

师：但如果它们泯灭了呢？

生：也不悲惨，既然它们甚至就不会存在。不久之前，我受你逼迫
而已然认同了这点。

师：那么，你在何种意义上或者为何说在你看来死亡是恶？它或是
使我们幸福——倘若灵魂继续存在——或是使缺少感觉的人并不悲惨。

12.[26]生：那么，请你展现吧——如果没什么困难的话。首先，

---

[1] 指《斐多》。
[2] 同意（adsensio）：参见 1.16 我同意注。

你若有能力，就请展现灵魂在死亡后继续存在；然后，若你没有完全确立这点——其实这的确是艰难的——你就会教授，死亡不带有任何一种恶。其实我自己担心的正是这点：死亡是一种恶；我说的不是缺乏知觉，而是必将缺乏知觉。

师：事实上，我们可以引用最好的权威来支持你希望确立的那种观点，这一[做法]在所有的情形下应当而且常常发挥极大作用，并且，[我们]事实上首先[引用]整个古代，[因为，]越是接近起源和神圣的血脉，或许就越[能]清楚地辨识出那些真实的情况。

[27]因此，在恩尼乌斯称作先民[1]的那些古人中，根植着那一[观念]：死亡中有知觉，而且在生命的消逝中，一个人并不是遭到如此毁灭以至于全然地泯灭。另外，这一[观念]既可通过其他许多事实，也可在祭司法和丧仪中得到理解。具备极高天赋的人既不会以如此巨大的关切来举行这些仪式，也不会以如此不可补赎的禁忌来裁量被亵渎的仪式，[2]除非固着在他们心灵中的是，死亡并非破坏和毁灭一切的泯灭，而是某种好似生命之迁移和变化的东西——在卓越的男子和女士那儿，死亡常常是去往上天的向导，而在其他人那里[生命]被束缚，甚至被长久地留在土地上。[3][28]出于这点以及我们的观念[就有这句诗：]"罗穆路斯在天上与诸神一同度过时光"，[4]如同意传统[说法]的恩尼乌斯所言；[5]

---

[1] 先民（cascos）：瓦罗《论拉丁语》7.28 中引用了恩尼乌斯《编年纪事》1.22：quam prisci, casci populi, tenuere Latini[古代的拉丁人，（亦即）先民，所占据的(土地)]（参见 GOLDBERG & MANUWALD 2018a: 132–133）。

[2] 也……仪式（nec violatas tam inexpiabili religione sanxissent）：这里的 sancio 意为使某种过犯应受到法律惩处（参见 *OLD*[2] 词条 sancio 5），religione 则为惩罚夺格（价值夺格的一种）。另见 *OLD*[2] 词条 inexpiabilis 2。

[3] 罗马人一般观念是，如果遗体得到妥善埋葬，那么魂魄就会穿过土地，与冥界之神玛内斯（Manes）的整个身体结合，只在特定的时间返回人间；如果遗体未得妥善焚化或埋葬，那么魂魄就会行走在人间，造成麻烦（1.106）。罗马人在 2 月 13—21 日举行祖祭（parentalia），在 5 月举行恶灵祭（lemuria）。西塞罗说，正义而卓越的逝者会立刻升入天堂，参见《斯奇皮欧之梦》。

[4] 参见恩尼乌斯《编年纪事》1.110。

[5] 如……所言（ut famae adsentiens dixit Ennius）：注意，这里出现了 adsentire[同意]一词，参见 1.16。

而且据希腊人所言（由此又流传[1]到我们这里还直至大洋），赫拉克勒斯[2]被认为是一位如此伟大而如此应时的神明。于是[还]由色美勒所生的利贝尔[3]以及廷达瑞斯[所生]的在传说中有相同名声的兄弟[4]——他们不仅是罗马人在战争中取胜的协助者，而且还被称作[胜利的]宣告者。怎么？伊诺，卡得摩斯之女，难道不是被希腊人称作 Λευκοθέα，被我们视为玛图塔[5]？怎么？难道整个苍天——免得我再举更多的[例子]——难道没有被人奉神膜拜所占满吗？**13.** [29]其实，如果我试图考稽古事，而且从中发掘出那些希腊作家所给出的事情，那么我们就会发觉，那些主神[6]恰恰是被认为从我们这里前往苍天的人。你探寻一下，谁的坟冢被指明在希腊？[7]你回忆一番——既然你已被引入秘仪——什么东西在其中得到传授？然后，你最终会明白这一[观念]是多么广为人知。但是，那些人，他们尚未学习人类多年之后才开始探讨的自然学，使自己信服了[8]如此之少的事情，以至于他们在受自然提醒后才有所认识。他们不

---

[1] 流传（perlapsus）：吴金瑞（1965: 1029）译作"奔"，恐不妥，参见顾枝鹰 2020b。

[2] 李维在《自建城以来》21.21.9 提到，汉尼拔在动身前往意大利前，曾在伽得斯（Gades）的神庙中向赫拉克勒斯许愿。

[3] 利贝尔（Liber）：利贝尔是古意大利的农神，罗马诗人把他与酒神联系在一起。在神话中，利贝尔是宙斯与忒拜公主卡德摩斯之女色美勒（Σεμέλη）所生的。

[4] 廷达瑞斯[所生]的……兄弟（Tyndaridae fratres）：即卡斯托尔（Castor, Κάστωρ）和珀珥路克斯（Pollux, Πολυδεύκης）兄弟。传说他们协助罗马人打赢了热吉珥路斯湖（Regillus）之战，遂得到罗马人的供奉。

[5] 玛图塔（Matuta）：她是古意大利的黎明女神，被等同于希腊的伊诺（Ἰνώ），即上文提到的色美勒的姐妹。她由于被阿塔玛斯（Ἀθάμας）追赶而发狂，把自己投入大海，成为 Λευκοθέα[白色海神]。

[6] 那些主神（illi maiorum gentium dii）：罗慕路斯选出的一百名元老（参见《自建城以来》1.8.7），被称是"由大族组成的"（maiorum gentium），与普瑞斯库斯选出的"由小族组成的"（minorum genium，《自建城以来》1.35.6）元老相对。maiorum gentium dii 则相当于 dii consentes[（十二）主神]：尤诺、维斯塔、密涅尔瓦、刻瑞斯、狄安娜、维纳斯、玛尔斯、墨丘利、尤比特、尼普顿、伏尔甘和阿波罗（参见恩尼乌斯《编年纪事》7.240）。

[7] 西塞罗这里指的是克里特的宙斯墓、阿尔卡迪亚的阿斯克勒皮欧斯之墓以及德尔菲的迪欧倪西欧斯之墓。

[8] 使自己信服了（sibi persuaserant）：《汉语大词典》和《现代汉语词典》都把信服一词解释为相信[并]佩服。译者认为这个词也有相信并摄膺/服从的意思。《汉语大词典》引用了曾巩《广德湖记》中的"张侯计工赋材，择民之为人信服有知计者，使督役，而自主之"，此句中的信服显然与佩服无涉。《现汉》以不信服解释不服（举"不服管教"为

掌握事情的道理和原因，常常受某些被看到的东西扰动——而且尤其是那些夜中之物——以至于那些离开了生命的人在[他们]看来[还]活着。

[30]进而，正如这看起来被引作[1]最有力的[证据来说明]为何我们相信神明存在，即没有哪个种族如此野蛮，所有人中没有谁会如此不开化，以至于诸神的观念未曾渗入他的心灵（许多人对诸神有扭曲的观念——其实这常常是由充满罪恶的风俗引起的——不过，所有人都认为存在神圣的力量和本性，[2]而实际上，这不是人类的讨论或会议[3]造成的，那种观念不是由制度确定的，不是由法律确定的；不过，所有种族在一切事务上的共识应当被视作自然之法。[4]由此，谁是这样一个人，他哀悼自己亲友的死亡，不首先是因为他认为他们被剥夺了生命的利益？破除这种观念吧，你就会破除哀伤。其实，没有人因为自己的不幸而悲痛：他们可能会痛苦或苦闷，但是那种哀伤的恸哭和悲痛的流泪是出于这个原因——我们认为那位我们深爱的人被剥夺了生命的利益，而我们感觉到了这点。而且，我们在以自然为向导时才如此感觉到这些，而非凭借任何道理或任何学识。**14.** [31]其实，最有力的证据是，静穆的自然本身就对灵魂的不朽下了判断，因为对于所有人而言都有牵挂，实际上还是一个巨大的牵挂——死亡之后会有什么？如斯塔提乌斯在《青年伙伴》中所言，"他栽下树，以使它们有益于下一代"，[5]后世也与他自己相

例），以衷心信服解释服膺、心服，以口头上表示信服解释口服：这些情况中都没有佩服的含义。

[1] 被引作（adferri）：参见 *OLD*[2] 词条 affero 13。

[2] 参见 1.36。

[3] 会议（consessus）：亦有版本作 consensus[共识／一致]。

[4] 玛尔库斯这里的论证方式不仅与《论诸神的本性》1.43 中伊壁鸠鲁派的威珥勒尤斯相似，而且与《论诸神的本性》2.12 中廊下派的巴珥布斯相似，都诉诸人类的"共识"。肯尼迪（KENNEDY 2006: 27–29）说，在西塞罗的所有作品中，他只在这里用了 lex naturae [自然之法]，而其他地方用的是 vera lex naturae congruens[与自然吻合的真正的法律]（如《论共和国》3.33）和 ius naturae[自然之法]（如《论诸神的本性》3.45）；按照《论法律》1.18 的说法，自然之法这一概念具有较强的廊下派色彩，这一部分的论述亦然。

[5] 《青年伙伴》（*Synephebi*）系古罗马谐剧诗人凯奇利乌斯·斯塔提乌斯（Caecilius Statius）所作。西塞罗在《论老年》2.24 也引用了这行诗。

关——除此之外，他关注什么呢？于是，勤劳的耕植者会栽下树木，而他本人绝不会看到它们的果实；伟人不会栽下法律、制度和共同体吗？繁衍子嗣说明了什么？延续氏族名有何意义？收养[义]子代表着什么？谨慎地[立下]遗嘱是何含义？[勒]碑[刻]铭意味着什么——除了我们也在思考将来之事？

[32]什么？难道你怀疑这点——本性的模范[1]应该取自每一个至善的本性？那么，在人类这一族中，哪种本性比那些人的更好 他们认为，自己出生就是为了帮助人类、保卫人类、守护人类？赫拉克勒斯已然离开，去往诸神那里；假设当他在人类之中的时候没有为自己铺就道路，那么他就绝不会离开。**15.** 这些事情现已成为旧事，而且因所有人的敬畏而得到尊崇。我们认为，在这个共同体中，为了共同体而被杀害的如此众多、如此伟岸的英雄们思考过什么？他的名字会与生命局限于相同的范围吗？任何一个对永垂不朽不抱巨大希望的人在任何时候都不会为了祖邦而把自己交给死亡。[33]忒米斯托克勒斯曾经可以赋闲，厄帕美伊农达斯也可以——免得我再找古代和外邦的例子了——我亦然；不过，在心灵之中，仿佛以某种方式固着着对未来世代的某种预感，而且，它在最卓越的天赋和最崇高的灵魂中显现得最强烈，而且最容易显露。其实，若抽走这种预感，那么有谁会如此失心[2]，以至于一直生活在劳苦和危险之中？[34]我正在谈论首脑们。怎么？难道诗人不希望在死亡后扬名？那么，那两行[诗]来自何处？——

> 我的同胞们啊！请看长者恩尼乌斯的肖像上的模样：
> 他曾谱写你们祖先的丰功伟绩

[恩尼乌斯]向他曾授予其祖先以名誉的那些人索取名誉上的报酬，而同

---

1 本性的模范（specimen naturae）：specimen 相当于古希腊语的 εἶδος 和 ἰδέα，这三个词都与看相关，而且都用来表达本质和理想的本性。
2 失心（amens）：参见 3.10。

一位[诗人写道]：

……没有人以哭泣……我[1]
为何？我借众人之口活跃地飘荡。

但为什么[只提]诗人？工匠[也]希望在死后扬名。其实，斐伊迪阿斯为何把与自己相似的形象嵌于密涅尔瓦的圆盾——既然他未曾获准刻上[自己的]名字？[2]怎么？难道我们的哲人没有把自己的名字恰恰署于那些他们就蔑视名誉而写的著作上？

[35]但如果所有人的共识就是自然之声，而且，任何地方的所有人都认同存在某件与那些已经离开生命的人有关的事情，那么，我们也应该有相同的看法。另外，倘若我们认为那些其灵魂或是在天赋或是在德性上超群的人因为天性最善而最大程度地辨识出天性的力量，那么与真相近似的就是，由于每一个至善之人都最大程度地为后代服务，就存在某种东西，那位[至善之人]在死亡后会拥有对它的感觉。[3]

16. [36]但是，正如我们凭借天性认为诸神存在，凭借理性认识他们本质如何，同样，我们凭借所有种族的共识而认为灵魂长久延续。应该凭借理性来学习，灵魂居于什么位置、本质如何。对此事的无知编造出阴间和那些恐怖[的景象]——你本人看起来不无缘由地蔑视它们。其实，由于尸身倒在大地上而且它们被尘土覆盖（"埋葬"的说法就来源于此），[4]人们便认为逝者此后的生命就在大地之下度过；严重的错误跟随着对那些事情的这一观念，诗人们[又]助长了这些错误。[37]其实，

---

[1] ……没有人以哭泣……我（nemo me lacrimis ...）：珀伦茨（POHLENZ 1957: 63）认为西塞罗仅仅引用了诗行开头与自己的目的相关的字词，更完整的诗句见 1.117，作 nemo me lacrimis decoret[但愿没有人以哭泣礼敬我]。

[2] 斐伊迪阿斯（Φειδίας）是希腊雕塑家，参见普鲁塔克《伯里克勒斯传》13 和 31。

[3] 西塞罗在 1.33–35 给出了诸多关于身后之名的传说和诗行，看似凌乱——然而，他并非在作哲学讨论，而是在作修辞练习——他的目的不是在哲学上论证成功，而是以修辞来劝说（参见 DOUGLAS 1994: 103）。

[4] 汉语中埋葬一词涉及泥土，拉丁语 humare 一词也与 humus 有关。

剧场里拥挤的观众——其中有愚妇稚童——听着如此恢宏的诗歌而受到感动：

> 我在这里，而且我从阿刻戎河艰难地过来，经由一条深峭而坎坷的
> 　　道路，
> 穿过以嶙峋的巨大悬石堆叠而成的一处处洞穴，
> 在那里，地府中僵冷而沉重的阴气久久不散。[1]

而错误是如此顽固　　这在我看来实际上已被破除了——以至于，尽管他们知道遗体已然火化，却仍旧编造说那些若无遗体就不可能发生也无法认识的事情发生在冥府。因为，他们没有能力用心灵理解凭靠自己而活着的那些灵魂，[却]寻求某种外形和形状。因此就有了荷马整[卷]的 νέκυια[2]，有了那些我们的朋友阿璞皮乌斯所设的 νεκυομαντεîα[3]，还有了我们附近的无鸟湖[4]——

> 从那儿，覆盖在昏暗阴影中的魂灵得到激发，亡灵们的
> 幻影凭借咸血[5]出于阿刻戎河口深处。

可他们却希望这些幻影说话，而这在既没有舌头也没有上颚还没有咽喉、胁腹和肺的力量和形体的情况下不可能发生。其实，他们无法用灵

---

[1] 这三行诗可能来自某部肃剧，由剧中特洛伊王子的魂魄所言，比较欧里庇得斯《赫卡柏》1：ἥκω νεκρῶν κευθμῶνα [我来自亡灵的洞穴]。

[2] νέκυια [招魂问卜]：指《奥德修斯纪》第 11 卷中的冥府之行。

[3] νεκυομαντεîα [招魂问卜所/招魂问卜仪式]：召唤亡灵以寻求答案的仪式，或举行这种仪式的场所。阿璞皮乌斯（Appius Claudius Pulcher），公元前 54 年的执政官，公元前 63 年的鸟卜官，他似乎常常到访招魂问卜所或者举行招魂问卜仪式，还撰有一部关于鸟卜的著述献给西塞罗。另见 1.115。

[4] 无鸟湖（Averni lacus）：希腊语 ἄορνος λίμνη，位于库迈，四周被陡峭而树木繁茂的山丘围绕。此湖的致命水气会杀死经过的飞鸟，故名（一说原本是火山湖）。神话将其视作冥府的入口。

[5] 咸血（salso sanguine）：洛布本采用 falso sanguine [凭借（以兽血）冒充的（人）血] 的异文：亡灵的幻影需要人血来复活，不过由于民间传说中常常出现的一种假扮原则（principle of make-believe），人血就由动物的血液来代替。这两行诗出处不明。

魂观看任何事情——他们把双眼作为万事的标准。

[38]¹然而，把心灵与感觉分开并且把思考与习惯分离是需要突出禀赋的。从而我相信，实际上如此众多的世代中也有其他[这样的]人，而正如²文字所示的那般，叙若斯的斐热曲得斯³第一个说，人类的灵魂是永生的（他当然是一位古人）；其实，他生活在我的本家⁴为王的时候。斐氏的门生毕达哥拉斯强烈地巩固了这一观念，他在傲王[塔克文]统治时来到意大利后，不仅以[他的]学说，而且还以[他的]威望俘获了那片大希腊地区；而且，好几个世纪过后，毕达哥拉斯学派的名号[还]是如此欣欣向荣，以至于没有其他[学派]看起来有学识。**17.** 但我现在回到古代的[毕达哥拉斯传人]那里。他们几乎不对自己的观点施加理性，⁵除非是某件需要用数字或图形来解释的事情。[39]他们说，柏拉图——为了了解毕达哥拉斯学派——去往意大利并学习了毕达哥拉斯派的整个学说，⁶而在灵魂永生方面，[他是]第一个不仅与毕达哥拉斯感知相同，而且施以理性[的人]。如果你没什么[要]说，我们就略过[永生]，并且放弃对[灵魂]不朽的这整个希望。

生：难道你本人要抛弃我，尽管你把我引到了最高期望？赫拉克勒斯作证，我宁可与柏拉图一同犯错——我知道你本人把他视得多么伟大，而且由于你的话语我才对他感到惊奇⁷——也不要和那种人一起感知真相。

---

¹ 珀伦茨本误作 8，第 39 节的节号误作 9。

² 正如（quod）：这里的 quod 相当于 ita ut。

³ 叙若斯的斐热曲得斯（Pherecydes Syrius）：希腊名 Φερεκύδης，公元前六世纪哲人，据说是毕达哥拉斯的老师和第一位希腊散文作家。形容词 Sȳrius 意为叙利亚的，Sȳrius 意为叙若斯（Σῦρος）的。

⁴ 我的本家（meo ... gentili）：指图珥利乌斯（Servius Tullius），罗马第六王。西塞罗这里在开玩笑。

⁵ 据说，当毕达哥拉斯派传人被问及某一哲学判断的理由时，他们往往会说 ipse dixit 或 αὐτὸς ἔφα，意为[毕达哥拉斯]本人[如是]说。另见 5.8–10。有观点认为 αὐτὸς ἔφα 可以理解为夫子未曾写过，参见马泰伊 1997: 22。

⁶ 西塞罗在《论共和国》1.16 也作过类似的表述。

⁷ 对他感到惊奇（quem ... admiror）：或译作钦佩他。

[40]师：善哉！[1]其实，我自己不会不情愿地与那同一位先生本人[2]一起犯错。因此，难道我们有所怀疑？还是像我们怀疑许多事情那样？[3]不过，我们事实上完全不怀疑这点。其实，数学家们[4]劝[我们]相信，地球位于宇宙的中央，[5]就它与整个天空的层次而言，[地球]仿佛占据了相当于一个点[的位置]，他们将其称作 κέντρον[6]；进而，产生一切事物的四种要素的那种本性就是[如此]，从而，他们就如彼此分配、划分了它们那样，属土之物和属水之物由于自身的下降趋势和自己的重量就被垂直地带入大地和海洋；剩余的两个部分，　是属火之物，另一个是有灵气之物，就如上述两者由于重力和分量而被带往宇宙的中心位置，同样，这两者沿直线反向升往天界——无论是由于渴求更高处的那一种本性，还是因为更轻之物自然排斥更重之物。[7]由于这些确立了，这点就应该显而易见：灵魂在离开肉体之后，无论它们是有灵气之物，亦即属气之物，还是属火之物，都被带往上方。[41]不过，如果灵魂或是某种数——这说得更细致而非明晰——或是那第五种尚未得名而非未知的自然素，[8]那么就还存在远为完整而纯净的东西，从而它们把自己极其遥远地带离大地。因此，灵魂□□其中的某种东西，[9]以免如此活跃的心灵或是在心脏里，或是在大脑中，或是被淹没后沉沦于恩培多克勒[所说]的血液。**18.** 不过，让我们忽略迪凯阿尔科斯和他的平辈兼同学

---

[1] 在这里和第55节，西塞罗都体现出对柏拉图异乎寻常的崇敬，然而在《论诸神的本性》1.10中，西塞罗却批评毕达哥拉斯的学生"言必称'他本人如是说'"的做法过于重视权威而忽视理性。

[2] 与……本人（cum eodem ipso）：有学者认为这里可改作 cum eo de hoc ipso[在这一点上与那位先生本人]（参见 GIUSTA 1984: 31、POWELL 1988）。

[3] 参见 1.17。

[4] 数学家们（mathematici）：这里的数学包括星象学、地理学、算术和缪斯之艺等等。

[5] 参见《斐多》108e、《论天》2.296a24 及下。西塞罗用拉丁语 medius[中间的/中央的]对应这两处文本中所用的 μέσος[中央的/中央]一词。

[6] κέντρον[中心]：参见《蒂迈欧》54e。

[7] 廊下派的这两种观点都来自亚里士多德。

[8] 参见 1.22。

[9] 因此……东西（horum igitur aliquid ... animus）：珀伦茨（POHLENZ 1957: 70）认为这里有阙文，可能丢失了一个动词 putetur[被视作]或者 cogitetur[被理解为]。

阿瑞斯托克色诺斯，[两位]相当博学的人。其中一位看起来甚至从未感觉到痛苦，因为他并不感觉自己拥有灵魂，另一位因自己的歌唱而如此欢愉，以至于他甚至企图把它们带到这些[问题]上。然而，我们能够从声音的间隔中了解到和谐，它们的各种组合甚至造就了更多的和谐。不过，我不明白四肢的位置和不具有灵魂的躯壳何以能够造就和谐。但是，让阿瑞斯托克色诺斯——尽管他实际上学养已备，正如他其实所是的那般——把这些让给老师亚里士多德吧，让他本人教授演唱。其实，希腊人的那句谚语妥当地给出了建议："让每一个人都从事自己所了解的这门技艺。"[1][42]不过，让我们彻底放弃不可分割的光滑球体的那种偶然汇聚，尽管德谟克利特主张它是受热的属气之物，亦即有灵气之物。[2]另外，如果这种灵魂属于这四类据说万物都由其构成的[元素]，那么它就由燃烧的气[3]构成——正如我发现[这一点]在帕奈提欧斯[4]看来最有可能——[灵魂]必然占据更高的位置。因为这两种[元素]没有任何向下的[趋势]，而且永远追求高处。由此，要么，如果它们被打散，那么这就发生在远离大地之处，要么，如果它们长久延续并保守自己的特性，那么由于这点，它们甚至更加必然地要被带往上天，而这种稠密、厚重、[5]距大地最近的空气也会被它们突破、打散。其实，灵魂更加温暖，或者说，比我刚刚谓之稠密而厚重的这种空气更加激烈——这能够由这一[事实]得知：我们的肉体由[四]元素中属土的那一类制成后，[6]灵魂以

---

[1] 参见《马蜂》1431：ἔρδοι τις ἣν ἕκαστος εἰδείη τέχνην[每个人都宜从事其所掌握的技艺]。西塞罗在1.19–20就已经暗示，阿瑞斯托克色诺斯更是一位通缪斯之艺者而非哲人。
[2] 德谟克利特说灵魂是一种火和热，火和灵魂原子是球形的，而且它们是整个自然的种子库（πανσπερμία），参见《论灵魂》1.404a1–4。
[3] 燃烧的气（inflammata anima）：廊下派认为灵魂是πνεῦμα ἔνθερμον[热气]，这一观点来自古伊奥尼亚哲人赫拉克利特：宇宙的每一方面都是πῦρ τεχνικόν[创造之火]（亦即神）的某种呈现。
[4] 帕奈提欧斯（Panaetio）：希腊名Παναίτιος，罗德岛人，廊下派哲人，小斯奇皮欧之友，参见1.79。
[5] 厚重（concretus）：形容词concretus在这里意为厚重的、稠密的（参见OLD²词条concretus¹ 2b），它还有形成的、组合而成的等含义，参见1.56、1.60和1.62等处。
[6] 肌肉和骨骼来自泥土，湿气和汗水都是水，呼吸为气，体温来自火。

火焰使之变得温热。**19.** [43]此外，还发生了这样的事情——灵魂因为这一情况轻而易举地从我现在常常提到的这种空气中逸出，而且突破空气，因为没有什么比灵魂更迅速，没有任何速度能够与灵魂的速度抗衡。如果灵魂长久地保持完好并与自己相似，那么它就必然被这样带[往上天]，从而穿透、分开这整个天空——其中，云、雨和风聚集在一起，因为大地的蒸气而[变得]潮湿并充满雾气。

当灵魂超越了这一区域而且触及，知晓了与自己相似的本性时，在源于稀薄生气的火焰和源于太阳的温和热气的火焰的交织之处，灵魂止步，而且它不再把自己带得更高。因为，当灵魂具有了与自己相似的轻盈和温暖后，它就好像在以同等的分量称重后不倒向任何一部分，而且当它达到与自己相似的[状态]时，那最终就是灵魂的自然居所；在其中，灵魂不缺少任何东西，而且它同样由星辰借以得到维持和滋养的那些东西来得到滋养和维持。[1]

[44]而且，因为我们惯于被肉体中的火把点燃而倒向几乎所有的欲望，并且我们更常被这一情况激发——我们与那些拥有我们欲求自己拥有的东西的人妒争——在我们抛下肉体而脱离于各种欲望和各种妒争[2]之后，我们当然会是幸福的。[3]而现在，当我们从顾虑中解脱出来，我们

---

[1] 参见《论诸神的本性》2.118：sunt autem stellae natura flammeae; quocirca terrae maris aquarum⟨que reliquarum⟩ vaporibus aluntur iis qui a sole ex agris tepefactis et ex aquis excitantur [然而星辰的本性由火焰组成，因此，它们由大地、海洋和其他水体中的蒸气滋养，这些蒸气由太阳引发，来自被暖化的田地和各种水体]。

[2] 各种妒争（aemulationum）：拉丁语 aemulatio 所对应的希腊语 ζῆλος 更常表达正面含义，意为竞争。而在《致迦拉达人书》5.20 中则表达负面含义——此函作者保禄的家乡塔尔索斯（Ταρσός，参见《宗徒大事录》22.3）是廊下派学说的中心，而且廊下派掌门安提帕特若斯（Ἀντίπατρος，5.107）也来自此地。《河南程氏外书·朱公掞录拾遗》："不说'使骄上僭'，却言其勤政，见庄姜贤处，含怒不妒争意。"朱诚泳《画眉次韵》："等闲莫对弯弯月，只恐嫦娥也妒争"。《大唐秦王词话》卷八："朕观汝兄弟各怀异志，各不相容，若同处京邑，必有妒争之患。"

[3] 肯尼迪（Kennedy 2006: 40–41）注意到，西塞罗在证明"死亡非恶"的同时并没有如柏拉图那样明确说邪恶的灵魂在死后受到惩罚，也没有明确说仅仅对于正人君子而言死亡非恶。不过，肯尼迪的解读有三个漏洞：其一，他较为武断地认定这里的"我们"指所有人。其次，他忽略了作为幸福之条件或原因的"脱离于各种欲望和各种妒争"，而将

就[这样]做，好像我们希望注视并观察某件事情，随后，远为自由地做这件事，而且把我们自己整个地置于对万事的沉思和审视之中；这是因为，在我们的心灵中，天然地也包含着某种无法满足的观看真相的欲望，[1]而且，我们已经抵达的那些位置的边界本身给予我们的对天上之事的认识越是简单，它们给予的求知欲就越是强烈。[45]其实，这种美妙甚至在大地上激起了如忒欧弗剌斯托斯[2]所言的那种"继承自父亲的"和"继承自祖父的"被认识的欲望点燃的哲学。实际上，尤其享受它的是那些人——甚至在他们居住于这些大地而被迷雾包围时，他们依旧凭借心灵的敏锐而欲求去分辨。

20. 而实际上，如果他们现在认为自己取得了什么——这些人看见

这种对灵魂的要求等同于类似于肉身死亡的物理过程——本书第五卷讨论"德性就幸福生活而言自足"，死亡话题只是一个开端，而且西塞罗在全书中自然地区分了善恶、优劣、好坏。其三，西塞罗在《斯奇皮欧之梦》最后（《论共和国》6.29）明确说"把自己交给肉体的快乐的人"（qui se corporis voluptatibus dediderunt）在死后会受到"绕着那颗地球本身旋转"（circum terram ipsam volutantur）的惩罚，因此肯尼迪对策勒尔（ZELLER 1870: 206）的批评也并无道理。

[1] 参见《论义务》1.13、《斐多》65e–66a 以及亚里士多德《劝学》残篇 78：ὅτι τοίνυν τοῖς ἑλομένοις τὸν κατὰ νοῦν βίον καὶ τὸ ζῆν ἡδέως μάλιστα ὑπάρχει, δῆλον ἂν γένοιτο ἐντεῦθεν [于是，最甘美的生命也属于那些选择与理智一致的生活之人，这一点显然可以从这里得到]。道格拉斯注意到，尽管西塞罗这里的说法与廊下派吻合，即人的本性是理智，但西塞罗所用的表述是全新的，不见于现存的古希腊文献（参见 DOUGLAS 1994: 106）。

[2] 忒欧弗剌斯托斯（Theophrastus）：希腊名 Θεόφραστος，勒斯波斯人，柏拉图和亚里士多德的学生，后者的继承者。参见《论善恶之极》5.12："然而，关于至善，由于存在两类著作，一类以通俗的方式（populariter）写成（他们当时称之为 ἐξωτερικόν[显白的/外传的]），另一类以更加精细的方式（limatius）写成（他们将其留在笔记[commentariis]之中），因此他们看起来并不总是言说相同的东西。不过，恰恰是在总体情况上（in summa ... ipsa），或是我已提到的那些[哲人]中间实际上没有任何差异，或是这些人本身彼此之间不存在任何分歧。但是，当幸福生活（beata vita）得到探寻时——而这应该是哲学应当特别关注和追求的一点——它完全处在智慧者的能力之内还是可能或是为逆厄所动摇或是为逆厄所剥夺，在这一点上，那些[哲人]之间看起来就时不时有所差别和犹疑。忒欧弗剌斯托斯论幸福生活的那卷书尤其造成了这种[分歧]，在其中，机运被赋予了尤其众多的[力量]。倘若机运就是如此，那么智慧就不可能提供幸福的生活。在我看来，就像我说的这样，这是相当虚弱、相当软弱的理论，相较于德性的力量和庄重[所作的]要求。因此，让我们坚守（teneamus）亚里士多德和他的儿子尼各马可[的观点]，后者就各种性情（de moribus）而悉心撰写的几卷书据说实际上是那位亚里士多德的。但是，我并没有看见，为什么儿子不可能[在智慧上]与父亲相似。不过，我们可以把忒欧弗剌斯托斯[的观点]运用在大多数事情上，只要在德性中我们比他守住了（tenuit）更多的强健和刚毅。"

了黑海的入口和那些海峡，驶过它们的那艘[船]被称作

> 阿尔戈号，因为选拔出来的阿尔戈斯的英雄们
>
> 载于其中，求取金羊毛，[1]

或者是那些人，他们看见了大洋的那处海峡，[2] "在那里，贪得无厌的海浪把欧罗巴和利比亚分开"，[3]我们究竟认为会有什么景象呢——当[我们]可以俯察整个大地，[4]而且不仅是它的地貌、形态和轮廓，还有可居住的区域，以及由于寒冷或酷热之力而相反不具有任何文明的地区之时？[46]其实，我们自己甚至现在也没有用双眼分辨我们所看到的东西；因为，肉体中并没有任何感觉，但是，正如不仅自然学者[5]而且那些看见那种已被阐发和揭示的事情的药学者所教授的，仿佛存在某些道路，[6]从灵魂的居所[7]贯通到双眼、双耳和鼻子。由此，我们常常或是被思考或是被疾病的某种力量阻碍，尽管睁着完好的双眼、竖着完好的双耳，却看不到、听不见，从而这就可以轻而易举地得到理解：是灵魂在观看和聆听，[8]而非那些好似灵魂之窗牖的部分；不过，心灵无法凭借它们而有所感知，除非它忙于此事而且在场。我们以同一个心灵理解迥异的事情，比如色彩、味道、温度、气味和声音，这是怎么回事？灵魂从不凭借五位报信人来认识这些，除非万物都以它为标准并且它是万物唯一的裁判。进而，当自由的灵魂臻于天性之所导向，那么这些远为纯净、

---

[1] 来自恩尼乌斯的《美狄亚》。另见欧里庇得斯《美狄亚》4–6：μηδ' ἐρετμῶσαι χέρας | ἀνδρῶν ἀριστέων οἳ τὸ πάγχρυσον δέρος | Πελίαι μετῆλθον[但愿它们也未曾把那些为佩利阿斯求取金羊毛的卓越男儿的双手置于船桨！]。

[2] 即直布罗陀海峡。

[3] 出自恩尼乌斯《编年纪事》9.302。

[4] 参见《论共和国》6.20–21。

[5] 自然学者（physici）：主要指公元前六世纪和五世纪的前苏格拉底哲人。

[6] 可能指动脉。古人在看到空的动脉时以为其中流通的是空气。

[7] 灵魂的居所（sede animi）：可能指心脏或大脑。

[8] 普鲁塔克《论亚历山大的命数或德性》（Περὶ τῆς Ἀλεξάνδρου τύχης ἢ ἀρετῆς）336b5 引用了厄皮卡尔摩斯（参见1.15）的话：νοῦς ὁρῇ καὶ νοῦς ἀκούει, τἆλλα δὲ τυφλὰ καὶ κωφά [心灵观看而且心灵聆听，而其他东西盲目又耳聋]。

远为明晰的东西当然就会得到分辨。[47]因为现在，事实上，尽管自然凭借精湛无比的技巧制成了那些从肉体通往灵魂的洞隙，但是它们仍然被属土且厚重的肉体以某种方式阻断了：[1]然而，在除了灵魂之外就一无所有的时候，没有什么阻碍物会妨碍它洞察任何事物的本质如何。

21. 我本会尽你所愿的那样丰富地言说这些，假设情况需要：灵魂在天界所拥有的景象会是多么丰富、多么变幻莫测、多么壮观。[48]实际上，我常常在思考那些事情时惯于对某些哲人的标新立异感到惊讶。他们诧异于对自然的认识，而且手舞足蹈地向它的发现者和奠基者致以感谢，还把他当作神明来崇拜。[2]他们说，自己其实凭靠他而摆脱了那些不堪忍受的主子，[亦即]永久的恐慌和昼夜不断的恐惧。[3]什么恐慌？什么恐惧？[4]怎么会有如此愚妄的老妪？她畏惧这种假设你们自己没有学过自然学就显然会畏惧的东西，[5]"欧尔库斯的深幽的阿刻戎河禁域，死神的黯淡居所，笼罩于黑暗"？[6]一位哲人不为吹嘘此事而羞耻么——不畏惧这些东西，而且认识到它们是假象？由此可以知道，他们在天性

---

[1] 参见《斐多》65a–68b。

[2] "他"（eum）指伊壁鸠鲁，参见《论万物的本性》5.8–12：dicendum est, deus ille fuit, deus, inclute Memmi, | qui princeps vitae rationem invenit eam quae | nunc appellatur sapientia, quique per artem | fluctibus e tantis vitam tantisque tenebris | in tam tranquillo et tam clara luce locavit[不得不说，那位（伊壁鸠鲁）是神明，神明啊！光荣的美姆米乌斯！他首先发现了这种现在称作智慧的生命之道，而且，他经由（自己的）技艺，从如此的（滔天巨）浪和如此（浓烈）的黑暗中把生命安顿于如此的宁静和如此耀眼的光明！]，另见《论诸神的本性》1.43。

[3] 那些……恐惧（gravissimis dominis, terrore sempiterno et diurno ac nocturno metu）：大多数译本把 terrore et metu[恐慌和恐惧]理解作 dominis[主子]的同位语，但也有观点认为这三者并列，把 dominis 理解作诸神，依据是《论万物的本性》2.1090–1092 和 5.87。本特利把这里和后一处的 terror[恐慌]改作 error[错误]。

[4] 参见 1.11。

[5] 参见《论万物的本性》1.120–123：etsi praeterea tamen esse Acherusia templa | Ennius aeternis exponit versibus edens, | quo neque permaneant animae neque corpora nostra, | sed quae-dam simulacra modis pallentia miris[不过除此之外，恩尼乌斯以（其）永恒的诗行表明，阿刻戎河禁域依旧存在，在那里，我们的魂魄和身体都不会存续，而是以奇特的方式存在某种惨白的幻象]。关于西塞罗和卢克莱修都提到的 Acherusia templa[阿刻戎河禁域]，详见 BAILEY1947: 620–621。

[6] 欧尔库斯（Orcus）是冥府之神。比较恩尼乌斯的《安德若玛刻》（肃剧残篇 24）。

上是多么敏锐——既然，假设他们当时未受教导，就会相信这些。[1][49]
不过，他们获得了某些出彩的东西，是他们自己学到的：当死亡的时刻
来临，一切都将烟消云散。即便会是如此[2]——其实我并没有作任何争
辩——这种事情有什么可喜的或值得夸耀的？实际上，仍旧没有任何事
情向我呈现，为何毕达哥拉斯和柏拉图的观点[3]并非真相。其实，即便柏
拉图未曾给出任何理由——请看，我致以那人何等的尊敬——他仍会以
那种威望本身打动我。然而，他给出了如此众多的理由，以至于他看起
来希望说服其他人——他看起来当然已经说服了自己。

22. [50]但是，大多数人竭力反驳，他们还用死亡来惩罚如同被判
处死刑的灵魂，而且，灵魂永生在他们看来无法相信的原因并非除此之
外的其他任何[事实]：他们没有能力明白也无法用认知来理解摆脱了肉
体的灵魂本质如何。他们仿佛真的明白那具肉体本身中的灵魂本质如
何、外形如何、大小如何、位于何处；就好像，[4]如果所有现已被遮掩的
东西眼下能够在活着的人体中得到辨认，那么灵魂看起来是否会进入视
野？抑或，灵魂之细微会是如此这般以至于能躲过视线？[51]那种说自
己无法理解没有肉体的灵魂之人应该考虑这些事情，他们会看见他们以
为在那种肉体本身之中的[灵魂]本质如何。[5]实际上，当我凝思灵魂的

---

[1] 既然……这些（quoniam haec sine doctrina credituri fuerunt）：在某些较差的抄本中，
这里的 quoniam[既然]作关系代词 qui（抄错了 q̄m），完成时直陈式 fuerunt 作完成时虚拟
式或将来完成时直陈式 fuerint，参见 GIUSTA 1984: 38。这里的 sine doctrina 可理解为非事
实的过去条件，参见 DOUGAN 1934: 64。

[2] 即便会是如此（ut quod ut ita sit）："如此"指所有人都泯灭于死亡。这个 ut 是让步
性的，1.16 的 ut enim non efficias quod vis[因为即便你没有实现你所愿望的事情]中亦然。

[3] 参见 1.39。

[4] 就好像（ut）：抄本上均作 ut，但一些学者认为不辞而改作 at[但/而]或 aut[或者]。
这里的 ut 其实类似于古希腊语的 ὥστε，参见 POHLENZ 1957: 78 和 KENNEDY 2010: 81。

[5] 他们……如何（videbunt, quem in ipso corpore intellegant）：由于前一句使用了暗含
命令意味的祈愿虚拟式 reputent，因此这里的将来时表达结果。这里的 quem 相当于 qua-
lem[本质如何]（参见 DOUGAN 1935: 65、KENNEDY 2010: 81）。这种现象又如普劳图斯《孪
生兄弟》402 的 quam tu mihi nunc navem narras? Ligneam["请你现在告诉我，那是啥船
呀？""木船"]。我们另外需要注意，状语 in ipso corpore 修饰关系代词 quem，但从语
法上说也并非没有可能修饰 intellegant，从而暗中批评"大多数人"（plurimi, 1.50）理解

本性时，"在肉体中，就像是在别人的家宅中，灵魂的本质如何"这一思考比"在离开[肉体]并到达如同自己的家园的自由天空之时灵魂的本质如何"这一思考远为困难而模糊地出现在我这里。其实，如果[1]我们无法理解某个我们从未见过的东西本质如何，我们当然可以凭借思考来领会神明本身和从肉体中释放的属神的灵魂[分别是什么]。实际上，迪凯阿尔科斯和阿瑞斯托克色诺斯，[2]因为灵魂是什么、灵魂的本质如何难以理解，就宣称灵魂根本不存在。[52]事实上那一点至关紧要：以灵魂本身观看灵魂。[3]而且毫无疑问，阿波罗的那条神谕就具有这种含义，通过这一神谕，阿波罗提醒每一个人去认识自己。其实，我相信，[4]它并非教导这点，即我们要去认识自己的四肢、身高或者体型；我们并不是身体，我本人在对你说这些事情时也不是在对你的肉体说话。从而，当他说"认识你自己"时，[5]他是在说这个："认识你的灵魂。"因为肉体实际上就好像灵魂的一个器皿或者某个容器；无论什么事情由你的灵魂所为，那都是由你本人所为。从而，假设认识灵魂不是属神的事情，那么某个更锐利的灵魂[给出]的这一教谕就不会归给神明。[6]

灵魂的方式，进而提出"以灵魂本身观看灵魂"（animo ipso animum videre, 1.52）。

[1] 如果（si）：抄本上均作 nisi[如果……不]，屈纳改为 etsi[虽然]，珀伦茨改为 si。珀氏的这一校改更符合语境：玛尔库斯强调身体感官对理解属神之物的负面影响，从而批判伊壁鸠鲁派。

[2] 参见 1.19、1.21 和 1.41。

[3] 以灵魂本身观看灵魂（animo ipso animum videre）：这里的不定式 videre[观看/瞻眄]是上文 est 的主语，而宾格 animum 是 videre 的宾语，理由有四：首先，紧邻此句的上文 1.51 最后就说到迪、阿二人没有能力观看灵魂，也接续 1.50 中的批判；另外，"观看灵魂"的理解正应和了下文"认识你的灵魂"（nosce animum tuum）；第三，"灵魂的本质如何"（qualis est animus）恰恰是这部分的核心论题；最后，这一表述与 1.67、1.70、2.53、3.1、3.6、4.26、5.4、5.70、5.103 等多处的相关表达呼应。支持我们这一判断的有王焕生先生中译、梅因英译、皮博迪英译、扬英译、库尔提乌斯英译、三个德译（均译作 mit der Seele selbst die Seele zu erkennen）、三个意译、比代本法译以及 A&G 297.e，不支持的有洛布本英译、道格拉斯英译及戴维英译。另见《斐多》115c–d、《阿尔喀比亚德前篇》130b、《法义》12.959b 和《阿克西欧科斯》365c。

[4] 我相信（credo）：这里的 credo 是一个插入语，参见 *OLD*[2] 词条 credo 8c。

[5] 泡撒尼阿斯《希腊志》10.24.1 中说 γνῶθι σεαυτόν[认识你自己]这两个词刻在德尔菲阿波罗神庙的前殿（προνάος）。

[6] 某个……神明（non esset hoc acrioris cuiusdam animi praeceptum tributum deo）：在

[53]但是，如果灵魂本身并不知道灵魂的本质如何，那么就请告诉[我]，灵魂甚至不知道自己存在？甚至不知道自己在运动？由此，就生成了柏拉图的那一理论，它在《斐德若》中由苏格拉底来阐释，而被我置于《论共和国》第六卷：[1] 23.“那永远运动之物是永恒的。而当运动停止的时候，那对某物实施推动、自身受他物驱动的东西必定停止存活。因此，唯独那恰恰自我推动之物[2]，由于永不离弃自身，也就永不停止运动。而事实上，对于其他那些运动之物而言，这就是运动的来源，这就是运动的本原。[54]然而，本原没有任何源头；因为一切都从本原中生发，而它自身不可能从任何他物中产生；因为，生成于他物的那个事物不会是本原。而如果它永不生发，那么它也就永不灭亡。因为，那一个息灭的本原不会由他物复生，它也不会从自身之中创生他物，倘若事实上万物都必然从本原生发。从而就有这一[事实]：运动的本原就出自那一被自身推动之物，而它既不可能被产生，也不可能死灭，否则，整个天空必定倾覆，整个自然必定止息，而且不可能获得任何起初施加后推动[它们]的力量。因此，既然显而易见的是，那恰恰自我推动之物[3]是永恒的，那么有谁会否认这种本性是被赋予灵魂的？事实上，所有被外在动力驱动之物都是无生命的，而作为生命体的那个事物被内在的、属于自身的运动激发，因为这是灵魂特有的本性和力量。如果在万物中，唯有它是那恰恰自我推动[4]之物，那么它当然就不是被产生的，而是永恒

几个重要的抄本上，deo 一词实际上作 adeo sit hoc se ipsum posse cognoscere，大多数版本均改 adeo 作 deo（据《论法律》1.58 和《论善恶之极》5.44 的相关内容），珀伦茨参考韦森贝格（A. S. Wesenberg）的观点，将 sit 改作 sc.，视 sc. ... cognoscere[亦即这句“能够认识你自己”本身]为窜入正文的评注。一说《图斯库路姆论辩集》在流传过程中并无评注，此处因 deo 重复而有脱漏（参见 LUNDSTRÖM 1964: 172–179）。“认识你自己”这句格言一般认为是希腊七贤（参见 5.8）中的某人说的，可能是泰勒斯、奇伦或梭伦所言。

[1] 参见《斐德若》245c–246a。1.53b–54 几乎与《论共和国》6.27–28 完全相同。

[2] 那……之物（quod se ipsum movet）：《论共和国》6.27 作 quod sese movet[那自我运动之物]，语气稍弱。

[3] 那……之物（id ... quod se ipsum moveat）：《论共和国》6.28 作 id ... quod a se ipso moveatur[那恰恰被自身推动之物]。

[4] 恰恰自我推动（se ipsa ... moveat）：这里的 se 是宾格，ipsa 是主格（指“本性和力

的。"[55]即便所有平庸的哲人都聚在一起——其实那群不同意柏拉图、苏格拉底以及那一学派的人[1]看起来就该这样称呼——他们依旧不仅绝不会如此精妙地解释，而且甚至也不会明白这一点本身多么精准地得到了总结。从而，灵魂感到自己在运动；当它感到这点时，它也感到那点：它受一己之力而非外力推动。而且，不可能发生的事情是，它本身在某个时候被自己抛弃。由此，[灵魂]永生得到证明，除非你对此有什么[看法]。

生：其实，我自己很满意，甚至在我的心灵上也没有出现什么相反的东西；于是，我支持这种观点。

24. [56]师：怎么？难道你终究判断，那些宣称人类的灵魂中包含某些属神之物[的观点]是次要的？倘若我分辨出这些东西可能以何种方式产生，那么我甚至就能看见它们以何种方式泯灭。因为，我认为自己能够说出血液、胆汁、粘液、[2]骨骼、肌腱、血管以及所有四肢和整个肉体的形态是从哪里构成、以何种方式形成的：那就是灵魂本身，如果其中除了这点——我们凭借[灵魂]而活——就别无一物的话，我认为，人类的生命就好似因自然而得到维持那般，如同葡萄藤，有如树木；其实，我们甚至说它们生活着。同样，假设人类的灵魂除了渴求和趋避之外就一无所有，那么那种与野兽共有的[性质]也就是灵魂的。[57]首先，灵魂有记忆[3]，而且这无限的记忆由无数事情组成。实际上，柏拉图主

量"，参见 POHLENZ 1957: 81），语气较强烈。另见 NUTTING 1909: 164。《论共和国》6.28 作 sese moveat[自我推动]。

   [1] 可能指伊壁鸠鲁学派，因为其他学派大多都声称自己来源于苏格拉底。另见 1.6。

   [2] 体液四种，即血液、黑胆汁、黄胆汁和粘液，另见 4.23。

   [3] 记忆（memoriam）：这是 memoria 一词在全书中的第二次出现——第一次出现还是在 1.13，对话刚开始之时。关于词义，参见 1.13 的相关注释。1.57—67 这部分关于记忆的内容让我们想起《名哲言行录》8.4 中的内容：毕达哥拉斯（见 1.20）的"第一世"埃塔利得斯（Αἰθαλίδης）得到其父赫尔墨斯的允诺，他可以"选择自己想要的任何东西，除了不死"（ἑλέσθαι ὅ τι ἂν βούληται πλὴν ἀθανασίας）。"因此[埃塔利得斯]要求在活着和死去后都对发生的事情拥有记忆"（αἰτήσασθαι οὖν ζῶντα καὶ τελευτῶντα μνήμην ἔχειν τῶν συμβαινόντων）。参见下文回忆注。

张[1]那就是对前一世生命的回忆[2]。因为，在那卷题名为《美诺》的书中，苏格拉底问一个稚子某些关于一个正方形之尺寸的几何[问题]。对于这些问题，他如一个男孩那般作答（而这些问题是如此简单），以至于逐步回答的[男孩]达到了如果他学过几何学就[会达到]的同一种程度。由此苏格拉底就主张，这点得到了证明：除了回忆之外，学习不是其他任何事情。在苏格拉底从生命中离开的那一个日子所作的那番对话中，他甚至非常精细地触摸了说一说位[3]，其次，苏格拉底教导说，任何人——即便他看起来对一切事情都懵懵懂懂——在回答一个优秀的提问者时都会表现出自己当时并非在学习这些东西，而是通过回忆来认出[它们]，而且，这种情况实际上不可能以任何方式发生，即我们从童年起就根植下对如此众多、如此重要的事情的概念（人们称之为 ἔννοια）[4]，就好像钤印[5]在灵魂之中——除非灵魂在进入肉体之前就已经积极地认识这些事情了。[58]而且，因为没有任何□□，[6]如柏拉图在所有的场合所谈论的——其实他认为不存在任何有源起且会泯灭的东西，而唯独存在的是那永远如其本性所是的东西（他称之为 ἰδέα，我们称作"相"）

---

[1]　主张（volt）：见前文 1.20 的 voluit[他主张]的注释。洛布本把这个 volt 译作 wishes，将下面的另一处 volt 译作 regards，似不妥，道格拉斯英译 claims 为确。

[2]　回忆（recordationem）：希腊语 ἀνάμνησις。柏拉图使用毕达哥拉斯的灵魂转世学说（参见 5.9）论证说，灵魂在两世之间体验到真相，从而使得人类的知识成为可能；由于经验世界并不真实，因此它至多只能提醒我们在两世之间体验到的真实和真相；这种"回忆"就使我们能够获取对感觉经验的预先理解，但是其目标在于重现对真实的原初体验（参见 PREUS 2015: 47）。参见《斐多》73a、《斐德若》249c 及下。

[3]　论位（locum）：参见西塞罗《论位篇》6—7 以及何博超《修辞术》中译未刊稿。

[4]　ἔννοια[观念]是廊下派的概念。柏拉图认为，人在出身时就从前世带来了普遍的相（ἰδέα），而廊下派认为，我们通过身体对外部世界获得感知，由此获得的经验构成了普遍观念（κοιναὶ ἔννοιαι）。

[5]　钤印（consignatas）：就好像印章戒指在蜡上钤盖，这一比喻来自芝诺，参见《名哲言行录》7.45。西塞罗在《论辩集》中运用了大量的明喻和暗喻。穆尔（MOORE 1936）对此作了技术层面的分析。

[6]　而且……□□（cumque nihil esset ...）：珀伦茨认为这里语句不通而有阙文，他根据《论预言》2.9 的 quae sensibus perciperentur[那些凭借感觉而得到感知的事物]和《蒂迈欧》28a 的 τὸ δ᾽ αὖ δόξῃ μετ᾽ αἰσθήσεως ἀλόγου δοξαστόν[后者则相反，伴随着非理性的感觉由意见所想象]，认为或许可以补上 eorum quae sensibus perciperentur，这样就译作而且，因为没有任何东西归属于那些凭借感觉而得到感知的事物。

——封闭于肉体中的灵魂无法认出它[1]，[却]带着已认识的[相][2]；由此，对认识如此众多的事物的诧异就被消除。而当灵魂突然迁入[它]如此不习惯的、如此混乱的住所时，它并没有清晰地看到[相]，但是，当它重拾自我并自我重生时，它就凭借回忆知晓了[相]。从而，除了回忆之外，学习不是其他任何事情。[59]然而，我本人还以某种更重要的方式[3]对记忆力感到惊异。其实，我们凭借它而记忆的那个东西是什么？它又有什么力量？而[这力量]来自何处？我并非在问，西摩尼得斯[4]据说记忆力多强，亦非忒欧得克忒斯[5]，亦非那位作为使者被皮洛斯派往元老院的奇内阿斯[6]，亦非最近的那位卡尔玛达斯[7]，亦非那位不久前还在世的斯刻璞西斯的美特若多若斯[8]，亦非我们的霍尔腾西乌斯[9]：我谈论的是人类普遍的记忆力，而且尤其是那些置身于某种更伟大的探究和技艺之人的记忆力——他们的心灵是如此伟大而难以衡量，以至于他们记得如此众多的事情。[10] **25.** [60]从而，这篇说辞着眼于何处呢？我认为必须

---

[1] 它（haec）：尽管从词形上说 haec 是中性复数，但是它指的是 ἰδέα，cognita 亦然。

[2] 带着⋯⋯[相]（cognita attulit）：或译作把[相当作]已认识的东西带着。

[3] 以⋯⋯方式（maiore ... quodam modo）：这里的 modus 表达方式而非程度，在语法上类似于《论演说家》2.237 的 maiore quadam vi[以某种更强烈的力量]。玛尔库斯在这里说，他以一种"更重要的方式"来对常人的记忆能力感到惊异，从而搁置了柏拉图的回忆说（1.57）。

[4] 西摩尼得斯（Simonides）：希腊名 Σιμωνίδης，科斯岛的琴歌诗人，参见《论演说家》2.351–354。

[5] 忒欧得克忒斯（Theodectes）：希腊名 Θεοδέκτης，西利西亚的希腊演说家，曾求学于柏拉图、伊索克拉底和亚里士多德门下。

[6] 奇内阿斯（Cineas）：希腊名 Κινέας，公元前三世纪伊庇鲁斯（Ἤπειρος）国王皮洛斯（Πύρρος）派这位哲人去罗马人言和。

[7] 卡尔玛达斯（Charmadas）：希腊名 Χαρμάδας，公元前二世纪的学园派哲人，参见《论演说家》1.84、2.360。

[8] 斯刻璞西斯的美特若多若斯（Scepsius Metrodorus）：Scepsius 是地名 Σκέψις 派生出的形容词。参见《论演说家》1.45、2.360 和 3.75。

[9] 霍尔腾西乌斯（Hortensius）：罗马演说家，西塞罗的对手，参见《论演说家》3.228及下、《布鲁图斯》301。

[10] 西塞罗在这里总结《斐多》中的观点。纯粹的正义、美和善等是相，对这些相的知识无法经由感官获得。相是不变的，永远是其所是，也不可能存在相的变体。世人在出生前获得对相的知识。经由感官而感受到的对象总在变化，而且几乎不可能是相同的。灵魂类似不可见而不变的事物，身体则可见并发生变化。身体将灵魂拽入可见并发生变

得到理解的是，那种力量是什么、来自何处。它当然不属心脏，不属血液，不属大脑、不属原子；我不知道它是否属气或属火，而如那种人一样承认不知我所不知的事情也并不使我羞愧：如果我能够就这一模糊的情况断言其他任何事情，那么我都会发那个誓——无论灵魂是气还是火，它都是属神的。我请你[思考]，在你看来，属于记忆力的如此强大的力量是否在这片充满云雾的天空下，或是种在或是形成于泥土中？倘若你都看见了它是什么，你至少看见其本质如何，倘若你甚至也没看见，你肯定至少看见它是多么重要。[61]因此怎样呢？我们是否认为在灵魂中存在某个空间——我们记得的事情被倒入其中，就如同倒入某个器皿？事实上这是荒谬的，因为哪种瓶底、哪种属于灵魂的如此这般的形态、哪种全然如此巨大的空间可以得到理解？[1]我们难道认为灵魂如蜡那般被压上[痕迹]，而记忆就是钤盖在心灵中的事情的印记？什么印记可能属于言辞？什么印记可能属于那些事物本身？进而，那种如此不可测量以至于能够表现如此众多的那些东西的庞大[空间]是什么？

[62]怎么？那种力量究竟是什么——它探索隐秘之事，被称作发现[2]和推究？在你看来，那种[力量]形成自这种属土的、有朽的且注定要死的[3]本性吗？[难道下面这些人的灵魂之力在你看来出于这种本性吗：][4]那第一个给万物赋予名称的人（这在毕达哥拉斯看来属最高智慧）？那位把分散的人类聚拢起来并且召集到生活的联合体之人？那位用区区几个文字符号就标定出看起来无限的噪音的声响之人？那位记

化的境地，因此灵魂迷惘而不知所措。我们与身体的关系愈是疏远，就愈接近知识。倘若灵魂无法脱离与身体的联系，那么它就无法获得对相的知识。

[1] 参见奥古斯丁《忏悔录》10.17.26。

[2] 发现（inventio）：参见 1.65 及相关注释。

[3] 注定要死的（caduca）：肯尼迪（KENNEDY 2010：90）注云这个词意为眼盲的——他恐怕混淆了 caducus（来自动词 cado[落下]）和 caecus。

[4] [难道……吗]：小品词 aut 和古希腊语的 ἤ 相似，常可用来代替之前的内容。在这节中，每个 aut ... qui 中其实都暗含着一个 ex hacne tibi terrena mortalique natura et caduca concreta eorum vis videtur[在你看来，(其)灵魂之力形成自这种属土的、有朽的且注定要死的本性吗？]，其中的 eorum 作后面几个 qui 的先行词。

录下游荡的星辰的轨迹、前行和[表面的]静止之人？他们都是伟大的人，而[这些]前人亦然：发现作物之人、发现衣服之人、发现房屋之人、发现对生活的耕耘¹之人、发现抵御野兽的堡垒之人。在我们被他们驯服、开化之后，就从必需的技艺向更精妙的[技艺]奔流而去。其实，在各种声音的差异和本性得到发现和调和后，就产生了双耳的巨大愉悦。而且，我们既仰望那些固着于确定位置的星辰，还仰望那些不在事实而在名称上游荡的星辰²。那位以灵魂看见这些星辰的旋转和整个运动的人曾表达过，他自己的灵魂与那位相似³——后者在天上制造这些[星辰]。[63]因为，当阿基米德把月亮、太阳和五颗游荡的[星辰]⁴的运动安装到天球仪⁵上的时候，他就与柏拉图的那位神明做了相同的事情——后者在《蒂迈欧》中建造了宇宙⁶——一种旋转掌控了在快慢上大相径庭的各种运动。而如果在这个宇宙中没有神明就不可能实现[这些运动]，那么[阿基米德]就不可能在没有神圣天赋的情况下甚至在那个[小小的]天球仪中重现相同的运动。**26.** [64]其实在我看来，甚至这些更为人所知而更明显的事情也并不⁷缺少属神之力，从而我本人或是认为一位诗人若无某种心灵上的天赐灵感就无法倾泻出庄重而完整的一

----

¹ 对生活的耕耘（cultum vitae）：或译作开化的生活方式。洛布本译作 an ordered way of life，道格拉斯和戴维均译作 a civilised life，毕希纳译作 Lebensbedürfnisse，葛恭译作 Lebensformen，基尔福译作 feinere Lebensart。这里主要指物质方面，参见《王制》2.369–372。

² 游荡的星辰（astra ... errantia）：参见《论诸神的本性》2.51：maxume vero sunt admirabiles motus earum quinque stellarum quae falso vocantur errantes; nihil enim errat quod in omni aeternitate conservat progressus et regressus reliquosque motus constantis et ratos[其实，最令人诧异的是那五颗行星的运动。它们被错误地称作是游荡的，因为，没有任何在完整的永恒中保守恒固而固定的前进、后退以及其他运动的事物在游荡]。

³ 与那位相似（similem ... eius esse）：形容词 similis 支配这里的属格 eius。在西塞罗笔下，如果 similis 带人，那么就用属格，如果带物就用与格或属格，参见 A&G 385.2。

⁴ 指金木水火土五星。天王星和海王星分别发现于 18 和 19 世纪。

⁵ 在第二次布匿战争中，玛尔库斯·玛尔刻珥路斯在攻占叙拉古后把阿基米德的天球仪带回了罗马。另见《论共和国》1.21。

⁶ 参见《蒂迈欧》28b–42e。

⁷ 甚至……也并不（ne ... quidem）：这里的否定词 ne 不仅否定了 haec，而且其否定意味还延续到了 ut 引导的结果从句中。

首诗歌，或是认为满溢的口才不具某种更恢宏的力量便无法伴着铿锵的言辞和丰富的观点流淌。其实，作为一切技艺之母的哲学是除此之外的什么呢——如柏拉图所言，她是神明的馈赠，[1]如我本人所言则是诸神的发明？哲学首先教我们朝向对[诸神]的崇拜[2]，然后朝向人类的正义——它位于人类种族的联合体中——继而朝向灵魂的适度和伟岸；哲学同样还从灵魂那里，就好像从双目那里，把迷雾驱散，从而我们就看见了一切高低始末之物以及居中之物。[65]进而，这种影响如此众多、如此重要之事的力量在我看来就是属神的。其实，对事实和言辞的记忆力是什么呢？发明[3]又是什么呢？它当然就是这种东西——甚至在神明那里不可能有任何东西被看得更加重要。因为我认为，诸神并不因神馐、仙醪[4]或者斟酒的青春女神而欢乐，我也不会听从荷马，他说伽倪美得斯因为姿色而被掠走以伺候尤比特饮酒；没有正当的缘由，为何如此大的不义会降临到拉俄墨冬头上。[5]荷马编造了这些事情，而且把属人之事迁移到神明那里；[6]我宁可把属神之事迁移到我们这儿。然而，什么是属神之事？是有活力、[7]有智慧、有所发现以及有记忆力。从而，那种口

---

　　[1] 参见《蒂迈欧》47b。

　　[2] 对……崇拜（illorum cultum）：这里的 cultus 意为敬拜，参见 *OLD*[2] 词条 cultus[2] 10。

　　[3] 发明（inventio）：在 1.62 和这里，西塞罗使用这个词的一般含义；它作修辞学术语时意为取材。参见《论取材》1.9：inuentio est excogitatio rerum uerarum aut ueri similium quae causam probabilem reddant[取材就是对诸多旨在使原因可信的真实情况或近似真相的情况的发现]。veri similis[近似真相的]和 probabilis[可信的]都与西塞罗的学园派怀疑论立场密切相关，参见 1.8、1.17、5.69 以及相关注释（然而哈贝尔[HUBBELL 1976: ix]仅仅说西塞罗青年时代所作的《论取材》中多见廊下派和漫步派的痕迹，并未提到学园派）。

　　[4] 因神馐、仙醪（ambrosia ... nectare）：神馐原为佛教用语，指供奉用的食物。《镜花缘》第一回："王母各赐仙桃一枚，众仙拜谢，按次归座，说不尽天庖盛馔，天府仙醪。"

　　[5]《伊利昂纪》20.233 说，特若斯（Τρώς）有三子，伊洛斯（Ἴλος）、阿斯撒剌科斯（Ἀσσάρακος）和伽倪美得斯（Γανυμήδης），拉俄墨冬（Λαομέδων）是伊洛斯之子。西塞罗在这里似乎把拉俄墨冬当作伽倪美得斯的父亲了。在神话传说中，拉俄墨冬对阿波罗和波塞冬食言，故他献祭了自己的女儿，又因为对赫拉克勒斯食言而失去了所有的儿子，自己也死于赫拉克勒斯之手——仅普里阿摩斯和提托诺斯（Τιθωνός）幸存。另见《法义》1.636c–d。

　　[6] 对荷马的批评亦见于《王制》2.377d–383c。参见阿伦斯多夫 2021。

　　[7] 有活力（vigere）：参见《论共和国》6.26。

□的灵魂，[1]按我本人所言，是属神的，如欧里庇得斯大胆地所言，就是
神明。[2]而且实际上，如果神明或是气或是火，那么人类的灵魂亦然。因
为，正如那种属天的本性既不涉及泥土又不涉及湿气，同样，属人的灵
魂也无涉于这两种东西；然而，如果存在什么第五种自然素（这最先由
亚里士多德引入），[3]那么这种自然素就既属神明也属灵魂。遵循这一观
点，我本人恰恰就以《安慰》中的这些言辞表达了这一点：[4] **27.** [66] "灵
魂的任何源起都不可能被发现在大地上；因为，灵魂中没有任何混合起
来的、组合而成的东西，也没有那种看起来由泥土产生、塑造的东西，
灵魂中甚至也没有属湿、属风[5]或属火之物。其实，在这些自然素中并不
包含什么拥有记忆之力、心灵之力和思考之力的东西，也不包含什么掌
握着过去之事、预见到未来之事而且能够掌握当下之事的东西。唯独这
些是属神的，而且，[我们]从不会发现[它们]可能从哪里来到人类这里，
除非是从神明那儿。因此，灵魂的某种本性就是独特的，而且灵魂之力
区别于这些常见而为人熟知的自然素。从而，无论什么是那个有感知、
有智慧、有生命、有活力的东西，它必定因为那一事实而成为属天的神
赐永恒之物。其实，那位被我们理解的神明本身并不可能以其他方式得
到理解——除非[理解作]某种无拘束的自由的心灵，[它]与整个有死的
固化状态分离，感知并推动一切，自身拥有永恒的运动。属于这一类而
出自同一种本性的就是人类的心灵。"

[67]那么，这种心灵在何处、本质如何？——你的心灵在何处、本
质如何？你能说出来吗？或者，倘若我没有全部那些我本会想要拥有、
以理解为目的的东西，那么你甚至就不会允许我使用那些我所拥有的东

---

[1] 那种□□的灵魂（animus qui ...）：珀伦茨认为这里似乎有所脱漏，或许可以补上
viget invenit meminit[有活力、有所发现、有记忆力]。

[2] 参见欧里庇得斯残篇 1018：ὁ νοῦς γὰρ ἡμῶν ἐστιν ἐν ἑκάστῳ θεός[因为我们每个人中
的心灵就是神明]（参见 COLLARD & CROPP 2008: 576–577），另见《特洛亚妇女》886、
988。

[3] 参见 1.22。

[4] 西塞罗的女儿逝世于公元前 45 年，西塞罗为此而作《安慰》，已佚。

[5] 属风（flabile）：相当于 1.42 中的 spirabile[属气之物]。

西吗？灵魂并没有如此强大的力量使它本身观看自己，而就像眼睛那般，尽管灵魂同样看不见自己，它却辨识出其他事物。然而，[眼睛]看不见那最小的东西，即它自己的形状（尽管它也可能[看到]，但让我们略过这点吧）；当然，它看见了力量、机敏、记忆力、运动和速度。这些是重要的、属神的、永恒的。事实上，甚至无需探究[灵魂]外形如何、居于何处。

28. [68] 就好像，当[1]我们首先看见属下天空的壮美景象[2]和辉煌明亮；其次是那种如此之大以至于我们没有能力思考的旋转速度；然后是白昼与黑夜的一次次交替，还有划为四部分的时令之更迭——适应于作物的稔熟和对身体的调理——还有作为那一切事物的管辖者和领导者的太阳，以及月亮，它仿佛用光芒的盈亏来标记、指明历法上的时日；[3]接下来是五颗星星，它们处于被分为十二部分的同一条环带，[4]极其恒固地行进在几条相同的轨道上——尽管它们保持着彼此各异的运动——还有被满天繁星装点的夜空之美景；随后是从海洋中升腾而出的大地之球，[5]它被固定于整个宇宙的中心位置，就[其中]两块相距甚远的地区而言，[地球]可供居住也有人耕种，其中的一处就是我们自己定居的[地方]，

> 在极点之下，朝向北斗七星，从那里，可怕的

---

[1] 当（cum）：这个连词引导一个时间从句，没有主句，系错格现象。1.70 的 haec igitur [从而……这些]结束了这个巨大的从句，重新开始一个新的句子。

[2] 壮美景象（speciem）：参见 *OLD*[2] 词条 species 3b。

[3] 以及……时日（lunamque adcretione et deminutione luminis quasi fastorum notantem et significantem dies）：我们认为这里的副词 quasi 修饰整个分词结构，夺格状语 adcretione et deminutione 修饰分词 notantem 和 significantem。诸家对此句的理解稍有不同，不影响对全文的理解，比如屈纳（KÜHNER 1874: 125）明确说 quasi 不修饰 fastorum 而修饰其后的字词，但朱斯塔（GIUSTA 1984: 51）则在 fastorum[历法的]后添加 modo[以……方式]一词。另需注意，这里是太阳（以及月亮和其他星辰）围绕地球转动，而不是相反。

[4] 此即希腊人所说的 ζωδιακός[黄道带]。

[5] 柏拉图、亚里士多德和廊下派均认为地球是球形的，西塞罗这里的意思不太明确。另见斯特拉波《地理志》2.5.5。

北风的呼啸把冻住了的雪片吹起，[1]

另一片南方的地区不为我们所知，希腊人将它称作 $\dot{\alpha}\nu\tau\acute{\iota}\chi\theta\omega\nu$，[2][69]其他部分荒无人烟，因为它们或是因寒冷而僵化或是遭炎热炙烤；而我们居住的这处地方没有在自己的季节里中断[这些]：

> 晴空照耀，树木吐绿，
>
> 茂盛的葡萄在藤蔓上成熟，
>
> 因枝条上浆果的丰收而下弯，
>
> 庄稼丰产粮食，万物蓬勃，
>
> 泉水涌动，牧场覆满青草，[3]

[我们]还[看见]大量的家畜，一部分用来食用，一部分用来耕种田地，一部分用来骑乘，一部分用来[制衣]蔽体，而且，人类本身就好像是沉思上天者和崇拜神明者[4]，另外，一切土地和海水都顺应于人类的使用——[70]从而，当我们分辨出这些以及其他不可胜数的事物之时，我们是否可能怀疑有谁主掌这些，或是如柏拉图所见，若这些乃产生而出，

---

[1] 出自阿克奇乌斯的《菲洛克忒忒斯》。

[2] $\dot{\alpha}\nu\tau\acute{\iota}\chi\theta\omega\nu$[对地]：指南半球或生活于南半球的居民，参见《学园派前篇》2.123、《论天》1.293a24 和《名哲言行录》7.156。西塞罗在《学园派前篇》2.123 使用的是 $\dot{\alpha}\nu\tau\acute{\iota}\pi o\delta\epsilon\varsigma$ 一词，并不指对距地（antipodes）。《论天》中译本在脚注中给"对地"标注的原文是 enantia ge，这其实对应同一行的"对立的地球"（$\dot{\epsilon}\nu\alpha\nu\tau\acute{\iota}\alpha\nu\ldots\gamma\tilde{\eta}\nu$），参见亚里士多德 1991: 338。

[3] 这几行诗出处不明。

[4] 和崇拜神明者（ac deorum cultorem）：抄本 V 上作 a^c deorum，这个 ^{c} 是一处校改。珀伦茨接受布耶（J. Bouhier）的做法，删除了 deorum 之后的 eorum[他们的]。洛布本按本特利的修改，作 terrarum cultorem[土地的耕耘者]。不过《论诸神的本性》2.140 的这句似乎可以用来支持抄本上的 deorum 一词：qui primum eos humo excitatos celsos et erectos constituit, ut deorum cognitionem caelum intuentes capere possent[首先，（神明）在把（人类）从大地上唤起后，把(他们)塑造得高大而直立，从而他们有能力在凝思上天后获得对诸神的认识]（关于这个单数的 qui，参见 PEASE 1958: 913）。另见奥维德《变形记》1.85–86：os homini sublime dedit caelumque videre | iussit et erectos ad sidera tollere vultus[（神明）给予人类朝上的面庞，又命令（人类）观看天空并在站直后把脸庞抬起，朝向星辰]。《蒂迈欧》90a5 在谈到人类的直立属性时说，人"不是长在大地而是长在天上的植物"（$\phi\upsilon\tau\dot{o}\nu$ o$\dot{\upsilon}\kappa$ $\dot{\epsilon}\gamma\gamma\epsilon\iota o\nu$ $\dot{\alpha}\lambda\lambda\dot{\alpha}$ o$\dot{\upsilon}\rho\acute{\alpha}\nu\iota o\nu$）。关于 cultor，参见 1.64 以及 OLD^2 词条 cultor 3。

那么就有一位创制者，或是如亚里士多德所认同的，若这些永存，那么如此重要的工作和职责就有一位管辖者？人类的心灵，尽管你看不见它，就好像你看不见神明，然而，正如你从神明的作品中认出他，请你就这样从对事情的记忆、发现、运动的速度以及德性的一切美好中认出心灵的属神之力。

29. 那么心灵在什么位置？我相信，它实际上就在头脑中，[1]而且我能说明我为何相信，不过灵魂在何处则要另行[说明]。实际上[心灵]当然在你自身之中。它的本性是怎样的？我想是独特而专属于你的。但假设[它]属火、属气，那就与我们所谈的无关了。请注意那一点：正如你知道神明，却不知神明的位置和外貌，同样，你的灵魂也应为你所知，即便你不知[它的]位置和形象。[71]然而，在对灵魂的认识上，如果我们对自然学并非一窍不通，那么我们就不能怀疑在灵魂中并没有混合起来的东西，没有组合起来的东西，没有连接起来的东西，没有合并起来的东西，没有复合起来的东西：[2]因为，既然灵魂这样存在，它当然就不可能被割裂、被拆分、被撕碎、被离析，由此它甚至不可能泯灭。因为泯灭就如同那些部分的分离、割裂以及分崩——在泯灭之前，这些部分由某种结合来掌控。

苏格拉底被诸如此类的理由引导后，他没有寻找性命审判的辩护人，也没有向陪审团祈求[免死]，[3]而是引入了[4]一种导源于灵魂之伟岸而非高傲的自由的固执，而且在生命的最后一天，苏格拉底恰恰就这一话题谈论了很多，而在几天之前，虽然他可轻而易举地被带出监狱，但他不愿意，然后，当他几乎已然把那致命的鸩酒举在手中时，他那样交

---

[1] 参见 1.20。

[2] 参见《斐多》78c。亦见 1.20、1.80 及注。另外，灵魂还很容易被污染，参见 1.72。

[3] 苏格拉底在公元前 399 年受控告并被处以死刑，见柏拉图和色诺芬的两部《苏格拉底的申辩》以及柏拉图的《克力同》《斐多》。

[4] 而是引入了（adhibuitque）：大多数译本均译作表现、表达、主张等等，不知所据。葛恭译作 eingab，较符合原文，参见 OLD^2 词条 adhibeo 4–6。在否定词后的-que 常常具有转折意味。

谈，以至于看起来不是在被推向死亡，而是在升往上天。**30.** [72]其实，[苏格拉底]当时这样判断而且这样论述，¹[他说]离开肉体的诸灵魂有两条道路、双重行程：其实，那些用属人的罪恶自我玷污，而且把自己整个地交给欲念的人，由于受这些欲念的蒙蔽，²就是用个人的罪过和耻辱使自己蒙羞，或是因为侵犯共同体而犯下不可补赎的罪行，属于他们的就是某条邪路，与诸神之列隔绝；然而，那些把自己保护得清白而纯良的人，又与肉体[只有]极小的关联，还总是使自己远离此物，而且在属人的肉体中效仿诸神的生命之人，向他们敞开的是一条康庄的返回[之路]，通向他们已然离开的那些[神明]。[73]因此，[苏格拉底]叙述说——[他]就好像那些并非无缘无故地献给阿波罗的天鹅——但是，因为它们看起来从他那里获得了预言能力，在凭此预见到死亡中有什么属善之物后，伴着歌声和快乐死去，³所有的正人君子和学人都应该这样做。（其实，没有任何人能够对此产生怀疑，除非降临到我们这些勤勉的灵魂思考者身上的就是那一件同样常常为这些人所经历的事情——他们目不转睛地凝视日蚀中的太阳⁴，以至于彻底失去了视力；同样地，凝视自己本身的心灵之敏锐有时就变得愚钝，由于这个原因，我们就失去了沉思的勤谨⁵。因此，我们的讲辞就在怀疑、顾虑、犹豫以及惧怕许多逆厄的时候，如同在一叶扁舟中，飘荡于无垠的大海。）⁶[74]

---

¹ 参见《斐多》80d 及下。

² 由于……蒙蔽（quibus caecati）：这里的 quibus 指前面的 libidinibus，参见 *OLD*² 词条 caeco 2 下例句引文。

³ 参见《斐多》84e。

⁴ 日蚀中的太阳（deficientem solem）：洛布本误译作 setting sun（库尔提乌斯同误），参见 *OLD*² 词条 deficio 8b。

⁵ 勤谨（diligentiam）：diligentia 一词既有勤奋的含义（比如 1.22），也有谨慎的含义（比如 1.31），4.33、4.46 中类似。参见《南史·褚裕之传》："迁侍中，领右军将军，以勤谨见知。" diligentia 也可译作勤慎，参见《三国志·魏志·程昱刘放传论》："刘放文翰，孙资勤慎，并管喉舌，权闻当时。"

⁶ 参见《斐多》85d。在柏拉图笔下，说法/言辞（λόγος）自身就是筏子/扁舟（ὄχημα）。一些校勘者把 oratio[讲辞/言辞]改作 ratio[理性/道理]，不过 oratio 的异文并非没有《论辩集》内部的证据，比如 4.33 中就有 enavigavit oratio[讲辞起航(了)]。柏拉图所用的 λόγος 兼具 ratio 和 oratio 的含义，而且 1.112 的 oratio 也可支持这里的 oratio。

但这些是老旧且来自希腊人的；然而，卡托这样离世，仿佛他为自己获得了赴死的理由而喜乐。[1]其实，那位在我们这里主宰[生死]的神明禁止我们在未有他的命令时从这里离开；不过，当神明亲自给出了正当的理由，就好像当时给苏格拉底，现在给卡托，常常还给许多人，信义神作证，那位智慧的君子当然[2]就会从这些黑暗中欢乐地离开，进入那种光明，而他依旧不会打碎囚笼中的桎梏——因为法律禁止——而是如同神一位长官或某位官长的权威那般被神明唤出、送走后死去。其实，哲人的整个生命，同样如苏格拉底所言，就是对死亡的思谋[3]。**31.**[75]现在，我们在做别的什么呢——当我们从快乐（亦即肉体）、私人财产（就是肉体的侍女和女仆）、共同体以及所有事务那里把灵魂分开？然后，我说，我们在做什么——除了我们把灵魂召唤到它自己那里，迫使它与自己一同存在，而且最大程度地将其带离肉体？然而，把灵魂从肉体分离出去并不是其他任何事情，就是学习死亡。因此，让我们思谋这件事情，请相信我，并且让我们使自己脱离肉身的束缚，亦即使自己习惯于死亡。凭借这[对死亡的思谋]，只要我们活在大地上，[我们的生活]就会相似于那天上的生活，而且，当我们被从这些桎梏中带出后向那[天上的生活]进发[4]时，灵魂的旅程就会受到更小的阻碍。因为，那些总是处于肉身枷锁中的人在被释放后甚至走得更慢了，如同那些被镣铐束缚多年的人。当我们来到那里的时候，我们终于活了，因为，此生实际上乃是死亡[5]——我可为之恸哭，若[你]愿意。

---

[1] 公元前 46 年，凯撒在塔璞索斯（Θάψος）击败庞培余部，作为廊下派的小卡托（M. Porcius Cato）遂果断自杀，以求免受凯撒的报复或宽恕（参见普鲁塔克《小卡托传》70.6）。另外，1.3 中提到的老卡托是小卡托的曾祖父，小卡托则是布鲁图斯的岳父。

[2] 当然（ne）：这里的 ne 不是否定词，而是肯定词，与古希腊语 νή 和 ναί 同源，参见 *OLD*[2] 词条 ne[2]。后文 1.99 开头的 ne 亦然。

[3] 对死亡的思谋（commentatio mortis）：或译作对死亡的思想准备，参见 *OLD*[2] 词条 commentatio 1。参见《斐多》67d：τὸ μελέτημα αὐτὸ τοῦτό ἐστιν τῶν φιλοσόφων, λύσις καὶ χωρισμὸς ψυχῆς ἀπὸ σώματος[哲人的那种实践本身就是灵魂从肉体的解脱和分离]。

[4] 进发（feremur）：参见 *OLD*[2] 词条 fero 4。

[5] 此生……死亡（haec quidem vita mors est）：参见《论共和国》6.14。

[76]生：实际上，你自己在《安慰》[1]中恸哭得足够多了。当我阅读这部[著作]时，除了离开这些事情之外，一无所愿；事实上，刚才听完这些后，更是如此。

师：[死亡]时刻将会到来，而且实际上来得迅速，无论你退缩还是急于[赴死]，因为人生飞逝。而这与你先前所认为的"死亡是一种恶"如此之远，以至于我恐怕[要说][2]，对于人类而言，并无其他任何更加确定的不是恶的东西，[也]无其他更有可能的[3]善，如果实际上我们或是诸神本身，[4]或是与诸神在一起。□□[5]

生：有何影响？

师：其实，在场的一些人并不赞同这些。然而，在[我们的]这番对话中，我本人不会让你这样离开，以至于死亡可能因为某种理由而在你看来是一种恶。

生：何以[6]可能呢——既然我已认识到这些？

[77]师：你问何以可能？一群反驳者正在出现[7]，不只有那些我实际上并不鄙视的伊壁鸠鲁派——但是每一位特别博学的人都以某种方式[鄙视他们]——还有我的宝贝迪凯阿尔科斯，[8]他无比尖刻地批驳过这种不朽。因为他曾撰有三卷[著作]，称作《勒斯波斯之书》，因为那番言辞发生于密提勒内，[9]在其中，迪氏想要表明灵魂是有死的。然而，廊

---

[1] 参见 1.65。

[2] 恐怕[要说]（verear ne）：引导一个谨慎或婉转的陈述，参见 *OLD*[2] 词条 uereor 5a。

[3] 更有可能的（potius）：参见 1.23。

[4] 柏拉图在《法义》10.899b 说诸灵魂（ψυχαί）是诸神。西塞罗在《论共和国》6.26 说每个人都是其心灵（mens），在《论义务》3.44 说心灵是神明给予人类的最神圣的东西。

[5] 或是……□□（cum dis futuri sumus ....）：珀伦茨（POHLENZ 1957: 98）认为这里有阙文，或许缺了一个句子，比如 sed iam reliquorum philosophorum de hac re quaeramus sententias[但是现在让我们就这一主题探寻其余哲人的观点]，参见 5.84。

[6] 何以（qui）：这是古老的夺格，5.40 中亦然。

[7] 正在出现（veniunt）：参见 *OLD*[2] 词条 uenio 7。

[8] 我的宝贝迪凯阿尔科斯（deliciae meae Dicaearchus）：西塞罗常用比较夸张的语言来描述迪氏，又如《致阿特提库斯书》2.2（＝22 SB）。《论辩集》中多次提到迪氏，第一次是在 1.21。肯尼迪（KENNEDY 2010: 103）说《论演说家》3.59 盛赞了迪氏的学识，误。

[9] 密提勒内（Μυτιλήνη）是勒斯波斯岛（Λέσβος）的首府。

下派却慷慨地给予我们使用权，好像[我们是]乌鸦：[1]他们确认[2]灵魂长久存续，[但]他们否认灵魂永存。[3] 32. 那么，难道你不愿听听，为何即便灵魂是这样的，死亡仍旧不在诸恶之中？

生：如[你]看起来合适的那般[做]吧，但是没有人会使我抛弃[灵魂的]不朽。

[78]师：事实上，我称赞这点，尽管不应该过度信赖任何东西；其实，他们常常被某些尖锐地总结的东西扰动，甚至在一些相对明显的问题上动摇并且改变观点，因为在这些事情上存在某种含混性。从而，倘若这一情况发生，我们就该武装起来。

生：事实上当然[是这样]，但是我将有所准备，以免它发生。

师：那么，难道有什么原因阻止我们送走自己的廊下派伙伴？我说的是那些人，他们主张灵魂在离开肉体后存续，但不永存。

生：其实，[送走]这伙人吧，他们从事证明[4]这整个情形中最困难的一点：摆脱了肉体的灵魂能够存续。然而，那一点——它不仅易于相信，而且在他们希望的那件事情得到认同之后就紧接而至——其实他们并没有给出那点，也就是灵魂长久存续之后不会泯灭。

[79]师：你批评得好，而且情况恰是如此。[5]我们因此就相信帕奈提欧斯[6]么——他不同意自己的[老]柏拉图？其实，帕奈提欧斯在所有

---

1 参见贺拉斯《颂诗集》3.17.13：annosa cornix[长命百岁的乌鸦]。普鲁塔克《论神谕的式微》（Περὶ τῶν ἐκλελοιπότων χρηστηρίων）415c 提到赫西俄德的说法：ἐννέα τοι ζώει γενεὰς λακέρυζα κορώνη | ἀνδρῶν ἡβώντων[告诉你吧，啼叫的乌鸦的寿命相当于九代活到青春岁月的人]（参见 MOST 2007: 324–325）。另见阿里斯托芬《鸟》609。

2 他们确认（aiunt）：这里不意为言说，而意为肯定，参见 OLD² 词条 aio 3b，古希腊语 φημί 类似。

3 克勒安忒斯（参见 2.60）认为所有的灵魂都会活到下一次宇宙周期性大爆炸的时候，随后宇宙毁灭并重生。克律西璞珀斯（参见 1.108）认为只有智慧者的灵魂会幸存。

4 他们从事证明（suscipiant）：参见 OLD² 词条 suscipio 8d。

5 并且……如此（et se isto modo res habet）：这里的反身代词 se 是 habet 的宾语，参见 OLD² 词条 habeo 21b。类似的表达见于普劳图斯《一坛金子》47：ac scin quo modo tibi res se habet[而你不知道情况正是如此吗？]。

6 参见 1.42。

地方都称柏拉图是属神的、极富智慧、最为神圣，是哲人中的荷马，[但]他唯独不赞同柏拉图关于灵魂不死的这个观点。因为他主张——没有人否认这点——一切生成的东西都会泯灭；然而，灵魂是被生育的，这就体现了被繁衍者[与繁衍者]的相似性，这种相似性甚至还在表现在性情[1]中，不仅仅在肉身里。他还给出了另一个理由：没有任何感到痛苦的东西是那个不可能同样患病的东西。进而，一个陷于疾病的东西也就是那个将会泯灭的东西；进而，灵魂感受到痛苦，因此它也会泯灭。**33.** [80]这些[说法]可以被驳倒：因为，这些属于那个人，他不知道，在谈论灵魂永生时所论及的就是心灵——它永远免于一切躁乱的运动[2]——而非在其中翻滚着[3]忧愁、愤怒和欲念的那些部分。这些[说法]所反驳的那位[柏拉图]认为，上面这些与心灵分离、隔绝。[4]其实，相似性更加体现在野兽身上——它们的灵魂脱离于理性；然而，人的相似性却更大程度地见于肉体的形态，而且，非常关键的是，灵魂恰恰被置于哪种肉体。因为许多东西从肉体中显现，以使心灵敏锐或使心灵愚钝。事实上，亚里士多德说，所有富有天赋的人都是忧郁的，[5]从而我本人并不因为自己相当迟钝而心烦意乱[6]。他举了许多[例子]，而且如同这一[观点]成立那般，给出了为何情形如此的原因。但如果，诞生于肉体内的那些东西中存在一种对心灵的状态影响如此巨大的力量，那么，无论这些东西是什么，它们都是那些造成相似性的东西。相似性没有提出任何必然

---

　[1] 性情（ingeniis）：参见 *OLD*² 词条 ingenium 1b。

　[2] 躁乱的运动（turbido motu）：参见 4.10。

　[3] 翻滚着（versentur）：整个关系从句或译作忧愁……在其中有所影响/作用的。

　[4] 柏拉图在《王制》4.439d 区分了灵魂的有理性部分（λογιστικὸν ... τῆς ψυχῆς）和灵魂的无理性及欲望部分（ἀλόγιστόν τε καὶ ἐπιθυμητικόν）。廊下派则认为灵魂是一个整体，不存在所谓的无理性部分：人以整个灵魂来感觉、想望和知道。西塞罗在这里给出柏拉图的看法，但是在 1.71 中又认同柏拉图《斐多》78c 的说法，即灵魂是非组合之物（ἀσύν-θετος）。另外，西塞罗在这里没有说明 mens[心灵]与 animus[灵魂]的关系。

　[5] 参见亚里士多德《问题集》30.955a39–40：περιττοὶ μέν εἰσι πάντες οἱ μελαγχολικοί, οὐ διὰ νόσον, ἀλλὰ διὰ φύσιν[一切忧郁的人都出类拔萃，（这）不是由于疾病，而是由于天性]。

　[6] 我……心烦意乱（moleste feram）：参见 *OLD*² 词条 moleste 1b。

性[以表明]灵魂为何是被产生的。[81]我略过了各种差异。我希望帕奈提欧斯能够在场——他曾与阿弗瑞卡努斯共同生活——我要问他,阿弗瑞卡努斯的侄孙像亲戚中的谁,或许在相貌上他像父亲,[但]在生活方式上,他与所有的浪子如此相似,以至于他无疑卑劣至极;[1]普·克拉苏,智慧、雄辩而显赫的人,他的孙子又像谁?[2]其他许多贤达的孙子和儿子呢——点出他们的名字并不合适?

可是我们在做什么呢?既然我们充分谈论了[灵魂的]永生,我们是否忘记了我们现在有这个主题:即便灵魂会泯灭,在死亡中也没有任何属恶之物?[3]

生:我自己真的记得,但我情愿地容许你在谈论永恒时偏离主题。

34. [82]师:我见你着眼于高处而且想迁往上天。我希望这会发生在我们身上。但是假设,如那种人所愿,灵魂在死亡后并不存续,我发现,倘若如此,那么我们就被剥夺了更幸福的生活之希望;这种观点实际上带了什么属恶之物?其实,假设灵魂如此泯灭,有如身体,那么,死亡后的肉体中难道完全会存在什么痛苦或感觉?[4]事实上,没有人会这样说。尽管伊壁鸠鲁指控德谟克利特[5],但是德氏的追随者们否认。从而,感觉甚至不在灵魂中存续,因为灵魂恰恰不在任何地方。那么,恶在何处——既然没有第三个事物?难道是因为灵魂从肉体的这种离开恰恰发生得并不毫无痛苦?即便我相信是如此,这也是多么轻微!但我认为这是错误的,而且一般来说,这发生得毫无感觉,有时甚至伴随着

---

[1] 昆图斯·法比乌斯·玛克西穆斯·阿珥洛卜若吉库斯(Quintus Fabius Maximus Allobrogicus),性情放浪,他的父亲是公元前 121 年执政官昆·法比乌斯·玛克西穆斯·埃米利阿努斯·阿珥洛卜若吉库斯(Q. Fabius Maximus Aemilianus Allobrogicus),祖父是昆·法比乌斯·玛克西穆斯·埃米利阿努斯,小斯奇皮欧(阿弗瑞卡努斯)的兄弟。

[2] 祖父可能是普·克拉苏·迪威斯(P. Crassus Dives),前 205 年执政官,孙子可能是公元前 57 年的裁判官。后者破产后 Dives[迪威斯/富有的]一名就显得讽刺。参见瓦勒瑞乌斯·玛克西穆斯(Valerius Maximus)《懿行嘉言录》(*Facta et dicta memorabilia*)6.9.12。

[3] 参见 1.23、1.77。

[4] 人去世后,头发和指甲还会"变长",故有人认为尸体有感觉。

[5] 参见 1.22。

快乐，而这整件事是次要的——无论[其]本质如何——因为它发生在瞬间。[83]"那使人苦闷，毋宁说是折磨人，即从生命中的一切美好事物那儿离开。"或许，[1]称作"从诸恶那儿"会更合适。我本人为何现在哀悼人类的生命？我能够真诚且正当地哀悼，[2]但当我旨在此事，即我们不认为自己死后会是悲惨的，有何必要甚至用哭泣使生命更加悲惨？我曾在那卷书中做过这件事，[3]在其中，我们尽自己所能自我安慰。从而，死亡使我们摆脱诸恶，而非诸善——倘若我们寻求真相。而实际上，这一[观点]曾由昔勒尼学派的赫革西阿斯[4]如此丰富地论辩，以至于据说他遭托勒密国王[5]禁止[6]在论说中言说那些东西，因为许多人在听了这些后自戕了。[84]实际上，在卡珥利玛科斯[7]的一首关于阿姆卜剌奇阿的忒欧姆卜若忒斯的铭辞中，他说，尽管没有任何逆厄降临到后者身上，他还是在读完柏拉图的那卷书后把自己从城墙上扔进了大海。然而，我提到过的那位赫革西阿斯有一卷 Ἀποκαρτερῶν，[8]其中一位[9]实际上通过

---

[1] 或许（vide ne）：或译作小心啊，免得，这个短语多用于对话，引出一种婉转、友善的反对意见，参见 OLD² 词条 uideo 17a。

[2] 我……哀悼（vere et iure possum）：关于 vere，参见 OLD² 词条 uere 3b，洛布本译作 in truth，道格拉斯译作 with truth，毕希纳译作 wahrhaftig，葛恭和基尔福译作 in Wahrheit，马里诺内译作 sinceramente，迪·维吉尼奥译作 e sarei sincero，迪·蒂利奥译作 veramente，比代本译作 en toute sincérité；关于 iure，参见 OLD² 词条 ius² 1b。直陈式 possum 在这里显得语气突兀（虚拟式更符合常规），这暗示我们，在西塞罗心中，过去的痛苦依旧记忆犹新，并且他用 iure 强调自己并不该遭受如此的不幸。

[3] 指西塞罗的《安慰》，见 1.65。

[4] 昔勒尼学派的赫革西阿斯（Cyrenaico Hegesia）：希腊名 Ἡγησίας，公元前三世纪哲人。参见《名哲言行录》2.94。赫氏可能受过佛教思想的影响（参见 PREUS 2015: 184）。关于昔勒尼学派，参见 2.15 阿瑞斯提璞珀斯注。

[5] 公元前 283 年—前 246 年在位，他因娶了自己的姐姐而得名 Φιλάδελφος[爱姊者]。

[6] 据说……禁止（is prohibitus esse dicatur）：被动态的 dicatur 引出间接陈述，故使用 esse，但与这个不定式构成完成时被动态的分词 prohibitus 却与主句中的主语 is 一致，使用主格（而非宾格），另见《致亲友书》16.12.4（= 146 SB）的 multi idem facturi esse dicuntur[据说许多人将要做相同的事情]，esse 的主语亦为主格（参见 A&G 582）。

[7] 卡珥利玛科斯（Callimachi）：希腊名 Καλλίμαχος，公元前三世纪希腊诗人、语法学家，曾在爱姊者托勒密（见上文注释）治下担任亚历山大里亚图书馆员。

[8] Ἀποκαρτερῶν 意为《绝食者》。

[9] 一位（quidam）：珀伦茨本原作 quidem[实际上]，杜根本、比代本、德雷克斯勒本、朱斯塔本均作 quidam，肯尼迪本作 quidem，六种校勘本均未出校；抄本 V 作 quidam。

绝食来离开生命的人被朋友们挽回；在回答他们时，他列举出属人生命的种种弊害。我或许可以做相同的事情——尽管不及他——后者认为活着完全不会对人有所助益[1]。我略过别人：这对我还有作用吗？我已被剥夺了家庭生活中的慰藉和公共生活中的荣誉，[2]假设我此前就死去，那么死亡原本就会把我从诸恶而非诸善那里拉走。**35.** [85]那么，或许有某个人，他无任何属恶之事，未受过机运的任何伤害：[比如]那位美忒珥路斯[3]，[他]有四个受尊敬的[4]儿了，或者，普里阿摩斯，[他]有五十子，其中十七个由合法的妻了所生；[5]机运在二人身上具有相同的能力，但只用于一人：因为许多子女和孙子孙女把美忒珥路斯[的遗体]安放到火葬柴堆上，[但]普里阿摩斯在失去了如此多的后代后，即便逃上祭坛，还是死于敌手。[6]假设他在儿女们活着、王国完好时死去——

在[统治]外族的威势挺立时，

[神殿]顶部经过雕刻、有所镶嵌，[7]

那么他究竟是从诸善还是诸恶那里离开？当时，他看起来肯定是从诸善那里离开，而降临到他身上的事情当然原本会更好，那些[诗行]也不会如此催人泪下地唱起：

我看到这一切都陷入火海，

故珀伦茨本此处恐为手民之误，肯本疑似因袭珀伦茨本而未仔细核查。

[1] 有所助益（expedire）：参见 *OLD*[2] 词条 expedio 6。

[2] 指西塞罗之女图利阿之死和凯撒的统治。

[3] 凯奇利乌斯·美忒珥路斯·马其顿尼库斯（Caecilius Metellus Macedonicus），公元前 143 年执政官，公元前 115 年逝世，曾担任过执政官、监察官和鸟卜官，举行过凯旋式。他的四个儿子中，一人当过执政官和监察官，两人当过执政官，另一人当过裁判官。

[4] 受尊敬的（honoratis）：这里指因担任公职而受人尊敬。honor 一词既有尊荣、荣誉的意思也有公职的意思。

[5] 《伊利昂纪》6.244 和 24.496 都提到普里阿摩斯有五十个儿子，不过 24.496 说其中十七个（而非西塞罗所说的十九个）为赫卡柏所生。

[6] 阿开亚人攻破特洛亚后，国王普里阿摩斯被内喀琉斯之子内欧璞托勒摩斯（Νεοπτό-λεμος）杀死，见《埃涅阿斯纪》2.547–550。内欧璞托勒摩斯又名丕尔若斯（Πύρρος）。

[7] 出自恩尼乌斯的《安德若玛刻》，更完整的引诗见 3.44。

> 普里阿摩斯的生命被暴力夺走，
>
> 尤比特的祭坛被鲜血玷污。[1]

其实，那时可能降临到他身上的任何东西好像都胜过那种暴力！而假设他之前就死了，那么他原本就完全去除了如此这般的结局；然而在这个时候，他去除的却[只]是对诸恶的感觉。[86]尽管我们的那位亲友庞培在那不勒斯病重，[2]但他好转起来。那不勒斯人戴上花冠，普茨欧利的居民无疑也是[如此]；人们纷纷从镇上过来以官方形式[3]庆贺：这一行为完全是愚蠢而希腊腔的，但依旧是一件喜气的事情。那么，假设庞培当时就殒命了，那么他是离开了善事还是恶事？当然是离开了悲惨之事。因为[这样]他就不会对岳父发动战争，[4]不会在没准备好的时候就拿起武器，不会背井离乡，不会逃出意大利，不会在失去了部队后手无寸铁地落入奴隶的剑和手中，[他的]孩子不会被人哀悼，所有的财富[也]不会被胜利者占有。[5]假设庞培当时殒灭，那么他就死在好运鼎盛之时；[但是]他因为生命的延长而饮下了如此之多、如此大量而多么难以置信的灾祸！36. 这些事情凭借死亡来得到逃脱，尽管它们并没有发生——因为它们依旧可能发生。但是，人类并不认为这些事情可能降临到自己身上：每个人都希望拥有美茨珥路斯的好运，就好像幸运的人比不幸的人更多，或者就像在属人之事中存在什么确定之物，或者就像希望比畏惧更加明智。

　　[87]但是这一点本身应当得到认同，就是人类因死亡而被剥夺善

---

　　[1] 出自恩尼乌斯的《安德若玛刻》。

　　[2] 公元前 50 年。

　　[3] 以官方形式（publice）：道格拉斯译作 formal，毕希纳译作 offiziell，参见 *OLD*² 词条 publice 1。

　　[4] 庞培在公元前 59 年娶了凯撒之女尤利阿（Iulia），后者于公元前 54 年去世后，庞培和凯撒的关系便愈发疏远。

　　[5] [他的]……占据（non liberi defleti, non fortunae omnes a victoribus possiderentur）：这可能是一条古注。把 deflecti[被哀悼的]改作 deleti[被消灭的]的做法并不妥当，因为庞培诸子在父亲死后继续反抗凯撒，而且其中的色克斯图斯（Sextus）死于公元前 35 年。

事：由此，还应认同死者缺乏生命的利益，而且认同这一点是悲惨的吗？他们当然必须这样说。[1]那个不存在的人难道可能缺乏什么东西？其实"缺乏"这个词本身就是伤感的，因为它隐含这一含义：他曾有过，现在并不拥有；他缺失、寻求、需要。这些，我认为，对缺乏者来说就是弊害：他缺乏双眼，朦瞽就令人厌恶；缺少子女，绝嗣[亦然]。这对活人有效，然而任何死者都不仅不缺乏生命的利益，而且甚至不缺乏[2]生命本身。我谈论那些并不存在的逝者；我们这些存在的人难道缺乏犄角或翅膀？有谁这样说？当然没有人。为何如此？因为，既然你没有的东西在用途和本性上都不适合你，你就并不缺乏[它们]，即便你感到自己并不拥有。[88]这必须一次次地得到强调和力主，既然那点稳固了——关于这点，若灵魂有死，那我们就无法怀疑死亡中的泯灭是如此强大，以至于感觉甚至没有残留丝毫痕迹[3]——因此，正确地树立并确定了这点之后，那点就应得到考究，从而知晓何为"缺乏"，以免在言辞中留下什么错误。因此，"缺乏"意味这点：缺少你希望拥有的东西；[4]其实，缺乏中包含着意愿，除非是在这样用这个词的另外某个含义的时候，就好像用于发烧那样。[5]因为"缺乏"也以其他方式使用——既然你没有某物，而且你感到自己并不拥有，尽管你轻而易举地忍耐这点。由此，[我们]不说死亡中有缺乏，[6]因为它不应当造成痛苦；[我们]那样说："缺乏

---

1 他们……说（certe ita dicant necesse est）：dicant 无主语，故此句可能是一条古注。

2 不仅不缺乏……，而且甚至不缺乏（non modo ..., sed ne ... quidem ... caret）：这里的两个分句共用同一个动词 caret，因此第二个分句中的否定词就将其否定含义延伸到第一个分句中，另见 5.93：neque necessitatem modo, sed ne naturam quidem attingerent[不仅不关乎必要性，而且甚至不关乎自然]。

3 感觉……痕迹（minima ... suspicio sensus relinquatur）：这里的 sensus 是修饰名词 suspicio[痕迹]的属格，参见 *OLD*[2] 词条 suspicio[2] 3。

4 缺乏的原文作 carere，缺少的原文作 egere。

5 所谓的缺乏发烧（carere febri）是一种例外情况，不包含意愿，意为免于发烧。

6 [我们]……缺乏（carere in morte non dicitur）：几个主要的抄本均如此。洛布本将 morte[死亡]改作 malo[恶]，按照西塞罗的逻辑，这一异文并非毫无道理：恶不为我们所愿，故不会缺乏恶。库尔提乌斯所依据的蒂舍尔本亦用 morte，然而库本作 evil，恐因袭洛布本所致。

善"，因为那是恶的。但是，甚至活人也不缺乏善，倘若他不需要；不过在活人中，"你缺乏王权"依旧可以得到理解，然而就你而言这不可能说得足够精准，在塔克文[1]那里则有可能——因为他被废黜了。[2]不过，在逝者中甚至也无法得到理解，因为"缺乏"属于有感觉的人；而在逝者中没有感觉，从而在逝者中甚至也没有缺乏。[3]

37.［89］但是，这其中有什么爱智的需要呢——既然我们看见此事并不更加要求哲学？多少次，不仅我们的统帅，而且整个军队都奔赴毫无疑问的死亡！倘若死亡实际上受到畏惧，那么，路奇乌斯·布鲁图斯就不会在阻止那位他本人所驱逐的、卷土重来的僭主[4]时阵亡，老得奇乌斯与拉丁人决战时、［其］子与厄特茹瑞阿人决战时、［其］孙与皮洛斯决战时也就不会把自己置于敌军的矛矢之下，[5]西班牙也不会看见斯奇皮欧们在一场战争[6]中为国牺牲，[7]坎尼的泡路斯和革米努斯、威努西阿的玛尔刻珥路斯、利塔纳的阿珥比努斯以及路卡尼阿人［面前］的格拉古［亦然］。[8]在这些人中难道有谁今天是悲惨的？甚至在咽气之后也不是，因为在感觉被清空后，不可能有谁是悲惨的。［90］"不过那种没有感觉

---

[1] 塔克文（Tarquinio）：即罗马的最后一位国王塔克文，公元前 510 年被逐出罗马。

[2] 西塞罗在全书中屡屡向布鲁图斯暗示凯撒的统治，比如此处显然会让他想起驱逐傲王塔克文的路奇乌斯·尤尼乌斯·布鲁图斯（Lucius Iunius Brutus），刺杀凯撒的布鲁图斯传说中的祖先。

[3] 关于缺乏，另见《形而上学》（《自然问题后诸篇》）5.1022b21–1023a7。

[4] 指前文提到的塔克文。

[5] 其中祖父于公元前 340 年与拉丁人交战，父亲于公元前 295 年与撒姆尼人交战，孙子于公元前 279 年与皮洛斯交战（孙子的事情恐非史实）。参见《论老年》75。

[6] 即第二次布匿战争（公元前 208 年—前 202 年）。

[7] 普卜利乌斯·斯奇皮欧（Publius Scipio）和格奈乌斯·斯奇皮欧（Gnaeus Scipio）在公元前 211 年被迦太基人击败于西班牙。参见《论万物的本性》3.1035：Scipiadas, belli fulmen, Carthaginis horror［斯奇皮欧家族的一员，战争的雷电，迦太基之所惧怕］。不过卢克莱修这里是指普卜利乌斯·科尔内利乌斯·斯奇皮欧·阿弗瑞卡努斯（Publius Cornelius Scipio Africanus），他于公元前 202 年打败了汉尼拔。

[8] 埃米利乌斯·泡路斯（Aemilius Paulus）和色尔维利乌斯·革米努斯（Servilius Geminus）在公元前 261 年亡于坎尼（Cannae）。玛尔刻珥路斯（Marcellus）在公元前 208 年亡于意大利南部的威努西阿（Venusia）。路奇乌斯·珀斯图米乌斯·阿珥比努斯（Lucius Postumius Albinus）在公元前 215 年被汉尼拔的高卢盟友杀于利塔纳森林（silva Litana）。提贝瑞乌斯·格拉古（Tiberius Gracchus）在公元前 212 年亡于路卡尼阿（Lucania）。

本身就是令人厌恶的。"那令人厌恶，倘若它就是"缺乏"。不过，既然显而易见，在那位本身并不存在的人身上不可能存在任何东西，在那位既不缺乏也无感觉的人身上有什么可能令人厌恶？尽管这点事实上[说得]过于频繁了，但[这是]因为，这点中包含着灵魂出于对死亡的恐惧的整个收缩。因为，那位看清了比阳光更明白的这件事情——在灵魂和肉体耗尽、整个有灵魂之人消亡而且发生了完全的泯灭之后，那个曾经存在的生命体就不再成为任何东西——的人完全洞悉，那从未存在过的半人马和阿伽门农王之间没有区别，[1]玛·卡米珥路斯对现今这场内战的重视也并不多于[2]我在他活着的时候对被攻占的罗马的重视。因此，卡米珥路斯[3]为何痛苦呢，假设他认为这些会在差不多三百五十年之后发生；而我本人为何痛苦呢，倘若我认为在一万年内某个种族会占据我们的城市？因为[我们]对祖邦的爱是如此巨大，以至于我们不是用自己的感觉，而是用祖邦本身的安泰来衡量她。**38.** [91]从而，死亡并没有阻止智慧者——尽管它由于不确定的机运每天都在威胁着，又由于生命的短暂而从不可能远离[智慧者]——在每一个时刻为共同体及其同胞筹谋，因为他认为后代子孙恰恰与自己相关，尽管他并不会拥有对他们的感觉。因此，甚至一个判断灵魂有死的人可以力求永恒之物，不是出于对那种你不会感觉到的荣耀的欲望，而是出于对德性的欲望。即便你本人并不追求荣耀，它也必定会紧随德性。

而如果这就是自然，那么，正如我们的出生为我们提供了万事的开端，死亡就以这种方式提供了终结；正如没有什么东西在出生前与我们相关，同样在死亡后也没有什么会与我们相关。这其中可能有什么恶呢——既然死亡与活人和逝者都无关？后者并不存在，死亡与前者无关。

---

[1] 参见《论万物的本性》5.878：sed neque Centauri fuerunt[但是半人马不曾存在]。

[2] 对……的重视也并不多于（nec pluris ... facere ..., quam）：这里的 pluris facere 相当于 flocci facere[重视/关心]，均为价值属格结构。

[3] 玛尔库斯·福瑞乌斯·卡米珥路斯（Marcus Furius Camillus），公元前四世纪人，他完成了对威依人（Veii）的征服，但是未能阻止高卢人在公元前390年洗劫罗马。

[92]那些使死亡变得更易承受之人认为它与睡眠极其相似：[1]仿佛任何人实际上都想这样活九十岁，就是，在过完六十年之后睡过其余[三十年]；不仅他本人，甚至他的亲人也不愿如此。其实恩底弥翁[2]——如果我们愿意听故事——如同某个时候在拉特摩斯山（它在卡瑞阿[3]）睡着了那样，我想他尚未醒来。那么，难道你觉得在月亮[女神]遇到麻烦时[4]他在担忧吗——我们认为恩底弥翁被月亮催眠从而她能亲吻沉睡的他？进而，连感觉也没有的他为何要担忧呢？你拥有睡眠，死亡的仿制品，[5]而且你每天都穿上[6]它：你还怀疑死亡中毫无感觉吗——既然你在死亡的相似物中没有发现存在任何感觉？[7]

39. [93]那么，愿这种几乎老妪式的愚蠢——先于那时刻而死是悲惨的——被清除。究竟是什么时刻？自然的[死亡时刻]？而事实上自然给予了生命使用权，就好像给予了没有确定期限的财产使用权。因此，如果它在愿意的时候索回，[我们]有什么[可]抱怨的？其实，你因为这一条件才接受。如果一名幼童死去，相同的[抱怨者]会认为应当以平和的灵魂来承受，但如果他死于襁褓，他们甚至会认为不该抱怨。然而，自然更残酷地从这里带走它当时已然给予的东西。"他尚未尝过，"有人说，"生命的甘美，然而前者现已在期待那些他当时已开始享受的伟大

---

[1] 荷马把睡眠称作死亡的兄弟，参见《伊利昂纪》14.231：ἔνθ' Ὕπνῳ ξύμβλητο κασιγνήτῳ Θανάτοιο[(阿芙洛狄特)来到死亡的兄弟睡眠这里]。

[2] 恩底弥翁（Endymion）：希腊名 Ἐνδυμίων，传说中拉特摩斯山（Λάτμος）的美少年，因爱上天后尤诺而被尤比特惩罚，进入永恒的睡眠。月亮女神后来对他产生了强烈的爱意。谚语 Endymionis somnum dormire[睡一场恩底弥翁的觉]就意为睡得长久。西塞罗在这里可能想到了《斐多》72b。

[3] 卡瑞阿（Cariae）：希腊名 Καρία，小亚细亚的罗马行省。

[4] 在……时（cum Luna laboret）：laborare 可用来表示月食，比如尤威纳利斯《讽刺诗集》6.443：una laboranti poterit succurrere lunae[一位女子就会有能力援助陷入麻烦的婵娟]。

[5] 死亡的仿制品（imaginem mortis）：参见 *OLD*² 词条 imago 9，对比《论共和国》6.10。

[6] 你……穿上（induis）：参见 *OLD*² 词条 induo 3。

[7] 既然……感觉（cum in eius simulacro videas esse nullum sensum）：葛恭理解为原因从句，但也可如洛布本、毕希纳和基尔福那样理解为让步从句，译作虽然你[只是]在死亡的相似物中没有发现存在任何感觉。

的事情。"不过，在其他事情上，涉足某一部分实际上被认为好过无所涉足：为何在生命方面[却]有所不同？（尽管卡珥利玛科斯[1]说得不坏：普里阿摩斯比特洛伊洛斯[2]哭泣得更为频繁。）然而，过完壮年[3][便]死去的人因为机运而受到称赞。[94]为何？因为我估量，任何人，假设被给予了更长的生命，都无法活得更加愉悦。其实就人类而言，完全没有什么比明智更甜美——即便老年带走其他东西，它也肯定会带来明智。不过，什么是长久的寿命，或者，对于人类来说到底什么是长久的[寿命]？难道是——

> 在赛跑时从后面一会儿跟着孩童，一会儿跟着青年
> 而且赶上没有察觉之人的

老年？但是，由于我们没有超出[老年的阶段]，我们就说活到老年是长久的。所有这些就好像按照固定配额给予每个人那般而被称作长久的或短暂的。亚里士多德说，[4]在那条从欧罗巴那边[5]流向黑海[6]的绪帕尼斯河[7]边上，生有某些小生物，它们只活一天。因此其中在第八时才死的就死于高龄，而那只死于日落的就死于残年，如果还死于夏至，那么就[活得]更长了。请你把我们最长久的寿命与永恒比较：我们会发现自己与那些小动物差不多处在相同的瞬息之中[8]。

40. [95]那么，让我们蔑视所有[这些]愚蠢吧——因为，对这种轻

---

[1] 参见 1.84。

[2] 特洛伊洛斯（Troilum）：希腊名 Τρώιλος，普里阿摩斯之子，为阿喀琉斯所杀（参见《伊利昂纪》24.257 及下）。

[3] 过完壮年（exacta aetate）：这里的 aetas[寿命/年龄]特指壮年，参见《论老年》60。

[4] 参见《动物志》5.552b17 及下。

[5] 从欧罗巴那边（ab Europae parte）：据 NUTTING 1935，这里的 parte 表达方向，故道格拉斯英译 on the European side 优于洛布本译作 from a part of Europe。

[6] 黑海（Pontum）：毕希纳和道格拉斯理解为黑海而非朋图斯。

[7] 绪帕尼斯河（Hypanim fluvium）：希腊名 Ὕπανις，今布格河（Bug）。

[8] 与……之中（in eadem ... brevitate qua illae bestiolae）：关系代词 qua 前省略了前面出现过的介词 in，类似的结构又见于 1.93 quod tandem tempus，那里省略的是 ante。

愚之说¹我还能施加什么更轻婉的名称呢——而且，让我们认为良好生活的整个力量都由灵魂的活力和伟岸、对一切属人之事的蔑视和鄙夷以及每一种德性组成²。因为，我们现在实际上因为极其软弱的思考而阳刚尽失，以至于，如果死亡在我们应验迦勒底人³保证发生的预言之前就来临了，那么我们就会把自己看作被夺走了某些巨大的善事并且受嘲笑而遭抛弃的人。[96]但如果，我们在期待和缺需中在灵魂上悬而不决、遭受折磨、感到苦闷，不朽的神明啊，那么那条道路就应该是多么令人愉悦——走完它后，就不会有任何残留的忧虑和焦虑！忒剌美内斯⁴是多么地使我愉快！他有多么崇高的灵魂！其实，即便我们在阅读时流泪，这位贤达依旧死得毫不悲惨：他因三十僭主的命令而被投入大牢，如同口渴那般饮尽毒酒后，把残留的[毒酒]从杯中如此洒出，好像发出这一回音——在这个声音回响时，"先干为敬，"他笑着说，"为俊俏的克里提阿[的健康]"，后者曾极其不堪地对待他。⁵其实希腊人惯于在宴会上叫出[那人的]名字，倘若他们要把酒杯传给他。那位出众的君子用最后一口气开了玩笑，尽管他现已把死亡紧握于胸膛。而且事实上，忒剌美内斯占卜到了那位他向其祝了毒酒之人的紧接着的死亡。⁶

　　[97]谁会赞美这种属于最伟大灵魂的死亡本身中的平静——假设

<hr>

¹ 轻愚之说（levitati）：参见 *OLD*² 词条 leuitas¹ 3b。另见王充《论衡·率性》："勇渥则猛而无义，而又和气不足，喜怒失时，计虑轻愚。"在本书中，西塞罗还使用了 levitas 的其他几个意思，比如 1.43 的轻盈、3.27 的轻浮、5.88 的轻微。意为轻浮的 levitas 在本书中比较多见，与 gravitas[庄重/严肃]相对，后者是罗马人相当重视的一种品格。

² 让我们认为……由……组成（in ... ponamus）：参见 *OLD*² 词条 pono 24 以及本书 5.33 末。

³ 迦勒底人（Chaldaeorum）：迦勒底人被认为通晓星象学，具备预言能力。

⁴ 忒剌美内斯（Theramenes）：希腊名 Θηραμένης，以克里提阿（Κριτίας）为首的雅典的三十僭主之一，因反对同僚的高压统治而在公元前 404 年被处以死刑。忒氏的政治观点温和，因此被称作 κόθορνος[厚底高靴/随波逐流者]——这种肃剧演员所穿的鞋子可以不分左右脚。参见色诺芬《希腊志》2.3.11–56。

⁵ 西塞罗在这里提到希腊人在宴会中所玩的科特塔波斯游戏（κότταβος）。游戏内容是把酒渣倒向某一目标（比如漂浮于一大盆水上的碟子、特殊器具杆顶上的碟子）以发出声音。忒剌美内斯在这里把科特塔波斯游戏和祝酒行为合二为一。

⁶ 前 403 年，特剌叙布洛斯（Θρασύβουλος）终结了三十僭主的统治，克里提阿死去。

他判断死亡是一种恶？因为数年之后，苏格拉底因为陪审团的罪过（与僭主[杀害]忒剌美内斯的罪过相同）而走向同一处监牢，走向同一只杯。那么，他的演说词——柏拉图使已被判死刑的苏格拉底对陪审团发表的那篇——是怎样的？[1] **41.**"巨大的希望，"他说，"笼罩着我，陪审团啊，这美好地发生在我身上，即我被送往死亡。因为必然会有[这]二者之一，亦即或是死亡完全夺走一切感觉，或是[人]凭借死亡而从这些位置迁往另外某个位置。因为这[2]原因，或者，如果[2]感觉被熄灭而死亡与那种睡眠相似——后者有时甚至不以梦境中的景象就带来了最为平和的宁静——仁慈的诸神啊，那么死亡就是一件有益的事情！[我们]可以发现多么大量的比这样一个夜晚更受青睐的日子呢！倘若整个后续时光的持续都与此相似，那么谁会比我更幸福？[98]但如果所说的这些为真，即死亡就是往这些区域——那些从生命中离开的人所居之处——迁徙，那么现在这就幸福得多。你得懂得，当你逃离了那些希望自己被视作位于审判者行列的人，你就来到这些真正堪称审判者的人这里，就是米诺斯、剌达曼托斯、[3]埃阿科斯和特瑞璞托勒摩斯[4]，你还[会]遇到那些正义地且怀着信义生活的人——这可能被你视为平凡的旅居吗？从而，[你]其实获准同俄耳甫斯、穆赛欧斯、荷马和赫西俄德交谈，你们觉得[这]究竟价值几何？事实上，如果那有可能发生，我愿意频频死去，从而我就会获准见到我所说的那些情形。进而，我能感受到多么大的乐趣啊——当我会见帕拉美得斯、[5]埃阿斯[6]以及其他遭不公正审判冤枉的人！我还

---

[1] 参见《苏格拉底的申辩》40c–42a，西塞罗从这里开始节译柏拉图的文字。

[2] 或者，如果（sive）：杜根认为，这个 sive 和 98 节开头的 sin 关联，从而相当于 si ... sin[如果……但如果]或者 sive ... sive[或是……或是]；但是，这里的从属的结构过多，从而就产生了这一错格现象。参见 DOUGAN 1905: 127。

[3] 参见 1.10。

[4] 特瑞璞托勒摩斯（Triptolemum）：希腊名 Τριπτόλεμος，传说中的厄琉息斯国王，农业始祖，死后在冥府担任审判员。

[5] 帕拉美得斯（Palamedem）：希腊名 Παλαμήδης，优卑亚国王，传说他死于奥德修斯的陷害。

[6] 埃阿斯（Aiacem）：希腊名 Αἴας，即大埃阿斯，他与奥德修斯争夺阿喀琉斯的甲胄，

会试探那位统帅大军前往特洛伊的最高王者[1]、尤利西斯[2]和西绪弗斯[3]的明智，当我探究这些的时候——如同我这里所做的——我并不会因为这一缘故而被判死刑。甚至你们，判我无罪的陪审员，也不要畏惧死亡。[99]因为，任何属恶之物都不可能发生在任何正人君子上，不发生在活人，也不发生在死人上，他的事情也从不被不朽的诸神忽视，而且，这降临到我自己身上并非因为偶然。我自己真的对那些人——我被他们控告或定罪——没有什么要生气的，除了他们相信自己伤害了我这点。"而这些实际上就是以这一方式[说的]。不过，没有什么比结尾更好："但是，"他说，"现在是时候了，我从这里离开去死，你们自己去度过人生；然而，两者中哪个更好，不朽的神明知道，实际上我判断没有任何凡人知道。"[4]

42. 当然，我本人相当愿意[拥有]这种灵魂——相比于[拥有]所有那些审判苏格拉底之人的财富。尽管他否认除了诸神之外有谁知道，他本人却知道，两者中哪个更好——因为他之前说过——但是他把自己的那条"不断言任何事情"[5]秉持到了终点。[100]然而，让我们自己坚持不判定任何由自然给予所有人的东西是恶，而且让我们明白，如果死亡是一种恶，那么[它]就是永久的恶。因为死亡看起来是悲惨的生命的终点，如果死亡是悲惨的，那么[悲惨]就不可能有任何终点。

但是，我本人为何提到苏格拉底或忒剌美内斯[这两位]在德性和智慧的荣耀方面出众的君子呢？其实，某位拉刻代蒙人——甚至他的名字

未如愿，发狂自杀而亡。西塞罗在本书中多次提到埃阿斯。

　　[1] 指阿伽门农。

　　[2] 尤利西斯（Ulixi）：即奥德修斯（Ὀδυσσεύς）。

　　[3] 参见 1.10。

　　[4] 参见柏拉图《苏格拉底的申辩》42a: ἀλλὰ γὰρ ἤδη ὥρα ἀπιέναι, ἐμοὶ μὲν ἀποθανουμένῳ, ὑμῖν δὲ βιωσομένοις· ὁπότεροι δὲ ἡμῶν ἔρχονται ἐπὶ ἄμεινον πρᾶγμα, ἄδηλον παντὶ πλὴν ἢ τῷ θεῷ[但是，现在就到了离开的时候，我去死，而你们去活——不过，我们中的谁去往更好的情况，没有谁知道，除了神明]。

　　[5] 亦即自称一无所知的做法，参见《学园派前篇》2.15 和 2.74。

都没有传下——曾如此强烈地蔑视死亡，以至于，他被督察官定罪后带去[处]死，[却]带着欢腾而欢乐的表情，而且一个仇家对他说："你蔑视吕库尔戈斯¹的法律吗？"那时，他答道："其实我本人对他怀有极大的感激，因为他用这一刑罚惩处我，我不靠举债或借贷就能力偿付。"多么值得尊敬的斯巴达汉子啊！²以至于，实际上在我看来，因为有如此伟岸的灵魂，他是无辜地被定罪的。[101]我们的城邦曾产生了无数如此英勇的人，但是，既然士兵们如此写道，诸军团常常踊跃地前往一个他们不认为自己会从那里归来的地方，我为何要提到领袖和首脑？具有同样灵魂的拉刻代蒙人在温泉关殒灭，针对他们，西摩尼得斯写道——

> 路人啊，请在斯巴达说，你看见我们长眠于此，
> 遵守着祖邦的神圣律法。⁴

那位领袖勒欧尼达斯⁵说了什么？"请你们以勇敢的灵魂前进，拉刻代蒙人！我们今天或许就会在冥府中进餐。"这曾是一个勇敢的种族，只要施行着吕库尔戈斯的法律。⁶其中的一位，当一个波斯敌人在交谈中夸耀着说"你们会因为标枪和箭矢的数量而看不到太阳"时，"那么，"他说，"我们就会在阴影下战斗。"⁷[102]我现在提到的是须眉——拉刻代蒙的巾帼究竟是什么样的呢？当她把一个儿子送去[参]战后听说他

---

1 吕库尔戈斯（Lycurgi）：希腊名 Λυκοῦργος，斯巴达的大立法者。

2 普鲁塔克在《拉科尼亚格言集》（Ἀποφθέγματα Λακωνικά）221f 给出了这个人的名字：忒克塔美内斯（Θεκταμένης）。

3 关于卡托，参见 1.3；这里提到的内容出自《史源》，参见《论老年》75。

4 参见希罗多德《原史》7.228：ὦ ξεῖν᾽, ἀγγέλλειν Λακεδαιμονίοις, ὅτι τῇδε κείμεθα τοῖς κείνων ῥήμασι πειθόμενοι[过客啊，去告诉拉刻代蒙人，我们在此长眠，遵循着对他们的诺言]。在另一些古代作家笔下，其中的 ῥήμασι πειθόμενοι 作 πειθόμενοι νομίμοις[遵守着律法]，比如迪欧多若斯《史集》11.33.2。

5 勒欧尼达斯（Leonidas）：希腊名 Λεωνίδας，斯巴达王，与三百勇士战死于温泉关。

6 那位……法律（quid ille dux Leonidas dicit? 'pergite animo forti, Lacedaemonii, hodie apud inferos fortasse cenabimus.' fuit haec gens fortis, dum Lycurgi leges vigebant）：一些版本认为这部分是衍文。

7 参见希罗多德《原史》7.226.2（洛布本注释误作 7.266）。

牺牲了，"就是为了那个，"她说，"我生下[他]，就是让他成为毫不犹豫地为祖邦捐躯的人。"**43.** 好吧，[1]斯巴达城邦民勇敢而冷酷，[其]共同体的纲纪有强大力量。怎么？难道我们不对昔勒尼的忒欧多若斯[2]，一位并非不知名的哲人，感到惊叹吗？当吕西玛科斯[3]国王用钉十字架威胁他时，"我请[你]，"他说，"去对你的朝臣用这种把戏作出那瘆人的威胁吧，实际上这对忒欧多若斯无所影响，无论他在地上还是在空中腐烂。"

　　我被他的这番话提醒，[想起来]我认为还应就丧葬和殡埋说些什么。这并非难事，尤其是在熟悉了刚才就毫无感觉而说的那些之后。实际上，苏格拉底对此有些看法，呈现在那卷书中——其中[讲述了]他[的]死亡[4]——对此我们现已谈了如此之多。[103]其实，因为苏格拉底当时已就诸灵魂的不朽作了论辩，死亡时刻也已迫近，当他被克力同问及希望以何种方式被埋葬时，"真的，"他说，"朋友们啊，我白白耗费了许多精力，因为我没有说服我们的克力同，我会从这里飞走，而且不会留下我的任何一部分。不过呢，克力同，如果你能跟上或者在任何地方遇见我，那么就如在你看来合适的那般埋葬我吧。但是，请相信我，当我从这里离去时，你们中没有谁会追上我。"事实上，他[说得]出彩，既把[后事]托付给了那位朋友，又表达了自己并不为这整件事情而劳神。[104]更刻薄的是第欧根尼，实际上他也有同样的观点，但是他如一名犬儒那般[说得]更加粗野：[5]他要求被抛尸[荒野]。于是朋友们

---

　　[1] 好吧（esto）：这个命令式与古希腊语的 εἶεν 类似，表达让步的语气。

　　[2] 昔勒尼的忒欧多若斯（Cyrenaeum Theodorum）：在与 Cyrene[昔勒尼]相关的三个拉丁语单词 Cyrenaeus、Cyrenaicus 和 Cyrensis 中，前两者分别来自 Κυρηναῖος 和 Κυρηναϊκός。Cyrenaicus 的后缀-icus 表明它通常表示哲学学派中的一员，例如《论演说家》3.62、《学园派前篇》2.20、《论义务》3.116 以及《论辩集》1.83；这里的 Cyrenaeus 只表达出生地，而非学派，4.5 亦然（参见 KENNEDY 2007: 123）。Cyrensis 仅表达地理含义。

　　[3] 吕西玛科斯（Lysimachus）：希腊名 Λυσίμαχος，原为亚历山大大帝的手下，亚历山大逝世后成为色雷斯王。参见 5.117。

　　[4] 参见《斐多》115c-e。

　　[5] 西诺佩（Σινώπη）的第欧根尼（Διογένης）生活于公元前四世纪，系犬儒（κυνικός）

[问]:"给飞禽和走兽？""当然不,"他说,"但是请你们放一根棍子在我身边,我就可用它来驱赶。""你怎么可能呢？"他们说,"因为你毫无感觉。""因此,若无感觉,那么野兽的撕扯会对我有何伤害？"阿那克萨戈拉[1][说得]出彩,当他在拉姆璞撒科斯临终时,朋友们问,若有什么事发生,他是否想被送回祖邦克拉孜多美奈,"毫无必要,"他说,"因为对于通往冥府的道路而言,从哪里都一样长。"而且就整个埋葬问题来说,有一点必须坚持,亦即它涉及的是肉体,无论灵魂死去还是富有活力。然而,有一点显而易见:无论灵魂熄灭还是逃遁,身体中都不存留任何感觉。**44.**[105]但所有这些都充满了错谬:阿喀琉斯把赫克托尔拴在马车上拖拽,[2]他认为,我想,赫克托尔在受撕扯而有感觉。因此阿喀琉斯在复仇,如实际上在他看来的那般;而她[3]就这样悲叹那件无比残酷的事情:

> 我目睹了赫克托尔被驷介拉扯着,
>
> 我目睹了这一幕,我痛苦万分地承受着此事。[4]

他是赫克托尔吗？他将是赫克托尔多久？阿克奇乌斯[5][说得]更好而阿喀琉斯最终理智起来:

> 完全不是,我还给普里阿摩斯的当然是尸体,我已诛杀赫克托尔。[6]

之鼻祖。他拒斥文明的生活方式而崇尚回归"自然",因而攻击政治、社会习俗以及性别、种族和阶层的区分,甚至攻击智性思考;第欧根尼作有《邦制》(Πολιτεία)一书以嘲讽柏拉图的同名著作(参见 PREUS 2015: 130)。

[1] 阿那萨戈拉(Anaxagoras):希腊名 Ἀναξαγόρας,公元前五世纪的伊奥尼亚哲人,关注物理世界。他在雅典呆了三十多年,与伯里克勒斯为友,后因被控不虔敬而遭驱逐。

[2] 参见《伊利昂纪》22.395–404。

[3] 她(illa):可能指赫克托尔的妻子安德若玛刻——后面引用的两行诗出自恩尼乌斯的同名戏剧。

[4] 这两行诗的原文作 vidi, videre quod me passa aegerrume, | Hectorem curru quadriiugo raptarier. 其中的不定结构作 passa (sum)的宾语,参见 DOUGAN 1905: 137。

[5] 阿克奇昂斯(Accius):罗马肃剧诗人,大约出生于公元前 170 年。

[6] 这行诗的具体出处不明。

因此你并未拖拽过赫克托尔[本人]，而是拖拽过曾属于赫克托尔的身体。[106]看啊，另一个[魂魄]¹从大地中出现，他并不允许母亲睡去：

> 母亲啊，我呼唤你——你本人以睡眠减轻悬[于心中]的忧虑，
>
> 而你并不怜悯我，请你起来并安葬[你的]儿子！

当这些[内容]以低沉而哀怨的旋律²得到吟唱时——从而它们引发了所有观众的悲伤³——[人们]就不难作出这一判断：那些未得埋葬的人⁴悲惨。他恐惧"在飞禽和走兽[到来]前"损坏的四肢运用得不怎么熟练，而不惶惧⁵烧毁的四肢运用得不怎么熟练。

> 你也别任由[我的]尸体被啃掉一半，骨骼裸露在外，
>
> 沾着脓汁，被丑陋地拖过大地。

我不明白，他要恐惧什么，当他伴着笛声吟咏如此精美的七音步[诗行]⁶。从而，在许多人惩罚甚至已然死去的敌人时，应该坚持，死亡后无需担心任何事情。恩尼乌斯笔下的缇厄斯忒斯用相当华丽的诗行诅咒，首先就是阿特柔斯丧生于海难：这是相当刻毒的，因为这种死法并非不带有强烈的感觉。那些[诗]没有意义：

---

¹ 另一个[魂魄]（alius）：指伊利欧内（Ἰλιόνη）之子得伊丕洛斯（Δηίπυλος）。后面的两行诗出自帕库维乌斯（参见 2.49 及注释）的《伊利欧内》（*Iliona*）。此剧的大致情节是：特洛伊王普里阿摩斯和王后赫卡柏把他们的儿子珀吕多若斯（Πολύδωρος）交给了他们的长女伊利欧内，她是色雷斯王珀吕姆内斯托尔（Πολυμήστωρ）的妻子；伊利欧内与丈夫有一子得伊丕洛斯，她使丈夫搞混了珀吕多若斯和得伊丕洛斯；希腊人占领特洛伊后，贿赂珀吕姆内斯托尔杀死珀吕多若斯，而色雷斯王误杀了自己的儿子得伊丕洛斯；伊利欧内最后说出了真相，杀死了珀吕姆内斯托尔（参见 WARMINGTON 1936: 236–237）。另见贺拉斯《闲谈集》2.3.60。

² 旋律（modis）：参见 *OLD*² 词条 modus 8b。3.16 中提到的 moderatio[节度]和 modestiam[适度]都来自这个词，另见 2.37 中的 ad modum[按照节拍]。

³ 引发……悲伤（totis theatris maestitiam inferant）：参见 *OLD*² 词条 infero 9b。

⁴ 参见 1.27 及注释。

⁵ 他恐惧……而不惶惧（metuit, ... non extimescit）：洛布本英译把这两个动词的主语译作 she，可能理解作伊利欧内而非得伊丕洛斯（见上文注释）。

⁶ 七音步[诗行]（septenarios）：实际上是八音步的（octonarii），可能是罗马数字的抄写之误。

> 他本人被固定在崎岖的岩山之巅，被掏出内脏，
>
> 悬于侧腹，溅岩石以腐液、脓汁和黑色的血水……[1]

[107]这些岩石本身并不比那位"悬于侧腹"之人——缇厄斯忒斯觉得自己在祈求让阿特柔斯受到折磨——更不具有任何感觉。他若有感觉，那么这些就是刻毒的；若无感觉它们就什么都不是。其实那毫无意义：

> 愿他也没有得以退居其中的坟墓，属于遗休的港湾——
>
> 在那里，卸下属人的生命后，遗体安息，远离诸恶。

你看到这些东西受多么严重的错误影响：他认为存在属于肉体的港湾而逝者在坟墓中安息；这些是佩洛璞斯[2]的重罪，因为他没有教育也没有指导那个儿子每样事物应该受到多大程度的关心。[3] **45.** [108]但是，我为何要注意到个人的种种观念呢——既然[我]可以洞悉各个种族的不同的错谬？埃及人对逝者作防腐处理，而且把他们保存在家中；[4]波斯人甚至在遗体涂满了蜡之后才掩埋，以使之保存得尽可能长久。波斯祭司的习俗是，如果之前未被野兽撕咬过，就不埋葬他们的遗体。在狼地[5]，普通人饲养公用犬，贵族则养私家的——然而我们知道这些犬只品种优良——但是每个人根据自己的能力准备[犬只]以被它们撕咬，而且他们断定这就是最好的葬仪。[6]克律西璞珀斯[7]收集了其他相当多的[例子]，

---

1 这里和下面的四行诗出自恩尼乌斯的《缇厄斯忒斯》，讲述佩洛璞斯之子阿特柔斯（Ἀτρεύς）和缇厄斯忒斯（Θυέστης）之间的恩怨。西塞罗在《布鲁图斯》78 提到这是恩尼乌斯的最后一部戏剧作品。

2 佩洛璞斯（Pelopis）：希腊名 Πέλοψ，坦塔洛斯之子，弗里吉亚国王，阿特柔斯和缇厄斯忒斯之父，阿伽门农和墨涅拉奥斯的祖父。佩洛璞斯幼年时被父亲剁碎供诸神食用，后被宙斯复活。由于德墨忒尔吃了佩洛璞斯的一部分肩膀，故宙斯只好以象牙代替。另见 2.67、3.53 及相关注释。

3 缇厄斯忒斯勾引了阿特柔斯的妻子，阿特柔斯残忍报复，哄骗缇厄斯忒斯吃下了自己儿子的肉。

4 希罗多德在《原史》2.86-88 提到了埃及人制作木乃伊的技艺。

5 狼地（Hycania）：希腊名 Ὑρκανία，古波斯语 Varkāna-，其词根*vr̥ka-意为狼。

6 关于波斯人的丧葬习俗，参见希罗多德《原史》1.140。

7 克律西璞珀斯（Chrysippus）：希腊名 Χρύσιππος，最杰出的廊下派哲人之一，克勒

就好像他在所有的研究上都充满好奇，但有些东西是如此不堪，以至于[我们的]这番言辞逃离、畏避它们。从而，这整个论位应该在我们这里得到蔑视，而不应该在我们的[亲友]中遭受忽视，不过，[这]基于这一条件：[1]我们作为生者感觉逝者的遗体无所感觉。[109]然而，应当向习俗和名声作多大程度的让步，这是活人该关心的，但是，条件是他们明白任何东西都与逝者无关。

但是，当垂死的生命能够用自己的赞誉自我安慰时，[它]当然就在用最平和的灵魂面对死亡。没有任何一位完成了完美德性的完满职分的人活得不够长久。对于我本人而言，曾经存在许多适合死亡的[时机]。我希望当时就能遇见死亡！因为我已不再寻求什么，生命的义务已圆满完成[2]，[只]剩下与机运的战争。因此，这一理由本身若没有使我们能够忽略死亡，那么就让已度过的生命使我们看起来充分且超过[充分程度]地活过。其实，尽管感觉离开了，逝者仍旧不会缺乏名誉和荣光[组成]的专属于他们的诸善——无论他们多么没有感觉。因为，即便荣耀在自身中并没有[理由]得到[我们的]寻求，它仍然如影子那般跟随着德性。[3]

46. [110]如果在某个时候，大众对正人君子的真实判断是恰当的，[4]那么，相较于因这一缘故而幸福的那些人，[准确的判断]更应当受到赞美。进而，我无法说——无论这以何种方式来接受——吕库尔戈斯和梭伦[5]缺乏[6]法律和公共纲纪的荣光，忒米斯托克勒斯和厄帕美伊农达斯[7]缺乏

安忒斯的学生，第三任廊下派掌门。克氏精通辩证法，著述颇丰，但无完整篇目存世，仅有大量残篇，主要辑佚自普鲁塔克和盖伦。参见《名哲言行录》7.179 及下。

　　[1] 不过……条件（ita tamen, ut）：参见 *OLD*[2] 词条 ita 16b、NUTTING 1909: 183, 192。

　　[2] 已圆满完成（cumulata erant）：参见 *OLD*[2] 词条 cumulo 6。

　　[3] 对比 1.91。在克律西璞珀斯看来，荣耀不值得欲求，而在晚期廊下派看来，荣耀是一种 τὰ προηγμένα[值得选择的无足轻重之物]，参见 5.22 注释。

　　[4] 大众……恰当的（verum multitudinis iudicium de bonis (bonum)）：bonum[良好的/恰当的]一词不见于抄本，是珀伦茨的增补。

　　[5] 梭伦（Solonem）：希腊名 Σόλων，雅典的大立法者。

　　[6] 缺乏（carere）：参见 1.88 及注释。

　　[7] 关于这两人，参见 1.4 及注释。

勇武的德性。因为尼普顿淹没那座撒拉米斯岛本身会早于他淹没撒拉米斯岛上的纪念柱[承载]的记忆，皮奥夏的勒乌特剌会比勒乌特剌战役的荣光更早地遭到破坏。进而，名声远为迟缓地离开库瑞乌斯[1]、法卜瑞奇乌斯、[2]卡拉提努斯、两位斯奇皮欧、[3]两位阿弗瑞卡努斯、[4]玛克西穆斯、[5]玛尔刻珥路斯、[6]泡路斯、[7]卡托、莱利乌斯[8]和其他无数的人；那位把握住与那些人的某种相似性的人，不以民众[给予]的名声，而是以正人君子们的真实褒奖来衡量[他们]；假设事情这样进行，那么他就凭借自信的灵魂迈向死亡；我们认识到死亡中或是存在至善或是没有任何恶。其实他甚至愿意在自己成功之时[9]死去，因为，诸善的积累[所带来的]愉悦不可能比得上诸善的削减[所带来的]烦恼。[111]一位拉科尼亚人的那个表述似乎意味着这一观点。当罗德岛的迪阿戈剌斯，著名的奥林匹亚赛会获胜者，看见两个儿子同一天在奥林匹亚赛会上成为获胜者的时候，那位拉科尼亚人走向这位老人并祝贺道："你去死吧，迪阿戈剌斯，"他说，"因为你不会升天。"[10]希腊人认为这些是伟大的，甚至可能过于

---

[1] 玛尼乌斯·库瑞乌斯·得纳图斯（Manius Curius Denatus），公元前 290 年、前 275 年和前 274 年执政官，他于公元前 275 年在贝内翁图姆（Beneventum）击败了皮洛斯。

[2] 伽尤斯·法卜瑞奇乌斯·路斯奇努斯（Gaius Fabricius Luscinus），公元前 282 年、前 278 年执政官，在他的指挥下，罗马人成功征服了意大利半岛。法卜瑞乌斯和库瑞乌斯都以道德品质卓越著称。

[3] 关于卡拉提努斯和两位斯奇皮欧，分别参见 1.13、1.89 及相关注释。

[4] 指击败汉尼拔的老斯奇皮欧和攻破迦太基的小斯奇皮欧，他们都因战功而获得了 Africanus[阿弗瑞卡努斯/北非征服者]的称号。

[5] 昆图斯·法比乌斯·玛克西穆斯（Quintus Fabius Maximus），曾五次担任执政官，两度担任独裁官，在对阵汉尼拔时采用拖延战术而得名 Cunctator[昆克塔托尔/拖延者]。

[6] 参见 1.89 及注释。

[7] 路奇乌斯·埃米利乌斯·泡路斯（Lucius Aemilius Paulus），公元前 168 年征服了马其顿的佩尔色斯，参见 3.53 及注释。

[8] 关于卡托和莱利乌斯，分别参见 1.3 和 1.5 及注释，他们都战功显赫，但又以政治和文化成就闻名。

[9] 在自己成功之时（secundis ... suis rebus）：参见 *OLD*[2] 词条 secundus[1] 4b。

[10] 这个拉科尼亚人的意思是，迪阿戈剌斯已经享受到了凡人的幸福之极点，无法有更多的期待了。参见普鲁塔克《佩洛皮达斯传》34.4 的 κάτθανε· Διαγόρα· οὐκ εἰς τὸν Ὄλυμπον ἀναβήσῃ [你去死吧……迪阿戈剌斯啊，你无法升上奥林波斯山]，另见品达《皮托凯歌》10.27: ὁ χάλκεος οὐρανὸς οὔ ποτ' ἀμβατὸς αὐτῷ [青铜色的天空对他而言(高)不可攀]。

伟大，或者他们当时更倾向[这样]认为。而且，那位对迪阿戈剌斯说这番话的人，因为判断一家之中产生二位奥林匹亚赛会获胜者是非常伟人的事情，就认为，由于暴露在机运面前，[1]迪阿戈剌斯在生命中更长久地拖延对他本人来说是无用的。

而我本人实际上已用只言片语回答了你，就像在我看来的那样，这[些回答]是充分的——因为你已认同，[2]逝者不存在于任何恶之中。但是由于这一原因我努力说得更多：在缺憾和哀伤中，这是最大的安慰。其实我们应该有限度地承担我们自己的痛苦和因为我们的缘故而被[别人]承受的痛苦，以免我们自己看起来自爱自怜。如果我们认为那些我们失去的人伴着某种感觉在俗众以为[逝者]所在的那些恶中[3]，那种印象[4]就会以无法忍受的痛苦[对我们]施加折磨。我希望为自己[5]根除这一观念，而我可能在这一点上[说得]过于冗长了。

47.[112]生：你[说得]太冗长了？对我而言实际上并不[如此]。因为你的前一部分讲辞使我欲求死亡，后一部分时而不使我不愿[死亡]，时而不使我烦恼；进而，由于整番讲辞，这点当然已经实现：我不把死亡算在诸恶中。

师：那么我们难道还需要修辞家的结束语[6]吗？或者，我们现今把这门技艺彻底抛弃了？

生：事实上，你本人不应抛弃这种你一贯为之增光的技艺，而且实际上[你做得]正当；因为如果我们想说出真相，那么它就已然为你增光

---

[1] 由暴露在机运面前（fortunae obiectum）：参见 *OLD*[2] 词条 obicio 6，这里的 fortunae 是与格。

[2] 参见 1.14。

[3] 在……中（in is malis quibus volgo opinantur）：这里的关系代词及其先行词 malis[诸恶]均受介词 in 的支配，因此支配 quibus 的 in 省略了。类似的情况又如 1.94 最后一句。

[4] 印象（suspicio）：参见 *OLD*[2] 词条 suspicio[2] 2。

[5] 为自己（mihimet）：这一强调性的形式暗示西塞罗此时想到的是自己的丧女之痛。

[6] 修辞家的结束语（rhetorum epilogum）：这两个词都是古希腊语借词，而西塞罗本可以使用拉丁语 peroratio[结束语]来代替——西塞罗这是在提醒我们，对话具有修辞练习（declamatio，参见 1.7）的性质。结束语中的各种传闻也带有浓重的希腊色彩。

了。但是，那结束语究竟是什么？其实我渴望聆听，无论它是什么。

　　[113]师：[修辞家们]惯于在论说中呈现不朽诸神对死亡的判断，而他们自己其实并不惯于建构那些东西，而是随权威希罗多德和其他众多[作家]建构。首先得到宣扬的是阿尔戈斯的女祭司之子克勒欧比斯和比同[1]。故事为人熟知：[2]其实，因为律法规定她得由车载去[献上]例行的、固定的祭祀，从镇子到神庙[的路途]又相当遥远，而驮畜也耽搁了，那时，俄刚刚得到的那[两位]少年就在腋下衣服后用油抹遍身体，担起车轭。祭司就这样被送到神庙。因为车由儿子们所拉，她就向女神祈祷，求她为敬爱之心而给予他们那个可以由神明给予凡人的最大的赏赐。年轻人与母亲一同赴宴之后把自己交给了睡眠。[次日]清晨，他们被发现死去了。[114]特若佛尼欧斯和阿伽美得斯据说曾运用了相似的祈祷。他们在德尔菲为阿波罗建成神庙之后朝拜那位神明，乞求一份对其功劳和辛苦的不薄的报酬——并非什么指定之物，而是对凡人来说的至善之物。阿波罗向他们表示，自己会在那天后的第三天[3]给出那个东西。在天亮之时，他们被发现死去了。人们说，那位神明已作了判断，而且他实际上就是那位神明——其余诸神承认，在发布神谕方面，他超越其他神明。**48.** 再来一个关于色伊勒诺斯[4]的小故事。[其中]写道，当他被米达斯俘虏后，[他]为了自己得到释放而给予后者这一馈赠：[他]教给国王，不出生对于凡人而言显然是最好的，而[与之]最接近的则是[出生后]尽早死去。[5][115]欧里庇得斯在《克热斯封忒斯》[6]中采用的是这一观点：

---

　　[1]　克勒欧比斯和比同（Cleobis et Bito）：希腊名分别为 Κλέοβις 和 Βίτων。
　　[2]　参见希罗多德《原史》1.31。
　　[3]　那天后的第三天（post eius diei diem tertium）：即对于那天而言的后天——他们祈祷之日为第一天。
　　[4]　色伊勒诺斯（Sileno）：希腊名 Σειληνός，半神，酒神的侍者。
　　[5]　关于色伊勒诺斯被俘的故事，参见希罗多德《原史》8.138；关于这个说法，参见忒奥格尼斯《诗集》425–428 和索福克勒斯《俄狄浦斯在科洛诺斯》1224–1227。
　　[6]　克热斯封忒斯（Cresphonte）：希腊名 Κρεσφόντης，传说中赫拉克勒斯的后代。欧里庇得斯的同名剧作已佚。关于这里的诗行，参见《论万物的本性》5.222 及下、《皮浪学说概要》3.230。

因为我们自己应当聚作一团，哀悼

那户人家——某个[婴孩]在那里出生[1]——

同时思忖着属人生命中的诸恶；

而那位以死亡终结了沉重的劳苦的人，

朋友们当以一切赞美和欢乐为他送殡[2]。

克冉托尔[3]的《安慰》中也有某些相似的[内容]。因为他说，忒瑞纳的某位厄吕西欧斯在沉重地悲叹儿子的死亡时，走进了招魂问卜所，[4]询问如此巨大灾祸的原因是什么。给予他的是书写板上的如此三行短诗：

凡人在生命中带着无知的心灵游荡：

厄乌缇诺欧斯因命运的旨意而获得死亡。

就像命终对他本人和你都更加有益。

[116]他们运用这些[说法]和此类权威宣称，该案已由不朽的诸神以事实作出裁决。实际上，阿珥奇达玛斯，[5]那位古代最著名的修辞家之一，甚至写过一篇死亡颂，它由对属人诸恶的列举组成。他缺少的是那些由哲人们更精心地汇集起来的论据而非丰富的辞藻。不过，卓越地为祖邦赴死常常在修辞家们看来不仅是光荣的，而且是幸福的。他们追溯到厄热克忒乌斯——他的女儿们甚至为同胞的生命而急切地寻求死亡；他们提到科德若斯，他将[一身]奴隶打扮的自己送入敌人之中，以免有可能被认出——假设他当时身着御衣——因为曾有一条预言：倘若国王遇

---

　　[1] 出生（in lucem editus）：参见 *OLD*[2] 词条 edeo[2] 2。

　　[2] 为他送殡（hunc ... exsequi）：这里的 exsequor[跟随]特指在葬礼上"跟随"逝者，为其送别，参见 *OLD*[2] 词条 exsequor 1，另见《阿提卡之夜》10.15.25：funus ... exsequi non est religo[送殡并非（尤比特祭司的）禁忌]。

　　[3] 克冉托尔（Crantoris）：希腊名 Κράντωρ，公元前四至前三世纪的学园派哲人，克色诺克剌忒斯的学生，他对柏拉图《蒂迈欧》的解读影响了晚期柏拉图主义；西塞罗的《论安慰》模仿了他的著作《论悲悼》（Περὶ πένθους）。参见《名哲言行录》4.24–27。

　　[4] 招魂问卜所（psychomantium）：参见 1.37。

　　[5] 阿珥奇达玛斯（Alcidamas）：希腊名 Ἀλκιδάμας，高尔吉亚的学生。

害，那么雅典人就会成为征服者；[1]墨诺扣斯[2][也]没有被忽略：一条预言以同样的方式发出后，他把自己的鲜血慷慨地献给了祖邦；又比如，伊菲革涅亚要求自己必须被带到奥利斯献祭，以使敌人的血被自己的鲜血引出。[各种典范]由远及近。**49.** [修辞家们]口中还有哈尔摩迪欧斯和阿瑞斯托革伊同，[3]拉刻代蒙的勒欧尼达斯[4]、忒拜的厄帕美伊农达斯[也]是强有力的[典范]。[修辞家们]不知道我们中的[典范]，把他们列举出来是一项大工程。这些人是如此之多——我们认为对于他们而言伴随荣耀的死亡是值得向往的。

[117]依旧应该运用伟大的雄辩术[吗]——尽管这些[典范]如此[伟大]——进而由此应该像从高处宣讲那般，以使凡人或是开始向往死亡或是至少停止畏惧？[5]因为，如果那终末之日带来的不是熄灭，而是位置的改变，那么什么更值得向往？但如果它彻底毁灭、消灭，那么有什么更好呢——相比于在生命的辛劳之中睡着，并由此在永眠中阖目长寐？如果此事发生，那么恩尼乌斯的说法就比梭伦的好。因为我们的这位[诗人]说："但愿没有人以哭泣礼敬我，也没人流着泪[为我]举行葬礼！"[6]而事实上那位智慧的[梭伦]却说：

---

1 厄热克忒乌斯（Ἐρεχθεύς）和科德若斯（Κόδρος）都是传说中雅典的国王。

2 墨诺扣斯（Menoeceus）：希腊名 Μενοικεύς，忒拜王克瑞翁（Κρέων）之子。忒拜先知忒瑞西阿斯（Τειρεσίας）说得胜的条件是墨诺扣斯牺牲。后者为了忒拜在城门口自杀了。

3 哈尔摩迪欧斯（Ἁρμόδιος）和阿瑞斯托革伊同（Ἀριστογείτων）在公元前 514 年杀死了雅典僭主希帕库斯（Ἵππαρχος）。希庇阿斯后来杀死了哈尔摩迪欧斯和阿瑞斯托革伊同，在公元前 510 年被逐出雅典。

4 参见 1.101。

5 依旧……畏惧？（quae cum ita sint, magna tamen eloquentia est utendum atque ita velut superiore e loco contionandum, ut homines mortem vel optare incipiant vel certe timere desistant?）：在珀伦茨本中，desistant 后使用问号。译者所见的到各个版本，除肯尼迪本之外均作句号。肯尼迪本中无 contionandum, ut homines mortem vel optare incipiant 这几个词，校勘记和笺注中亦无任何说明，恐有舛误。珀伦茨（POHLENZ 1957: 127）的理解是，玛尔库斯认为在给出典范之后便无必要使用修辞术了，亦即这是个预期否定回答的疑问句，省略了疑问小品词。

6 出自恩尼乌斯《铭辞》2a，诗歌的意思是，诗人不会死亡，因为他们的作品万世流传；类似的观念又见于贺拉斯《颂诗集》3.30。另见 1.34。

愿我的死亡不缺少痛哭：愿我们给朋友们留下

悲痛，以使他们呜咽着举办葬礼。[1]

[118]其实，倘若某件如此这般的事情发生了，以至于我们从生命中的离开看起来得到了神明的宣布，[2]那么，我们就该欢乐地、称谢着遵奉，而且应该判断自己被从监狱中释放、被从桎梏中松绑，从而我们或是能够回归永恒且完全属于自己的家园，或是能够脱离一切感觉和烦恼；然而，如果他没有宣布任何事情，就让我们依旧保有那种灵魂，从而认为，那一天对其他人而言是可怕的，而对我们自己来说是吉祥的，而且，让我们不把任何或是由不朽的神明或是由作为万物之母的自然所设置的东西算在诸恶之中。因为，我们不是被随意而偶然地生下和创造的，而是，必定存在某种力量，它为人类种族而筹谋，而且它不会生育或滋养一个在经受了一切劳苦后坠入死亡的永久之恶的[种族]：我们更该[把它]当作一处为自己准备的港湾和避难所。[119]但愿[我们]可以向那里扬帆航行！可如果我们被逆风推回，我们必须在稍许延迟后依旧返回到相同的[位置]。然而，那件对所有人来说必然的事情，是否可能只对一个人而言是悲惨的？你现在有了结束语，从而你不会觉得有什么遗漏或者剩着[没说]。

生：我本人的确[觉得无所遗漏]，而且这段结束语实际上甚至使我更加坚定了。

师：太好了，我要说。但实际上，现在让我们为健康有所付出，进而，在明天和我们待在图斯库路姆的每一天中，让我们关注这些事情，而且尤其是使得忧愁、惶恐和欲望减轻的各种东西。[3]这就是属于整个哲学的最丰硕的果实。

---

[1] 参见梭伦残篇 21，辑自普鲁塔克《普卜利科拉传》(Ποπλικόλας) 24.5，中译文见张巍 2016。

[2] 参见 1.74。

[3] 这些是第三卷和第四卷的主题。

第二卷 论忍受痛苦

1. [1]实际上，恩尼乌斯笔下的[1]内欧璞托勒摩斯[2]说自己需要去爱智，但[仅]以只[言]片[语][3]，因为[他]不认可全[身心]地爱智。[4]然而，布鲁图斯啊，我本人判断，爱智实际上对我来说是必需的，因为，尤其是在无所事事之时，我能够从事什么更好的事情呢？不过，[我不会]如他那般[仅]以只[言]片[语]。因为在哲学上困难的是让少量[内容]为那个大部分或所有的[内容]都不为其所知的人知道。因为少只可能取于多，而且，一位稍有理解的人同样不会不以相同的热忱追寻其余之事。[2]但是，在忙碌的生命和武夫的生命中，正如内欧璞托勒摩斯的生命当时所是的那样，这点东西本身仍然经常益处多多并产出果实；倘若[果实的产量]并未达至能够从整个哲学中得到理解的程度，那么依旧会[达至这一程度]——我们有时能够凭借它们而在某个部分上从欲望、忧愁或恐惧中得到释放。[5]正如在那场我近来于图斯库路姆庄园所作的论辩中的那样，对死亡的强烈蔑视看起来得到了实现——这种蔑视对于从恐惧中释放灵魂作用不小。因为，那位恐惧这件无法躲避之事的人就完全无法以平和的灵魂生活。但是，那位不仅因为死亡是必然的而且因为死亡毫无任何应当惧怕之处而不畏惧死亡的人已然为自己准备好了幸福生活的巨大保障。[3]不过，我并非不知道许多人会急切地反驳——因为我完全无法避免[反驳]，除非我彻底不写任何东西。而实际上，如果那些演说词——我自己当时希望它们被大众的判断认可（因为雄辩术是

---

1 恩尼乌斯笔下的（apud Ennium）：可能指其肃剧《安德若玛刻》。

2 内欧璞托勒摩斯（Neoptolemus）：希腊名 Νεοπτόλεμος。据维吉尔的说法，他杀死了特洛亚国王普里阿摩斯，见 1.85 注。

3 以只[言]片[语]（paucis）：相当于 paucis verbis，参见 WILKINS 1962: 304。

4 参见《论演说家》2.156、《论共和国》1.30、柏拉图《高尔吉亚》484c 以及塔西佗《阿古利可拉传》4。

5 关于欲望、忧愁和恐惧，参见 4.11。

针对民众的方法，而且其效果就是［获得］听众的认可）[1]——但是，倘若出现一些人，他们什么都不称赞，除非是他们确信自己有能力模仿的东西，他们还把自己的希望的那个界限同样呈现作优秀言说的极致，[2]而且，由于他们淹没于观点和言辞的丰富，就说自己宁可禁食和挨饿，也不要富足和丰富。对于那些人自己而言，阿提卡式[3]就起源于此——他们当时宣称自己追仿那种不为人知的类型，现已几乎停止发声，恰恰遭到那广场上的人群嘲笑。[4]我们认为会发生什么呢——既然我们发现，自己现在完全无法用上我们之前所用的作为支持者的民众？[4]其实，哲学［只］满意于少数裁判，因自己的缘故而有意地逃离大众，而且对后者本身而言是受怀疑且遭嫉恨的，从而，或是，如果有谁想要毁谤整个哲学，那么他就能够凭借赞成的民众来做此事，或是，如果他试图侵入我们自己尤其追仿的那种［哲学］，那么他就能够从其他哲人的诸多学说中获得巨大的帮助。2. 然而，我本人已经在《霍尔腾西乌斯》[5]中回应了毁谤整个哲学的人，进而我判断，那些必须为学园言说的内容也已经在四卷本的《学园派［之书］》中足够细致地得到了阐释。但这种情况依旧如此遥远——就是我本人不愿意遭到批驳——以至于我甚至强烈地向往此事。其实，假设哲学本身没有凭借最博学之人的竞争和分歧在希腊繁荣昌盛，那么它就从不会处于如此巨大的尊荣之中。

[5]由于这一缘故，我鼓励所有那些有能力做此事的人，让他们也

---

[1] 参见《布鲁图斯》185：numquam de bono oratore aut non bono doctis hominibus cum populo dissensio fuit［关于好与不好的演说家，在博学之人和民众之间从未有过分歧］。

[2] 本句原文作 quemque sperandi sibi, eundem bene dicendi finem proponerent。

[3] 阿提卡式（genus Atticorum）：古代的演说术分为亚细亚式、阿提卡式和罗得岛式三种。亚细亚式华丽，阿提卡式简约，罗得岛式居于二者之间。根据西塞罗的说法，阿提卡式演说术的罗马模仿者为了避免华丽冗赘的风格而造成文辞干枯乏味。另见《布鲁图斯》284–290、王焕生 1998: 112–114。

[4] 西塞罗的意思是：尽管阿提卡式演说术的所谓支持者批评他之前采用的演说风格过于浮华，但是他的演说词受到民众的欢迎；在西塞罗眼下的哲学冒险中，他无法再指望民众的支持——自己该何去何从？

[5]《霍尔腾西乌斯》（Hortensio）：霍氏是西塞罗时代的著名演说家。关于同名著作，见《西塞罗作品列表》。

把现正衰败的希腊对这一类型的赞颂夺走，而且带到这座城市，就好像我们的祖先已然用自己的热忱和勤奋带来了其余所有实际上应当寻求的[赞颂]。[1]而且，事实上，对演说家的赞颂以这一方式被带离低处，来到顶峰，从而它现在老去，看起来还会在短时间中走向寂灭——此即自然几乎带入万事万物的[必然]——事实上，以拉丁语文为特征的哲学就产生[2]于这一时局[3]，而我们会协助这种哲学，并容许自己[的说法]被证似，翠推蝽，唧些人因本乎和的灵魂来甬受怊点——他们好像受限了并献身于[4]某些确定之物和固定了的观点，而且因为那种必须性而受到束缚，以至于甚至出于恒固[5]的缘故而企图为那些他们并不惯于论证的东西辩护；而我们这些追求可信之事[6]的人并不可能逾越类似真实之物所呈现出来的[东西]，而且我们已经准备好不以执拗[7]来批驳，而且不以易怒来接受批驳。

---

[1] 比较 1.1 末。

[2] 就产生（nascatur）：洛布本和朱斯塔本在 videatur[看起来]后没有使用逗号，而是分别了使用冒号和分号，从而 nascatur 就不是 ut 引导的结果从句中的动词而当理解作祈愿虚拟式，译作让……产生吧（adiuvemus 和 patiamur 同理类似）。不过，如道格拉斯（DOUGLAS 1990a: 59）所言，大多数版本在 videatur 后依旧使用逗号，把罗马哲学的产生理解为演说术的迅速崛起和不可避免的衰落之结果；这种句读在文脉上似乎并不十分流畅，但依旧胜过另一种点逗所呈现的明显的唐突感。

[3] 于这一时局（ex his temporibus）：西塞罗在其哲学作品中常常用到这一短语。他在这里强调的是，眼下的时局呼唤哲学而非演说术。

[4] 受限于并献身于（addicti et consecrati sunt）：这里借用法律用语 addicus 和宗教用语 consecretus 来描述对独断论的盲从，参见《学园派前篇》2.8–9、《论诸神的本性》1.10；显然，这里依旧主要在批评伊壁鸠鲁学派，参见《论诸神的本性》1.18。另外，作为名词的 addictus 意为由于债务或偷窃行为而沦为奴仆的人（但不同于 servus，前者依旧保留自己的氏族名、家族名，属于自己所在的部族，被释或强行逃离后依旧是自由民[ingenuus]，后者无法逃离，被释后称作被释奴[libertinus]）。

[5] 恒固（constantia）：这里或译作一致。道格拉斯认为，这个词常常表达与自我的一致或者自洽，但这里却偏向强调与外部原因或观念的一致。正如西塞罗紧接着所言，伊壁鸠鲁学派要维护他们个人并不信奉的学说，从而陷入两难，而这种窘境也常常见于政治和宗教。西塞罗不仅反对这一理念，而且也反对作为严格意义上的哲学行为的一致，对比 5.32–33。参见 DOUGLAS 1990a: 60。另见 1.2 和 5.33 的相关注释。

[6] 参见 1.17。

[7] 执拗（pertinacia）：这个词表达一种"冒犯性的坚持"（offenssive persistentce，参见 DOUGLAS 1990a: 60）。

[6]而如果这些探究被带到我们这里，那么我们甚至就不会需要希腊的图书馆。由于存在大量从事写作的人，因此在这些图书馆中就有数不尽的藏书。因为相同的[内容]由许多人[反复]言说，由此[1]他们就用书卷填满一切[空间]。这也会发生在我们[罗马人]身上——倘若更多的人[2]涌向这些研究。但是，如果我们可能，就让我们激发那些人吧——他们因为受过自由教育而在论述的精妙得到运用后以原理和方法来爱智。

3. [7]其实有某一类人，他们希望自己被称作哲人，[3]他们的许多著作据说真的是[用]拉丁语[写成]的。[4]事实上，我并不蔑视它们，因为我从未读过它们。但是，由于撰写那些[著作]的人恰恰宣称，自己写得并不清晰，又无章法，亦不精妙，也无修饰，因此我就忽略这毫无任何乐趣的阅读。[5]其实，任何人，就算不太有学识，也不会对来自这一学派的人所说的东西和所感知的东西一无所知。因为这一缘故，既然他们自己并不着力于应当以何种方式言说，我就不明白为何他们必须被阅读，除非就是那伙有相同感知的人相互阅读。[8]因为，正如大家都阅读柏拉图、其他苏格拉底传人以及源出于他们的[作家]——[读者]甚至[包括]或是不认可那些[作品]或是并不极其热忱地紧随它们的人——然而，除了自己的[追随者]外，几乎没有谁把伊壁鸠鲁和美特若多若斯[6]捧在手上。从而只有认为它们说得正确的人才阅读这些拉丁语[著作]。不过在我们看来，无论什么东西被付诸文字，它都宜托付给一切有学养的人来阅读，而且，如果我们自己没能实现这一点，那么我们不会因此而感到此事不

---

[1] 由此（ex quo）：洛布本译作 since，亦通；道格拉斯译作 and as a result，基尔福译作 und deswegen，从之。

[2] 更多的人（plures）：或译作许多人、过多的人。

[3] 关于哲人的自知，参见 5.9。

[4] 西塞罗指的是阿玛菲尼乌斯和其他宣扬伊壁鸠鲁主义的作家，参见 1.6、4.6。

[5] 类似的批评又见于《学园派哲学》1.5。

[6] 美特若多若斯（Metrodorum）：希腊名 Μητρόδωρος，伊壁鸠鲁的学生。西塞罗在《论善恶之极》2.92 说他 paene alter Epicurus[几乎是另一个伊壁鸠鲁]。注意，他与 1.59 中的斯刻璞西斯的美特若多若斯不是同一人。

应当这样来做。[9]从而，漫步派和学园派在一切事情上就对立的部分来论述的习惯总是为我所认可——不仅由于这一原因，即在每一件事情上近似真实的东西不可能以其他方式得到发现，而且因为，那是最好的口头练习。亚里士多德首先使用了这种[方式]，然后是他的追随者们。进而，在我的记忆中，我本人常常听他讲授[哲学]的菲隆[1]在一个时候着手传授修辞家的箴规，在另一个时候着手传授哲人的箴规。由于在图斯库路姆庄园中我被自己的亲友们引向了这一习惯，我便在其中消耗了给予我的时间。从而，当我们在上午致力于言说之后——正如我们在前一天所做的那般——我们在午后[2]下到阿卡得米阿[3]去。我没有如同叙述那般展现发生在那里的论辩，而是使用几乎相同的言辞，就好像[话题]得到处理、得到论辩的那样。

4.[10]由此，我们散步时以这种方式组织了那番谈话，而且它由某一如此这般的开篇引发：

生：[我]无法说出，自己因你昨日的论辩而感到多么愉悦，毋宁说，得到了何等的帮助。因为，即便我意识到自己从未过度欲求生命，某种恐惧和痛苦当时依旧时不时地出现在[我的]灵魂中——当它想到，终会有属于这光明的终点以及生命的一切益处的丧失。请你相信我，我已如此解脱于这种烦恼，以至于我认为没有什么应当得到更少的关心。

[11]师：事实上这完全不令人惊讶，因为造就这点的是哲学：它医治灵魂，带走空洞的焦虑，[把我们]从欲望中解放，而且驱逐畏惧。但是，哲学的这一力量无法同样作用于所有人：当它抱住了一个适合[哲学]的天性，那么它就大有作用。因为如古老的箴言中[所说]的，不仅

---

[1] 菲隆（Philo）：即拉瑞斯撒（Λάρισσα）的菲隆（Φίλων），他使得学园派的学说与廊下派的学说更加接近。公元前 88 年，菲隆来到罗马，西塞罗在这时问学于他。

[2] 午后（post meridiem）：午后所进行的事情可能更具有私人性，比如西塞罗在《致阿特提库斯书》13.52.1–2（＝353 SB）中曾提到，凯撒在“第七时”（H. VII，相当于下午一点）过后方才散步、沐浴、进餐。

[3] 阿卡得米阿（Academiam）：西塞罗的图斯库路姆庄园有上下两处讲习所（gymnasium），高处的名为吕克昂（Lyceum），低处的名为阿卡德米阿，参见《论预言》1.8。

机运帮助勇敢的人，而且理性在更大的程度上[也是如此]，它好像凭借某些教谕而坚固了勇敢之力。自然生下了你，一位显然崇高、轩昂而且鄙视属人之事的人。从而，已然作出的那番反击死亡的言辞就轻而易举地在勇敢的灵魂中扎根。不过，难道你判断，就在[事情]由其发现、论辩、撰述的那些人中，除了极少数人，同样这些东西在发挥作用？因为，在众多哲人中，[我们只]发现多少人具有理性所要求的性情，多少人以理性所要求的那样在灵魂和生命方面得到塑造？[只有]多少人认为自己的学说不是知识的炫示而是生命的法则？[只有]多少人服膺于自己且服从自己[所说]的原则[1]？[12][你]可以看到其他[哲人，他们]如此虚荣、如此善变[2]，以至于对他们而言未曾学习更好；[还有]其他贪求钱财、一些贪求荣光和许多充当欲念之奴的[哲人]，以至于其言辞与生活惊人地抵牾。[3]事实上，这在我看来低劣无比[4]。其实，就好像如果某个宣称自己是语法学家的人以外夷的方式说话，或者，如果那个希望自己被视作通缪斯之艺者的人唱得刺耳，那么他就因此更为可耻——他恰恰在那件事上犯错，[尽管]他宣称精通它的知识——同样，在生活方式上犯错的哲人因此而更加可耻：他在义务方面失足，[却]希望成为这方面的老师，而且，尽管他宣称精通生活的技艺，却在生活中失败。

5. 生：那么，难道不应该担心吗——如果正如你所说的那样——你以虚假的荣光装点哲学？其实，相比于某些成熟哲人的丑陋生活，有什么更有力的论据[说明]哲学毫无用处呢？

[13]师：而事实上那不是任何一种论据。因为，正如并非所有得到耕种的土地都产出果实——而阿克奇乌斯[5]的那句话是错的——

---

¹ 原则（decretis）：或译作判断，参见 *OLD*² decretum 1。这个词在本书中另见于 5.84。

² 善变（iactatione）：4.20 的 iactatio 则意为炫耀，参见 *OLD*² 词条 iactatio 2–3。

³ 尤威纳利斯在《讽刺诗集》2.3 中说到一些"模仿库瑞乌斯们又寻欢作乐的"（qui Curios simulant et Bacchanalia vivunt）虚伪的廊下派（"库瑞乌斯"指果敢而谦虚的人）。

⁴ 低劣无比（turpissimum）：或译作可耻无比、丑陋至极。译者依据具体语境选择低劣、可耻或丑陋这三个词来翻译 turpis 以及派生自这个形容词的其他单词。

⁵ 参见 1.105。下面的两行诗出自《阿特柔斯》。

即便优良的种子置于较劣的田地，

它们自己依旧会凭借自己的本性出类拔萃，

同样，并非所有得到培养的灵魂都产出果实。进而——让我进行同一个类比——正如无论多么肥沃的土地在没有耕种的情况下都不可能盛产果实，同样，未受教导的灵魂[也不可能]。从而，这两者在没有另一者的情况下都是无效的。然而，哲学是对灵魂的培养，它从根本上拔除罪恶，又使灵魂预备好接受耕种，还把那些成熟而去产出最丰硕果实的[种子]托付给灵魂，并如我所说的这样，播下它们。[1]从而让我们如已经开始的那般来做吧。若你愿意，就请说出你希望得到论辩的事情。[2]

[14]生：我判断，痛苦是一切恶中最严重的。

师：甚至比耻辱更严重吗？

生：事实上，我并不敢说这句[话]，而且使我羞愧的是如此迅速地抛弃[我的]观点。

师：如果你滞留在[自己的]观点里，那么就更应感到羞愧了。因为，[假设]在你看来有什么东西劣于耻辱、丑行和低劣，[那么]什么比这更

---

[1] 温（Wynne 2020b）提醒我们注意，玛尔库斯要做的是铲除杂草、准备泥土和播下种子——这里的第三步并非"移植"（transplant），因此与他的学园派怀疑论立场一致。

[2] 有学者以 2.12–13 等内容为依据，认为我们应当更加深入地区分西塞罗对待哲学的态度和他对待哲人（不同于哲学工作者）的态度，而西塞罗并不以哲人之名自矜（参见 Douglas 1990b、Gildenhard 2007: 55）。译者认为这一判断不无道理。西塞罗在前 59 年 4 月 16 日（或 17 日）、19 日和 28 日（或前后）的三封书信的落款值得我们玩味。《致阿特提库斯书》2.9（= 29 SB）最后说：Terentia tibi salutem dicit καὶ Κικέρων ὁ μικρὸς ἀσπάζεται Τίτον τὸν Ἀθηναῖον[特壬提阿向你问好而且小西塞罗向雅典人提图斯问好]。《致阿特提库斯书》2.12（= 30 SB）的落款是 impertit tibi multam salutem, καὶ Κικέρων ὁ φιλόσοφος τὸν πολιτικὸν Τίτον ἀσπάζεται[她由衷地向你问好，而且哲人西塞罗向政治人提图斯问好]。《致阿特提库斯书》2.15（= 35 SB）的结尾是 ea tibi igitur et Κικέρων, ἀριστοκρατικώτατος παῖς, salutem dicunt[那么，她和西塞罗，那个极其高贵的孩子，向你问好]。这三个落款的共同特点是都使用了希腊语，而且西塞罗都提到了妻子和儿子。希腊语提示我们这里的语气并不严肃，而把阿氏称作 Ἀθηναῖος[雅典人]和 πολιτικός[政治人]则更是在揶揄和开玩笑——遑论把自己年幼的儿子称作 ἀριστοκρατικώτατος φιλόσοφος[最高贵的哲人]？译者的理解是，西塞罗一方面对儿子加以哲学教育，但他也清醒地意识到，有一些哲人"活得丑陋"（turpiter vivere, 2.12），甚至赶不上顽童稚子。即便这几句希腊语是小西塞罗的"涂鸦"（其实无法确证），我们依旧可以明确推知西塞罗对儿子的哲学教育颇有影响。

无尊严？什么痛苦不仅不应当被抵抗，而且应当得到主动的寻求、经历和接受，[1]从而你能避免那些事情？

生：我认为完全如此。因此，假设痛苦完全不是至恶，那么它肯定是一种恶。

师：那么你是否看到，在得到稍许提醒后，你移除了多少对痛苦的恐慌？

[15]生：我看得分明，但是我需要更多。

师：实际上我会尝试。但那是个大问题，而且我需要一个不作回击的灵魂。

生：事实上你会拥有它的。因为正如我昨天所做的那样，我现在会追求理性，无论它把我带到何处。

6. 师：那么首先就让我来谈谈众多哲人的弱点以及他们的各种学说吧。其中，在权威和辈分上都首屈一指的苏格拉底传人阿瑞斯提璞珀斯[2]从未在说痛苦是至恶时有所迟疑。其次，在这一软弱而女人气的观点上，伊壁鸠鲁把自己表现得相当可教。在这之后，罗德岛的希厄若倪摩斯[3]说摆脱痛苦就是至善——他把如此之多的恶引入了痛苦。除了芝诺、[4]阿瑞斯同[5]和皮浪[6]之外，其他人几乎一模一样地[说了]你刚才[所说]的[话]：事实上，痛苦是恶，但还有其他更坏的东西。[16]于是，

---

[1] 什么……接受（quis est non modo recusandus, sed non ultro adpetendus subeundus excipiendus dolor）：屈纳（KÜHNER 1874: 204）的解释是，这里的 non modo 相当于 non modo non，sed 之后的 non 是由于疑问句的缘故而加上的（quis dolor non ultro appetendus est? [什么痛苦不该得到主动的寻求？]），整个句子的意思是 nullus dolor *non modo* recusandus, *sed omnis* dolor ultro appetendus est[不仅没有任何痛苦应当被抵抗，而且所有的痛苦都应当得到主动的寻求]。

[2] 阿瑞斯提璞珀斯（Aristippus）：希腊名 Ἀρίστιππος，苏格拉底的学生。他可能还受过普罗塔戈拉的影响，是昔勒尼学派的创始人。对于阿瑞斯提璞珀斯而言，瞬时的快乐就是至善。昔勒尼学派可能在阿氏的家族中延续了一个世纪（参见 PREUS 2015: 110）。另见色诺芬《回忆苏格拉底》3.8。

[3] 希厄若倪摩斯（Hieronymus）：希腊名 Ἱερώνυμος，公元前三世纪的漫步派哲人。

[4] 参见 1.19。

[5] 阿瑞斯同（Aristonem）：希腊名 Ἀρίστων，芝诺的学生。

[6] 皮浪（Pyrrhonem）：希腊名 Πύρρων，画家，曾随亚历山大大帝远征，怀疑论鼻祖。

自然本身和某种高贵的德性立刻回击那一[说法]，以使你显然不能把痛苦称作至恶，而且使你在对抗耻辱时被带离[自己的]观点——作为生活之师的哲学[1]在那个[说法]中滞留了如此多个世纪。[2]对于这位已然说服自己相信痛苦是至恶的人而言，什么义务、什么称赞、什么光彩会是如此重要，以至于他希望以身体的痛苦为代价来获得？进而，他不会禁受什么污名、什么低劣来逃避痛苦——如果他断定那就是至恶？另外，谁不仅在遭眦睨的痛苦打击时不悲惨……如果极端的罪就在[痛苦]之中——而且在知道它可能发生在自己身上的时候也不悲惨？而且，谁是那位[痛苦]不可能[发生]在他身上的人？从而就造成[这一点]：根本没有人可能是幸福的。[17]事实上，美特若多若斯认为，那位身体状态良好而且得到保证说会永远如此的人是幸福的。然而，这种[在]身体[健康方面]可能得到保证的人是谁呢？**7.** 其实伊壁鸠鲁说了这些，以至于在我看来他实际上试图引[人发]笑。因为他在某个位置宣称，智慧者若遭焚烧，若受折磨——或许你期待他说"那么他会忍耐、禁受而不会屈服"。赫拉克勒斯作证，这是巨大的称赞，而且恰恰配得上那位我凭他发了誓的赫拉克勒斯。但是，对于伊壁鸠鲁这个粗鲁而强硬的人而言，这并不足够：如果他在法拉瑞斯的公牛中，[3]那么他会说："这多么甘美，我多么不关注此事！"甚至甘美？如果不苦涩，难道还不够味吗？而事实上，那些恰恰否认痛苦是恶的[廊下派]并不常常宣称对任何人而言受折磨都是甘美的：他们说[那]粗涩、艰难、惹人生厌而且忤逆自然，但依旧不是恶。这位宣称痛苦就是这唯一的恶，而且实际上[4]是一切恶中的极端的[伊壁鸠鲁]判断智慧者会说它甘美。[18]我本人并不要求你以

---

[1] 作为……哲学（magistra vitae philosophia）：西塞罗已经排除了芝诺、阿瑞斯同和皮浪，因此这里的"哲学"并不代表所有的哲人。

[2] 洛布本英译（though ... yet ...）可能误解了西塞罗，参见 DOUGLAS 1990b。

[3] 法拉瑞斯（Φάλαρις）是公元前六世纪的西西里僭主，他把人封在铜铸的公牛中，在牛下点火，把受害者的哭喊当作牛的叫声。参见《名哲言行录》10.118：κᾶν στρεβλωθῇ δ' ὁ σοφός, εἶναι αὐτὸν εὐδαίμονα[而即便智慧者受到凌虐，他依旧幸福]。洛布本把这个句子的主语理解为智慧者，亦通。

[4] 而且实际上（et）：这个 et 相当于 et quidem，参见 KÜHNER 1874: 207。

伊壁鸠鲁用来对待快乐的那同一些言辞来对待痛苦。如你所知，他是个贪图享乐的人，就让他在法拉瑞斯的公牛中说那句完全相同的话吧——就是，假设他在床榻上[那么他就会说的那句]。我本人并不给予智慧如此巨大的反抗痛苦的力量。如果他勇于禁受，那么他在义务方面就[做得]足够了。我并不要求他甚至感到欢乐。因为伤感的事情毫无疑问粗粝、苦涩、与自然敌对而且难以忍耐和忍受。

[19]请看菲洛克忒忒斯，[我们]应该向这位呻吟的人让步。因为他看见那位赫拉克勒斯在欧伊忒山上因痛苦的剧烈而嚎啕。因此，得自赫拉克勒斯的箭矢在那个时候并不能安慰这位君子[1]——

> 由于毒蛇的撕咬，肌肤里的血管
> 在毒液的浸泡下激起可怕的折磨。

从而他在寻求援助、欲求一死时放声大叫——

> 呜呼，谁能从高高的岩石顶端
> 把我托付给含盐的海浪！
> 现在，我现在被吞噬，伤口的威力
> 和创口的灼烧了结了我的魂灵。[2]

看起来，[我们]难以宣称一个被迫如此叫喊的人不在恶中而且实际上不在大恶中。8.[20]但是让我们看看这位赫拉克勒斯吧——就在他凭借死亡本身来寻求不朽时，他被痛苦击垮——在索福克勒斯的《特拉喀斯少女》中，[3]他发出了怎样的话语啊！当得雅内伊剌给他披上染过马人之血

---

[1] 菲洛克忒忒斯（Φιλοκτήτης）系珀雅斯（Ποίας）之子。只有他同意点燃柴堆烧死赫拉克勒斯以结束后者的痛苦，因而菲洛克忒忒斯获赠了赫拉克勒斯的箭袋和弓箭。在特洛伊远征中，他的足部为毒蛇（一说毒箭）所伤，被希腊人遗弃在勒姆诺斯岛（Λῆμνος）上。由于需要赫拉克勒斯的弓箭以攻破特洛伊，希腊人只好接回菲洛克忒忒斯。

[2] 第 19 节的两段引诗均出自阿克奇乌斯的《菲洛克忒忒斯》。

[3] 玛尔库斯随后给出这部肃剧的拉丁语译文（第 1046 行开始）。马人内斯索斯（Νέσσος）羞辱了赫拉克勒斯之妻得雅内伊剌（Δηιάνειρα），赫氏以沾有大蛇绪德剌（Ὕδρα）

的束腰外衣而且它粘住肌肤时，他说——

啊！许多说来沉重、经受起来艰辛的[事情]，　　　　　　1046

我都以身躯和灵魂承受过，把它们扛下！

尤诺的无法平息的恫吓和残酷的厄乌律斯忒乌斯[1]

都未曾给我带来这般巨大的苦厄，如同欧伊内乌斯[2]

通过生育给出的一个疯女子[所造成的那样]。　　　　　　1050

她使我~~如~~不~~此~~地恼~~人~~狂~~恋~~人~~神~~的~~疯狂~~，

它粘着[我的]胁腹，以咬噬撕碎[我的]肌肤，

而且沉重地压迫着[我的]肺，抽干[我的]气息，

现在它已吸干了[我]所有褪色的血液。

[我]枯槁的身体就这样因为可怕的灾难而灭亡。

我本人受困于灾祸，被编织物毁灭。

敌军的右手、大地所生的那群巨人[3]和

以双重形式进攻的马人都未曾

将这些击打施加于我的身体，

希腊人的武力、外夷的任何野蛮　　　　　　　　　　　1060

以及被放逐到大地边界的残暴种族[也都未曾如此]，

我在彻底游历那片[土地]时驱逐了一切野蛮，

但是我一个男儿被一个女子的一只阴柔的手毁灭了。

9. 哦，儿啊，[4]真的要抓住父亲的这个名字，

不要让母亲的慈爱胜过正在殒灭的我。

用虔敬的双手把她拖着带到我这儿，

之血的毒箭射中马人。马人为报复，临死前欺骗得氏收集自己的血液作为迷药。得氏因赫拉克勒斯对伊欧勒（Ἰόλη）的情爱而生妒意，故将染有马人之血的衣衫给了得氏。

　[1] 厄乌律斯忒乌斯（Eurystheus）：希腊名 Εὐρυσθεύς，迈锡尼国王，受赫拉之命而强迫赫拉克勒斯完成十二项任务。"残酷的"（tristis）亦可译作阴郁的。

　[2] 欧伊内乌斯（Oenei）：希腊名 Οἰνεύς，得雅内伊刺之父。

　[3] 希腊神话中，诸神和巨人之间在弗勒格剌平原（πεδίον Φλέγρας）发生过战争。

　[4] 儿啊（nate）：指赫拉克勒斯和得雅内伊刺所生的儿子绪珀洛斯（Ὕλλος）。

现在，让我判断，你认为我还是她更重要。

[21]走呀，勇敢点，儿啊！为父亲的灾祸哀哭吧！　　　　1070

怜悯吧：万民都会为我的悲惨流泪。

呜呼，我口中竟发出少女般的哀哭，

没有人见过我在任何苦厄中呻吟！

阳刚尽失的男儿本性在遭打击后殒灭。

过来吧，儿啊，站到[我]边上，瞧瞧

这具受尽摧折后[1]当受怜悯的身体——属于[你]被撕裂的父亲！

所有人，还有你，诸位天神的父亲，请看！　　　　1080

我在祈求！请往我身上投掷闪电的耀眼威力！

现在，现在，令人苦闷的痛苦的顶峰凌虐[我]。

现在，烈火蔓延。先前的胜利之手啊！　　　　1090

[22]前胸啊！后背啊！上肢的肌肉啊！

内美厄的雄狮[2]是否曾经因为你们的压迫

咬牙切齿着沉重地吐出最后一口气？

宰杀了丑陋的水蛇后，这只右手曾使

勒尔内[3]安宁？它击倒了双身者之手[4]？

它制服了厄律曼托斯的毁灭之兽？[5]

它从塔尔塔若斯的幽暗地界中

把绪德剌所生的三首犬拖拽而出？

它屠斩了层层盘绕、瞪着眼

看守着金[苹果]树的恶龙？　　　　1100

---

[1] 受尽摧折后（evisceratum）：字面意思是被取出肠子后的。

[2] 内美厄的雄狮（Nemeaeus leo）：赫拉克勒斯在内美厄（Νεμέη）勒死了一只刀枪不入的猛狮。

[3] 勒尔内（Lernam）：希腊名 Λέρνη，是一片树林和沼泽。赫拉克勒斯在伊欧拉欧斯（Ἰόλαος）的帮助下杀死大蛇绪德剌，并且抽干了沼泽。

[4] 双身者之手（bicorporem ... manum）："双身者"指马人。

[5] 亦即厄律曼托斯（Ἐρύμανθος）野猪。

> 我的这只胜利之手净化了[1]其他许多东西，
>
> 而且没有任何人从我这里夺走过名声上的战利品。

我们自己是否可能蔑视痛苦，既然我们看见赫拉克勒斯本人如此无法忍受地痛苦着？**10.** [23]让埃斯库罗斯过来吧，不仅作为诗人，而且作为毕达哥拉斯的传人——因为我就是这样听说的。普罗米修斯在他笔下[2]以何种方式承受那因[发生在]勒姆诺斯的盗窃而受到的痛苦——

> 传说，火焰在那里分配得不为
>
> 凡人所知；有学识的普罗米修斯就用诡计偷走了它，
>
> 而且注定要向
>
> 至高的尤比特付出代价？

因此，他被钉在高加索山上付出这些代价时说了这些——

> 提坦的后代，[你们]与我血脉相连，
>
> 由苍天所生——瞧瞧被捆绑、束缚在粗糙岩石上的[我]！
>
> 就好像，胆怯的水手
>
> 因声音可怖的海水而惧怕夜晚，所以系好船只。
>
> 萨图尔努斯之子尤比特这样钉住我，
>
> 而且尤比特的神意借用了穆珥奇贝尔[3]的双手。
>
> 他以残酷的手法把这些楔子嵌入[我的身体]，
>
> 打断了[我的]四肢；由于被那熟练的手法
>
> 刺透，我就悲惨地居住在狂怒女神的这一堡垒。
>
> [24]其实，每逢第三个灾难之日，

---

[1] 净化了（lustravit）：洛布本译作 hath faced，道格拉斯译作 has engaged，毕希纳译作 hat ... vollbracht，葛恭和基尔福译作 hat ... gereinigt。

[2] 指埃斯库罗斯的肃剧《被释放的普罗米修斯》（Προμηθεὺς λυόμενος，已佚）。普罗米修斯是一名提坦神，他从火神的勒姆诺斯岛盗取火种给予人类，因此被囚禁于高加索山，被老鹰啄食。在这部肃剧中，歌队由提坦神组成。

[3] 穆珥奇贝尔（Mulciberi）：火神伏尔甘（Vulcanus）的别名。

在令人哀伤的飞抵中，尤比特的侍卫用钩子般的双爪

割裂我，在凶暴的进食中把我撕成碎片。

随后，它饱餐了[我]肥美的肝脏，[心]满[意]足，

发出凄厉的鹰唳，并且向天上飞离，

用长着羽毛的尾巴蹭了蹭我的鲜血。

而当[我]被吃光的肝脏膨胀着重新长好，

贪婪的它就把自己再次送到恶心的吃食这里。

我就这样饲养这位阴郁的折磨的看守，

它以永恒的悲惨活活毁伤我。

而事实上，如你们所见，因为受制于尤比特[所加]的桎梏

我无法使这有翼的可怕之物远离[我的]胸脯。

[25]我在这样丧失了自己后，蒙受使人焦虑的灾祸

因为对死亡的向往而寻求苦厄的终结；

但我因尤比特的旨意而与一死远隔，

而且这一古老的、由狂野的世代汇聚而成的

带来哀伤的灾祸固着于我的躯体；

融化而成的水珠因太阳的温暖从这里

滴下，不断淌在高加索山的岩石上。

从而，我们看起来几乎不可能说一个受到如此打击的人不悲惨，而且，如果他悲惨，那么痛苦当然就是恶。

11. [26]生：实际上你本人到现在为止都在论述我的理由，但我很快就会考察这点。与此同时，这些诗行来自何处？其实我并不了解。

师：我会凭赫拉克勒斯来说，而事实上，你问得正确。你是否看到我在闲暇上充足？

生：于是怎样呢？

师：当你在雅典的时候，我相信，你常常身处哲人的论说之中。

生：诚然，而且实际上[我]乐[在其中]。

师：因此你注意到，尽管当时没有人特别能言善辩，事实上依旧有诗行被他们掺在讲辞之中。

生：而实际上廊下派的迪欧倪西欧斯[1]掺入了许多。

师：你说得好。但是他好像在照本宣科，不加甄别而且毫不精妙。菲隆也既把特定的诗行又把挑选出来的诗歌添加到[合适的]段落上。[2]因此在这过后我便热衷于此，它好像老年的修辞练习，[3]而实际上，我热衷地引用他们的诗人，但是无论他们在哪里有所欠缺——其实[我]从希腊人那里翻译了许多，从而在这一类型的论辩中，拉丁语讲辞不会缺乏任何装点。

[27]但你是否看见诗人带来了什么恶？他们呈现出勇武至极的君子在恸哭[的景象]，他们软化我们的灵魂。进而，他们是如此诱人，以至于不仅仅受到阅读，而且得到谙习。从而，当诗人又被加诸罪恶的家庭训导和在笼罩之下的舒适的生活方式之时，他们就抽走了德性的所有筋脉。[4]因此，他们被柏拉图正确地逐出其所描绘的那座城邦——因为他探寻的是最好的习俗和共同体的最佳政制。[5]而其实，我们[罗马人]，显然为希腊所教，自童年起就阅读、谙习这些，认为这是博雅之教和自由之学。

12. [28]但是我们为何对诗人们发怒？[我们]发现，德性之师，[亦

---

[1] 迪欧倪西欧斯（Dionysio）：希腊名 $\Delta\iota o\nu\acute{\upsilon}\sigma\iota o\varsigma$，西塞罗的同时代人。

[2] 菲隆……段落上（Philo et †proprium nrt et lecta poëmata et loco adiungebat）：此句有校勘问题，殊难解。珀伦茨本上的 nrt 反映的是抄本 G 和抄本 V 上的缩写 n̄rt。根据杜根（DOUGAN 1905: xlvii）的梳理，这个表示 noster[我们]的缩写（抄本 R 上就作 noster）其实是表示 numerum[数字/格律/诗行]的缩写 n̄um 或 n̄m 之误。诸版本大都选取 numerum 这一异文，姑且从之。另，朱斯塔（GIUSTA 1984: 113）校改作 proprio Marte[以个人的发挥]，参考的是《论诸神的本性》1.72 的 a vobis quasi dictata redduntur ..., cum quidem gloriaretur ... se magistrum habuisse nullum[(这种)如同断言的东西由你们重复……，因为事实上(伊壁鸠鲁)吹嘘自己不曾有过任何老师]和《论义务》3.34 的 nullis adminiculis, sed ... Marte nostro[不以任何辅助之物，而凭借我们自己的发挥]，亦可备一说。关于朱斯塔的这一校改，详见 LUNDSTRÖM 1986: 19–20、GIUSTA 1991: 207–210。

[3] 参见 1.7。

[4] 他们……筋脉（nervos omnis virtutis elidunt）：或译作他们就抹煞了德性的一切力量。

[5] 参见《王制》2.398a。

即那些]哲人，他们宣称痛苦是至恶。而你，一位年轻人，尽管不久之前[1]被我询问是否还有比耻辱更大的[恶]时你说在你看来[痛苦是至恶]，但是你因为[我的]一语就放弃了那个观点。请你问伊壁鸠鲁这同一个[问题]：他会说相较于最极端的耻辱，中等程度的痛苦是更大的恶——因为在这种耻辱本身中，没有任何恶，除非痛苦跟随。从而，当他说这一点[亦即]痛苦是至恶的时候，什么痛苦跟随着伊壁鸠鲁？[2]我并不预期一位哲人[会说出]比这更可耻的东西。因此，你已然给予了我足够的东西，当你回答说在你看来耻辱是比痛苦更大的恶。因为，如果你恰恰坚持这一点，那么你就会明白应当如何抵御痛苦。而且，不应该如同使灵魂坚固以承受痛苦那般询问痛苦是否是恶。

[29]廊下派总结出琐碎的论证[3][说明]为何[痛苦]不是恶，仿佛问题出在言辞而非事实上。何故欺我，芝诺？因为无论你本人何时[4]完全否认在我看来可怕的那件事是一种恶，我都会被[你]俘获并且欲求知道，我本人判断悲惨至极的那件事以何种方式甚至不是恶。"没有东西是恶，"他说，"除了那低劣而充满罪恶的东西。"你在向愚蠢倒退，因为你没有在去除那件使我苦闷的事情。我知道痛苦不是邪恶[5]，停，别教我那点，请教授这个：我痛苦还是不痛苦无所差别。"事实上，"他说，"[6]就幸福生活而言从无任何差别，因为[幸福生活]仅在德性之中；但[痛苦]依旧应当拒斥。"[7]为什么？"[因为它]粗粝、忤逆自然、难以经受、

---

　　[1] 参见 2.14。

　　[2] 玛尔库斯的意思是，当伊壁鸠鲁说"痛苦是至恶"时，他所受的耻辱也会带来痛苦。不过这并非严肃的哲学论断。玛尔库斯想要论证，即便痛苦是恶，耻辱和低劣也更是恶，从而应当以道德德性来应对痛苦。

　　[3] 比如，作为恶的存在伤害人，伤害人的存在使情况变坏，痛苦并不使情况变坏，因而痛苦不是恶。这种"琐碎的论证"在字面上成立但是毫无说服力，比较 2.42。

　　[4] 无论……何时（cum）：这里是不定关系词，参见 A&G 542，另见 2.66。

　　[5] 邪恶（nequitiam）：这个词指道德上的恶或堕落，又意为放纵，另见 3.18。

　　[6] 珀伦茨本此处漏上引号，据其他版本补。

　　[7] 但……拒斥（sed est tamen reiciendum）：意思是，痛苦是一种 reiectanea[可拒斥之物]，详见 5.22 注释。

伤感而且冷酷。"**13.** [30]这是言辞的丰富——能够以如此众多的方式言说我们所有人用一个词称之为恶的那点。当你说[痛苦]粗涩、忤逆自然而且是不太可能被承受和忍受的东西之时,你在为我界定痛苦而非破除痛苦。你并没有撒谎,但是,当[你]在言辞上夸耀时,不应该在事实上投降。"任何东西,只要不是高尚的它就不是善,只要不是低劣的它就不是恶。"实际上,这是在期愿而非教授。[1]那一点[说得]更好而且更加真实:自然所厌恶的一切都在诸恶中,自然所赞许的一切都在诸善中。[2]这点得到确立并且关于言辞的争论[3]平息下来之后,那些[廊下派]正确地怀抱的那一事物——我们称之为高尚之物,称之为正当之物,称之为尊贵之物,有时同样以德性之名来拥抱它——依旧如此显著,进而,以至于,一切被认为属于身体和属于机运的善都被视作是渺小而次要的。从而,甚至不会有任何恶——即便一切[所谓的恶]都被带到同一处——应当与由低劣构成的恶相比。[31]因此,正如你起初[4]已然承认的那样,如果低劣比痛苦更恶,痛苦显然就不算什么。因为,只要在你看来因痛苦而呻吟、嚎啕、恸哭、屈服和颓废是卑劣而配不上君子的,只要高尚、尊严和光彩在场并且你本人在凝思它们时自我持守,那么痛苦当然会顺服于德性并且因为灵魂[给出]的引导而变弱。

其实,或是不存在任何德性,或是一切痛苦都应当得到蔑视。你认为明智存在吗?若无明智,那么甚至任何德性都无法得到了解。于是怎样呢?[5]明智是否会容许你一事无成而枉然[6]辛苦地做什么事情?节制难道会允许你无节度地做什么事情?正义难道可能由一个因痛苦[所施

---

[1] 玛尔库斯并不认为痛苦不是恶:痛苦不是至恶,只是小恶。

[2] 这是柏拉图、亚里士多德及其传人的观点。

[3] 即痛苦是恶还是可拒斥之物。

[4] 参见 2.14。

[5] 西塞罗在这里谈到了四枢德:明智(prudentia, φρόνησις)、节制(temperantia, σωφροσύνη)、勇敢(fortitudo, ἀνδρεία)和正义(iustitia, δικαιοσύνη),参见 3.16。

[6] 枉然(〈frustra〉):这个副词不见于抄本。珀伦茨本和大多数现代版本都接受拉姆比努斯(D. Lambinus)和本特利的意见加入这个词,依据是 2.57、3.66 和 3.77 的类似表达。

加]的暴力而泄露秘密、背叛伙伴并且抛弃众多义务的人来维系？[32][1]怎么？你会以何种方式回应勇敢以及他的随从，[亦即]灵魂的伟岸、庄重、坚忍和对属人之事的鄙视？你在遭受打压后消沉着以恸切的声音悲悼时是否会听见"勇敢的君子啊！"？事实上，甚至任何人都不会把心境如此的你[2]称作君子。因此，勇敢应当遭到放弃或者痛苦应当得到掩埋。**14.**[3]从而，你真的知道[这点]吗：倘若你失去了你的某件科林多[铜器][4]，那么你[还]可能使其他家什完好无损，然而，倘若你失去了一种德性——即便德性不可能失去[5]——不，倘若你承认自己没有一种德性，那么你就不会拥有任何[德性]？[6][33]因此，你难道可以说那个菲洛克忒忒斯或者[7]……难道可以说他是个勇敢的君子，灵魂伟岸、坚忍、庄重而且蔑视属人之事？其实我更愿意避开你，但是那个人当然并不勇敢，他躺

在潮湿的小屋[8]中——

沉默的它在回响着嚎啕、抱怨、呻吟

---

[1] 在珀伦茨本中，第 32 节的节号标注在第 12 行，该行中的标点仅有四个逗号，故据斯科特本（Scot 1589: 324）在 quid 前分节（珀伦茨本第 11 行）。关于西塞罗作品的分章和分节，详见 2.40 的注释。

[2] 心境如此的你（te … ita adfectum）：或译作遭受如此打击的你。动词 afficio[影响/对待/授予/打击]以及源出于这个动词的形容词 affectus[受到影响的/心境……的/受到打击的]、名词 affectus[（灵魂/情感的）状态/情感/影响]和名词 affectio[状态/情感/感受]在本书中多次出现，而且对于第三、第四卷来说尤其重要。

[3] 在珀伦茨本中，第 14 章的章号标注在第 18 行，该行中的标点仅有两个逗号，故据其他各版本在上一行的 ecquid 前分章。关于西塞罗作品的分章和分节，详见 2.40 的注释。

[4] 科林多[铜器]（Corinthiis）：这里省略了 aes[铜（器）]一词。科林多铜器是珍贵的艺术品。奥古斯都因喜好科林多铜器而获得了讽刺性的外号 Corinthiarius[科林多铜器收藏家]。另见 4.32。

[5] 关于德性是否可能丧失，廊下派的观点不一，克勒安忒斯认为"不可丧失"（ἀναπόβλητον），克律西璞珀斯认为"可丧失"（ἀποβλητόν）。

[6] 廊下派的观点是，诸德性不可分割，有了一种德性就具有了所有德性，参见《名哲言行录》7.125：τὰς δ' ἀρετὰς λέγουσιν ἀντακολουθεῖν ἀλλήλαις καὶ τὸν μίαν ἔχοντα πάσας ἔχειν[而他们说诸德性彼此伴随，而且拥有一种（德性）的人就拥有了所有的（德性）]。

[7] 或者（aut）：玛尔库斯原本要说菲洛克忒忒斯或你，但他委婉地中断了这句话。

[8] 小屋（umido）：其实是个山洞，故潮湿而有回音。

　　和咆哮的时候传回阵阵哭声[1]——

我本人不否认痛苦是痛苦。其实为什么需要勇敢呢？但是我宣称痛苦被坚忍克服，只要存在某种坚忍。如果没有任何坚忍，那么我们为何装点哲学，又为何因为它的名号而自豪呢？痛苦刺扎或者说穿透[人心]。你若赤手空拳，那么就用上[你的]喉咙吧！但如果[你]受伏尔甘[锻造]的武器——也即勇敢——庇护，[2]那你就反抗吧！其实，如果你不这样做，那么警卫的灵，守卫上就食地你抛却而放弃。

　　[34]事实上，克里特人的法律——无论是尤比特还是至少是米诺斯[3]凭尤比特的决定立下的，[4]如诗人们所言——和吕库尔戈斯的[法律][5]都以辛劳教化青年：狩猎、奔跑，忍饥、受渴，挨冻、触暑。其实，斯巴达的男童凭借如此的鞭笞而在祭坛边得到接纳，[6]"以至于肌肉中流淌出大量的鲜血"，有时候，如我在那里时所听说的，[7]甚至[挨打]直到死去。其中不仅从来没有人叫喊，而且甚至无人呻吟。于是怎样？[斯巴达]男童能够[忍受]这点，[罗马]君子[却]不行么？而且，习俗有能力，理性不会有能力吗？**15.** [35]辛劳和痛苦之间有所差异。它们肯定接近，但是依旧有所不同。辛劳属于灵魂或身体，是对相当沉重的工作或职责的[8]某种履行；然而痛苦是身体中的粗涩的运动，与感觉作对。那些希腊人——他们的语言比我们的丰富——[却]用一个名字称呼这两

---

[1] 出自阿克奇乌斯的《菲洛克忒斯》。

[2] 这指的是火神赫淮斯托斯应忒提斯之请为其子阿喀琉斯打造武器的传说，参见《伊利昂纪》18.478 及下。另见《埃涅阿斯纪》8.370 及下，维吉尔笔下的伏尔甘应维纳斯之请为埃涅阿斯打造武器。

[3] 参见 1.10。

[4] 米诺斯是克里特的王，《奥德修斯纪》19.179 称他是 Διὸς μεγάλου ὀαριστής[伟大的宙斯的挚友]。米诺斯所立下的律法是宙斯传给他的。

[5] 关于吕氏，见 1.100。《政治学》2.1271b22 以下提到，斯巴达政制基于克里特政制。

[6] 这种"鞭笞赛"（διαμαστίγωσις）每年在朝阳神阿尔忒弥斯（Ἄρτεμις Ὀρθία）的祭坛边举行，比赛的获胜者称作"祭坛边的胜利者"（βωμονίκης），参见《斯巴达政制》2.9。

[7] 西塞罗于公元前 79 年—前 77 年在希腊求学。

[8] 对工作或职责的（operis et muneris）：比较 1.1 的 laboribus ...que muneribus[辛劳和职分]、1.70 的 moderator tanti operis et muneris[如此重要的工作和职责就有一位管辖者]。

者。[1]从而，他们把勤奋的人称作勤勉于或者说热衷于痛苦的人，[2]我们[则]更合适地称之为劳苦之人：因为辛劳工作是一回事，感到痛苦是另一回事。哦，希腊啊，你认为自己总是在语词方面充裕，[但]有时[依旧]匮乏！[3]我说，感到痛苦是一回事，辛劳工作是另一回事。当伽·马略的静脉曲张在切除时，他感到痛苦；[4]当他在巨大的热浪中领导部队行军时，他辛劳工作。不过，这[两者]之间存在某种相似性，因为对辛劳的习惯使得对痛苦的经受更加容易。[36]因此，那些把共同体的形式给予希腊的人希望年轻人的身体通过辛劳得到强化。斯巴达人甚至把这点迁移到了妇女身上——在其他城邦中，她们因为相当阴柔的生活方式而"遮蔽于围墙的阴影下"。然而，斯巴达人并不想要任何与此类似的东西——

在拉刻代蒙少女中，

她们热衷于角力[5]、厄乌若塔斯河、太阳、灰尘、辛劳

和军事，[6]而非外夷的多子多福[7]。

---

[1] 希腊语 πόνος[辛劳]在词义上接近 labor，ἄλγος[痛苦]接近 dolor。西塞罗这样说可能是因为 ἄλγος 主要见于诗歌。而且，一个希腊人可能说 labare 在词义上有时接近 dolere，比如 2.61 的 quod vehementer eius artus laborarent[因为（波塞冬尼欧斯）的肢体严重不适]。西塞罗对拉丁语的表现力的肯定另见于 2.35。显而易见，汉语辛劳和痛苦二词更好地体现了这两个概念的相似之处和差异。另外值得注意的是，πόνος 是毕达哥拉斯主张的政治秩序之一（另一个是 ἀρετή[德性]），参见马泰伊 1997: 16。

[2] 从而……的人（itaque industrios homines illi studiosos vel potius amantis doloris appellant）：希腊语 φιλόπονος 一词可译作拉丁语 industrius[勤奋者]或 laboriosus[艰辛者]。与西塞罗形成对比的是，卢克莱修曾抱怨过 patrii sermonis egestas[母语的贫乏]（参见《论万物的本性》1.832、3.260），塞内卡和昆体良亦然。提若当然会惊异于主人西塞罗此言。

[3] 参见 1.1、1.15、3.10 和 3.11。既然西塞罗说拉丁语比希腊语在词汇上更加丰富，更适用于精确的表达，那么作为他的忠实读者和译者，我们当然值得认为，我们的母语常常比现代西方语言更能精确、传神地呈现西方古典语言的含义和韵味（参见上面两条注释）。

[4] 参见 2.53。

[5] 角力（palaestra）：或译作角力场（参见《论演说家》2.20）。

[6] 斯巴达少女要经受奔跑、摔跤以及投掷铁饼和标枪的训练。斯巴达女性并不参与战争事务，这位佚名罗马诗人的说法恐不合于事实。

[7] 多子多福（fertilitas）：这个词可能指传说中普里阿摩斯、达纳俄斯和埃巨普托斯有

因此，痛苦时不时地穿插于这些艰辛的操练——他们遭驱使，他们挨打击，他们被抛弃，他们跌倒，而且辛劳本身为痛苦裹上了某种类似老茧[1]的东西。

16. [37]其实[关于]军事（我指我们的而非斯巴达人的军事——后者的阵列按笛声和节拍前进，[2]而且没有任何一次鼓舞不以短短长音步施加），[3]你先看到我们的军队从何处得到名称，[4]再看到[那是]何种辛苦、名名身强度的行军！[你看到战士们]携带逾半月的口粮，携带们何想要使用的东西，携带栏栅（其实我们的战士并不把负荷中的盾牌、刀剑和头盔算作肩膀、上肢和双手之外的东西，因为他们说武器乃战士的四肢；事实上这些东西就是这样贴身携带，从而，如果需要，那么在丢下负荷、亮出武器后就可如同[使用]四肢那般作战）。怎么？军团的操练是怎样的？那跑动、冲锋和呐喊由如此高强度的辛劳组成！由此，战斗中的那个灵魂就准备好负伤。带个灵魂平庸、未经训练的战士来吧，他看起来会是个女子。[38]新旧部队之间为何区别如此之大以至于为我们所经验？新兵的年龄一般更具优势，但是习惯教[他们]承担辛劳、蔑视伤痛。另外，我们还看见[5]伤员常常被抬下前线，而事实上那位无经验

五十个子女的说法。奥维德《岁时记》4.202 提到萨图尔努斯（Saturnus）之妻瑞亚（Rhea）"因自己的多产而痛苦"（indoluit fertilitate sua）。也有学者把这里的 fertilitas 理解作富有、奢侈，即 πλησμονὴ τῶν βαρβάρων[外夷的富庶]。另有观点认为可校改作与这个词形似的 futilitas[徒劳]或 teneritas[羸弱]。

　　[1] 裹上……东西（quasi callum quoddam obduci）：或译作使……不敏感/麻木，参见 *OLD*[2] 词条 callum 3b。类似表达亦见于 3.53。

　　[2] 后者……前进（quorum procedit ad modum ⟨acies⟩ ac tibiam）：acies 一词是珀伦茨本的添加。亦有版本在 procedit 和 ad 间添加 agmen[行军（中的部队）]或者 iter[行军]，理由分别是可能与 ad modum 或者可能与 procedit 中的 it 产生了混淆。关于 modus[节拍]，参见 *OLD*[2] 词条 modus 7b。关于斯巴达人的行军，参见《伯罗奔半岛战争志》5.70。

　　[3] 比如 ἄγετ' ὦ Σπάρτας ἔνοπλοι κοῦροι ποτὶ τὰν Ἄρεως κίνασιν[斯巴达的武装后生们，来跳阿瑞斯之舞吧！]（参见 CAMPBELL 1988: 353–353）。

　　[4] 瓦罗在《论拉丁语》5.87 中认为拉丁语 exercitus[军队]来自动词 exercito[操练]。

　　[5] 安东（ANTHON 1852: 263）认为西塞罗在这里可能暗指公元前 48 年凯撒的老兵在法萨卢斯战役中击溃庞培的新兵之事，而纳丁（NUTTING 1935b）补充说，凯撒部队和庞培部队的区别不可能是绝对的老兵和新兵之分——西塞罗可能不想让读者觉得庞培输在其指挥能力上。

且未经训练的[新兵]无论[受到]多么轻微的一击都会发出可耻至极的哀嚎——而那位训练有素且经验丰富的老兵则因这一缘故而更加勇敢，只需要医生以得到后者的包扎：[1]

> "帕特洛克罗斯啊，"他说，"我来到你们这里，寻求援助和你们的
> 　　双手，
> 在我遇见由敌对之手造成的惨烈灾祸之前，
> …………[2]
> 而且，流淌的鲜血不可能以任何方式凝固，
> 如果死亡更可能凭借你们的智慧而以某种方式得到避免。
> 因为阿斯克勒皮欧斯诸儿的门廊挤满了伤员，[3]
> 就没有可能走进去——事实上，这当然就是欧律皮洛斯——一位训
> 　　练有素的人！"

17. [39]然而[他]并未受过更少的训练——在哀伤[4]如此持续不断的地方——请看他如何以不催人泪下的方式回应，甚至给出了自己为何应当以平和的灵魂来承受的理由：

> 那为别人准备好死亡的人
> 应当懂得为自己做好准备以分有同等的灾祸。

我相信，帕特洛克罗斯会[把他]带走，从而[把他]安置到卧榻上以包扎伤口。[5]假设他事实上是个常人[那么就会如此]，但我看到的不能更少。

---

[1] 2.38–39 的引诗可能出自恩尼乌斯的《赫克托尔的赎金》(Hectoris lytra)。
[2] 珀伦茨本采纳里贝克（O. Ribbeck）的观点，认为这里脱漏了一行诗。
[3] "阿斯克勒皮欧斯诸儿"(Aesculapi liberorum) 指珀达勒伊瑞欧斯 (Ποδαλείριος) 和玛卡翁 (Μαχάων)，参见《伊利昂纪》2.732。关于帕特洛克罗斯 (Πάτροκλος) 与欧律皮洛斯 (Εὐρύπυλος) 相见的情节，见《伊利昂纪》11.804，在第十一卷最后，帕特洛克罗斯医治了欧律皮洛斯。
[4] 哀伤 (luctus)：可能指欧律皮洛斯的哀嚎（见上注），也可能指恩尼乌斯诗中为当时读者所周知的情节。
[5] 这是荷马《伊利昂纪》中的情节。如后面的引诗所示，罗马诗人笔下的帕特洛克罗

其实，他问发生了什么事：

> 说吧，说吧！阿尔戈斯人的事情[如何]在战斗中维持——
> 不可能以言辞表达如此之多的事情，以至于如事实上的辛劳
> 那般众多。[1]

因此，请安静，并且包住伤口。即便欧律皮洛斯有能力，埃索普斯[2]也没有能力

> 当我们的猛悍阵列因赫克托尔的机运而被打乱……[3]

而且他把其余的事展现在痛苦中。其实在勇敢的君子身上，军事荣誉就是如此没有节制。因此，一位老兵能做到这些，有学识的君子和智慧者就不行么？[40][4]其实他[能做得]更好，而且事实上好得多。但是到目前为止我谈论的是操练的习惯，尚未论及理性和智慧。老妪常常承受两天或三天的禁食。撤走运动员一天的饮食吧，他会哀求尤比特，奥林波

斯想要了解战争的动态。

[1] 不……众多（non potest ecfari tantum dictis, quantum factis suppetit | laboris）：一些版本接受本特利的校改，把 laboris[属辛劳]改为 laberis[你倒下]，作为新的句子的开头。

[2] 埃索普斯（Aesopus）：罗马演员，西塞罗之友。西塞罗的意思是，这位埃索普可以扮演欧律皮洛斯，却无法承受这位战士所承受的痛苦。

[3] 珀伦茨本以省略号中点的个数大致表示被省略的单词数量，比如这里的省略号只有两个点，2.49 的有七个点，3.53 的有四个点，等等。译文中均使用普通的省略号。

[4] 关于第 40 节始于何处，珀伦茨本未给出有效信息——珀伦茨本的节号标在页边，而 ille 和 sed 前分别是问号和句号，故以通行的体例无法推断。

西塞罗作品的分章（chapter，或称作大节[longer section]）和分节（section，或称作小节[shorter section]、小段[shorter paragraph]）虽并行于晚近的西塞罗校勘本和学术性译本，但由于与文意关联松散甚至有时割裂文脉，故偶尔也为校勘者修改。现行的分章首次见于佛兰芒学者格鲁特（Jan(us) Gruter(us)）在 1618 年出版的西塞罗全集。现行的小节为苏格兰学者斯科特（Alexander Scot(us)）所划，首次见于其编订的西塞罗全集和西塞罗词典《拉丁语成语大观》（*Apparatus Latinae locutionis*），均由皮耶奥特（Jean Pillehotte）在 1588—1589 年出版于里昂（桑兹 2021: 209 言《大观》出版于巴塞尔，误）。不过，第一个为西塞罗作品划分章节的是艾蒂安（Charles Estienne），其兄罗伯特（Robert）的长子亨利（Henri，与祖父同名）即著名的斯特方版《柏拉图全集》出版者。西塞罗作品的"斯特方节"见于 1554—1555 年出版的巴黎版。详细的考证见 GLUCKER 1984。

斯科特版的节号也标注在页边，不过在正文中另外标注了双竖线（||），故我们能明确得知他在 ille 一词前分节，参见 SCOT 1589: 327。

斯山的尤比特——就是运动员会为了他而操练的那一位——他会哭喊
说无法承受[禁食]。习惯的力量巨大：猎户在山中的雪地上过夜，印度
人忍耐自己遭受焚烧[时的剧痛]，[1]拳击手被手套[2]击伤后甚至不会呻
吟。[41]但是为何[谈论]这些人呢——在他们看来，奥林匹亚赛会的胜
利就像那古代的执政官职位？[3]角斗士、被毁灭的人或蛮夷禁受怎样的
打击啊！那些受到良好培养的人以何种方式宁愿接受打击也不愿可耻地
逃避！[这个情况]多么频繁地显现：相较于满足主人或民众，没有什么
是他们更加愿意的！他们甚至在伤痕累累后还向主人汇报，让他们要求
所愿意的事情——情况若使后者满意，那么自己就愿意倒下了。哪位平
庸的角斗士呻吟过？谁曾改变过表情？谁不仅可耻地站立而且可耻地
倒下？谁，尽管倒下，被勒令接受刀剑[的致命一击]时缩过脖颈？[4]操
练、实践[5]和习惯就是如此有力。因此，"配得上那种生活和地位的撒姆
尼[角斗士]，一个卑微的人"[6]能够[做到]这点，为荣耀而生的人[反倒]
在灵魂中有一个如此软弱、没有因默想和理性而强壮起来的部分吗？角
斗士的表现常常在一些人看来残忍、野蛮，而窃以为，那就像现在[所

---

1 参见 5.77–78。

2 手套（caestibus）：这种手套由大牛皮制成，并且由金属加固，参见《埃涅阿斯纪》
5.424–425。

3 在西塞罗看来，"那古代的执政官职位"（consulatus ille antiquus）是功劳的奖赏，
他这里暗中批评凯撒的行为——独裁官凯撒把执政官的职位给予政治盟友，甚至任命某
人当一天的执政官。

4 谁缩过脖颈（quis ... collum contraxit）：根据普鲁塔克的说法，西塞罗临终时平静地
面对杀手的屠刀：ὁ Κικέρων ᾔσθετο, καὶ τοὺς οἰκέτας ἐκέλευσεν ἐνταῦθα καταθέσθαι τὸ φορεῖον.
αὐτός δ᾿ ὥσπερ εἰώθει τῇ ἀριστερᾷ χειρὶ τῶν γενείων ἁπτόμενος, ἀτενὲς ⟨ἐν⟩εώρα τοῖς σφαγεῦσιν ...
ἐσφάγη δὲ τὸν τράχηλον ἐκ τοῦ φορείου προτείνας[西塞罗察觉后，命令他的家仆就地放下轿
子。而他如同习惯的那样用左手抚摸着下巴，注视着那些杀手……而当(西塞罗)从轿子
里探出(头)时，(赫壬尼乌斯)砍下了他的脖颈]（《西塞罗传》48.3–5）。就此而言，西塞
罗的灵魂当然 ὀρθῶς φιλοσοφοῦσα καὶ τῷ ὄντι τεθνάναι μελετῶσα ῥᾳδίως[以正确的方式热爱
智慧，练习轻松地赴死]（《斐多》80e–81a）。玛努瓦尔德（MANUWALD 2015: 5）说，西塞
罗明知他针对屋大维和安东尼的行动可能会导致自己的死亡，但他乐意冒此风险尝试解
放和拯救共和国。

5 实践（meditatio）：这个单词的基本意思是默想、沉思，但又有实践、练习的含义。

6 这行诗来自讽刺诗人路奇利乌斯（Lucilius），参见 WARMINGTON 1967: 56–57。"撒
姆尼[角斗士]"（Samnis）指撒姆尼式装扮的角斗士。

说]的这样。而当罪犯以刀剑顽抗时，对于耳朵而言可能有许多反击痛苦和死亡的更有力的训练，对于眼睛来说事实上不可能有[这种]训练。

18. [42]关于操练、习惯和[思想]准备，我已经谈过了。好，若你愿意，现在就让我们看看理性，除非你想对此[说]点什么。

生：我该打断你吗？实际上我不想这样：你的言辞是如此地把我引向相信。

师：那么就让廊下派来看看，感到痛苦是否是恶。他们想要凭借某种曲折、琐碎而且与感知毫无关联的诡辩使痛苦不是恶得到证明。[1]我本人认为，无论那一点如何，它都没有重要到如看起来所是的那般，而且我断言人们被其欺骗性的外观和表相相当严重地扰动了，而所有的痛苦都是可以忍受的。

那么我要从何处开始呢？或者，我该简要涉及方才同样说到的那些，以使[后续的]言辞能够更容易地向前长远迈进？[43]因此在所有人——不只是有学识的人，还有无学识的人——中这点都成立：坚忍不拔地忍耐痛苦是勇敢者、灵魂伟岸者、坚忍者和战胜属人之事者所拥有的[能力]。其实并没有谁是这样一个人，以致认为如此忍耐之人不当受赞美。于是就那件在发生时为勇敢者所要求和赞美的事情而言，在它来临时惶惧它或在它出现时不去承受它，难道不可耻吗？不过，或许，尽管灵魂的所有正常状态[2]都被称作德性，"德性"却并不是每一种德性专属的名称，而所有的德性都由超过其他德性的那一点来命名。其实，"德性"之称源出于"人"，[3]而勇敢尤其为人所特有，它最大的两个作用是蔑视死亡和蔑视痛苦。由此，这些应当为[我们]所用，如果我们想要掌控德性，或者说就是，成为人——既然"德性"这个名称借自"人"。

你可能要问，这是凭借何种方式（而且[你问得]正确）——因为哲学宣称[自己是]这种解药。**19.** [44]伊壁鸠鲁正在前来，[他是]最不坏

---

[1] 参见 2.29。
[2] 状态（adfectiones）：这是 adfectio 在本书中的首次出现。参见 2.32 及相关注释。
[3] virtus[德性]派生自 vir[人]。

的人，毋宁说是至善的君子；他明白多少就给了多少建议。"请你，"他说，"无视痛苦。"谁在说这话？就是那位[说]痛苦是至恶的人？[这]并不怎么恒固。让我们听听吧！"痛苦若是至恶，"他说，"那就必然是短暂的。""请你为我重复同样那些东西！"[1] 因为我并不充分理解你所说的极端和短暂是什么。"极端就是没有什么超过它，短暂就是没什么更短。我蔑视这种强度的痛苦——时间的短暂将在[痛苦]到来之前不久把我从那里解救。"但如果痛苦如此巨大，就好像菲洛克忒忒斯的那般呢？"事实上那在我看来显然相当强烈，但仍不极端。因为除了一只脚外没有任何[部位]感到痛苦：[他的]双目可能[但没有感到痛苦]，头颅、胁腹、肺部和所有[部位]都可能[但没有感到痛苦]。从而，他远离于极端的痛苦，"他说，"因此，长久持续的痛苦更具有欢乐而非烦恼。"[2][45] 现在我本人无法说一位如此伟大的人毫无感觉，但是我认为我们遭他嘲笑。我本人断言，极端的痛苦并不必然短暂（我说极端，即便另一[痛苦]在十个原子的程度上[3]更加强烈），而且我可以提到许多正人君子的名字，他们受痛风最为强烈的痛苦折磨，持续多年。但是那个机敏的人从不限定程度和时间长度的范围以使我知道他说什么是痛苦中的极端、什么是时间上的短暂。因此，让我们略过这位[伊壁鸠鲁]吧，因为他完全没有说任何东西，而且让我们迫使[他]承认，并不应当向这位断言痛苦是万恶中的最大者之人寻求对痛苦的化解——无论这同一个人在煎熬和自己的痛性尿淋沥中把自己表现得多么勇敢。[4] 因而，应当从别处寻求解药，而且，如果我们寻求那最为合适的东西，那么事实上就最[应

---

[1] 这句话来自帕库维乌斯的《伊利欧内》，参见 1.106 注释。

[2] 参见《名哲言行录》10.140：αἱ δὲ πολυχρόνιοι τῶν ἀρρωστιῶν πλεονάζον ἔχουσι τὸ ἡ-δόμενον ἐν τῇ σαρκὶ ἤπερ τὸ ἀλγοῦν[持久的疾病带来身体中愈发增多的快乐而非痛苦]。伊壁鸠鲁还说，只要在忍受了长期痛苦后获得更大的快乐，那么我们就会认为存在许多比快乐更好的痛苦。

[3] 在……上（decem atomis）：玛尔库斯借用德谟克利特的原子论嘲讽了伊壁鸠鲁。

[4] 玛尔库斯说的是伊壁鸠鲁临终前在床上写给朋友的信。信中说，尽管自己身患痛性尿淋沥和痢疾，但是他依旧幸福——为了对抗这些痛苦，伊壁鸠鲁让自己的灵魂沉浸在与朋友对话的愉快回忆中。参见《论善恶之极》2.96 和《名哲言行录》10.22。

当]向那些[廊下派寻求解药]——在他们看来，高尚之事就是至善，低劣之事就是至恶。在这些人出现时，你本人当然不会胆敢[在痛苦中]呻吟和打滚。**20.** [46]因为德性女神本尊借他们的声音同你说话："尽管你看到拉刻代蒙男孩、奥林匹亚青年和竞技场中的蛮夷接受最沉重的打击并且默默地承受，但是，若某种痛苦碰巧刺痛了你，你本人是否会如女人般尖叫，[而]不笃定且镇定地承受？""那不可能发生；自然不会容许。"我在思，男孩受苦常引导而承受，且他人是因为羞耻，许多人是出于恐惧，而我们仍旧担心本性不会忍耐出如此多的人禁受并在如此多的地方得到禁受的东西吗？其实，自然不仅忍耐，而且还要求忍耐。因为相较于高尚、赞誉、尊严和光彩，它并不拥有任何更加卓著的东西，[也]没有任何更加期待的东西。凭借这许多名称，我本人希望一件事情得到展现，但是为了尽可能清楚地表达，我使用了众多事物。然而我想要说，凭借其本身就应当向往的就是对于世人而言显然最好的那个事物，它来自德性或者在德性本身之中，因自身之故而值得赞美；我会很快断言同样这个东西是唯一的善而非至善。[1]而且，正如这些事物关乎高尚，[其]对立物也就关乎低劣：没有任何东西如此丑陋，没有任何东西如此当受鄙弃，没有任何东西更配不上世人。

[47]而如果你信服这点——因为你起初说在你看来更多的恶在耻辱中而非在痛苦中——那么剩下的事情就是你本人自我统治。尽管这一点会以某种方式得到言说——就好像我们[都]是两个人，以至于一者统治，另一者服从！——[这]依旧说得不错。**21.** 其实，灵魂分为两个部分，[2]其中一者分有理性，一者无涉于理性。因此，当[我们]受教导说，我们要自我统治时，[我们]受到的是这一教导：理性要约束鲁莽。几乎所有人的灵魂中都自然存在某种软弱、低等、卑贱、以某种方式颓丧而且衰弱的东西。假设不存在其他东西，那么就没有比世人更不堪的事物

---

[1] 玛尔库斯在这里支持廊下派的观点（德性是唯一的善），拒绝漫步派的观点（德性是各种善中的至善）。

[2] 参见 1.80、4.10。

了。但是，作为万物的女主人和女王的理性临在，它在凭借自己本身而奋发并长远地迈进之后成为了完美的德性。理性统治灵魂中应当服从[它]的那一部分，这点必须得到君子的注意。[48]你会问："究竟以什么方式？"就像主人[统治]奴隶，指挥官[统治]士兵或父母[统治]儿子。如果灵魂中我曾谓之柔软的那一部分以最可耻的方式行动，如果它使自己屈从于女人般的恸哭和泣涕，那就让它被朋友和亲人的监护约束和束缚吧。其实我们常常看见那些不受任何理性约束的人被羞耻击垮。因此，事实上，他们应当如奴隶那般被看管起来，差不多得用枷锁和牢笼，然而，这些更有力但并非最强壮的人，如优秀的士兵那样，提醒过后就被召回[到部队]，应当关注尊严。在《濯足》中，¹那位[全]希腊最智慧的人受伤后并未过度哀哭，而是温和地说："你们缓步离开吧，"

> 而且动静轻些，²
> 以免更大的痛苦凭借颠簸
> 把[我]逮住。

[49]（帕库维乌斯³在这里比索福克勒斯[写]得更好。因为在后者笔下，尤利西斯由于受伤而催人泪下地放声恸哭。）尽管他轻轻呻吟，那些抬着这位伤员的人依旧因为专注于这一角色的庄重而毫不迟疑地对他说：

---

　　¹ 帕库维乌斯的《濯足》（Niptra）翻译（一说模仿）自索福克勒斯的《濯足》（Νίπτρα，又名《被鱼刺所伤的奥德修斯》[Ὀδυσσεὺς ἀκανθοπλήξ]）。在这部剧中，保姆在为奥德修斯洗脚时认出了他（参见《奥德修斯纪》19.386–404），故以此情节为全剧的标题。帕库维乌斯全剧的大致情节是：尤利西斯得到预言，说他会死于儿子之手。因此，在回到伊塔卡后，他乔装打扮以躲避自己与佩涅洛佩所生的儿子忒勒玛科斯。与此同时，尤利西斯与基尔克的儿子忒勒戈诺斯（Τηλέγονος）受母亲派遣寻父，被风暴吹到了伊塔卡。忒勒戈诺斯来到尤利西斯住处，守卫不许进入，遂发生冲突。尤利西斯以为忒勒戈诺斯是忒勒玛科斯，故与之打斗，期间忒勒戈诺斯以基尔克装饰其长矛的鱼刺给尤利西斯致命一击。忒勒戈诺斯发现真相后悲痛欲绝，在密涅尔瓦女神的命令下与忒勒玛科斯和佩涅罗佩把尤利西斯的遗体运到基尔克的埃埃厄岛（Αἰαίη）安葬。参见 WARMINGTON 1936: 264–265。进一步的考证详见 DOUGLAS 1990b。
　　² 而且动静轻些（et sedato nisu）：洛布本译作 evenly straining，基尔弗德译作 mit ruhiger Bewegung。
　　³ 帕库维乌斯（Pacuvius）：罗马肃剧诗人，恩尼乌斯的外甥。

> 而且你，尤利西斯啊，虽然我们
>
> 察觉[你]遭受沉重的一击，但是，你
>
> 简直有一个太过软弱的灵魂，[尽管]
>
> 你惯于在兵戈中度过时光……

明智的诗人懂得，承受痛苦的习惯是一位不应当遭受蔑视的老师。[50]而在巨大的痛苦中，尤利西斯以并不过分的方式说：

> 抓紧[我]啊，抓住啊！创口使[我]屈服；
>
> 露出[它]啊！我悲惨啊！我受折磨啊！

他[的灵魂]开始跌落，然后立刻止住了：

> 盖上[它]，你们现在走吧！
>
> [把我]丢下！因为你们通过触摸和摇晃
>
> 使剧烈的痛苦更强烈。

你看见吗——凭借什么方式，不是身体上得到镇定的痛苦，而是灵魂上遭受批评的痛苦安静下来？因此在《濯足》最后，他也斥责了别人，而且在死亡之时这样[说]：

> 合适的做法是埋怨对立的命运而非[为之]恸哭，
>
> 那是君子的义务，[而]流泪[则]被加在女子的秉性上。

22. [51]他的灵魂中那个更柔软的部分如此服从理性，就好像明智的士兵服从严格的指挥官。不过我们自己目前实际上没有看到任何身上有完美智慧的人。但是，只要[这个人]最终会存在，那么，他本质如何就会由哲人的说法得到解释。因此，他，或者将在他身上的完美而彻底的理性，就会这样统治那一较低的部分，好像正义的父亲统治好儿女——他用点头来实现自己所意愿的事，毫不费力，毫无烦恼。他会自我振作、自我激励、自我准备、自我武装，从而如同抵御敌人那般抵御痛苦。那些武器是什么？是努力、[自我]强化和最内在的言辞——当他对自己[说]：[52]"提防任何低劣、衰弱而不合君子的东西。"高尚的例子浮现于灵魂[1]：厄勒阿的芝诺[2]应该展示出来，他经受了一切[磨难]而未曾出卖终结僭政的同伴。[然后]要考虑德谟克利特的追随者阿纳克撒尔科斯[3]，尽管他落入塞浦路斯国王提摩克热翁之手，他却未曾乞求免除也未曾拒绝任何一种刑罚。印度的卡珥拉努斯，[4]无学识之人、外夷，生于高加索山脚，[5]出于他本人的意愿而被活活烧死。我们自己，如果一只脚[或]一颗牙感到疼痛，[6]那么就无法承受了。因为存在某种阳刚尽失且轻浮的观念——相较于在相同的快乐中它并不更多地存在于痛苦中——当我们因这一[观念]而融化并且因放纵[7]而溶解时，我们就[连]蜜蜂的一蜇[也]无法不吭一声地承受了。[53]而其实，伽·马略，一介村夫，但显然又是一条汉子，尽管他当时接受手术，如我之前所言，[8]却在一开始就拒绝把自己捆起来。而且据说在马略之前没有谁在未被捆绑的情况下接受过手术。那么为何后来还有别人呢？他的榜样起了作用。因此你是否看到，恶属于观念而非自然？[9]不过同样这位马略还表现出痛苦[施加]的撕咬是剧烈的，因为他没有伸出另一条腿。他如一条汉子那样承受了痛苦，又如常人那样不愿在无必要理由时承受更大的痛苦。

因此，整件事情都在于这点：你自我统治。而我已经表明了这是哪种类型的统治。而且这一思考，即什么分别最配得上坚忍、勇敢和灵魂

---

[1] 灵魂（animo）：洛布本据 TREGDER 1841: 71 改作 viro[君子]。

[2] 厄勒阿的芝诺（Zeno ... Eleates）：不是廊下派创建者芝诺。这位哲人生活于公元前五世纪的大希腊地区，提出过著名的"芝诺悖论"。

[3] 阿纳克撒尔科斯（Anaxarcho）：希腊名 Ἀνάξαρχος，色雷斯人，亚历山大大帝的随从，亚历山大去世后，阿氏被塞浦路斯国王所杀。

[4] 亚历山大大帝在攻下巴比伦后与卡珥拉努斯成为朋友，后者是一位天衣派（gymnosophist），也就是希腊人所说的印度苦修者。另见 5.77。

[5] 洛布本认为这里的高加索山即兴都库什山（Hindu Kush），参见 KING 1971: 206。

[6] 珀伦茨本在这里删除了 sed fac totum dolere corpus[但假设整个身体都感到痛苦]。

[7] 放纵（mollitia）：参见 OLD^2 词条 mollitia 8。

[8] 参见 2.35 和 5.56。

[9] 这一观点在本书第三、第四卷中相当重要。

的伟岸，不仅控制住了灵魂，而且以某种方式使得痛苦本身更加温和。

23. [54]因为，就像是在战斗中，怯懦而胆小的士兵一看到敌人就丢下盾牌尽可能逃走，由于这一原因，他有时甚至在身体完好的情况下死去了，[1]但这种情况没有发生在挺身[作战]的[士兵]身上。那些无法承受痛苦的面貌之人就这样把自己抛弃，而且在遭受了如此打击并断了气后倒下。然而，那些抵抗的人最常以胜利者的身份离开。其实灵魂具有某些与身体相似的性质。就好像负荷更易由绷紧的身体承担，[却]以松弛的身体压倒[我们]，灵魂以极其类似的方式因为自己的紧张而摆脱重负的一切压力，然而它因为放松而受到如此压制，以至于不能够使自己挺立。[55]而且，如果我们追问真相，那么灵魂的张力[2]就应该在一切义务的履行之中得到应用。它就像是义务唯一的防护。但是在痛苦中，同样这一点最是应当得到留意：我们别以奴隶或女人的方式垂头丧气、胆怯或懦弱地做任何事情。另外，那种菲洛克忒忒斯式的哭嚎首先当受拒斥和弃绝。对于君子而言，呻吟有时得到谅解，而那一情况罕见，甚至女子也不获准嚎啕——而且这显然就是《十二表[法]》禁止在葬礼上应用的那种"哭丧"。[3][56]而事实上，勇敢且智慧的君子甚至从不会呻吟，除非或许是为了绷紧自己以求有力，就好像运动场中的赛跑者尽可能大喊那般。当摔跤手在操练时，他们所做的相同。其实，拳击手甚至在打击对手的时刻、在手套的挥舞中呻吟，并非因为他们感到痛苦或者在灵魂上屈服，而是因为整个身体通过发出声音而紧绷，而拳头也落得更加

1　比较贺拉斯《颂诗集》3.2.14：mors et fugacem persequitur virum[死亡甚至把逃跑的人追逐到底]。

2　灵魂的张力（animi ... contentio）：可能对应廊下派的 τόνος[张力]概念：灵魂需要好的张力和力量来引发好的判断和好的行为（参见 1.19）。contentio[张力]还见于 2.57、2.58 和 2.65，类似的表达 intentio[紧张]见于 1.19、2.54 和 2.65。

3　哭丧（lessus）：抄本上let作 fletus[哭泣]，校勘者根据西塞罗《论法律》2.59 以及 2.64 的 mulieres genas ne radunto, neve lessum funeris ergo habento[妇女们不得抓伤面颊或者因为葬礼而哭丧]（《十二表法》10.4）校改。关于这条法律的含义，详见徐国栋 2019：280–281。另见《法义》12.960a。

猛烈。**24.** 怎么？那些想吼得更响的人，难道认为绷紧胁腹、咽喉和舌头足够了吗（我们发现声音就是从这些[部位]引起和发出的）？如[人们]所言，他们以整个身体和每一只蹄子[1]来协助声音的抬高[2]。[57]赫拉克勒斯作证，我曾见过玛·安东尼[3]本人在《瓦瑞乌斯法》[的要求]下[4]为自己紧张辩护时以膝盖触碰地面。其实就好像投石机和其他弩具，它们越被有力地紧绷和拉伸，就越是猛烈地发射，声音、赛跑和拳击亦然，迸发得越紧张就越是有力。由于这种张力的力量是如此强大，因此，如果痛苦中的呻吟有助于坚固灵魂，那么我们就会使用[它]。但如果那呻吟恸切、羸弱、卑贱或催人泪下，那么我就不太会把那位使自己屈从于[呻吟]的人称作君子。实际上，即便那种呻吟带来了某种缓和，我们依旧应该发现什么事物属于勇敢而威武的君子。其实，既然它不会减轻任何痛苦，[5]我们为何打算白白沦落为低劣之人呢？在男人身上，还有什么比女人气的流泪更加可耻？[58]另外，针对痛苦给出的这个教谕辐射得更加广泛：因为，一切事物，不仅仅是痛苦，都应当以灵魂中的类似张力来抵御。怒火燃起，欲念激发：必须逃往那同一座堡垒，必须操起相同的武器。但是，既然我们在谈论痛苦，就让我们略过那些吧。

　　因此，为了温和而镇定地承受痛苦，正如[人们]所说，最有效的就是全心全意地认识到这是多么高尚。[6]其实，如我之前所言——其实应该说得更频繁——我们在天性上最为热忱而且无比渴求高尚，倘若我们

---

　　[1] 以……蹄子（toto corpore atque omnibus ungulis）：这个短语可能来自对马的描写——当它拖着重物向陡峭的位置上行时得用蹄子的前端踩着地面。洛布本英译作 with tooth and nail[用牙齿和指甲/竭尽全力]，类似于古希腊语的 ὁδοῦσι καὶ ὄνυξι[以牙齿和爪子]（见于路吉阿诺斯《死人对话》21.4）。

　　[2] 抬高（contentioni）：参见 OLD[2] 词条 contentio 2b。

　　[3] 参见 1.5 中关于罗马演说家的注释。

　　[4] 在……下（lege Varia）：在同盟者战争（公元前 91 年）过后颁布的《瓦瑞乌斯法》意在惩罚被控煽动战争的人，此法要求被告在无辩护人的情况下自我辩护。

　　[5] 对比奥维德《哀怨集》4.3.38：expletur lacrimis egeriturque dolor[痛苦被泪水填满并得到宣泄]。

　　[6] 参见 5.68 高尚注。

凝视某种好似光芒的高尚，那么就不会存在那种我们尚未准备好去承受、禁受以求掌控的东西。由于灵魂的这种朝向真实赞誉和高尚的奔跑和猛冲，那些危险就在战斗中得到面对。勇敢的君子并不会在阵列中感觉到伤口，毋宁说，他们感觉得到，但是宁愿死亡也不愿从尊严的台阶上被赶下，[即便]只不过是[小小一步]。[59]当得奇乌斯们[1]冲向敌人的阵列时，他们看到后者[手中]明晃晃的刀剑。对于得奇乌斯们而言，死亡的高尚和荣耀为他们减轻了对危伤的一切恐惧。难道你认为当厄帕美伊农达斯感到生命与血液一同流逝时，[2]他在呻吟？因为他离开了统治拉刻代蒙人的祖邦[忒拜]——他先前在[忒拜]受[拉刻代蒙人]奴役时接管了它。这些就是对极端的痛苦的安慰和舒缓。**25.** [60]你会说：在和平时期、在家中、在卧榻上怎样呢？你把我唤回到哲人那里，他们并不常常[3]走进阵列。其中有一个人相当轻浮，就是赫剌克勒阿的迪欧倪西欧斯。[4]尽管他从芝诺那里学到要勇敢，但[迪氏]因为痛苦而抛弃了之前所学。因为，他由于受肾[疾]之苦而在那种嚎啕中反复大喊自己先前关于痛苦的那些感受是错误的。当同窗克勒安忒斯[5]问他，究竟是什么道理把他带离了那一观点时，迪欧倪西欧斯答道："因为，倘若，当我对哲学付出如此之少的努力后我还是无法承受痛苦，那么就存在一条充分的证据[表明]痛苦是恶。然而，我在哲学中耗费了多年而且无法承受[痛苦]。因此痛苦就是恶。"[6]人们说，克勒安忒斯随后在跺脚于地

---

[1] 得奇乌斯们（Decii）：参见 1.89。

[2] 指公元前 362 年的曼提尼亚战役。关于厄帕美伊农达斯，参见 1.4。

[3] 并不常常（non saepe）：西塞罗没有说 numquam[从不]，使我们想起苏格拉底曾于公元前 424 年在得利昂（Δήλιον）作战，还曾于公元前 432 年在珀忒伊代阿（Ποτείδαια）战场上救下了阿尔喀比亚德，参见柏拉图《会饮》221a。

[4] 赫剌克勒阿的迪欧倪西欧斯（Heracleotes Dionysius）：希腊名 Διονύσιος，赫剌克勒阿（Ἡράκλεια）人，原本师从廊下派的芝诺，后来成为犬儒，因此 μεταθέμενος[变节者]之名。

[5] 克勒安忒斯（Cleanthes）：希腊名 Κλεάνθης，芝诺的继承人，克律西璞珀斯的老师。

[6] 因为……是恶（quia, ⟨si⟩, cum tantulum operae philosophiae dedissem, dolorem tamen ferre non possem, satis esset argumenti malum esse dolorem. plurimos autem annos in philosophia consumpsi nec ferre possum. malum est igitur dolor）：这里有校勘问题。洛布本中 tantu-

时念了一句出自《七将之子》[1]的诗行：

> 你听到这些了吗？被藏在地下的安菲阿剌欧斯啊！

克勒安忒斯指的是芝诺——他当时痛苦于迪欧倪西欧斯背离了他而退步了。[61]而吾[友]波塞冬尼欧斯[2]则不然。我本人常常见到他，而且我要讲那件庞培经常叙述的事情——当庞培从叙利亚班师来到罗德岛时，[3]他想聆听波塞冬尼欧斯[论辩]。但是，尽管庞培听说波氏重病在身——因为后者的肢体严重不适——他依旧想要拜访这位高贵无比的哲人。当庞培看到他，向他问好，而且用充满敬意的话语称颂他时，庞培告诉[波氏]，自己感到烦闷，因为无法聆听他[论辩]。而波塞冬尼欧斯说："其实你可以，我不会致使身体的痛苦导致一位如此伟大的君子白白到我这儿来一趟。"而且庞培这样叙述：波塞冬尼欧斯躺着，深刻而丰富地就"除了高尚之事外没有任何善"这一观点论辩。而当有如火把的疼痛向他袭来时，[4][波氏]屡屡说："没用的，痛苦啊！无论你多么让人烦恼，我绝不会承认你是恶。" **26.** [62]并且总而[言之]，所有显眼而

---

lum[如此之少的]作 tantum[如此大量的]。洛布本认为这是一个并不妥当的廊下派三段论，因为其大前提并不周延（参见 KING 1971: 214）。珀伦茨本的逻辑似乎是，迪欧倪西欧斯认为，自己在哲学上用功甚少而无法承受痛苦，这是"痛苦是恶"的一条证据，而当他用力颇勤却依旧如此时，便可下"痛苦是恶"的结论了。

[1]《七将之子》(Epigonis)：索福克勒斯和埃斯库罗斯均有肃剧《七将之子》(Ἐπίγονοι)，西塞罗这里可能引用了阿克奇乌斯的拉丁语译文，也可能自行译出。此剧梗概如下：阿尔戈斯先知安菲阿剌欧斯(Ἀμφιάραος)被迫参加攻打忒拜的战争，自知难逃一死，故躲藏起来；其妻厄瑞费勒(Ἐριφύλη)受俄狄浦斯之子、阿尔戈斯国王阿德剌斯托斯(Ἄδραστος)之婿珀吕尼克斯以和谐女神的项链贿赂，供出他的藏身处。安菲阿剌欧斯出征前嘱二子阿珥克迈翁(Ἀλκμαίων)和安菲洛科斯(Ἀμφίλοχος)杀死母亲并重征忒拜。先知在远征中被大地吞噬（故克勒安忒斯在引诗中以安菲阿剌欧斯喻已经逝去的芝诺）。七将之子后攻陷忒拜，兄弟二人杀死母亲并遭复仇女神追杀。参见 WARMINGTON 1936: 420–421。

[2] 波塞冬尼欧斯(Posidonius)：希腊名 Ποσειδώνιος，叙利亚人，定居于罗德岛，西塞罗时代的廊下派掌门，帕奈提欧斯的学生。西塞罗与他私交甚笃，在公元前 79 年—前 77 年与他学习。波塞冬尼欧斯著有多部哲学著作和一部史书，后者涉及大部地中海世界。

[3] 公元前 62 年，当时庞培从米特拉达梯战场返回罗马。

[4] 西塞罗在这里以火把喻病痛，在 1.44 以火把比喻物质享受的诱惑。

为人所知的辛劳也立刻[1]变得可以忍受。我们难道没有看到，在那些被称作体操的竞技中，参与者大有光彩，没有任何痛苦是那些加入这一竞争的人所逃避的？进而，在那群人中——捕猎和骑马在他们之中享有盛名——追求这一名誉的人不逃避任何痛苦。关于我们的雄心和对尊荣的欲望[2]，我要说什么呢？那些过去凭借一笔又一笔记号[3]来获取这些名誉的人，未曾奔跑着穿过什么火焰？因此，阿弗瑞卡努斯的手里总是拿着苏格拉底的门生色诺芬[的著作]，他最称赞色诺芬的那一[说法]：对于指挥官和士兵而言，相同的困难并非同等剧烈，因为尊荣本身使得指挥官的困难更加轻微。[4][63]但是依旧发生这件事情：关于高尚的观念流行于由无智慧者组成的俗众，因为他们无法看见这观念本身。从而，由于他们认为得到大多数人称赞的那个东西高尚，他们就被传闻和大众的判断扰动。[5]然而，你，[6]即便身处大众的视域，我依旧不会希望你立足于大众的判断，也不会希望你认为他们认为最美妙的那个事物就是最美妙的事物。你必须运用自己的判断。[7]你若满意于自己证实了正确之事，那么你不仅会战胜自己（不久之前我在展现这点），而且会战胜所有人和所有的事物。[64]因此，把这点放到自己面前吧：灵魂的宽阔和灵魂的某种似乎尽可能高远的提升——这在对痛苦的蔑视和鄙夷上尤其出类拔萃——就是万物中最美妙的东西，而且，如果它摆脱了民众又因为

---

　　[1] 立刻（continuo）：抄本上作 contemno［我蔑视］、contempno［我蔑视］和 contemnendo［经由蔑视］等等，均不辞。洛布本接受本特利的校改，作 contendendo［经由努力］。珀伦茨本在这里采纳的是克洛茨（R. Klotz）的校改。

　　[2] 对尊荣的欲望（cupiditate honorum）：或译作对公职的欲望。

　　[3] 记号（punctis）：即做在蜡板上的标记，用以计票，参见 *OLD*[2] 词条 punctum 2。公元前 139 年才引入了选票。西塞罗在这里提到"过去"（olim）的选举，可能影射了凯撒。

　　[4] 参见《居鲁士的教育》1.6.25：ἐπικουφίζει τι ἡ τιμὴ τοὺς πόνους τῷ ἄρχοντι καὶ αὐτὸ τὸ εἰδέναι ὅτι οὐ λανθάνει ὅ τι ἂν ποιῇ［荣誉在某种方面减轻了指挥官的劳苦，对这一点的知晓恰恰也是(如此)：(指挥官)所做的任何事情都不受人忽视］。关于《居鲁士的教育》，参见杨志城 2021。

　　[5] 参见 3.2–4，另见《王制》6.492b–c。观念/意见与对好本身的知识相对。在廊下派的传统中，所有缺乏这种知识的人都是愚人。

　　[6] 然而，你（te autem）：玛尔库斯以这个语气强烈的短语开始他的结束语，这篇结束语主要由对罗马青年的劝诫组成。

　　[7] 西塞罗在这里体现了他的学园派立场，参见 1.17 及相关注释。

不渴望喝彩而依旧因自己本身而感到愉悦，那么它就由于这一点而更加美妙。另外，事实上，不带夸耀并且不在民众的见证下发生的 切事情在我看来都更加值得称赞。[民众]并不因此而当被避开——其实，一切做得好的事情都希望自己被置于阳光下——但是，对于德性而言，依旧没有比内心更重要的观众。

27. [65]进而，让我们首先默想那点：这种我现在常说必须由灵魂的紧张来强化的[应对]痛苦的坚忍，应当在所有方面同等地自我展现。因为，许多人常常或是因为对胜利的欲望，或是因为对光荣的欲望，或者，甚至为了维持自己的权利和自由，才勇敢地接受并承受伤痛，同样这些人在释放张力后就无法承受疾病[带来]的痛苦了。因为他们并没有凭借理性和智慧来承受那件他们轻而易举地承受了的事情，而恰恰是凭借热忱和荣耀。因此，某些外夷和蛮人能够用刀剑极其猛悍地战斗，[却]无法以君子的方式养病。然而，希腊人不怎么威武[但]足够明智，如这些人的能力[所示]，他们无法直面敌人：[1][但]同样这些人以坚忍不拔的、属人的方式承受疾病。而奇姆卜瑞人和刻珥提贝瑞人[2]在战斗中如鱼得水，[却]在疾病中恸哭。其实，任何不从确定的原理出发的事物都不可能是平稳的。[66]但是，既然你看到，[3]那些或是被热忱或是被观念引导去追求并获得那一事物的人没有因痛苦而被击垮，你就该判断，或者痛苦不是恶，或者，即便任何一个粗涩而忤逆自然的东西都可被称作恶，但它是如此次要，以至于被德性如此遮蔽，以至于从未有所体现。我请[你]昼夜默想这一点。其实，这一原理会洋溢得更加广泛，而且最终会占据更大的领域，而非仅仅针对痛苦。因为，如果我们做一切事情都是为了避免低劣和获得高尚，那么我们就不仅可以轻视痛苦[造成]的

---

1 《政治学》7.1327b30 说希腊人 ἔνθυμον καὶ διανοητικόν[具热忱也有理智]，批评北方种族和亚细亚人都不兼具这两种品质。
2 奇姆卜瑞……人（Cimbri et Celtiberi）：前者是日耳曼人，后者是西班牙人。
3 既然你看到（cum videas）：亦可译作无论你何时看到，参见 2.29 注释。

刺激，而且可以蔑视机运[打下]的霹雳——尤其是因为，从昨日的那场论辩中[得到]的那一避难所已经准备就绪。[1][67]其实，就好像，如果海盗追杀一名航海者，若某位神明对他说，"把你自己丢进大海吧，接[你]的就在眼前：或是一只海豚，就像接住美缇姆纳的阿瑞翁那样，[2]或是接住佩洛璞斯的尼普顿的那些马匹（据说后者在海浪上牵动着悬浮的战车），[3]它们会接住你并且带你去往你想去的地方"，他就会抛下一切畏惧；同样，当[你]受粗涩而可憎的痛苦逼迫时，如果它们是如此剧烈以至于不应当承受，那么你就看到该逃往何处。

我认为，这些大约就是此时应当讲述的东西。但是你本人可能延续[之前的]观点。

生：完全不，而且我希望自己在[这]两天已从对那两件我当时尤其畏惧的事情的恐惧中得到了释放。

师：那么明天[我们]对着滴漏[4][来练习修辞吧]。其实我们就这样说好了，而且我发现这缺不了你。

生：完全如此。而且事实上，那[修辞练习]在上午，这种[哲学论辩]在[与今天]相同的时候。

师：让我们这样做吧，而且让我们顺着你这优秀无比的热忱。

1　参见 1.74、1.118。

2　美缇姆纳（Μήθυμνα）的琴师阿瑞翁（Ἀρίων）从意大利返回勒斯波斯岛，途中被船员扔进大海，但是为一条海豚所救，详见希罗多德《原史》1.23。

3　海神尼普顿赐予佩洛璞斯黄金马车和飞驰于海面的神马，协助他击败希波达美亚的父亲，成功娶得公主。西塞罗在这里把自杀比作神明的援救，可能暗示了选择死亡的正当性，参见 1.74。

4　对着滴漏（ad clepsydram）：滴漏通常用来为公共演说计时，不过也可用于私下的修辞练习。

第三卷　论缓解忧愁

1. [1]既然，布鲁图斯啊，我们由灵魂和身体组成，我该认为[这一现象]究竟是出于什么缘故呢：由于对身体的关心和照顾，一种技艺为[我们]所探寻，而且其效用被归功于不朽诸神[1]的发明（然而灵魂的解药既不在被发现前如此受到需求，又不在被认识后如此受到重视，亦不如此受众人欢迎和认可，甚至被更多的人怀疑和嫌恶）？难道因为，我们用灵魂来判断身体的病痛和痛苦，[而]用身体感觉不到灵魂的疾病？从而就发生这一情况：当灵魂借以得到判断的那个东西本身患病时，灵魂本身对自己作出判断。[2]但假设自然如此地生养了我们，以至于我们能够凝思、洞悉[自然]本身，[2]并且借助这同一位最佳向导来完成生命的过程，那么，当然就不会出现有谁需要理性和学识的情况了。现在，[自然]给予我们星星之火——我们因为败坏而以邪恶的习惯和观念如此迅速地掐灭这[火苗]，就好像自然之光从未显现。其实德性的种子就扎根在我们的天性里——如果这[种子]可以发育，那么自然本身就会把我们带往幸福的生活。然而现在，在我们生于光明并[得到父亲]接纳的同时，[3]我们就立刻受所有的偏颇和各种极度扭曲的观念影响，以至于，我们看起来几乎伴着乳母的奶水吮吸着错谬。不过，当我们被交还给父母，后来又被送到老师那里时，我们被灌输了如此多样的错谬，以至于真理让位于空虚而本性自身让位于固化了的意见。**2.** [3]还要加上诗

---

[1] 指阿波罗和他的儿子阿斯克勒皮欧斯，参见 2.38。

[2] 参见《名哲言行录》7.87: ὁ Ζήνων ἐν τῷ Περὶ ἀνθρώπου φύσεως τέλος εἶπε τὸ ὁμολογουμένως τῇ φύσει ζῆν, ὅπερ ἐστὶ κατ᾽ ἀρετὴν ζῆν[芝诺在《论人类的本性》中说，人的目的就是与自然一致地生活，这其实就是按照德性来生活]。

[3] 洛布本注释说，按照古罗马人的习俗，父亲把新生儿从地上抱起以表达对孩子的承认和接纳（参见 KING 1971: 226），但是格里芬认为这一说法并无相关证据（参见 DAVIE & GRIFFIN 2017: 216）。

人。[1]当他们展示出学识和智慧的伟大景象时，他们就得到聆听、阅读和谙习，而且深远地固着于[我们的]心灵。不过，当在同样这一点上加上了如同某位最伟大的老师的民众而且四面八方的所有大众都在罪恶上达成共识的时候，我们显然就受到扭曲的观念的侵染而且背弃了自然，以至于，在我们看来，那些人以最佳方式观看自然的力量[2]——他们判断，对于世人而言，相较于尊荣[3]、指挥权和民众[给予]的荣耀，没有任何东西更好，没有任何东西更应当寻求，没有任何东西更卓越。每一个优秀至极的人都因寻求那真实的高尚而被带往[荣耀]——[他们的]本性以最激烈的方式唯独寻求这一[高尚]，受极端的空虚影响而且不追仿德性的任何卓越肖像，而是追仿荣耀的轮廓。[4]其实，[真实的]荣耀是某种实在的、塑造出来的东西，并非虚假之物，它是正人君子一致[给予]的名誉，是对杰出德性作出优秀判断之人[发出]的公允之声，它如同回声那般向德性发出回音。由于[真实的荣耀]往往是正直行为的同伴，因此它不应为正人君子所离弃。[4]然而，认为自己是[真荣耀]之模仿者的[假荣耀]是粗率而未经思考的，而且往往是过犯和缺陷的赞美者，是民众[给予]的名声，它凭借对高尚的伪装而污损[真荣耀]的形象和美妙。由于这种盲瞀，尽管世人还欲求某些出彩的东西，但因为不知道它们在何处，又不知道它们本质如何，一些人就彻底颠覆了自己的城邦，另一些人失去了性命。[5]进而，事实上，这些寻求最佳事物的人受意愿的

---

　　[1] 参见 2.27。

　　[2] 观看自然的力量（naturae vim vidisse）：抄本上并无 vim[力量]一词。珀伦茨接受玛兹维（MADVIGIUS 1876: 453）在其《论善恶之极》3.62 笺注中的观点，根据西塞罗在那里的 atque etiam in bestiis vis naturae perspici potest[而且，自然的力量甚至能够在野兽中得到(我们的)洞悉]这一说法增补。

　　[3] 尊荣（honoribus）：或译作公职。

　　[4] 西塞罗这里使用了几个涉及雕塑和绘画的比喻：eminentem effigiem[卓越的肖像]、adumbratam imaginem[轮廓/虚假幻像]以及下面的 res ... expressa[塑造出来的东西]，本句可能在影射凯撒。根据 KNOCHE 1934 的观点，西塞罗是第一个判断德性和行为（后者见《论义务》1.65）高于荣耀的罗马哲人（转引自 LONG 2006: 319）。

　　[5] 西塞罗似乎在暗指凯撒和庞培。

误导并不像受歧途的误导那样多。¹怎么？那些被财欲拐走的人、那些
被对快乐的欲念拐走的人和那些灵魂受到如此扰乱，以至于并不远离于
疯狂的人——这一情况发生于一切无智慧者身上——没有任何治疗应
该施加给他们吗？这是因为，相较于身体的虚弱，灵魂的虚弱伤害更小，
还是因为，身体可能受[灵魂]治疗[但]没有任何属于灵魂的解药？3.
[5]不过，灵魂的疾病比身体的疾病更具破坏性而且更加繁多。²其实，
这些[疾病]本身令人厌恶，因为它们涉及灵魂并且使灵魂焦虑。"而且，
一个患病的灵魂，"如恩尼乌斯所言，"总是迷路，并且没有能力忍耐，
也没有能力经受，它从不停止欲求。"相较于那两种疾病——从而我们
略过其他[疾病]——忧愁和欲望，在身体中究竟可能还有什么更严重的
[疾病]呢？其实这一点——灵魂无法医治自己——怎么可能得到证明
呢？尽管灵魂发现的恰恰是[医治]身体的解药，尽管身体本身和自然对
身体的治愈大有功效，而所有让自己得到治疗的人也并非都能立刻痊
愈，³然而，希望自己得到治愈而且服从智慧者[给予]的教谕的灵魂毫
无疑问会得到治愈。[6]哲学当然是灵魂的解药。哲学的援助并不应当
如同在身体的疾病中那样从外部得到寻求，而[我们]应当以所有的资源
和力量作出努力⁴，从而使我们自己能够医治自己。不过，如我所认为
的，关于普遍的哲学，在《霍尔腾西乌斯》⁵中已经充分谈过了它应当以
多大的气力得到寻求和关心。进而，在那之后，我几乎没有中断过就最

---

¹ 廊下派认为，所有的错误行为都合乎人的意愿，因为这些行为源自对善恶的错误判断。西塞罗在这里似乎并未接受这一观点。

² 不过……繁多（at et morbi perniciosiores pluresque sunt animi quam corporis）：西塞罗在上一节最后提出了两个问题，分别涉及灵肉的虚弱（疾病）和解药。这里先处理前者，按常理应该有另一个 et 分句处理后者。但随后的内容解释了本句，因此第二个问题就以 qui vero probari potest[其实……怎么可能得到证明呢]引出，中断了原本的 et ... et 结构。类似现象另见于 4.74、5.94。参见 DOUGAN & HENRY 1934: 6。

³ 洛布把这两个 cum 从句理解为原因从句。这种译文的逻辑是，医治身体的解药由灵魂发现，那么医治灵魂的解药也当如此，而且，有疗效亦即有能力医治。基尔福德译理解为让步从句，更强调灵魂之疾的治愈，译者从之。

⁴ 应当……作出努力（elaborandum est）：elaboro 这个词还出现在 1.1、1.6 和 5.1。

⁵ 参见 2.4。

重要的主题来论辩和写作。[1]进而，那些由我们与自己的亲友一同在图斯库路姆庄园论辩过的事情，就在这几卷中得到展示。不过，既然[2]前两天谈到的是死亡和痛苦，由[这场关于忧愁的]论辩组成的第三天就产生出这第三卷书。[7]其实，当我们已经向下来到自己的阿卡得米阿[3]时（那时白昼已下降至下午时分），我就向在场的[亲友]中的某人索求论述的主题。然后，事情就这样进行——

师：在我看来，忧愁[也会]降临在智慧者身上。[4]

师：难道灵魂的其他紊乱[5]——惶恐、欲念和易怒——也不会吗？其实，这些几乎就是希腊人称作 πάθος 的那种东西；我本人当时可以[把它]称作"疾病"，而且这个词可对应于那个词，[6]但它不合于我们的习惯。因为，怜悯、嫉妒、狂喜和欢乐，[7]希腊人把所有这些都称作疾病，[也就是]不服从理性的灵魂[所作]的运动。[8]然而，如我所想，我们正确

---

[1] 西塞罗在公元前 45 年写了一系列哲学作品，参见"译者弁言"。

[2] 既然（quoniam）：珀伦茨本作 quo niam，缺少连字符，系手民之误。

[3] 参见 2.9。

[4] 在我……身上（videtur mihi cadere in sapientem aegritudo）：西塞罗用 aegritudo[忧愁]一词来翻译希腊语 λύπη，它的各种形态见于 3.83。奥古斯丁则使用 tristitia[忧苦]一词，参见 3.77 的相关注释。在希腊化时期的伦理学看来，若要回答涉及普通人的问题，那么应当首先研究涉及智慧者（亦即以可能的最佳方式度过人生之人）的对应问题（参见 GRAVER 2002: xv–xvi）。

[5] 灵魂的……紊乱（perturbationes animi）：perturbatio 既可表达扰乱行为，也可表达紊乱状态，参见 *TLL* 词条 perturbatio 1825.38。拉丁原文和西语译本中的属格结构显得模棱两可，比如 3.73 的 perturbatio vitae 就可译作生活的紊乱或对生活的扰乱。但在大多数情况下只有一种可能，比如 4.14 的 perturbatio 与 constantia[笃定]对立，故只能理解为作为状态的紊乱，而这也正是 perturbatio 在《图斯库路姆论辩集》中最主要的含义。另见《论善恶之极》3.35。类似地，本稿将动词 conturbare 译作干扰（如 3.15），将名词 conturbatio 译作混乱（4.23、4.30；但在 4.16、4.19 中根据语境[恐惧的情绪]译作慌乱）。

[6] πάθος 在这里可以译作激情，它还有事件、经历、遭际、属性等多种含义。对应于 morbus[疾病]的希腊语是 νόσος（比较 4.23 的 νόσημα[疾病]）。廊下派区分灵魂的四种紊乱，见于《埃涅阿斯纪》6.733：metunt cupiuntque dolent gaudentque[[（肉体）恐惧、欲求、忧愁并且快乐]（维吉尔与西塞罗的用词稍有差异）。廊下派的排序是：ἐπιθυμία[欲望]、φόβος[恐惧]、λύπη[忧愁]和 ἡδονή[快乐]。另见《形而上学》5.1022b15–21。

[7] 廊下派认为智慧者是 ἀπαθής[冷漠的]，因而不会受这些情感影响。漫步派和学园派认为这些情感是自然的，但是需要约束。

[8] 参见《名哲言行录》7.110：ἔστι δὲ αὐτὸ τὸ πάθος κατὰ Ζήνωνα ἡ ἄλογος καὶ παρὰ φύσιν ψυχῆς κίνησις ἢ ὁρμὴ πλεονάζουσα[而根据芝诺的说法，激情本身就是非理性的且违背

地宣称一个受到刺激的灵魂的相同的运动就是紊乱，而[把它们称作]疾病则不太常见，[1]除非在你看来有别的什么[词可用]。

[8]生：其实在我[看来]这样[合适]。

师：那么你认为这些会发生在智慧者身上吗？

生：我认为完全就是[如此]。

师：甚至这种夸夸其谈的智慧不应当得到高估，如果它与疯狂并无太大区别。[2]

生：怎么？灵魂的一切冲动在你看来都是疯狂吗？

师：事实上，不仅在我[看来如此]，而且——这是我常常感到惊异的事情——我意识到，这在我们比苏格拉底早数个世纪的祖先们看来亦然。整个这种关于生活和习俗的哲学就滥觞于他。[3]

生：究竟以什么方式呢？

师：因为疯狂一名意味着心灵的虚弱和疾病，也就是疯癫狂乱和患病的灵魂——他们把前者称作疯狂。[4][9]（进而，哲人们把灵魂的每一种紊乱都称作疾病，而且他们宣称没有任何一个愚蠢之人免于这些疾病。进而，在疾病之中的人不康健。而且，一切无智慧之人的灵魂都在疾病之中。因此，所有无智慧之人都在发疯。）其实，他们[5]当时判断，灵魂的清醒位于某种宁静和笃定之中，他们宣称不涉及这些事情的心灵是疯狂的，这是因为，清醒不可能在受到扰乱的心灵中，就好像康健不可能在受到扰乱的身体中。**5.**[10]而且[他们]不无敏锐地[做]那件事：

自然的灵魂运动或者过度的冲动]。

[1] 而……常见（morbos autem non satis usitate）：洛布本译作 but not "diseases" in the ordinary way of speaking，葛恭和基尔福均译作 denn »Krankheiten« wäre zu ungebräuchlich。

[2] 这是一条廊下派的反论：πάντες οἱ μωροὶ μαίνονται[所有的蠢人都在发疯]。

[3] 西塞罗把哲学分为辩证法、自然学和伦理学三部分，其中第三部分被归给苏格拉底，比较 5.68。

[4] in-sania[疯狂]和 in-sanitas[疯癫狂乱]与 sanitas 相对，后者既有清醒的意思，也有康健的意思，形容词 sanus[清醒的/康健的]类似。名词 sanatio[治愈]、动词 sanare[治愈]（参见 3.6）和副词 sane[健全地/清醒地/实际上/完全地/非常地]与它们有相同的词根。

[5] 洛布本认为这指的是上文中的"祖先们"。

把缺乏心灵之光的灵魂状态称作失心，又[称作]丧心。[1]由此，[我们]应该明白，把这些名称赋予事实的那些人感受到了同样这一点——从苏格拉底那里习得这点之后，廊下派勤勉地保存下来——一切无智慧者都不清醒。因为，在某种疾病中的那个灵魂——然而，如我方才所言，哲人把这些疾病称作受到扰乱的运动——相较于在疾病中的那个身体并不更加康健。从而就发生这一情况：智慧就是灵魂的清醒，然而无智慧就如同某种疯癫狂乱，它是疯狂，而且还是丧心。这些还以拉丁语单词得到了明显更好的理解——相较于使用希腊语单词。[2][11]这点在其他许多地方也得到发现。但是那一点[我们]下次[再说]，现在[讨论]当下的[问题]。因此，那个词语[3]的含义本身就表明了我们所探寻的那整个事物是什么、本质如何。因为，既然其心灵没有因为任何一种有如疾病的运动而受到扰乱的那些人应当被理解为清醒的人，这些处于相反状态的[4]人就应当被称作疯狂的人。于是，相比于拉丁语言习惯中的东西，没有什么[说得]更好，当我们宣称，那些据说或是因为欲念或是因为易怒而无所约束的人脱离了[对自己的]掌控[5]（尽管那种易怒是欲念的一部分，因为它是这样定义的：易怒是对报复的欲念[6]）于是，那些被说成脱离[对自己的]掌控之人就因这一缘故而得到描述，亦即他们不在心灵的能力之内，而整个灵魂的主权由自然授予心灵。然而，我不能够轻而易举地说出希腊人从哪里带来了 μανία 这个词。[7]相较于他们，我们依旧更

---

1 amentia[失心]和 dementia[丧心]来自表达分离的介词前缀 a-、de- 和名词 mens[心灵]。amens[失心者]指失去心灵的人，demens[丧心者]指心灵偏离正途的人。《国语·晋语二》："今晋侯不量齐德之丰否，不度诸侯之势，释其闭修而轻于行道，失其心矣。君子失心，鲜不夭昏。"《左氏春秋·昭公二十五年》："哀乐而乐哀，皆丧心也。"

2 玛尔库斯忽略了 ἄφρων[失心的]和 παράνοια[疯狂/丧心]这两个希腊词。

3 指 sanus[清醒/康健的]。

4 处于相反状态的（contra adfecti）：参见 2.32 及相关注释。

5 比较普洛提诺斯《九卷集》3.6.4：ἐξίστασθαι ἑαυτοῦ[自我背弃]。

6 关于 ira[愤怒]和 iracundia[易怒]，参见 4.27。

7 与 μανία[疯狂]同源的单词有：μένος[力量/意图]、μέμονα[变得狂暴/渴求/打算]、μαίνομαι[发疯]、memini[记得]、mens[心灵]和英语 mind。

好地对它作出区分。因为我们使这种因为同愚蠢相连而范围宽广的［疯狂］区别于狂怒。事实上，那些希腊人希望［作出区分］，但是他们在语词上能力不足：他们把我们称作狂怒的东西称作 μελαγχολία。[1]其实，就好像心灵仅仅受黑色的胆汁扰动而并不常常受更严重的易怒、畏惧或者痛苦扰动那样，我们在这一层面上说阿塔玛斯、[2]阿珥克迈翁、[3]埃阿斯[4]和俄瑞斯忒斯[5]发狂。《十二表法》禁止心境如此的人成为自己事产的主人，因此［其中］并非写着"如果不清醒"，而是"如果谁充满狂怒"。[6]因为，［立法者］判断，即便愚蠢不涉及笃定（也即清醒），它依旧能够关注各种义务的中庸[7]和共通而普通的生活方式。然而，他们认为狂怒是心灵对一切事情的盲瞽。因为，即便狂怒看起来比疯狂更剧烈，但它依旧是如此，以至于可能发生在智慧者身上，疯狂［则］不可能。[8]但这是另一个问题了，让我们返回主题吧。

6.［12］你曾说，我想，在你看来忧愁［会］发生在智慧者身上。

生：而且我其实就这样认为。

师：至少你这样的想法属人之常情。因为我们非石头所生，[9]而是，

---

[1] μελαγχολία 意为黑胆汁、忧郁。阿里斯托芬在《鸟》14 用动词 μελαγχολᾶν 来表达疯狂。古人认为黑胆汁是四种体液之一，是冷与热的混合，它使人暴躁、欢快、疯狂或者嗜睡。

[2] 参见 1.28 玛图塔注。

[3] 阿珥克迈翁（Alcmaeonem）：希腊名 Ἀλκμαίων，因遵父亲安菲阿剌欧斯之命杀死母亲厄瑞费勒而遭复仇女神追杀，参见 2.60《七将之子》注。

[4] 参见 1.98。

[5] 俄瑞斯忒斯（Orestem）：希腊名 Ὀρέστης，阿伽门农和克吕泰姆内斯特剌（Κλυται-μνήστρα）之子，为父报仇而弑母。

[6] 参见《十二表法》5.7：si furiosus escit, adgnatum gentiliumque in eo pecuniaque eius potestas esto［如果谁充满狂怒，那么其人身和钱财的权利就归属宗亲和亲族］。其中的"充满狂怒"或译作发了疯。

[7] 中庸（mediocritatem）：详见 3.22。

[8] 在廊下派看来，智慧者不可能不清醒，因为不清醒等同于愚蠢，而智慧者不可能愚蠢。智慧者熟睡时依旧是智慧者，即便他充满狂怒也依旧如此。

[9] 参见《伊利昂纪》22.126、《奥德修斯纪》19.163、柏拉图《苏格拉底的申辩》34d5 以及《埃涅阿斯纪》4.366 中迪多对埃涅阿斯所说的 duris genuit te cautibus horrens Caucasus［瘆人的高加索山用坚硬的岩石生下了你］。

灵魂中自然存在某种纤弱而柔软的东西，它受到如同暴风雨那般的忧愁摇晃。而那位克冉托尔[1][说得]并不离谱——他是我们学园中最为高贵的——"我完全不同意那些人，"他说，"他们尤其称赞那种所谓的无痛苦[2]。任何无痛苦都既不可能存在也不应该存在。我可别生病啊——如果，"他说，"我病了，那么就让[疼痛]感来吧，无论是[感到]某处被切割，还是[感到]什么被从身体上扯下。因为，如果不以野蛮和麻木[这样的]巨人代价，那种不感到痛苦就不会分别发生在灵魂和身体中。"

[13]但是我们得注意，免得这言辞属于那些奉承我们的无力、纵容我们的软弱的人。进而，让我们自己敢于不仅切除各种悲惨组成的枝条，而且拔掉所有的根须。依旧可能剩下些什么——愚蠢组成的根基是如此之深。但是只有那必然的才会被留下。你至少要这样理解那点：如果灵魂未得到治愈，那么各种悲惨就不会有任何终结——若无哲学这就不可能发生。由于这一原因，既然我们已经开始，就让我们把将要受到关心的自己托付给哲学吧：我们若愿意，就会得到治愈。而且事实上，我们会更长远地前进。因为我不仅会对忧愁作出解释，虽然事实上它首先会[得到解释]，但如我所示，[我]还会解释灵魂的每一种紊乱——[它]按希腊人的意愿就[被称作]"疾病"。而且，[你]若满意，就让我们首先按照廊下派的习惯——他们惯于简洁地组织论证——然后我们会按自己的惯例漫步。[3]

7. [14]勇敢的人也就是自信的人（[我用]这个词是因为"胆大的"这个词由于恶劣的言语习惯而被归入罪恶——它来自"有信心"，是可称赞的）。[4]进而，自信的人当然毫不惶惧，因为有信心与[心中]畏惧相

---

[1] 参见 1.115。

[2] 无痛苦（indolentiam）：希腊语 ἀναλγησία[无痛苦]，廊下派的概念。他们把好的情绪连同坏的情绪一同根除，致使他们陷入麻木迟钝的状态。

[3] 西塞罗在 3.14—21 以离题话的形式概括了廊下派的论证，而且他模仿了廊下派的简明风格。

[4] 自信的[人]的原文是 fidens，胆大的原文是 confidens（动词 confidere[有信心]的现在时分词），有信心的原文是 confidendo（动词 confidere 的动名词）。泰伦提乌斯《福尔弥昂》一剧的主角（门客福尔弥昂）就是一个 homo confidens[胆大之人]。

冲突。另外，[对于]忧愁降临其身的那人[而言]，畏惧也会降临其身。因为，我们由于一些事情的出现而在忧愁之中，同样这些事情在威胁和前来时，我们就畏惧它们。从而就发生这一情况：忧愁与勇敢不和。因此，与真相相似的是，[对于]忧愁降临其身的人[而言]，畏惧和萎靡，事实上还有灵魂的消沉，同样[会]降临其身。与这些东西降临于同一个人的，如果在某个时候[发生这种情况]的话，就是为奴，就是承认自己已被征服。那个承受这些的人同样必然承受胆怯和懦弱。然而，这些并不[会]降临于勇敢的君子。因此甚至忧愁也不[会降临]。另外，没有人是智慧者，勇敢者除外——因此忧愁不[会]降临于智慧者。[15]进而，那位勇敢的人必然同样灵魂伟岸，那灵魂伟岸的人必然不可征服，那不可征服的人必然鄙视属人之事而且认为[它们]低于自己。然而，没有人能够鄙视那些他可能由于它们而受忧愁影响的事情。由此就得出，勇敢的君子从不会受忧愁影响。然而，所有的智慧者都是勇敢的，因此忧愁并不[会]降临于智慧者。而且，眼睛在以此方式受到干扰后并不处于履行自己的职分的优良状态，而其余部分或者整个身体在状态上受到扰动后，就偏离了自己的义务和职分。同样，受到干扰的灵魂就不适合执行自己的职分。然而，灵魂的职分就是良好地使用理性。而且，智慧者的灵魂总是处于如此状态以至于完美地使用理性。因而，[智慧者]从不受到扰乱。而忧愁就是灵魂的一种紊乱——因此智慧者永远免于忧愁。

8.[16]与真相相似的还有那一点：[1]有节制的人——希腊人谓之 $\sigma\acute{\omega}\text{-}$ $\phi\rho\omega\nu$，而且把那种德性叫作 $\sigma\omega\phi\rho o\sigma\acute{\upsilon}\nu\eta$，其实我习惯上有时谓之节制，有时谓之节度，时不时还谓之适度。[2]但是窃以为这一德性可以正确地称为朴实。[3]在希腊人中，这一[德性]的含义比较狭窄，他们把朴实的人称为 $\chi\rho\acute{\eta}\sigma\iota\mu os$，它[的含义]只不过是有用的人。而[我们的]这一[表达

---

[1] 玛尔库斯在这里插入了一长段关于术语的讨论，结束于 3.18 中间。

[2] $\sigma\acute{\omega}\phi\rho\omega\nu$ 意为有节制的人、明智的人，$\sigma\omega\phi\rho o\sigma\acute{\upsilon}\nu\eta$ 意为节制、明智。节制的原文为 temperantiam，节度的原文为 moderationem，适度的原文为 modestiam。

[3] 参见 3.18。

含义]更广，因为[它包含]一切的自我控制和一切的无害（在希腊人中[它]并没有任何一个常见的名称，但是可以视作 $\dot{\alpha}\beta\lambda\dot{\alpha}\beta\varepsilon\iota\alpha$，因为无害就是灵魂的这样一种状态：不伤害任何人）。[朴实]甚至统摄了其他德性。假设[朴]不是如此，而且，假设它被限制于那些许多人认为它所限制于的狭窄之处，[1]那么，路·皮索的绰号就从不会得到如此大量的颂扬。[2]

[17]但是，由于恐惧而抛弃阵地的[士兵]、由于贪婪而不归还[他人]秘密托付之物的[受托者]以及由于鲁莽而理财失当的[投资者]通常都不被称作朴实的人——那些[行为分别]属于懦弱、不义和愚蠢——因此，朴实就包含了勇敢、正义和明智这三种德性（尽管这其实是诸德性的共通点，因为一切[德性]彼此交织、缠绕）；[3]从而，朴实恰恰就应该是剩下的第四种德性。其实，朴实的特征看起来就是统治和镇定[4]有所渴求的灵魂的运动，而且总是在一切事情中通过反抗欲念来保护受节度的笃定。与之相对的罪恶就被称作放纵。[18]"朴实"，如我所想，来自"果实"，没有任何源自土地之物比它更好。[5]放纵来自那一[事实]（即便这可能过于粗粝，但让我们试试——如果[这]没有[作用]，就让我们被当作开了个玩笑）：如此[放纵]的人"一无是处"，因此它也被称为"一无所用"。[6]从而，朴实者（毋宁说是受节度而有节制的人，若你更愿[如此]）必然笃定。进而，笃定者安静，安静者免于每一种紊乱，于是也[无涉于]忧愁。那些[品格]还属于智慧者，因此忧愁会远离智慧者。

---

[1] 对 frugi 的狭隘理解如贺拉斯《闲谈集》1.3.49：parcius hic vivit: frugi dicatur[他生活得太过节俭，就被称作朴实之人]。

[2] 路奇乌斯·卡珥普尔尼乌斯·皮索，公元前 133 年执政官，他的绰号就是 Frugi[朴实者]。

[3] 各种德性彼此交织，参见《高尔吉亚》507a5 及下。

[4] 镇定（sedare）：参见《国语·晋语七》："柔惠小物，而镇定大事。"韦昭注："镇，安也。言智思能安定也。"

[5] 拉丁语 frugalitas[朴实]一词来自 frux[果实]。frugi 原本是 frux 的单数与格，常用作服务与格而固化为不变格的形容词，参见 A&G 122.b、382.1.N.²。frugi 的意思很多，比如多产的（描述田地）、有用的、合适的、诚实的、审慎的、节制的、朴实的，等等。参见 4.36：hominem frugi omnia recte facere[朴实的人正确地做所有的事情]。

[6] 放纵的原文作 nequitia，一无是处的原文作 nequicquam，一无所用的原文作 nihili。

9. 因而，赫剌克勒阿的迪欧倪西欧斯[1]并不拙劣地就这些来论辩——如我所想，荷马口中的阿喀琉斯以此方式抱怨那些：

> 而且我的心因为哀怨的怒火而强烈地浮肿，
> 当我想起自己被剥夺了光彩和一切赞誉。[2]

[19]当[阿喀琉斯的]那只手处于肿胀状态之时，它难道状态正常吗？或者，难道他并无缺陷地拥有其他某个肿胀而浮肿的肢体？因此灵魂就这样在缺陷中膨胀和肿胀。然而，智慧者的灵魂永远免于罪恶，从不会浮肿，从不会肿胀。而愤怒者的灵魂却是如此——因此智慧者从不发怒。因为如果他发怒，他甚至就会有所热望。其实，愤怒者的特征就是欲求给那位[在愤怒者]看起来受其伤害的人烙上尽可能强烈的痛苦。[3]然而，如果那热望此事的人已然求得此事，那么他必然会相当欢乐。由此便发生这一情况：[愤怒者]因他人的苦厄而喜乐。既然这不[会]降临在智慧者身上，那么，甚至发怒也不[会]降临[其身]。然而，如果忧愁降临在智慧者身上，那么易怒也[会]降临。既然[智慧者]免于易怒，那么他也就会免于忧愁。[20]而其实，如果智慧者可能陷入忧愁，那么他也就可能陷入悲忧，[4]可能陷入嫉羡（我没有说"嫉妒"，[因为]在受嫉妒时才用这个[词]；进而，可以正确地说"嫉羡"出自"心生嫉妒"，从而我们能避免"嫉妒"这个含混的名称。[5]这个词来自过度地关注他人的好

---

[1] 参见 2.60。

[2] 参见《伊利昂纪》9.646。

[3] 参见 3.11。

[4] 这里的悲忧（misericordia）是一种忧愁，而非普通意义上的悲悯，后者如《为利伽瑞乌斯辩护》37 对凯撒的夸赞：nihil est tam populare quam bonitas, nulla de virtutibus tuis plurimis nec admirabilior nec gratior misericordia est［没有什么如（你的）良善那般受人欢迎，在你的众多德性中，没有哪种（德性）比悲悯更令人惊奇、更让人感激］。下一节所提到的"怜悯"（misereri）就是陷入悲忧者的行为。

[5] 参见《演说家的培育》6.2.21：et metum tamen duplicem intellegi volo, quem patimur et quem facimus, et invidiam: namque altera invidum, altera invidiosum facit［不过我认为恐惧以两种方式得到理解：我们遭受的恐惧和我们造成的恐惧。嫉妒亦然，因为实际上，一种嫉妒造成心生嫉妒的人，另一种造成饱受嫉妒的人］。

运，就如同《美拉尼璞珀斯》中的"究竟谁睨视我儿的灿烂"[1]看起来[表达得]差劲，但阿克奇乌斯[说得]出彩；因为就如"看见"那样，"睨视灿烂"比"向灿烂[睨视]"更妥当。[2]我们为习惯所限；诗人保留自己的权利而且[比我们]说得更大胆）。[3] **10.** [21]因此，降临到同样那个人身上的就是怜悯和嫉妒。因为，那由于某人的逆厄而感到痛苦的人也同样[会]由于某人的幸事而痛苦，就好像忒欧弗剌斯托斯在哀叹其密友卡珥利斯忒内斯的大世时，[4]就因亚历山大顺利的大业而苦闷，从而说卡珥利斯忒内斯遇上了一位权倾天下而且好运无比的人，但是他不知道以什么方式运用这些幸事合宜。进而，悲忧就以某种方式成为了出自他人之逆厄的忧愁，嫉羡同样成为了出自他人之幸事的忧愁。因而，嫉妒也同样降临于怜悯降临于其上的那个人。然而，嫉妒不[会]降临在智慧者身上，因此他甚至不会去怜悯。但假设智慧者惯于忧愁地承受，那么他也会惯于怜悯。因此，忧愁远离智慧者。

[22]这些内容由廊下派这样言说，而且过于缠绕地作了推论。但是

---

[1]《美拉尼璞珀斯》(*Melanippo*)是阿克奇乌斯所作的肃剧。美拉尼璞珀斯(Μελάνιπ-πος)的故事有两个版本：版本一，美拉尼璞珀斯被他的兄弟缇得乌斯(Τυδεύς)偶然间杀死，后者当时被父亲欧伊内乌斯(Οἰνεύς)惩罚，陷于流亡之中。版本二，美拉尼璞珀斯是忒拜的阿斯塔科斯(Ἄστακος)之子，缇得乌斯是欧伊内乌斯之子。缇氏杀死了反叛父亲的美拉斯(Μέλας)的诸子后，逃到阿尔戈斯王阿德剌斯托斯(Ἄδραστος)那里，获得净化，并且娶了公主得伊丕勒(Δηϊπύλη)。缇得乌斯与阿尔戈斯七雄一同攻打忒拜，为美拉尼璞珀斯所伤，但后者被杀死。缇氏倒在地上时，雅典娜给他带来了解药。但阿尔戈斯先知安菲阿剌欧斯(Ἀμφιάραος)厌恶缇得乌斯，切下了美拉尼璞珀斯的首级带给缇氏。缇得乌斯吃了人脑和一些人肉，遂为雅典娜所嫌恶。女神收回了解药，缇氏死去。参见 WARMINGTON 1936: 464–465。"究竟谁睨视我儿的灿烂"(quisnam florem liberum invidit meum)是欧伊内乌斯哀悼诸子的话。这个 invidere 相当于 fascinare 和希腊语 βα-σκαίνειν，意为以恶毒的眼神施以蛊术。古人认为睨视者会给别人带来不幸（参见 ANTHON 1852: 288）。

[2] 因为⋯⋯妥当（ut enim 'videre', sic 'invidere florem' rectius quam 'flori'）：西塞罗这里的意思是，因为 videre[观看]支配宾格，所以 invidere[睨视]支配宾格 florem[灿烂]比支配与格 flori[向灿烂]更妥当。

[3] 洛本认为，玛尔库斯插入括号中的这段话来解释迪欧倪西欧斯对荷马的评论。

[4] 关于忒欧弗剌斯托斯，见 1.45。卡珥利斯忒内斯(Καλλισθένης)，亚里士多德的外甥、学生，曾与亚历山大同在亚里士多德门下，后被亚历山大诛于亚细亚。忒欧弗剌斯托斯因此写下《卡珥利斯忒内斯或论悲痛》(Καλλισθένης ἢ περὶ πένθους)一书，参见 5.25。

[这些]应该在某个时候更宽泛、更全面地言说。尤其应当得到运用的依旧是这些人的观点：他们运用最为勇敢——如我所说的这样——而君子式的道理和观点。因为漫步派，我们的亲友——没有什么[说得]比他们[所言]更丰富、更有学养、更庄重——实际上，[1]他们并未向我证明灵魂的紊乱之中庸或者灵魂的疾病之中庸。[2]因为，每一种恶，甚至微弱的恶，都是恶。然而，我们自己旨在[证明]那一点：在智慧者身上完全没有任何恶。因为，就好像身体，即便中庸地患病，它依旧不康健，[3]这种中庸在灵魂中同样缺乏康健。因而，由于与患病的身体的相似性，我们的同胞就清清楚楚地把烦恼、焦虑和苦闷称作忧愁，如同其他许多[忧愁]那样。[23]希腊人差不多就用这个语词来称呼灵魂的紊乱，因为他们称之为 πάθος，[4]也就是疾病——无论灵魂中躁乱的运动是什么。我们[说得]更好：其实，与患病的身体最相似的是忧愁的灵魂，而欲念并不相似于虚弱，[5]无节度的欢乐——它是属于灵魂的亢奋而狂喜的快乐——[也]不[相似于虚弱]。那种恐惧也并不与疾病非常相似，尽管它与忧愁紧密相连。但是，以其自身而言，灵魂中的忧愁如同身体中的虚弱，具有并不与痛苦分离的名称。因此，这种痛苦的起源就应当由我们来解释，它就是造成灵魂中的忧愁——如同身体中的虚弱——的原因。因为，就好像药学者[6]认为，疾病的原因得到发现之后，治疗方法就会得到发

---

[1] 实际上（sane）：参见 OLD^2 词条 sane 3。参见 3.8 的相关译注。

[2] 西塞罗以拉丁语 mediocritas[中庸/微弱]翻译希腊语 μεσότης[适度]。亚里士多德的适度指两极中的平衡性就是一种适度，比如勇敢就是鲁莽和懦弱之间的适度（参见 3.74）。适度体现的是古希腊人对德性之美的观念：它在于和谐和匀称，而非绝对的善恶区分。亚里士多德在《尼各马可伦理学》2.1107a6–8 说：διὸ κατὰ μὲν τὴν οὐσίαν καὶ τὸν λό-γον τὸν τὸ τί ἦν εἶναι λέγοντα μεσότης ἐστὶν ἡ ἀρετή, κατὰ δὲ τὸ ἄριστον καὶ τὸ εὖ ἀκρότης[因此，从所是和作为是其所是的逻各斯上说，德性是适度，而从至善和好上说，德性是极致]。

[3] 玛尔库斯的理解似乎是，漫步派认为德性和罪恶的区别在于量。但亚里士多德并不认为在不良状态中存在适度：可能存在小恙和沉疴，但是这两者之间并无适度，参见《尼各马可伦理学》2.1107a8 以下。

[4] 参见 3.7。

[5] aegritudo[忧愁]和 aegrotatio[虚弱]都来自形容词 aeger[生病的/虚弱的/忧愁的]。疾病和虚弱之间的关系见 4.27–29。

[6] 药学者（medici）：参见 1.46、3.82。

现，同样，我们自己会领悟到，忧愁的原因得到领悟后，医治方式[就会得到领悟]。

11. [24]因此，整个原因都在[我们的]观念之中——其实，不只是忧愁的[原因]，其他所有紊乱的[原因]亦然。紊乱在种类上为四，在部分上更多。因为，既然所有的紊乱都是灵魂的运动，或是无涉于理性，或是轻慢理性，或是不听从理性，而且这种运动受到对于善或者对于恶的观念在两个方面的激发，紊乱就平均分为四个[部分]。因为两个[部分]来自对于善的观念，其中一个是狂喜的快乐，亦即超出法度的亢奋的欢乐，来自对于某个当下的大善的观念，另一个是欲望，它还能够被正确地称作欲念，[1]它是对假想的大善的无节度的渴求——因为它不遵从理性。[25]于是，这两个种类，狂喜的快乐和欲念，由对于诸善的观念激起，就好像剩下的两个[部分]，恐惧和忧愁，由对诸恶的观念激起。因为恐惧是对威胁着的大恶的观念，忧愁是对当下大恶的观念，而且事实上是对这样一种恶的新近观念，以至于在这种[恶]中，感到苦闷似乎是正当的，进而，也就是说，那个感到痛苦的人觉得自己应当感到痛苦。然而，这些紊乱——愚蠢把它们当作某些狂怒女神那般释放并赶往世人的生活——应当[由我们]以一切力量和资源来反击，倘若我们希望安宁而平静地度过给予生命的这段[岁月]。

但是下次[再讨论]其他东西吧。[2]如若可能，现在就让我们赶走忧愁。其实它应该是主题，既然你本人说[忧愁]在你看来[会]降临于智慧者——我自己无论如何都不[会]这样想。因为[忧愁]是低劣、悲惨而可憎的东西，如我所说的这样，必须全力以赴地以航行和划桨来躲避。[3]

12. [26]其实，他在你看来怎样？——

> 坦塔洛斯之孙，佩洛璞斯[4]之子，他曾经从岳父

---

1 欲望的原文是 cupiditas，欲念的原文是 libido。
2 对其他紊乱的讨论见于第四卷。
3 这是廊下派而非漫步派的观点。后者的做法不是"躲避"（fugere）而是加以节制。
4 参见 1.106、1.107 和 2.67 及相关注释。这里的引诗出自恩尼乌斯《缇厄斯忒斯》。

欧伊诺玛欧斯国王那里凭借夺来的婚礼得到希波达美亚——

事实上，他本人是宙斯的曾孙。那么，他是否如此卑贱并且如此颓丧？

> "陌生人，"[1]他说，"请勿向我靠近，你[待在]那里吧，
>
> 以免我的触摸或者阴影伤及正人君子。
>
> 如此强的罪恶之力固着于我的身体。"

缇厄斯忒斯啊，你会因他人的罪恶的力量而给自己定罪并把光明从自己身上剥夺吗？怎么？难道你不认为太阳的那个儿子配不上自己父亲的光芒？

> 我双目失明，身体处于消瘦状态，
>
> 眼泪用液体侵蚀毫无血色的脸颊，
>
> 在脸上的埃秽中，沾染尘垢的蓬乱而未经修剪的胡须
>
> 使得因滓污而粗糙的胸口黯淡无光。[2]

愚蠢至极的埃厄忒斯啊，你自己给自己加上了这些苦厄。它们并不在灾祸给你带来的那些事情中，而事实上，苦厄积重难返之后，当灵魂的肿胀平息下来——然而如我将要展现的那样，忧愁在对新近的恶的观念[3]

---

[1] 陌生人（hospites）：由于语境缺失，因此这里无法确定当译作陌生人还是客人们。

[2] 这几行诗来自帕库维乌斯的《美多斯》（*Medus*）。剧情梗概如下：太阳神之子、科珥奇斯（Κολχίς）国王埃厄忒斯（Αἰήτης）之女美狄亚在离开科林多后与雅典国王埃勾斯育有一子美多斯（Μῆδος），他在寻找母亲时由于风暴而在科珥奇斯搁浅，故假装成科林多国王克瑞翁之子希波忒斯（Ἱππότης）。佩尔色斯（Πέρσης）杀害了兄弟埃厄忒斯取得王位，故有神谕说他会遭到埃厄忒斯后代的报复。佩尔色斯因禁了美多斯，科珥奇斯遂陷入饥馑；美狄亚来到科珥奇斯，假装是狄安娜的女祭司，声称自己有能力化解灾难。美狄亚听闻佩尔色斯抓住了克瑞翁之子，故决意施以报复（伊阿宋先前欲抛弃美狄亚而娶克瑞翁之女），告诉佩尔色斯那是美狄亚派来刺杀他的美多斯。美狄亚后来认出了美多斯，给了他刀剑，后者杀死了佩尔色斯，为外祖父报仇，获得了王权。参见 WARMINGTON 1936: 248–249。

[3] 对……观念（opinione mali recentis）：洛布本采用巴克（Bake）的校改，把抄本上的属格 recentis 改作夺格 recenti，此时的译文作对恶的新近观念。中译者认为，这一校改并无必要。巴克的依据可能是 3.25 的 recens opinio talis mali[对这样一种恶的新近观念]（recens 在本书中的第一次出现）。但是，西塞罗在 3.55（第三次出现）也提到了造成忧愁

中——但是显然，你悲痛是因为想要王位而非女儿。其实你厌恶她，而且可能正当地[厌恶]。你不能以平和的灵魂失去王位。然而，这个因无法统治自由人而使自己屈服于悲痛的人的[1]哀悼是不明智的。[27]事实上，僭主迪欧倪西欧斯[2]被赶出叙拉古后，在科林多教授孩童。他到了那种无法缺少统治权的地步。其实，什么比塔克文更不明智呢——他对那些无法承受他的跋扈的人发动了战争？由于他当时既无法凭借威依人的部队也无法凭借拉丁人的武装重建王权，据说，他就把自己带到库迈，而且在那座城市中以衰老和忧愁了却了[余生]。**13.** 因此，你本人判断这一情况可能降临在智慧者身上吗——受制于忧愁，亦即悲惨？因为，当每一种紊乱都是一种悲惨的时候，忧愁就是一种肉刑。欲念含有狂热，狂喜的欢乐含有轻浮，恐惧含有卑微，但是忧愁含有某种更严重的东西：腐坏、折磨、心烦意乱、肮脏，它割裂、消耗灵魂而且[使它]彻底屈服。除非我们把[忧愁]如此剥除[4]以至于[将其]摒弃，我们就无法脱离于悲惨。

[28]进而，这一点事实上显而易见：当某个东西看起来如此，以至于某个大恶看起来在场而且逼迫[我们]的时候，忧愁就出现了。然而，使伊壁鸠鲁满意[的说法]是，忧愁自然是对于恶的观念，[5]从而，无论谁凝神于某种更严重的恶，只要他觉得它降临到自己身上，那么他立刻就在忧愁之中。昔勒尼学派判断，忧愁并非由所有的恶造成，而是由意料之外且未及注意的恶造成的。事实上，对于忧愁的增加而言，这并非无

的新近的事情。只要恶依旧有所影响，它就可以说是新近的，而受其影响的人就具有对恶的新近观念（见 3.75）。4.39 则把 inveterata[根深蒂固的事]和 recentia[新近的事]对举。

　　[1] 使……的（maerore se conficientis）：参见 *OLD*[2] 词条 conficio 14。或译作以悲痛自我消耗的人的。

　　[2] 这是小迪欧倪西欧斯，老迪欧倪西欧斯（参见 5.57）的儿子，他在公元前 367 年继承其父的僭主之位。西塞罗这里可能还想到了凯撒、埃厄乌斯和傲王塔克文。

　　[3] 威依人的（Veientium）：形容词 Veiens 派生自地名 Veii[威依]。

　　[4] 剥除（exuimus）：exuere[剥下/脱下]在本书中仅此一见。洛布本在此处请读者参见 2.20，可能是因为这个比喻会让人想起赫拉克勒斯曾经披上染有马人之血的衣衫。

　　[5] 廊下派则认为与忧愁对立的是自然和人的意愿。

关紧要：其实，一切突如其来的事物看起来都更加严重。由此，甚至那些[诗行]正当地得到称赞：[1]

> 当我生育时，我知道[他们]将会死去，而且我为了那件事而培养[他们]。
> 另外，当我把[他们]送往特洛伊以保卫希腊的时候，
> 我知道自己把[他们]送进带来死亡的战争，而非送进宴席。[2]

14. [29]因此，对未来诸恶的这一预先考虑就对它们的来临加以缓冲——远在[其]来临之前你就发现了它们。因此，欧里庇得斯笔下的忒修斯所说的一番话受到称赞。其实，就如我们常常所做的那样，可以把它们译为[我们的语言]：

> 因为我记得这些从一位博学之人那里听来的话，
> 我当时对将要伴随着我的悲惨深思熟虑：
> 我总是默想残酷的死亡、放逐中悲伤的逃亡
> 或者某种巨大的恶，
> 从而，假设某桩招致的不幸碰巧发生，
> 免得突如其来的忧虑割裂毫无准备的我。[3]

[30]然而，忒修斯所说的那件他从一位博学之人那里听来的事情，是欧里庇得斯就自己所言的。因为他曾是阿那克萨戈拉[4]的门生。人们说，得

---

[1] 即得到昔勒尼学派的称赞（参见 2.15）：意料之外的恶比预期之中恶更令人忧愁。

[2] 这几行诗出自恩尼乌斯的《特拉蒙》（*Telamo*），详见 WARMINTON 1956: 336–337。特拉蒙（Τελαμών）是远征特洛伊的埃阿斯和透克洛斯二人的父亲。

[3] 参见欧里庇得斯残篇 964：ἐγὼ δὲ ⟨ ⟩ παρὰ σοφοῦ τινος μαθὼν | εἰς φροντίδας νοῦν συμφοράς τ' ἐβαλλόμην, | φυγάς τ' ἐμαυτῷ προστιθεὶς πάτρας ἐμῆς | θανάτους τ' ἀώρους καὶ κακῶν ἄλλας ὁδούς, | ἵν' εἴ τι πάσχοιμ' ὧν ἐδόξαζον φρενί, | μή μοι νεῶρες προσπεσὸν μᾶλλον δάκοι [而我本人从某位智慧者那里学到了□□，我把心灵扔给各种思虑和灾祸，把从自己的祖邦流亡、永久的死亡以及苦厄的其他道路放在自己面前，从而——倘若我要遭受我已在心中想过的诸事中的某桩（灾祸）——免得突如其来的（灾祸）打击我，毋宁说是撕咬（我）]（参见 COLLARD & CROPP 2008: 554–555）。

[4] 参见 1.104。

闻儿子的死讯后，[阿氏]说："我知道自己生的是有死之人。"这一表达意味着，对于未曾有过思考的人而言，死亡[才]是苦涩的。因此，这一点事实上毫无疑问：一切被认为是恶的事情，若未被预见，就会更加严重。[1]因此，尽管并非这一件事情造成最大的忧愁，但是，由于灵魂的前瞻和预备对减少痛苦而言大有作用，一切属人之事就总是应该得到世人的默想。而且，毫无疑问，这就是那卓越而属神的智慧：彻底领悟和揣摩属人之事，当事情发生时，不对任何东西感到惊异，在事情发生之前，不认为不可能发生任何事情。

> 由于这一原因，所有人在事情最顺利的时候，就最
> 应当与自己一同默想，该以什么方式承受相反的苦痛。
> 在从外面返回时，他当与自己一同思考诸多危险和灾祸，
> 儿子的过犯、妻子的亡故或者女儿的疾病，
> 把这些想成平常之事，以免其中什么未经历过的事情在某个时候发
> 　　生在灵魂上；
> 任何在意料之外发生的[好]事，都应当视作收益。[2]

15. [31]于是，既然泰伦提乌斯如此合适地讲了取自哲学的这一点——它汲取自我们的源泉——我们不能更好地言说而且更恒固地感知它？其实，这就是那总是相同的面容——据说，克珊西帕常常表示它就在她丈夫苏格拉底[的脸]上——[她说]自己看到他总是以同一副面容离家、回家。不过这并非那位老玛·克拉苏[3]的表情——路奇利乌斯说，他在整个一生中只笑过一次，但[表情]安详而晴朗。其实我们就这样接受了。进而，那面容总是正当地相同，因为没有发生任何心灵的变化——相由

---

　　[1] 根据普鲁塔克在《凯撒传》63 的说法（有人将第 63 章标注为第 62 章，这一错误的原因是未按标准本在 οὕτω δὴ τρέπονται πρὸς Μᾶρκον Βροῦτον οἱ πολλοί[因此许多人当然就转向了玛尔库斯·布鲁图斯]处划分出第 62 章），凯撒在被刺前一天与勒庇都斯共进晚餐时，说"猝[死]"（ὁ ἀπροσδόκητος）是最好的死法。

　　[2] 这几行诗来自泰伦提乌斯《福尔弥昂》241–246。

　　[3] 三巨头中的克拉苏的祖父，前 105 年裁判官，得名 Agelastus[不笑者]（ἀγέλαστος）。

心生。因此，我们事实上从昔勒尼学派那里吸纳了这些抵御遭际和事件的武器——凭借这些武器，那[两]者的正在到来的进攻遭到持久的预先考虑瓦解，而且我同时判断，那种恶属于观念而非自然。因为，假设[恶]存在于事实之中，那么预见到的事情何以变得更加轻松呢？

[32]但是关于相同的内容，有一点可以说得更加精准——倘若我们先察看了伊壁鸠鲁的观点。他判断：所有认为自己在诸恶中的人必然处于忧愁中，无论那些事情之前得到过预见和预期还是已然变得积重难返。因为[他认为]诸恶并不[会]因为久远而减少，预先考虑过的事情也不[会]变得更轻松，而且，对将来的或者可能甚至不会出现的恶的默想甚至是愚蠢的：一切恶在来临后都相当令人厌恶。然而，对于总是想到某种逆厄可能发生的人而言，就发生了那种永久的恶。如果实际上甚至没有恶会发生，那么[他]就白白遭受了自愿的悲惨；从而，[他]总是苦闷着，或是因为遭到恶，或是因为想到恶。[33]进而，[伊壁鸠鲁]把忧愁的减轻置于两件事情中：从对烦恼的思考中唤走[灵魂][1]、召回[灵魂][2]以沉思快乐。因为他判断，灵魂能够遵从理性，而且能够跟随理性之所引导。因此，[他理解的]理性就禁止[灵魂]凝视烦恼，它从苦涩的思虑中拖走[灵魂]，使得用以沉思悲惨的目光变得呆滞。当他吹出离开沉思的撤退号之后，就驱使[灵魂]返回，又刺激[它]去注视、去以整个心灵触碰形态各异的快乐。伊壁鸠鲁认为，智慧者的生命充斥着对过往快乐的回忆和对后续快乐的期望。我们以自己的习惯谈论这些，伊壁鸠鲁派以他们的习惯谈论。但是，让我们看看他们之所言，忽略[他们]以什么方式[言说]吧。[3]

---

[1] 唤走[灵魂]（avocatione）：或译作使[灵魂]分心，参见 *OLD*[2] 词条 auocatio。

[2] 召回[灵魂]（revocatione）：这是一个军事用语（比较 2.48），例如《反腓力》13.15：receptui signum aut revocationem a bello audire non possumus［我们听不见撤退的信号或者（把我们）从战斗中召回（的指令）］。revocatio 的意思是，把士兵从一条他已经开始前行的路线叫回，回到之前的正确路线。

[3] 伊壁鸠鲁的言说方式十分粗陋，参见《名哲言行录》10.6：*παιδείαν δὲ πᾶσαν, μακά-ριε, φεῦγε*［亲爱的，你要躲避一切教化］。

16. [34]首先，他们恶劣地指责对未来之事的预先考虑。因为没有什么东西如同整个生命中的不懈思考——认识到不存在任何不可能发生的事情——那般弱化、减轻忧愁，[也没有什么东西]如同对人类境遇的默想、如同生命的律法以及对遵守[这生命律法]的思谋（这一思谋并不致使我们长久悲痛，而是使[我们]从不[悲痛]）那般[弱化、减轻忧愁]。其实，那思考万物的本性、思考生活的差异、思考人类种族的赢弱之人在想到这些时并不会悲伤，却在那时竭尽全力地履行智慧的职分：因为那两点他都追求，从而他由于考量属人之事而享受哲学所特有的义务并且在逆厄中凭借三重安慰而得到治愈——首先因为，没有什么发生在他身上，除了他长期认为可能发生的事情，[1]唯独这种思考最大程度地削弱和清除一切烦恼；其次是因为，他明白属人之事应当以属人的方式来承受；最后是因为，他看到，除了过错就不存在任何恶，然而，在发生不可能由人类来保证的事情之时不存在任何过错。

[35]其实，伊壁鸠鲁提出的那种召回，在他把我们从对诸恶的凝思那里唤走时，根本不存在。因为在那些我们认为恶的事情戳痛[我们]的时候，我们的能力中并无遮掩或遗忘：它们割裂、侵扰[我们]，它们带来刺激，它们用上火把，[2]它们不允许[我们]喘气，你[伊壁鸠鲁]还命令[我们]忘记吗——这违背自然，你[却]夺走那由自然给予的对积重难返的痛苦的解药？因为，事实上，久日长天所带来的那种解药[效力]迟缓，但依旧强大。你命令我要思考诸善，忘记诸恶。你应该说某件事情——事实上还是配得上大哲的事情——假设你感觉那些最配得上世人的东西是善。**17.** [36]如果毕达哥拉斯、苏格拉底或者柏拉图对我说："你为何躺倒，为何悲痛，为何屈服于机运并向它让步？机运或许可以掐你、扎你，[但]它肯定无法瓦解[你的]力量。诸德性中的力量是强大的。若

---

[1] 首先……事情（primum quod (nihil ei accidit nisi quod) posse accidere diu cogitaverit）若略过珀伦茨所作的补充，则译作首先因为他长期思考[事情]发生的可能（不定式结构 posse accidere 被理解为 cogitaverit 的宾语）。

[2] 参见 2.61。

它们碰巧睡着了，就叫醒它们吧！领头的是勇敢，它已来到你这里，迫使你拥有如此强大的灵魂，以至于蔑视一切可能发生于人类的事，而且迫使你认为[它们]无足轻重。[随后]前来的是节制，也就是节度，事实上不久之前被我称作朴实。¹它不容许你丑陋而糟糕地做任何事。进而，还有什么比阳刚尽失的男人更糟糕或更低劣呢？甚至正义也不允许你做这种事情——[即便]在这个情形中，看起来并没有它的位置——不过正义会如此宣称你在两个层面上不义，因为，生来必有一死却要求不朽[诸神]的状态的你渴求不属于你的东西，而且你沉重地承受这点：归还自己[仅仅]拿来使用的东西。[37]而你会如何回应明智呢？它教[给我们]对于良好生活而言德性以某种方式自足，就幸福生活而言亦然。²倘若[德性]由于为外物所束而取决于[它们]，而且，倘若它不源于自身，又不向自身返回，尽管拥抱了自身的一切却还从他处寻求什么，那么我就不明白，[德性]看起来为何应当以言辞如此奋力地修饰，为何应当以事实如此努力地寻求。"你若召我向这些善返回，伊壁鸠鲁啊，我会遵守、跟随，以你本人为向导，甚至遗忘诸恶，如你所命令，并且因此而愈发轻松：我判断，甚至那些也不应该算在诸恶中。但是你把我的思考带入快乐。哪些[快乐]？³我相信是属于身体的，它们或是在身体方面⁴，或以回忆，或以希望来得到思考。难道还有别的什么？我是否正确地解释了你的观点？其实那些人常常否认我们理解了伊壁鸠鲁之所言。[38]伊壁鸠鲁讲了这点，而且，当我在雅典听[讲]时，那位有些暴躁的老芝诺，⁵那群人中最敏锐的人，惯于主张这点并高声说，那人幸福——他享

---

¹ 参见 3.16、3.18。

² 参见 5.1。

³ 参见阿忒奈欧斯（Ἀθήναιος）《智者之宴》（Δειπνοσοφισταί）7.279f–280b 中提到的伊壁鸠鲁的说法：ἀρχὴ καὶ ῥίζα παντὸς ἀγαθοῦ ἡ τῆς γαστρὸς ἡδονή … τιμητέον τὸ καλὸν καὶ τὰς ἀρετὰς καὶ τὰ τοιουτότροπα, ἐὰν ἡδονὴν παρασκευάζῃ[肚皮的快乐就是一切美好事物的本原和根基……善的东西、德性和诸如此类的东西应当得到尊崇，倘若它们提供快乐]。

⁴ 在身体方面（propter corpus）：参见 *OLD*² 词条 propter 9。

⁵ 这是伊壁鸠鲁派的芝诺，西塞罗的同时代人，在《论诸神的本性》1.59 被称作伊壁

受当下的快乐，还坚信自己在没有痛苦打断的情况下，或是在整个生命中，或是在大部分生命中，都将享受，若[痛苦]打断，若出现极端的痛苦，那他就会活得短暂，但若[痛苦]延续得更久，那他就会拥有更多的愉悦而非苦厄；[1]思考这些的人将会幸福，尤其是在他满足于先前获得的诸善而且不惶惧死亡和诸神的时候。你现在有了伊壁鸠鲁关于幸福生活的概念，它以芝诺的言辞表达，以至于无可否认。

18. [39] 所以怎么了？对这种生活的提出和思考是否能使被赶出祖邦、陷入流亡而且有所缺需的缇厄斯忒斯、埃厄忒斯（我方才提到过他）或者忒拉蒙[的痛苦]得到缓解？这令人惊讶的表达见于后者：

> 这是否就是那位荣耀刚刚把他举向上天的忒拉蒙？
>
> 人们注视着他，希腊人把自己的脸转向他的脸。

[40] 而如果像同一位[诗人]所言，他的“灵魂立刻与财产一同殒灭”，解药就应该向那些重要的古代哲人而非向这些贪图享乐者求取。因为，这种人把什么称作诸善的丰盈？假设至善当然是不感到痛苦（尽管这不被称作快乐，[2]但是现在并无必要[探讨]一切），它是否是那个事物——我们被领到它那里后能减轻哀伤？就算感到痛苦确实是至恶：那么，如果不在痛苦中的人脱离于恶，那么他是否立刻享受到了至善？[41] 伊壁鸠鲁啊，我们为何转过身去呢，而且我们为何不承认自己同样在说你不顾廉耻[3]时惯于言说的那种快乐？这些是不是你的言辞？事实上，在那卷包含了你所有的学说的书中——其实我现在要承担译者的职分，以免有人认为我在杜撰——你说了这些：“事实上我并不知道我该把什么理

鸠鲁学派的 coryphaeus[头目]。西塞罗在《论诸神的本性》1.93 提到，这位芝诺把苏格拉底称作 scurra Atticus[阿提卡小丑]，还把克律西璞珀斯（参见 1.108）的名字改为阴性形式，唤作克律西璞帕（Chrysippa）。

[1] 参见 2.44。

[2] 玛尔库斯这样说是因为他认为存在既不痛苦也不快乐的状态。

[3] 你……不顾廉耻（os perfricuisti）：短语 os perfricare 的字面意思是摩擦脸颊，引申为丢下廉耻心。

解作那种善——如果移除那些通过味觉得到感受的快乐，如果移除那些通过与维纳斯有关的事情而得到感受的快乐，如果移除¹那些通过听觉而从歌声中[得到感受的快乐]，如果甚至移除那些通过双目从形体中得到感受的甜美运动，²或者[移除]在整个人类中由任意感觉产生的其他快乐。不过并不能这样说：唯独心灵的欢乐在诸善之中。因为我以这一方式知晓欢乐的心灵：凭借对我上面所说的这一切[快乐]的希望，那就是，自然在掌控它们之后会脱离痛苦。"[42]进而事实上，他以这些言辞[说了]这些，从而随便谁都会明白伊壁鸠鲁熟知什么快乐。随后他又往下说了几句：³"我常常询问那些被称作智慧者的人，他们认为留在诸善中的是什么，假设他们移除了[我说的]那些——除了他们想发出空洞的声音⁴之外。我无法从他们那里认识到什么。他们若想夸夸其谈于德性和智慧，⁵那么就不会说其他东西，除了那一道路——我上面所说的那些快乐经由它而得以实现。"随后的[内容]在相同的主旨⁶中，而且那论述至善的整部书⁷都充斥着如此这般的言辞和主旨。[43]于是，你将把那位忒拉蒙召回，[使他]朝向这一生活，从而减轻[他的]忧愁吗？而

---

¹ 那些通过与维纳斯……移除（eas quae rebus percipiuntur veneriis, detrahens）：系抄本 V 的校改者在页 51ʳ 的空白处所加。

² 伊壁鸠鲁的话见于《智者之宴》7.280a–b：οὐ γὰρ ἔγωγε δύναμαι νοῆσαι τἀγαθὸν ἀφαιρῶν μὲν τὰς διὰ χυλῶν ἡδονάς, ἀφαιρῶν δὲ τὰς δι' ἀφροδισίων, ἀφαιρῶν δὲ τὰς δι' ἀκροαμάτων, ἀφαιρῶν δὲ τὰς διὰ μορφῆς κατ' ὄψιν ἡδείας κινήσεις[因为，至少我有能力构想出诸善——如果（我）移除经由味道而（获得）的快乐、经由与阿芙洛狄特相关的事情而（获得）的快乐、经由听到的东西而（获得）的快乐以及经由形体（展现）的、看起来甜美的运动而（获得）的快乐]。另比较黑落德之女跳舞的故事，参见《玛窦福音》14.6。

³ 随后……说道（deinde paulo infra ... inquit）：尽管在《阿提卡之夜》6.3.37 也出现过类似短语 deinde paulo infra dicit，但我们可能无法排除这里的 infra 同时在时间和品质层面表达向下，参见《高卢战记》6.28.1：hi sunt magnitudine paulo infra elephantos[这些(乌茹斯牛)在大小上稍稍次于大象]。

⁴ 发出空洞的声音（voces inanis fundere）：类似表达又见于 5.73。

⁵ 伊壁鸠鲁的意思是，这些哲人就德性夸夸其谈，但是他们所说的不过是德性有利于世俗的快乐。参见《论善恶之极》5.80：dixerit hoc idem Epicurus, semper beatum esse sapientem (quod quidem solet ebullire non numquam)[伊壁鸠鲁说过这同一点——智慧者永远幸福——事实上他有时惯于夸夸其谈]。

⁶ 主旨（sententia）：参见 OLD² 词条 sententia 7b。

⁷ 指伊壁鸠鲁的《论终极》（Περὶ τέλους）。

且，如果你看见你的某位[亲人]遭悲痛打击，那么你会给他一条鲟鱼[1]
而非某卷关于苏格拉底的小书？你会劝[他]听水风琴而非柏拉图的声
音？你会摆出各种各样的花朵供他观赏？你会把一小束花朵拿到[他
的]鼻子边上？你会熏香而且命令[他]戴上花环和玫瑰？而如果甚至某
个[2]——那么，你显然就会抹去[他]的一切哀伤。**19.**[44]这些[说法]必
须得到伊壁鸠鲁的承认，或者，我刚才念出的那些逐字[译出]的内容就
应当由[他]从那卷书中去除——毋宁说，整卷书都应当弃置，因为它充
斥着快乐。从而，应当探寻的是，我们该以什么方式使那位这样言说的
人解脱于忧愁——

> 珀珥路克斯作证，对我而言，现在，相比于出身，更缺好运。
> 而且，因为王权就在我的手边，从而你知道[我的]好运
> 从何等地位、何等财富以及何等权势跌下后殂落。[3]

怎么？应该递给他一盏蜂蜜酒从而让他停止哭泣，或者递上其他这种
[东西]？你瞧瞧，在另一方面，[这也]出自同一位诗人："赫克托尔啊，
[我]失去了万贯家财，需要你的助力。"我们应当援助她，因为她寻求
帮助：[4]

> 我该祈求什么庇护，追寻什么庇护，现在，我该
> 依靠何种对流浪或逃亡的帮助？
> 我失去了堡垒和城市。我该落脚于何处？我该向谁乞援？
> 家中不再立有我祖先的祭坛，它被击碎、砸烂，倾圮[一边]，
> 神庙遭火焰焚毁，烧焦的高耸墙垣[尽管]竖立
> [但却]变了形，还有歊曲的冷杉——

---

[1] 鲟鱼（acipenserem）：参见《博物志》9.60：apud antiquos piscium nobilissimus habitus acipenser[鲟鱼在古人那里被视作鱼类中最金贵的]。
[2] 玛尔库斯在这里停止继续列举其他伊壁鸠鲁式的快乐。
[3] 出自恩尼乌斯《缇厄斯特斯》。
[4] 从这里开始到3.46之前的诗行均出自恩尼乌斯《安德若玛刻》。

你们知道后续[诗行]，尤其是那些：

> 父亲啊！祖邦啊！普里阿摩斯的家园啊！
> 为声音响亮的门轴所环绕的神殿！
> 我看到你在[统治]外族的威势挺立时
> [神殿]顶部经过雕刻、有所镶嵌，
> 以黄金和象牙按王室风格建造。

[45]优秀的诗人啊！尽管他受到厄乌佛瑞翁[1]的这些吹捧者蔑视。[恩尼乌斯]感到，一切突如其来而未及注意的事物都更加剧烈。因此，在渲染了看起来将会永恒的王室财富后，他加上了什么？

> 我看到这一切都陷入火海，
> 普里阿摩斯的生命被暴力夺走，
> 尤比特的祭坛被鲜血玷污。[2]

[46]好诗啊！因为它在内容、言辞和格律上都是哀伤的。让我们去除她的忧愁吧。以什么方式呢？我们该让[她]躺在松软的羽毛枕头上？该[给她]带来一位女琴师？该给[她]香水？该[为她]熏上一碟香料？该提供[3]一些带点甜味的饮料和食物？总之，最沉重的忧愁借以得到移除的这些东西是善的吗？因为，不久之前你甚至说自己不了解其他任何东西。因此，[我们]应该被召回，离开悲痛，前往对诸善的思考；[在这点上]我与伊壁鸠鲁相洽[4]——假设在什么是善[的问题]上[我们]相洽。

20. 有人会说：所以怎么了？你本人认为，伊壁鸠鲁希望这种事情

---

[1] 厄乌佛瑞翁（Euphorionis）：希腊名 Εὐφορίων，公元前三世纪卡珥奇斯（Χαλκίς）的语法学家和诗人，属于矫揉造作的亚历山大派。在西塞罗时代，厄氏的吹捧者认为他胜过了恩尼乌斯。参见王焕生 1998: 140。

[2] 参见 1.85。

[3] 该提供（videamus）：或译作[我们]该寻找。

[4] 我……相洽（conveniret mihi cum Epicuro）：或译作我与伊壁鸠鲁达成一致。动词 convenire 又有会见（1.98）、是合宜的（4.34）等含义。

[发生]，或者他的观点是充满欲念的？其实我本人完全不[这样认为]，因为我看到许多东西他说得严肃，许多说得出彩。[1]从而，如我常常所言，得到讨论的是他的敏锐而非品格。无论他如何鄙夷他刚才赞美过的那些快乐，我本人依旧记得那种在他看来是至善的东西。因为他不仅用一个语词提出了快乐，而且解释了他在说什么："滋味，"他说，"还有身体的缠绵、竞技、歌唱以及双目由以愉悦地受到打动的形体。"难道我在杜撰，难道我在撒谎？我欲求遭到反驳。因为，除了使真理在整个问题中得到阐明，我[还]劳碌于何事呢？[47]"但[伊壁鸠鲁]也说，即便移除痛苦，快乐也不会增加，而且极致的快乐就是完全不感到痛苦。"尽管[他]言辞不多，却[犯下了]三桩大错：其一，他自相矛盾，因为刚才他甚至[说]自己怀疑任何东西都不是善，除了那好像被快乐撩动的感觉，而[他]现在[宣称]极致的快乐就是脱离痛苦：他是否可能更加自相矛盾？第二桩错是，尽管在自然中存在三种[状态]，一是喜乐，二是痛苦，三是既不喜乐也不痛苦，[伊壁鸠鲁]却认为这第一点和第三点是相同的，而且他不把快乐与不感到痛苦区分。第三桩错与某些人[2][的错误]相通，因为，尽管德性最为人所寻求而且探寻哲学是为了具备德性，但伊壁鸠鲁却把至善与德性分离了。[48]"但他常常称赞德性。"而事实上，尽管伽·格拉古[向民众]巨额行贿[3]并耗尽了国库，他却依旧在言辞中保卫国库。既然我看见了行为，为何要听言辞呢？路·皮索，那位"朴实者"，[4]总是反对那部粮食法。法案颁布后，作为执政官的他前去领取粮食。格拉古注意到皮索站在集会中，在罗马民众听得到的情况下，他

---

1 参见《名哲言行录》10.140: οὐκ ἔστιν ἡδέως ζῆν ἄνευ τοῦ φρονίμως καὶ καλῶς καὶ δι-καίως[如果活得不用心、不美好且不正义，那么就不可能活得甜美]。

2 指昔勒尼学派和其他一些学派。

3 [向民众]巨额行贿（largitiones maximas fecisset）：洛布本译作 he had granted extra-vagant doles，毕希纳译作 er die größten Geschenke an das Volk gemacht，葛恭译作 der die größten Spenden veranstaltete，基尔福译作 er sehr große Schenkungen gemacht。这里指的是伽尤斯·色姆璞若尼乌斯·格拉古在公元前 123 年提出的粮食法。该法要求罗马当局从北非和西西里大量买入粮食，以低价出售给民众。考虑到西塞罗这里的语境，故用行贿一词译之，不过译作施舍亦可。

4 参见 3.16–18。

问，当[皮索]凭借他劝人抵制的那一法案索取粮食的时候，他何以坚持自我。"格拉古啊，"他说，"[我]并不愿意让你按人头分走我的财产，但是，若你[这样]做，我就要索取我[应得]的部分。"这位严肃而智慧的人难道没有明确宣称继承自祖先的公共财产被色姆璞若尼乌斯法挥霍？读读格拉古的演说词吧，你会说他是国库的守护者。[49]伊壁鸠鲁宣称[生活]不可能过得愉悦，除非与德性一起度过；他否认任何机运之力存在于智慧者身上；相较于富足的生活方式，他偏向平淡的；他宣称，不存在智慧者不幸福的时刻。[这]所有的[说法]都配得上哲人，但与快乐相抵牾。"他并不宣称快乐是这种东西。"随他怎么说吧，他当然在说那种[快乐]——其中不包含德性的任何部分。好吧，如果我们不了解快乐，我们甚至不了解痛苦吗？因此，我拒绝这位以痛苦来衡量至恶的人提到德性。

21. [50]某些伊壁鸠鲁派——他们是至善的君子，因为没有任何一类[人]更不充满恶意——还抱怨我汲汲于反驳伊壁鸠鲁，从而我相信，我们竞争的是尊荣或尊严[1]。至善在我看来在灵魂中，在他看来却在身体中，在我看来在德性中，在他看来在快乐中。而且，那些伊壁鸠鲁派在战斗，事实上还诉诸邻居的[2]忠信——进而许多人会立刻集结——我本人是这样的：宣称自己不会劳神，[只]会把他们之所为视作己为之事。[3][51]其实如何呢？它[的]发生关于布匿战争？关于那场战争，尽管在玛·卡托和路·冷图路斯看来各异，[4]但是他们之间从未有过争论。

---

[1] 尊荣或尊严（de honore aut de dignitate）：亦可译作公职或爵禄。西塞罗在这里强调他与伊壁鸠鲁派的缠斗所具有的政治性。

[2] 邻居的（vicinorum）：可能指其他教条论学派——他们对怀疑论学园派多多少少心怀敌意（参见 DOUGAN & HENRY 1934: 62）。

[3] [只]⋯⋯事（actum habiturum, quod egerint）：另见《致阿提库斯书》6.6.4（= 121 SB）、《致亲友书》16.23.1（= 330 SB）。这个习惯性表达暗示 non curo[我不关心]，表明西塞罗对伊壁鸠鲁派采取"道不同不相为谋"的态度，参见 TYRRELL & PURSER 1915: 352。

[4] 卡托的观点即 Carthago delenda est[迦太基必须毁灭]（这个广为流传的句子并不见于现存的古典文献），或者如普鲁塔克在《卡托传》27.2 中所言：δοκεῖ δέ μοι καὶ Καρχηδόνα μὴ εἶναι[而在我看来迦太基不应当存在]。冷图路斯则反对这一点，认为这是帝国政治的问题。他们之间的分歧并未激化。

这些伊壁鸠鲁派过于着急地行事，尤其是因为，由他们辩护的是并不怎么有生命力的观点——他们不敢为它在元老院中、在集会上、在军队里或在监察官面前发声。但我下次再与这伙人[争辩]，而且至少以这种灵魂：不挑起任何冲突，顺从地对真相言说者让步。我会只提醒这点：倘若智慧者以身体为万事的标准是特别真实的[情况]，那么，为了让我说得更恰当，无论[智慧者]除了有利的事什么都不做，还是[智慧者]以对自己的有用为万事的标准，由于这些不配得到赞许从而他们应该私下喜乐，他们就该停止吹嘘。

22. [52]剩下昔勒尼派的观点，当时他们判断，如果某件事情未及注意地发生，就会存在忧愁。事实上，这就是我之前[1]所说的重点。我知道，那先前未得预见的事情在克律西璞珀斯看来也是如此，它更加激烈地打击[我们]；但万事并非都在其中。尽管敌人的突然抵达比得到预期的[抵达]在一定程度上更强烈地干扰[我们]，大海上骤然的风暴也比提前得到预见的风暴更猛烈地惊吓航海者，而大多数事情都是如此，但是，由于你勤奋地考量未及注意的事情的本性，除了一切骤然[来临]的事情看起来更严重之外，你不会有其他任何发现，而且事实上，[这]是由于[以下]两个原因：首先是因为，[我们]没有被给予空间来考量那些发生的事情多么严重，其次是因为——假设它得到了预见，那就看起来可以预防——此时，由[你的]过错造成的恶好像就使得忧愁更加剧烈。[53]时日就如此表明这一点。当[光阴]流逝时，它如此安抚[我们]，从而，尽管存留相同的恶，但是忧愁不仅得到缓解，而且大部分都得以消除。[2]许多迦太基人曾在罗马为奴，许多马其顿人在佩尔色斯国王[3]被俘后[亦

---

[1] 参见 3.28、3.30。

[2] 对于西塞罗而言，这可能指公元前 58 年的流亡时期。然而西塞罗在《致阿特提库斯书》3.15.2（= 60 SB）中却给出了与此相对的说法：dies ... non modo non levat luctum hunc sed etiam auget[时日不仅不减轻哀伤，而且增加哀伤]。

[3] 佩尔色斯国王（rege Perse）：希腊名 Πέρσης，马其顿末代国王，公元前 168 年被埃米利乌斯·泡珥路斯击败于丕德纳（Πύδνα），参见 *OLD*[2] 词条 Perses[2] 1。

然]。当我[还]是青年时，我甚至在伯罗奔半岛[1]见过某些科林多人。[2]所有这些人都可以哀悼《安德若玛刻》中相同的那些事情："我看到这一切……"[3]但是他们现在可能唱完了。因为，他们具有这种表情、言辞以及其他所有的动作和姿态，以至于你会说他们是阿尔戈斯人或西曲昂人[4]。而且，在科林多，突然映入眼帘的废墟更加触动我而非那些科林多人：长期的思考已经使他们的灵魂因时间长久而淡漠[5]。[54]我读过克勒伊托玛科斯[6]的一部著作。在迦太基覆灭后，他把这卷书交给俘虏们，也就是自己的同胞，用以安慰；其中写有卡尔内阿得斯[7]的论辩。克氏说自己把它记在了笔记上。当卡尔内阿得斯所反驳的"智慧者看起来在祖邦沦亡后会处于忧愁之中"被这样提出时，这些就录于笔端。从而，对当下灾难的如此有力的解药由那位哲人所用，以至于，甚至无需对积重难返的[灾难的解药]，而且，假设那同一卷书在数年之后[才]被交给俘虏们，那么它就不会医治伤口，而是医治伤疤。因为痛苦在前行时得到

---

[1] 伯罗奔半岛（Peloponneso）：希腊名 Πελοπόννησος，相当于 Πέλοπος νῆσος[伯罗奔半岛]，得名于佩洛璞斯（Πέλοψ），他在希腊神话中是坦塔洛斯（Τάνταλος, 3.26）之子，皮撒（Πῖσα）国王，据说征服了这一半岛。故此地的合理中译名当作佩洛璞斯半岛。

[2] 公元前 146 年，罗马人摧毁了科林多城。

[3] 更完整的引诗见 3.45。

[4] 西曲昂人（Sicyonios）：源自地名 Σικυών。此地在伯罗奔半岛，科林多以西。

[5] 已经使……灵魂因时间长久而淡漠（animis ... callum vetustatis obduxerat）：或译作已经给灵魂套上了一层长久的时间组成的老茧，类似表达亦见于 2.36。

[6] 克勒伊托玛科斯（Clitomachi）：希腊名 Κλειτόμαχος，Ἀσδρούβας，原名ʼAzrubaʽal，迦太基人，学园派哲人，生于公元前 187 年，卡尔内阿得斯的学生和继承者，后为学园派掌门，其后继者是拉瑞斯撒的菲隆。克拉苏在雅典时曾听过他的论说。温（WYNNE 2020b）认为，西塞罗的怀疑论在很大程度上直接来自克氏，或许可备一说。他提醒我们注意，西塞罗笔下的克勒伊托玛科斯和西塞罗都在尝试安慰；而且，他们都借用了他人的说法，并不代表自己奉之为圭臬；第三，与《图斯库路姆论辩集》中的五个主题类似，"智慧者看起来在祖邦沦亡后会处于忧愁之中"也只是别人（而非论辩者）提出的一个特定的命题，因此玛尔库斯或者卡尔内阿得斯所论辩的方向会随着要考察的命题而变化。进而，我们可以发现，作者西塞罗、他的"化身"玛尔库斯和次对话者罗马青年分别对应卡尔内阿得斯、克勒伊托玛科斯和迦太基人，而卡尔内阿得斯、作者西塞罗和作为读者的我们也对应这一模式：玛尔库斯对罗马青年所言并非西塞罗本人的观点，西塞罗在为我们引述卡尔内阿得斯时也并不以后者的说法为绝对的真理。另见 2.13 及相关注释。

[7] 卡尔内阿得斯（Carneadis）：希腊名 Καρνεάδης，公元前三世纪的学园派掌门，怀疑论者，他曾于公元前 155 年到过罗马。参见《学园派前篇》2.131、《论善恶之极》5.20。

渐进而逐步的减弱，并非由于那事情本身常常或可能受到改变，而是因为，经验教[给我们]理性当时应该[教授]的那点：看起来更加严重的事情[反而]更加次要。

23. [55]于是有人会说，当我们想要减轻悲痛者的痛苦时，论证，或者我们惯于使用的那一安慰，究竟有什么需要？其实我们手边那时几乎[只]有这一点：没有任何事情应当看起来出乎意料。或者，那位认识到某件如此这般的事情必然降临于世人的人，何以更有忍受力地承受不幸？其实这番话并不从恶的总和本身那里移除任何东西，它只不过带来这点：不应当[被我们]事先料想到的事情都未曾发生过。[1]这一类说辞并非依旧无助于安慰，而窃以为[它]极有[助益]。因此，这种未及注意的事情并无如此强大的力量以至于一切忧愁都源于其中；其实[它们]可能更加沉重地打击[我们]而并不致使那些发生的事情看起来更加严重——因为它们是新近的，看起来就更严重，而非因为它们是突然的。[2][56]因此，发现真相的方法是双重的，不仅在那些看起来恶的东西中，而且还在看起来善的东西中。因为，我们或是询问那一事物本身本质如何、多么重要——比如，有时关于贫穷，我们由于揭示出自然所需的东西是多么渺小、多么稀少，就以论辩的方式减轻它[带来]的负担——或者，我们把言辞从论辩的细节引向典范。这里提到苏格拉底，这里提到第欧根尼，这里提到凯奇利乌斯的那行[诗]："智慧甚至常常在褴褛的

---

[1] 不应……过（nihil evenisse quod non opinandum fuisset）：换而言之，一切已然发生的事情都应当被我们事先料想到。

[2] 因此……突然的（ergo ista necopinata non habent tantam vim, ut aegritudo ex is omnis oriatur; feriunt enim fortasse gravius, non id efficiunt, ut ea, quae accidant maiora videantur: quia recentia sunt, maiora videntur, non quia repentina）：珀伦茨在这句话前后标注了星号，并在校勘记中说："这些文辞本身是完好的……，但是并不处于它所该在的位置。这些内容出自西塞罗本人，用以总结 3.52–54 的论证，然而在后来的抄本上，它们看起来被阿特提库斯的抄工插在了错误的位置"（verba ipsa sana sunt ..., sed non suo loco posita. a Cicerone ipso, ut argumentationem §§ 52–54 concluderent, in chirographo postea adscripta, ab Attici librariis autem falso loco inserta esse videntur，参见 POHLENZ 1918: 345）。朱斯塔本根据席歇（T. Schiche）的意见把四个重要抄本（抄本 G、K、R 和 V）上共有的 maiora videantur[看起来更严重]改作 mala videantur[看起来是恶]。

外衣下。"[1]因为，既然贫穷只有一个相同的力量，那么，它对于伽·法卜瑞奇乌斯[2]而言可以忍受[而]其他人否认自己有能力承受的原因，究竟可以被说成是什么呢？[57]因此，与这第二种[方式]类似的是那种安慰的方法，它教给[我们]，发生的事情就是属人之事。其实，这番论辩不仅包含这一点，即它带来对人类种族的认知，而且它表明，其他人已然承受和正在承受的事情都是可忍受的。**24.** [如果]论及贫穷，[那么]就会提到许多坚忍的穷人；[若]论及对尊荣[3]的蔑视，[那么]就会举出许多失去尊荣的人，而且事实上[他们]由于这一点本身而更加幸福，并且，那些偏好个人闲暇而非公共事务之人的生活也一一得到称颂，那位最有权势的国王[所作]的那行短短长格诗句[4]也没有被止住声音——他称赞一位老人并说[他]是幸福的，因为[后者]毫无光荣而且默默无闻地抵达了[生命的]最后一天。[5][58]类似地，通过提到各种典范，丧子也得到述说，那些承受过于沉重之事的人，他们的哀伤也借助他人的例子得以缓解。同样，其他人之[所]经受就使得发生的那些事情看起来远远次于所估计的程度。由此，在[我们]逐步思考时，就发生这一情况：观念在多大程度上是虚构的显现了出来。而且，那位忒拉蒙也表达了相同的这点："当我生育时……"而忒修斯[说]，"我当时对将要伴随着我的悲惨深思熟虑"，并且阿那克萨戈拉[说]："我知道自己生的是有死之人。"[6]其实，这些人都由于长期思考属人之事而明白，那些事情绝不应该出于俗众的观念而为[我们]所惶惧。而且事实上，在我看来，发生在事先默想者身上的，大体上就等同于发生在时日所医治之人身上的，除了治愈

---

[1] 关于凯奇利乌斯，参见 1.31；这行诗的具体出处不明。

[2] 伽·法卜瑞奇乌斯（C. Fabricio）：他与秦秦纳图斯（Cincinnatus）都是古罗马德性的典范——法卜瑞奇乌斯在公元前 280 年拒绝了皮洛士的贿赂。

[3] 尊荣（honore）：或译作公职。

[4] 参见 2.37。"最有权势的国王"指阿伽门农。

[5] 参见欧里庇得斯《伊菲革涅亚在奥利斯》16–19：ζηλῶ σέ, γέρον, | ζηλῶ δ' ἀνδρῶν ὃς ἀκίνδυνον | βίον ἐξεπέρασ' ἀγνὼς ἀκλεής· | τοὺς δ' ἐν τιμαῖς ἧσσον ζηλῶ [我嫉妒你啊，老人家，我嫉妒（每一位）默默无闻、毫无光荣地度过毫无危险的一生之人——而我不太嫉妒身处荣誉之中的人]。

[6] 关于这里引用的三行诗歌，分别参见 3.28、3.29 和 3.30。

前者的是某种理性，治愈后者的是自然本身——如果那包含实质的一点，[亦即]那被视作最大的恶的东西绝非如此严重以至于有能力颠覆幸福的生活，得到了理解。[59]从而就得出这点：出自那未及注意之事的打击更加严重，[但]不是[昔勒尼学派]所认为的那样——当同等的灾祸发生在两个人身上时，只有灾祸未及注意地降临其身的那个人才受忧愁影响。

因此，一些在悲痛中的人，据说由于他们对此人的这一共同处境已然有所耳闻，[得知]我们按那一法则而生，亦即没有任何人能够持久地无涉于苦厄，甚至就更加沉重地承受[悲痛]。[1]**25.** 因此，卡尔内阿得斯，如我看到我们的安提欧科斯[2]所写，常常指责克律西璞珀斯，因为后者称赞欧里庇得斯的那首诗：

> 没有任何一位有死的凡人是痛苦和疾病
> 所不打击的；许多人必须埋葬子女，
> 重新生育，而且死亡对所有人来说都是注定了的。
> 这些事情徒劳地把苦闷施加给人类种族：
> 泥土必归于泥土，然后所有人的生命就应当
> 被收割，如同庄稼。必然性如此命令。[3]

[60][卡尔内阿得斯]完全否认任何这一类说辞涉及忧愁的减轻。因为他宣称，我们陷于如此残忍的必然性，这一点本身就应当使人痛苦；因为事实上，那种由对他人的苦厄之提及所构成的言辞适合于安慰心怀恶意

---

[1] 据说梭伦因为哀悼无助于儿子复活而哀哭，参见《名哲言行录》1.63。

[2] 安提欧科斯（Antiochum）：希腊名 Ἀντίοχος，曾问学于廊下派哲人姆内撒尔科斯（Μνήσαρχος）和学园派的拉瑞斯撒的菲隆，与西塞罗为友。大约在苏拉入侵雅典的时候，他与菲隆分道扬镳，建立起自己的"学园"，西塞罗曾于公元前 79 年在那里学习。安提欧科斯曾尝试用学园派来调和廊下派和漫步派。另见 5.21。

[3] 来自《绪璞西丕勒》（Ὑψιπύλη），见于欧里庇得斯残篇 757。绪璞西丕勒是托阿斯（Θόας）之女，阿尔戈英雄时代的勒姆诺斯女王，曾为伊阿宋诞下二子，后救父亲于勒姆诺斯女性对男性的屠杀。《绪璞西丕勒》是欧里庇得斯最后的肃剧之一，详见 COLLARD & CROPP 2008: 250–255。

的人。其实，在我看来合适的[做法]大相径庭。因为，承受属人的处境的必然性仿佛阻止[我们]与神明发生冲突，它还提醒说，[我们]是人类（这一思考在很大程度上减轻哀伤），而且，胪列各种典范并非为了取悦于心怀恶意之人的灵魂，而是为了使那悲痛之人判断那应当由自己承受，因为他会看到许多人适度且安静地承受。

[61]其实那些由于忧愁之巨大而垮倒并且无法坚持下去的人必须以一切方式得到支持。由此，克律西璞珀斯认为，被称作 λύπη 的忧愁本身就好像整个人的瓦解。[1]如我起初所言，忧愁的原因在得到解释后，忧愁就可能完全根除。因为，除了对压迫着[我们]的当下大恶的观念和判断之外，忧愁不是其他任何东西。从而，身体的痛苦——它[带来]的疼痛最为剧烈——凭借已经提出的对善的希望而得到禁受，而且，高尚且光辉地度过的一生带来如此安慰，以至于，要么忧愁不会触及那些已然如此生活的人，要么灵魂的痛苦[仅仅]轻微地刺痛[这样的人]。

26. 但是，就在那一观念——忧愁地承受那已然发生的事情[2]是应该、正当且合义务的——也加到对大恶的这一观念上时，最终就造成忧愁构成的那种严重的紊乱。[62]哀伤的那些五花八门的可憎种类就来自这一观念：蓬头垢面、女人气地抓挠脸颊以及捶打胸口、大腿和脑袋。从而，荷马和阿克奇乌斯[所描绘]的那[两]位阿伽门农都"因为痛苦而反复撕扯未经修剪的头发"。[3]比翁[4]的那一风趣[评论]就针对这一[描写]，[他说]最愚蠢的国王在哀伤中以同样的方式拔下自己的烦恼丝，好像悲痛可因秃顶而减轻。[63]但是他们做了所有这一切，因为他们认

---

[1] 参见柏拉图《克拉底鲁》419c，苏格拉底在那里说 λύπη[忧愁]一词来自 διάλυσις[分裂/瓦解]。

[2] 比如亲友的去世。

[3] 参见《伊利昂纪》10.15。拉丁语诗行或许来自阿克奇乌斯的《夜间的清醒》（*Nyctegresia*），此剧可能主要基于《伊利昂纪》第十卷奥德修斯和迪欧美得斯夜探敌营，俘虏并杀死多隆（Δόλων）的情节，参见 WARMINGTON 1936: 488–491。

[4] 比翁（Bionis）：希腊名 Βίων，公元前三世纪昔勒尼学派哲人。他常被称作 Βίων Βορυσθενίτης[波律斯忒内斯河畔的比翁]，参见 PREUS 2015: 86。

为[事情]应当如此发生。从而，埃斯奇内斯[1]攻击德摩斯梯尼，因为后者在女儿去世后的第七天就献祭上了牺牲。但[他]多有修辞家的风范啊！辞藻多么丰富啊！他收集了什么观点啊！抛掷出什么言辞啊！从而你会明白，修辞家可能[言说]任何事情。没有人会证明这些，假设我们没有把这一点根植于灵魂之中：一切正人君子都应当由于自己[亲友]的去世而尽可能沉重地悲叹。由此就发生了这一情况：处于灵魂痛苦中的其他人漂泊孤独，正如荷马关于贝珥勒若封所说的：

> 悲惨的他悲叹着，在荒芜平原[3]上漂泊，
>
> 啃食着自己的心脏，躲避着属于人类的路途。[4]

而尼欧贝，[5]我相信，由于哀伤中的永恒沉默而被变为石头；进而，人们认为赫卡柏由于灵魂的某种尖刻和癫狂而遭变形，被变成一条狗。[6]进而，还有其他那些人，常常使他们在悲痛中欣慰的就是与那孤独本身交

---

[1] 埃斯奇内斯（Aeschines）：希腊名 Αἰσχίνης，古希腊演说家，德摩斯梯尼的对手，关于他对德氏的攻击，参见《反克忒西封》（Κατὰ Κτησιφῶντος）77。

[2] 贝珥勒若封（Bellerophonte）：希腊名 Βελλεροφῶν 或 Βελλεροφόντης，系格劳科斯（Γλαῦκος）之子，西绪弗斯之孙。贝氏向提律恩斯（Τίρυνς）国王璞若忒乌斯（Πρωτεύς）乞援，受王后斯忒内波雅（Σθενέβοια）爱慕，不从，遂遭诬陷行为不轨。国王不敢杀客人，故请贝氏送信给岳父伊欧巴忒斯（Ἰοβάτης），内容即请岳父杀送信者。伊欧巴忒斯亦不敢，只好派贝氏杀怪物奇迈剌（Χίμαιρα）。参见《伊利昂纪》6.153–197。

[3] 荒芜平原（campis ... Aleis）：来自古希腊语 Ἀλήϊον πεδίον。

[4] 参见《伊利昂纪》6.201–202。注意，西塞罗特别喜欢后面的第 208 行：αἰὲν ἀριστεύειν καὶ ὑπείροχον ἔμμεναι ἄλλων［永远做得最出色，而且超过他人］。参见《致亲友书》13.15.2（= 317 SB）和《致胞弟书》3.5.2（= 25 SB）。

另外，在女儿去世后，西塞罗在《致阿特提库斯》12.23.1（= 262 SB）中说：itaque solitudinem sequor［因此我追寻孤独］。尽管俗本采用的 solitudinem 更受抄本支持，但贝利选择复数 solitudines［一些孤独的地方］的异文，认为这样与西塞罗前文提到的单数 Romam［罗马］形成对比。不过译者以为，将单数形式理解作抽象意义上的孤独亦通，参见 BAILEY 1966: 106–107, 319。

[5] 尼欧贝（Nioba）：希腊名 Νιόβη，坦塔洛斯之女，忒拜王阿姆菲翁（Ἀμφίων）之妻，育有七子七女，均被阿波罗和狄安娜杀死，因为她在生育能力上胜过了阿波罗和狄安娜之母勒托。尼欧贝在西洛popstar斯山（Σίπυλος）上被变为石头，因为泪流不止而总是潮湿。参见《伊利昂纪》24.617。

[6] 参见尤威纳利斯《讽刺诗集》10.270–271：sed torva canino latravit rictu［但是凶暴的（赫卡柏）张着狗嘴吠叫］。

谈，正如恩尼乌斯笔下的那位保姆：

> 现在，这一欲望攫取住悲惨的我：
>
> 把美狄亚的悲惨传到苍天和大地。[1]

27. [64] 由于认为所有这些正当、真实且应该，他们就在悲痛中做[这些]，而且这一[现象]仿佛由于对义务的判断而出现，[这]尤其体现[于这一事实]：[2]如果那些希望与自己一同处于哀伤[状态]的人碰巧以太像常人的方式做了某事，或者，如果他们以过于欢腾的方式说了话，那么他们就该把自己唤回到悲伤并指控自己犯了错，因为他们中断了对痛苦的感受。其实，如果孩子在自家丧事中做了或说了什么太过欢腾的，那么母亲和教师甚至就常常责罚，不仅用言辞，而且用鞭子，逼迫其哭泣。怎么？当悲伤的那一消退紧随其后而且[我们]明白没什么可经由悲叹实现时，难道事实不会表明那完全是自愿的吗？[65]泰伦提乌斯[笔下]的那位"自我责罚的人"，亦即 ἑαυτὸν τιμωρούμενος，[说了]什么？

> 我决定了，克热美斯，只要我过得悲惨，
>
> 在这期间就能对我儿少行些不义。[3]

他决定让[自己]悲惨。那么，难道有人会不情愿地作任何决定吗？"事实上，我认为自己配得上任何苦厄。"[4]他认为自己配得上苦厄，如果他不悲惨。于是你看到，恶属于观念，而非属于自然。事情本身禁止其哀伤的那些人是怎样的？正如在荷马口中，每天[发生]的许多人[遭受]的屠戮和许多人的泯灭带来了对悲痛的镇定，荷马口中是这样说的：

> 因为事实上，我们注意到甚至每天都有极其众多的人

---

[1] 出自恩尼乌斯《美狄亚》，参见欧里庇得斯《美狄亚》56 下。

[2] *而且……[于这一事实]*（maximeque declaratur hoc quasi officii iudicio fieri, quod）：西塞罗在 quod 前省略了一个 eo，《论义务》1.61 的最后一句类似（参见 HEINE 1957: 38）。

[3] 出自《自我责罚的人》147–148。

[4] 出自《自我责罚的人》135。

殒灭，以至于没有任何人可能免于悲痛。

为此，更可取的做法是把被杀死的人托付给坟头，

以坚强的灵魂和[仅此]一日的哭泣限制住哀伤。[1]

[66]因而，在你愿意时，服从时局而抛下痛苦就在[你的]能力之内。既然事情实际上就在我们的能力之内，那么，难道存在某个我们为了放下担心和忧愁而不该服从的情形？当时众所周知，那些看到格奈·庞培因负伤而烦忧的人，当他们在那残酷无比而悲惨至极的一幕中为自己忧惧时[2]——他们看到自己被敌军的舰队包围——他们没有做其他任何事情，除了鼓动桨手而且用逃亡来获取[自己的]得救；在这之后他们来到了苏尔[3]，然后开始心烦意乱并恸哭起来。从而，畏惧可以把忧愁从这些人身上驱逐，理性就没有能力把忧愁从智慧的君子身上驱逐吗？28. 然而，在明白了没有什么[由忧愁]实现而且它[由我们]徒劳地担负之后，相较于[此]，就放下痛苦而言更加有效的事情是什么？从而，如果[忧愁]可以放下，那么它甚至就可以不被担负；因此必须得到承认的是，忧愁由意愿和判断来担负。[67]而且，这一点由那些人的坚忍得到说明——他们因为常常经受许多事情，就更加轻松地承受任何发生的情况，而且认为自己[在]反抗机运[方面]现已变得强悍，就像是欧里庇得斯笔下的那个人：

假如哀怨的日子现在首先照到我身上

而且我未曾在如此充满艰险的海洋上航行，

那么痛苦的原因就好像突然给马驹

塞上辔头后，它受新的触觉刺激；

---

1 参见《伊利昂纪》19.226。

2 这发生在公元前 48 年的埃及。

3 苏尔（Tyrum）：腓尼基名 Ṣūr，希腊名 Túpos，见于《耶肋米亚》25.22（音译作提洛；又有苏尔、蒂尔等译名，参见陆谷孙 2007: 2198）。此地位于地中海东部沿岸，是古代海洋贸易的中心，今属黎巴嫩。本稿据腓尼基语取苏尔这一音译。

但为悲痛所驯服后，我现已麻木了。[1]

从而，既然各种悲惨[带来]的疲劳使得忧愁更加平淡，[我们]就必须明白，事情本身并非悲伤的原因和来源。[68]那些依旧尚未觅得智慧的最杰出的哲人[2]难道不明白自己在至恶之中吗？其实他们是无智慧者，而且没有任何恶比无智慧更加严重。不过，他们并不哀伤。这是为何？因为，那一观念——忧愁地承受"你并非智慧者"是正当的、可取的，而且与义务有关——并没有被附于这一类的恶；[3]我们把同样这一点加到这种忧愁上——万事中最大的哀伤就在这忧愁之中。[69]因此，在指摘那些古代哲人时——他们认为哲学因为自己的禀赋而得以完善——亚里士多德说，他们或是愚蠢至极或是极端狂妄；但是他本人看见，由于区区数年就实现了巨大的进展，哲学完全可以在短时间内臻于完美。然而，忒欧弗剌斯托斯[4]据说在临终时批评自然，因为它给予牡鹿和乌鸦长久的生命[5]（这对它们无所影响）[却]给予人类如此短暂的一生（这对

---

[1] 这几句诗行可能来自欧里庇得斯所作的关于弗瑞克索斯（Φρίξος）的肃剧（残篇818c）。弗瑞克索斯系阿塔玛斯（Ἀθάμας）和内斐勒（Νεφέλη）之子，他骑着金毛公羊与姐妹赫珥勒（Ἕλλη）逃到科珥奇斯，在那里献祭了这只公羊，并且将金羊毛挂在战神阿瑞斯的圣林里，它后来被伊阿宋和阿尔戈英雄带回希腊。关于欧里庇得斯的两部弗瑞克索斯剧，详见 COLLARD & CROPP 2008: 423–427。

[2] 根据廊下派的观点，尚未完全获得智慧的人就是彻底悲惨的，而且他们的生活与最糟糕之人的生活别无二致。西塞罗嘲笑这种反论，参见《为穆热纳辩护》61: solos sapientes esse, si distortissimi sint, formosos, si mendicissimi, divites, si servitutem serviant, reges; nos autem qui sapientes non sumus fugitivos, exsules hostis, insanos denique esse dicunt; omnia peccata esse paria; omne delictum scelus esse nefarium, nec minus delinquere eum qui gallum gallinaceum, cum opus non fuerit, quam eum qui patrem suffocaverit; sapientem nihil opinari, nullius rei paenitere, nulla in re falli, sententiam mutare numquam[（廊下派）说即便智慧者最丑陋，也只有他们是英俊的；即便智慧者一贫如洗，也只有他们是富裕的；即便他们为奴，也只有他们是王者；然而我们这些不智慧的人就是逃跑者、流亡者和敌人，总之是疯狂的人；所有的过犯都等同；每一件犯下的罪过都不合神法；在没有必要的时候掐死一只家鸡，相较于掐死父亲的人，所掐下的并不更轻；智慧者不假想任何事情，不对任何事情感到后悔，不在任何事情上犯错，从不改变观点]。

[3] 最优秀的哲人意识到自己的知识并不尽善尽美，他们也意识到世界的愚蠢。但他们并不因此而忧愁。对于这种不完美，亚里士多德通过思考哲学的未来发展而得到安慰，忒欧弗剌斯托斯则通过认为更长的生命会带来完美而得到安慰。

[4] 参见 1.45、3.21。

[5] 参见 1.77。

我们影响巨大)。假设我们的寿命可以更加长久，那么[长寿]就会使得人类的生命在一切技艺完善之后得到一切学识的指导。因此，忒欧弗剌斯托斯当时抱怨道，就在他开始观看那些东西的时候，他在熄灭。怎么？难道其他哲人中每一位最优秀而最重要的人都不承认自己不知道很多事情，而且许多东西应当得到自己一遍又一遍的学习？[70]不过，尽管他们明白自己陷于糟糕无比的愚蠢的中央，他们却并不受制于忧愁。因为[其中]并不混杂有任何与义务相符的痛苦的观念。[对于]那些不认为君子应当哀伤的人，[我们该说]什么？安葬作为执政官的儿子的克·玛克苏穆斯、在数天之中失去两个儿子的路·泡路斯、[1]在被任命为裁判官的儿子去世时的玛·卡托以及其他那些我收集于《安慰》中的人都是怎样的？[71]除了认为哀伤和悲痛不属君子之外，还有别的什么使他们舒缓下来？于是，那一点，其他人由于认为它正确而常常把自己交给忧愁，[但]这些认为它低劣的人就驱逐忧愁。由此，得到理解的是，忧愁不在自然中，而在观念中。

29. 与此相反，这些内容得到言说：谁如此丧心，以至于按自己的意愿悲叹？自然带来痛苦，他们说，事实上你们的克冉托尔[2]认为应当向它让步；因为[痛苦]压制、逼迫[我们]，还无法得到抵抗。[3]因此，索福克勒斯笔下的欧伊勒乌斯[4]（他先前就埃阿斯之死安慰忒拉蒙）在听闻自己[儿子]的[死讯]时崩溃了。他那改变了的心灵得到如此描述：

> 其实，并没有任何人被赋予
> 如此巨大的智慧——他以言辞缓和其他人的灾难——
> 即便变化的机运调转矛头，

---

[1] 关于玛克苏穆斯（玛克西穆斯）和泡路斯，均参见 1.110。

[2] 参见 1.115。

[3] 学园派和漫步派认为忧愁是自然的，而无感觉则是无情而野蛮的。漫步派认为，人既不应该是 ἀπαθής[冷漠的]，也不应该是 δυσπαθής[过于敏感的]。

[4] 欧伊勒乌斯（Oileus）：希腊名 Ὀιλεύς，洛克瑞斯（Λοκρίς）国王，小埃阿斯之父。

这同一个人也不会因为自己突然的灾祸而崩溃，

以至于那些对他人的说辞和教谕销声匿迹。[1]

当他们就这些事情论辩时，他们力求得出这点：无法以任何方式来抵抗自然。不过，同样这些人承认，相较于自然[之所]强加，[我们]担负更沉重的忧愁。因此这是何种失心？[2]让我们也问他们同样的问题。[72]但是，有更多的理由承担痛苦：首先是那种对于恶的观念：当它为人所见而且得到信服时，忧愁就必然跟随。其次，人们也认为，如果他们沉痛地哀悼逝者，那么他们就在使逝者满意。还有某种女人气的迷信，因为他们以为自己会更加轻松地满足不朽的诸神——倘若被后者的一锤击倒后他们承认自己被打垮而且瘫倒[于地]的话。但是，大多数人并没有看见这些东西多么彼此抵牾。因为，他们称赞那些以平和的灵魂死去的人，[但又]认为那些以平和的灵魂承担他者的死亡之人应当受到责难。就好像可能以某种方式发生那惯常在情话中所说的事情：相比自己，任何人都更爱另一人。[73]那是一件出众的事情，若你探寻，而且正当而真实：我们爱那些应当最与我们亲近的人，与我们爱自己相同。不过，更[爱他们而非自己]不可能以任何方式发生。甚至在友谊中也不应当期愿这一点：他相比[爱]自己更[爱]我，我相比[爱]自己更[爱]他。如果这事发生了，那么紧随而来的就是生活的紊乱和所有义务的紊乱。**30.**但是，[让我们]下次再[谈]这点吧。那点现在[谈得]充分了：[我们]不希望把自己的悲惨归因于朋友的丧失，以免——他们若有感觉——比他们所希望的，当然[也]比我们爱自己[那般]，更[爱]他们。其实，他们所说的"大多数人并不因安慰而得到缓和"以及他们所添加的"当机运

---

[1] 这几行诗来自索福克勒斯的已佚肃剧《洛克瑞斯的埃阿斯》（Αἴας Λοκρός），详见 LLOYD-JONES 2003: 12–13。

[2] 玛尔库斯的意思是，一些人认为"按自己的意愿悲叹"是失心之举，但同时又允许人类"担负比自然所强加的更沉重的忧愁"，因此他们与"按自己的意愿悲叹"的人一样失心。关于失心，参见 3.10。

向安慰者调转它的矛头时，他们自己就承认自己悲惨"[1]双双遭到消解。因为，这些并非自然的缺陷，而是[我们的]过错。进而，[我们]就可以任意篇幅控诉愚蠢。[2]因为那些未得缓和的人把自己请去悲惨那里，而那些以不同于自己为他人当参谋的方式来承受自己的灾祸的人一般并不比那许多人——贪婪的人指责贪婪的人，夸耀的人指责欲求荣耀的人——更充满缺陷。愚蠢的特征其实就是明辨他人的缺陷[而]忘记自己的缺陷。[74]但是，这点[3]无疑应当得到最大程度的展现。既然[我们]同意，忧愁因长久的延续而去除——这一力量并不处于时日之中，而是在长期的思考中。因为，如果事情相同而且人也相同，那么任何关乎痛苦的事情怎么可能得到改变呢？如果任何关乎因其之故而使人痛苦之物的事情以及任何关乎感到痛苦之人的事情都没有得到改变呢？因此，长期的思考——事实上不存在任何恶——而非长久的时间医治痛苦。

31. 在这里，他们给我带来了各种中庸。[4]如果这些基于自然，那么有什么需要安慰呢？因为自然本身将会决定尺度。但如果它们基于臆想，那么这整个观念就当去除。我认为[这]说得够了：忧愁是对当下的恶的观念，这一观念中包含着那点——应当承担起忧愁。[75]对当下的恶的观念是新近的，[5]这一点由芝诺正确地加到这一定义上。然而，[廊下派]如此解释这个词，好像他们不仅认为那不久之前发生的事情是新近的，而且，只要那假想的恶中包含有某种力量以至于它强有力且具有某种活跃性，那么在此期间，它就被称作是新近的。比如那位阿尔忒米西阿，卡瑞阿国王茂索洛斯之妻，她打造了哈利卡尔纳斯索斯的那座著名陵寝，她如此长久地活着，活在哀伤中，而且因为屈服于相同的悲

---

[1] 参见 3.71。

[2] 这里的愚蠢指因为自己的过错而陷入悲惨的境地。

[3] 指前文提到的"造成忧愁的并非自然的缺陷，而是我们自己的过错"这一点。

[4] 参见 3.22。

[5] 新近的（recens）：在廊下派看来，各种紊乱都是我们自愿承受的，而判断（κρίσις）则基于意见（δόξα）。时间可以弱化紊乱的影响，但如果它们依旧强势，那就被视作新近的紊乱。

痛，她甚至日渐憔悴。[1]对她而言，那[悲痛的]观念每天都是新近的。就在她因年老而耗尽[一生]时，[那观念]最终也没有被称为老旧的。

　　因此，这些是安慰者的义务：彻底破除忧愁，尽可能镇定、移除或抑制，而且不容许[它]长远地发散或转移到其他事情上。[76]有人认为安慰者只有一项义务，就是[展示出]那种恶完全不存在，就像在克勒安忒斯看来合适的那样；[2]有人认为不存在大恶，就像漫步派；有人[把自己]从诸恶引向诸善，就像伊壁鸠鲁；有人认为展示出没有任何出乎意料的事情发生过就足矣，就像昔勒尼学派□□没有任何恶。[3]进而，克律西璞珀斯判断，首要的就是在安慰中移除悲痛者的那一观念——他因这观念而认为自己在履行正当而应该的义务。甚至还有人收集了所有这些类型的安慰——因为不同人以不同方式得到触动——大体如同我在《安慰》中把所有[类型]都集于一种安慰。因为[我的]灵魂当时处于肿胀状态，而且对它的每一种治疗方式都得到过尝试。但是，在灵魂之疾中要消耗的时间不少于身体之疾[的情况]；就像埃斯库罗斯[笔下]的那位普罗米修斯，当[有人]对他说：

> 另外，普罗米修斯啊，我觉得你理解这点，
> 就是理性能够医治易怒。

他回答道：

> 事实上，如果有谁施以及时的解药，

---

　　[1] 关于阿尔忒米西阿（Ἀρτεμισία）为丈夫茂索洛斯（Μαύσωλος）在哈利卡尔纳斯索斯（Ἁλικαρνασσός）修建陵寝的故事，详见《阿提卡之夜》10.18。

　　[2] 参见 2.60。

　　[3] 就像……恶（⟨ut Cyrenaici .....⟩ nihil mali）：珀伦茨认为这里存在脱漏，因此在 nihil mali 前补上了 ut Cyrenaici。他在校勘记中提到了另一位学者达维西乌斯（I. Davisius）的观点，后者增补后的内容作(ut Cyr. atque hi quoque, si verum quaeris, efficere student ut non multum adesse videatur aut) nihil mali[就像昔勒尼学派和这些人(所言)，倘若你探求真相，他们就会致力于使得看起来没有许多恶出现，或者看起来没有任何恶]。珀伦茨（POHLENZ 1918: 355）另外提示我们参考 1.52–59 和 1.61，而克律西璞珀斯伦理学残篇 486 即西塞罗此部分的内容。

不在伤势加重时出手打击[，我就可得到医治]。[1]

32. [77] 从而，安慰中首要的解药就将是指出，要么不存在任何恶，要么[恶]微不足道；第二项解药既关于普遍的也关于个人的生命状态，如果关于那位悲痛者本身的状态有什么需要论辩的话；第三，当你明白没有什么可能[由悲痛]实现时，白白地屈服于悲痛就是极端的愚蠢。因为事实上克勒安忒斯安慰的是不需要安慰的智慧者。[2]其实，你若说服丧痛者相信任何不低劣的东西都不足恶，那么你本人并没有移除他的哀伤，而是移除了他的愚蠢。然而，指出[这点]的时机并不合适。而且，克勒安忒斯在我看来依旧没有完全看清这点：忧愁有时恰恰可能因为克勒安忒斯本人承认是至恶的那一事物而被担负。其实，我们该说什么呢？如我们所闻，由于苏格拉底说服阿尔喀比亚德相信他完全没有人样，而且生于极高门第[3]的阿尔喀比亚德和任意一个搬运工之间没有任何区别，当阿尔喀比亚德心烦意乱而且哭着向苏格拉底乞援，请求他带给自己德性并驱逐[自己的]低劣时——克勒安忒斯啊，我们该说什么？那时，以忧愁影响阿尔喀比亚德的那一情形中不存在恶吗？[4][78] 怎么？吕孔[5]的那些话是怎样的？他通过弱化忧愁来说忧愁由小事引发，

---

[1]　参见《被缚的普罗米修斯》377–380。

[2]　参见 3.76。克勒安忒斯的安慰方式是展现忧愁的起因并不真实，因为低劣是唯一的恶。然而对于智慧者而言，他们并不低劣，这种安慰就纯属多余。克勒安忒斯并未移除哀伤，而仅仅表明哀伤是愚蠢的，而这种做法并不合时宜。

[3]　门第（loco）：珀伦茨校勘本的铅印版此处并无排印错误，但有影印版和扫描版因字母 c 的漫漶而误作 looo。

[4]　这个故事不见于柏拉图笔下，但见于《论天主之城》14.8。西塞罗笔下的苏格拉底表明阿尔喀比亚德的悲惨是其愚蠢造成的，而他因为自己的低劣而忧愁。克勒安忒斯则认为智慧者无涉于恶，而且不会感到忧愁和悲惨。奥古斯丁说，阿尔喀比亚德的 stultitia[愚蠢]是其 utilis optandaeque tristitiae[有所助益且应当向往的忧苦]之原因，比较《致格林多人后书》7.10：quae enim secundum Deum tristitia est | paenitentiam in salutem stabilem operatur | saeculi autem tristitia mortem operatur[因为按照天主圣意而来的忧苦，能产生再不反悔的悔改，以至于得救；世间的忧苦却产生死亡]（原文取自 Weber & Gryson 2007：1795）。另见 3.7 及注释。

[5]　吕孔（Lyconis）：希腊名 Λύκων，公元前三世纪哲人，曾任吕克昂学园住持，参见 Preus 2015：233。

[比如]机运的不利和身体的不适，而非由灵魂之恶引发。于是怎样呢？阿尔喀比亚德为之痛苦的那件事情不是由灵魂的恶和缺陷组成的吗？对于伊壁鸠鲁的安慰，先前说得够多了。**33.** [79]甚至那一安慰也并非极其有力，尽管它是寻常的而且常常有用："这不只[降临]到你身上。"如我所言，这事实上有效，但既非永远亦非对所有人都有效。其实有人反对，但重要的是它以什么方式得到运用。因为，应当得到展现的是那些智慧地承受[忧愁]的每一个人如何承受，而非每一个人遭受了什么不幸的影响。就真实性而言，克律西璞珀斯的[安慰]无比有力，就忧愁的时刻而言则难[以实践]。[1]向悲痛者证明他因自己的判断而[悲痛]是一项不小的任务，因为他认为自己应当这样做——悲痛。因此，毫无疑问，正如在案件中我们并不总是使用相同的立场[2]——其实我们就这样称呼各种各样的辩论——而是顺应于时机、辩论的本质以及人物，同样，在忧愁的缓解中，必须考察的是，每个人如何可能接受治疗。

[80]但是[我们]言辞以某种方式脱离了由你当时定下的主题。因为你本人就智慧者而问——在他看来，要么不可能存在任何不涉及低劣的恶，要么恶是如此微小，以至于它被智慧覆盖而且几乎没有显现——因为，他不在观念上编造什么，也不往忧愁上添加什么，而且不认为自己尽可能受到折磨和屈服于哀伤是正当的，没有什么可能比这更畸形。理性依旧表明，正如事实上在我看来的那样，尽管这一点本身在这个时刻没有得到特别的探寻——除了那同样能够被宣称是低劣之物的东西之外，难道有什么东西是恶——我们依旧看到，[3]任何处于恶所[带来]的忧愁之中的东西都不基于自然，而是由自愿的判断和观念上的错误造

[1] 参见 3.76。
[2] 立场（statu）：status[立场]和 constitutio[争论点]这两个词都可表示法庭中控辩双方的战线，可以分为 coniecturalis[在事实方面的/（事实）推测性的]、iuridicialis[在合法性方面的]和 definitiva[在定义方面的]三种，参见西塞罗《论位篇》92–93。status 和希腊语 στάσις 都可以表示开战前的布阵以及摔跤手交锋前摆出的架势。详见尼采 2018: 84–92。
[3] 我们依旧看到（tamen ut videremus）：这里的 ut 引导 edocuit tamen ratio[理性依旧表明]所带的从句，参见 OLD[2] 词条 edoceo h 以及 ANTHON 1852: 316。

成的。

[81]进而，那种忧愁就得到我们的处理，它是一切[忧愁]中最严重的，从而，既然消除了它，我们认为不应当费力地寻求别人的化解方法。

34. 因为存在针对贫穷的特定的[化解方法]，[还有]那些常常被说成针对无尊荣且无荣耀的生命的特定的[化解方法]。特定的论说分别涉及流亡、祖邦的沦丧、奴役、残废、盲聋、每一件灾祸——灾难的名称常被置于其中，希腊人把这些划分到一场场论说和一卷卷著作中，因为他们在寻求一份差事¹（尽管许多论辩是由乐趣组成的）。[82]不过，正如药学者在治疗整个身体时甚至也医治最细微的部分（如果它感到了不适），同样，在哲学破除普遍的忧愁时，如果某个错谬从某处产生，如果贫穷撕咬[我们]，如果污名骚扰[我们]，如果阴郁构成的某次流亡倾泻[到我们身上]，或者，如果发生了某件我方才说过的事情，那么哲学也会破除[它们]。尽管一件件事情都有专门的安慰，可事实上，在你愿意时，就该聆听这些。²但是，[我们]应当向同样的源头转回身去：一切忧愁都与智慧者远远地分离，因为它空洞，因为它徒劳地得到担负，因为它并不起源于自然，而是源于判断、观念和某种朝向痛苦的邀约——当我们确定它应当如此发生的时候。[83]去除了这完全自愿的东西之后，悲痛[组成]的那种忧愁就会得到消除，不过会留有疼痛和灵魂的某种微微收缩³。他们会说这完全是自然的，只要忧愁的名称远离沉重、丑陋和致命的事情，因为这名称不可能与智慧一同存在，而且，如我所说的这样，不可能以任何方式与它共处。而那作为忧愁之根的东西是多么繁多，多么恼人！树干⁴本身铲除之后，如果需要，那么所有这些也应当在一次次

---

¹ 差事（opus）：西塞罗这里在揶揄希腊人，把他们描述为散工。

² 这些内容见于第四卷。

³ 微微收缩（contractiuncula）：或译作失落，这是 contractio[收缩]的指小词。参见
4.14。

⁴ 树干（trunco）：忧愁是灵魂中发生的主要的紊乱，其他的紊乱则是枝叶。

论辩中连根拔起。其实留给我的就是这一闲暇，[1]无论是何类型。但是，一切忧愁只有一种原理和多个名称。因为属于忧愁的有：嫉妒、[2]妒争、訾抑、怜悯、苦闷、哀伤、悲痛、受苦痛影响、恸哭、焦虑、痛苦、处于烦恼、心烦意乱和失去希望。[3][84]廊下派定义了所有这一切。而且，我所提到的那些语词属于一个个[不同的]主题，并不像看起来的那般意味着相同的主题，而是有所区别——我可能会在别的地方处理[它们]。这就是我开头提到过的那些根须，它们全都应当得到追踪和拔除，以免任何一条[根须]可能在某个时候长出来。有谁否认[这是]伟大而艰难的事业呢？然而，什么出彩的事情不同样是艰巨的？[4]但是，哲学依旧宣布自己将实现那件事情，只要我们接受它的治疗。

不过实际上，目前为止就是这些了。其他内容，无论你们何时愿意[听]，[我]都会在这个地方和其他地方为你们准备好。

图 3　后世仿制的"古罗马"钱币（正面是西塞罗侧面像，反面是密涅尔瓦女神坐像），重 4.56 克，直径 21 毫米，银质，十六世纪塞浦路斯裔意大利艺术家切萨蒂（Alessandro Cesati）所制，曾为巴塞尔收藏家阿默巴赫（Basilius Amerbach，1533—1591）的藏品；原件现藏于巴塞尔历史博物馆（Historisches Museum Basel），编号 2011.384；照片由该馆摄影师赛勒（A. Seiler）所摄，由钱币陈列室主任卡索利提供；相关研究参见 CASOLI 2019，MANUWALD 2015: 147 亦曾提及

---

[1]　西塞罗现已彻底离开了公开的政治舞台，参见 1.1。

[2]　参见 3.7。

[3]　本句原文作 nam et invidere aegritudinis est et aemulari et obtrectare et misereri et angi, lugere, maerere, aerumna adfici, lamentari, sollicitari, dolere, in molestia esse, adflictari, desperare，另见 4.16。

[4]　比较梭伦的名言 χαλεπὰ τὰ καλά[美事艰难]，见于《克拉底鲁》384b，《大希庇阿斯》304e，《王制》4.435c、6.497d。

第四卷　论灵魂的其他紊乱

1. [1]当我常常在许多地方对我们[罗马]人的禀赋和德性感到惊异的时候，布鲁图斯啊，我尤其惊异于这些探究——[罗马人]很晚才把这些得到寻求的东西从希腊带到这座城邦。因为，[罗马]城建立伊始，凭借王者的制度，部分还因为各种法律，马卜、祭仪、公民大会、申诉、[1]元老们的决策、骑士和步兵的划分以及一切军事事务就得到了神妙的设立，[2]当时，在共同体从君主的统治下得到释放后，出现了令人惊异的发展和难以置信的朝向整个卓越的征程。其实，此处并非我们谈论祖先的习俗和制度以及城邦的训练和调理的地方。这些已经在其他地方由我足够细致地说过了——而且，尤其是在那六卷我关于共同体而撰写的书中。[2]然而，在这个地方，当我思考对学识的探究时，许多事情显然在我这里出现：为何那些取于别处的东西同样不仅得到寻求，而且看起来得到守护和爱护[3]。因为，差不多在那些[祖先]的视野内，有一位智慧出众、尤其高贵的毕达哥拉斯[4]，他曾生活在意大利，就在路·布鲁图斯解放祖邦的同一时期——他是你那高贵血统的著名的始祖。进而，由于毕达哥拉斯的学说流传深远，因此，在我看来它已经流延到了这座城邦，而且这一点不仅因为推测而可信，而且也凭借某些踪迹得到展现。其实谁是这样的人呢——他认为，尽管意大利的希腊（它被称作大[希腊]）凭借极其强盛、无比伟大的一座座城邦而繁荣，而且在这些[城邦]中先后出现毕达哥拉斯本人及其学派的如此响亮的名号，但是我们却闭耳不闻他们最为博学的声音？[3]是的，我甚至认为，由于对毕达哥拉斯学

1　申诉（provocationes）：参见《论共和国》2.53–54。
2　比较《学说汇纂》1.2.2.2。
3　爱护（culta）：本义是耕耘。动词 colere 另有敬拜、崇拜的意思，参见 1.64。
4　参见 1.38。

派的崇敬，努玛王就被后人视作一位毕达哥拉斯的传人。因为，尽管人们了解毕达哥拉斯的学说和教导[1]，而且从自己的祖先那里得知了那位国王的公平和智慧，然而，他们由于[事情的]古老而忽视了年岁和世代，[2]相信那位在智慧方面杰出的努玛曾是毕达哥拉斯的门生。**2.** 而关于推测，事实上就到此为止吧。不过，尽管毕达哥拉斯学派的踪迹可以收集得很多，但我们依旧引用得少，因为这并非[我们]此刻在做的事情。其实，据说他们惯于伴着诗歌而且相当神秘地传授某些教谕，[3]还借助歌曲和弦琴把自己的心灵从认知的专注带往安宁。最重要的权威卡托曾在《史源》[4]中说，[我们的]祖先在宴会上有这一习俗：他们靠在桌边，伴着笛声轮流歌唱贤达的名誉和德性。由此，显而易见的是，当时既存在以嗓音区分的歌曲，也存在诗歌。[5][4]不过事实上，《十二表[法]》展现出这点——诗歌当时已经常常得到创作——因为[十二表]以法律规定，不允许[诗歌]造成对他人的伤害。[6]而其实那并非缺乏学养的时代的证据，因为弦琴在诸神的圣榻[7]、在长官的宴会前弹奏——这是我谈

---

[1] 教导（instituta）：参见 *OLD*[2] 词条 institutum 3。

[2] 毕达哥拉斯在努玛去世约一个世纪后才出生。另见《论共和国》2.28–29。

[3] 参见《名哲言行录》8.15：ἐλεγόν τε καὶ οἱ ἄλλοι Πυθαγόρειοι μὴ εἶναι πρὸς πάντας πάν-τα ῥητά[而且其他毕达哥拉斯的传人曾说(毕达哥拉斯的)所有学说并不针对每一个人]。毕氏的学生有内（ἐσωτερικοί）外（ἐξωτερικοί）之别。另见梅尔泽 2018: 228–229。

[4] 参见 1.3 及相关注释。

[5] 当时……诗歌（et cantus tum fuisse discriptos vocum sonis et carmina）：在抄本 G、抄本 K 和抄本 R 上，discriptos[被划分的]作 rescriptos[得到书面回复(的)]，抄本 V 原作 rescripto suo cum，其中的 re 被涂改为 de（得到写下[的]）。discriptos 是赛福特（Seyffert）所作的校改。葛恭译作 daraus ergibt sich, daß es damals Gesänge mit bestimmten Stimmangaben gegeben hat und auch Gedichte。基尔福译 discriptos 作 aufgeschrieben，似不合于其所采用的珀伦茨本而与洛布本一致（不过 discribo 和 describo 在抄本和校勘本中多有混淆，参见 *OLD*[2] 词条 describo 和 discribo）。基尔福在注释中说："如果演唱和配乐要协调，那么笛手和歌手眼前就都需要有乐谱；这段文字被视作证据，以说明在相当久远的时代就已经存在记谱方法了。"（Flötenspieler und Sänger mußten, sollten Gesang und Musik harmonisch sein, je ein Exemplar mit Noten vor Augen haben. Diese Stelle gilt als Beleg für die Existenz einer Notenschrift schon in recht früher Zeit，参见 WILLE 1967: 489，转引自 KIRFEL 1997: 516）然而，DOUGAN & HENRY 1934: 107–108 解释作 melodies composed in accordance with the notes of the voice and poetry existed even in that day，并否认这里涉及记谱的问题。

[6] 参见《十二表法》8.1a：qui malum carmen incantassit[(如果)谁念了邪恶的咒语]。

[7] 圣榻（pulvinaribus）：pulvinar 一词来自 pulvinus[垫子]。在节庆时，元老院会命令

论的那一学派所特有的。事实上，阿璞皮乌斯·凯库斯的一首诗——帕奈提欧斯在某封致克·图贝若的信中对它大加称赞——在我看来也是毕达哥拉斯式的。[1]我们的制度[2]中也存在许多源自他们的东西——我略过这些，以免我们看起来从别处学到了这些我们被认为是自己发现的东西。[5]但是，为了让言辞回归主题——多么短暂的时间里出现了多么大量、多么伟大的诗人啊！何况还有这样的演说家！[这一点]不难显现出来，我们的[同胞]一开始产生意愿，就能够实现一切。

3. 但是若有需要，就让我们在其他地方谈论其他探究吧，我们也常常说起[那些事情]。事实上，那种对智慧的探究在我们的[同胞]那里是古已有之的。但是，在莱利乌斯和斯奇皮欧的时代之前，我还是没有发现可叫得出名字的[哲人]。我看到，在那[两位]年轻的时候，廊下派的第欧根尼和学园派的卡尔内阿得斯被雅典人派遣到元老院作使者。[3]由于他们从未涉足任何一部分公共事务，而且其中一位是昔勒尼人，另一

在榻子（lectus）上铺设（sternare）垫子，将诸神的塑像成对置于其上，为他们举行宴会，这种仪式名为 lectisternium[榻前圣宴/设席供奉]。另见《自建城以来》5.13。

[1] 阿璞皮乌斯·凯库斯在公元前 312 年建造了阿璞皮乌斯大道，并且把阿璞皮乌斯水道引到罗马。凯库斯的这首诗可能由道德格言组成，撒珥路斯提乌斯《就公共事务致长者凯撒书》（*Epistulae ad Caesarem senem de re publica*）1.1.2 提到其中一条格言是 fabrum esse suae quemque fortunae[每个人皆是自己机运的塑造者]（关于这封书信，参见张培均 2018）。不过，我们目前并不知道为何西塞罗宣称凯库斯此诗是毕达哥拉斯式的。昆图斯·埃利乌斯·图贝若（Quintus Aelius Tubero），小阿弗瑞卡努斯的侄子，系廊下派，与帕奈提欧斯及其学生赫卡同（Ἑκάτων）交好（《论义务》3.63）。帕奈提欧斯写给图贝若的那封信以"忍耐痛苦"（dolore patiendo）为主题（《论善恶之极》4.23）。

[2] 制度（institutis）：这个词还有方案、规范（1.2）、规矩（5.58）、惯例（3.13、4.7）和教导（4.3、5.10）等含义。制度的含义另见于 1.2、1.30、1.31 和 4.1（两次）。

[3] 在公元前 155 年之前，由于一些我们现在无从考证的原因，雅典人突然向古奥夏的市镇欧若珀斯（Ὠρωπός）发动攻击。于是欧若珀斯的居民向罗马元老院求援。罗马人在发现这是雅典人的问题后，就安排西曲昂这座城邦作为仲裁者。由于雅典代表未在指定日期接受讯问，因此西曲昂审判员判决雅典赔偿五百塔兰同。公元前 155 年，雅典人派使者前往罗马，把赔偿金成功降低到原来的五分之一。不过实际上，雅典最后并未赔款——其实也没有办法强制执行。最终，欧若珀斯人不得不从开阿亚同盟那里寻求更多实质性的帮助。除了第欧根尼和卡尔内阿得斯之外，同时出使罗马的还有漫步派的克瑞托拉欧斯（Κριτόλαος），这些哲人在罗马的授课吸引了众多罗马青年，但遭到老卡托的反感，因为他们传播的观念与罗马传统相对。参见泡撒尼阿斯《希腊志》7.11.4–8 以及 POWELL 2013b。

位是巴比伦人，[1]他们当然从未被唤出过课堂，也未被选举[担任]职务
——除非在那个时代某些首脑[的心目]中存在对学问的探究。尽管他们
把其他东西托付给文字——一些人[研究]市民法，一些人[发表]自己的
演说词，另一些人[保存]对祖先的记述——但他们更以生活而非以文辞
追寻良好生活的纲纪，这是一切技艺中最宏大的[2]。[6]从而，在那真正
的、精妙的哲学（它源自苏格拉底，至今延续在漫步派和以另一种方式
言说相同[内容]的廊下派[3]那里）中，尽管学园派评判[4]他们的争论，但
几乎不存在或[只有]相当稀少的拉丁语记述——或是由于问题的庞大
和世人[对俗事]的关注[5]，或是甚至因为他们认为无法向无经验的人证
明那些事。他们沉默无言的同时，[伊壁鸠鲁派的]伽·阿玛菲尼乌斯[6]
[却]有所发声；当时，在他的著作发表后，受到煽动的[7]大众就将自己交
给那风靡天下的学派，或是因为[那种学说]极易了解，或是因为[大众]
受快乐组成的那些迷人的诱惑勾引，或者，甚至是因为当时没有任何[哲
学]得到更好的呈现，[大众]就持有当时存在的[伊壁鸠鲁派的]那种[观
念]。[7]进而，在阿玛菲尼乌斯之后，由于同一体系的许多效仿者写下
了许多东西，他们便占据了整个意大利。而且，首要的证据就是那些东
西说得并不精准，因为它们既如此易学而又得到无学识之人的认

---

[1] 卡尔内阿得斯是昔勒尼人，第欧根尼则来自色勒乌刻雅（Σελεύκεια），西塞罗称他为"巴比伦人"只是因为色城在巴比伦附近。

[2] 最宏大的（amplissimam）：或译作最强有力的、最丰富的。

[3] 在《论善恶之极》4.22 中，西塞罗批评廊下派的建立者芝诺，因为后者由于欲求新颖而以不同的语言陈述自己从前人那里接受的学说。

[4] 评判（disceptarent）：洛布本和三个德译本都译作"讨论"（discussed, erörterten, diskutierten），格雷弗英译 acted as arbitrators、马里诺内意译 facevano da àrbitri 和比代本法译 arbitraient 较确；参见 5.120 以及 MERGUET 1887: 717。

[5] 问题……关注（magnitudinem rerum occupationemque hominum）：或译作事情的艰巨和人[力]的投入。洛布本译作 the absorption of the race in great practical undertakings，毕希纳译作 der Schwierigkeit der Dinge und der Inanspruchnahme der Menschen，基尔福译作 der Kompliziertheit der Gegenstände ... der Beanspruchung der Menschen。

[6] 参见 1.6 的相关注释。

[7] 受到煽动的（commota）：另见 3.8（冲动）、4.82 和 5.31（挑动）等处。

可[1]——[伊壁鸠鲁派却]认为这一[事实]是对那一学派的支撑。

4. 但是，让每个人为[自己]所持的[观点]辩护吧，因为判断是自由的。我将会坚持惯例，而且不会被任何一个学派的规则束缚——[尽管]我有必要在哲学中遵守这些[规则]——我总是寻觅每一件事情中最可信的是什么。我们不仅常常在别处，而且最近在图斯库路姆庄园中勤勉地践行此事。于是，三天的论辩得到展示之后，第四天[的论辩]就包含在本卷中。其实，在我们往低处散步时（我们在前几天做了这同一件事情）[2]事情就这样进行：

[8]师：若有谁愿意，那么就让他说出他希望什么主题得到论辩。

生：在我看来，智慧者不可能免于灵魂的一切紊乱。

师：在昨天的论辩中，[智慧者]看起来至少[免于]忧愁——除非你[只是]刚好为了[节约]时间而同意我。

生：完全不，因为于我而言你的讲辞尤其服人。

师：从而你不认为忧愁[会]发生在智慧者身上吗？

生：我完全不认为。

师：进而，如果这种东西不可能扰乱智慧者的灵魂，那么任何[紊乱]都不可能。其实怎样呢？恐惧扰人吗？而恐惧是由那些不在场的事物[造成]的，这些事物在场时就[造成了]忧愁；因此，忧愁若破除，恐惧就破除。剩下两种紊乱：狂喜的欢乐和欲念。如果它们不[会]发生在智慧者身上，那么智慧者的心灵就将是永远安静的。

[9]生：我认为完全如此。

师：那么你更倾向哪边？我们立刻起帆还是划桨——如同刚刚驶出

---

1 而且……认可（quodque maximum argumentum est non dici illa subtiliter, quod et tam facile ediscantur et ab indoctis probentur）：西语译本大多把这里的宾格与不定式结构理解为证据之指向而非证据本身的内容，比如译作 proof that、proof of 和 Beweis dafür ist, daß，似乎都不合于原文句法的逻辑，唯独毕希纳译作 Beweis ist, daß，较确。译者的理解是，此句中的第一个 quod 使得本句名词化，第二个 quod 所引导的虚拟式从句是中间从句，后一句中的 id[这一（事实）]则指代本句的内容，参见 A&G 592.3。

2 参见 2.9 及注释。

港口那般？

5. 生：那究竟是什么？其实我并不知道。

师：因为，当克律西璞珀斯[1]和廊下派就灵魂的紊乱论辩时，他们在很大程度上忙于划分和定义它们，所以，他们用以医治灵魂和阻止灵魂变得混乱的那篇讲辞就相当短小。然而，就安抚灵魂而言，漫步派带来了很多东西，他们略过了划分和定义组成的棘手之事。因此，我[刚才]问[你]，我该立刻扬起讲辞的风帆还是应该用辩证法的船桨稍稍向前推动[言辞之舟]。

生：其实，应该用后一做法。因为我探寻的这整件事会凭借这两种[方法]一同[得到]更加充分[的探究]。

[10]师：事实上，这更加正确。但是，若有什么过于含混的东西，你后面就该提问。

生：事实上我会的。你依旧会如你习惯的那样，恰恰言说那些含混的东西——比希腊人说得更清晰。

师：事实上我会努力的，但是需要紧张的灵魂，以免整番[言辞]倒塌——倘若有哪点遭到了忽视。既然更让我们满意的做法是把希腊人称作 $\pi\acute{\alpha}\theta o s$ 的那些东西称作紊乱而非疾病，[2]我就应该在对这些东西的呈现中紧跟那一古老的区分——事实上，它起初属于毕达哥拉斯，后来属于柏拉图——他们把灵魂分为两个部分：[3]他们使一部分分有理性，另一部分无涉理性。他们把宁静，亦即平和且安静的笃定[4]，置于分有理

---

[1] 参见 1.108。

[2] 参见 3.7。

[3] 毕达哥拉斯把灵魂分为 $\nu o\hat{v}s$[感知]、$\theta\nu\mu\acute{o}s$[血气]和 $\phi\rho\acute{\eta}\nu$[理智]三个部分，所有动物都有 $\nu o\hat{v}s$ 和 $\theta\nu\mu\acute{o}s$，但只有人类拥有不朽的 $\phi\rho\acute{\eta}\nu$，参见《名哲言行录》8.30。关于柏拉图的观点，参见本书 1.20、2.47。

[4] 笃定（constantiam）：对应廊下派的 $\epsilon\mathring{v}\pi\acute{\alpha}\theta\epsilon\iota\alpha$[愉快/好情绪]，与 $\pi\acute{\alpha}\theta o s$ 相对，参见 OLD^2 词条 constantia 2b。$\epsilon\mathring{v}\pi\acute{\alpha}\theta\epsilon\iota\alpha$ 指对某个事物具有积极情绪的心理状态，参见 PREUS 2005: 158。《尼各马可伦理学》8.1159a21 提到了这个词：$\mathring{\omega}s\,\delta\mathring{\eta}\,\sigma\eta\mu\epsilon\acute{\iota}\psi\,\tau\mathring{\eta}s\,\epsilon\mathring{v}\pi\alpha\theta\epsilon\acute{\iota}\alpha s\,\chi\alpha\acute{\iota}\rho o\upsilon\sigma\iota\,\tau\mathring{\eta}\,\tau\iota\mu\mathring{\eta}$[于是他们就为这如同愉快之标记的荣誉而高兴]。另见 1.2、4.10 及相关注释。

性的[部分]中；在那另一个[部分]中则放置躁乱的运动，它们不仅由愤怒而且由欲望组成，与理性矛盾、敌对。[11]那么就让这成为源头吧。让我们依旧在描述这些紊乱时采用廊下派的定义和划分——在我看来，他们极其敏锐地置身于这一问题中。

6. 于是，这就是芝诺的定义：他称作 πάθος 的东西就是紊乱，[1]一种背离正确的理性、忤逆自然的灵魂的冲动。[2]某些人更加简短地把紊乱[定义为]过于激烈的渴望，但他们认为，过于激烈的渴望是那过于远离与自然的一致的东西。进而，他们主张，各种部分的紊乱出自两种假想的善和两种假想的恶。于是他们判断，存在四种[紊乱]：出自[假想之]善的欲念和欢乐，[3]从而欢乐针对当下的善，欲念针对未来的善；[还有]出自[假想之]恶的恐惧和忧愁，[4]恐惧针对未来的恶，忧愁针对当下的恶，因为，那些在前来时为人所恐惧的东西，在迫近时同样以忧愁影响[我们]。[12]进而，欢乐和欲念受对诸善的观念影响，因为欲念在激发和点燃后就被拽向那看起来是善的东西，欢乐就好像因为已经掌握了某个热望的东西那般欣喜若狂并狂喜恣肆。其实，所有人都因为天性而追求那些看起来善的东西，而且躲避相反之物。由于这一原因，某个看起来善的东西的外形一得到展现，自然本身就驱使[我们]去获取它。在这一[过程]笃定且明智地发生的时候，廊下派就把这种渴求称作 βού-λησις，我们则称[之]为意愿。[5]他们认为意愿仅仅在智慧者身上，这样定义它：意愿就是那伴随着理性而有所需求的东西。然而，那个在对抗理性时太过激烈地受到刺激的东西就是欲念或者说不受约束的欲望，它见于一切愚蠢之人。[13]而且，同样，当我们以这种方式受到推动时——

---

[1] 紊乱的原文作 perturbatio。

[2] 参见《名哲言行录》7.110，见于 3.7 的相关注释。

[3] 欲念和欢乐的原文分别作 libidinem 和 laetitiam。

[4] 恐惧和忧愁的原文分别作 metum 和 aegritudinem。

[5] 意愿的原文作 voluntatem。参见《名哲言行录》7.116：τῇ δ' ἐπιθυμίᾳ ἐναντίαν φασὶν εἶναι τὴν βούλησιν, οὖσαν εὔλογον ὄρεξιν[(廊下派)说意愿与欲望对立，因为这是合理的需求]。

就好像我们在某个善之中——这以双重方式发生。因为当灵魂由理性平和而笃定地推动时，那就被称作喜乐，[1]然而，当灵魂空虚而肆意地手舞足蹈时，那就可被称作狂喜的或者过度的欢乐。他们是这样定义的：[欢乐]是毫无理性的灵魂的欢腾。而且，因为就像我们依天性来渴求诸善那样，我们同样依天性回避诸恶，这种伴随着理性而发生的回避就被称作谨慎，[2]而且它仅仅在智慧者身上得到辨识。然而，那毫无理性并伴随着低贱而颓丧的失魂[3][所发生]的回避就得名恐惧。因而，恐惧就是背离理性的谨慎。[14]进而，当下之恶对智慧者没有任何影响，[4]忧愁属于愚蠢者；而且，这些东西在假想的诸恶之中受到影响，还使得不遵从理性的灵魂颓败、收缩。从而，这就是第一个定义：忧愁是灵魂对抗理性时的收缩[5]。从而，存在四种紊乱，三种笃定，因为没有任何一种笃定被置于忧愁的对面。[6]

7. 但是他们认为，所有的紊乱都因判断和观念而发生。因此，他们更加准确地定义它们，从而，不仅它们多么充满缺陷，而且它们在何种程度上在我们的能力之内，都会得到了解。因而，忧愁是对当下的恶的新近观念，在其中，灵魂的颓败和收缩看起来是正当的；欢乐是对当下

---

[1] 喜乐的原文作 gaudium。参见《名哲言行录》7.116：τὴν μὲν χαρὰν ἐναντίαν φασὶν εἶναι τῇ ἡδονῇ, οὖσαν εὔλογον ἔπαρσιν[(廊下派)说喜乐与欢乐相对，因为这是合理的昂扬]。

[2] 谨慎的原文作 cautio。参见《名哲言行录》7.116：τὴν δ' εὐλάβειαν τῷ φόβῳ, οὖσαν εὔλογον ἔκκλισιν[(廊下派说)谨慎与恐惧相对，因为这是合理的规避]。

[3] 失魂 (exanimatione)：本义是使喘不过气、使窒息，西塞罗这里用的是引申义，形容极度惊恐。参见《盐铁论·诛秦》："北略至龙城，大围匈奴，单于失魂，仅以身免。"

[4] 当下……影响 (praesentis ... mali sapientis adfectio nulla est)：或译作智慧者对当下之恶没有任何情感。参见 2.32 及相关注释。

[5] 收缩 (contractio)：比较 1.90、4.66 和 4.67，这个词对应于希腊语 συστολή[收缩]，比较 2.41 的 contrahere collum[收缩脖颈]。

[6] 关于笃定，参见 4.10 及注。三种笃定和四种紊乱的关系如下表所示：

	针对	当下的	未来的
笃定 (constantia)	诸善	喜乐（gaudium）	意愿（voluntas）
	诸恶	—	谨慎（cautio）
紊乱 (perturbatio)	诸善	欢乐（laetitia）	欲念（libido）、欲望（cupiditas）
	诸恶	忧愁（aegritudo）	恐惧（metus）

的善的新近观念，在其中，欣喜若狂[1]看起来是正当的；恐惧是对威胁着的、看起来无法忍受的恶的观念；欲念是对即将到来的、[如果]现已是当下的而且在场[那么就]会有益的[2]善的观念。[15]但是他们说，在那些我曾说由紊乱组成的判断和观念之中，不仅有紊乱，还有那些因为紊乱而导致的东西。从而，忧愁就好像导致了痛苦组成的某种疼痛，恐惧好像导致了灵魂的某种退却和逃亡，欢乐好像导致了泛滥的欢腾，欲念好像导致了不受约束的渴求。进而，他们认为，我们在前面所有的定义中所涵盖的观念建构[3]都是无力的同意[4]。

[16]但是同一个种类的众多部分被附加到各种紊乱上，比如附加于忧愁的有嫉羡[5]（其实，为了表述[清晰]，应该使用较不常用的词，因为[我们]说不仅嫉妒者身上有嫉妒，而且遭嫉妒的人亦然）、妒争、訾抑、[6]悲忧、苦闷、哀伤、悲痛、苦痛、痛苦、恸哭、焦虑、烦恼、心烦意乱、失去希望，[7]以及任何来自相同种类的东西。[8]然而，附加于恐惧的有怠

---

[1] 欣喜若狂（ecferri）：参见 *OLD*[2] 词条 effero[1] 13。

[2] [如果]……的（quod sit ex usu iam praesens esse atque adesse：ex usu esse[有益的]可支配不定式结构，参见 *OLD*[2] 词条 usus 11c。参见《论善恶之极》1.55 的 nam corpore nihil nisi praesens et quod adest sentire possumus, animo autem et praeterita et futura[因为，在身体上，我们无法感到任何东西，除了当下的且在场的东西，然而，在灵魂上，我们既能感觉到过去的事情也能感觉到未来的事情]（伍尔夫[WOOLF 2004: 20]的英译 what is actually now present 显然无法体现西塞罗的表达之精致)、《论义务》1.11 的 sed inter hominem et beluam hoc maxime interest, quod haec tantum quantum sensu movetur ad id solum quod adest quodque praesens est se accommodat, paulum admodum sentiens praeteritum aut futurum[但是，人类和野兽之间在这一点上差别最大：后者在受感觉推动的范围内仅仅使自己适应于在场的东西和当下的东西，因为它很少感觉到过去的事情或未来的事情]。玛兹维在其笺注（MADVIG 1876: 106）中说，《论善恶之极》1.55 和《论辩集》此处的动词 adesse[在场]表达位置，形容词 praesens[当下的]更倾向于表达时间。杜根本（DOUGAN & HENRY 1934: 120）在引用玛氏的观点时说 adesse 并不表达位置，恐有误解。

[3] 观念建构（opinationem）：这是西塞罗所造的单词，指观念的形成或者观念的实例（假定、相信和想象等等）。参见 *OLD*[2] 词条 opinatio。

[4] 无力的同意（inbecillam adsensionem）：对应于 adsensio 的廊下派术语是 συγκατάθε-σις[同意]，参见 1.16 及相关注释。

[5] 嫉羡（invidentia）：参见 3.20。

[6] 参见《魏书·逸士传·李谧》："余恐为郑学者，苟求必胜，竞生异端以相訾抑。"

[7] 比较 3.83。

[8] 任何……的东西（si quae）：参见 *OLD*[2] 词条 quis[2] 1a。

惰、羞耻、恐慌、畏惧、战栗、失魂、慌乱和惶恐，附加于快乐的有因
他人的苦厄而欢乐的恶意、取乐、炫耀以及类似的东西，附加于欲念的
有愤怒、暴怒、厌恶、敌意、异心、贪得无厌、缺憾以及其他诸如此类
的东西。然而他们以这一方式定义这些东西：他们宣称嫉羡是一种由于
别人的、对嫉妒者并无伤害的幸事而得到担负的忧愁。[1] 8. [17]（其实，
若有谁因为自己受其所伤之人的幸事而痛苦，这就不能正确地称作嫉
妒，就好像[说]阿伽门农[嫉妒]赫克托尔[是不正确的]；然而，那个人，
[如果]并未受另一人的利益伤害，却痛苦于他对它们的享受，[那么]此
人当然在嫉妒。）进而，那妒争实际上以双重方式得到言说，从而这名
称既在赞誉也在缺陷中。因为妒争据说既是对德性的模仿（但是我们并
不在这个场合使用它，因为那属赞誉），又是忧愁——如果另一人占有
[妒争者]所热望的东西，[但妒争者]本人缺少。进而，訾抑就是我希望
被理解作 ζηλοτυπία 的东西，这一忧愁出于这种情况：另一人也占有那
[訾抑者]本人所热望的东西。[18]悲忧是一种忧愁，出自另一个因为不
义而劳苦之人的悲惨（其实没有人因为悲忧而受对弑亲者或叛徒的惩罚
触动）；苦闷是压抑着的忧愁，[2] 作为忧愁的哀伤出自那曾经亲爱之人的

---

　　[1] 这里提到的大多数紊乱均能在《名哲言行录》7.111 中找到对应的希腊语名称，这
里逐条胪列中译名、西塞罗所用的拉丁术语、希腊名（若为拉尔修彼处所用）和英译名：
嫉羡（invidentia, φθόνος, envy）、妒争（aemulatio, ζῆλος, rivalry）、訾抑（obtrectatio, ζηλοτυ-
πία, jealousy）、悲忧（misericordia, ἔλεος, compassion）、苦闷（angor, ἄχθος, anxiety）、哀伤
（luctus, mourning）、悲痛（maeror, sadness）、苦痛（aerumna, ὀδύνη, troubling）、痛苦（dolor,
grief）、恸哭（lamentatio, lamenting）、焦虑（sollicitudo, depression）、烦恼（molestia, ἀνία,
vexation）、心烦意乱（adflictatio, ἐνόχλησις, pining）、失去希望（desperatio, despondency）、
怠惰（pigritia, ὄκνος, sluggishness）、羞耻（pudor, αἰσχύνη, shame）、恐慌（terror, ἔκπληξις,
fright）、畏惧（timor, δεῖμα, timidity）、战栗（pavor, consternation）、失魂（exanimatio, ἀγωνία,
pusillanimity）、慌乱（conturbatio, θόρυβος, bewilderment）、惶恐（formido, faintheartedness）、
恶意（malivolentia, ἐπιχαιρεκακία, malice）、取乐（delectatio, κήλησις, rapture）、炫耀（iacta-
tio, ostentaion）、愤怒（ira, ὀργή, anger）、暴怒（excandescentia, θυμός, rage）、厌恶（odium,
μῆνις, hatred）、敌意（inimicitia, μῖσος, enmity）、异心（discordia, wrath）、贪得无厌（indigen-
tia, σπάνις, greed）和缺憾（desiderium, ἵμερος, longing）。
　　[2] 苦闷……忧愁（angor aegritudo premens）：比较《名哲言行录》7.112：ἄχθος δὲ λύπην
βαρύνουσαν［而苦闷是压抑着的忧愁］。

残酷的死亡，作为忧愁的悲痛催人泪下，作为忧愁的苦痛充满了劳苦，作为忧愁的痛苦折磨着[世人]，作为忧愁的恸哭伴随着嚎啕，作为忧愁的焦虑伴随着思考，作为忧愁的烦恼久久不散，作为忧愁的心烦意乱伴随着身体的不适，作为忧愁的失去希望毫无任何对更美好之事的期待。进而，他们这样定义那些附加于恐惧的东西：怠惰是对紧随的辛劳的恐惧，□□[1][19]作为恐惧的恐慌动摇[灵魂]，由此发生[这一情况]：脸色紧随着耻，舌头[哑而声嘶]，颤抖和牙齿的厮颤紧随恐慌。畏惧是对正在接近的苦厄的恐惧。战栗是把心灵从[正]位移走的[2]恐惧，由此恩尼乌斯[道出]那句"那时，我[吓得]失魂，战栗从把一切智慧从胸口逐出"。[3]失魂是紧紧跟随着的恐惧，而且就好像是战栗的随从。慌乱是抛却思绪的恐惧。惶恐是延续着的恐惧。9.[20]进而，他们以此方式描述快乐的一个个部分，从而作为快乐的恶意出自他人的苦厄而无益于自己。作为快乐的取乐凭借听觉上的甜美来迷惑灵魂，而且双眼的、触觉[4]、嗅觉和味觉上的快乐就如同双耳的这一快乐，所有这些都属于同一种类，有如液化的快乐，旨在淹没灵魂。作为快乐的炫耀[5]狂喜着，而且以过于不合常理的方式自我显摆。[21]进而，那些附加于欲念的东西得到

---

[1] 这里有阙文，珀伦茨在其校勘记中认为或许可以补上 pudorem metum dedecoris sanguinem diffundentem[作为对耻辱之恐惧的羞耻使血液四散]，参见《阿提卡之夜》19.6 以及其中引用的亚里士多德残篇 243：διὰ τί οἱ μὲν αἰσχυνόμενοι ἐρυθριῶσιν, οἱ δὲ φοβούμενοι ὠχριῶσιν, παραπλησίων τῶν παθῶν ὄντων; ὅτι τῶν μὲν αἰσχυνομένων διαχεῖται τὸ αἷμα ἐκ τῆς καρδίας εἰς ἅπαντα τὰ μέρη τοῦ σώματος ὥστε ἐπιπολάζειν[为何感到羞耻的人脸红，而恐惧的人面色惨白——尽管它们是类似的激情？因为，感到羞耻之人的血液从心脏四散，（流）向身体的每一个部分，从而浮现出来]。另见《名哲言行录》7.112：αἰσχύνη δὲ φόβος ἀδοξίας[羞耻是对不光彩的恐惧]。

[2] 把……的（mentem loco moventem）：参见 OLD[2] 词条 moueo 7。

[3] 出自恩尼乌斯《阿珂克迈翁》，亦见于《论演说家》3.154 和 3.218。关于阿珂克迈翁，参见 3.11。

[4] 触觉（tactionum）：《牛津拉丁语词典》释义作 the act of touching，并引此句为例，似不妥，参见 OLD[2] 词条 tactio、词条 odoratio 和词条 sapor。革欧尔革斯（GEORGES 2019: 4658）给出的第一个释义作 die Berührung，释义二作 der Gefühlssinn、das Gefühl 并引本句作例句，较确。

[5] 炫耀（iactatione）：2.12 的 iactatio 则意为善变，参见 OLD[2] 词条 iactatio 2–3。

了这样的定义，从而愤怒是惩罚那个似乎以不义来伤害[他人]的人的欲念。进而，暴怒是正在生成和刚刚出现的愤怒，希腊语称作 θύμωσις。厌恶是积重难返的愤怒。作为愤怒的敌意观察着报复的时机。异心是一种更为苦涩的愤怒，深藏于灵魂和内心。贪得无厌是无法满足的欲念。缺憾是对观看那个尚不在场之人的欲念。他们甚至还区分出那一点：[缺憾]就是对那些事物的欲念——这些事物据说关乎辩证家称作 κατηγό-ρημα 的某个或某些东西，[1]比如拥有财富和获得尊荣，[不过]贪得无厌是对那些事物本身——比如尊荣和钱财——的欲望。[2]

[22]进而，他们说一切紊乱的源头是无节制，它是在整个心灵上对正确的理性的叛变，[而且它]如此背离理性的准则，以至于灵魂的这些渴求无法以任何方式得到统治和掌控。从而，正如节制镇定渴求，还使它们遵守正确的理性，又守护心灵中经过深思熟虑的判断，同样，与节制为敌的无节制就点燃、干扰并刺激灵魂的整个状态，于是忧愁、恐惧以及其他一切紊乱都从无节制中生发而出。

10. [23]正如当血液败坏或者粘液或胆汁满溢时，[3]疾病和虚弱就会在身体中产生，同样，由畸形的观念造成的混乱以及它们之间的冲突就从灵魂那里夺走清醒，而且用疾病扰乱灵魂。进而，从种种紊乱中首先就产生出各种疾病（他们称之为 νόσημα）以及与这些疾病相对的事物（后者对某些事情具有充满罪恶的反感和憎恶），其次[是]各种虚弱，[4]它们被廊下派称作 ἀρρωστήμα，而且各种相反的反感同样与这些事物相对。[5]在这一点上，廊下派消耗了过多的精力，尤其是克律西璞珀斯——

---

[1] κατηγόρημα 意为谓词、谓项。

[2] 廊下派热衷于这种琐碎的区分。在拉丁语中，desiderium[缺憾/需要]一词也可用来表达对事物本身的欲望，比如《致阿特提库斯书》5.11.6（= 104 SB）：non dici potest quam flagrem desiderio urbis [无法得到言说的是，我在何等程度上因为对（罗马）城的需要而心神不宁]。

[3] 关于四种体液，参见 1.56 及相关注释。

[4] 反感、憎恶和各种虚弱的原文分别是 offensionem、fastidium 和 aegrotationes。

[5] 这里的疾病和虚弱来自 4.11 所说的假想的善，反感和憎恶来自假想的恶，故疾病和虚弱与反感和憎恶相对。

当[他]比较灵魂之疾与身体之疾的相似性的时候。略过[克律西璞珀斯的]那篇完全没有必要的讲辞后，让我们来处理那些构成主题的内容吧。[24]因此，应当为人所了解的是，由于观念不笃定地且躁乱地摇摆着，紊乱就总是处于运动之中。然而，当这种灵魂的发烧和激动状态已然积重难返而且如同在血管和骨髓中那般根深蒂固之时，就出现了疾病、虚弱以及与那些疾病和虚弱相对的反感。**11.** 我所说的这些[疾病和虚弱]在认识层面彼此不同，在事实上至少[相互]连系，而且它们源自欲念、源自欢乐。因为，当钱财受到热望而且理性没有立刻如某种苏格拉底式的解药那般得到运用以治愈那一欲望时，那种恶就渗入血管而且固着于内脏，疾病和虚弱也出现，它们在根深蒂固后无法根除，而且，这种疾病的名称就是贪婪。[25]而且，其他疾病类似，比如对荣耀的欲望，比如好色（从而我这样称呼以希腊语称作 φιλογυνία 的那种[紊乱]），其他的疾病和虚弱也以类似方式产生。然而，与这些相对的是那些被认为由恐惧所生的东西，比如对女性的厌恶（就像阿提利乌斯的 μισόγυνος 身上的那样），[1]比如对整个人类种族的[厌恶]（我们从被称作 μισάνθρωπος 的提蒙[2]那里得知这点），比如薄待宾客：灵魂的所有这些虚弱都产生于某种对其所逃避或厌恶的事情的恐惧。[26]进而，他们把灵魂的虚弱定义为激烈的观念建构，[它]固着着并深深地内嵌着，关乎不应当寻求的事物——[但]好像它相当值得寻求。进而，他们如此定义从反感中产生的那个东西：激烈的观念，[它]固着着并深深地内嵌着，关乎不应当躲避的事物——[但]好像它需要躲避。进而，这一观念建构就是判断自己知道[自己]并不知道的事物。进而，某些如此这般的东西附加于虚弱：贪婪、野心、好色、固执、馋嗜、贪杯、讲究饮食以及任何[与之]类似

---

1 就像……那样（ut odium mulierum, quale in μισογύνῳ Atili est）：阿提利乌斯是公元前三世纪的罗马谐剧诗人，可能翻译过米南德的《厌女者》（Μισογύνης）。这里的 μισογύνῳ[厌女者]可能指这部剧作。由于阿提利乌斯并不出名，因此本特利建议把本句改为 odium in mulieres quale μισόγυνον Hippolyti[如同 μισόγυνος 希波吕托斯的对妇女的厌恶]。另有观点认为原文中的 μισογύνῳ 应改作 Μισογύνη，以符合米南德剧作的书名。

2 提蒙（Timonis）：希腊名 Τίμων，苏格拉底的同时代雅典人，参见《论友谊》87。

的东西。进而，贪婪是一种关乎钱财的强烈的观念建构，好像[钱财]很应当追求，[它]固着着并深深地内嵌着——而且，其他相同种类的[虚弱]的定义类似。[27]进而，各种反感的定义就是如此，以至于薄待宾客是一种激烈的观念——宾客相当应该逃避——而且它固着着并深深地内嵌着。另外，对妇女的厌恶也以类似的方式得到定义，就好像是希波吕托斯的[厌恶]，又好像提蒙对人类种族的[厌恶]。

12. 进而，让我们抵达与健康的相似而且让我们最终使用这一类比（但比廊下派所惯用的简约）：正如不同人易患不同疾病——因此我们说某些人有粘膜炎，某些人有腹绞痛，并非因为他们现在[患病]，而是因为他们常常[患病]——同样，一些人易产生恐惧，另一些人易产生其他的紊乱。由此，据说在一些人中是苦闷[作祟]（从而[他们被称作]苦闷者），在另一些人中是易怒[作祟]。易怒不同于愤怒，而且易于愤怒是一回事，感到愤怒是另一回事，就像苦闷不同于感到苦闷（因为并非所有苦闷者都是有时感到苦闷的人，苦闷者也并非总是感到苦闷），就像醉酒和嗜酒之间有所差异，而且，好色之人是一回事，恋爱的人是另一回事。进而，不同人对不同疾病的这种易感性[变化]范围宽广，因为易感性涉及所有的紊乱。[28]它还见于许多缺陷，但是实际情况并无名称。[1]于是，嫉妒的、心怀恶意的、充满欲念的、胆怯的和悲忧的人就因为易产生这些紊乱而[得名]，并非因为它们总是来到[这些人身上]。从而，对自身的每一种[紊乱]的这一易感性就出于与身体的相似性而被称作虚弱，只要它被理解为对变得虚弱的易感性。但是，由于不同人更适合于不同的善，各种善的事物中的这种[性质]就被命名为趋向，在各种恶的事物中[则]被命名为易感性，[2]就好像是在表达滑落，在不[好]也不[坏]的事物中具有前一个名称。**13.** 然而，正如身体中有疾病、虚弱和缺陷，灵魂中亦然。他们把整个身体的败坏称作疾病，把伴随着羸弱

---

[1] 关于缺陷和紊乱的区别，见 4.30 开头。
[2] 易感性和趋向的原文分别作 facilitas 和 proclivitas。

的疾病称作虚弱；[他们还说，]当身体的各个部分彼此不协调时，[就存在]缺陷，[1]从中[产生]四肢的畸形、扭曲和丑陋。[29]因此，那两者，疾病和虚弱，就从全身健康的震荡和紊乱中产生了。然而，即便健康未受损害，缺陷却因其自身而为人所知。但是在灵魂中，我们只不过能够在认识层面把疾病与虚弱区分，然而，充满缺陷是一种习惯或者状态，它在整个生命中都不笃定而且与自己不协调。[2]从而就发生[这一现象]：在观念的一种败坏中产生疾病和虚弱，而在另一种败坏中产生不笃定和抵牾。其实并非所有缺陷都具有同等的不协调性，就好像属于那些并不远离于智慧的人的那一状态本身实际上与自己悖牾，只要他无智慧但不扭曲和畸形。然而疾病和虚弱是属于充满缺陷的部分，但问题是，各种紊乱是否是属于同一事物的部分。[30]因为缺陷是持续的状态，而紊乱是变动着的，从而[紊乱]不可能是持续状态的各个部分。进而，就好像与身体的相似在诸恶中涉及灵魂的本性，[与身体的相似]在诸善中亦然。因为身体中的优点[3]是美貌、力量、健康、强健和敏捷，在灵魂中就也是如此。其实，正如当我们由其组成的那些事物彼此谐和之时，身体的协调就是康健，同样，当灵魂的判断和观念相符时，据说也存在灵魂的清醒，[4]而且它就是灵魂的那种德性。一些人说它就是节制本身，[5]另一些人说它顺服于节制的教谕并奉行节制，而且它不具有任何自己的形态，但是，无论[这种德性]是前者还是后者，它都只存在于智慧者身上。进而，存在属于灵魂的某种清醒，它甚至会降临到无智慧者身上——就在心灵的混乱因为药物的治疗和净化而得到祛除的时候。[31]而且，就如同属于身体的美貌被称作四肢的某种合适形态，[还]伴随着面色的某

---

[1] 疾病和缺陷的原文分别作 morbum 和 vitium。

[2] 西塞罗区分出两种情况：充满缺陷的"状态"（adfectio）和充满缺陷的"习惯"（habitus）。这两者的根源都是"观念的败坏"（corruptio opinionum），不过长久的状态就成为了习惯。与此类似的是贺拉斯在《闲谈集》2.7.6–8 中所作的区分：大部分的人"游移"（natat）在善恶之间，但有一些人却乐于作恶。另见塞内卡《道德书简》75。

[3] 优点（praecipua）：这个词另有优势的含义，参见 5.22 的注释。

[4] 参见 3.8–9 及相关译注。

[5] 参见 4.22。

种甜美，同样，灵魂中的俊美被唤作观念和判断的均一和笃定，[并且]伴随着某种强健和稳定，[还]奉行着德性或者掌握着德性的那种力量。而且同样地，与属于身体的力量、精力和能力相似的灵魂之力也以类似的言辞得到命名。进而，身体的敏捷被称作迅速，这同一种[性质]甚至由于灵魂在短时间内对众多事物的浏览而被当作对禀赋的称赞。14. 那一点在灵魂和身体之中不同：健康的灵魂不可能受疾病攻击，[而]身体可能。但是，身体上的反感可能在毫无过错的情况下发生，灵魂的[情况]并非如此——灵魂的每一种疾病和紊乱都源出于对理性的轻慢。从而，它们仅仅出现在世人身上，因为野兽[尽管会]做出什么类似的事情，但是它们不[会]陷入[灵魂的]紊乱。[32]然而，在敏锐者和驽钝者之间有所差异：就好像科林多铜生锈很慢，同样，那些禀赋突出的人非常迟缓地落入疾病，而且迅速地恢复健康；驽钝者[则]并不如此。其实，禀赋突出者的灵魂并不会陷入一切疾病和紊乱，因为并没有许多野蛮而怪异的东西[1]。然而，某些东西，比如悲忧、忧愁和恐惧，还拥有合于人情的最初表象。进而，相较于那些与诸德性对立的极端缺陷，灵魂的虚弱和疾病被认为可能更难得到根除。因为，尽管疾病延续，缺陷却可以得到消除——因为[前者]得到治愈，并不像后者得到消除那般迅速。

[33]你现在拥有廊下派就[灵魂的]紊乱明白地[2]论辩的那些东西，他们将其称作 λογικόν，[3]因为它们论述得很精确。既然[我们的]讲辞如同从粗砺的礁石[4]那般从这些内容起航，那么就让我们掌控剩下的论辩的过程，只要我们考虑到主题的晦涩而足够明确地言说那些事物。

生：当然[要]足够[明确]。但若有什么需要更加勤谨地[5]认识，那就让我们下次再探寻——我们现在期待你方才所说的风帆和过程。

---

　　[1] 许多……东西（multa）：抄本上作 multa，本特利改作 in ulla。
　　[2] 明白地（enucleate）：这个副词来自动词 enucleo[从果子中取出果核/厘清]。
　　[3] λογικόν 相当于 ἡ λογικὴ (τέχνη)，意为逻辑、推理。
　　[4] 礁石（cotibus）：参见 OLD² 词条 cautes 1。玛尔库斯现已借助辩证法的船桨使他的言辞之船摆脱了廊下派的定义组成的礁石，参见 4.9。
　　[5] 更加……勤谨地（diligentius）：参见 1.73 注释。

15. [34]师：既然，正如我们已经在其他地方谈论过德性，而且它应当常常得到言说——其实有许多涉及生活和习俗的问题都由德性的源泉引发而来——既然[如此]，那么德性就是笃定且合宜的灵魂状态，因为[它]造就了那些值得称赞的人，在这些人中，德性经由自己本身、按自己的意愿甚至在与实用分离的情况下值得称赞，从德性生发出高尚的意愿、观点、行为以及所有正确的理性（尽管德性本身可以被极其简明地称作正确的理性）。[1]从而，与这德性相对的就是充满缺陷 其实我宁愿就这样称呼希腊人称作 κακία 的那个东西，[2]而非称之为恶意，因为恶意是某一特定缺陷的名称，充满缺陷是一切缺陷的[名称]——那些紊乱就是由充满缺陷激起的，如我方才所言，它们是躁乱的、被刺激起来的灵魂运动，[它们]背离理性，而且是宁静的心灵和生活的死敌。因为它们灌输令人苦闷的、苦涩的忧愁，又冲击灵魂，还以恐惧使之颓废。同样的[运动]以我们有时称作欲望有时称作欲念的那种过度的渴求点燃某种属于灵魂的缺乏自控——它与节制和节度相差万里。[35]如果它在某个时候获得了那为其所热望的东西，那么它就会因兴奋而欣喜若狂，从而"没有什么东西保持笃定"，它所做的事情就如那位[诗人所言]——他认为"灵魂的过度快乐是极端的错误"。[3]因此，对这些恶的治愈[方法]仅仅存在于德性之中。**16.** 进而，相较于一个因忧愁而心烦意乱、颓废并躺倒的人，什么事情不仅更悲惨而且更污秽、更丑陋呢？恐惧某个正在接近的恶，而且因失魂而在灵魂上悬而不决的人最是接近这种悲惨的[状态]。在展现这属恶之力时，诗人表现出[4]冥府中的岩石悬置在坦塔洛斯头上[的景象]，[这是]"因为[他的]罪恶、灵魂的缺乏自控以及夸夸其谈"。此即对愚蠢的普遍惩罚。其实对于所有其心灵躲避

1　参见《大伦理学》1.1186a33–34、2.1206b9–29。

2　κακία 意为抽象的恶（劣性），与 ἀρετή[德性]相对。前者的复数 κακίαι 意为各种缺陷，相当于 vitia，参见 3.7 及注释。

3　这行诗出自公元前 200 左右的罗马谐剧诗人特剌贝阿（Trabea）。关于这句诗，参见《论善恶之极》2.13 和《致亲友书》2.9.2（＝85 SB）。

4　表现出（faciunt）：参见 *OLD*[2] 词条 facio 19。

理性的人而言，永远都悬有某一如此这般的恐慌。[36]进而，正如存在这些使人憔悴的心灵的紊乱——我是说忧愁和恐惧——同样，那些更欢腾的东西，总是贪婪地寻求某物的欲望以及空虚的兴奋，亦即狂喜的欢乐，与失心并无很大差异。由此得知，那个人——我们有时说他受到节度，有时说他适度、有节制，有时说他笃定而如一——是何类型。我们时不时想要把同样这些名词归到朴实[1]这个名称上，就如同归到一个源头上。但假设诸德性并不包含在那一名称里，那么它就从不会以此方式为人周知，以至于现已取得了格言的地位："朴实的人正确地做所有的事情。"在廊下派就智慧者言说相同内容的时候，他们看起来说得过于令人惊异并且过于浮夸了。**17.** [37]于是，无论这个人是谁——他因节度和笃定而在灵魂上安静并且与自己和谐，从而他既不因烦恼而憔悴，也不因畏惧而崩溃，又不因汲汲地寻求什么而在缺憾中燃烧，还不因空洞的兴奋而狂喜地耗尽精力[2]——他都是我们所探寻的智慧者，他是幸福的。没有任何属人之事在他看来可能或是无法忍受以至于使灵魂沉沦，或是过于值得欢乐以至于使灵魂欣喜若狂。因为，整个永恒和全宇宙的大小都为他所知，在他看来，属人之事中有什么伟大的东西呢？其实，或是在属人的探究中，或是在如此纤弱的短暂生命中，什么事物可能在智慧者看来是伟大的？在灵魂上，他永远是如此警醒，以至于没有任何未被预见、出乎意料或者完全陌生的事情可能发生在他身上。[38]进而，这同一位[智慧者]就把敏锐的目光如此朝向每一个部分，从而他总是看见属于自己的毫无烦恼和苦闷的生活的位置和地方，从而，无论机运带来什么灾祸，他都能以合适的方式安静地承受。这样做的人不仅会免于忧愁，而且会免于其他一切紊乱。进而，免于这些紊乱的灵魂完全而彻底地造就幸福之人，而且，那个受到刺激并且被从完好而确定的理性那里拖离的人，不仅同样丧失了笃定，而且丧失了清醒。

---

　[1] 参见 3.18。
　[2] 耗尽精力（deliquescat）：参见 *OLD*[2] 词条 deliquesco。

因此，漫步派的道理和言辞应当被认为是无力而衰弱的——他们宣称灵魂必然受到扰乱，但是，他们设定了某个不应该向前跨过的限度。[39]你为缺陷设限？难道没有什么罪恶不遵守理性？难道理性没有充分教导[这些]——那个你或是强烈欲求或是在获取后使自己不合常理地欣喜若狂的事物并非善，进而，那个你或是被它压垮后躺倒或是你几乎不在心灵上保持笃定¹以免被它压垮的事物并非恶？而且，所有那些或是过于哀伤或是过于欢乐的东西都因错误而发生。愚人的这一错误因时光而减弱，从而，尽管同一情况延续，但他们以不同方式承受根深蒂固的事和新近的事，[这一情况]甚至完全不会触及智慧者。[40]而事实上，这种界限究竟会是什么呢？其实，让我们探寻忧愁的限度吧——[人们]在忧愁中投入了最多的精力。在梵尼乌斯笔下，据传普·茹皮利乌斯忧愁地承受[他的]兄弟执政官选举失利[的事实]。²但是他看起来依旧逾越了界限——因为他由于这一缘故离弃了生命。因此他当时应该更有节度地承受。尽管他有限度地承受，但如果子女们的死亡来临，那[该]如何呢？"新的忧愁出现，但那是有限的。"[忧愁]还是会出现大幅度的增加。于是，若发生严重的身体痛苦、财产的流失、盲聋和流亡，那[该]如何呢？如果忧愁依照一种种恶来增加，那么就会出现那无法担负的极点。**18.**[41]因此，探寻缺陷之限度的人以类似的方式行动，就好像他认为某个从勒乌卡斯海角³把自己一头抛下的人能够接住自己，在他愿意的时候。其实，正如这不可能[发生]，同样，受到扰乱和刺激的灵魂既不可能自我控制，也不可能在愿意的地方止住。而且一般来说，同样那些在增长时具有破坏性的事物在产生时就是充满缺陷的。[42]进而，忧愁和其他紊乱在强化后肯定[会]带来灾祸。因此，甚至它们在得

---

1 你……在心灵上保持笃定（mente ... constes）：参见 *OLD*² 词条 consto 6b。
2 梵尼乌斯（C. Fannius）是莱利乌斯的女婿、格拉古的同时代人，著有史书。普·茹皮利乌斯·路普斯（P. Rupilius Lupus）是公元前 132 年的执政官。
3 勒乌卡斯海角（Leucata）：主格作 Leucata 或 Leucate，位于勒乌卡斯岛（Λευκάς）南部，有一座阿波罗神庙。在每年的节庆上，人们都会把一名罪犯从海角上扔进大海。

到担负时就立刻在很大程度上卷入了一场灾祸[1]。而事实上，当[情况]一与理性分离，它们就自我驱使，而且，那种羸弱本身自我放任，又因为不明智而驶向远洋，进而找不到停靠之处。由于这一原因，[漫步派]认同的是有节度的紊乱还是有节度的不义、有节度的懒惰和有节度的无节制就毫无差别。因为，那给缺陷设定限度的人承担了一部分缺陷。这一行为本身不仅因其自身是可憎的，还因为这一原因而更加令人烦恼：[缺陷]在光滑的东西上，而且一旦受到刺激就向下滑落，也不可能以任何方式接住。

19. [43]同样那些漫步派宣称，我们自己认为恰恰应当根除的那些紊乱不仅基于自然，而且是由自然有益地给出的——这是怎么回事？他们的说法是这样的：首先，他们用大量言辞称赞易怒，他们说[那]是勇敢的磨刀石，而且，愤怒之人对敌人和对邪恶公民的攻击猛烈得多。然而，他们的琐碎论证没有分量——他们这样认为："发动这场战役是正当的，为法律、自由和祖邦而奋战是合宜的。"这些[言辞]毫无力量，除非勇敢凭借愤怒燃烧起来。其实，他们并不仅仅就战士来论辩——他们认为，若无某种由易怒组成的锋芒，就不存在任何更加强有力的指挥权。最后，他们不仅不认可那位不以易怒之刺[2]作控告的演说者，而且甚至不认可那位不以易怒之刺来作辩护的演说者——即便易怒没有出现，他们依旧认为应当用言辞和动作来模仿，以使演说者的行为点燃听者的愤怒。最后，他们宣称，对发怒一无所知的人看起来就不是君子，而且，他们用"温吞"这个充满缺点的名称来称呼我们自己说是温和的那种[品质]。[3][44]不过，他们并不仅仅称赞这种欲念——其实，如我方才定义的那样，[4]愤怒是报复的欲念——而且宣称，那一或是属于欲念或是属

---

[1] 在很大程度上卷入了一场灾祸的原文作 in magna pestis parte versantur。
[2] 易怒之刺的原文作 aculeis iracundiae。
[3] 参见《尼各马可伦理学》1108a5–10。怒气上的过度是 *ὀργιλότης*[易怒]（iracundia），在怒气上不足是 *ἀοργησία*[温吞]（lentitudo），在怒气上适度是 *πραότης*[温和]（lenitas）。
[4] 参见 4.21。

于欲望的[1]种类本身由自然所给予，旨在极致的有益；因为，任何人都不可能做得出色，除了[让他]欢喜的事情。[2]忒米斯托克勒斯当时在夜里到公共场所散步，因为据说他无法入眠——他回答提问者说，他被米珥提阿得斯[3]的战利品从睡梦中唤醒。谁没听说过德摩斯梯尼的失眠呢？他当时说自己感到痛苦——倘若他有时被工匠破晓前的勤奋折服。最终，哲学本身的魁首从未能够不凭借燃烧着的欲望在自己的探究中作出如此巨大的进步，我们得知，毕达哥拉斯、德谟克利特和柏拉图都曾游历过大地之极。因为他们判断，无论什么东西可能[由他们]所学，自己都应该去往其所在之处。难道我们认为，这些事情可能在毫无由欲望组成的极致的热情时发生？**20.** [45]他们宣称，我们自己所说的应当如躲避丑陋和野蛮的兽类那般躲避的忧愁本身，并非毫无大用，是由自然所设置的，以使世人在过失中痛苦于自己为惩罚、批评和耻辱所影响。因为毫无过犯看起来被给予那些毫无痛苦地承受污名和耻辱的人，受到内心的撕咬[则]更佳。由此，就有来源于生活、由阿弗剌尼乌斯给出那一[幕]：因为，当一位浪子[说]"我真惨啊！"的时候，那位严厉的父亲[说]："只要他对什么感到痛苦，就随他对什么感到痛苦吧。"[46]他们宣称，忧愁的其他部分也有益处，悲忧应当用于助力，也应当用于缓和不该[承受灾难]之人的灾难；当他发现自己并未与另一人得到相同之物，或者他发现另一人与自己得到相同之物时，那种妒争和訾抑本身也并非无用；其实，若有谁破除恐惧，那么生命中的整个勤谨就都会遭到破除——它的极致就在那些畏惧法律、长官、贫穷、污名、死亡和痛苦的人之中。不过，他们就这些事情如此论辩，好像他们承认[这些]当受修剪，[但]他们说[这些]无法彻底根除也无需[根除]，而且他们估计，几乎在一切事情上，中庸都是最好的。当他们展示出这些时，[漫步派]

---

1 或是属于欲念或是属于欲望的（vel libidinis vel cupiditatis）：欲念也涵盖了虚假的愤怒，而愤怒是一种附加于欲念的紊乱（4.16），是一种欲念（4.21）。

2 除了……事情（nisi quod lubet）：libido[欲念]来源于动词 lubet[使……欢喜]。

3 米珥提阿得斯（Miltiadis）：希腊名 Μιλτιάδης，前 490 年马拉松战役的雅典指挥官。

在你看来什么都没说还是说了些什么？

生：其实[他们]在我[看来]说了些什么，因此我期待[看到你]对这些[作]何[回应]。

21. [47]师：我可能会有所发现，但是那一点先[出现了]：你是否发现，学园派传人中存在多么大量的畏谨？[1]因为他们明确言说与主题相关的东西：漫步派得到廊下派的回应，他们刀兵相见，我管不着。于我而言，没有什么是必须的，除非那时存在对那看起来最近似真相之事的探寻。从而，在这一问题中发生的事情是什么呢——某件近似真相的、属人的心灵不可能向前迈进得比它更远的事情可能由此而为[我们]所触及？我认为，芝诺正确使用了对紊乱的这一定义。因为他如此定义，[2]从而紊乱就是灵魂的冲动，背离理性而忤逆自然，或者更加简明地[说]，就是，紊乱是过于激烈的渴望，然而，[我们]明白那位远离与自然的一致的人[也]是过于激烈的。[48]我应该有能力对这些定义说什么呢？进而，[廊下派的]这些[说法]大多属于明智而敏锐的论述者，那些实际上出自修辞家的炫示："灵魂的灼热和德性的磨刀石。"其实，一个勇敢的君子，如果没有开始发怒，难道就不可能是勇敢的吗？其实那是角斗士的情况。不过，恰恰在那些角斗士中，我们常常看见笃定："他们交谈、会面、有所询问、作出要求"，[3]从而他们看起来好像更平静而非恼怒，但是，在那一类[人]中固然存在某位具有这一灵魂的帕奇得雅努斯[4]，如路奇利乌斯[5]所述：

"事实上，我会杀了他、征服他，若你们询问那件事，"他说道，

---

[1] 玛尔库斯想要表明，包括他在内的学园派并不企图支持一个预先想好的观念，也并不愿意陷入学派之争，他们的意图是发现最接近真相的观点。畏谨的原文是 verecundia，参见《韵语阳秋》卷五："绍圣初，以诗赋为元祐学术，复罢之。政和中，遂着于令，士庶传习诗赋者，杖一百。畏谨者至不敢作诗。"

[2] 参见 4.11。

[3] 这句引文出处不明。

[4] 帕奇得雅努斯（Pacideianus）：著名的角斗士，亦见于贺拉斯《闲谈集》2.7.96。

[5] 路奇利乌斯（Lucilius）：公元前二世纪罗马讽刺诗人，属于骑士阶层，曾参加努曼提亚战役。

"我相信那可能是真的：我自己在脸上受到[一击]，早于

我在泼皮的肚子和肺上插上刀剑。

我厌恶世人，愤怒的我投入打斗，而且，对我们而言，没有任何事
情

更加漫长，相较于等到对方适应右手中的刀剑；

我因为热望和对他的厌恶而被愤怒冲昏头脑，到了如此地步。"

22. [49] 不过，我们看到，荷马口中的埃阿斯毫无这种角斗士式的易怒，
尽管他当时即将与赫克托尔决一死战，他却伴随着巨大的欢腾出阵。当
他披挂起来时，他的上场就给盟友带来欢乐，却给敌人带来恐慌，从而，
赫克托尔本人，就如同荷马所说的那般，在整个心魂上颤栗着，后悔发
起挑战。[2] 进而，这些人在交手[3]前彼此温和而安静地交谈，甚至在战斗
中也没有易怒或狂躁地做任何事。我本人甚至不认为那位托尔夸图斯曾
愤怒着把项圈从那个高卢人[的脖子上]摘下（他因此而得到这个绰
号），[4] 而且，玛尔刻珥路斯在克拉斯提迪乌姆也并不勇敢，因为他当时
是愤怒的。[5] [50] 事实上，关于阿弗瑞卡努斯[6]，因为他由于晚近的记忆
而更为我们所知，我甚至可以起誓，当他在阵列中用盾牌掩护玛·阿珥
连尼乌斯和派利格努斯而且把刀剑刺入敌人的胸膛时，他并没有被易怒
点燃。关于路·布鲁图斯我可能有所怀疑，[7] 他是否因为对僭主的无尽厌

1　参见《伊利昂纪》7.211。

2　根据《伊利昂纪》的说法，是特洛伊人而非赫克托尔在战栗。

3　交手（manum consererent）：或译作参加近身战。

4　公元前 361 年，托尔夸图斯（T. Manlius Torquatus）在单挑中杀死了一名异常魁梧
的高卢人，然后摘走了他的项圈（torquis）。

5　玛尔刻珥路斯（M. Claudius Marcellus）是第二次布匿战争中的罗马英雄，他于公
元前 222 年在克拉斯提迪乌姆（Clastidium）战役中杀死了高卢国王维瑞多玛茹斯（Viri-
domarus），而且是第三位把 spolia opima[丰富的战利品]（从被征服的敌方将官身上取下
的武器）献给击倒敌军的尤比特（Iuppiter Feretrius）的罗马人。

6　亦即小斯奇皮欧，他在公元前 146 年征服了迦太基，在公元前 133 年征服了努曼
提亚。

7　西塞罗可能在对布鲁图斯暗示凯撒，另见 4.2。

恶而更加没有约束地杀向阿尔闰斯[1]，因为我看到双方在白刃战中因对方的 击倒下。从而，你为何在这里引入愤怒？如果勇敢没有开始发疯，难道它就不具有自己的攻击[力]吗？怎么？你认为，当赫拉克勒斯与厄律曼托斯野猪或内美厄雄狮搏斗时，他是愤怒的吗——那种你们恰恰认为是易怒的勇敢本身曾把他托举上天？甚至，忒修斯难道愤怒着握住了马拉松公牛的犄角？或许，勇敢根本不是狂躁的东西，而且，易怒完全是由轻浮组成的。

23. [51] 其实，并不存在任何无涉于理性的勇敢。"属人之事当受蔑视，死亡当被无视，痛苦和辛劳都应视作可被忍耐的东西"——当这些在判断和观点中确立下来之后，那种勇敢就是强壮而坚固的，除非，我们碰巧怀疑某些激烈、尖锐而有魄力地发生的事情以愤怒的方式发生。在我看来，甚至那位大祭司斯奇皮欧[2]——他宣称廊下派的这个[说法]，智慧者从不是不担任公职的人，是真相——也未曾对提·格拉古发怒。当时，[斯奇皮欧]把孱弱的执政官晾在一边，而且他本人作为无公职的人，就好像是执政官那样，命令那些愿意[使]共同体安然无恙的人跟随自己。[52] 我不知道，我们自己在共同体中是否做得勇敢。如果我们[勇敢地]做了什么，那么我们当然就不是愤怒的。难道存在什么比愤怒更相似于疯狂的东西？恩尼乌斯说得好："愤怒是疯狂的开端。"脸色、嗓音、双眼、气息以及言辞和行动的缺乏自控具有哪一部分的清醒？有什么比荷马口中的阿喀琉斯更丑陋？有什么比纷争中的阿伽门农更丑陋？[3] 因为愤怒实际上把埃阿斯引向狂怒和死亡。[4] 因此，勇敢并不需要易怒作为助手，经由它自己，勇敢就得到了充分的装备、准备和武装。

---

1 阿尔闰斯（Arruntem）：傲王塔克文的次子，参见《自建城以来》1.56。
2 普·科尔内利乌斯·斯奇皮欧·纳西卡·色剌皮欧（P. Cornelius Scipio Nasica Serapio），公元前138年任执政官，公元前133年杀死了提比略·格拉古。
3 参见《伊利昂纪》1.122。西塞罗说此二人丑陋，是因为阿伽门农把卜瑞色伊斯（Βρισηΐs）从阿喀琉斯那里夺走。
4 参见《奥德修斯纪》11.543–564。关于埃阿斯，参见1.98注释。

因为甚至可以用这种方式说，贪杯有助于勇敢，甚至丧心也有用，因为疯狂的人和醉酒的人常常相当激烈地做许多事情。埃阿斯总是勇敢的，在狂怒中依旧极其勇敢，因为

> 他做出了壮举，当他在达纳欧斯的臣民[1]退却时
> 徒手完成了最崇高的事情。[2]

21. [53] [埃阿斯]在疯狂中重启战斗——因此我们该说疯狂有用？想一想勇敢的定义吧，你会明白它并不需要愤懑。从而，勇敢就是"在对事情的经受中服从最高律法的灵魂状态""在经历和击退那些看起来可怕的事情时对坚定判断的维护"或者"对可怖的事物以及[与之]相对的事物或者完全应当无视的事物的知识，它守护着对这些事物的坚定判断"，或是，如克律西璞珀斯更简明地[所言]（因为之前的定义是斯菲若斯[3]的，如廊下派所认为的，此人的定义下得最好；其实[廊下派的]所有定义大体上都完全相似，但是他们以不一的程度[4]宣讲共通的概念）——那么，克律西璞珀斯以什么方式[言说]呢？"勇敢就是，"他说道，"禁受事情的知识，或者服从着最高律法而毫无畏惧地忍耐和禁受的灵魂状态。"无论我们如何批判这些[廊下派]，如卡尔内阿得斯所习惯的那般，我担心，只有他们才是哲人。因为这种定义中的哪个不揭示出我们[心中]的概念呢——我们大家都拥有的关于勇敢的[概念]，尽管[它]被覆盖和遮蔽？这一点得到揭示后，谁会是这样的人呢——他对战士、指挥官或演说家有所要求，而且他认为那些人无法在毫不狂躁的情况下勇敢地做任何事情？[54]怎么？那些宣称所有非智慧者都疯狂的廊下派，难

---

[1] 达纳欧斯的臣民（Danais）：即希腊人。主格 Danai，相当于希腊语 Δαναοί，后者来自阿尔戈斯王的名字 Δάναος[达纳欧斯]。

[2] 可能来自帕库维乌斯的肃剧。参见《伊利昂纪》15.742：ἦ, καὶ μαιμώων ἔφεπ' ἔγχεϊ ὀξυόεντι[说完，（埃阿斯）发着狂，又用矛头锋利的枪拒（敌）]。

[3] 斯菲若斯（Sphaeri）：希腊名 Σφαῖρος，公元前三世纪的廊下派哲人，曾求学于芝诺和克勒安忒斯门下。

[4] 以不一的程度（alia magis alia）：这个短语亦见于《论善恶之极》3.11。

道没有得出这种东西吗？去除紊乱吧，尤其是易怒——他们现在看起来在言说荒唐的东西。[1]然而，他们现在这样论述，好像在论述说，自己宣称每一个愚人都在发疯，就好像所有的烂泥都闻着臭。"不过也不总是[如此]。"[2]搅动一下，你会感觉到[臭味]的！从而，易怒的人并不总在愤怒——惹怒[他]吧，你就会看到[他]发狂。怎么？当易怒这件战具[3]回到家，当他与妻子、子女和家庭在一起时，他是怎么样的？难道[易怒]那时还有用？因此，相较于笃定的心灵，受到扰乱的心灵可能有什么事情做得更好？难道有谁可能在毫无心灵的紊乱时发怒？因此，我们的[同胞做得]好，尽管一切缺陷都在习惯中，[4]由于没有任何比易怒更丑陋的东西，他们就只把易怒的人称作倔强的人[5]。**25.**[55]其实演说家完全不宜发怒，假装发怒则并无不妥。当我们在案件中相当尖锐且相当激烈地言说某事时，在你看来，难道我们在发怒？怎么？当我们在事情已经结束而且过去之后写下演说词，难道我们在愤怒地写作吗？"有人惩罚他吗？铐起来！"[6]难道你认为，在某个时候，或是埃索普斯愤怒地表演，或是阿克奇乌斯愤怒地写下[这句]？这些内容演得出彩，而事实上，一位演说家比任何演员都更好地[表演这些]——只要他是演说家——但[演说家]以温和的方式和宁静的心灵来表演。

不过，对欲念的称赞属于何种欲念？你们给我举出忒米斯托克勒斯和德摩斯梯尼，你们加上毕达哥拉斯、德谟克利特和柏拉图。[7]怎么？你们把热忱称作欲念？对至善事物的这些[热忱]就如同你所举出的那些[例子]，依旧应当是镇定而宁静的。现在，对忧愁——一件尤其可憎的

---

[1] 廊下派一方面说易怒是灵魂的紊乱，另一方面又肯定易怒有正面作用。

[2] 参见 4.28。

[3] 战具（bellatrix）：参见 *OLD*[2] 词条 bellatrix b。

[4] 三个德译本将本句理解为原因从句，亦通。

[5] 倔强的人（morosus）：或译作习惯性强的人。西塞罗这里提到 morosus 和 mors[习俗/习惯]的词源关系。

[6] 出自阿克奇乌斯《阿特柔斯》。

[7] 参见 4.44。

事情——的称赞究竟属于哪些哲人？但[你们廊下派会说][1]阿弗剌尼乌斯说得合适："只要他对什么感到痛苦，就随他对什么感到痛苦吧。"其实，他是就堕落而放纵的年轻人说的，然而我们自己探寻的是笃定的君子和智慧者。而且事实上，具有那种愤怒本身的，是百人队长、旗手或者其他那些没有必要提到的人[2]——以免我们泄露了修辞家的奥秘。[3]其实，运用针对无法运用理性的灵魂的触动是有用的。然而，我们，正如我常常讨实的那样，探寻的是智慧者。26.[56]而妒争、訾抑和怜悯甚至也有用。你为何怜悯而非给出帮助呢——你若能做这件事？我们难道不可能是自由而毫无悲忧的？其实我们自己并不应当因为他人而承担忧愁，而是，我们若有能力，就应使他人减轻忧愁。实际上，訾抑他人，或者因那种充满缺陷的妒争[心态]（这类似于竞争[心态]）而妒争有何益处呢——既然，属于妒争者的是因自己并不拥有的他人的利益而苦闷，而属于訾抑者的是因他人[与自己]同样拥有的他人的利益而苦闷？有谁可能赞成你担负忧愁而非尝试[拥有那个东西]，倘若你希望拥有什么？因为，希望拥有唯一之物就是极端的丧心。[4]

[57]然而，谁可能正确地称赞诸恶的中庸？[5]因为哪个欲念或欲望在其身上的人可能不是充满欲念或有所欲望？哪个愤怒在其身上的人可能不是易怒的？哪个苦闷在其身上的人可能不是苦闷的？哪个畏惧在其身上的人可能不是胆怯的？因此，我们认为充满欲念、易怒、苦闷而胆怯的人是智慧者吗？事实上，关于智慧者的卓越，可以随你所愿地广阔而宽泛地言说许多东西，但[我]以那一方式尤其简明地[宣称]，智慧就是对属神之事和属人之事的知识和认知，它是每一个事物的原因，

---

1 洛布本英译在这里加上了 you will say，注释中说西塞罗在模仿漫步派的口吻。

2 其他……人（ceteri, de quibus dici non necesse est）：指演说家。

3 演说必须适应于不同听众的性情，不过，哲学则仅仅关乎智慧者。

4 希望……丧心（nam solum habere velle summa dementia est）：杜根（Dougan & Henry 1934: 166）说，这里的词序是 velle habere 而非 habere velle，故不可译作只想要拥有；这里说的是訾抑者的情况。据此，洛布本英译 to want to possess and do nothing 似不妥。

5 参见 3.22。

由此得出，[智慧]模仿属神之事，认为一切属人之事都次于德性。[1]从而，你曾说紊乱在你看来降临到[德性][2]上，就好像落在气流肆虐的[3]大海上？什么是那扰乱如此强大的庄重和笃定的东西？是某件未被预见的事还是突然的事？什么事情可能降临在这样的人身上呢——没有任何可能发生在世人身上的事情没有得到他的预先考虑？因为，鉴于[漫步派]说，过度之物当受削减，自然之物当得保留，究竟什么可能是自然之物？它同样可能是过度之物吗？其实，所有这种东西都源于错谬之根，后者应当得到彻底的根除和拔除，不应当[只是]切短也不应当[只是]修剪。[4]

27. [58]但是，既然我怀疑你本人并不像你探寻自己那般探寻智慧者——因为，你认为他解脱于一切紊乱，你希望自己[也是如此]——我们会看到，由哲学施加的对灵魂之疾的化解是多么强大。其实，那当然是一种解药，而且，自然对人类种族并非如此敌视和不友善以至于它发现了如此众多对身体有益的事物[却]没有发现任何对灵魂有益的事物。自然甚至因为这一事实而更好地施惠于灵魂：对身体的帮助从外部施加，灵魂的健康[则]包含在它们自身之中。但是，其中的卓越性越是伟大和神圣，它们就越是需要勤谨。因此，得到良好应用的理性就分辨出什么是至善的，若[理性]被无视，那么它就纠缠于众多的错谬。[59]因此，现在这整番话应当由我转送给你，因为你假装自己在探寻智慧者，然而，你或许在探寻自己。

因此，对于我所展示的那些紊乱，存在各种各样的治疗方法。因为所有的紊乱不[能]仅仅由一种方法来镇定（其实，对哀伤者、怜悯者或嫉妒者就应施加不同的解药），而且在全部四种紊乱[5]中也存在以下区

---

[1] 参见《大伦理学》2.1200b14–15: ὁ … θεὸς βελτίων τῆς ἀρετῆς καὶ οὐ κατ' ἀρετήν ἐστι σπουδαῖος[神明比德性更好，而且他并不基于德性而是善的]。

[2] [德性]（hanc）：洛布本、葛恭本认为这个代词指代智慧，基尔福本认为是指德性。

[3] 气流肆虐的（ventis subiectum）：参见 *OLD*[2] 词条 subiectus[1] 3 和《论共和国》6.21。

[4] 参见 4.46–47。

[5] 灵魂的这四种紊乱指的是欲念、欢乐、恐惧和忧愁，见 4.11。

别：[我们的]言辞施加于普遍的紊乱（它是对理性的轻慢或者过于强烈的渴望）更好，还是施加给单独的紊乱（比如恐惧、欲念以及其他[紊乱]）更好；[只有]那件事情看起来不应当忧愁地承受呢（忧愁由此得到担负），还是每一件事情[造成]的忧愁都应当完全破除，从而，如果有谁忧愁地承受自己贫穷[这一情况]，那么你会就"贫穷并非恶"那点论辩，还是论辩[说]世人不应该忧愁地承受任何事情。毫无疑问，后者更好，以免，你若刚好没有在贫穷上说服[人]，就只好向忧愁让步。然而，[那一]忧愁凭借我们昨天所运用的专门的理性破除后，[1]贫穷之恶也由某种方式去除了。[2] **28.** [60]但事实上，灵魂的每一种如此这般的紊乱都由那种抚慰得到冲刷[3]——既然你指出，善并非欢乐或欲念所源出的那个东西，恶也不是恐惧或忧愁所源出的那个东西。其实，这依旧是特定而专门的治愈[方法]，如果你指出，紊乱本身经由其本身而充满缺陷，而且不具有任何或是基于自然的或是必要的东西，从而，我们看到紊乱本身得到缓解——在我们斥责悲痛者阳刚尽失的灵魂的羸弱之时，也在我们称赞那些并不混乱地忍耐属人之事者的庄重和笃定之时。事实上，这一点甚至常常发生在那些人身上——他们估计那些是恶，[但]依旧判断它们应当以平和的灵魂来承受。有人认为快乐是善，然而另有人认为钱财是善，不过，前者可能被带离无节制，后者可能被带离贪婪。然而，那另一种理性和言辞[4]——它同时去除错误的观念而且移除忧愁——事实上，它很有用处，但是很少奏效，而且不应当施加给俗众。[61]然而存在那一解药无法以任何方式减轻的某些忧愁，比如，如果有谁忧愁地承受自己身上没有任何德性、任何灵魂、任何义务[感]和任何高尚，那么事实上他就因诸恶而苦闷，[5]但是，另外某种治疗必须应用到他身

---

[1] 参见 3.77–78。

[2] 在本书中，西塞罗并未就贫穷详加论辩。

[3] 得到冲刷（abluatur）：这个词仅仅是指表面上的冲洗，强度逊于 tollere[去除]。

[4] 指"善并非欢乐或欲念所源出的那个东西，恶也不是恐惧或忧愁所源出的那个东西"的说法。另见 4.38。

[5] 参见 3.77。

上，而且，事实上，这种治疗甚至能够为一切哲人所拥有——即便他们在其他主题上见解不同。因为在所有人中都应该达成一致的是，如果灵魂的冲动背离正确的理性，那么它就充满缺陷，从而，即便，要么那些引发恐惧或忧愁的事物是恶，要么那些引发欲望或欢乐的东西是善，冲动本身依旧是充满缺陷的。因为我们希望，某位我们宣称他是灵魂伟岸而勇敢的君子的人笃定、镇定、庄重，而且鄙夷一切属人之事。进而，这样一个人不可能是任何一个悲痛着、畏惧着、欲求着或者狂喜着的人。因为，这些[紊乱]属于那群人——他们认为，人世的变故比自己的灵魂更加重要。

29. [62]因此，如我之前所言，所有的哲人[给出]的医治方法只有一种：不要去谈论那扰乱灵魂的事情是何种类型，而要去谈论紊乱本身。因此，首先，在欲望本身中，既然唯一[要]做的就是使它得到破除，那就不应当询问引发欲念的那个东西是否是善，而是应当破除欲念本身，从而，无论至善是那高尚之事还是快乐，无论它是这两者的组合，还是那三种类型的善，[1]即便对德性本身的渴望相当激烈，相同的讲辞依旧应当由所有人施加以阻止[太过激烈的渴望]。进而，如果属人的本性被置于审察之中，那么它就会掌握对灵魂的每一种镇定。为了在它得到表达后更加简便地来分辨，就应当通过讲辞来解释共通的状态和生命之法。[63]从而，据说，当欧里庇得斯编排《俄瑞斯忒斯》一剧时，苏格拉底并非毫无缘由地要求重复开头的三行：

> 在言语方面，没有任何如此可怕的讲辞、
> 机运和愤怒是天神带来的苦厄，
> 属人的本性并非通过忍耐来把这些遍历[2]。

进而，罗列那些承受者也有助于劝人相信[自己]有能力而且应当去承受

---

[1] 参见 5.23–24。
[2] 把……遍历（ecferat）：参见 *OLD*[2] 词条 effero[1] 14。

那些已经发生的事情。即便对忧愁的镇定既在昨日的论辩中也在《安慰》那卷书中得到过解释——我在悲伤和痛苦中写作此书——因为我不是智慧者。而且，克律西璞珀斯禁止如同针对灵魂的新近的肿胀那般施加化解之法。我自己做了这件事情，而且我对[属人的]本性施以强力，以使痛苦之强大让位于解药之强大。[1] **30.** [64] 但是，关于忧愁，论辩得充分了，恐惧与它紧密相连——关于恐惧要说的不多。因为，正如忧愁针对当下的恶，恐惧就针对那种未来的恶。从而，一些人把恐惧称作忧愁的某一部分，然而另一些人却把恐惧称作预先的烦恼[2]，因为它就好像是紧随而至的烦恼的向导。从而，迫近之事通过理性得到承受，后续之事也通过这些相同的理性得到蔑视。因为[我们]必须在这两种情况中小心，以免我们做出什么低劣、卑躬屈膝、软弱、阳刚尽失、颓丧而卑贱的事情。但是，尽管恐惧应当就其本身的不笃定、羸弱和轻浮来言说，蔑视那些受人恐惧的事情本身依旧大有益处。于是那一情况就来临了，无论是因为偶然还是因为计划，发生得轻而易举：关于那些最为人恐惧的事情，关于死亡和痛苦，已经在第一天和[其]后的那天[3]得到论辩了。如果这些事情已经得到证实，那么我们就在很大程度上解脱于恐惧了。

31. [65] 而且，目前为止[的论辩]关乎对诸恶的观念。现在，关于诸善的观念，亦即关于欢乐的和关于欲望的[观念]，让我们[也]来看一看。事实上，在那涉及灵魂的紊乱的整番推理中，在我看来有一点掌控原因：那些[紊乱]全都在我们的能力中，全都由判断来担负，全都是自愿的。因此，这一错谬当铲除，这一观念当移除，而且正如[那些被认

---

　　[1] 玛尔库斯的意思是，属人的本性致使我们认为应当悲伤，他在女儿去世后亦然，因此陷于痛苦而在悲伤之中写下《安慰》；但正确的做法是移除这一观念，参见 3.76。

　　[2] 预先的烦恼（praemolestiam）：这个词在古典拉丁语文献中仅此一见，指"某种在真实的烦恼之前的烦恼"（molestia quadam, quae ante veram molestiam est），约略相当于 molestia praevia[预先的烦恼]和古希腊语 προλύπησις，后者见于《王制》9.584c（参见 TLL 词条 molestia 720.80–84）。

　　[3] 在……那天（primo et proxumo die）：洛布本译作 on the first and following days，恐不确。

为沉重而哀伤的事][1]在假想的诸恶中可以忍受，同样，在假想的诸善中，那些被认为伟大而值得欢乐的事就应当变得更稳定。而且事实上，这就是诸恶和诸善的共通点，从而，如果现在难以劝人相信那些扰乱灵魂的事情中没有任何一件应当被视作或是在诸善中或是在诸恶中，那么，对于不同的运动，仍然应当施加不同的治疗，而且，心怀恶意者和好色之人当以不同方法来矫正，苦闷者和胆怯者亦然。[66]而且，这一点当时易于[发生]：跟从那被证明尤其关乎诸善和诸恶的推理[2]的人宣称非智慧者从不可能为欢乐所影响，因为他从不拥有任何善。但是我们现在按共同的习惯来说。这些被认为是善的东西固然可能是善：尊荣、财富、快乐以及其他东西，不过，在对这些东西本身的占有中手舞足蹈而且因为快乐而狂喜的人是丑陋的，就好像，倘若笑是允许的，狂笑依旧会受人指摘。其实，灵魂在欢乐中的放肆和在痛苦中的收缩是由于相同的缺陷，而渴求中的欲望和享受中的欢乐也是由于相同的轻浮，而且，就好像因烦恼而过于心烦意乱的人那样，因快乐而过于亢奋的人也同样被律法判断为轻浮之人。而且，既然嫉妒属于忧愁，因他人的苦厄而获得快乐则属于欢乐，这两者就常常通过被呈现为某种粗暴和野蛮来得到惩戒。[3]进而，就好像合适的是小心行事而非畏惧，同样，合适的是喜乐而非欢乐——既然我们为教学之故[4]而把欢乐与喜乐分离。[5][67][6]因为我们之前说过那点，灵魂的收缩[7]从不可能正确地发生，[但]欢腾可能。因

---

[1] [那些……事情]：安东（ANTHON 1852: 344）认为，西塞罗这里省略了 ea quae gravia et tristia ducuntur，据补。

[2] 参见 2.29–30。

[3] 本句原文作 utrumque immanitate et feritate quadam proponenda castigari solet。

[4] 为教学之故（docendi causa）：或译作为了[清楚地]指出。洛布本译作 for the sake of clearness，毕希纳和基尔福译作 der Belehrung wegen，葛恭译作 der Theorie zuliebe。docere 一词的多重含义可能影响对西塞罗文本的义理解读，另见《论预言》2.2（见于附录）。

[5] 参见 4.13。

[6] 在珀伦茨本中，第 67 节始于第 23 行，该行无标点，故据斯科特本以及其他版本在第 24 行分号后的 illud 前分节。

[7] 参见 1.90、4.14。

为，奈维乌斯[1][笔下]的那位赫克托尔以另一种方式喜乐：

> 父亲啊，我为自己受到你[这样]一位值得称赞的君子称赞而高兴，[2]

特剌贝阿[3][笔下]的那个[角色]以另一种方式[欢乐]：

> 鸨母被银钱诱惑后，就会候着我的吩咐
>
> [以及]我希望的东西、我所热衷的东西。当我到达时用一根手指推
>
> 私一扇门，
>
> 大门就会敞开。当克律西斯突然瞧见我，
>
> 她就会欢快地迎面来到我这里，期待着我的拥抱，
>
> 把自己交给我。

他认为这些是多么美妙啊，现在他本人说：

> 因为我的幸运，我会胜过幸运本身。

32. [68]这欢乐是多么丑陋啊——仔细留神足以[使人]清楚地看到[这点]。[4]

　　而且，正如那些在享受与维纳斯有关的快乐时因欢乐而欣喜若狂的人是丑陋的，同样，那些在灵魂被点燃之后热望这些快乐的人也是无耻的。因为，这种一般被称作情爱[5]的整个东西——赫拉克勒斯作证，我并没有发现它可以用别的什么名称来称呼——属于如此强烈的轻浮，以至于我看不到任何我认为应当[与之]相比的东西。凯奇利乌斯[6]认为"那

---

　　[1] 参见 1.3 及注释。

　　[2] 出自奈维乌斯《离去的赫克托尔》(*Hector proficiscens*)，这部剧主要讲赫克托尔向父母妻子告别后奔赴战场并死于阿喀琉斯之手的故事，参见 WARMINTON 1936: 119。

　　[3] 参见 4.35。

　　[4] 仔细……[这点]（satis est diligenter attendentem penitus videre）：相当于 satis est diligenter attendere ut penitus quis videat，参见 DOUGAN & HENRY 1934: 182。

　　[5] 情爱（amor）：这个拉丁语单词既可以表示古希腊语的 φιλία[友爱/喜爱]，也可以表示 ἔρως[情爱/性爱]。中译根据语境选择合适的汉语表达。

　　[6] 参见 1.31，后面的引诗具体出处不明。

不认为情爱是至高神明的人，要么愚蠢，要么不谙世事，"他觉得，

> 在[情爱]手中的，就是[情爱]希望变得丧心的那个人、
> 变智慧的人、得到治愈[1]的人以及陷入疾病的那个人、
> ……………[2]
> 以及[与之]相反的被爱的人、受到追求的人和被邀约的人。

[69][3]哦，诗术！出色的生活校正者！[4]它认为情爱，无耻和轻浮的始作俑者，应当被置于诸神之列[5]！我在谈论谐剧，假设我们不认同这些无耻的东西，那么就完全不会存在任何谐剧。出自肃剧的阿尔戈英雄的那位首领说了什么？

> 你保护了我，是出于情爱而非出于尊荣。[6]

于是如何呢？美狄亚的这份情爱激起了由悲惨组成的如此旺盛的火焰！而且，在另一位诗人笔下，她还胆敢对父亲说，自己拥有了"情爱给予的丈夫，他更加强大而且比父亲更有能力"。[7]33. [70]但是我们允许诗人放肆——我们看到，在他们的剧作中，尤比特自己就置身于这种无耻。让我们来到作为德性[方面]的老师的哲人那里——他们宣称，情爱并不是由不正当的性行为组成的，而且他们在这一点上与伊壁鸠鲁有所争

---

[1] 得到治愈（sanari）：抄本上多作 insanire[被逼疯]，校改后的脉络是，esse dementem[变得丧心]和 sapere[变智慧]相对，sanari 与 in morbum inici[陷入疾病]相对，抄本的理解则是 insanari 与 sapare 相对。

[2] 本特利注意到下一行的 contra，他据以推测这里可能有一行文字散佚了，他的补充是：quem odio esse, quem contemni, quem excludi foras[在厌恶中的人、受到蔑视的人、被关在门外的人]。

[3] 在珀伦茨本中，第 69 节始于第 26 行，该行无标点，故据斯科特本以及其他版本在第 25 行的 o 前分节。

[4] 西塞罗这里是在反讽。

[5] 诸神之列（concilio deorum）：杜根本解释作 number of the gods（参见 DOUGAN & HENRY 1934: 183–184）。concilium 另有会议、聚合、结合等含义。

[6] 出自恩尼乌斯《美狄亚》。

[7] 可能出自帕库维乌斯《美多斯》，参见 3.26 的相关注释。

论，如我的看法所倾向的那样，[他]并没有太离谱。[1]其实，什么是那友谊之爱呢？而且，为何没有任何人爱丑陋的青年，也没有任何人爱俊俏的老者？事实上，在我看来，这一习惯产生于希腊人的裸身运动馆[2]，在其中，那种情爱是自由而得到允许的。因此，恩尼乌斯[说]得好：

丑行的开端就是邦民之间裸露身体。

即便他们是贞洁的——我看到这一点可能发生——他们依旧焦虑而苦闷，而且因为这一原因而愈发强烈：他们在自我掌控并自我克制。[71]进而，为了让我略过对女人的情爱——自然授予这些情爱很大的自由——谁或是对伽倪美得斯之被掠走[3]（这是诗人之所愿）有所怀疑，或是不明白欧里庇得斯笔下的拉伊俄斯在说什么、欲求什么？[4]最终，博学无比的人和最顶尖的诗人在诗歌和歌曲中就他们自己讲述了什么？勇敢的君子、在自己的共同体中为人所知的阿珥凯欧斯就青年们的情爱写下了什么！因为事实上，阿纳克热翁的全部诗作都充满了情爱。[5]不过从作品中显而易见，在所有人中，热吉昂的伊彼科斯[6]因为情爱而最富热情。**34.** 进而，我们看到所有这些人的情爱都是充满欲念的：而且事实上，由于我们的权威柏拉图[7]——迪凯阿尔科斯对他的指控并非不正义

---

[1] 阿芙洛狄西阿斯（Ἀφροδισιάς）的亚历山大在其对亚里士多德《论位篇》的注疏中提到，伊壁鸠鲁把性欲（ἔρως）定义为ὄρεξιν ἀφροδισίων[对与阿芙洛狄特相关的事情的欲望]（希腊文引自 WALLIES 1891: 139）。

[2] 裸身运动馆（gymnasiis）：或译作体育馆，这个词也有讲习所的含义（比如《致亲友书》7.23.2 [= 209 SB]，引文见"译者弁言"）。

[3] 伽倪美得斯之被掠走（Ganymedi raptu）：关于属格 Ganymedi，参见 ZUMPT, SCHMITZ & ANTHON 1856: 54。关于传说，参见 1.56。

[4] 西塞罗指的是欧里庇得斯的已佚肃剧《克律西璞珀斯》（Χρύσιππος）。这位克律西璞珀斯并非那位廊下派哲人（参见 1.108），而是佩洛璞斯之子。关于此剧，详见 COLLARD & CROPP 2008: 459–463。

[5] 勒斯波斯岛的阿珥凯欧斯（Ἀλκαῖος），公元前七世纪的琴歌诗人。阿纳克热翁（Ἀνακρέων），公元前六世纪的琴歌诗人，生活于小亚细亚海滨城镇忒欧斯（Τέως）。

[6] 热吉昂的伊彼科斯（Reginum Ibycum）：伊彼科斯（Ἴβυκος）是人名，热吉昂（Ῥήγιον）是地名，后者派生出形容词 Ῥηγῖνος（Reginus）。伊氏是公元前六世纪的琴歌诗人。

[7] 我们的权威柏拉图（auctore ... nostro Platone）：古尔德（GOULD 1968: 64–82）说，

——我们就成为了把大权授予情爱的哲人。[72]其实廊下派说智慧者会去爱，而且前者把情爱本身定义为"出于美貌的形体而对结下友谊的尝试[1]"。如果在万物的本性中存在某种毫无焦虑、缺憾、忧虑以及叹气的情爱，那么当然，就让它存在吧，因为它不涉及任何欲念。不过，这番言辞是关于欲念的。但是，如果[2]有某种情爱，就像它肯定存在的那般，并不远离疯狂或没有离它太远，就好像《勒乌卡斯少女》[3]中的那样："实际上，若有任何一位我在其关心之下的神明"——[73]而这一点当时应由所有的神明来关心：他在何种程度上享受充满情爱的快乐！"我真不幸啊！"没有什么更加真实了。那个角色也[说得]不错："你这个轻率地恸哭之人清醒吗？"甚至，他在其[亲友]看来也是如此疯狂。不过他作了怎么样的肃剧啊！

> 你，神圣的阿波罗啊，给予援助吧，而且，在水浪中神通广大的[4]尼普顿啊！我向你吁求！
> 而且还有你们，[5]大风！

他认为，整个世界将会转身支持自己的情爱，他唯独把维纳斯作为仇敌排除在外："现在我该把你称作什么呢，维纳斯？"他说，由于欲念，维纳斯不关心任何东西：仿佛他本人实际上并非因为欲念而做出、说出如此无耻的事情。**35.**[74]因此，这一治疗就应当施加给心境如此的人，

西塞罗的哲学作品中四次用 noster[我们的]来描述柏拉图，他把柏拉图视作"同时代的"（contemporary）的大哲和亲密的伙伴。

[1] 尝试（conatum）：洛布本译作 endeavour，格雷弗译作 effort，三个德译本都译作 Versuch，马里诺内和迪·维尔吉尼奥均译作 tendenza，迪·蒂利奥译作 tentativo，比代本译作 tendance。依照语境，译作冲动或倾向亦通顺。

[2] 这个条件分句并没有结论分句，体现出西塞罗在语法上的灵活。

[3] 这部剧由古罗马谐剧诗人图尔皮利乌斯（Turpilius）改编自希腊语。

[4] 在水浪中神通广大的（amnipotens）：抄本上作 omnipotens[全能的]，amnipotens 是沃尔夫林（Wölfflin）的校改，来自 amnis[河流/波涛/海水]和 potens[有力的/能够的]，仅见于引诗。

[5] 而且还有你们（vosque adeo）：这个 adeo 意为也、还，参见 DOUGAN & HENRY 1934: 188。

从而展现出他所欲求的那个东西[1]多么次要、多么当受蔑视、多么毫无价值[2]，展现出它可以在其他地方或以其他方式多么轻而易举地得到实现或者被完全无视。甚至，他有时候应当被拽到其他热忱、焦虑、操心和事务那里，最终，他必须常常通过位置的变换，如同尚未康复的病人那般得到治疗。[75]事实上，甚至有人认为旧的情爱应当被新的情爱驱逐，就好像旧的指甲被新的指甲驱逐。然而，他应当受到最强烈警告：情爱的狂怒是多么巨大。因为，在灵魂的每一种紊乱中，肯定没有什么更激烈的，从而，如果你现在不愿意控告[它的]那些[大罪]本身——我说的是私通、诱奸和乱伦，总之就是不贞，所有这些事情的丑陋都值得指责——但是，为了略过这些，在情爱中，心灵的紊乱本身经由自己而是污秽的。[76]因为，为了略过那些属于狂怒的东西，这些东西本身经由其本身而多么轻浮啊——它们被视作中庸之事、

伤害、

猜疑、敌视、和好、

相争、重归于好！你若要求使得这些不确定的东西

因理性而得到确定，那么你并不会做得更多，

相比于，如果你付出精力以伴随着理性来疯狂。[3]

心灵的这种不笃定和善变不会因为那种畸形本身而把谁吓退？那种据说存在于所有紊乱中的[共性]也应当得到展现：没有任何不基于臆想的紊乱、以判断得到承担的紊乱或自愿的紊乱。而事实上，假设情爱基于自然，那么所有人就都有爱欲、永远爱着，而且爱相同的东西，羞耻、思考和满足也就不会把不同的人吓退。

---

[1] 从而……东西（ut et illud quod cupiat ostendatur）：原本与这里的 et 分句并列而同样从属于 ut 的另一个 et 分句以 abducendus etiam est[甚至，他……应当被拽]的形式出现。类似现象另见于 3.5、5.94。参见 DOUGAN & HENRY 1934: 188。

[2] 毫无价值（nihili sit omnino）：nihili 是属格，作形容词，参见 *OLD*[2] 词条 nihilum 3b。

[3] 引诗出自泰伦提乌斯《阉奴》59–63。

36. [77]其实，愤怒，只要它在扰乱灵魂，毫无疑问它就是疯狂，在它的驱使下，甚至兄弟[1]之间也存在如此这般的争吵：

> 在一切种族中，什么人在无耻上超过你？
> 谁又在恶意上[超过]你？

你知道后文。其实，在[二人的]轮流[发话组成]的诗行中，兄弟之间最严重的侮辱甩了出来，从而显而易见，[他们是]阿特柔斯——他构想出对兄弟的新异惩罚——的儿子：

> 更大的负担、更大的苦厄应当得到我的调配，
> 以这种方式压垮、镇压他那苦涩的心。

那么这负担如何爆发呢？我听到缇厄斯忒斯[说]：

> 我的那位兄弟鼓动我，
> 悲惨地用脸颊咀嚼自己的儿子。

[阿特柔斯]端上了他们的肉。其实，在什么情况下愤怒不会与狂怒行进到相同的[地步]呢？从而，我们恰切地说愤怒的人脱离掌控，亦即脱离谋划、理性和心灵，因为这些事物的权能应当在整个灵魂之中。[78]或者，他们试图施以攻击的那些人应当被带离这些[攻击者]，直到后者自我约束——不过，除了把灵魂被打散的部分收拢回自己的位置上，自我约束是什么呢？或者，他们应当受到请求或要求，倘若他们拥有某种报复的力量，就要推迟到另一个时候，直到怒火冷静下来。然而，冷静下来当然就意味着灵魂的热火已被点燃，逆理性之所愿。由此，阿尔曲塔斯[2]的那句话就受到称赞。当他对管家大发雷霆时，他说："假设我没有发怒，那么我怎么接纳你呢！"

---

[1] 可能指阿伽门农和墨涅拉奥斯。后面的诗行可能出自阿克奇乌斯的《阿特柔斯》。
[2] 阿尔曲塔斯（Archytae）：希腊名 Ἀρχύτας，南意大利塔壬图姆（Tarentum）人，毕达哥拉斯派哲人，柏拉图的朋友。《论善恶之极》5.87 说柏拉图曾到塔壬图姆拜访他。

37. [79]那么，这种宣称易怒有益（疯狂可能有益吗？）或者基于自然的人在哪里？难道存在任何在与理性冲突时发生的符合自然的事情？进而，如果愤怒是基于自然的，那么一个人以什么方式比另一人更易怒？在得到报复之前，报复的欲念以何种方式终止？某个人经由愤怒而做出的事情以何种方式使他后悔？比如，我们看到亚历山大王，在他杀死了自己的亲友克勒伊托斯后，几乎无法不让双手碰到自己[1]——后悔的力量就是如此强大。认识了这些之后，有谁会怀疑灵魂的这种运动也是完全基于臆想的且自愿的？因为，有谁曾怀疑灵魂的虚弱就像是贪婪和对荣耀的欲望，[而且]来自那一事实呢——灵魂因它而生病的那个东西被认为大有价值？由此，应该明白，一切紊乱也都在观念之中。[80]而且，如果自信，[2]亦即灵魂的坚固信心，是某种知识和有分量的观念，属于不轻易同意的人，那么不自信也就是对被预期的和威胁着的恶的恐惧。而且，如果希望是对善的预期，那么对恶的预期当然就是恐惧。从而，其他紊乱也如同恐惧那样在恶之中。于是，就好像笃定由知识组成，紊乱也同样由错谬组成。进而，那些据说在本性上易怒、悲忧、嫉妒或是诸如此类的人，就好像处于糟糕的灵魂健康状态，不过是可治愈的，就如苏格拉底据说所是的那样：当孜多丕若斯，一位宣称自己从外貌来洞悉每个人的本性之人，在集会上把众多缺陷聚集到苏格拉底身上时，被其他人嘲笑，他们不认为苏格拉底有那些缺陷。然而他却得到苏格拉底本人的支持——因为他说，那些缺陷就这样产生在他身上，但是被他用理性除掉了。[81]于是，正如每一个健康状态极佳的人都有可能看起来在本性上较易染上某种疾病，同样，不同的灵魂更易[产生]不同的缺陷。然而，那些据说不因为本性而是因为过错才充满缺陷的人，他们的缺陷由对各种善的事情和恶的事情的错误观念组成，从而不同的人更易[产生]不同的运动和紊乱。然而，就好像在身体中那样，根深蒂固[的

---

[1] 几乎……自己（vix a se manus abstinuit）：亦即不停地打自己。
[2] 参见 3.14。

缺陷]比紊乱消除起来更令人忧愁，而且，双目的突然肿胀的治愈比长期炎症的消除更加迅速。

38.[82]但是，各种紊乱的原因现已为人所知[1]——这些紊乱全部来源于观念组成的判断和意愿。现在就该是这场论辩的终点。然而，在理解了诸善和诸恶的极限后——直至它们可能为世人理解的[最大]程度——我们应当知道，相较于由我们在这四天之中所论辩的这些东西，没有任何要么更加重要要么更加有用的东西可能由哲学来期愿。因为，在死亡得到蔑视、痛苦得到减轻以[由我们]忍耐之后，我们加上对忧愁的镇定——对于世人而言，相比于忧愁，没有任何恶更严重。其实，尽管灵魂的一切紊乱都是严重的，而且与失心并无太大区别，我们依旧惯于宣称，当人们处在由恐惧、欢乐或者欲望组成的某种紊乱之中时，[他们]仅仅受到挑动和扰乱，而把自己交给忧愁的那些人却悲惨、心烦意乱、苦痛连连且灾祸重重。[83]由此，看起来并非随意为之，而是由你凭理性提出的，我们分别就忧愁和其他紊乱来论辩——其实，各种悲惨的源头和开端就在忧愁中。但是，忧愁和灵魂的其他疾病只有一种治愈[方法]，就是[明白，]一切[紊乱]都是基于臆想的和自愿的，而且[明白它们]由于这一事实才得到担负：这样看起来是正当的。哲学许诺，自己会从根本上铲除如同一切恶的根基的这一错谬。[84]因此，让我们把自己交给哲学以得到完善吧，而且让我们容许自己得到治愈吧。其实，当这些恶扎根时，我们不仅无法幸福而且甚至无法得到治愈。因此，要么让我们宣称任何事情都无法凭理性实现，即便，没有任何事情相反可能在毫无理性的情况下正确地实现，要么，既然哲学由理性的集合[2]组成，如果我们愿意美好且幸福地存在，那么就让我们向它求取美好且幸福的生活的一切帮助和协助。

---

[1] 原因……已为人所知（cognita ... causa）：短语 causam cognoscere 是法律术语，意为调查案件。温（WYNNE 2020b）认为，cognita causa 在这里表达玛尔库斯认为应当结束这场论辩，而且这个短语未尝不是一种夸张。

[2] 集合（conlatione）：或译作比较，可以体现本书的学园派色彩（比较 4.7）。

第五卷 德性就幸福生活而言自足

1. [1]这第五日，布鲁图斯啊，给图斯库路姆的几场论辩画上了句号。在这天，由我们来论辩的[话题]关乎那件在万事中你本人无比认同的事情。因为，从你悉心写给我的那卷[作品]¹和你的许多言辞中，我感觉到，"就幸福生活而言德性自足"²在很大程度上使你愉悦。尽管这³由于机运[带来]的如此多样、如此众多的煎熬而难以证实，它依旧如此重要⁴，以至于应当[为之]努力⁵以使之得到更简单的证实。其实，在哲学中处理的一切[话题]里，没有任何东西会说得⁶更有分量、更具光彩。[2]因为，既然这一缘故⁷——他们在看轻了一切事物后完全置身于对生活的至善状态之探索——驱使了那些最先投身于哲学探究的人，他们当然怀着对幸福生活的希望，在这种研究中置入了如此众多的关怀和劳作。而如果德性被这些人发现并得到完善，而且，如果就幸福生活而言，

---

¹ 那卷……[作品]（eo libro）：彼时无书本，但有书卷。一般认为这指的是布鲁图斯的《论德性》（*De virtute*，参见 1.1 注释），不过西塞罗也有可能是在说布鲁图斯促使自己写作的信函。

² 就……自足（virtutem ad beate vivendum se ipsa esse contentam）：形容词 contentus 支配夺格，参见 *OLD*² 词条 contentus² b。这一观念即芝诺和克律西璞珀斯所说的 αὐτάρκη τ' εἶναι αὐτὴν πρὸς εὐδαιμονίαν[就幸福而言(德性)自足]（《名哲言行录》7.127）。斯科菲尔德（SCHOFIELD 2002）认为，这一说法其实也具有鲜明的苏格拉底哲学的色彩。另见《学园派之书》1.16。

³ 尽管这（quod etsi）：这里的 quod 不是连词，而是代词，不过其代词意味并不强烈，只是用来承接上文，参见 ZUMPT, SCHMITZ & ANTHON 1856: 256。西塞罗笔下的类似用法又如《论义务》3.69 的 quod etsi saepe dictum est, dicendum est tamen saepius[尽管这常常得到提及，但依旧应该被更频繁地谈到]，另比较凯撒《高卢战记》5.33.4：quod consilium etsi in eiusmodi casu reprehendendum non est, tamen incommode accidit[尽管这计划在如此情形下并不应该受到责备，但是它依旧带来了麻烦]。

⁴ 如此重要（tale）：一般译作如此，这里具有强烈的强调意味。

⁵ 应该[为之]努力（elaborandum sit）：elaboro 这个词还出现在 1.1、1.6 和 3.6。

⁶ 会说得（dicatur）：此为 quod 引导的特征从句中的虚拟式。鉴于特征结构发展自潜在虚拟式（参见 A&G 534），故译作会说得。英德译本大都以直陈式译之。

⁷ 既然这一缘故（cum ea causa）：这里的 cum 是连词而非介词，ea causa 是主格，由 ut ... conlocarent 这整个从句来具体描述。

德性中存在充分的保障，那么有谁不认为爱智的工作既由他们出色地安置又由我们出色地接纳[1]？然而，如若德性屈居于各种不确定的情形之下当机运的奴隶，又无如此巨大的力量来自我关照，那我就会担心，就幸福生活的希望而言，我们似乎不应当如同作出祈祷那般如此仰赖对德性的信心。[3]事实上，当我与自己一同考量这些情形时——在这些情形中，机运猛烈地磨炼我[2]——我本人开始时而不相信这一判断，并且开始惶惧人类种族的无力和孱弱。因为我担心，自然在给予我们羸弱的肉体并给这些肉体套上[3]无法治愈的疾病和无法忍受的痛苦之后，还赋予我们既同感于[4]肉体的痛苦，又另外纠缠于其本身的苦闷和烦恼的灵魂。[5][4]但是，我本人在这点上自我批判：我根据其他人的（可能还有我们自己的）软弱而非德性本身来评估德性的强健。其实，只要存在某种德性——布鲁图斯啊，你的舅父[6]已然打消了那种疑虑——那么它就会把一切可能降临于人类的事情置于自己之下[7]，又因为鄙视这些事情而蔑视人类的遭际[8]，还因为远离一切过犯而断定除了其本身之外毫无任何东西与自己相关。然而，尽管我们自己不仅由于恐惧而且由于悲痛而加重了正在到来的和当下的一切逆厄，[9]我们却更愿责怪万物的本性

----

[1] 由……接纳（susceptam）：这里可能涉及古罗马的一个习俗：父亲抱起孩子来表达对他的承认和接纳，参见3.2。

[2] 指凯撒的独裁、女儿的去世，可能还有公元前58—前57年的流亡，比较5.121。

[3] 套上（adiunxisset）：本义是给牛马套上车轭，后引申为连接、附加等等。

[4] 同感于（congruentis）：复数宾格，修饰animos，亦可译作分有，对比《论演说家》3.222：est enim actio quasi sermo corporis, quo magis menti congruens esse debet[其实动作就好像身体的话语，由于这一原因它就更应该与心灵相协调]。

[5] 西塞罗哲学散文的原创性也在于这一事实：他本人对他所论述的荣誉、老年、丧子以及 honestum[高尚之物]与 utile[有用之物]的冲突等等有亲身体会（参见 KUMANIECKI 1959，转引自 DOUGLAS 1968），另见5.102下注释。孟德斯鸠（2015）评价西塞罗在其哲学作品中体现出相当的原创性，晚近的研究亦持此论（参见阿特金斯2000）。

[6] 你的舅父（avunculus tuus）：小卡托，老卡托之曾孙，公元前46年自杀于阿非利加的塔璞索斯，参见1.74。

[7] 自己之下（subter se）：在西塞罗时代，subter几乎只用于诗歌，这里意在配合内容的上升。

[8] 遭际（casus）：这里有负面色彩，亦可译作不幸，参见 OLD[2] 词条 casus 5。

[9] 然而……逆厄（nos autem omnia adversa cum venientia metu augentes, tum maerore

而非自己的错谬。

2. [5]但是，对这一过错以及我们的其他缺陷和过犯的整个纠正都应该由哲学来寻求。因为我的意愿和努力在[我]壮年伊始[1]就驱使我前往哲学的避难所[2]，所以，在这些最沉重的遭际下，我们为狂风暴雨所侵袭后便遁往曾经从中离开的同一片港湾避难。哲学啊！[你是]生活的向导、德性的探索者和缺陷的驱逐者！若没有你，不仅我们自己，而且人类的生活在整体上可能以什么规模[3]存在？是你孕育了城市，是你把分散的人类召集成生活的联合体，是你先用住所再用婚姻又用义辞和声音的共通[4]把他们相互联结，是你成为了法律的创造者，是你成为了习俗和纲纪的老师；[5]我们遁往你这里避难，向你寻求帮助。正如我们之前在很大程度上把自己托付给你，同样，我们现在把自己彻底而完全地托付给你。然而，良好且根据你的训诫度过的一天应该被置于犯下过错的不朽之前优先选择。[6]从而，我们更该接受谁的帮助呢，相较于你的帮助——你既赋予我们生活的宁静，又破除对死亡的恐慌？而事实上，哲学距离如其施惠于人类的生活那般[6]受赞美的[情形]是如此之远，以至于被大多数人忽视甚至遭许多人毁谤。有谁胆敢毁谤生活的来源[7]，既用这种弑亲玷污自己，又以如此不虔敬的方式毫无感念，以至于控告他应当敬畏的哲学——尽管他完全无法掌握它？但是，如我所认为的，这一错误和这一晦暗倾泻在无学识之人的灵魂上，因为他们无法向后回望

---

praesentia）：抄本上作 tum ... tum[一方面……另一方面]而非 cum ... tum[不仅……而且]。

　　[1] 在[我]壮年伊始（a primis temporibus aetatis）：这个 aetas 特指壮年（参见 DOUGAN & HENRY 1934: 203、DOUGAN 1905: 121）。西塞罗在公元前 79—前 78 年求学于希腊。关于他早年对哲学的兴趣，参见 BOYANCÉ 1936b。

　　[2] 避难所（sinum）：参见 *OLD*[2] 词条 sinus[1] 3。

　　[3] 以什么规模（quid）：参见 *OLD*[2] 词条 quis[1] 3c。

　　[4] 共通（communione）：参见 *OLD*[2] 词条 communio[2] 1。

　　[5] 比较 1.62。

　　[6] 如……那般（proinde ac de hominum est vita merita）：副词 proinde 在表达以相同的方式时常带 atque（ac）、quasi 或 ut。关于分词 merita，参见 *OLD*[2] 词条 mereo 6b，另见《论义务》2.70。

　　[7] 来源（parentem）：参见 *OLD*[2] 词条 parens[2] 7b。

得如此之远，而且他们也不认为那些人——人类的生活最初由他们指导——就是哲人。**3.** [7]尽管我们看到这一事物极其古老，我们却依旧承认[它的]名称是新近的。但实际上，谁能否认智慧本身不仅在事实上古老，而且在名称上亦然？[1]它凭借对属神之事和属人之事的认识，又凭借对每一件事情的起源和原因的认识，在古人那里取得了这一最美妙的名称。因此，我们获悉[这些人]曾经既是也被视作[2]智慧者：那七个人[3]（[分别]被希腊人和我们视作并称作 σοφός 和智慧者）、许多世代之前的吕库尔戈斯（传说在他的时代甚至荷马还活着，早于这座城市的建立）以及在英雄时代就已经[如此]的尤利西斯和涅斯托尔[4]。[8]其实，阿特拉斯[5]不会在传说中支撑天空，普罗米修斯不会被钉于高加索山，刻斐乌斯[6]也不会与妻子、女婿和女儿一同化为星辰——假设对属天事物的属神的认知未曾把他们的名字带进神话中的错谬。[7]由于所有那些把[自

---

[1] 洛布本注释请读者参阅《旧约·训道篇》1.13，但两处文本似乎并无密切的关联。

[2] 被视作（habitos esse）：habeo 的相关表达在这里频繁出现而显得有些累赘，不过《布鲁图斯》56—57 亦然，因此这节可能指向《布鲁图斯》中涉及罗马早期演说家的内容。

[3] 那七个人（illos septem）：即古希腊的七贤，其中四者比较固定，是雅典的梭伦（Σόλων）、米利都的泰勒斯（Θαλῆς）、勒斯波斯岛的皮特塔科斯（Πιττακός）和璞瑞厄内（Πριήνη）的比阿斯（Βίας），另外三人一般认为是科林多的佩瑞安德若斯（Περίανδρος）、罗德岛的克勒欧布洛斯（Κλεόβουλος）、斯巴达的奇伦（Χείλων）和斯基泰的阿纳卡尔西斯（Ἀνάχαρσις）中的三位。这里的说法与《论义务》3.16 中的有较大差异。另见泡撒尼阿斯《希腊志》10.24.1。

[4] 尤利西斯和涅斯托尔（Ulixem et Nestorem）：尤利西斯即奥德修斯（Ὀδυσσεύς），本书 2.48 形容他是 sapientissimus Graeciae[（全）希腊最智慧的人]，荷马叙事诗中一般用 πολύμητις[足智多谋的]一词来形容他。涅斯托尔（Νέστωρ）的智慧主要表现在实践方面（参见《伊利昂纪》2.370 及下）。《奥德修斯纪》和《伊利昂纪》中未见 σοφός[智慧者]，而 σοφίη 一词仅一见（《伊利昂纪》15.412），指的是手工技艺。

[5] 阿特拉斯（Atlans）：希腊名 Ἄτλας，提坦神，普罗米修斯的兄弟。他在提坦之战后被宙斯定罪，被罚支撑天空。

[6] 刻斐乌斯（Cepheus）：希腊名 Κηφεύς，埃塞俄比亚王，卡斯西欧佩（Κασσιόπη）的丈夫，安德洛美得（Ἀνδρομέδη）的父亲，珀尔修斯（Περσεύς）的岳父。

[7] 西塞罗宣称这些神话传说是比喻性的，他依从赫拉克勒伊得斯的说法："传说，[阿特拉斯]肩扛穹苍，这并不可能，因为他也在穹苍之中。但作为[阿特拉斯]是智慧者，他第一个注意到那些涉及星象学的事情：由于他预言风暴、斗转星移以及[星辰的升]落，他就得到神化而被说成身负[整个]宇宙（οὗτος παραδέδοται φέρων τὸν πόλον ἐπὶ τῶν ὤμων, ὃ ἀδύνατον ἐν τῷ πόλῳ καὶ αὐτὸν ὄντα. ἀνὴρ δὲ σοφὸς ὢν τὰ κατὰ ἀστρολογίαν πρῶτος κατώπτευσε· προλέγων δὲ χειμῶνας καὶ μεταβολὰς ἄστρων καὶ δύσεις, ἐμυθεύθη φέρειν ἐφ᾽ αὑτῷ τὸν κό-

己的]努力置于对万物的沉思中的人相继来源[1]于此，他们就被视作并被称作智慧者，而且他们的这个名称流延到了毕达哥拉斯的时代。正如柏拉图的门生朋图斯的赫拉克勒伊得斯[2]，一位首屈一指的学人，所记载的，人们说[毕达哥拉斯]曾去过弗勒尤斯，[3]而且是与弗勒尤斯人的首领勒翁一起[去]的——[他]就某些事情既渊且博地作了论述。由于勒翁惊异于他的禀赋和口才，就问毕氏，他最仰赖什么技艺。而他[说]自己事实上不懂得任何技艺，但[他]是爱智者。勒翁惊异于这一名号的新颖，便问爱智者究竟是谁而且他们与其他人之间有何不同。[9]然而毕达哥拉斯回答道，人类的生命在他看来就与那伴着竞技的盛况由整个希腊的群众举行的节庆集会类似；[4]因为就像[5]一些人在那里凭借训练有素的身体求取荣耀和花冠[所代表]的优异，另一些人被买卖的收益和利润牵动，还有一类人——而这是最卓荦自在的一类——他们既不求取掌声也不求取利润，而是为了观察的缘故前来并勤勉地审视[6][人们]所做何事、如何做事；同样，我们如同从某座城市来到节庆集会中的一处人群这里，就这样从另一个生命和自然中[7]来到这个生命；[我们中的]一些人给荣耀当奴隶，另一些人给钱财当奴隶，[不过]存在某些稀罕的人，由于他们把其他一切视为虚妄，就勤勉地凝神于万物的本性；这些人把自己称

σμον，参见 GARCIA 2009: 17）。

　　[1] 由于……来源（ducti）：OLD[2] 词条 duco 27。
　　[2] 朋图斯的赫拉克勒伊得斯（Ponticus Heraclides）：希腊名 Ἡρακλείδης ὁ Ποντικός，公元前四世纪人，参见《名哲言行录》5.86–94。关于这一轶事，比较《名哲言行录》1.12 和8.8，另见 GOTTSCHALK 1980: 23–36。另需注意，西塞罗常用赫拉克勒伊得斯式的写作方式，参见附录《西塞罗作品列表》中的 Ἡρακλείδειον[一部赫拉克勒伊得斯式的作品]。
　　[3] 人们……弗勒尤斯（Phliuntem ferunt venisse, eum）：弗勒尤斯的希腊名作 Φλειοῦς 或 Φλιοῦς。此地在伯罗奔半岛东北部的独立城邦（关于伯罗奔半岛，见 5.53 注释）。从这里开始到 5.9 结束皆为间接话语，详见顾枝鹰 2020a。
　　[4] 参见《名哲言行录》8.8 的 τὸν βίον ἐοικέναι πανηγύρει[（毕达哥拉斯说）生命就像集会]，另见 1.111。
　　[5] 就像（ut）：与后面的 item[同样]相关联。
　　[6] 观察……审视（visendi ... perspicerent）：比较 1.44 的 visere ... perspiciendisque，动词 viso 是 video 的强化形式。
　　[7] 从……中（ex alia vita et natura）：这里涉及毕氏的灵魂转世（μετεμψύχωσις）学说。

作[1]勤勉于智慧的人——其实就是哲人；而且，正如在那里最高雅的做法是在不为自己带来任何[利益]的情况下观看，同样，生活中对万物的沉思和认知也远远胜过一切追求。[2]

4.[10]事实上，毕达哥拉斯并不只是这个名称的发明者，他还是这些事情的推进者。在这场弗勒尤斯谈话过后，他来到意大利，既私下又公开地用最为卓越的教导和技艺使那被称作大希腊的地方增辉。[3][我们]或许有其他时机来谈论他的学说。不过，从古代哲学一直到苏格拉底——他曾在阿那克萨戈拉的学生阿尔刻拉欧斯[4]门下听讲——得到论述的[都]是各种数字和运动[5]，而且所有[主题]都产生于此或者复归于此，星辰的大小、间距和轨道也由他们勤勉地考察，一切属天之事亦然。[6]然而，是苏格拉底第一个把哲学从天上唤下，并将其安置于城邦之中，甚至还把它导向家舍，又迫使它追问生活、各种习俗以及各种善和恶的事情。[7][11]由于苏格拉底多层次的论辩方式、话题的变化多端和性情的伟岸通过柏拉图的记述和文辞而永垂不朽，便产生了更多类型[8][彼此]龃龉不合的哲人。其中，我自己尤其追仿这一类型[的做法]——我认为

---

[1] 这些人把自己称作（hos se appellare）：道格拉斯译作 these last he called，戴维因袭作 these men, he said, he called，二者皆误。洛布本英译 these men gave themselves the name、格兰特英译 these call themselves、基尔福德译 diese bezeichneten sich als 等均不误。许特伦普夫所编的赫拉克勒伊得斯旁证（SCHÜTRUMPF 2008: 167）译作 these people call themselves，亦甚确。

[2] 哈默（HAMMER 2008: 60）注意到这个比喻中的如下要点：哲人并不隔绝于公共场合；世俗生活自然非由哲人组成，但哲人并不破坏这种生活；哲人的身份尽管重要，却不受人瞩目；哲人的观察行为并非为了自己的物质利益；最重要的是，哲人的观察能力和观察欲求非常宽阔。

[3] 参见 1.38。

[4] 阿尔刻拉欧斯（Archelaum）：希腊名 Ἀρχέλαος，米利都人，苏格拉底之师。

[5] 各种数字和运动（numeri motusque）：关于数字，见 1.20、1.38；这里指天体运动。

[6] 这里指从米利都的泰勒斯到阿那克萨戈拉和阿尔刻拉欧斯的伊奥尼亚自然学者。

[7] 参见《回忆苏格拉底》1.1.6：περὶ τῶν ἀνθρωπείων ἀεὶ διελέγετο [(苏格拉底)总是就属人之事来论辩]。另见《斐多》96a、《论动物的部分》1.642a25–30、《形而上学》1.987b 以及西塞罗《论辩集》3.8、《学园派之书》1.15、塞内卡《道德书简》71.7。我们可以说，西塞罗是第一个区分出前苏格拉底哲学的人（参见 ALTMAN 2015b）。

[8] 类型（genera）：这里指学派。

苏格拉底使用之——也就是我隐藏自己的观点，把其他人带离错谬，而且在每一场论辩中探寻最逼近真相的东西。[1]由于卡尔内阿得斯已经犀利无比又滔滔不绝地维持了这一习惯，我就常常在其他地方而最近在图斯库路姆庄园[这样]做，从而按照这一习惯来论辩。[2]而且实际上，我已经把前几卷中写完的四日谈话寄给你了；另外，在第五天，当我们坐在相同位置的时候，我们所论辩的主题就是如此——

5. [12]生：在我看来，德性就幸福生活而言并不充分。

师：可是，赫拉克勒斯啊，在吾友布鲁图斯看来[充分]；你若原谅，[3]我本人会说出他的判断。我在很大程度上将[其]置于你的判断之前优先选择。

生：我[对此]并不怀疑，而现在说的不是你多么爱他，而是，我宣称在我看来合适的这点本质如何——我希望由你就此来论辩。

师：你果真否认德性就幸福生活而言可能充分？

生：我完全否认。

师：怎么？对于正直、高尚、可赞美的总之"好的"生活而言，德性中没有充分的保障？

生：当然[有]充分的[保障]。

师：从而，你能够或是说那个生活得坏的人并不悲惨，或是否认那个你承认生活得好的人生活幸福？

生：我为何不能呢？因为甚至在煎熬中，也可能正直、高尚、可赞美地[生活]并由于这一原因而生活得好，只要你认识到我现在所说的"好"是什么。其实，我说的是笃定、庄重、智慧并且勇敢地[生活]。[13]这些也被扔到刑具那里，幸福的生活并不会接近它。[4]

---

　　[1] 参见 1.17 以及相关注释。

　　[2] 我们……论辩（fecimus et alias saepe et nuper in Tusculano, ut ad eam consuetudinem disputaremus）：这个冗赘的表达有强调的含义。

　　[3] 你若原谅（pace tua）：直译作在你的谅解下。

　　[4] 幸福……它（quo vita non adspirat beata）：参见 *OLD*[2] 词条 aspiro 8。beata[幸福的]

师：因此怎么了？请问，是否只有幸福的生活被拒斥在牢狱的大门和门槛之外，尽管笃定、庄重、勇敢、智慧和其他德性被拖到行刑者那里，而且它们不拒绝任何刑罚和任何痛苦？

生：如果你自己要实现¹什么，那么就应该寻求其他新的东西。这种[话]完全不打动我，不仅是因为它们相当平常，而且在很大程度上更是因为，就好像一些淡酒在水中毫无滋味，²廊下派的这种[说法]同样尝起来比喝起来更让人快活。比如说，在德性组成的这支歌队被置于刑具那里后，它就伴随着丰溢的尊严在眼前建构出想象，从而，幸福的生活似乎会向这些想象迅速前进，似乎也不会允许它们被自己抛弃。[14]然而，当你把灵魂从诸德性的这种图绘和各种想象带往事实和真理时，就剩下了这个赤裸裸的[问题]：只要在遭受凌虐，谁可能幸福？由于这个原因，让我们现在问这个问题吧。然而，请你不要担心诸德性抗议和抱怨自己被幸福的生活遗弃。其实，如果没有任何德性不涉及明智，那么明智本身就看见这点：所有的正人君子也不都是幸福的。而且，它唤起许多关于玛·阿提利乌斯、克·凯皮欧和玛尼·阿克维利乌斯的事情；³并且，如果更乐于使用各种想象而非那些事实本身，那么当幸福生活试图走向刑具时，明智本身就会约束它，还会宣称幸福生活没有任何与痛苦和折磨共通的[方面]。

6. [15]师：我满意于你以这种方式行动，尽管你给我设定了你希望我用以论辩的方法——这并不公平。不过请问，我们应该认为在前几天达成了什么还是一无所成？

一词在句末，具有很重的强调含义。

¹ 要实现（facturus）：参见 *OLD²* 词条 facio 25。

² 希腊人和罗马人通常饮用掺水的酒，饮用未经稀释的酒则被视作外夷的习俗。

³ 玛·阿提利乌斯（M. Atilio）即著名的罗马英雄热古路斯（Regulus），公元前 255 年在第一次布匿战争中败于阿非利加，参见《论义务》3.99、贺拉斯《颂诗集》3.5。克·凯皮欧（Q. Caepione）在公元前 105 年败于奇姆卜瑞人，后被褫夺了指挥权，财产也遭没收（西塞罗这里可能记忆有误，凯皮欧并非英雄，参见 WALSH 1961）。玛尼·阿克维利乌斯（M'. Aquilio）在公元前 88 年被米特拉达梯国王俘虏，受折磨而死。

生：的确有所达成，而且事实上还不少。

师：不过，倘若如此，那么这个问题现已大致解决而且几乎到达终点了。

生：究竟是以什么方式？

师：因为，由缺乏思考的猛冲刺激并带动起来的灵魂的混乱运动和摇晃¹由于驱赶了一切理性而未留下任何一部分幸福生活。其实，那个恐惧死亡或痛苦的人可能不悲惨吗——其中一个常常来临，另一个总是威胁[我们]？如果同一个人畏惧那普遍发生的事情——贫穷、耻辱和污名——他怎么能不悲惨？若他畏惧残疾和朦瞽，若他最终畏惧那不仅发生在个人而且发生在强大种族上的事情——奴役——呢？[16]任何一个畏惧这些东西的人可能幸福吗？不仅畏惧这些将来之事，而且承受并担负当下之事的人呢？给同样这个人加上流亡、哀伤和丧子吧，由于被这些事情击垮而为忧愁所粉碎的他，竟然有可能不是悲惨至极的？其实怎么了？那个人，我们看到他被欲念点燃，发了狂，以不可满足的欲望肆意地渴求一切，而且，他越是大口地饮下四面八方的快乐，就越是严重而剧烈地干渴——你难道不能正确地说他²是悲惨至极的吗？怎么？那个为轻浮所带动、因空虚的欢乐而手舞足蹈又肆意狂喜的人难道不是在自己看来越幸福，[实际上]就越是悲惨吗？因此，正如这些人是悲惨的，同样，那些人相反就是幸福的——没有任何恐惧使他们恐慌，没有任何忧愁吞噬他们，没有任何欲念刺激他们，没有任何空洞的欢乐把手舞足蹈的他们溶解于衰弱的快乐。因此，正如在甚至没有任何一丝微风吹动波浪的情况下³，大海[才]被视作宁静，同样，灵魂的状态在毫无可能受其扰动的紊乱之时[才]被认为是安静而平和的。[17]而如果有谁认

---

1 灵魂的……摇晃（motus turbulenti iactationesque animorum）：参见 2.12、4.20 以及相关注释。这指的是灵魂的各种紊乱，即第三、第四卷讨论的主题。

2 他（illum）：这个词是 dixeris 的宾语，是 quem 的先行词，还受后面多个分词修饰。

3 在甚至没有任何一丝微风吹动波浪的情况下（nulla ne minima quidem aura fluctus commovente）：这里的 nulla ne 相当于一个否定词，参见 A&G 326。

为，机运的力量可以忍受，一切可能降临在所有人身上的属人之事都可以忍受，由此畏惧和苦闷都不会影响他，而且如果同样这个人无所热望，不因灵魂的任何空虚的快乐而欣喜若狂，那么，他何故不幸福？而且，如果这些由德性实现，那么德性本身何故不会通过自己来使[人]幸福？

7. 生：不过有一点无法得到宣称：那些无所恐惧、无所苦闷、无所热望[而且]不因任何无法控制的欢乐而欣喜若狂[1]的人不是幸福的。因此，我向你承认这一点。然而另一点现在尚不完备——因为在先前的论辩中得出了[这点]：智慧者免于灵魂的一切紊乱。

[18]师：那么此事无疑完成了，因为问题看起来已经来到了终点。

生：事实上它几乎[就是如此]。

师：不过这种习惯其实是数学家的而非哲人的。因为在几何学者想要指出某一点时——如果他们之前已经指出的事情中有什么与这一点相关——他们就把那件事情当作得到认同[2]和证实的东西，仅仅解释之前未曾写下的那点；无论哲人手中有哪点[要解释]，他们都会搜集一切与之相应的内容，[3]即便[它们]在其他地方已经论辩过了。因为，假设不是如此，那么廊下派学者为何要说许多话——倘若有人问德性就幸福生活而言是否充分？对他而言，原本[这样]回答就够了：自己之前已经指出没有任何东西是好的，除了高尚的东西，[又]在这一点得到证实之后[说]，紧随而来的就是幸福生活因德性而得到满足[4]，而且正如后者紧随前者，前者也同样紧随后者：从而，如果幸福生活因德性而得到满足，

---

[1] 不……欣喜若狂（nulla impotenti laetitia ecferantur）：类似表达亦见于4.68。
[2] 得到认同[的东西]（concesso）：参见 *OLD*[2] 词条 concedo 10b。
[3] 这让我们想起了玛尔库斯对《安慰》一书的描述，参见3.70、3.76。
[4] 幸福……满足（beatam vitam virtute esse contentam）：或译作幸福生活由德性组成/取决于德性。洛布本译作 a happy life is bound up with virtue；道格拉斯译作 the happy life required *only* Virtue，擅自加上了唯独（戴维因译作 the happy life was satisfied with virtue *alone*）。这种错误让我们想起路德把《致罗马人书》3.28 的 γὰρ δικαιοῦσθαι πίστει ἄνθρωπον χωρὶς ἔργων νόμου[因为，在不涉及法律之践行的情况下，一个人凭借信义/信心而被认为是正义的]译作 der Mensch gerecht werde ohne des Gesetzes Werke, *allein* durch den Glauben[人唯独凭借信仰而非法律的践行才是正义的]的做法。（译文中的斜体均为引者所标。）

那么除了高尚的东西就没有任何别的东西是好的。[19]但是，[哲人]依旧不这样论述。因为关于高尚和至善分别有一些著作，而且尽管由此[1]得出就幸福生活而言德性中存在足够强大的力量，他们依旧分别论述这点。其实，每一点都应当通过他们[给出]的专门的论据和劝诫来处理——尤其是如此重要的一点。其实，请勿认为在哲学中[2]发出了任何更为嘹亮的嗓音，或者哲学的允诺更丰富或巨大。因为哲学承诺了什么？仁善的诸神啊！[哲学承诺]它会成就那位遵守其法律的人，[3]从而他永远不会手无寸铁地反抗机运，从而他在自身之中就拥有[巩卫]美好而幸福的生活的所有堡垒，从而他最终永远都是幸福的。[20]但是我会看见哲学之所成就。同时，我看重它所允诺的这一点本身。因为，事实上，由于薛西斯尽管富有机运[给予]一切优势[4]和馈赠，却不满足于骑兵、步兵、水师的规模以及无限量的黄金，就他给任何发现新鲜快乐的人提供奖赏——他并不会满意于这一[快乐]，因为欲念从不会抵达终点——我会希望我们能够通过[提供]奖赏引出一位给我们带来某个事物的人：凭借此物我们会更加坚定地相信[德性就幸福生活而言自足]。

8. [21]生：我会希望这点，但我有个小问题[要提]。其实我本人同意，在那些你已提到的事情中，一个紧跟着另一个，从而，就好像倘若唯独某件高尚的事是好的，那么就得出幸福的生活凭借德性而实现，同样，如果幸福的生活在德性中，那么就得出除了德性之外没有任何东西是好的。但你的布鲁图斯凭借权威阿瑞斯托斯和安提欧科斯[兄弟][5]不

---

[1] 由此（ex quo）：有学者认为这里的代词指代至善（参见 NUTTING 1909: 242），也有人认为指代高尚和至善的一致（参见 DOUGAN & HENRY 1934: 218）。

[2] 在哲学中（in philosophia）：这里的哲学指哲学著作中的观点。

[3] 本书 1.64 说哲学是诸神的发明（又在 3.1 沿用这一定义），5.5 说哲学是法律的创造者。因此，无论这里 suis[其]指哲学还是神明，无论这里的法律指人法还是神法，最终都指向神明，参见《论法律》2.11: divina mens summa lex est[神明的意志就是最高的法律]。关于对法律的维护和超越，另比较《致罗马人书》3.28（引文见 5.18 注释）。

[4] 优势（praemiis）：参见 ANTHON 1852: 359。或译作奖赏（如本节中的后面两处）。

[5] 阿瑞斯托斯和安提欧科斯[兄弟]（Aristo et Antiocho）：阿瑞斯托斯，希腊名 Ἄρι-στος，学园派哲人，西塞罗的朋友。安提欧科斯见 3.59。布鲁图斯对兄弟二人相当钦佩。

这样觉得，因为他认为即便如此，在德性之外还有某个好东西。[1]

[22]师：于是怎么？你认为我会反驳布鲁图斯吗？

生：你自己还是如看起来合适的那般[来做吧]，因为设限并非我的事情。

师：那么[我们]在别的场合[再谈论]每个人的一贯做法是什么[2]。因为，我常常与安提欧科斯而且近来与阿瑞斯托斯有这种分歧——当我在雅典做指挥官，[3]借宿在后者那里时。其实，当时在我看来，没有任何人可能是幸福的，当他身处诸恶之中；然而，智慧者却可能在诸恶中，倘若存在任何属于身体或机运的恶。[4]得到讨论的是这些事情——安提欧克斯在许多地方都写过——德性本身能凭靠自己来成就幸福的生活，但并非最幸福的生活；进而，许多事情以其主要部分得到命名，即便某个部分有所缺失，[5]就好像权势、康健、财富、尊荣和荣耀，它们在类属而非数量上得到审视；同样，幸福的生活，尽管在某个部分有所残缺，但在远为重要的部分上获得了它的名称。[23]现在就把这些厘清[6]并非如此必须的事情，尽管在我看来它们讲得并不绝对恒固。因为我不明白

---

[1] 漫步派认为，有属于灵魂、属于身体和属于命运的各种善，比如亚里士多德在《尼各马可伦理学》1.1098b21 中所说的 τὸ εὖ ζῆν καὶ τὸ εὖ πράττειν[生活得好并且过得顺利]对于幸福来说就是必需的。因此这一观点暗示，缺乏诸如高贵的出身、可爱的后代或美貌的容颜等等便有碍于幸福。

[2] 每个人……什么（quid cuique ... consentaneum sit）：或译作与每个人相符的做法是什么。形容词 consentaneus 的意思是适合的、一贯的、相应的或者与……相符的，又见于本书 2.45、5.25、5.32、5.33 和 5.82。

[3] 公元前 50 年，西塞罗从他的西利西亚行省返回罗马，他在这一行省的海滨城市伊斯索斯（Ἰσσός）的战场上作为指挥官受到士兵们的尊敬——在西塞罗抵达罗马前，他都有指挥权（imperium）。

[4] 漫步派和学园派把疾病、疼痛和贫穷称作恶，但是廊下派把它们称作 τὰ ἀποπρoηγμένα[不值得选择的无足轻重之物]（对应的拉丁语术语比如 reducta[可撤去之物]、reiecta[可拒斥之物]、reiectanea[可拒斥之物]和 remota[可移除之物]等等），与 τὰ προηγμένα[值得选择的无足轻重之物]（对应的拉丁语术语 praecipua[显著之物/优势/优点]、praeposita[更可取之物]、producta[长处]和 promota[优先之物]等等）相对，这两种事物皆为 τὰ ἀδιάφορα[无足轻重之物]）。参见 5.47、《论善恶之极》3.50–51 和《名哲言行录》7.101–103，另见余友辉 2010: 225–238。

[5] 亦即达不到完美的幸福。

[6] 厘清（enucleare）：由这个动词派生出的副词在本书中另见于 4.33。

那位幸福的人需要什么来变得更加幸福——其实如果他有所缺乏，他甚至就不是幸福的[1]——而且，至于他们说每一件事情都根据较大的部分而得到称呼和看待，就存在那一[说法]以这种方式而成立的情况；实际上，既然[漫步派]说存在三种类型的恶，[2]那么，那位受两种类型的所有的恶压迫，以至于在机运中万事皆不顺，身体被所有的痛苦压垮而屈服了的人，我们是否应该宣称对他而言幸福的生活[只]缺一点点，更不必说最幸福的生活？[3]

9. [24]这便是忒欧弗剌斯托斯无法坚持的那点。[4]因为，既然他确认鞭打、煎熬、折磨、祖邦之覆灭、流亡和丧子就坏而悲惨的生活而言具有很大影响，他就不敢高亢而充分地言说——因为他卑微而鄙陋地体察。问题并非[他说得]多么好，事实上，他当然[说得]恒固。[5]从而，当你同意前提时，对结论的批评并不常常使我愉悦。然而，当他谈论三种类型的善时，所有哲人中最精妙、最富学养的这位并没有受到很多批评；不过，他被所有人抨击，首先是因为他就幸福生活而写的那卷书；[6]其中，他作了许多论辩——一个遭到凌虐的人、一个受到折磨的人，由于什么缘故而不可能是幸福的。忒氏甚至被认为在书中说，幸福的生活不会踏上轮盘（这是希腊人中的某种刑具）[7]。事实上，他完全没有在任何

---

1 玛尔库斯在这里说的是廊下派的观点。对于至善（summum bonum）而言，不存在程度上的增减。如果幸福的生活中存在至善，那么这种生活就是绝对幸福的。

2 这三种恶分别对应灵魂的恶、身体的恶以及外部的恶。

3 按漫步派的说法，有三类善，因此相应地有三类恶。如果诸善占主导，那么人就幸福，如果诸恶占主导，那么就悲惨。因此，如果智慧者命途多舛且受疾病的折磨，那么他就悲惨。从廊下派的立场来看，这一观点十分荒谬。

4 参见 1.45 以及《论善恶之极》5.77。

5 如前所述，漫步派区分三种善：灵魂的善、身体的善和机运或外在的善。玛尔库斯论证说，忒欧弗剌斯托斯不该因为与自己的原则一致而受批评，也不该因为宣称人若遭受机运或身体的恶就无法幸福而受批评。真正应当遭到批评的是忒欧弗剌斯托斯的原则，亦即存在三种善和相应的三种恶。

6 指忒欧弗剌斯托斯的《论幸福》（Περὶ εὐδαιμονίας），参见《名哲言行录》5.43。西塞罗在《论善恶之极》5.85 也提到了它。

7 这是……刑具（id est genus quoddam tormenti apud Graecos）：此句可能是窜入正文的古注。希腊人的刑罚是 ἐπὶ τοῦ τροχοῦ στρεβλοῦσθαι[在轮盘上旋转]（德摩斯梯尼《演

地方完整地说过这点，但是他所说的话产生了相同的效果。[25] 我已向他承认诸恶中有身体的痛苦、诸恶中有机运[造成]的海难，那么我可以对这位¹宣称并非所有正人君子都幸福的人感到愤怒吗——既然他算在诸恶中的各种事情可能降临于所有的正人君子？同样这位忒欧弗剌斯托斯被所有哲人的著作和论说抨击，因为在他的《卡珥利斯忒内斯》中，²他称赞了这个句子：

> 机运而非智慧统治人生。³

人们说，没有任何哲人说过什么更加衰弱的话。事实上，这点他们[批评得]正确，但我意识到，没有什么可能被说得更加恒固。其实，如果身体之中有如此多的善，身体之外、情势和机运之中有如此多的善，那么，相应的[说法]难道不就是：机运——它是外在事物和涉及身体的事物的主宰——比慎思更为强大有力？[26] 难道我们更愿意模仿伊壁鸠鲁？他常常出色地言说众多事情；其实他并不关心他说得与自己多么整齐划一⁴。伊壁鸠鲁赞许朴素的生活方式。这确实是哲人的[说法]，但条件是由苏格拉底或安提斯忒内斯⁵而非由这个把诸善的极致说成是快乐的人来讲述。伊壁鸠鲁说任何人都无法愉悦地生活，除非他同样高尚、智慧而正义地生活。⁶没有什么更有分量、更配得上哲学，假设同一个人不把快乐作为这种"高尚、智慧和正义"本身的标准。有什么比这一说

法更好——作用于智慧者的机运羸弱无力？[1]但是说这句话的难道不是那个人吗——他在宣称痛苦不仅是最大的恶而且甚至是唯一的恶之后，可能在整个身体中被最强烈的痛苦击垮，就在他大肆夸谈反抗机运的时候？美特若多若斯[2]甚至以更好的言辞[说过]这相同的[看法]——[27]"我攻下了你，"他说，"机运啊，而且我占据、封锁你的一切[进攻]途径，从而你无法靠近我。"[说得]出彩[啊]，假设那是希俄斯岛的阿瑞斯同[3]或者廊下派的芝诺所说的，后者认为除了低劣的东西之外没有什么是恶；其实，你，美特若多若斯，把整个善置于内脏和骨髓中，而且你判断至善由强健的身体状态和对此确定无疑的希望[4]组成，你锁住了机运的[进攻]途径吗？以什么方式？其实，你可能立刻被夺走这种善。

10. [28]不过，没经验的人被这些[话]俘获，而且由于这种人的如此观点，便存在大量[被俘获的人]；然而那一点才属于敏锐的论辩者：不是去看每个人说了什么，而是去看每个人应该说什么。就好像在这一观点中——我们在这场论辩中接纳之——我们宣称所有的正人君子永远幸福。我称谁幸福，这显而易见，因为我们有时把配备并装点了一切德性的人称作智慧者，有时称作正人君子。让我们看看谁应该被称作幸福之人。[29]其实，我判断他们就是那些因为无涉于任何恶而生活在诸善中的人。而且当我们说到幸福的时候，没有其他任何概念附加于这个词——除了在远离一切恶之后诸善的完满组合。如果除了它本身之外还存在任何属善的东西，那么德性就不可能实现这点。其实，如果我们把这些当作恶，那么就会出现一大堆的恶：贫穷、默默无闻、卑微、孤独、失去自己的[亲友]、严重的身体痛苦、受损的健康、残废、朦瞽、祖邦

---

[1] 参见《名哲言行录》10.144：βραχέα σοφῷ τύχη παρεμπίπτει[机运对智慧者影响轻微]。

[2] 参见 2.8。

[3] 参见 2.15。

[4] 对此……希望（explorata (eius) spe）：eius 不见于抄本，增补后的字词符合美氏本人的说法：τὸ περὶ ταύτης πιστὸν ἔλπισμα[对此值得相信的希望]（普鲁塔克《按照伊壁鸠鲁的说法不可能快乐地生活》['Ότι οὐδὲ ζῆν ἔστιν ἡδέως κατ' Ἐπίκουρον]1089d）。

的沦丧、流亡，最后还有奴役。在这些如此众多而如此严重的恶中——而事实上[1]甚至可能发生更多的[恶]——可能生活着智慧者。因为这些是可能打击到智慧者身上的遭际带来的。而如果它们是恶，那么谁能够担保[2]智慧者永远都是幸福的——既然他甚至可能在一个时刻处于所有的[恶]中？[30]因此我并不轻易允许吾[友]布鲁图斯、共同的教师[3]和那些古代[哲人]（亚里士多德、斯彪西波、[4]克色诺克剌忒斯[5]和珀勒蒙[6]）同样宣称智慧者永远幸福，因为他们把我上面举出的事情算在诸恶之中。如果最配得上毕达哥拉斯、苏格拉底和柏拉图的这个夺目的美名使那些人愉悦，那么他们就会引导[自己的]灵魂蔑视那些事情——他们被其光彩俘获——[亦即]力量、健康、美貌、富有、尊荣和威力，而且认为与这些相对的事情微不足道：然后他们将有能力以最嘹亮的嗓音宣称自己不因机运的攻击、大众的观念、痛苦以及贫穷而恐慌，与他们相关的一切事情也都在他们自身之中，而且没有任何一件他们认为在诸善之中的事情超出他们的能力。[31]现在，根本不可能允许既言说这些属于某位伟大而崇高的君子的东西，又把俗众算在诸恶和诸善之中的东西同样算在诸恶和诸善之中。伊壁鸠鲁被这种荣耀挑动后出现了，甚至在他看来——倘若神明认可——智慧者永远幸福。他被这个观点的尊荣俘获，[7]但是，假设他本人听了自己[的说法]，他就不会言说这点了。其实，有什么[情况]比这更不[自]洽——这个把痛苦说成至恶或唯一的恶的人同样宣称，智慧者会在被痛苦折磨时说"这是多么甘美啊！"？[8]因此，不应当着眼于哲人的单一的表述[9]，而应着眼于[其]持久和恒固。

---

[1] 而事实上（atque）：参见 *OLD²* 词条 atque, ac 2。

[2] 担保（praestare）：参见 *OLD²* 词条 praesto² 14b。

[3] 共同的教师（communibus magistris）：指安提欧科斯、阿瑞斯托斯和其他哲人。

[4] 斯彪西波（Speusippo）：希腊名 Σπεύσιππος，柏拉图之侄，学园的继承者。

[5] 参见 1.20。

[6] 珀勒蒙（Polemoni）：希腊名 Πολέμων，斯彪西波后的学园派掌门。

[7] 伊壁鸠鲁也想获得其他哲人所具有的"哲人"头衔，或者，他也想如他们那般表达关于幸福的高贵观点。

[8] 参见 2.17。

[9] 表述（vocibus）：参见 *OLD²* 词条 uox 8。

11. [32]生：你在引我同意你。但是也请你看看自己的[说法]以免缺少恒固。

师：究竟以什么方式呢？

生：因为我最近读了你的《论[善恶之]极》第四[卷]，其中，在我看来，你在反驳卡托时想要呈现这点——其实我认可这点——在芝诺和漫步派之间，除了用词的更新外没有任何差异。倘若这就是如此，那么，如果就幸福生活而言德性中存在足够强大的力量这一点与芝诺的想法相符，那么，漫步派不该被获准言说相同内容的原因是什么呢？其实我认为应该着眼于内容而非言辞。

[33]师：事实上，你用封存起来的文书与我诉讼[1]，又把我在某个时候说出或写下的东西当作证据。[2]用这种方式对待其他那些按制定出的法律来论辩的人吧，我们自己一天天地生活。无论什么以可能性击中我的灵魂，[3]我都言说这点，因此唯独我是自由的。[4]不过事实上，既然我们不久之前谈过了恒固，[5]我本人便认为不应当在这个场合探寻芝诺认可的[说法]是否为真、其门生阿瑞斯同认可的[说法]——只有那高尚的东西是善——是否为真，而应当探寻，假设如此，那么他使这整个幸福生活取决于[6]一种德性的做法是否是一贯的[7]。[34]因此让我们把智慧者永远幸福这个[观点]明确地归给布鲁图斯吧，他本人该看看他多么自

---

1 与我诉讼（agis mecum）：参见 DOULGAS 1990: 150、*OLD*[2] 词条 ago 44。

2 文书的封存是为了防止有人篡改。这种文书可能在诉讼审理完毕后于法庭写成。演说家安东尼从不公开他的演说词，以防日后有人引用其中的内容攻击自己。

3 参见 2.9。

4 译者赞同温的解释：门生在 5.32 中的发言表示他误解了老师"不恒固"的做法。后者的意思是，"恒固"并非他本人的目标，他给出的是自己认为可信的论据，而并没有断言它们为真或是将其作为自己的观点，甚至可能在不同场合为完全对立的观点作出论证。参见 WYNNE 2020b。另见 2.5 的相关注释。

5 参见 5.21–22 及注释。

6 使……取决于（in ... poneret）：或译作置于……之中、认为……由……组成，比较洛布本英译 based ... upon、道格拉斯英译 make ... consist in、基尔福德译 in ... legt 和葛恭德译 auf ... beruhe。参见 *OLD*[2] 词条 pono 23–24 以及本书 1.95。

7 是否是一贯的（⟨fueritne consentaneum⟩）：这是珀伦茨的增补，另见 5.22 注释。

洽；事实上谁比那位君子更配得上这一观点的光荣？让我们坚持自我，证明[1]同一个人是幸福无比的。

12. 而且，如果季蒂昂的芝诺，一个异邦人，又是一位不知名的言辞创造者，[2]看起来使自己溜进了古代哲学[3]，那么这一观点的分量就该回溯到柏拉图的权威。在他笔下常常运用这一说法：除了德性之外没有任何东西应当被称为善。比如《高尔吉亚》中的苏格拉底，[4]当他被问，难道他不认为佩尔迪克卡斯之子阿尔刻拉欧斯[5]，那个当时被认为幸运无比的人，是幸福的，"我并不知道，"他说，[35]"因为我从未与他交谈。"——什么？你竟无法以其他方式知道？——完全不能——那么你甚至不能谈谈波斯人的大王，说他是否幸福？——我难道能[说]，即便我不知道一个人有多少学识、在何种程度上是个好人？——怎么？你认为幸福的生活在于这点？——我认为完全如此，正人君子幸福，歹人悲惨。——那么阿尔刻拉欧斯悲惨吗？——当然，若[他]不义。[36]难道苏格拉底看起来没有使整个幸福的生活唯独取决于德性？其实怎样呢？他在《葬礼演说》[6]中怎样[表达了]同样这点？"因为，"他说，"对那人而言，一切导向幸福生活的东西都系于他，还因为不依赖别人的好运或相反的运气而不被迫依据另一人的遭际来衡量[自己]并误入歧途；对他而言，最好的生活方式已然具备。他就是那受到节度者、那勇敢者、那智慧者，他不仅在其他幸事的得失而且尤其在孩子的诞生和夭殇上遵守并服从那一古老的箴诫——其实他既不会过度欢乐也从不会过度悲痛，因为他总是把对自己的一切希望寄托于自己。"因此，从柏拉图的这段中，就好像从一泓神圣威严的泉水中，将要流淌出我们的整番言辞。

13. [37]那么，相较于从共同的母亲自然那里，我们可能从哪里更

1　坚持……，证明（teneamus, ut）：参见 *OLD*[2] 词条 teneo 16c。
2　玛尔库斯在这里贬低芝诺的重要性。
3　古代哲学（antiquam philosophiam）：指苏格拉底—柏拉图传统。
4　参见《高尔吉亚》470d—471a。
5　佩尔……欧斯（Archelaum Perdiccae filium），希腊名 Ἀρχέλαος，马其顿王。
6　《葬礼演说》（Epitaphio）：即柏拉图《默涅克色努斯》，参见 247e—248a。

加正当地开始呢？自然希望，无论她生出什么——不仅是动物，还有如同依赖其自身根系那样破土而出的[植物]——每一个都在其自身的种类中得到完善。从而，树木、葡萄藤以及那些比较卑微而无法把自己更高地举离大地的[植物]，一些常青，一些尽管在冬天凋零但在春天得到温暖后吐绿。而且，不存在任何[植物]不这样因为某种内在的运动又因为自己的包含在每一株之内的种子而茂盛，从而花朵、作物或者浆果得到丰收。[1]而且，如果没有任何[外]力阻碍，那么一切就在一切之中得到完善，如在其本身之中的程度那般。[38]不过，自然本身的力量甚至可以在动物中更容易地得到洞察，因为感觉由自然赋予它们。而事实上，自然希望一些游泳的动物成为水中的居民，一些有翼的享用自由的天空，某些成为爬动者，某些成为步行者；就在这些野兽中，部分是独居者，部分是群居者，一些凶猛，某些则温顺，有一些隐藏、覆盖于泥土中。而且，由于其中的每一只都保持着自身的本分[2]而不可能转向一个不同生灵的生活方式，它[们]就居于自然之法之中。而正如不同的优势被自然给予不同的野兽[3]——每一只都保有自己的优势而不离弃它——同样，某种远为出众的优势也被给予人类。尽管那些容许[4]某种比较的东西[才][5]应该被称作卓越之物，然而，撷取自属神心灵的属人灵魂，[6]无法同除了神明本身之外的其他任何东西相比——倘若这一点说得合

---

[1] 参见亚里士多德《论灵魂》2.413b–414a 对植物、动物和人的区分。

[2] 保持……本分（suum tenens munus）：munus 一词并没有天性的意思，洛布本英译所用的 instinct 一词恐不确，道格拉斯英译 function 较妥当。纳丁注本（解释作 function）和海涅注本（解释作 Bestimmung）都提醒我们注意这里对动物的理解存在古今之异。

[3] 正如……野兽（ut bestiis aliud alii praecipui a natura datum est）：严格地说，bestiis 是 datum est 的间接宾语，但是随着句子的推进而被 alii 取代了，后者受部分属格 praecipui 修饰（参见 NUTTING 1909: 252）。关于 praecipui[优势]，参见 5.22 注释。

[4] 容许（habent）：参见 *OLD*[2] 词条 habeo 14b。

[5] [才]：原文的词序具有强调含义（参见 DOUGLAS 1990a: 152）。

[6] 参见爱比克泰德《论说集》1.14.6 的 τὰς ψυχὰς συναφεῖς τῷ θεῷ ἅτε αὐτοῦ μόρια εἶναι καὶ ἀποσπάσματα [(世人的)灵魂与神明相连，就好像是后者的部分和碎片]、《埃涅阿斯纪》6.730–731 的 igneus est ollis vigor et caelestis origo seminibus[种子具有火热的活力，而且它们具有属天的起源]以及《斐勒布》30a5–10。

乎神法。[39]从而，如果这个灵魂得到培育，而且如果它的眼力得到如此照料以至于不[1]因错谬而盲目，那么它就会成为完美的心灵，亦即独立的理性，它同样还是德性。而且，如果一切无所缺乏并在自身的种类中得到充实和积累的东西都是幸福的——而这就是德性的特征——那么一切拥有德性的人当然是幸福的。[2]

　　而且事实上，我在这点上与布鲁图斯相洽，也就是与亚里士多德、克色诺克剌忒斯、斯彪西波和珀勒蒙相洽。[3]但是他们在我看来甚至幸福无比。[40]因为，对于那位信赖自身诸善的人，就幸福生活而言，有何欠缺？那位不信赖[这些]的人又何以可能幸福？而那位把诸善三分的人肯定不信赖。**14.** 其实，他何以会有能力信赖身体的坚强或机运的稳靠？不过，没有任何人能够幸福，除非善是稳靠的、固定的而且在持续。因此，那些东西中[4]有什么是如此这般的？从而，那位拉科尼亚人的那句格言在我看来适用于这些人。他对某位因把众多船只派往每一处海岸而自夸的商人说："事实上，这种系于[5]缆绳的机运并不完全值得向往。"[6]难道[我们]怀疑，没有什么应当被认为存在于幸福生活凭借它而得以完满的那一范畴，倘若它可能失去？其实，在这些构成幸福生活的事情中，没有任何东西应当干涸，没有任何东西应当熄灭，没有任何东西应当殒灭。因为，那惧怕从中丧失某物的人不可能幸福。[41]其实我们宣称，[7]那位幸福之人受保护、不可征服、受到屏捍并且得到巩卫，从

---

　　[1] 以至于不（ut ne）：引导的是结果从句而非目的从句，这个 ne 表达纯粹的否定含义，参见 DOUGAN 1934: 101、REID 1930: 100 和 KENNEDY 2010: 104。

　　[2] 漫步派认为，幸福无法立足于不确定的机运之善和身体之善。

　　[3] 参见 5.30。

　　[4] 那些东西中的（istorum）：含有轻视的态度，指 5.29–30 中提到的各种所谓的"善"。

　　[5] 系于（apta）：比较 5.36。

　　[6] 参见普鲁塔克《拉科尼亚格言集》234f: οὐ προσέχω εὐδαιμονίᾳ ἐκ σχοινίων ἀπηρτημένῃ[我不关注系于缆绳的幸福]。

　　[7] 我们宣称（volumus）：诸家对这个动词的理解莫衷一是。主要的分歧是，这个 volo 如一般情况意为愿意还是如 1.20 和 5.28 等处意为主张、宣称。洛布本译作 our wish is that，道格拉斯译作 we claim that，戴维译作 it is our claim that，基尔和葛恭都译作 wir wollen，马里诺内译作 noi intendiamo，迪·维尔吉尼奥译作 noi pretendiamo，迪·蒂利奥

而他不会怀有少许的恐惧，而是毫无[恐惧]。因为正如他被称作无害者[1]——他不是为小恶，而是毫不为恶——同样，不是那恐惧少数事情的人，而是那完全免于恐惧的人，当被视作毫无恐惧。其实勇敢是别的什么呢——除了不仅在逼近着的危险中、在劳苦和痛苦中忍耐而且远离一切恐惧的灵魂状态？这些事情当然不会如此，除非整个善都由唯一一种高尚组成。[42]进而，任何人，[如果]大量的恶正在接近或可能接近他，他何以能够拥有那最为人所期愿、最为人所寻求的安宁呢（而我现在把安宁称作免于忧愁的状态，幸福的生活就位于其中）？另外，他何以由于把所有那些可能降临于世人的事情都当作渺小的事情而能够为人轩昂刚正，就像我们认为智慧者所是的那样——倘若他判断一切与他相关的事情都不取决于自己？抑或，当腓力[2]通过书信威胁拉刻代蒙人说他会禁止一切他们企图的事情之时，[拉刻代蒙人]问道，难道他其至会禁止[他们]去死——相较于一个完整的城邦，这位我们所寻求的、灵魂如此伟大的壮士寻觅起来不是方便得多吗？怎么？如果那作为一切冲动的管辖者的节制被加诸我们所谈论的这种勇敢，那么，就幸福生活而言，勇敢[的德性]使他脱离忧愁、使他脱离恐惧，节制不仅把他召离欲念，而且不允许他以异常的兴奋狂喜的那个人，可能欠缺什么呢？我要表明，德性造就了这些[结果]——假设[这]在先前几天未曾得到解释。**15.**[43]进而，由于灵魂的各种紊乱造成悲惨的生活而灵魂的各种镇定造就幸福的生活，而且由于紊乱有双重方式——因为忧愁和恐惧受假想的诸恶影响而狂喜的欢乐和欲念受对诸善的错误[观念]影响，[3]所有这些都与慎思和理性抵牾——[因此，如果]你本人看见他免于、不围于、解脱于这些如此强烈而又这般相互龃龉、彼此分裂的刺激，[那么，当]你说他幸福[的时候]，你难道会有所怀疑？另外，智慧者总是具有

译作 vogliamo，比代本译作 nous entendons。

[1] 无害者（innocens）：比较 3.16 的无害（innocentia）。

[2] 腓力（Philippo）：马其顿王腓力二世，亚历山大之父。

[3] 参见 4.11–12。

如此心境，因而智慧者永远幸福。

再进一步，所有的善都是可喜的；而那可喜的东西就应当得到宣扬而且应当展示出来；然而那件如此这般的东西也是光荣的；如果它真的光荣，那么当然就是可赞美的；而那可赞美的事情也完完全全是高尚的；因此，那善的东西就是高尚的。[1][44] 而这种人[2]甚至不把他们自己算作善的东西称作高尚之事。从而只有一种善，就是那高尚之事。由此得出，幸福的生活仅由高尚组成。从而，[如果]一个富有某些东西的人[3]可能是悲惨至极的，[那么]这些东西就不当被称作也不当被视作善。[45] 抑或，你怀疑那在健康、力量、容貌和最敏锐、最健全的感觉方面出众的人——如果你喜欢，就再加上敏捷和迅速，[并]添上富有、尊荣、权势、威力和荣耀——如果那个拥有这些的人不正义、无节制、胆怯、天资愚钝而且甚至[4]毫无资质，那么[当]你说他悲惨[时]，你难道会有所怀疑？从而，那位可能悲惨至极的人所拥有的那种善是怎样的？让我们留心，就好像一堆谷子来自同种谷子，同样，幸福生活就应该产生于与自己相似的部分。而倘若就是如此，那么幸福就应该仅仅[5]产生于那些高尚的善。如果这些是由不相似的事物构成的混合物，那么就没有任何高尚之物可能产生于它们。如果去掉了这一点，那么幸福可能被理解为什么[6]呢？而事实上，无论那善的东西是什么，它都应当得到追求。而那应当追求的东西就当然应当得到认可。不过你所认可的那点就应该被视作令人愉快而且受人接纳的。因此，尊荣也应该被授予它。而倘若就是如此，那么它必定是可赞美的。因而，所有的善都值得赞美。由此得出，那高

---

[1] 克律西璞珀斯常用这种锁链推理（sorites/chain-argument）。另见 3.15。

[2] 可能指漫步派。

[3] 某个……人（quibus abundantem）：licet 所带的分词宾格常常暗示不定性，1.91 的 iudicantem 亦然。

[4] 而且甚至（atque）：参见 *OLD*² 词条 atque, ac 4。

[5] 仅仅（sola）：尽管这个 sola 在关系从句中，但它实际上修饰 bonis（参见 SMALLEY 1892: 55、NUTTING 1909: 255）。

[6] 什么（quid）：或译作如何[得到理解]（参见 SMALLEY 1892: 55），亦通。

尚的东西就是唯一的善。[1]16. [46]而如果我们不这样理解，那么就会存在许多我们不得不称作善的东西。我略过财富——因为任何人，无论多么配不上，都可能拥有它，我就不把[它]算在诸善中。其实，并非任何人都可能拥有那作为善的东西。我略过了高贵的出身和由愚夫无赖的一致而引发的流俗之说：就算是这些鸡毛蒜皮也该被称作善——洁白的牙齿、妩媚的双眸、迷人的肤色以及安提克勒雅[2]清洗尤利西斯的双脚时所称赞的那些——

> 言辞的温和、身体的柔韧。[3]

倘若我们认为这些是好的，那么什么可以被说得更庄重或更深入的东西会存在于哲人的庄重中而非俗众的观念和愚夫的乌合中？[47]而实际上，相同的东西，廊下派称作"优势"或"长处"，漫步派称作"诸善"。[4]事实上前者[这样]说，但否认幸福的生活由它们来实现。然而后者认为不存在独立于它们的幸福生活，或者，如果存在幸福的生活，那么他们就说[这]肯定不是最幸福的生活。然而我们希望[5][这是]，而且这由我们以苏格拉底式的那一结论确立下来。[6]其实，哲学中的那位魁首这样论述：每一个灵魂的状态如何，人也就如何；进而，一个人本身如何，他的言辞也就如何；进而，行动相似于言辞，生活相似于行动；进而，正人君子身上的灵魂状态值得称赞；从而，正人君子的生活也值得称赞；因此[它]也是高尚的——既然值得称赞。由此得出，正人君子的生活是幸福的。[48]而事实上，诸神和世人作证，[这一点]难道不足以[7]在我们

---

[1] 与 5.43 相仿，这里也是锁链推理。

[2] 安提克勒雅（Anticlea）：希腊名 Ἀντίκλεια，奥德修斯的母亲。西塞罗其实想的是保姆欧律克勒雅（Εὐρύκλεια）。

[3] 出自帕库维乌斯《濯足》，见 2.49。

[4] 参见 5.22 注释，另见《皮浪学说概要》3.177、《名哲言行录》7.105。

[5] 我们希望（nos ... volumus）：这里的第一人称复数表明发话人表达的是廊下派的观点，参见 NUTTING 1909: 256。

[6] 参见《王制》3.400d5–10。

[7] 难道不足以（parumne）：参见 A&G 332.b，另见《反腓力》13.36。

先前的论辩中得到承认——抑或，我们为了取乐和消磨闲暇而谈话——智慧者永远免于我称作紊乱的那种灵魂的激动，其灵魂中永远存在温润无比的平和？从而，受节制的、笃定的、毫无恐惧的、毫无忧愁的、毫无空洞的兴奋的、毫无欲念的君子，难道不是幸福的？而智慧者永远如此，因此永远幸福。更进一步，[1]美好的君子怎么可能不把那值得称赞的事物作为一切其所实践和其所感知的事情的标准[2]？进而，他把幸福生活作为万事的标准，[3]从而幸福生活就值得称赞，而且除了德性之外没有任何事物值得称赞——从而幸福生活凭借德性而得到实现。**17.**［49］而且这一点也以此方式得出：在悲惨的生活中，没有任何事情值得宣扬或应当夸耀，在既不悲惨也不幸福的生活中亦然。而在某种生活中存在某种值得宣扬、应当夸耀而且应当展示出来的东西，如厄帕美伊农达斯［所言］：

> 凭借我的决策，拉科尼亚人的名誉遭到剪僇，[4]

［又］如阿弗瑞卡努斯所言：

> 太阳在迈欧提斯湖[5]上升起后，

---

[1] 更进一步（iam vero）：参见 NUTTING 1909: 132, 257 以及 *OLD*² 词条 iam 8。

[2] 把……作为……的标准（ad ... referre）：参见 NUTTING 1909: 257 以及 *OLD*² 词条 refero 10。

[3] 参见斯托拜欧斯（Στοβαῖος）《自然学和伦理学文献萃编》（Ἐκλογαὶ φυσικαὶ καὶ ἠθικαί）7.6e：τέλος δέ φασιν εἶναι τὸ εὐδαιμονεῖν, οὗ ἕνεκα πάντα πράττεται, αὐτὸ δὲ πράττεται μὲν οὐδενὸς δὲ ἕνεκα· τοῦτο δὲ ὑπάρχειν ἐν τῷ κατ᾽ ἀρετὴν ζῆν, ἐν τῷ ὁμολογουμένως ζῆν, ἔτι, ταὐτοῦ ὄντος, ἐν τῷ κατὰ φύσιν ζῆν［（廊下派）说（生命的）目的是过得幸福，每一件事情都为此而做，而这个（目标）不为任何事而做：（过得幸福）始于以德性为标准的生活，始于（与自然）一致地生活，也就相当于，始于按照自然来生活］（原文取自 WACHSMUTH & HENSE 1884: 77）。

[4] 凭借……剪僇（consiliis nostris laus est attonsa Laconum）：据泡撒尼阿斯《希腊志》9.15.6，忒拜的厄帕美伊农达斯雕像上的第一行作：ἡμετέραις βουλαῖς Σπάρτη μὲν ἐκείρατο δόξαν［斯巴达凭借我的决策而在荣光上遭到剪僇］。

[5] 迈欧提斯湖（Maeotis paludes）：今亚速海（Sea of Azov）。

　　就没有人能够在成就上与[我]匹敌。[1]

[50]而如果存在幸福的生活，那么它就当受夸耀、当被宣扬而且应当展示出来。其实，并没有别的什么当被宣扬而且应当展示出来。这些确立之后，你就明白那紧接着的事情。而更进一步，[2]如果不存在同样作为高尚生活的幸福生活，那么就必然存在比幸福生活更好的其他东西。其实[漫步派]当然会承认，那高尚的东西更好。从而就会有比幸福生活更好的东西。什么东西可能就会比这更好呢？怎么？当他们承认罪恶中存在朝向悲惨生活的足够强大的力量的时候，难道不应当承认德性中存在朝向幸福生活的相同的力量吗？其实，矛盾是矛盾的结果。

　　[51]在这个场合，我探求克瑞托拉欧斯[3]的那个天平具有什么力量——当他把灵魂的诸善置于一个秤盘，把身体和身外的诸善置于另一个秤盘时，他认为灵魂的诸善的那个秤盘如此倾斜以至于[其分量]凌驾于大地和海洋。**18.** 那么，什么东西阻止他或者还有那位无比庄重的哲人克色诺克剌忒斯呢——[他]如此推崇德性，贬抑、摒弃其他事物——不仅阻止[他们]使幸福生活取决于德性，而且还阻止[他们]使最幸福的生活取决于德性？[52]而事实上，如果这一[情况]没有发生，那么德性的泯灭就会紧随而至。因为恐惧必然与忧愁降临到同一个人身上（其实恐惧就是对未来的忧愁的焦虑的预期）。然后，恐惧[降临]其身，惶恐、胆怯、战栗和懦弱亦然。从而，同样地，这个人有时就被击败，而且认为阿特柔斯的那句箴言与自己无关——

　　那么，就让他们在生活中这样自我准备，以至于不知道[自己]被击败。[4]

然而如我所言，他被击败，而且不仅被击败，还受到奴役。我们却认为

---

[1] 参见恩尼乌斯《铭辞》3a。
[2] 而更进一步（et quidem）：参见 DOUGAN & HENRY 1934: 243 和 *OLD*[2] 词条 quidem 5。
[3] 参见 4.5 的相关注释。
[4] 可能出自阿克奇乌斯《阿特柔斯》。

德性永远自由，永不可战胜。倘若不是这样，那么德性就毁灭了。[53]而且，就良好的生活而言，如果德性中存在充分的保障，那么就幸福生活而言也会有充分的保障。其实德性中当然有充分的保障使我们勇敢地生活。如果我们勇敢地生活，也就存在充分的保障使我们以伟岸的灵魂生活，而更进一步[1]使我们从不因任何事情而恐慌而且永不可战胜。接着就是无所后悔，无所欠缺，无所阻碍。[2]从而万事顺畅[3]、完满、吉利，因此生活幸福。不过，就勇敢生活而言德性可能充分，于是就幸福生活而言也充分。[54]而事实上，就好像，尽管愚蠢已得到其所热望的东西，但却从不认为自己获得得足够，同样，智慧永远满意于现有之物，而且它从不对自己感到懊悔。

19. 你是否认为，伽·莱利乌斯[4]仅有的一次执政官任期与[秦纳的四次任期]相似，事实上前者还曾落选（如果，当一位智慧的正人君子，正如他所是的那样，在投票中被忽视，那么此时并不是民众落选，毋宁说是他落选）[5]——但是，假设有可能，你依旧更愿意自己如莱利乌斯那样[当]一次执政官还是如秦纳[6]那样[当]四次？[55]我毫不怀疑你要回答什么，因而我看见我在把[自己]托付给谁。我不会问任何人这同一个问题。因为，另一个人可能回答说，他不仅把四次执政官任期放在一次之前，而且把秦纳的一天放在众多贤达的整个一生之前优先选择。[7]假

---

[1] 而更进一步（et quidem）：或译作而且事实上，参见 5.50 及注。

[2] 参见 5.81。

[3] 万事顺畅（omnia profluenter）：学者认为这里可能省略了 se habebunt 或 fiunt，参见 1.79 及注。

[4] 伽·莱利乌斯（C. Laelii）：小斯奇皮欧之友，公元前 141 年落选执政官，他因审慎的政治品格而被称作智慧者（sapiens）。

[5] 并……落选（non populus [a bono consule] potius quam ille [a bono populo] repulsam fert）：本句有校勘疑难，但大致意思不难推测：玛尔库斯认为，不是民众对莱利乌斯的标准过高，而是莱利乌斯把罗马民众想得太好了（参见 DOUGAN & HENRY 1934: 246）。

[6] 秦纳（Cinnam）：路奇乌斯·科尔内利乌斯·秦纳，公元前 87 年改革的始作俑者。

[7] 西塞罗在这里暗中影射凯撒——后者常常引用欧里庇得斯《腓尼基妇女》524–525：εἴπερ γὰρ ἀδικεῖν χρή, τυραννίδος πέρι | κάλλιστον ἀδικεῖν, τἆλλα δ᾽ εὐσεβεῖν χρεών[因为，如果真的需要行不义，那么，为了王权，行不义就是最美的，不过在其他事情上需要敬畏（神明）]。另外，凯撒的第一任妻子是秦纳之女。

如莱利乌斯用一根手指触碰了某人，那么他就会给予赔偿。而秦纳命令桌下[他们的]头颅：他的执政官同僚格奈·欧克塔维乌斯、普·克拉苏、路·凯撒[1]——这些人高贵无比，他们的德性在战争与和平时期已为人所知——还有我本人聆听过[其演说]的所有人中最善辩的玛·安东尼以及伽·凯撒[2]，在我看来他身上存在修养、机敏、风雅和魅力的典范。那么，杀害他们的人幸福吗？在另一方面，[3]他在我看来不仅因为做了这些而悲惨，而且因为，他如此举止以至于获准[4]做那些事（尽管无人获准犯错；但我们由于言辞的错误而滑倒，因为我们把"每个人都被容许"称作"获准"）。[56] 最终，伽·马略[5]与几乎是另一个莱利乌斯的同僚卡图路斯——因为我认为莱氏与卡氏极其相似——一起分享[击败]奇姆卜瑞人的胜利的光荣时更幸福，还是作为内战的胜利者愤怒地向哀求着的卡图路斯的亲属不是一次而是多次回答"他得死"时更幸福？[6] 在后一种情况中，那屈服于这种不义的表述之人比那如此罪恶地下命令的人更幸福。因为，不仅受不义比行不义可取，[7] 而且，从生命向那正在前来的死亡本身稍许前进（卡图路斯之所为）[8] 比用如此伟大之人的横死抹除自己的六次执政官任期并玷污一生中的最后时刻（马略之所为）可取。

20. [57] 在[老]迪欧倪西欧斯[9]二十五岁掌控大权之后，他当了叙拉古人的僭主三十八年。那座城市多么美丽啊，老迪欧倪西欧斯却使得多

---

[1] 这三者都担任过执政官，参加过同盟者战争，并且在公元前 87 年死于秦纳改革时的恐怖统治。

[2] 伽·凯撒（C. Caesaris）：上面提到的路·凯撒的兄弟，英年早逝。西塞罗常常提到他的机敏和风雅，参见《论演说家》2.98、《布鲁图斯》177 以及《论义务》1.133。伽·凯撒还是《论演说家》中的一位对话者（2.217–289）。

[3] 在另一方面（contra）：参见 *OLD*[2] 词条 contra 8a。

[4] 他获准（ei liceret）：这是指秦纳在法律上而非在道义上有权力。

[5] 伽·马略（C. Marius）：马略和昆图斯·路塔提乌斯·卡图路斯于公元前 101 年在绕迪乌斯平原（Raudius campus）击溃了奇姆卜瑞人。马略死于第七个执政官任期。

[6] 苏拉去往东方参加米特拉达梯战争后，马略和秦纳回到罗马展开政治报复（并非西塞罗这里所说的"内战"[civili bello]）。

[7] 参见《高尔吉亚》473a5：τὸ ἀδικεῖν τοῦ ἀδικεῖσθαι κάκιον εἶναι [行不义比受不义更坏]。

[8] 指卡图路斯的自杀。西塞罗这里可能还暗指公元前 46 年自杀的小卡托。

[9] 迪欧倪西欧斯（Dionysius）：希腊名 Διονύσιος，前 405—前 367 年的叙拉古僭主。

么富有的邦民保持着屈服于奴役[的状态][1]！[2]不过，关于这个人，我们采纳诸多可靠权威的这种记载——在老迪欧倪西欧斯的生活方式中具有一种极端的节制，而且在处理事务方面是一位敏锐而勤奋的人，可同样这个人却在本性上邪恶而不正义；由此，在所有正确凝思真理的人看来，他肯定悲惨无比。其实，甚至在他认为自己全能的时候，老迪欧倪西欧斯也未曾获得那些他所热望的东西。[58]尽管他由[血统]优秀的父母所生，而且出身高贵——不过事实上不同的人以不同方式记述这一点[3]——他也不缺少同龄人之间的亲密和亲戚间的熟悉，甚至按希腊习俗拥有某些纠缠于情爱的少年，[4]然而他不信任其中的任何人，反倒把身体的保卫[任务]托付给那些从财主家挑出来的奴隶——老迪欧倪西欧斯亲自为他们豁除奴籍——以及某些移民和野蛮的外邦人。因此，由于对统治的不正义的欲望，他就以某种方式把自己禁闭在监狱里。[5]进而，为了不把脖颈托付给理发师，老迪欧倪西欧斯就教自己的女儿们理发。从而，公主如理发小妹那样用低贱而女奴般的手艺修剪父亲的胡须和头发。而且，在她们长大成人了之后，他还是从她们那里拿走了剃刀，并且定下了规矩——她们得用滚烫的胡桃壳为他烧掉胡子和头发。[59]而且，由于老迪欧倪西欧斯有两位妻子，自己的邦民阿瑞斯托玛刻和洛克瑞斯人多瑞斯，[6]他就惯于以这种方式在晚上去她们那里：提前检查并审察一切事项；另外，由于他在卧室的床铺周围已布下宽宽的壕沟，还架起一座木质小桥作为那壕沟的通道，因此他在关上卧室的大门后，[还要]转动那座小桥。[7]而且同样地，因为老迪欧倪西欧斯不敢在公共

---

[1] 使得……保持着……[的状态]（tenuit）：参见 OLD[2] 词条 teneo 20。

[2] 参见《论共和国》3.43。

[3] 伊索克拉底《致腓力辞》65 和迪欧多若斯《史集》13.96 给出的说法不尽相同。

[4] 古希腊人的同性情爱关系在古罗马人看来是有伤风化而不合礼法的。

[5] 比较《王制》9.579a–c。

[6] 这两位妻子的原名分别是 Ἀριστομάχη、Δωρίς。洛克瑞斯人，希腊名 Λοκρίς。

[7] 参见阿姆米阿努斯·玛尔刻利努斯（Ammianus Marcellinus）《功业录》（Res gestae）16.8.10: aedemque brevem, ubi cubitare suevarat, alta circumdedit fossa[（迪欧倪西欧斯）用深深的壕沟围绕他当时惯于在其中睡觉的小房间]。

讲台上登场，所以他惯于在高台上发表讲话。[60]另外，据说，当老迪
欧倪西欧斯想要玩球——其实他常常投入地玩球——而把束腰外衣递
给他喜爱的一名男孩的时候，他交出了[自己的]佩剑。由于一位亲友当
时开玩笑地说"事实上你肯定把自己的性命交给他了"而且男孩微微一
笑，老迪欧倪西欧斯就下令诛杀两人：因为[其中]一人指出了杀掉他的
途径，而另一人通过微笑认可了这一说法。进而，老迪欧倪西欧斯因这
一行为而如此痛苦，以至于在生命中没有什么承受起来更沉重了。其实，
老迪欧倪西欧斯杀死了他极其喜爱的人。无自制力之人[1]的欲望就这样
被拖入对立的方方面面。由于你顺从一者，另一者就应该遭到拒斥。**21.**
[61]不过事实上，这位僭主自己给出了[关于]他多么幸福的判断。[2]因
为当他的阿谀者之一达摩克勒斯在谈话中详细叙述前者的兵甲、威力、
统治的威严、资产的丰裕、王宫的巍峨，还说从没有谁更加幸福时，"那
么，达摩克勒斯啊，"老迪欧倪西欧斯说，"既然这种生活使你着迷，你
自己是否希望品味这种生活，并且体验我的命运？"由于达摩克勒斯说
自己欲求[如此]，老迪欧倪西欧斯就下令把这人安置在黄金榻上——
[上面]铺着精美绝伦的花毯[3]，绣工华丽；[这位僭主]又[给他]配上几
个厚顶柜，[柜顶放着]白银和黄金雕琢而成的[器具]。然后，老迪欧倪
西欧斯命令几名挑选出来的容貌出众的男孩站到桌子边，又命令他们留
意达摩克勒斯的吩咐，悉心侍奉。[62][那里还]有香油和花冠，熏着香，
几张桌子上堆满了珍馐[4]。在达摩克勒斯自己看来，他是幸运的。在铺张
之举的这一中间[时刻]，老迪欧倪西欧斯命令，将一把明晃晃的剑系在
马鬃上，从天花板上垂下，从而悬于那位幸福之人的脖颈上方。从而，

---

　　[1] 无自制力之人（impotentium）：参见 *OLD*[2] 词条 impotens 3，比较 5.57 summam ...
temperantiam[极端的节制]。

　　[2] 达摩克勒斯的故事亦见于贺拉斯《颂诗集》3.1.17。

　　[3] 精美绝伦的花毯（pulcherrimo textili stragulo）：形容词 pulcherrimo 和 textili 之间没
有连词 et，因为 textili 和 stragulo 表达一个完整的概念编织而成的毯子。

　　[4] 珍馐（conquisitissimis epulis）：或译作精挑细选出来的菜肴。

达摩克勒斯既无法再注视[1]那些俊俏的侍者，也无法注视工艺繁复的银盘，亦无法往桌上伸手。那花冠现在滑落，最终，达摩克勒斯乞求那位僭主允许[他]离开，因为他现在不想要幸福了。难道迪欧倪西欧斯看起来不足以表明，对于总是被某种恐慌威胁的人而言，没有任何事情是幸福的？进而，他当时甚至没有向正义返回的余地[2]，不可能为城邦民带回自由和律法。因为，年轻时的他在无远见的年纪使自己卷入了各种错误，并且犯下这些事情，以至于不可能安然无恙——假设他开始变得清醒。**22.** [63]其实迪欧倪西欧斯多么缺少友谊啊，[可]他惶惧对友谊的不忠。他在那两位毕达哥拉斯传人[3]那儿体现了[这点]。由于他接受其中一位作为死刑的担保人，[而]另一位为了免除前者的担保在[执行]死刑的确定时刻到场，"要是，"他说，"我能作为第三个朋友融入你们该多好！"对他而言，这是多么悲惨：缺乏朋友间的交往，缺乏生活中的联系，缺乏完全亲密的谈话；对一位学人来说[这]尤其[悲惨]，因为他自幼受博雅之艺熏陶，其实是一位相当勤勉的通缪斯之艺者，还是肃剧诗人——[至于多好[则]无关紧要[4]。其实，每个人的[作品]在自己看来都美妙可爱，由于某个缘故，在这类事情中比在其他事情中更是[如此]。至今我尚不知道有谁不自视为最优秀的诗人（而我与阿克维尼乌斯[5]保持友谊）。情况就是如此：你的[作品]取悦你，我的取悦我——但是为了让我们回到迪欧倪西欧斯[的话题上]，[我要说]他缺乏一切教养和属人的生活方式，他与逃亡的奴隶、罪犯和外夷一同生活。他认为，

---

　　[1] 既无法再注视（nec … aspiciebat）：如果未完成时带有否定词，那么就常有[不]能再的含义，参见 A&G 471.f.
　　[2] 他……余地（ei ne integrum quidem erat, ut ad iustitiam remigraret）：参见 *OLD*² 词条 integer 2c 以及 ZUMPT, SCHMITZ & ANTHON 1856: 415。
　　[3] 毕达哥拉斯传人（Pythagoriis）：指达蒙（Δάμων）和菲恩提阿斯（Φιντίας）。后者因谋划推翻迪欧倪西欧斯而被判死刑，但要求延期行刑以为家人作些安排。达蒙替他的朋友做担保，见《论义务》3.45。
　　[4] 无关紧要（nihil ad rem）：参见 *OLD*² 词条 res 12b。
　　[5] 阿克维尼乌斯（Aquinio）：主格作 Aquinius 或 Aquinus，一位较平庸的诗人，参见卡图卢斯《歌集》14.18。

没有任何或是配得上自由或是希望自己完全自由的人是他的朋友。

23. [64]我本人现在并不会把柏拉图或阿尔曲塔斯[1]的生活与此人的生活相比较——我无法想出任何比它更丑陋、更悲惨、更值得憎恶的东西，[但前两位却是]学人和十足的智慧者：从这同一座城市中我将从尘土和木杆那里请出一位卑微的凡夫俗子[2]——他在多年之后生活于[叙拉古]——阿基米德[3]。时任财务官的我[4]探访了他不为叙拉古人所知的墓（因为他们完全否认[这墓]存在），它四周籓篱围绕，而且覆盖着荆棘和灌木丛。其实我记得某几行六音步小诗，[还]听说它们镌刻在他的墓碑上。这些[文字]表明在墓的顶端放置着一个带有圆柱体的球体。[5][65]而当我亲眼把一切勘察过后——因为在通往阿格瑞根图姆的大门[6]附近密布着大量坟墓——我注意到一个小[石]柱略微高出灌木，上面带有圆柱和球体的形状。于是我立刻对叙拉古人（而[他们的]首领陪着我）说，我判断那正是我在寻找的东西。许多带着镰刀的人被派了过去，他们清理并且发掘出那个位置。[66]开出一条通往那里的入口后，我们就走向对着[我们]的基座。由于后一部分诗行已遭侵蚀，几乎[只有]半篇铭文可见。于是，这座高贵无比的希腊城邦（其实[它]甚至一度博学至

---

[1] 参见 4.78。

[2] 凡夫俗子（homunculum）：或译作卑微之人、无名小卒。这个词是 homo[人类]的指小词，在本书中出现了两次，还有一次是在 1.17，西塞罗用以描述自己。这里用 homunculus 形容阿基米德的做法与他为叙拉古人所遗忘的事实相应。另见《论诸神的本性》2.123：neque enim tam desipiens fuisset ut homunculi similem deum fingeret[（无神论者波塞冬尼欧斯）其实也不会如此愚蠢以至于编造出与凡夫俗子相似的神明。除去托名西塞罗的《赫壬尼乌斯》4.66，homunculus 在西塞罗笔下还出现过两次：《论诸神的本性》3.76 和《致亲友书》4.5.4（= 248 SB）。

[3] 阿基米德（Archimedem）：希腊名 Ἀρχιμήδης，著名的叙拉古数学家，当玛尔刻珥路斯于公元前 212 年攻占叙拉古时，阿基米德惨遭杀害。西塞罗更强调他的数学家身份而没有把他归入哲人之列，参见 1.63。普鲁塔克在《玛尔刻珥路斯传》19 中说阿基米德是叙拉古僭主希耶罗的亲友之一。

[4] 这是公元前 75 年，当时的叙拉古总督是色克斯图斯·佩都凯乌斯。

[5] 普鲁塔克在《玛尔刻珥路斯传》17.7 提到，坟墓上的这一装饰是阿基米德本人的要求，这是因为，阿基米德发现球体与其外接圆柱体的体积之比和表面积之比都是二比三。

[6] 通往……大门（portas Agragantinas）：形容词 Agragantinus（Acr-）派生自地名 Agragas（Acr-），而这一形式则是 Agrigentum 的诗歌形式或古希腊语形式。

极)无视了她的最敏锐的城邦民的墓碑——假如[叙拉古]没有从一个阿尔皮努姆人[1]那里得知[此墓][2]。但是让这番讲辞回到岔开的地方吧：在所有人中，有谁仅仅与缪斯，亦即与修养、与学识，有某种往来，有谁不更希望自己成为这位数学家而非那个僭主呢？如果我们探究[他们的]生活方式和行为，那就[会发现]阿基米德的心灵伴随着智思[带来]的愉悦——这是灵魂的最甘美的养料[3]——因为探讨和探索理论[4]而得到滋养，老迪欧倪西欧斯的心灵[却]伴随着日日夜夜的恐惧处于谋杀和不义的行为之中。来吧，请对比德谟克利特、毕达哥拉斯和阿那克萨戈拉，相较于他们的探究和乐趣，你会优先选择哪种王权、哪种威力？[67]而实际上，你所寻求的那个至善之物必然位于人身上的那一至善部分中。[5]然而，在人身上，有什么比灵敏而健全的[6]心灵更好？因此，如果我们愿意幸福，那么就应当享受心灵的善。不过心灵的善是德性，于是幸福的生活必然由它组成。由此，一切美妙、高尚而出彩的事情，如我之前所言[7]——但是同样那一点似乎应该说得更丰富一些——都充满了喜乐。不过，既然显而易见，幸福的生活来源于持续而充盈的喜乐，便得到这一结果：它来源于高尚[8]。

---

[1] 一个阿尔皮努姆人（homine Arpinate）：西塞罗祖籍阿尔皮努姆（Arpinum），见 5.74，马略亦然。

[2] 得知[此墓]（didicisset）：或译作学到[这些]。

[3] 最……养料（unus suavissimus pastus）：与上文 civis unius acutissimi[最敏锐的城邦民]相仿，unus 都强调了最高级的含义，参见 ANTHON 1852: 372、A&G 291.c。

[4] 探讨和探索理论（rationibus agitandis exquirendisque）：参见 OLD² 词条 ago 40。

[5] 至善部分即心灵，心灵的善是德性，至善之物即这里所探寻的最好的德性。

[6] 健全的（bona）：参见 OLD² 词条 bonus 14。

[7] 参见 5.43。

[8] 高尚（honestate）：道格拉斯译本、戴维译本、基尔福译本、纳丁笺注本均把这里的 honestas 理解作 virtus[德性]的同义词。洛布本注释说："西塞罗有时用 rectum[正当的东西]，少数情况下用 pulchrum[美妙的东西]代替 honestas[高尚]或者 honestum[高尚的东西]，这个概念相当于 τὸ καλόν[善的东西]。其对立面是 utilitas[便利/有用]或 utile[便利/有用的东西]。《论善恶之极》2.45 对 honestum 这样定义：quod tale est ut detracta omni utilitate sine ullis praemiis fructibusve per se ipsum possit iure laudari[(高尚之物)是如此，以至于，由于与一切利益分离，它无涉于任何报酬或利润，凭借其本身就能够正当地得到称赞]。世人在天性上渴求自我保存，拥有理性，[渴望]探究真理，拥有对秩序和正当性的

图 4　韦斯特（B. West）《西塞罗发现阿基米德之墓》（*Cicero Discovering the Tomb of Archimedes*，1804），现藏于耶鲁大学美术馆

24. [68]但是，为了让我们并不只以言辞达成那些我们想要揭示的事情，某些好似动机的东西就应该得到呈现，因为它们更大程度地使我们转向认知和理解。因为，让我们假设某位具有最佳技艺的卓越的君子，再让我们花些时间在灵魂和认知上塑造他。首先，他必须天赋出众，因为德性并不轻易陪伴迟钝的心灵。其次，他必须具有受到激发的热忱以探索真理。涉及灵魂的那三重[思维]果实[1]就来源于此：一个在于对万物的认知和对自然的解释，另一个在于对应当寻求和躲避的事物的区分，也在于良好生活的规则，第三个在于，判断对于各种情况而言，什么紧随其后，什么与之抵牾——其中不仅包含论述中全然的细致，还包

感知，而这些就是 honestum 中的元素，参见《论义务》1.4。honestum 这个词来自 honor 或 honos[尊荣/荣誉]，比较 2.58。"（参见 KING 1971: 494）

　　[1]　[思维]果实（fetus）：参见 *OLD*[2] 词条 fetus[2] 4c。依据廊下派的观点，这指的是自然学、伦理学和辩证法，但是伊壁鸠鲁学派不承认第三部分。

含着判断组成的真理。[69]因此，智慧者的灵魂在与这些关切一同起居、过夜时究竟必然会受何种喜乐的影响！就比如，[1]当他洞悉了整个宇宙的运动和旋转，[2]而且看到依附于天空的无数星辰由于固着在确定的居所而与那宇宙本身的运动相协调，其他七星由于或高或低而彼此相距甚远，都保持着各自的轨道——不过它们的漫游运动规定了其轨道确凿而确定的路径——毫无疑问，这些事物的现象驱使并提醒那些古人[3]去追问更多的事情。从那里就产生了对起源的探索[4]——而[它]就像是种子——万物从中发源、出生、生长，每一种无灵魂或有灵魂[5]、不能发声或能发声的种类的起源是什么，生命是什么，泯灭是什么，从一者到另一者的变迁和转化是什么，大地来自何处又凭借什么分量而得到平衡，[6]海洋在哪些深洞[7]得到支撑，万物由于什么重力而被带往下方从而永远寻求宇宙的中心位置——它同样是球体中最深的点。[8] **25.** [70]对于日夜应对、思考这些事情的灵魂而言，这一认识就来源于那出自德尔菲神明的教谕——心灵本身要认识自己，[9]而且意识到自己与属神的心灵相连——由此，它就充盈着无法让人满足的喜乐。其实，对诸神的力量和本

---

[1] 玛尔库斯在这里以自然学为例。

[2] 参见 1.68–70。

[3] 比如泰勒斯、赫拉克利特、阿那克西美尼和阿那克西曼德，参见 5.10。

[4] 探索（indagatio）：或译作追踪。这个词在西塞罗笔下出现得不算频繁。另见《学园派前篇》2.127：indagatio ispa rerum cum maximarum tum etiam occultissimarum habet oblectationem; si vero aliquid occurrit quod veri simile videatur, humanissima conpletur animus voluptate[探索本身——不仅针对最伟大的事情，而且还针对最晦暗的事情——就带有愉悦；不过，倘若某个看起来近似真相的事情出现了，那么灵魂就会充满最属人的快乐]。

[5] 无灵魂或有灵魂（vel inanimi vel animantis）：或译作无生命或有生命。

[6] 地球被认为位于宇宙的中央，参见老普林尼《博物志》2.10：huius vi suspensam cum quarto aquarum elemento librari medio spatio tellurem[泥土借助（空气的）力量悬浮起来后与由水组成的第四种元素在空间的中央得到平衡]。

[7] 深洞（cavernis）：参见 OLD² 词条 cauerna 5c。这个词指大地中海水流经的深洞和通道，古人由此来解释为何较轻的元素组成的大海没有淹没地球。另见《论万物的本性》5.264。

[8] 参见 1.40、亚里士多德《论天》2.296b5–10。在但丁的《神曲》中，居于最低处中央的是撒殚，参见《地狱篇》34.111：at qual si traggon d'ogni parte i pesi[吸引各方面的重量的那个点]。

[9] 参见 1.52。

性的认识本身点燃了对模仿那一心灵之永恒的热忱[1]，而且，当灵魂看见事物的不同原因彼此相系并由于必然性而交织在一起时，它不认为自己卷入了[2]生命的短暂——虽然[万物]从永恒时刻向永恒流变，但是理性和心灵在节度。[71]那位凝思并仰视这些事情，毋宁说环视所有部分和区域的人反倒以灵魂的多么宏伟的宁静考量属人之事和相近的事情！从这里就源发出那种对德性的认识[3]，绽放出德性的种类和细类[4]，[而且我们]发现，自然把什么视作诸善中的极致，把什么视作诸恶中的极端，义务应当以什么为标准，应当挑选哪种准则度过 生。在这些事情和诸如此类的事情得到考察之后，就主要地得出了我们以这场论辩来处理的这个[主题]——德性就幸福生活而言自足。[72]接着就是第三点，[5]它流淌、漫延过智慧的每一个部分，它定义事物，划分种类，连接后果，得出结论，对真实和虚假作出裁断——它是论述的准则和知识。从中不仅发源出对衡量事情的最大益处，而且发源出最高雅而配得上智慧的乐趣。但是这些事情属于闲暇。让这同一位智慧者前去照料共同体吧。什么可能比这更卓越呢——既然他确认，城邦民的利益因[自己的]明智而得到维系，既然他因正义而不将任何东西从[城邦民]那里转移到自己的家宅，[6]既然他运用其他如此众多而如此多样的德性？加上友谊的果实吧，对于学人而言，不仅整个生命中一致而几乎统一的[7]思谋位于其中，而且来自每日耕耘和生活的至高愉悦也位于其中。这种生活究竟缺少什么以变得更幸福呢？对这种充满了如此众多且如此巨大的喜乐的生活

---

[1] 点燃了……热忱（studium incendit illius aeternitatem imitandi）：译者赞同杜根（DOU-GAN & HENRY 1934: 262）的理解（道格拉斯本亦然），认为这个 illius 指代上面提到的"神圣心灵"。如果认为这个 illius 修饰 studium，那么就译作点燃了它对模仿永恒的热忱。

[2] 卷入了（conlocatam）：参见 *OLD*² 词条 colloco 8b。

[3] 对德性的认识（illa cognitio virtutis）：指伦理学。

[4] 细类（partes）：参见 *OLD*² 词条 pars 5b。

[5] 指政治学。

[6] 这一比喻来自罗马人的一种违法行为，即从公共用水那里引水到自己家中，参见弗戎提努斯（Sextus Iulius Frontinus）《论罗马城的供水》（*De aquis urbis Romae*）2.87–88。

[7] 一致……的（consentiens et paene conspirans）：或译作共同感知而几乎共同呼吸的。

而言，机运女神本身必然退却。而如果因灵魂中诸如此类的善（亦即各种德性）而喜乐是幸福的，并且所有的智慧者都充分享受这些喜乐，那么就必须承认他们所有人都幸福。

26. [73]生：甚至在折磨和煎熬中也[幸福]吗？

师：难道你本人认为我说的是在紫罗兰和玫瑰[花丛]中？抑或，那位只不过戴上一幅哲人面具而且以这一名号自我标榜的伊壁鸠鲁，会获准说出他实际上如事实所是的那样[1]言说的我其实认可的那一点吗——对于智慧者而言，即便他遭焚烧、受凌虐、被切割，也不存在任何无法喊出"我认为那微不足道"的时刻；[2]尤其是，既然伊壁鸠鲁以痛苦定义一切恶，以快乐定义一切善，嘲笑我们[所说]的各种高尚之事和低劣之事，又说我们忙碌于辞藻[3]而发出空洞的声音，而且说没有任何东西与我们相关，除了在身体里得到感知的光滑或粗糙的东西：[4]因此，如我所言，这个在判断上与野兽区别不大的人会获准遗忘自己的[说法]吗，而且会获准时而蔑视机运（尽管属于他的一切善事恶事都在机运的权柄下），时而说自己在极端的折磨和煎熬中幸福吗（尽管他不仅把痛苦规定为至恶，而且规定为唯一的恶）？[74]其实，他并没有为自己备好用来忍受痛苦的化解之法，[亦即]灵魂的坚定、对丑陋的畏谨、对忍耐的操练和习惯、关于勇敢的箴诫和阳刚的顽强。但是他说自己仅仅凭借对过往快乐的回忆而平静下来，就好像，如果有个感到炎热的人，那么当他并不轻松地忍耐温度的力量时，会想要回忆，自己某个时候在我的阿尔皮努姆庄园浸泡于清凉的河水[5]。其实，我并没有看见过往的诸多快乐能够以何种方式镇定当下的诸恶——[75]不过，既然伊壁鸠鲁总是

---

[1] 如……那样（ut habet se res）：安东（ANTHON 1852: 374）说，这个短语在批评伊壁鸠鲁的自相矛盾："智慧者幸福"这一点本身是正确的，但不应该出自伊壁鸠鲁之口。

[2] 参见 2.17。

[3] 辞藻（vocibus）：参见 *OLD*[2] 词条 uox 9–10。洛布本译作 words，基尔福译作 den Begriffen。

[4] 在伊壁鸠鲁派看来，痛苦和快乐的原因分别是接触了粗糙和光滑的原子。

[5] 西塞罗的阿尔皮努姆庄园附近有一条菲卜热努斯河（Fibrenus）。

说智慧者幸福——他若想要坚持己见，那就不会获准说这一点——究竟什么应当由那些认为没有任何事物应当受到寻求、没有任何缺乏高尚的东西应当被算在诸善之中的人[1]来完成呢？如果实际上我说了算[2]，那么甚至漫步派和旧学园派在某个时候都应该停止吞吐其词，[3]而且应当敢于公开地以响亮的声音说幸福的生活将会下降到法拉瑞斯的公牛[里面][4]。27.[76]其实，就让三类善存在吧，从而我们现在可以从廊下派的圈套中抽身而出——我明白，相较于我的习惯，我用了更多廊下派的圈套；那三类善完全可能存在，只要身体的善和外部的善留在大地上，而且它们只不过因为值得拿来[用][5]才被称作善；然而，灵魂的那些属神之善长久而广阔地伸展，而且触及上天；从而，我为何只能宣称拥有这些善的人幸福，而不能宣称他甚至幸福无比呢？

智慧者果真惶惧痛苦吗？[6]其实，痛苦激烈无比地反驳这一观点。[7]由于我们凭借前几日的论辩而得到武装和准备，我们看起来足以对抗自己的死亡和我们[亲友]的死亡，对抗忧愁和灵魂的其他紊乱。痛苦似乎是德性最凶悍的敌手，它将点燃的火把[8]对准[德性]，它威胁说自己会使勇敢、灵魂的伟岸和坚忍颓废。[77]从而，德性会向痛苦屈服吗？智慧而笃定之人的幸福生活会屈从于它吗？良善的诸神啊，[那会是]多么丑陋！[尚是]男童的斯巴达城邦民并不呻吟，[9]尽管被挨打的痛苦撕扯。

---

[1] 指廊下派，可能还有新学园派。

[2] 如果……我说了算（me ... auctore）：或译作如果我是权威、如果我来拿主意。

[3] 西塞罗常常把漫步派和旧学园派相提并论，因为这一时期的漫步派并不繁荣，而安提欧科斯则从漫步派那里吸收了这一观点：好运有助于增进幸福的生活。

[4] 参见 2.17。

[5] 值得[拿来]用（sumenda）：这些东西在被提供时值得拿来利用，但不值得主动求取，故名，参见 *OLD*[2] 词条 sumo 5e。另见 5.22、5.47 以及相关注释。

[6] 痛苦是第二卷的主题，不过西塞罗这里似乎并未明确涉及第二卷的内容，因此第二卷可能写在第五卷之后——不过 5.118 却有相关论述。

[7] 其实……观点（is enim huic maxime sententiae repugnat）：本句似乎有歧义。第一种理解是，这里的 is 是指代 dolor[痛苦]，huic sententiae[这一观点]指"智慧者幸福"；第二种理解是，is 指代 sapiens[智慧]，huic sententiae 指"智慧者惶惧痛苦"。

[8] 点燃的火把（ardentis faces）：参见 *OLD*[2] 词条 fax 5b。

[9] 参见 2.34。

我亲眼在拉刻代蒙看到一群群年轻人在激烈程度难以置信的[1]竞赛中用拳头、脚踵、指甲甚至撕咬[的方式]打斗，因为相较于承认自己战败，他们宁可断气。哪片外夷之地比印度[2]更加蛮荒和粗野？在那一种族中，首要的依旧是那些被视作智慧者的人。他们赤条条地度过一生，毫无痛苦地禁受高加索山的风雪和冬季的威力，而且在把自己交给火焰时毫不呻吟地遭受焚烧。[3][78]而印度女子，无论她们中的谁死了丈夫，都会进入比拼和评判，[以确定]他最钟爱谁——因为一位[丈夫]常常拥有多位妻子。作为胜利者的那一位欢乐地由自己的[亲属]护送着与丈夫一起被置于柴堆上，那被击败的妻子则悲伤地离去。习俗从不可能战胜天性，[4]因为后者永远不可战胜。但是我们自己在树荫下[5]以奢靡、闲散、衰弱和懒惰玷污了[6]灵魂，以观念和恶习腐化了受诱惑的灵魂。谁不知道埃及人的习俗？他们的心灵沾染着堕落[带来]的错误，宁可遭受无论什么刑罚，也不会伤害圣鹮、蝮蛇、猫、狗或者鳄鱼。即便他们无意间做了[其中的]某件事，也不会拒绝任何惩罚。[7][79]我说的是人类。怎么？野兽不忍耐寒冷、饥馑、翻山越岭以及森林中的跑动和游走吗？他们不为了自己的后代而如此抵抗，以至于负伤，[而且]毫不躲避任何进攻、任何袭击？我略过野心勃勃者因尊荣之故而禁受和忍耐的事情，略过汲汲于

---

[1] 激烈程度难以置信的（incredibili）：参见 *OLD*[2] 词条 incredibilis 1b。

[2] 印度（India）：当然不等同于今天的印度，可能指今天的印度次大陆到我国边界的区域。参见 *OLD*[2] 词条 India。

[3] 洛布本（KING 1971: 504）认为，这指的是作为隐士和托钵僧的虔诚婆罗门在人生末期的举动，并请读者参见 2.52 关于卡玛拉努斯的注释。

[4] 玛尔库斯在这里以"印度人"的习俗暗中批评罗马人的德性，塔西佗《日耳曼尼亚志》第 19 章类似。

[5] 在树荫下（umbris）：或译作在退隐时。基尔福理解为地点夺格，译作 an schattigen Plätzen，洛布本、道格拉斯理解作工具夺格，分别译作 with bowered seclusion 和 with shady retreats，杜根校笺本释义作 idle hours。

[6] 我们玷污了（infecimus）：或译作我们败坏了、我们[给灵魂]下毒。

[7] 参见希罗多德《原史》2.65.5：τὸ δ᾽ ἄν τις τῶν θηρίων τούτων ἀποκτείνῃ, ἢν μὲν ἑκών, θάνατος ἡ ζημίη, ἢν δὲ ἀέκων, ἀποτίνει ζημίην τὴν ἂν οἱ ἱρέες τάξωνται[无论谁杀了这些动物中的一个，如果有意（为之），那么惩罚就是死亡，如果无意（为之），那么他就交纳祭司指定的任何罚金]。

赞美者因荣耀之故和被爱欲点燃者因欲望之故而忍耐和经受的事情。人生充满了[诸如此类的]例子。

28. [80]但这番言辞应当有所限制[1]并向偏离的位置返回。幸福生活，我说，会把自己交给煎熬，而在护送了正义、节制、勇敢（尤其是这点）、灵魂的伟岸和坚忍之后，在看见行刑者的面庞时，不会停下来；而且，如果一切德性都向折磨迸发，毫无灵魂的恐慌，那么，如我之前所言，[2]幸福生活就不会止步于牢狱的大门和门槛之外。其实，什么东西比那单独留下、与俊美无比的随从[3]分离的生活更肮脏、更畸形？不过这不会以任何方式发生，因为诸德性不可能在没有幸福生活的情况下坚持，幸福生活也不可能在没有德性的情况下坚持。[81]因此，诸德性不会允许幸福生活转身背对[自己]，还会把它随身挟带，[4]各种德性本身会被引向每一种痛苦和折磨。其实，智慧者的特征是：不去做任何可能使[自己]后悔的事情、任何不情愿的事，[而是]正大光明地、笃定地、庄重地、高尚地做一切事情，从而不把任何事情期待得好像当然会发生；在事情发生时毫不惊诧，从而它看起来并不出乎意料、并不新鲜；把自己的决断作为一切事情的标准，坚持自己的判断。当然不可能有什么比这更幸福的事情进入我的心灵。[82]事实上，廊下派的结论是简单的。因为他们感觉，诸善之极就是顺应自然而且与之相洽地生活；由于这一点不仅处于智慧者的义务中，而且也处于智慧者的能力中，因此随之而来的必定是，至善在其能力之中的人，幸福生活也在其能力之中。从而，幸福生活会永远属于智慧者。

你有了我认为以最有力的方式谈论幸福生活的[言辞]，而且正如现在所是的这样，如果你不会带来什么更好的[说法]，那么[这番话]就还

---

[1] 有所限制（adhibeat ... modum）：参见 *OLD*[2] 词条 adhibeo 8b、词条 modus 5b 以及 4.38。

[2] 参见 5.13。

[3] 随从（comitatu）：参见 *OLD*[2] 词条 comitatus[2] 2。

[4] 把它随身挟带（secum rapient）：rapio 的本义是抓走、夺走，这里表达一种无法抗拒的强制状态，参见 *OLD*[2] 词条 rapio 11b。

[说得]无比真实。

29. 生：事实上我无法带来更好的[说法]，但是我会从你这里乐意地获取，就好像，如果这[于你而言]并不麻烦（因为任何一个确定的学派的任何枷锁都不妨碍你，而且你从所有的[学派]中精选出以真理的面貌最触动你的任何东西[1]——不久之前[2]你似乎劝勉漫步派和旧学园派要敢于毫不退缩地、自由地说智慧者永远是无比幸福的），那么我会希望聆听，你以何种方式认为说出这点是他们的一贯做法。因为，你说了许多东西来反驳那种观点，[3]而且以廊下派的方式作出了大量结论。

[83]师：由此，让我们运用那种自由吧——唯独我们[新学园派]可以在哲学中运用它。我们的言辞本身并不下任何判断，而是涉及到每一个方面，[4]从而，言辞能够就其本身由其他人判断，与任何人的权威无所关联。而且，既然你看起来希望[得出]这点，亦即，无论龃龉不合的哲人关于极限有什么观点，[5]就幸福生活而言，德性依旧拥有充分的保障——事实上我们得闻，卡尔内阿得斯常常就此论辩。[6]不过他是为了反驳廊下派——他总是以最激烈的方式批判，而且对他们的学说发脾气[7]。事实上，让我们自己平和地来做那件事情——其实，如果廊下派摆正了诸善之极，[8]那么这个主题就完成了：智慧者必然永远幸福——[84]但

---

[1]　参见 2.9。

[2]　参见 5.75。

[3]　门生希望玛尔库斯反驳的观点是智慧者幸福但并非幸福无比，见 5.22。

[4]　涉及到每一个方面（habetur in omnis partis）：或译作考虑到每一个方面。参见 5.11。

[5]　这里的极限指可能达到的至高点，参见 2.3 的 sperandi finis[希望的极限]、finis dicendi[言说的极致]。finis bonorum[诸善之极]相当于 summum bonum[至善]，即 τἀγαθόν。

[6]　参见 3.54。卡尔内阿得斯同意，德性就幸福生活而言是充分的，但他不认为高尚是唯一的善，见 5.33。

[7]　对……脾气（contra quorum disciplinam ingenium eius exarserat）：名词 ingenium[性情/脾气]其实是不及物动词 exardescere 的主语，参见 OLD[2] 词条 exardesco 3。

[8]　就好像在界碑上刻着 finis posiverunt vicini[邻居们定下边界]，参见《论义务》1.6：de officio nihil queant dicere, neque ulla officii praecepta firma, stabilia, coniuncta naturae tradi possunt nisi aut ab iis qui solam aut ab iis qui maxime honestatem propter se dicant expetendam[关于义务，(伊壁鸠鲁学派和昔勒尼学派)没有能力说任何话，而且，不可能给出任何关乎义务的可靠、稳固且系于自然的教谕，除非是由那些人(给出)——他们宣称，高尚因其本身而或是唯一应当寻求的或是最应寻求的]。

是，如果可能实现的话，就让我们探寻其余学派的每一个观点，以使关于幸福生活的这个出色的准决定[1]可能与所有人的观点和学说相洽。

30. 进而，如我所料想，关于极限，得到坚持和辩护的有这些观点：首先是四个简单的观点，除了高尚之事以外无任何善（如廊下派所言）、除了快乐以外无任何善（如伊壁鸠鲁所言）、除了免于痛苦以外无任何善（如希厄若倪摩斯所言）[2]以及除了或是完全地或是最大程度地享受自然的首要诸善[3]以外无任何善（如卡尔内阿得斯反驳廊下派的那样）。[85]从而，这些是简单的，那些是组合起来的：存在三种类型的善，[4]灵魂的善最重要，身体的次之，外在的第三（如漫步派和[与之]差别不大的旧学园派所言）；得伊诺玛科斯和卡珥利封[5]把快乐与高尚相系，漫步派的迪欧多若斯[6]却把无痛苦与高尚相连。这些是具有一定可靠性的观点。阿瑞斯同、皮浪、赫瑞珥洛斯[7]以及其他一些人的观点现已褪色。让我们看看，在略过廊下派之后——我似乎已经充分地为他们的观点作了辩护——这些人可能保留住什么。

事实上，漫步派的情况也是明了的——除了忒欧弗剌斯托斯[8]以及任何因为追随他而无力地惧怕、惶惶于痛苦的人。事实上，其他人获准做那件他们差不多正在做的事情，就是扩增德性的庄重和尊荣。当他们

---

[1] 准决定（quasi decretum）：decretum 是古罗马人熟悉的政治用语，可以指元老院的决议。玛尔库斯想表达哲学上的 δόγμα[判断]，故用了 quasi 一词，参见 *OLD*² quasi 9b。decretum 在本书中另见于 2.11。

[2] 参见 2.15。

[3] 自然的首要诸善（naturae primis bonis）：相当于希腊语 τὰ πρῶτα κατὰ φύσιν[根据自然而来的首要的事物]，指人类在天性上受其吸引的东西，详见《论善恶之极》4.14 及下。

[4] 参见 5.21。

[5] 得伊诺玛科斯和卡珥利封（Dinomachus et Callipho）：希腊名分别为 Δεινόμαχος 和 Καλλιφῶν，均为昔勒尼派哲人。

[6] 迪欧多若斯（Diodorus）：希腊名 Διόδωρος，克瑞托拉欧斯的门生，漫步派掌门。

[7] 关于阿瑞斯同和皮浪，见 2.15。迦太基的赫瑞珥洛斯（Ἥριλλος），廊下派哲人，芝诺的门生，他反对区分无足轻重之物，而且，相对于富有的美德行为，他更强调知识。另见《名哲言行录》7.165–166。

[8] 参见 5.24。

把德性高举上天时——有口才的人惯于以丰富的言辞来做这件事情——通过比较来粉碎并蔑视其余事物便轻而易举。而其实，那些说赞誉应当伴随着痛苦来得到寻求的人，并不获准否认那些拥有赞誉的人幸福。因为，就算他们在某些恶中，幸福的这一名号依旧长远而广阔地延展。**31.** [86]其实，正如商业被称作有利润的，耕种被称作有果实的，条件并非前者总是免于一切损失、后者总是免于一切风暴和灾难，而是以幸运在明显更大的程度上体现于这两件[事情]为条件，同样，生活可能被正确地称作幸福的，不仅以到处充满了善为条件，而且以诸善明显占比更大、更重为条件。[87]由此，根据这些人¹的道理，幸福的生活甚至就会跟随德性去刑罚那儿，并与它一同凭借权威亚里士多德、克色诺克剌忒斯、斯彪西波和珀勒蒙而下降到公牛²那里，而且不会由于被威胁或奉承损坏而抛弃它。相同的观点也会为卡珥利封和迪欧多若斯所持有，他们两人如此拥抱高尚，从而判断一切毫无高尚的东西都应当远远地放在后面。其他人处于更加窘迫的状态，不过他们溜了³——伊壁鸠鲁、希厄若倪摩斯以及任何花心思为卡尔内阿得斯的那个已遭废弃的极致辩护的人。其实，这些人中没有谁不认为灵魂是诸善的裁判，而且他们训练灵魂，从而它能够蔑视那些看起来善或恶的事情。[88]因为，在你看来伊壁鸠鲁的那一状态同样也会属于希厄若倪摩斯和卡尔内阿得斯，赫拉克勒斯作证，还会属于其他所有人。其实，针对死亡或痛苦，谁没有准备充分？

[你]若乐意，那我们就从那位被我们称作软弱者和贪图享乐者的人⁴着手。怎么？他在你看来是否畏惧死亡或痛苦？他称自己死去的那天幸福，而且在受最强烈的痛苦影响时凭借对自己之所发现的记忆和回

---

¹ 指漫步派和旧学园派，参见 5.22。
² 关于法拉瑞斯的公牛，参见 2.17。
³ 他们溜了（enatant）；或译作他们游泳逃开了。
⁴ 指伊壁鸠鲁，参见 2.45。

忆来压制那些痛苦本身。[1]他并不如此做这些事以至于看起来好像在临时地胡诌。因为，关于死亡，他如此感知，以至于判断，在有灵魂之物分解、感觉熄灭后，那缺乏感觉的东西与我们没有任何关联。[2]同样，对于痛苦，他也有某种紧跟着的[观点][3]——他以短小[缓和]痛苦之巨大，以轻微[缓和]痛苦之长久。[89]那种夸夸其谈的人[4]究竟可能以什么方式比伊壁鸠鲁更好地反抗这两件最使人苦闷的事情？

　　抑或，对于其他那些被认为恶的事情，伊壁鸠鲁和其余的哲人看起来准备不足吗？什么人不惶惧贫穷？甚至任何一位哲人都不。**32.** 伊壁鸠鲁本人实际上以多么少的东西得到了满足！关于简朴的生活方式，没有人说得更多。而事实上，既然他远离所有这些招致对钱财的欲望从而就情爱、抱负和每日的花销而言会有充足资源的事物，他为什么应当非常需要钱财，毋宁说，他究竟为什么应当操心？[90]抑或，斯基泰人阿纳卡尔西斯[5]能够把钱财视为虚妄，我们族群的哲人[却]无力[这样]做？他的那封书信载于这些语词："阿纳卡尔西斯向汉诺问好。对我而言，斯基泰毯子为衣，脚底的厚皮[6]作鞋，大地当床，饥饿是开胃菜，我以奶、酪和肉为食。从而，你可以来我这里，就好像来到一位宁静之人这里。不过，请把那种取悦你的礼物，或是给你的城邦民或是去给不朽的神明。"几乎所有学派的所有哲人——除了那些充满罪恶的本性使其

---

　　[1] 参见《名哲言行录》10.22。

　　[2] 参见《名哲言行录》10.139：*ὁ θάνατος οὐδὲν πρὸς ἡμᾶς· τὸ γὰρ διαλυθὲν ἀναισθητεῖ· τὸ δ' ἀναισθητοῦν οὐδὲν πρὸς ἡμᾶς*[死亡与我们无关：因为已然分解的(遗体)毫无感觉——而毫无感觉的东西与我们无关]。

　　[3] 参见普鲁塔克《年轻人应该如何听诗》（*Πῶς δεῖ τὸν νέον ποιημάτων ἀκούειν*）36b：*οἱ μεγάλοι πόνοι συντόμως ἐξάγουσιν, οἱ δὲ χρόνιοι μέγεθος οὐκ ἔχουσιν*[强烈的痛苦短暂发作，而长期的痛苦并不强烈]，另见 2.44。

　　[4] 指廊下派。

　　[5] 阿纳卡尔西斯（Anacharsis）：希腊语 Ἀνάχαρσις，公元前六世纪的斯基泰王子，以智慧闻名。

　　[6] 厚皮（callum）：洛布本及戴维译作 thick skin，道格拉斯译作 hard skin，格兰特译作 hard soles，三个德译本均译作 Schwielen[老茧]。据 *OLD*[2] 词条 callum 2-3，此处译作厚皮似乎较老茧更妥。另见 2.36 和 3.53。

偏离正道的人——都能具有这同一一种的灵魂。[91]当大量的金银被带到游行中时，苏格拉底说："如此之多我并不需求的东西！"[1]克色诺克剌忒斯，当亚历山大派来的使者带给他五十塔兰同（那在当时，尤其是在雅典，是很大一笔钱）时，他把使者带到学园去用餐；他给他们供应恰为足够的[餐食]，毫不铺张。翌日，当使者们问他会吩咐由谁来数[钱]时，"怎么，"他说，"你们没有通过昨天的粗茶淡饭了解到我并不缺钱吗？"由于发现他们失望，克色诺克剌忒斯便接受了三十姆纳，以免自己看起来对国王的慷慨不屑一顾。[92]而其实，作为一名犬儒派的第欧根尼[2]更加随性。当亚历山大请求他若有什么需要就开口时，"其实现在，"他对亚历山大说，"[请你]离阳光远一点。"[3]显然他妨碍了他晒太阳。而第欧根尼实际上惯于就他在生活和机运方面在多大程度上超越了波斯人的国王来论辩：自己一无所缺，没有什么对他而言会是足够的，自己不需求他的快乐，他从不可能因这些而满足，他无法以任何方式实现自己的快乐。

33. [93]你注意到，我相信，伊壁鸠鲁区分了欲望的种类，或许不太细致，但却有益：一部分自然而必要，一部分自然而非必要，一部分既不自然且不必要；[4]必要的欲望几乎不以任何东西就可以得到满足；因为，属自然的财富易于获取；[5]而伊壁鸠鲁判断第二类欲望并不难以掌控而且实际上不难以远离；第三[类]欲望，由于十分空洞，不仅不关乎必要性，而且甚至不关乎自然，因此他认为应该根除。[94]在这一论

---

[1] 参见《名哲言行录》2.25：πόσων ἐγὼ χρείαν οὐκ ἔχω[这么多我不需要的东西！]。

[2] 参见 1.104。

[3] 参见普鲁塔克《亚历山大传》14：μικρὸν … ἀπὸ τοῦ ἡλίου μετάστηθι[请离太阳远点]。

[4] 参见《名哲言行录》10.149：τῶν ἐπιθυμιῶν αἱ μέν εἰσι φυσικαὶ καὶ ἀναγκαῖαι· αἱ δὲ φυσικαὶ καὶ οὐκ ἀναγκαῖαι· αἱ δὲ οὔτε φυσικαὶ οὔτ' ἀναγκαῖαι ἀλλὰ παρὰ κενὴν δόξαν γινόμεναι[在各种欲望中，一些自然而必要，一些自然而不必要，一些既不自然又不必要，而产生于空洞的意见]。

[5] 参见伊壁鸠鲁《致美诺伊刻乌斯书》130：τὸ μὲν φυσικὸν πᾶν εὐπόριστόν ἐστι, τὸ δὲ κενὸν δυσπόριστον[一切自然的（需求）都易于获得，难以获得的则空洞虚无]。

位上，许多内容得到伊壁鸠鲁派的论辩，而且那些快乐逐一得到消减
——他们不蔑视那几类快乐，但寻求得并不多。[1]因为[2]他们说，不体面
的快乐——许多关于这些东西的言辞由他们发表——简单、共通而大家
都可获得[3]。他们还认为，如果自然要求这些快乐，那么就不该以出身、
地位和阶层来衡量，而应该以容貌、年龄和外形来衡量；而且，远离这
些毫不困难，倘若健康、义务或者名声作出要求的话；另外，如果这一
类快乐无所妨害，那么它在整体上就值得向往——[但是]从无益处。[4]
[95]伊壁鸠鲁还对关于快乐的这整个[主题]作了这样一番教示：他认
为，因为存在快乐，所以它本身经由自己而总是应当为人向往和寻求，
而且出于相同的理由，因为存在痛苦，它就由于其本身而总是应当被躲
避；因此，智慧者会运用这一平衡，从而，如果快乐会造成更大的痛苦，
那他就会避免快乐，而如果痛苦会造成更大的快乐，那他就会承担痛苦；
而且，尽管一切令人愉悦的事情都由身体的感觉来得到判断，但他们依
旧以灵魂为标准。[5][96]由此，[他认为，]只要身体感觉到当下的快乐，
它就感到了喜乐，灵魂也与身体同等地获得现存的[快乐]，还预见到正
在到来的快乐，而且不允许过去的快乐流逝。就这样，在智慧者那里，
诸多快乐就会永远连续不断且交织在一起，因为对各种[他]所希望的快

---

[1] 他们……不多（quarum genera non contemnunt, ⟨non⟩ quaerunt tamen copiam）：此句
有校勘问题。洛布本（KING 1971: 520–521）引用 MADVIGIUS 1876: 94 的说法，认为抄本
上的 non contemnunt[他们不蔑视]当作 contemnunt（non 和 con 形近而误），故在 contem-
nunt 后亦不增补 non（此时的句子译作他们蔑视那几类快乐，不过大量寻求）。按照洛布
本的理解，伊壁鸠鲁学派轻视满足色欲和口腹之欲等所带来的快乐，他们逐一消减这
些快乐，但依旧不拒绝在这些方面获得巨大的享受。

[2] 因为（nam et）：玛尔库斯在这里说的是上一节所说的第二种欲望，原本应当有并
列的另一个 et 分句谈论第三种欲望（第 97 节），但是针对第二种欲望的论述较长，因此
et ... et 结构被中断了。类似现象另见于 3.5、4.74。参见 DOUGAN & HENRY 1934: 282。

[3] 大家都可获得（in medio sitas）：参见 *OLD*[2] 词条 medium 4。

[4] 参见《名哲言行录》10.118：συνουσίη δέ, φασίν, ὤνησε μὲν οὐδέποτε, ἀγαπητὸν δὲ εἰ
μὴ καὶ ἔβλαψε[而（伊壁鸠鲁派）说，交合从无益处，但如果它无所伤害，那么就是可欲求
的事情]。

[5] 快乐和痛苦来自身体的感觉，但是伊壁鸠鲁却矛盾地认为灵魂的快乐和痛苦比身
体的快乐和痛苦更加强烈。

乐之期待与已然获得的快乐组成的记忆连在一起。**34.** [97]进而，与这些类似的[看法]也被带到饮食上去，而且宴饮的豪奢和消费当得到削减，因为自然满足于简朴的生活方式。而其实，谁没有看见这点呢——这一切都以需求来调味？尽管逃亡中的大流士[1]喝的是浑浊而被尸体污染的水，他却说自己从未喝得更愉悦。显然，他从未口渴了才喝水。托勒密[2]也没有饿了才吃饭。尽管在他穿越埃及时，由于随从没有跟上，给予他的[只有]陋室中的一块家常面包，可是没有什么看起来比那块面包更令人愉悦了。人们说，当苏格拉底高强度地行走直到晚上并被人询问为何做此事的时候，[他]回答说，自己通过行走来换取饥饿感，从而更好地进餐。[3][98]怎么？难道我们没有看见拉刻代蒙人在会餐中的饮食吗？当僭主迪欧倪西欧斯在那里吃饭时，他说那作为主菜的黑汤[4]不合他的胃口。当时烹制那些菜肴的人[说]："毫不让人奇怪，因为它们缺少调料。""究竟是什么调料？"迪欧倪西欧斯问道。"狩猎中的艰辛、汗水、沿着厄乌若塔斯河奔跑、饥饿和口渴。其实拉刻代蒙人的宴会用这些东西来调味。"另外，这一点不仅能够从人类的习惯中，而且能够从野兽那里得到了解：当某个东西放在[它们]面前时，只要这东西并非不合于[野兽的]本性，那么它们在满足于此之后并不寻求更多。[99]某些作为整体的城邦因为受教于习俗而对简朴感到愉快，正如我不久之前关于拉刻代蒙人所说的那样。波斯人的饮食得到色诺芬的展示——后者说他们不往面包里添加任何东西，除了水芹。[5]不过，倘若自然还需要某种更加香甜的东西，那么大地和树木中就会产生多么大量的东西，不仅

---

[1] 指大流士三世。他在公元前 331 年被亚历山大击败。

[2] 可能指埃及法老托勒密一世。

[3] 参见《智者之宴》4.157e: καὶ πρὸς τοὺς πυνθανομένους 'τί τηνικάδε;' ἔλεγεν ὄψον συνάγειν πρὸς τὸ δεῖπνον[而且，对于那些询问"(你)为何在这个时候(散步)"的人，(苏格拉底)说自己在为餐食收集调料]。

[4] 黑汤（iure ... nigro）：古希腊语作 ζωμὸς μέλας[黑汤]，参见《智者之宴》9.379e。

[5] 参见色诺芬《居鲁士的教育》1.2.8: ὄψον δὲ κάρδαμον[水芹当调料]。

易于高产，而且特别香甜！加上那在饮食中紧随着自制的干燥吧，[1]加上
无损的健康吧，比较流汗的人、嗳气的人以及被食物塞饱而像是大肥牛
的人吧——[100]你会明白，那些最追求快乐的人在最小的程度上取得
[快乐]，而且饮食[带来]的愉悦在需求而非在饱餍之中。**35.** 人们说，
提摩忒欧斯，[2]雅典的杰出人士和城邦的首领，由于与柏拉图一同进餐
而且相当享受那场宴会，又在翌日看到了柏拉图，便说："事实上，你
们的宴席不仅在当下，而且在第二天也令人愉悦。"在吃饱喝足后，我
们甚至无法正确地运用心灵，这是怎么回事？柏拉图有一封著名的书
信，[3]写给迪翁的亲属，其中大致以这些言辞写道："当我来到那里时，
那种所谓的幸福生活完全不使我愉快。[它]充斥着意大利式[4]和叙拉古
式的餐食，一天之中饱餐两顿，[5]而且从不会[让人]独自过夜，还有其余
伴随这种生活的东西——在这种生活中，从没有谁会成为智慧者，而会
成为有节度者的更少。"其实，哪种本性可能如此令人惊异地得到调
理？[6][101]从而，明智和节度缺席的生活可能以何种方式令人愉悦呢？
由此，[我们]认识到无比富有的叙利亚国王撒尔达纳帕珥洛斯[7]的错误，
他下令在坟墓上刻下：

---

1 四种元素（土、气、火、水）的混合及其基本性质（干、湿、热、冷）构成了身体
与身体的组成部分。干燥的身体被视作最健康而强壮。

2 提摩忒欧斯（Timotheum）：希腊名 $Τιμόθεος$，雅典将军，内珀斯为他作过传。

3 参见《书简》7.326b。

4 意大利式的（Italicarum）：指古代概念上的意大利，即大希腊地区。

5 古希腊人的三餐名为 $ἀκράτισμα$[早餐]、$ἄριστον$[午餐]和 $δεῖπνον$[晚餐]，其中早餐
较简单。

6 得到调理（temperari）：洛布本译作 mixed，道格拉斯译作 blended，毕希纳译作 sich ...
einrichten，葛恭、基尔福译作 sich ... beherrschen。比较柏拉图《书简》7.326c：$οὐδεὶς ...$
$οὕτω θαυμαστῇ φύσει κραθήσεται$[没有谁会在本性上以如此令人惊异的方式得到混合]。

7 撒尔达纳帕珥洛斯（Sardanapalli）：古希腊语作 $Σαρδανάπαλ(λ)ος$，系传说中富有而
沉溺于感官享受的亚述王。他的形象可能来自阿舒尔巴尼拔（Aššurbanipal）、沙玛什-舒
玛-乌金（Šamaš-šuma-ukin）和辛-沙尔-伊施昆（Sin-šar-iškun）这三位亚述统治者。另见
《论共和国》残篇 3.4、《论善恶之极》2.106、《致阿特提库斯书》10.8.7（＝199 SB）、《尼
各马可伦理学》1.1095b22、《大伦理学》1.1216a16、《政治学》5.1312a1、希罗多德《原
史》2.150 和迪欧多若斯《史集》2.23–27。普鲁塔克和阿忒奈欧斯笔下都多次提到撒氏。

我拥有这些：我吃掉的东西以及得到满足的欲念

所消耗的东西，其余那一大堆灿烂的东西则留在[人世]。[1]

"你会把其他什么东西，"亚里士多德说，"铭刻在一头牛而非一位国王的坟墓上？"撒氏说，自己就算死去也拥有这些东西——连他活着时，他也不会比享用它们更长久地拥有它们。[2][102]从而，财富为何应当为人所需？贫穷不允许幸福之人存在于何处？我相信你热衷于雕像和绘画。若有谁爱好这些，那么，清贫之人难道不比在这些方面富足的那些人更好地享受吗？因为所有这一切都极其大量地存在于我们这座城市中的公共[空间]。那些私下拥有这些的人看到得并不如此之多，而且在来到自己的庄园时[才]难得一见。[3]当他们回想起在哪里获得它们时，还有某件事情刺痛他们。[4]我若想为贫穷的原因辩护，那么时日就会短缺。其实事情是显而易见的，而且自然本身每天都提醒我们它[只]需要多么稀少、微小而廉价的东西。

36. [103]因此，难道默默无闻、卑微甚至民众的反感会阻碍智慧者幸福吗？小心啊，免得俗众的认可和这种被寻求的荣光带来烦恼而非快乐。我们的德摩斯梯尼当然是轻俗的。[5]他说自己因为一位在打水（就像

---

[1] 参见《智者之宴》8.336a：ταῦτ' ἔχω ὅσσ' ἔφαγον καὶ ἐφύβρισα καὶ μετ' ἔρωτος | τέρπν' ἔπαθον· τὰ δὲ πολλὰ καὶ ὄλβια κεῖνα λέλειπται[我拥有这些：吃过的每一口（食物）、欺辱过的每一个（人）以及伴随着爱欲体验过的每一次享受——但留下了那些大量的财富]。洛布本《智者之宴》旧版（GULICK 1957: 24–25）据凯贝尔校勘本（KAIBEL 1887: 238）用 λέλυνται[被毁灭]，译作 are now ... dissolved；新版（OLSON 2008: 26–27）采用异文 λέλειπται[已被留下]，但仍译作 has perished，有因袭旧译之嫌。奥尔森晚近的校勘本（OLSON 2020: 10）作 λέλυνται。不过，西塞罗这里所用的 iacent[留下]支持异文 λέλειπται。

[2] 意为仅仅在享受时才拥有。

[3] 玛尔库斯在这里的表述让我们想起他对 res publica 的理解：res publica 不仅仅涉及 iuris consensus[对正义的共识]和 utilitatis communio[利益的共享]（《论共和国》1.39），而且也基于 res populi[民众的财产]，后一点是西塞罗在政治理论上的创新，参见余友辉 2010: 259–261、SCHOFIELD 1995（据此，西塞罗著作的书名 De re publica 不宜译作论宪法、国家篇；另见刘玮 2010 对类似问题的讨论）。

[4] 罗马统治者常常从他们的行省中盗窃、掠夺财宝，比如维勒斯在西西里的行径。

[5] 轻俗的（leviculus）：这个词是 levis[轻浮的]的指小词。对比西塞罗《布鲁图斯》35：nam plane quidem perfectum et quoi nihil admodum desit Demosthenem facile dixeris[因

希腊[人]的习惯那样）¹的愚妇的那阵低语而喜悦——[她]对另一位妇女低语道："这就是那个德摩斯梯尼。"有什么比这更轻浮？而他是多么伟大的演说家啊！但是，他显然懂得在其他人面前说话，却不太懂得与自己说话。²[104]因此，必须得到了解的是：来自民众的荣光不应当经由其本身而得到寻求，[我们]也不应当惶惧默默无闻。"我曾去过雅典，"德谟克利特说，"而那里没有任何人认识我。"³笃定而庄重的人啊，他所夸耀的[正是]自己远离荣耀！难道，笛手和那些弹奏弦琴的人以自己的判断而非多数人的判断来节度乐曲和节奏，[但]智慧的君子，拥有伟大得多的技艺，[却]不寻求那最真实的东西，而是寻求俗众想要的东西？难道有什么比这更愚蠢的事情——认为你将其当作一个个工匠和外夷来蔑视的那些人在整体上算是什么？⁴其实，那位[智慧者]会蔑视我们的抱负和轻浮，还会拒斥民众[给予]的尊荣——甚至是[他们]自发给出的尊荣。然而，在开始后悔之前，我们并不懂得蔑视他们。⁵[105]自然学者赫拉克利特⁶笔下有关于以弗所人的首领赫尔摩多若斯⁷的[评论]。他说，全体以弗所人都应当处以死刑，因为，他们把赫尔摩多若斯逐出

为，事实上你当然会乐意地说德摩斯梯尼是完美的(演说家)，而且他完全不欠缺什么]。

1　希腊人没有罗马人的公共供水设施。

2　参见《论老年》38、《论义务》3.1。

3　参见《名哲言行录》9.36。

4　参见埃利阿努斯（Aelianus）《杂史》（Ποικίλη ἱστορία）2.1。苏格拉底鼓励阿尔喀比亚德不要害怕在公开场合发言，对他说：ὁ δῆμος ὁ Ἀθηναίων ἐκ τοιούτων ἤθροισται· καὶ εἰ τῶν καθ' ἕνα καταφρονεῖς, καταφρονητέον ἄρα καὶ τῶν ἠθροισμένων[雅典民众就是由这些（皮匠、帐篷匠等等）聚成的，而且，如果你蔑视作为个体的（雅典人），那么当然也就应该蔑视聚集起来的（他们）]。

5　玛尔库斯在这里说的是他自己的亲身遭遇：他在当执政官的时候深受民众支持，后来为克洛迪乌斯所害而陷入流亡；同样，尽管他回到罗马时亦受民众欢迎，可最终还是无法阻止三巨头。

6　赫拉克利特（Heraclitum）：希腊名 Ἡράκλειτος，公元前六世纪的伊奥尼亚哲人，有σκοτεινός[晦涩者]之名。另见 5.69。

7　赫尔摩多若斯（Hermodoro），希腊名 Ἑρμόδωρος。参见《学说汇纂》1.2.2.4：quarum ferendarum auctorem fuisse decemviris Hermodorum quendam Ephesium exulantem in Italia quidam rettulerunt[事实上，有人曾提到，流亡到意大利某位以弗所人赫尔摩多若斯为十人团当过定立（《十二表法》）的顾问]。

城邦时这样说："让我们之中没有哪一个人逸群绝伦，而如果有谁显得［如此］，那就让他在别处与别人在一起。"¹难道这不是如此发生于所有的种族吗？难道他们不厌恶每一种卓绝的德性？怎么？阿瑞斯忒伊得斯²（其实，我更愿意举希腊人而非我们［罗马人］的［例子］）难道不是因为这一缘故而被逐出祖邦吗——他正义过度了？由此，那些完全不与民众打交道的人避免了多少烦恼！因为有什么比文辞中的闲暇更甘美？我说的是这些文字——我们凭借它们而认识万物和自然的无限，而且在这个宇宙本身中认识天空、大地和海洋。

37. ［106］因此，在尊荣得到蔑视、钱财也得到蔑视之后，还剩下什么应当惶惧？我相信是流亡——它被当作至恶之一。如果它因为民众疏远且敌对的意愿而是恶，那么这种意愿当受何等的蔑视就是方才所说的。但如果离开祖邦是悲惨的，那么行省就充满了悲惨的人——［只有］很少的人从那里返回祖邦。［107］³"而流亡者在财产方面遭惩罚。"于是怎么了？难道关于忍受贫穷的这么多［内容］说得不充分吗？更进一步，我们若寻求事物的本性而非名称上的不光彩，那么流亡和永久的旅居究竟有多大区别？那些最高贵的哲人就在流亡中度过了自己的一生——克色诺克剌忒斯、克冉托尔、阿尔刻西拉欧斯、⁴拉曲得斯、亚里士多德、忒欧弗剌斯托斯、芝诺、克勒安忒斯、克律西璞珀斯、安提帕特若斯、卡尔内阿得斯、克勒伊托玛科斯、菲隆、安提欧科斯、帕奈提欧斯、波塞冬尼欧斯以及其他不可胜数的人。⁵他们只此一次离开后，就从未

---

¹ 参见《名哲言行录》9.2: ἡμέων μηδὲ εἷς ὀνήιστος ἔστω· εἰ δέ τις τοιοῦτος, ἄλλῃ τε καὶ μετ' ἄλλων［我们当中不该存在一位最能干的人——而如果有某位这样的人，那么（他就该）在别处并且与别人为伍］。

² 阿瑞斯忒伊得斯（Aristides）：希腊名 Ἀριστείδης，雅典政治人，以正直著称，忒米斯托克勒斯的同时代人和对手。

³ 关于第107节始于 at 还是 quid，珀伦茨本未给出有效信息，故据斯科特本在 at 前分节，参见 2.40 关于分节的注释。

⁴ 阿尔刻西拉欧斯（Arcesilas）：希腊名 Ἀρκεσίλαος 或 Ἀρκεσίλας，后者是多利斯方言。阿氏乃新学园派掌门。

⁵ 西塞罗在这里罗列了16位哲人，两两一组构成八组：旧学园派、中期学园派、漫

回家。[1]"而其实[那]并非不光彩。"难道,流亡可能以不光彩来影响智慧者?[2]其实,这整番言辞都关于流亡不可能正当地发生在他们身上的那位智慧者,因为,正当地流亡之人不应得到安慰。[108]最终,对于所有的情形而言,那些人的办法最为简单。他们把快乐作为自己在生活中追求的那些东西的标准,从而,无论哪里提供快乐,他们就能够在那里幸福地生活。由此,透克洛斯的那句话可以适用于所有的情形:

无论在哪里过得好,哪里就是祖邦。[3]

事实上,当苏格拉底被问到他宣称自己是哪里人时,"宇宙人,"[4]他说。其实,他判定自己是属于整个宇宙的居民和城邦民。怎么?难道提·阿珥布奇乌斯[5]流亡雅典时没有以平和无比的灵魂来作哲学思考?不过,流亡原本不会发生在他本人身上,假如他在公共事务中无所作为而遵守了伊壁鸠鲁的规则。[6][109]其实,为何伊壁鸠鲁因为生活在祖邦就比美特若多若斯更幸福呢——因为后者生活在雅典?在更加幸福地存在这一点上,[7]柏拉图胜过克色诺克剌忒斯?珀勒蒙胜过阿尔刻西拉欧斯?

步派、廊下派建立者、廊下派传人、怀疑论新学园派、独断论"旧"学园派以及晚期廊下派。其中波塞冬尼欧斯是西塞罗的同时代人,参见 2.61 及注释。
　　[1] 这些哲人都不得不离开自己的出生地而来到学问的中心。
　　[2] 难道……智慧者((an potest exilium ignominia) adficere sapientem?):珀伦茨本接受韦森贝格的观点作了增补。
　　[3] 出自帕库维乌斯《透克洛斯》,这部剧在西塞罗时代非常著名(参见《论演说家》1.246)。帕氏此剧主要基于索福克勒斯的同名作品,剧情梗概是:透克洛斯是忒拉蒙和赫西欧内('Ησιόνη)的儿子,大埃阿斯的兄弟。因为埃阿斯的逝世,忒拉蒙拒绝在撒拉米斯接纳透克洛斯,故后者离开,去往塞浦路斯。参见 WARMINGTON 1936: 286–287。另见阿里斯托芬《财神》1151: πατρὶς γάρ ἐστι πᾶσ' ἵν' ἂν πράττῃ τις εὖ[因为,无论在哪里,只要过得好,那里就全然是祖邦]。布鲁图斯在写给西塞罗的信中说: mihi esse iudicabo Romam ubicumque liberum esse licebit[依我看,不管(去)什么地方,只要我能获得自由,那里对我来说就都是罗马](《致布鲁图斯书》1.16.8[= 25 SB])。
　　[4] 宇宙人(mundanum):苏格拉底自称"宇宙人"(κόσμιος)的说法另见于普鲁塔克《论流亡》(Περὶ φυγῆς) 600f。犬儒第欧根尼有类似表达,参见《名哲言行录》6.63。
　　[5] 阿珥布奇乌斯(Albucius):他于公元前 103 年被控在撒丁岛聚敛,随后流亡雅典。
　　[6] 这一原则即 λάθε βιώσας[别让人发现你在生活],见于普鲁塔克的作品标题"别让人发现你在生活"说得是否好(Εἰ καλῶς εἴρηται τὸ λάθε βιώσας)。
　　[7] 在……上(quo esset beatior):道格拉斯把这个 quo 理解为表达目的的连词,不确

其实，正人君子和智慧者从中遭到驱逐的这座城邦应当被估量价值几何呢？事实上，达玛剌图斯，我们的国王塔克文的父亲，因为无法承受僭主曲璞色洛斯[1]而从科林多逃到塔尔克维尼伊，而且在那里建立起自己的产业并养育子女。他把流亡的自由置于家园内的奴役前优先选择，[这]难道是愚蠢的？

38. [110]更进一步，当灵魂被导向快乐后，灵魂的[躁乱的]运动、焦虑和忧愁，就凭借遗忘来得到缓解。[2]从而，伊壁鸠鲁并非毫无缘由地敢于说出，因为智慧者永远在快乐中，所以他永远在更多的善之中。伊壁鸠鲁认为从中就得出了我们所探寻的东西：智慧者永远幸福。[111]"如果他缺乏双眼、双耳的感觉，是否也是[如此]？"是的，因为他恰恰蔑视那些东西。其实，首先，这种可怕的盲瞽究竟缺乏哪种快乐？事实上，尽管他们甚至论辩说，其他快乐恰恰就居于这些感觉之中，然而，那些经由视力而得到感知的东西，并不像那些我们品尝、闻嗅、触摸和聆听的东西恰恰处在我们有所感觉的那一部分之中那样处在双目的任何愉悦中。双目中并不发生如此这般的事情，[3]灵魂接受我们所看见的东西。进而，灵魂可由多种不同的方式感到愉悦，即便没有运用视力。其实，我说的是有学识且有学养的人，对他而言，生活等同于思考。进而，智慧者的思考几乎不把作为助手的双目应用于[他的]研究。[112]而实际上，如果夜晚并不剥夺幸福的生活，那么为何与夜晚相似的白天剥夺呢？因为，昔勒尼学派的安提帕特若斯的那个[说法]事实上有些过于不体面，但是[他的]观点并不荒谬。当愚妇们为他的盲瞽恸哭时，"你们做什么？"他说，"在你们看来，难道不存在任何夜晚的快乐吗？"事实上我们从其职位和功绩中了解到，那位年迈的阿璞皮乌斯[4]——他

（参见 ANTHON 1852: 386、KÜHNER 1874: 509 等等），戴维错误地因袭之。

  [1]　曲璞色洛斯（Cypselum）：希腊名 Κύψελος，公元前六世纪的科林多僭主。

  [2]　这是伊壁鸠鲁的观点，参见 3.33。

  [3]　参见 1.46。

  [4]　参见 4.4 及相关注释。

已经失明多年——在他的那一困境中既未怠弃个人本分也未怠弃公共职分。我们得闻，伽·德茹苏斯[1]的家宅常常挤满了[来]求建议的人。由于当事人看不清自己的情况，所以他们求助于盲人向导。在我年少时，前裁判官格奈·奥菲迪乌斯[2]在元老院中发表[自己的]观点，又没有耽误请教[他]的朋友，还以希腊语撰写史书，而且在文字中观看。39.[113]失明者廊下派的迪欧多托斯在我家住了多年。[3]其实——这点几乎无法相信——当他甚至比之前远为持久地置身于哲学时，当他以毕达哥拉斯学派的习惯演奏弦琴时，而且当诸多书卷日日夜夜为他诵读时（在这些研究中他不需要双眼），此时——这看起来在没有双目时几乎不可能实现——他管照着几何学的[教授]任务，以言辞指导学习者该从何处、向何处画每一条线。人们说，当某人问阿斯克勒皮阿得斯[4]，厄热特瑞阿学派的[5]那位并非不为人知的哲人，盲瞽给他带来了什么时，[他]回答说，因为一个小童他便多了一位随从。[6]其实，就好像，如果我们获准做那件某些希腊人每天都获准做的事情，[7]那么极端的贫穷就可以忍受，同样，如果针对疾患的援助并未丧失，那么盲瞽也可以被轻松承受。[114]在失去光明后，[8]德谟克利特当然无法区分白和黑，但他其实能够区分诸善和诸恶、公平之事和不公平之事、高尚之事和低劣之事、有用之事和无用之事、大事和小事，而且，无斑斓色彩[尚]可幸福地生活，无万物

---

1 伽·德茹苏斯（C. Drusi）：公元前 91 年护民官玛尔库斯·德茹苏斯的兄弟。

2 格奈·奥菲迪乌斯（Cn. Aufidius）：公元前 108 年裁判官。

3 《布鲁图斯》309 提到迪欧多托斯在西塞罗家中去世。西塞罗曾随迪氏学习哲学。

4 阿斯克勒皮阿得斯（Asclepiadem）：希腊名 Ἀσκληπιάδης，柏拉图的学生美内得摩斯（Μενέδημος）的学生。

5 厄热特瑞阿学派的（Eretricum）：厄热特瑞阿（Ἐρέτρια）学派是厄利斯（Ἤλις）学派的延续。厄利斯学派由厄利斯的斐多建立，由上面提到的阿斯克勒皮阿得斯和美内得摩斯迁到厄热特瑞阿。它在某种程度上被视作苏格拉底的传人。参见 PREUS 2015: 152。

6 意为清贫的哲人如显贵那般享受"前呼后拥"的待遇。

7 亦即做门客或者乞丐。参见尤威纳利斯《讽刺诗集》3.77–78：omnia novit Graeculus esuriens[饥肠辘辘的希腊佬无所不知]。西塞罗并没有用 parasitari[做门客]一词，这是因为考虑到的确有一些希腊哲人为生计所迫而在罗马富人那里讨生活。

8 参见《论善恶之极》5.87。

之概念[则]不可幸福地生活。进而，这位君子甚至判断，灵魂的敏锐遭双眼的视力阻碍，而且，尽管其他人常常看不见双脚前的东西，他却在游历整个无垠[的宇宙]，以至于他不会停留于任何界限。[1]传说荷马也是盲人，而我们却看见他的画作而非诗作：[2]哪片地区、哪处海岸、希腊的什么地方、何种类型与模式的战斗、何种阵列、何种船桨、世人的什么活动、野兽的什么活动未曾得到如此的描绘，以至于荷马使得我们看见了他本人没有看见的东西？于是怎么了？我们是否判断，或是对于荷马，或是对于任何一位学人而言，属于灵魂的乐趣和快乐都在某个时候丧失了？[115]抑或，假设事情并非如此，那么阿那克萨戈拉或者这位德谟克利特本人会抛下土地和祖产，把自己全心全意地交给由学习和探寻组成的属神的乐趣吗？因此，诗人从不表现他们所塑造的智慧者——先知忒瑞西阿斯[3]——抱怨自己的盲瞽；而其实，由于荷马把波吕斐摩斯塑造得凶残而野蛮，他甚至使之与一只牡羊交谈，还称赞后者的命数，因为它能够前往它想去的地方，还能够触及它想触及的东西。[4]实际上，荷马塑造得正确，因为独目巨人自己完全不比那只牡羊明智。40.[116]其实聋聩中究竟有什么恶？玛·克拉苏耳背，但另有更烦恼的事情，就是他听闻了[关于自己的]坏话——即便，正如在我看来的那样，那[说得]不正义。我们的[同胞]几乎不通希腊语，希腊人也几乎不通拉丁语。从而后者在前者的言辞中耳聋，前者也在后者的言辞中耳聋，而且，在那些我们并不了解、不可胜数的语言中，我们所有人当然都同样地耳聋。"而他们听不到基塔拉琴师[奏出]的声音。"甚至在磨快锯子时听不见刺耳声，在猪猡被割喉时听不见咕噜声，在想要就寝时听不见低吟的大海的轰鸣。而如果歌曲碰巧使他们愉悦，那么他们首先就该想到，在这些

---

　　[1] 德谟克利特认为宇宙是无限的，伊壁鸠鲁接受了这一说法，参见《论万物的本性》1.968–983。

　　[2] 玛尔库斯的意思是，荷马的诗行画面感十足，又如路吉阿诺斯在《画像谈》(Εἰκόνες) 8.1 中对荷马的评价：τὸν ἄριστον τῶν γραφέων[最杰出的画家]。

　　[3] 希腊名 Τειρεσίας，忒拜的盲先知。

　　[4] 参见《奥德修斯纪》9.447 及下，但独目巨人对牡羊所说的话与这里稍有出入。

被发明之前，许多智慧者幸福地生活，其次是，远为巨大的快乐可以通过阅读而非听闻这些[诗行]来得到感受。[117]于是，正如不久之前我们把盲人带往双耳的快乐，同样，可以把聋人带往双目的快乐。而其实，有能力与自己说话的人并不会寻求别人的言辞。

把所有的[残疾]都聚集在一个人身上吧，从而这同一个人就眼瞎耳聋，甚至被身体上最剧烈的痛苦压制。首先，这些痛苦一般凭借其本身而使人屈服[1]。而如果它们碰巧在长度上延伸后甚至更加剧烈地凌虐[他]而超过了理应承受的程度，那么，良善的诸神啊，我们究竟为何要受苦呢？其实，一座避风港就在眼前，既然死亡就在那里，[它是]永恒的、毫无感觉的避难所。忒欧多若斯对以死亡威胁[自己]的吕西玛科斯说："其实，你成就不小——倘若你掌握了毒甲虫[2]的力量。"[3][118]佩尔色斯当时祈求不要被带到凯旋式上，泡路斯[4]对他[说]："事实上这在你的能力之内。"我们第一天探寻死亡本身时说了许多，后一日讨论痛苦时关于死亡也说了不少。记住这些的人肯定没有这一危险——不认为死亡或是应当向往或是肯定不应当畏惧。**41.** 事实上，那条法律在我看来应当在生活中遵守，它在希腊人的聚会中得到主张，内容是："要么喝，要么走。"[5]而[这]说得正确。其实，一个人要么与其他人一起同样地享受饮酒的快乐，要么早早地离开，以免在清醒时落入醉酒者的暴力。你应当就这样以逃跑来摆脱机运[带来]的你无法承受的不义。希厄若倪摩斯以同等数量的言辞与伊壁鸠鲁说了这些相同的[内容]。

[119]而如果那些哲人——他们的观点是，德性就其本身而言无足轻重，他们还说，所有那些我们自己宣称是高尚而值得赞美的事物都是

1　使人屈服（conficiunt hominem）：参见 3.26、3.27 的类似表达。或译作了结一个人。

2　毒甲虫（cantharidis）：希腊语 κανθαρίς，可能是芫菁（blister beetle）、斑蝥（cantharia vesicatoria）或西班牙苍蝇（Spanish fly）。

3　参见 1.102。

4　泡路斯（Paulus）：路奇乌斯·埃米利乌斯·泡路斯在任执政官的时候（公元前 168 年）击败并俘虏了马其顿的佩尔色斯国王，参见 3.53。

5　要么喝，要么走（aut bibat ... aut abeat）：希腊语作 ἢ πῖθι ἢ ἄπιθι。

某种空乏的东西，而且由语音组成的空洞的声响得到装饰——如果他们依旧判断智慧者永远幸福，那么究竟什么事情看起来应当由苏格拉底和柏拉图一脉的哲人来做呢？其中一些人[1]说灵魂的诸善中存在这种程度的卓越，以至于身体的诸善和外部的诸善为其所遮蔽，然而另一些人[2]甚至没有把它们当作善，[却]把一切善都放回到灵魂之中。[120]卡尔内阿得斯惯于如同荣誉仲裁者那般评判他们的争论。因为，既然，无论在漫步派看来诸善是什么，同样这些东西在廊下派看来都是便利之物，而且漫步派相较于廊下派依旧没有赋予财富、良好的健康和其他同一类事物更多[价值]，既然，[3]它们以事实而非言辞来得到衡量，卡尔内阿得斯就宣称，[他们]没有产生分歧的理由。由此，其他学派的哲人应当亲眼看看他们可能以什么方式来守住这个位置。不过使我赞赏的是，他们承认，关于智慧者幸福地生活的持久能力，存在某种配得上哲人之声的东西。

[121]但是，由于[明]早必须动身，就让我们以记忆来容纳五日的这些论辩吧。实际上，我也决意要写下[它们]。其实，我能在哪里把这一闲暇用得更好呢——无论它是何种类型？[4]而且，我会把这第二个五卷[5]送到吾[友]布鲁图斯那里——我不仅受其驱使[才致力于哲学写作，而且受到了[他的]挑动[6]。我并不能轻易宣称，在这一[过程]中我会在多大程度上有益于他人。事实上，针对我[心中]苦涩无比的诸多痛苦和[把我]团团包围的各种烦恼而言，不可能发现其他任何减轻[之法][7]。

1　指漫步派和学园派。

2　指廊下派。

3　既然（cum）：第二个 cum 引导的从句比第一个 cum 引导的从句与主句 causam esse dissidendi negabat[卡尔内阿得斯……理由]的关系更密切。参见 HEINE 1957: 159。

4　西塞罗这里在暗示凯撒的独裁。

5　这第二个五卷（hos libros alteros quinque）：第一个五卷指《论善恶之极》。

6　受到了[他的]挑动（lacessiti）：本书的写作受到布鲁图斯《论德性》的激发，参见1.1、5.1 以及相关注释。

7　减轻[之法]（levatio）：这个词在《图斯库路姆论辩集》中出现了两次，另一次在第一卷末尾（1.119）。这个词也有抬升的含义——让我们与西塞罗一同"向上"（sursum）。

附 录

专名索引

本索引配合《〈图斯库路姆论辩集〉卷节号与珀伦茨本页行码对照表》使用

Homerus 218 10 235 25 250 1
257 23 268 7 386 22 407 10 455
14. 20 456 1
Z 201 (349 11) H 211 (385 6)
I 646 (326 16) K 15 (348 26)
T 226 (350 15) Υ 232 (235 28)
Hortensius Hortalus, Q. 247 11
(Ciceronis dialogus v. Tullius)
Hydra 291 6
Hypanis 266 7
Hyrcania 273 13

Ibycus 398 1
India, Indi 308 3 439 22. 26
Ino 231 24
Iphigenia 278 4
Isocrates 220 12
Italia (Italicus) 236 15. 22 361 19
362 6 364 15 408 23 449 16
Iulius Caesar Strabo, C. † 87
429 3
Iulius Caesar, L. cos. 90   428 28
Iunius Brutus, L. cos. 509   263
12 362 1 385 21
Iunius Brutus, M., ad quem
Cicero Tusculanas scribit 217 3
280 3 316 1 361 2 404 1 405 20
409 20 414 8. 11 418 6 419 26
422 4 458 24
Iuno 289 23
Iuppiter 249 29 291 18 292 3. 4.
10. 18. 22 297 12. 13 301 1 330 17
340 25 397 10
Iuventas 249 27

Karthago, Karthaginienses 344
11. 22

Lacedaemon 304 14 439 19
Lacedaemonius 269 11. 23. 28
278 7 423 11 448 9. 15. 21
Laco, Lacaena 270 4 275 3 298
14 422 12 426 22
Lacydes 452 10
Laelius Sapiens, C. cos. 140

219 15 274 19 363 17 428 15. 20.
26 429 12
Laius 397 25
Lampsacus 271 10
Laomedon 249 30
Latini 263 14 283 25 331 15
Latinus, Latine 225 11-13 293 23
321 8. 16 327 15 332 18 456 10
Latinae litterae *sim.* 217 8 219
21. 25 282 15 283 11 364 6
Latmus 265 1
(Lemnos) Lemnius 291 15
Lentulus v. Cornelius
Leon 407 22. 25. 27
Leonidas 269 27 278 7
Lepidus v. Aemilius
Lerna 291 2
Lesbiaci (libri Dicaearchi) 256 25
Leucadia (Turpilii fabula) v.
Turpilius
Leucates (Λευκάτας) 381 7
Λευκοθέα 231 24
Leuctra, Leuctricus 274 16
Liber 231 21
Libya 240 25
Licinius Crassus, L. cos. 95
222 4
Licinius Crassus, M. triumviri
avus 334 2
Licinius Crassus Dives, P. trium-
viri pater, cos. 97 258 23 428 28
Licinius Crassus Dives, M. trium-
vir, cos. 70. 55   223 13 224 11.
12. 20. 21 456 7
Litana 263 18
Livius Andronicus 218 13
Livius Drusus, C. iurisconsultus
454 13
(Locri) Locrensis 430 21
Lucani 263 18
Lucilius, C. fr. 150 (301 18) 153
(384 21) 1300 (334 3)
Luna 265 3
Lutatius Catulus, Q. cos. 102
429 11. 13. 19
Lyco 357 6

444 3 445 28 452 9 453 6 — (fr.
67) 227 22
Xenophon (Cyr. 1 2. 8) 448 21
(Cyr. 1 6. 25) 313 2
Xerxes 413 25

Zeno Citieus 287 17 294 24 311

17 312 2 355 3 417 5 419 8. 10.
22 420 1 452 10
fr. 134 (227 12) 185 (294 27)
205 (366 21 384 7)
Zeno Eleates 307 25
Zeno Epicureus 337 17. 26
Zopyrus 402 2

重要概念索引

本索引配合《〈图斯库路姆论辩集〉〔原文〕与拉丁版本页行码对照表》使用，
标有星号的古希腊语条目以拉丁语译文的形式见于《图斯库路姆论辩集》

Ἀβλάβεια (innocentia) 325 17
adesse (*παρεῖναι*) 368 18 411 17
al.
　adest et urget malum *) 332 1
adfectio (*διάθεσις*) 302 22 320 23
325 17 368 2 375 16-26 377 25
387 7 19 422 27
("habitus aut adfectio" *ἕξις*)
375 16
(*κατάστημα* Metrodori) 417 8
adfectus animi (*ἦθος* Plato Rep.
400 d?) 425 24-7
nihil adfirmare (Academicorum)
269 3
adflictatio (*ἄση*) 398 1
* *ἀδιάφορον* v. interest
nihil admirari 339 9 441 10
adpetere (in universum = *ἐφίε-
σθαι, διώκειν, ὀρέγεσθαι*) 245 26
310 28 326 3 367 24 395 16 **)
adpetentia (*δίωξις*) 368 24
adpetitio (*ὄρεξις*) 329 18 367 13
378 11
(*ὁρμή*) 371 22. 23

adpetitus (*ὁρμή*) 366 24 384 10
391 9 393 10
adsciscere 295 16
adsensio (*συγκατάθεσις*) 368 26
401 16
aegritudo *λύπη* (348 15). de ae-
gritudine lenienda est l. III
(div. II 2), § 24-75 *κρίσις*, 76-
83 *ἰατρεία* — definitio 329 23
368 5. 12 — species 359 17
368 17 369 11-370 11 — iniuria
a Peripateticis defenditur 383
5-19 ∾ 389 11-23 — curatio 391
12 393 23 — cf. etiam 378 20
380 25 403 1
aegrotatio (*ἀρρώστημα*) 372
12 sqq. 373 15 375 8 377 8
aemulatio (*ζῆλος*) 369 18 — in-
iuria a Peripateticis defenditur
383 17 ∾ 389 12
　Platonis *θυμὸν* significat 240 5
* *ἀήρ* aer (regio caeli) 239 8-13
anima (elementum) 227 9-12

*) cf. Rabbow, Antike Schriften über Seelenheilung und See-
lenleitung Leipzig 1914 p. 149.
**) cf. fin. V 44 et Rob. Fischer, de usu vocabulorum apud
Ciceronem et Senecam Graecae philosophiae interpretes. Frei-
burg 1914 p. 18. 82 (de substantivis ab adpetendo derivatis
p. 76 sqq.).

tenta *cf.* lib. V (div. II 2) *et*
337 2
contractio, contrahi (συστολή,
συστέλλεσθαι) 263 26 368 4. 6.
13 395 15. 24
contractiuncula 359 8
in contrarias partes disserere
284 3
conturbatio (species metus)
370 19
(latiore sensu) 372 6
conveniens *v.* consentaneus *et*
ὁμολογούμενος
cor 226 28 229 20 238 6 247 17
corpus *v.* ἄτομοι, στοιχεῖον
corpusculum *v.* ἄτομοι
cupiditas *v.* ἐπιθυμία
cupiditas gloriae (φιλοδοξία)
373 6 401 11 314 4
culpa 336 1 344 8 354 8 402 9

Declamitare, declamatio 220 23
declinatio (ἔκκλισις) 367 25
decorum (= honestum) 295 17
dedecus 286 20 287 22 294 9-17
305 12
delectatio (κήλησις) 370 23
dementia 320 24 321 7 386 27
depravari (διαστρέφεσθαι)316 16
desiderium (= πόθος) 371 12
275 15 al.
(= cupiditas) 379 17 al.
desperatio (ἀθυμία) 370 10
deus mens soluta et libera 251 2
moderator mundi 251 18 253 3
— deorum vita 249 25 — deos
esse omnes consentiunt, qua-
les sint, ratione discendum
est 232 12 235 5 243 9 — pra-
vae vulgi de dis sententiae
232 15 — di olim homines 231
15 233 23, etiam di maiorum
gentium 232 1 — deorum iu-
dicia de morte 276 3
*διάχυσις profusa hilaritas368 23,
ecfusio 395 15

dialectica 224 15
dialectici 371 16
dies medetur dolori 336 11 344 9-
345 4 347 4 354 17 380 22
diffidentia (ἀπιστία) 401 16
dignitas (ἀξία) 425 2
discordia 371 11
doctrina ap. Romanos 218 7
361 15
dolor a) πόνος (motus asper
in corpore alienus a sensibus
297 25) cf. totum libr. II qui
est de tolerando dolore (div.
II 2) — dist. a labore 297 22
— philosophorum de eo sen-
tentiae 287 10 sqq. — contra
naturam est, sed minus ma-
lum quam dedecus 294 29 -
296 3 — tolerabilis 439 8-440 19
— ratio tolerandi 302 12-315 10
summum malum sec. Ari-
stippum 287 12, summum vel
solum malum sec. Epicurum
287 13 294 14 304 6 343 1 416
25 418 26 437 26. — consola-
tio doloris sec. Epicurum 303
10 sqq. 445 2 456 26
b) animi dolor = aegritudo
329 1 348 19,
dolor corporis — animi 348
15-19
c) aegritudinis species 370 7
dolore carere, non(nihil) do-
lere = ἀπονία 338 9 341 22 sqq.
*δόξα plerumque = opinio, sed
etiam = opinatio, *v.* opinio

Eculeus 410 7. 18 411 2
cf. rota 415 25 et Phalaridis
taurus
*ἡδονή a) Epicuri voluptas 288
23 335-342; eius summum bo-
num 416 19 437 27 442 24 al.
— ἡδονὴ καταστηματική 338 9
341 22 sqq. — singulae volup-
tates 446 25 447 23

b) Stoicorum πάθος: 329 15
voluptas gestiens, id est prae-
ter modum elata laetitia, 328 27
inmoderata laetitia, quae est
voluptas animi elata et ge-
stiens
voluptas 369 8 370 21 sqq., v.
gestiens 329 15. 20, v. inanis
412 14 (iactatio voluptas ge-
stiens et se efferens insolen-
tius 371 5)
laetitia 366 28 367 5 368 14
372 26 394 22 395 9-396 13 (395
19 malis alienis voluptatem
capere laetitiae), laetitia ge-
stiens 365 15 367 8. 22 (vel
nimia) 379 4 395 13 423 26 (cf.
412 2 inani laetitia exultans
et temere gestiens), l. futtilis
412 6, l. impotens 412 19
inanis alacritas, id est laeti-
tia gestiens 379 4, cf. alacri-
tate ecferetur 378 15, alacri-
tate futtili (insolenti) gestiens
379 17. 423 20, sine alacritate
futtili (ulla *Ω*) 426 10
gestire, gestiens (sine subst.)
319 25 (gestire, laetari) 392 22
voluptatis partes 369 8 370
21-371 6
*χαρά (Stoicorum εὐπάθεια)
est gaudium 367 21 395 23 (do-
cendi causa a gaudio laeti-
tiam distinguimus), Epicuri
χαρά = laetitia mentis 338 25
efferri (ἐπαίρεσθαι ἡδονῇ), ela-
tio 328 28 329 16 367 24 368 15
378 15 379 21 395 18. 25 411 13
412 2. 14. 19 — se efferre 396 13,
(de iactatione) 371 5
*εἱμαρμένη 436 12
eloquentia 249 13 281 9
ἔννοια 246 16 v. notio
ἐνδελέχεια (rectius ἐντελέχεια)
229 1
*ἐπιθυμία

a) Epicuri cupiditatum genera
446 15-24
b) cupiditas ap. Platonem
pars animae (∼ ἐπιθυμητι-
κόν) 228 1. 2 240 5 366 16
c) Stoicorum πάθος cupiditas,
quae recte vel libido dici
potest 329 17 cf. 378 12 382 16
389 25, libido vel cupiditas
effrenata 367 17 — cupiditas
nominatur 318 23 373 2 393 4
395 16 431 12 379 3 (c. avide
semper aliquid expetens) al.
(inprimis gloriae, pecuniae
cupiditas) plerumque libido
(velut 329, 20 368 17 382 14)
libidinis partes 369 10 371 6-
12 — libido dist. ab indigen-
tia 371 13-18 — iniuria a
Peripateticis defenditur 382
15 388 24
*ἠθική philosophia quae est
de vita et de moribus 320 10
cf. 377 24 409 3, ratio bene
vivendi 435 5 436 15-25
*εὐλάβεια v. cautio
*εὐεμπτωσία v. proclivitas
exanimatio 370 18 (367 28)
excandescentia, θύμωσις 371 8
excogitatio (cf. cogitatio) 248 13
exempla (in consolatione) 346 2-
348 8 393 22
exercitatio 298 17-301 27 438 11
exercitus unde dictus 298 24
*ἐξεστηκέναι v. potestas
exhalatio (ἀναθυμίασις) 239 20
exilium 358 15 451 26-453 12
expers rationis v. λόγος
expetendum αἱρετόν 373 16. 25
424 27 435 5 438 21 447 10 450 25
expetere, plerumque de recta
adpetitione, sed 379 3. 17 de
cupiditate dictum (Fischer
p. 19)
extremum in bonis 436 19

pars rationis particeps — expers 305 16 366 13

* ἄλογος = rationis expers (de bestiarum animo) 258 8, (de animi motibus) 329 11 386 5 = sine ratione 367 23. 27 = a (recta) ratione aversus 366 21 368 1 384 8 392 15 = adversante ratione 368 6 367 16

* εὔλογος, cum ratione 367 15. 20. 25

* ἀποστρέφεσθαι τὸν λόγον, ἀποστροφὴ τ. λόγου = aspernari rationem 329 11, aspernatio rationis 376 24 391 8

* ἀπειθὴς τῷ λόγῳ = rationi non oboediens, obtemperans 329 11. 19

luctus (πένθος) 349 24 sqq. 351 24 352 16 370 4

λύπη 348 11 v. aegritudo

Maeror 370 6

magnanimus, magni animi (∼ fortis) 302 16 392 21 324 17

magnitudo animi 218 5 253 25 266 17 249 20 et v. fortitudo

malevolentia, ἐπιχαιρεκακία 370 22 369 8

malitia 378 4

malum v. bonum

summum malum dolor sec. Epicurum v. dolor

μανία furorem et insaniam amplectitur 321 22

mathematici 219 10 237 12 412 26 434 5

medici 241 3 329 4 358 21

mediocritates (μεσότητες) Peripateticorum 328 14 sqq. 354 23 383 25 389 24-390 15

mediocritas officiorum 322 9

meditatio (μελέτη) 301 17. 20 — med. futuri, condicionis hu-

manae (∼ praemeditatio) 337 7 334 18 335 12 347 3

μελαγχολία, melancholicus 322 1 258 12

memoria 245 27-248 11 249 25 250 16 251 14 253 4

mens = ratio (λογικόν vel λόγος) 400 16 253 2 258 3 321 21 421 29 (perfecta mens, id est absoluta ratio) 434 15. 17 436 14 (ratio mensque, de deo cf. 251 2) — de animo hominis 228 20 — vis animi 250 17 — opp. sensibus 236 8 241 10

metus 329 22 368 15; 367 2. 28 (dist. a cautione); 365 12 368 15 373 10. 14 378 22 sqq. 401 16 427 33 — iniuria a Peripateticis defenditur 383 19 — eius species 369 6 370 12-21 (427 25) — sedatio 394 5

μισάνθρωπος 373 12

misericordia 370 1 327 19 328 1 — iniuria a Peripateticis defenditur 383 15 389 12

μισόγυνος 373 10

moderatio, modestia v. σωφροσύνη

modus adhibetur perturbationibus a Peripateticis 380 14 sqq. — (moderatae perturbationes etc. 381 18)

molestia 370 8 (praemolestia, de metu 394 8)

morbi animi — corporis 318 17 sqq. 356 6 372 15 374 5-375 23 376 3 405 15 v. πάθος

Graeci philosophi omnes perturbationes morbos appellant 320 14 321 3 328 24 = νοσήματα ψυχῆς sec Stoicos 372 9. 22 375 7

morosus 388 14

mors de contemnenda morte est l. I cf. div. II 2 — mors

chum) ex opinione nasci (329
7–21 348 14 352 14 402 17) aut
(sec. Chrysippum) ipsa opinio
esse dicitur (velut in defini-
tionibus 329 22–24 354 26 355 3
368 12–17 *cf.* 348 20 sqq. 351 22
401 14 al.).
opinio mentitur *sim.* 346 25
347 1 317 8. 14 358 2. 10, *opp.*
natura (*v.* natura) *vel* res
334 10; *at* scientia quaedam
et opinio gravis non temere
adsentientis 401 15
in definitionibus aegrotatio-
num et offensionum 373 15–
374 1 ter opinatio, bis opinio
legitur (St. fr. III 421 δόξα,
422 οἴησις). — δόξα in de-
finitione vertitur opinatio
368 24
opinabilis 354 25 399 23 401 9
403 7
opinatum bonum (malum) 329
18 347 6 355 6 366 27 368 3
394 27 423 25
oportet *v.* καθήκει
oratores Romani 219 13 282 12
363 16, 'Attici' 281 15
non irascuntur 388 14
orbitas 346 20
ὁρμή *v.* adpetitus. adpetitio

Πάθος Latine perturbatio, non
morbus 319 23 sqq. 320 14 328
22 366 9. 22 *v.* perturbatio
patientia 297 5 313 26 351 6 *et*
v. fortitudo
patria 452 22, (patriae eversio)
344 25 358 16
paupertas 345 21 sqq. 358 14
391 14 445 8–450 14
pavor 370 16
percipere (καταλαμβάνειν) 226
18 241 22 333 8 — sensibus
perc. 453 23 al.

perfectus 421 4–29 *et* *v.* ratio,
mens
perturbatio *v.* πάθος. lib. III est
de aegritudine lenienda, l. IV
de reliquis animi perturba-
tionibus (div. II 2)
definitio Zenonis 366 21 384 8
(*cf.* 426 7 concitatio animi,
quam perturbationem voco)
— eius species 329 9 sqq.
366 26–371 18 — utiles et na-
turales sunt sec. Peripateti-
cos IV § 43–6, quod refelli-
tur IV § 47–56 — θεραπεία
IV § 58–81
sapiens perturbationibus vacat
v. sapiens
*φαντασία *v.* species
φιλογυνία 373 7
*φιλόπονος 297 28
philosophia sapientiae studium
217 7 363 16 408 16
eius laudes 405 27–406 16 —
vitam hominum excoluit 406
5–10 249 15–23 (mater artium
249 16) — magistra vitae
285 27 287 22 363 28 406 9.
cultura animi 286 12 — animi
medicina 279 23 285 1. 2 303 5
316–319 7 329 4 344 28 358 21
360 2 390 19–25 403 9 — vitam
beatam pollicetur 413 20
eius origo 240 14 404 11 435 17
— antiquissima est, sed no-
men a Pythagora inventum
407 1–408 20 — historia 364 1
sqq. 408 21–409 6 — ap. Ro-
manos 219 20–220 10 282 15
362 16–364 19
tres partes 435 2–437 5
philosophi plebei (qui a Pla-
tone et Socrate et ab ea fa-
milia dissident, *cf.* 364 1) 245 4
philosophorum vita discrepat
a disciplina 285 10 sqq.

《图斯库路姆论辩集》卷节号与珀伦茨本页行码对照表

珀伦茨校勘本所用的附录以页码和行码（而非卷号和节号）表示具体出处，无法直接为中译本所用。其他版本的索引与珀本不合或有明显舛谬，比如洛布本索引 Cyrenaeus［昔勒尼的］条目下遗漏了 4.5，葛恭本索引则没有这一条目（而置于具体人名之后）。为减少工作量并且尽可能避免错误，本稿直接复制珀伦茨本的两种索引，这里列出每节开头所在的珀本页码和行码。

以 Pythagoras［毕达哥拉斯］为例：珀伦茨本索引表明其第一次出现在 227_{24}（珀本第 227 页第 24 行），查表知 1.20（第一卷第 20 节）起于 227_{20}，1.21 起于 228_2，故 Pythagoras 在《图斯库路姆论辩集》中第一次出现于 1.20。

1.1	217_1	1.29	231_{27}	1.57	245_{27}	1.85	260_{13}		
1.2	217_{13}	1.30	232_{12}	1.58	246_{18}	1.86	261_7		
1.3	218_7	1.31	233_6	1.59	247_4	1.87	262_1		
1.4	218_{25}	1.32	233_{19}	1.60	247_{15}	1.88	262_{15}		
1.5	219_9	1.33	234_1	1.61	248_2	1.89	263_8		
1.6	219_{24}	1.34	234_8	1.62	248_{12}	1.90	263_{21}		
1.7	220_{11}	1.35	234_{22}	1.63	249_3	1.91	264		
1.8	220_{26}	1.36	235_5	1.64	249_{10}	1.92	264_{23}		
1.9	221_8	1.37	235_{14}	1.65	249_{23}	1.93	265_{10}		
1.10	221_{29}	1.38	236_6	1.66	250_{13}	1.94	265_{24}		
1.11	222_{16}	1.39	236_{21}	1.67	251_7	1.95	266_{15}		
1.12	223_5	1.40	237_9	1.68	251_{18}	1.96	266_{23}		
1.13	223_{23}	1.41	238_1	1.69	252_{13}	1.97	267_{12}		
1.14	224_{14}	1.42	238_{20}	1.70	252_{25}	1.98	267_{28}		
1.15	225_1	1.43	239_{12}	1.71	253_{14}	1.99	268_{17}		
1.16	225_{21}	1.44	240_1	1.72	254_3	1.100	269_3		
1.17	226_{10}	1.45	240_{14}	1.73	254_{15}	1.101	269_{20}		
1.18	226_{21}	1.46	240_{30}	1.74	255_1	1.102	270_4		
1.19	227_4	1.47	241_{17}	1.75	255_{12}	1.103	270_{19}		
1.20	227_{20}	1.48	241_{26}	1.76	256_6	1.104	271_3		
1.21	228_2	1.49	242_9	1.77	256_{20}	1.105	271_{17}		
1.22	228_{15}	1.50	242_{19}	1.78	257_6	1.106	272_1		
1.23	229_8	1.51	243_1	1.79	257_{20}	1.107	272_{23}		
1.24	229_{20}	1.52	243_{13}	1.80	258_1	1.108	273_7		
1.25	230_{15}	1.53	243_{26}	1.81	258_{19}	1.109	273_{23}		
1.26	230_{26}	1.54	244_{10}	1.82	259_5	1.110	274_9		
1.27	231_5	1.55	245_3	1.83	259_{19}	1.111	275_3		
1.28	231_{16}	1.56	245_{15}	1.84	260_2	1.112	275_{23}		

1.113	276_3	2.40	300_{23}	3.19	326_{20}	3.65	350_4
1.114	276_{16}	2.41	301_5	3.20	327_8	3.66	350_{19}
1.115	277_1	2.42	301_{27}	3.21	327_{18}	3.67	351_6
1.116	277_{16}	2.43	302_{14}	3.22	328_8	3.68	351_{17}
1.117	278_{11}	2.44	303_6	3.23	328_{22}	3.69	351_{25}
1.118	278_{24}	2.45	303_{22}	3.24	329_7	3.70	352_{13}
1.119	279_{11}	2.46	304_{13}	3.25	329_{19}	3.71	352_{20}
2.1	280_1	2.47	305_{11}	3.26	330_{12}	3.72	353_{13}
2.2	280_{10}	2.48	305_{26}	3.27	331_{10}	3.73	353_{25}
2.3	281_4	2.49	306_{15}	3.28	331_{26}	3.74	354_{15}
2.4	281_{18}	2.50	306_{25}	3.29	332_{15}	3.75	355_2
2.5	282_7	2.51	307_{12}	3.30	332_{25}	3.76	355_{17}
2.6	283_1	2.52	307_{23}	3.31	333_{23}	3.77	356_{13}
2.7	283_9	2.53	308_{10}	3.32	334_{12}	3.78	357_6
2.8	283_{20}	2.54	308_{24}	3.33	334_{24}	3.79	357_{11}
2.9	284_1	2.55	309_8	3.34	335_9	3.80	357_{27}
2.10	284_{18}	2.56	309_{18}	3.35	336_3	3.81	358_{11}
2.11	284_{28}	2.57	310_3	3.36	336_{16}	3.82	358_{21}
2.12	285_{17}	2.58	310_{17}	3.37	337_1	3.83	359_6
2.13	286_4	2.59	311_7	3.38	337_{16}	3.84	359_{20}
2.14	286_{18}	2.60	311_{14}	3.39	337_{28}	4.1	361_1
2.15	287_5	2.61	312_3	3.40	338_5	4.2	361_{14}
2.16	287_{19}	2.62	312_{18}	3.41	338_{13}	4.3	362_{10}
2.17	288_6	2.63	313_6	3.42	338_{28}	4.4	362_{29}
2.18	288_{22}	2.64	313_{15}	3.43	339_9	4.5	363_{11}
2.19	289_3	2.65	313_{26}	3.44	339_{17}	4.6	364_1
2.20	289_{15}	2.66	314_{16}	3.45	340_{19}	4.7	364_{14}
2.21	290_{15}	2.67	315_2	3.46	340_{26}	4.8	365_1
2.22	290_{26}	3.1	316_1	3.47	341_{21}	4.9	365_{18}
2.23	291_{12}	3.2	316_{11}	3.48	342_{10}	4.10	366_3
2.24	292_8	3.3	317_9	3.49	342_{23}	4.11	366_{17}
2.25	292_{20}	3.4	318_2	3.50	343_3	4.12	367_5
2.26	293_5	3.5	318_{17}	3.51	343_{11}	4.13	367_{18}
2.27	293_{24}	3.6	319_4	3.52	343_{24}	4.14	368_1
2.28	294_6	3.7	319_{16}	3.53	344_9	4.15	368_{18}
2.29	294_{22}	3.8	320_1	3.54	344_{21}	4.16	368_{27}
2.30	295_6	3.9	320_{14}	3.55	345_5	4.17	369_{14}
2.31	295_{22}	3.10	320_{23}	3.56	345_{18}	4.18	370_1
2.32	296_{12}	3.11	321_9	3.57	346_8	4.19	370_{13}
2.33	296_{22}	3.12	322_{16}	3.58	346_{20}	4.20	370_{21}
2.34	297_{12}	3.13	323_7	3.59	347_7	4.21	371_6
2.35	297_{22}	3.14	324_1	3.60	347_{23}	4.22	371_{19}
2.36	298_8	3.15	324_{16}	3.61	348_9	4.23	372_4
2.37	298_{21}	3.16	325_7	3.62	348_{23}	4.24	372_{18}
2.38	299_8	3.17	325_{21}	3.63	349_2	4.25	373_5
2.39	300_1	3.18	326_5	3.64	349_{22}	4.26	373_{15}

4.27	373 27	4.72	398 5	5.33	419 15	5.78	439 26
4.28	374 19	4.73	398 13	5.34	419 25	5.79	440 12
4.29	375 10	4.74	398 26	5.35	420 7	5.80	440 20
4.30	375 24	4.75	399 4	5.36	420 16	5.81	441 5
4.31	376 10	4.76	399 12	5.37	421 1	5.82	441 14
4.32	377 1	4.77	399 27	5.38	421 12	5.83	442 5
4.33	377 13	4.78	400 17	5.39	421 27	5.84	442 18
4.34	377 22	4.79	400 27	5.40	422 6	5.85	443 2
4.35	378 14	4.80	401 14	5.41	422 21	5.86	443 22
4.36	379 1	4.81	402 6	5.42	423 3	5.87	443 28
4.37	379 14	4.82	402 16	5.43	423 22	5.88	444 13
4.38	380 2	4.83	403 2	5.44	424 0	5.89	445 4
4.39	380 15	4.84	403 10	5.45	424 14	5.90	445 15
4.40	380 24	5.1	404 1	5.46	425 5	5.91	445 26
4.41	381 5	5.2	404 11	5.47	425 17	5.92	446 6
4.42	381 11	5.3	405 8	5.48	426 3	5.93	446 15
4.43	381 25	5.4	405 16	5.49	426 16	5.94	446 24
4.44	382 13	5.5	405 27	5.50	427 1	5.95	447 8
4.45	383 5	5.6	406 14	5.51	427 13	5.96	447 17
4.46	383 14	5.7	407 1	5.52	427 21	5.97	447 23
4.47	383 29	5.8	407 13	5.53	428 3	5.98	448 9
4.48	384 11	5.9	408 2	5.54	428 11	5.99	448 19
4.49	385 5	5.10	408 21	5.55	428 21	5.100	449 4
4.50	385 17	5.11	409 4	5.56	429 9	5.101	449 21
4.51	386 5	5.12	409 18	5.57	429 22	5.102	450 4
4.52	386 16	5.13	410 6	5.58	430 4	5.103	450 20
4.53	387 5	5.14	410 21	5.59	430 20	5.104	450 24
4.54	387 27	5.15	411 4	5.60	431 2	5.105	451 11
4.55	388 14	5.16	411 20	5.61	431 13	5.106	451 25
4.56	389 11	5.17	412 11	5.62	431 27	5.107	452 4
4.57	389 24	5.18	412 23	5.63	432 11	5.108	452 17
4.58	390 16	5.19	413 11	5.64	433 4	5.109	453 4
4.59	390 29	5.20	413 23	5.65	433 15	5.110	453 13
4.60	391 20	5.21	414 3	5.66	433 22	5.111	453 18
4.61	392 7	5.22	414 11	5.67	434 13	5.112	454 4
4.62	393 1	5.23	414 26	5.68	434 24	5.113	454 18
4.63	393 15	5.24	415 12	5.69	435 9	5.114	455 5
4.64	394 3	5.25	415 28	5.70	436 5	5.115	455 22
4.65	394 21	5.26	416 14	5.71	436 15	5.116	456 6
4.66	395 7	5.27	417 2	5.72	436 24	5.117	456 20
4.67	395 23	5.28	417 11	5.73	437 19	5.118	457 7
4.68	396 11	5.29	417 19	5.74	438 9	5.119	457 21
4.69	396 26	5.30	418 5	5.75	438 18	5.120	458 8
4.70	397 8	5.31	418 19	5.76	438 26	5.121	458 20
4.71	397 21	5.32	419 3	5.77	439 15		

西塞罗《论预言》2.1–4

[译者按]本稿译自托伊布纳本（GIOMINI 1975），参考了洛布本英译（FAL-CONER 1979）、"图斯库路姆丛书"中绍伊布林的拉德对照本（SCHÄUBLIN 2013）、皮斯注本（PEASE 1923）和戴克注本（DYCK 2020）。中译注释主要来自几个英文本。《论预言》第一卷有中译本（2019）。全书的结构可参见 MACKENDRICK 1989: 185–198。对书名中译的讨论见附录《西塞罗作品列表》。对《论预言》的解读可参见阿尔特曼 2011、[1] 陈文洁 2019、SCHOFIELD 1986 和 ALTMAN 2016b。

1. [1]我广泛探寻且长期思考，自己究竟可能以什么方式对尽可能多的人有所助益，[2]以免在某个时候中断了为共和国而操心，这时，没有任何更重要的[想法]在我心头浮现——相比于把[通向]各种最好的学科的一条条途径[3]带给我的同胞。我判断，我已然通过几卷著作达成了这点。比如，我不仅尽己所能用那卷题为《霍尔腾西乌斯》的书来劝[人]探究哲学，[4]而且，[5]我用四卷《学园派之书》展现了哲思的那一类型——我判断，它最不傲慢，而且在最大程度上是一致而精妙的。[6][2]另外，由于哲学的基础就处在善恶之极中，这个话题就由我以五卷书来厘清，从而就能够了解由每一位哲人所说的是什么，并且能够了解反驳每一位

---

[1] 英语姓氏 Altman 宜译作奥尔特曼。

[2] 西塞罗常常把他的哲学写作呈现为有益于共同体的行为而非自娱自乐之举，参见《图斯库路姆论辩集》1.5、1.7 和《学园派前篇》2.6。

[3] [通向]……途径（optimarum artium vias）：bonae artes 可指各种人文科学和博雅之学。西塞罗以之为普通的文教计划，因此既列出自己的哲学作品，又列出了修辞学作品。

[4] 劝[人]探究哲学（cohortati sumus ... ad philosophiae studium）：动词 cohortor[劝勉/鼓励]相当于古希腊语 προτρέπω。亚里士多德、伊壁鸠鲁和克勒安忒斯（参见《图斯库路姆论辩集》2.5 及注）等人都写过 προτρεπτικὸς λόγος[劝(学)文]。奥尔特曼（ALTMAN 2016b）注意到，这劝说所暗含的修辞术与这张列表最后的修辞学作品首尾呼应。参见奥古斯丁《忏悔录》3.4.7: ille vero liber mutavit affectum meum et ad te ipsum, domine, mutavit preces meas et vota ac desideria mea fecit alia[其实，那卷书（《霍尔腾西乌斯》）改变了我的情志，主啊，它又使我的祈祷转向你，还使我的意愿和需求脱胎换骨]。

[5] 不仅……而且（et ... et）：《霍尔腾西乌斯》和《学园派之书》是平行关系，句首的动词 cohortati sumus[我劝(人)]和句末的 ostendimus[我展现了]使二者构成一个整体。

[6] 在《图斯库路姆论辩集》4.6，西塞罗也说学园派怀疑论是"精妙的"（elegans）。与此相对的是，他在《论预言》1.62 评价伊壁鸠鲁 sentit ... nihil umquam elegans[从未感知到任何精妙的东西]。

哲人的是什么。¹随后由图斯库路姆论辩组成的相同数量的书卷彰显了就幸福生活而言最是必需的[五个]主题。²因为，第一卷论蔑视死亡，第二卷论忍受痛苦，第三卷论缓解忧愁，第四卷论灵魂的其他紊乱，第五卷包含那个最大程度地照亮整个哲学的话题——因为[这个话题]教授³的是，德性就幸福生活而言自足。⁴[3]阐述了这些内容后，⁵[我又]作成论诸神之本性的三卷书，⁶涉及这一话题的整番探讨⁷都包含在其中。为使这探讨完成得平实而深入，我着手在这[两]卷中以预言为主题继而写作。倘若我如灵魂中[构想]的那般在其后添上了论命运的[作品]，那么，对于这整番探讨而言，所作的就会相当充盈了。在这几卷过后还要算上论共和国的六[卷]——就在我掌握共和国之舵时，我写了那书——这个重要且专属于哲学的话题由柏拉图、亚里士多德、忒欧弗剌斯托斯以及漫步派哲人[组成]的整个一系论述得无比详备。⁸关于《安慰》，我本人还要说什么？实际上，它在某种程度上当然医治了我自己，我认为它同样会对其他人大有助益。最近的那卷书也被插[入这张列表]——我已把那部论老年的[作品]寄给了我的[好友]阿特提库斯——主要是因为，哲学产生出一位勇敢的正人君子：我的《卡托》⁹应该被置于由这几卷书组成的系列中。[4]另外，亚里士多德，而且同样还有忒欧弗剌斯托斯，既在精细性上又在丰富性上出类拔萃的君子，既然他们还把言语的箴规

---

¹ 参见《学园派前篇》2.7、《论善恶之极》5.15。

² 斯科菲尔德（SCHOFIELD 2002）认为，"毫无疑问，[《图斯库路姆论辩集》]是这整篇叙述的核心"（this work is indubitably the centrepiece of the whole account）。另见 GIL-DENHARD 2007: 81–82。

³ 这个[话题]教授（docet）：这个动词的主语是 locus 而非 liber，参见 WYNNE 2020b。

⁴ 参见《图斯库路姆论辩集》5.1、5.21。

⁵ 阐述了这些内容后（quibus rebus editis）：这里的 edere 与《布鲁图斯》20 中的一样，意思是解释、阐述，而非发表。

⁶ 根据昆图斯在《论预言》1.8 的说法，西塞罗不仅"作成了"（perfecti sunt）《论诸神的本性》，而且实际上也发表了。这里的表达可能是为了避免前面的 editis 造成歧义。

⁷ 涉及……探讨（omnis eius loci quaestio）：参见 WYNNE 2008: 6–8。

⁸ 论述得无比详备（tractatus uberrime）：句子最后的-tatus uberrime 构成了一对铿锵有力的长短长音步。

⁹ 参见《西塞罗作品列表》。

与哲学连接在一起，那么我的演说术之书看起来也应当算在[那些]书卷组成的同一个系列中。从而那就是三卷论演说家的书、第四卷《布鲁图斯》和第五卷《演说家》。

2. 目前[我写的哲学作品]就是这些。我以炽热的灵魂向往[撰写]其他[哲学作品]，[我是]如此乐意，以至于，假设未曾有过什么更加沉重的原因[1]作梗，那么，我就不会允许任何一个未在拉丁语文中得到说明而可通达的哲学主题存在。因为，我可能为共和国担荷什么更重要或更好的职分呢——相比于我教授并且培育青年，尤其是身处于这些风俗和局势中的青年？他们因为这些风俗和局势而如此堕落，以至于需要以所有人的力量来扼制和约束。[2]

附　注

戴克（DYCK 2020: 84）解释了西塞罗为何在这里未提到某几部哲学作品：《论取材》系其少作，西塞罗评价不高，似乎不愿过多提及（参见《论演说家》1.5）；《演说术的各个部分》在某种程度上可视作《论演说家》的缩写版（参见ARWEILER 2003: 78–81）；《论法律》此时尚未发表；《廊下派的反论》可能是一部游戏之作（参见该书第 3 节的 ludens[开玩笑]）；西塞罗可能原本计划翻译德摩斯梯尼的《金冠辞》（Περὶ τοῦ στεφάνου）和埃斯奇内斯的《诉克忒西封》（Κατὰ Κτησιφῶντος），《论那类最好的演说家》即译文的前言，但这一计划可能因为写作《演说家》而中断，译文甚至可能没有完成，而且西塞罗生前并未整理《论那类最好的演说家》的草稿（参见 HUBBELL 1976: 349–350）。《论友谊》《论荣光》等作品此时尚未动笔，参见附录《西塞罗作品列表》。

1　指的是凯撒遇刺后罗马的混乱时局。
2　西塞罗并未立刻接受罗马青年之师的身份：一个重要的转折点见于《演说家》143–146，在那里，西塞罗与自己展开对话，为自己的导师身份作出解释。在《图斯库路姆论辩集》中，西塞罗也沿着这一方向前进。罗马人一般认为，青年时期是生命中易受伤害的阶段（参见 EYBEN 1993: 19–24，转引自 DYCK 2020: 89）。西塞罗常常感叹世风日下，而最著名的一句莫过于《反卡提利纳》1.2 的 o tempora! o mores![时代啊！世风啊！]。对时代风气的尖锐批评不止见于西塞罗，撒珥路斯提乌斯亦然。

西塞罗《斯奇皮欧之梦》(《论共和国》6.8–29)

[译者按]《斯奇皮欧之梦》(*Somnium Scipionis*)是西塞罗《论共和国》第六卷的结尾。《论共和国》一书今日仅存四分之一至三分之一的内容,但《斯奇皮欧之梦》在中世纪的抄本传统以及公元四世纪玛克若比乌斯(Macrobius)所作的注疏(比较可靠的拉丁语校勘本是 IANUS 1848;第一卷第 1–11 章有中译文,见于杨立的硕士论文[2016]附录;晚近的英译本有 STAHL 1990)使我们得见这一部分的全貌,参见鲍威尔(POWELL 1990, 119–133)的详细介绍。《论共和国》的中文解读有巴洛 2008,重要的西文笺注如 BÜCHNER 1984。

中译文据牛津版鲍威尔校勘本(POWELL 2006)译出,参考了王焕生译本(2006)、傅永东译本(见于其博士论文[1992])、谢品巍译本(2018)、福特英译本(FOTT 2014)、鲍威尔拉英对照详注本(POWELL 1990)、泽策尔英译本(ZETZEL 1999)、洛布本英译(KEYES 1977)、"万有文库"中毕希纳的拉德对照本(BÜCHNER 2004)、"图斯库路姆丛书"中尼克尔的拉德对照本(NICKEL 2010)、"万有文库"中松特海默尔的德译本(SONTHEIMER 1990)、泽策尔注本(ZETZEL 1998)和洛克伍德注本(ROCKWOOD 1903)。注释主要摘选、编译自几个英文本。

图 5 古罗马广场想象图(引自 GREENOUGH & KITTREDGE 1896)

12. [VIII][8] "……但是，尽管对智慧者而言，对[其]杰出行动的承认本身，就是对[其]德性无比丰厚的奖赏，不过，那神圣的德性不需要固定在铅上的塑像，也不需要以枯萎的月桂[装点]的凯旋式，而需要某几类更持久、更常青的奖赏。"[1]

"这些奖赏究竟是什么？"莱利乌斯道。

于是斯奇皮欧说："既然我们现已休假三日，请你们允许我□□"[2]

13. [IX][9] "当我在这位玛尼利乌斯任执政官时[3]来到阿非利加——如你们所知——在第四军团任军事护民官之时，对我来说，没有什么比会见玛西尼斯撒[4]更重要了。出于正当的理由，这位国王是我们家

---

* 方括号中的阿拉伯数字是齐格勒本节号，加粗的数字是鲍威尔本节号，本稿引用时标注齐本节号。毕唯乐协助译者逐字校对了这部分译文，作了大量的修改。特此致谢。

[1] 鲍威尔在旁证中提到玛克若比乌斯《注疏》1.4.2–3。斯奇皮欧在先前的"好长一段时间里"（longo tempore）都没有透露他所做的梦。"因为莱利乌斯抱怨说，公共场所里没有摆放纳西卡的任何塑像以回报杀死僭主的功劳"（cum ... Laelius quereretur, nullas Nasicae statuas in publico in interfecti tyranni remunerationem locatas），斯奇皮欧就说了这番话。关于纳西卡和这里的"僭主"格拉古，参见《图斯库路姆论辩集》4.51 及注。旧本中《斯奇皮欧之梦》始于第 9 节。今从鲍本，以此句为《斯奇皮欧之梦》首句，福特英译本亦然。

[2] 关于这里的阙文，鲍威尔提供了三处旁证作为参考。玛克若比乌斯《注疏》1.1.9 提到，柏拉图为劝人相信灵魂不朽而以厄尔（Ἥρ）的故事作为《王制》的结尾（10.614b–621b）。厄尔阵亡十二天后在柴堆上复活，向哀悼他的人讲述了他在另一个世界之所见。由于众多读者不接受柏拉图的故事，因此西塞罗使其笔下的斯奇皮欧从梦中苏醒，而非从死亡中复活，以求避免类似的非议。奥古斯丁《论天主之城》22.28 中说，关于死者复活，西塞罗提到，柏拉图是在"开玩笑"（lusisse），而不是"想要说出他宣布为真的那件事情"（quod id verum esset adfirmet dicere voluisse）。奥古斯丁的学生、修辞家法沃尼乌斯·厄乌洛吉乌斯（Favonius Eulogius）《关于〈斯奇皮欧之梦〉的论辩》（Disputatio de Somnio Scipionis）13.1 中说，西塞罗意在表明："这些关于魂灵不朽和上天所说的东西，既不是做梦的哲人的虚构，也不是伊壁鸠鲁派所嘲笑的不可相信的故事，而是审慎之人的推测。"（haec quae de animae immortalitate dicerentur caeloque 〈nec〉 somniantium philosophorum esse commenta, nec fabulas incredibiles quas Epicurei derident, sed prudentium coniecturas.）

[3] 在……时（hoc Manilio consule）：俗本据西戈尼乌斯（C. Sigonius）作 M.' Manilio consuli[在执政官曼·玛尼利乌斯属下]，理解为指涉与格。牛津本根据最古老的抄本 A（法国国家图书馆第 454 号拉丁新藏本[Nouvelles acquisitions latines]）采用 hoc，故理解作时间夺格，即公元前 149 年，第三次布匿战争开始之前。曼尼乌斯·玛尼利乌斯参与了对话，这里用前名不如用 hoc 合适。

[4] 玛西尼斯撒（Masinissam）：第二次布匿战争中斯奇皮欧的盟友，公元前 202 年成为努米底亚国王。他一贯与迦太基为敌，与罗马人为友（参见《朱古达战争》5.5）。在历史上，斯奇皮欧并不一定于公元前 149 年会见过玛西尼斯撒，西塞罗这里或许有所杜撰。

族最亲密的朋友。我到他那里的时候，老人拥抱了我，热泪纵横。过了一会儿，他仰望天空，而后，'至高的太阳神啊，'他说，'我向你致谢，[1]也向你们其他天神[2]致谢。因为，在迁离[3]此生之前，我在我的王国和这些宅院之中看见普卜利乌斯·科尔内利乌斯·斯奇皮欧——单单凭借他的名字我就如获新生。因而，关于那位最为高尚且战无不胜之人[4]的记忆，一直没有从我的灵魂中消散。'随后，我就他的王国询问他，他就我们的共和国询问我，经过几番往复交谈，那个白天就被我们消耗掉了。[5] **14.** [X] [10] 接着，受过王室款待之后，我们的谈话延续到深夜，因为，除了有关阿弗瑞卡努斯的[事情]，那位老者没有谈及[其他]任何事情，而他不仅记得阿弗瑞卡努斯的一切行动，还记得他的一切言辞。然后，我们分别就寝。因为我舟车劳顿且深夜未眠，比平日更深的睡眠就将我笼罩。[6]这位阿弗瑞卡努斯（我想正是因为我们之前谈到了这点；

---

[1]　至高……致谢（"Grates" inquit "tibi ago, summe Sol"）：grates 相当于 gratias[恩惠/谢意]，但在语气上十分恢宏，这里对太阳神的呼唤亦然。玛西尼斯撒对太阳神的信奉可能与《斯奇皮欧之梦》中的"太阳系"有所关联。

[2]　其他天神（reliqui caelites）：指月亮[神]和其他星体。caelites 是诗歌用语，后文用 tectum[屋檐/宅院]代替 domus[家宅/家园]的做法和用 fessus 代替 lassus[疲惫的]的做法也富有诗歌色彩，类似情况屡见于《斯奇皮欧之梦》，见后文注释。

[3]　迁离（migro）：西塞罗笔下的玛西尼斯撒没有用更常见的 decedo[离开/离世]一词，或许暗示了他相信有死后的生命。

[4]　那位……之人（illius optimi atque invictissimi viri）：指斯奇皮欧的养祖父老斯奇皮欧。老斯奇皮欧（前236—前183）即斯奇皮欧·阿弗瑞卡努斯，他在第二次布匿战争中取得决定性胜利，迫使汉尼拔退兵。他育有两子：长子普卜利乌斯·科尔内利乌斯·斯奇皮欧（Publius Cornelius Scipio）于前180年任鸟卜官；次子路奇乌斯·科尔内利乌斯·斯奇皮欧（Lucius Cornelius Scipio）于前174年任裁判官。由于老斯奇皮欧两子均无嗣，故路奇乌斯逝世后，其兄普卜利乌斯就将埃米利阿努斯（后来的小斯奇皮欧）定为自己的继承人。

小斯奇皮欧（前185—前129）的生父路奇乌斯·埃米利乌斯·泡路斯·马其顿尼库斯（Lucius Aemilius Paulus Macedonicus，前229—前160）曾带领罗马人在第三次马其顿战争中取得胜利。泡路斯在第一段婚姻结束后把次子过继给了前面提到的普卜利乌斯·科尔内利乌斯·斯奇皮欧。实际上，小斯奇皮欧的祖父是普卜利乌斯的外祖父，养父子实为表兄弟。

[5]　那个……消耗掉了（ille nobis est consumptus dies）：完成时分词也可如被动迂说法那样带施事与格（nobis），参见 A&G 375。dies[白天]一词位于句末，有强调作用，随后自然地过渡到夜晚之事。

[6]　将我笼罩（me ... complexus est）：对比最后一句：ego somno solutus sum[我脱离了

因为一般而言，我们的所思和所谈会在睡眠中产生某种东西——就像恩尼乌斯写有关荷马的事情那样，[1]显然他醒着时总会习惯性地想到、谈到荷马）[2]以这种形象向我显现了自己：就是源于其遗容[3]、相较于他本人而言我更熟悉的那种形象。我认出他的时候不禁一颤，而他却说：'定定心神，[4]斯奇皮欧！放下畏惧，把我要说的事情牢记于心[5]。

15. [XI][11] "'你是否看见了那座城市——凭靠我本人，[6]它曾被迫臣服于罗马人民，现在重[燃]昔日的战火，而且无法平息？'[7]（当时，他又从某个布满星辰、熠耀辉映的高渺之处[8]指着迦太基。）'你现在来攻打这里，差不多就是个士兵[9]吧？这两年之内，你将作为执政官荡平这座城市，而且，那个你现有的、目前从我们这里继承的名号[10]会凭

梦境]。熟睡常常与预兆性的梦相关，比较《论预言》1.59 中西塞罗本人的梦境。这里暗示斯奇皮欧通常睡得很浅——具有警惕性（vigilantia）在传统上被视作罗马将军的优点。

[1] 恩尼乌斯在《编年纪事》开篇说荷马在他的梦中显现。《学园派前篇》2.51 引用了恩尼乌斯的话：visus Homerus adesse poeta[诗人荷马显现在(我)身旁]（《编年纪事》旁证 27）。《编年纪事》旁证 3b 云：in principio Annalium suorum somnio se scripsit admonitum, quod secundum Pythagorae dogma anima Homeri in suum corpus venisset[在其《编年纪事》的开头，(恩尼乌斯)写道，自己在梦中得到提醒——根据毕达哥拉斯的学说，荷马的魂灵来到了他的身体上]。另见《论万物的本性》1.123–125、贺拉斯《书信集》2.1.50–52。

[2] 希罗多德《原史》7.16.2 中就出现过对梦的理性解释。亚里士多德也肯定认同这种理解。《论预言》2.128（昆图斯在 1.45 的说法则不然）、《论万物的本性》4.965 以下皆如此。在这里，西塞罗笔下的斯奇皮欧类似柏拉图笔下的苏格拉底，他并不保证自己在梦中所看到的就是真相。

[3] 遗容（imagine）：身居高位者去世后，罗马人会使用蜡来翻制逝者的遗容。阿弗瑞卡努斯去世时（公元前 183 年，参见《论老年》19），斯奇皮欧才两岁。

[4] 定定心神（ades ... animo）：泽策尔（ZETZEL 1998: 226）认为这里不能译作注意。看到异象通常令人害怕，因此超自然存在（天使或鬼魂）显现后的第一件事就是表达善意，让人平静下来，参见《路加福音》1.29–30（圣母领报）、2.9–10（天使向牧人报告喜讯）以及路吉阿诺斯《伊卡若美尼璞珀斯》（Ἰκαρομένιππος）13。

[5] 牢记于心（trade memoriae）：直译作纳入[你的]记忆。

[6] 凭靠我本人（per me）：比 a me[被我]的语气更加强烈，强调斯奇皮欧在第二次布匿战争中的作用，后文的 per te[凭靠你自己]亦然。

[7] 实际上迦太基极力避免卷入战火，参见《自建城以来》30.44.8。

[8] 某个……之处（excelso et pleno stellarum, illustri et claro quodam loco）：指银河。

[9] 差不多就是个士兵（paene miles）：军事护民官通常由元老阶层或骑士阶层的年轻人担任，相比于拥有指挥权的执政官，这一职务的确与普通士兵无所差别。在句子结构上，miles 和紧接着的 consul 形成明显反差。

[10] 即 Africanus[阿弗瑞卡努斯/阿非利加征服者]，参见《自建城以来》30.45.6–7。小

靠你自己而为你所得。另外，你还会夷平迦太基、举行凯旋式并成为监察官，[1]再作为使者去往埃及、叙利亚、亚细亚和希腊。那时，你会在缺席的情况下被再次选为执政官，还要终结一场大战：[2]你将诛灭努曼提亚。但是，当你驾车驶往卡皮托林山时，[3]你会撞见那个被我外孙[4]的计划搅乱的共和国。16. [XII] [12] 阿弗瑞卡努斯啊，你必将在这里向祖邦展现你灵魂、天赋和谋略的光辉[5]。但是，我看见那时候有个岔道，仿佛是命运之路上的。[6]因为，当你的年岁达到[7]太阳的八次七个往复周转때[8]，这两个数字——其中每个都由了各自的原因被视作完满的——[9]会按自然的轮回成就你的命定之极，整个城邦都将使自己转向你一人和你的名：元老院、所有正人君子、[10]同盟者和拉丁人都将望向你。城邦安危系于你一人。[11]无需多言，你应作为独裁官整饬共和国——倘若你能逃脱亲属的毒手。'"[12]

斯奇皮欧不太可能在征服迦太基之前"继承"这个名字。

[1] 斯奇皮欧在公元前 146 年夷平迦太基，前 142 年成为监察官。

[2] 斯奇皮欧是公元前 147 年和前 134 年的执政官。

[3] 斯奇皮欧在公元前 132 年举行凯旋式，庆祝前一年征服努曼提亚。

[4] 指提贝瑞乌斯·格拉古，系阿弗瑞卡努斯之女科尔内利阿所生。

[5] 光辉（lumen）：这个比喻让我们想到第 17 节对太阳的描述。在《斯奇皮欧之梦》中，宇宙秩序和人间政治始终相连。

[6] 玛氏《注疏》(1.7) 认为，老斯奇皮欧故意用含混的话来预言小斯奇皮欧之死，后者注定无法逃脱亲人的毒手。关于"命运的岔路"参见《回忆苏格拉底》2.1.21–33。

[7] 达到（converterit）：动词 convertere 的字面意思是绕圈、环行、公转。这个词派生出的名词 conversio 可以指公转和自转。西塞罗笔下的斯奇皮欧在《论共和国》1.69 用 convertuntur 来描述政制的变迁。

[8] 意思是在小斯奇皮欧 56 岁时，即公元前 129 年，就是对话发生的这一年。通常认为《论共和国》的写作时间下限是公元前 51 年，而这也是西塞罗生命的第 56 年。

[9] "完满（plenus）之数"的具体所指并不固定，毕达哥拉斯传统认为一到十的整数都是完满的。太阳、月亮及五星共计七颗，因此七被认为是重要的。八是比一大的最小的立方数，故也被认为是完满的。参见《蒂迈欧》39d、玛克若比乌斯《注疏》1.5–6。

[10] 在公元前五十年代的西塞罗看来，consensus omnium bonorum[一切正人君子的共识]是维系罗马社会的重要元素。西塞罗在这里略去了他本人在政治行动中常常依赖的骑士（equites）阶层，这与格拉古时代的情况相应。参见《论友谊》12。

[11] 城邦……一人（tu eris unus in quo nitatur civitatis salus）：Scipio[斯奇皮欧]这个名字在古希腊语中作 Σκηπίων，意为手杖，后者来自动词 σκήπτομαι[拄着/倚靠]。

[12] 斯奇皮欧之死是一桩疑案。他可能是自然死亡、自杀而死或者死于他杀，罗马人当时并未对其死因展开官方调查。西塞罗在这里暗示斯奇皮欧惨遭格拉古派杀害，而这

这时候，莱利乌斯大叫起来，而其他人唏嘘不已，[1]斯奇皮欧微微一笑道："嘘！我请你们别把我从梦中唤醒，再听一听[2]余下的内容。"

17. [XIII] [13] "'但是，阿弗瑞卡努斯啊，为了让你更积极地守护共和国，请明白这点：[3]对所有那些保卫、帮助、壮大祖邦的人而言，天上必然有特定的位置，在那里，幸福之人[4]得享永生。[5]因为，对于那位统治整个宇宙的至尊之神而言，至少，在大地上发生的事，[6]没有什么比人类正义地会聚而成的联合与结合[7]——这被称作城邦——更合心意：它们的治理者和保卫者们从这里出发，又回到这里。'[8]

18. [XIV] [14] "这时的我，虽然惊恐万分——对死亡的恐惧尚不及对亲人的阴谋的恐惧——但还是询问，他本人、家父泡路斯，以及其他那些我们认为已经故去的人是否还活着。

"'当然，'他说，'这些人还活着，他们摆脱了肉身束缚[9]如同摆脱了

一点也众说纷纭。

　[1] 关于莱利乌斯，参见《图斯库路姆论辩集》1.5 及注释。

　[2] 听一听（parumper audite）：此处有校勘差异。多数版本采用的 parumper [一会儿] 是布耶（J. Bouhier）的推测，抄本上多作 parum rebus，此时全句译作请你们再听听零星话题组成的其他内容。

　[3] 请明白这点（sic habeto）：这里的将来时命令式表达正式而庄重的语气。

　[4] 幸福之人（beati）：福特（FOTT 2014: 119）提示我们，西塞罗并没有说感到幸福的人就是幸福之人，参见《论法律》1.32、1.46 和 1.59。

　[5] 鲍威尔（POWELL 1990: 152）提醒我们，西塞罗没有说只有政治人才有可能获得不朽，他说的是天上有专属于政治人的位置，而如第 18 节所言，哲人也可以进入天国。参见《斐多》82a–b: εἰς βέλτιστον τόπον ἰόντες οἱ τὴν δημοτικὴν καὶ πολιτικὴν ἀρετὴν ἐπιτετηδευκότες [致力于民众和城邦之德性的那些人去往最好的地方]。因此西塞罗可能不同意章雪富（2017）的理解"任何一个能够进入天国之门的人，都必须是服务于国家的灵魂"。

　[6] 在……事（quod ... in terris fiat）：玛克若比乌斯在《注疏》1.8.12 中提出，西塞罗区分了政治生活和哲学生活，这个短语并不包含后者。但是鲍威尔（POWELL 1990: 152）对玛氏的判断有所怀疑。

　[7] 参见《论共和国》1.39。

　[8] 参见《图斯库路姆论辩集》1.51、1.72、《论法律》1.24、《论诸神的本性》1.27、《论老年》38、《论友谊》14。

　[9] 摆脱……束缚（e corporum vinclis）：类似的短语又见于《图斯库路姆论辩集》1.75、《论老年》81、《论预言》1.110 和《论友谊》14。vincula 一词本身的意思是束缚，与监禁并无必然的关系。西塞罗在这几处可能想到了把灵魂与肉身系在一起的 δεσμοί [纽带/链条/枷锁]（参见《蒂迈欧》42e、44b 和 81d），另见《斐德若》250c 和《论老年》77。玛克若比乌斯在《注疏》1.11.3 提到 δέμας [身体]（这个词用于诗歌）和 δεσμός 之间的文字

缧绁之厄。而你们所谓的¹生命恰恰是死亡。²你难道没看见[你的]父亲泡路斯正向你而来吗？'

"我看见他的时候，可谓泪如泉涌³；他却拥抱我、亲吻我，让[我]别哭。**19.**[XV][15]而在我一止住泪水、开始能够说话的时候，'请问，'我说，'最神圣、最卓越的父亲啊！既然这才是生命，如我听阿弗瑞卡努斯所言，我为何滞留在大地上？我为何不赶紧来到你们这里？'

"'不是这样的'，他说，'因为，直到⁴那位神明——你所见的一切皆是他的这片圣域⁵——把你从这肉身的禁锢中解放，通往这里的入口就不可能向你敞开。其实，人类以这一法则⁶得到繁衍，是为了守护你看到的在这片圣域中央、被称作地球的那个球体⁷。而且，人类被赋予出自那永恒之火的灵魂，⁸你们把这火称作辰和星。球状、圆形的星辰⁹因为神

游戏，而这并不见于柏拉图的作品。把身体理解为灵魂的监狱的做法显然来源于俄耳甫斯秘仪，参见《克拉底鲁》400c、《斐多》67d、82e（可能还有 61d）、《高尔吉亚》492d、《阿尔西欧科斯》365e、370d，也见于后世受柏拉图影响的作家。另见《埃涅阿斯纪》6.734。

¹ 所谓的（quae dicitur）：在《斯奇皮欧之梦》中，西塞罗反复提醒读者注意人类的语言或观念与真实情况之间的差异，比如第 17 节的 nominant[他们称作]、dicitur[它被说成]和 dicitis[你们说]。

² 西塞罗似乎认为这是柏拉图的学说（参见《为斯考茹斯辩护》4），但实际上柏拉图并没有这样宣称过。在《高尔吉亚》493a，苏格拉底把这归到"那些智慧者"（τῶν σοφῶν）那里，并没有提到具体的姓名。苏格拉底引用欧里庇得斯《珀吕伊多斯》（Πολύιδος）残篇 638 中的 τίς δ' οἶδεν, εἰ τὸ ζῆν μέν ἐστι κατθανεῖν, | τὸ κατθανεῖν δὲ ζῆν;[而谁知道，活着是否就是死去，而死去就是活着？]，并且玩了 σῶμα[身体]和 σῆμα[坟墓]的文字游戏。另见《论天主之城》13.10、22.21。

³ 泪如泉涌（vim lacrimarum profudi）：参见 *OLD*² 词条 uis 8b。

⁴ 直到（nisi ... cum）：许多抄本和一些校勘本省略了这里的 cum，但是 nisi ... cum 的结构并不罕见，意为除非到了……的时候或直到，可能属于法律用语。

⁵ 圣域（templum）：这个词在这里不是神庙的意思。templum 原本意为出于宗教目的而划出的一块土地或者天空，用来观察鸟儿的飞行以供占卜。

⁶ 以这一法则（hac lege）：有观点认为这个短语当译作在这一条件/情形下。泽策尔（ZETZEL 1998: 232）提示读者参考《图斯库路姆论辩集》3.59。

⁷ 地球位于宇宙的中央，这是柏拉图宇宙观中的基本学说。事实上，除了日心论者阿瑞斯塔尔科斯（Ἀρίσταρχος）和一些毕达哥拉斯派传人（他们认为地球绕着一团我们不可见的中央之火旋转）之外，所有的古希腊宇宙学者都认同这一点。

⁸ 参见《图斯库路姆论辩集》1.19、1.43，《学园派之书》1.26，《蒂迈欧》41d–e 和《论天》269a。

⁹ 球状、圆形的星辰（quae globosae et rotundae）：古人观察到地球、太阳和月亮是球形的，但金星、火星和木星太远，难以用肉眼观察，故西塞罗说它们是圆形的。

明的意志[1]而具有灵魂，以惊人的速度完成它们的自转和公转[2]。因此，对于你，普卜利乌斯啊，[3]以及所有虔诚的人而言，灵魂应当拘于肉身的禁锢。[4]而且，如果没有那赋予你们[灵魂]者的命令，就不应离开属人的生命，以免你们看起来是在逃避由那神明分配给人类的本分[5]。**20.**[XVI][16]但是，斯奇皮欧，请你像在这里的你的祖父[6]、像生养你的我那样，培育正义和虔敬。[7]这不仅对父母和亲人是重要的，而且对祖邦至关重要：这种生活方式是一条途径，通往天空，通往那些已过完一生、在卸去肉身后居住于你看到的那个位置的人的这一结合（而它那时是个有着无比璀璨的光辉的圆圈，在火焰中[8]散发光芒）——如同接受自希腊人那

---

[1] 参见《论诸神的本性》2.43、2.54，《蒂迈欧》39a、40b，《法义》10.896–897 和《厄庇诺米斯》982e。

[2] 自转和公转（circulos ... orbesque）：泽策尔译作 rotations and revolutions。

[3] 泡路斯在这里用前名称呼自己的儿子，语气比较亲近，后面又使用家族名斯奇皮欧，回归一种正式的语气。

[4] 灵魂……禁锢（retinendus animus est in custodia corporis）：禁止自杀的说法亦见于《图斯库路姆论辩集》1.74、1.118，《论老年》73 和《为斯考茹斯辩护》5，参见《斐多》61d–62c、67a。在柏拉图笔下，这是毕达哥拉斯派传人菲洛拉欧斯（Φιλόλαος）的说法。苏格拉底提到毕达哥拉斯学派的"各种秘密中所说的一条道理"（ὁ ἐν ἀπορρήτοις λεγόμενος λόγος，《斐多》62b），亦即人 ἔν τινι φρουρᾷ[在一间囚室中/在守护(他者)的状态中]，不可以自我释放。苏格拉底说这一点难以理解，但是他相信人处在诸神的照护之下，自杀会使他们生气。

西塞罗似乎混合了"秘密道理"和苏格拉底的论证。在《斯奇皮欧之梦》中，他把 ἔν τινι φρουρᾷ 的两种含义混在一起：人被置于肉体之中以守护地球。"在一间囚室中"的解释似乎更常见于古代的传统，比如玛克若比乌斯《注疏》1.13.8 把 φρουρά 译作 carcer[囚牢]；现代的柏拉图注家更偏好另外一种解释（他们以《苏格拉底的申辩》28d 和《克力同》51b 作为证据），但鲍威尔（POWELL 1990: 154）对这种理解表示怀疑。西塞罗在《论老年》73 中的说法更加清楚地表现了"在一间囚室中"的观念。西塞罗并未明确推论说尘世生活是一种惩罚，但毕达哥拉斯和柏拉图传统中肯定存在这种观念。因此，这里的 custodia[禁锢/看护]不能理解为灵魂对身体的看护。第 26 节的 praepositus est[受掌控]也不支持把这里的 custodia 理解为看护。

[5] 由……本分（munus humanum assignatum a deo）：中世纪的抄本上有 humanum，但这个词不见于玛克若比乌斯的《注疏》，而且被抄本 A（见第 9 节注释）的校改者删去了。尽管鲍威尔笺注本（POWELL 1990: 172）认为这个词在语境中没什么作用，但是在他后来的校勘本（POWELL 2006: 139）中还是保留了这个词。

[6] 指斯奇皮欧的养祖父老斯奇皮欧。

[7] 关于正义和虔敬的紧密关系，参见《论诸神的本性》2.153。

[8] 在火焰中（inter flammas）：或译作在星辰之间。

样，你们将其命名为白圈。[1]

"那时起，[2]其他[景象][3]在沉思万物的我看来都是灿烂而令人惊异的。而那些星辰却是我们未曾在这个地方见过的，我们也从未想象过它们每一个的大小。其中，那颗[4]最小的星星就是离天空最远、最靠近地球的那个，[5]它借助其他星辰的光芒闪耀着。[6]而各个星辰的球体在大小上远远超过了地球。[7]此刻，地球本身在我看来是如此渺小，[8]以至于我们的统治权使我感到惭愧[9]——凭借这一统治权，我们好像[仅仅]触及了其上的一个点[10]。

---

[1] 如同……白圈（quem vos, ut a Grais accepistis, orbem lacteum nuncupatis）：西塞罗在这里使用了诗体形式 Grais，与 nuncupatis 相应。orbem lacteum 译自古希腊语 γαλαξίας[银河]。英语 milk way 来自奥维德《变形记》1.168–169 的 via ... lactea[乳白的道路]，指的是诸神去往尤比特宫殿的道路。德性卓越之人在死后居于银河，这一观念并不明确见于柏拉图的作品，似乎最早见于朋图斯的赫拉克勒伊得斯（参见 GOTTSCHALK 1980: 100 及下；关于赫氏，参见《图斯库路姆论辩集》5.8 及注）。在这之后，泡路斯便没有说话，他可能回到了自己在天上的居所。

[2] 那时起（ex quo）：这里的 ex 表达时间而非地点（参见 *OLD*[2] 词条 ex 9），因为斯奇皮欧并不在银河上。

[3] 其他[景象]（cetera）：这里的"其他"是相对于地球（而非银河）而言的，因为下一个句子就表明，斯奇皮欧比较的是从更高位置上看到的景象和在地球上之所见。

[4] 那些……它们……那颗（eae ... eae ... ea）：这三个指示代词强调了我们在地球上之所见的错谬：存在超出人类想象的天球，而且在我们看来最大的天球（月亮）是最小的。

[5] 最……那个（citima terris）：格若诺维乌斯（J. F. Gronovius）改作 citima (a) terris[离地球最近]，从而与前面的 ultima a caelo[离天空最远]对称。

[6] 指的是月亮。参见《论诸神的本性》2.119、《论万物的本性》5.574 和卡图卢斯《歌集》34.15。

[7] 古代的星象学者从肉眼观察到的星星的大小和亮度作出这一判断。参见玛克若比乌斯《注疏》1.16.8–13、《厄庇诺米斯》983a 和亚里士多德《论天》2.298a。

[8] 注意，这句中的 iam[此刻]表明斯奇皮欧显然处于一个更高的位置。关于地球的渺小，另见《论共和国》1.26、亚里士多德《天象学》1.352a27 和奥勒利乌斯《沉思录》4.3.8、12.32。

[9] 灵魂不朽和来世的幸福的话题从这里开始过渡到人类的渺小。西塞罗一直到第 26 节才重新提到灵魂的本性和来世的生命。读者或许会感觉一个矛盾：既然地球如此次要，那么此世的生活如何具有末世论上的价值呢（参见 HARDER 1960: 357，转引自 ZETZEL 1998: 235）？泽策尔认为，这两点是相辅相成的：从永恒的视角上看，人类的生命无足轻重，但是神明把作为宇宙中心的地球托付给了人类。因而人类行为的重要性不取决于成败和他人的褒贬，却因为指向永恒而具有价值。

[10] 一个点（punctum）：参见《图斯库路姆论辩集》1.40。从希腊化时代开始，把地球描述为相对于宇宙而言的一个 στιγμή[点]或 σημεῖον[标记]的做法屡见不鲜，但是把罗马的统治范围描述为立锥之土的古典作家仅西塞罗一人，因而他用了 quasi[好像]一词。

21. [XVII][17]"在我进一步凝视地球的时候，'请问，'阿弗瑞卡努斯说，'你的心智要被局限在地上多久？难道你没有察觉你已经进入了什么样的圣域？如你所见，一切由九个圆环，更确切地说是球体，联结而成：[1]其中一个是穹苍，它在最外面，环抱其余所有的球体，即包容、掌控其他球体的至高神明本身。[2]在其中，固定着那些属于星辰的永恒的旋转轨道。[3]在穹苍之下有七个球体，[4]向后转动，与天空的运动相反。其中一个球体由那位地上之人称作撒图尔努斯的[神明]占有；[5]其次是那颗给人类种族带来福祉和健康的明星[6]，被说成属于尤比特；[7]接着是令地球惧怕的红色球体，你们说它属于玛尔斯；[8]然后，太阳占据七个当中接近中间的区域[9]——它是其余光体的领袖、元首和管辖者，是宇宙的心智和平衡；[10]太阳是如此伟大，以至于它用自己的光芒照亮、

---

[1] 西塞罗这里描述的宇宙结构类似《蒂迈欧》38b–39e，另见《王制》10.616b–617c。

[2] 廊下派认为 αἰθήρ[以太]是最高神，参见《学园派前篇》2.126。认为星辰神圣且有灵魂的观念可以追溯到前苏格拉底哲学。在亚里士多德和后来的柏拉图主义者看来，这些天球仅仅是一种"宇宙灵魂"（ψυχὴ κόσμου, anima mundi），而在可见的宇宙之外还有更加神圣的存在。

[3] 西塞罗在这里接受克勒安忒斯的观点，而克律西璞珀斯和波塞冬尼欧斯则认为这些星辰并不固着在穹苍上，它们有自己的运行层。

[4] 西塞罗在这里没有使用"游荡的星辰"（errans stella/astra）这一术语，可能是因为太阳、月亮与其余五星不同，而且"游荡"一词也不适合用来描述星辰的运动。参见《图斯库路姆论辩集》1.62。

[5] 这即是土星，后面依次提到的是木星、火星、金星和水星。西塞罗没有把土星直接称作"撒图尔努斯"（Saturnus）。

[6] 明星（fulgor）：这个诗体形式代替了 stella[星辰]。

[7] 一些注家提到，古人认为 Iuppiter[尤比特]一词来自动词 iuvare[帮助]。

[8] 玛尔斯（Mars）是战争之神，故令地球恐惧。

[9] 然后……区域（deinde de septem mediam fere regionem Sol obtinet）：鲍威尔在这里依据玛克若比乌斯《注疏》的多个抄本，使用 de septem，而《论共和国》的多个抄本上则作 subter，此时本句的译文作往下，太阳差不多占据中心区域。柏拉图、厄乌多克索斯（Εὔδοξος）和厄剌托斯忒内斯（Ἐρατοσθένης）认为太阳在月亮之下，在水星和金星之上，玛克若比乌斯称之为埃及顺序。西塞罗、阿基米德和希腊化时代晚期的诗人以弗所的亚历山大则认为太阳在火星和金星之间，此即迦勒底顺序。西塞罗在《论共和国》1.22中充满敬意地提到了阿基米德的天球仪，他选用这一种顺序可能是为了把政治人在地球上的地位类比为太阳在七星中的核心地位。

[10] 这一描述具有特别的政治色彩，参见《论共和国》1.15 中的"两个太阳"以及《图斯库路姆论辩集》1.68 和《论诸神的本性》2.49、2.92。廊下派认为太阳掌控着宇宙的 ἡγεμονικόν[主导]（灵魂中的占统治地位的理性部分），参见《学园派前篇》2.126、《名哲

充满一切。[1]一条维纳斯的轨道和另一条墨丘利的轨道如侍从般追随着太阳，[2]在最下方的圆环上周转着为太阳的光线所照耀的月亮。而再往下，除了有死的和有朽的东西就别无一物[3]——通过诸神的恩赐而给予人类种族的灵魂除外；在月亮以上，一切都是永恒的。那个位于中心的第九个球体，地球，并不运动，[4]还在最下方；所有的重物都因为自己的重力而落[5]向它。'[6]

22. [XVIII] [18] "我惊奇地凝视着这些，'这种，'我回想神来说道，'充盈我双耳的、如此洪亮且如此甜美的声音是什么？'[7]

"'这声音，'他说，'由不相等的间隔连成，[8]但是仍然根据一定的比

言行录》7.139。

[1] 参见《论诸神的本性》2.49、2.119。

[2] 西塞罗并没有说水星和金星围绕太阳转动，因为这样就会打乱他所建构的宇宙秩序。朋图斯的赫拉克勒伊得斯看起来最先从金星亮度的变化推理出此二星绕太阳运动。阿基米德和托勒密接受了他的观点。

[3] 月亮的轨道是有朽的月下世界与永恒世界的边界。这一观念见于前苏格拉底哲人，而且在晚期柏拉图主义中成为了标准说法，参见玛克若比乌斯《注疏》1.11.6。

[4] 这几乎是古代对宇宙的通行看法。不过阿瑞斯塔尔科斯（见第 15 节注释）认为地球绕着太阳转，而赫拉克勒伊得斯认为运动的是地球而非外面的天球（参见 GOTTSCHALK 1980: 58）。沃格林的梳理有助于我们理解地心说和日心说的差异：托勒密体系和哥白尼体系都是假设。哥白尼提出日心说是为了简化对行星运动的数学描述，博丹为了研究政治和自然而倾向地心说：他们都出于自己的理由作出了选择。莱布尼茨总结说，以太阳为中心建立坐标更加简单，但这并不说明如此描述的运动在本体论意义上更加真实。参见沃格林 2019: 219–222。

[5] 落（feruntur）：或译作被[自己的重力]带。参见 L&S 词条 fero I. B. 1. β。

[6] 参见《图斯库路姆论辩集》1.40、《论天》2.296b15 及下。重力指向宇宙中心的观念被用来解释地球的中心位置（构成地球的物质被认为比天空中的任何东西都要重），参见《论演说家》3.178，《论诸神的本性》2.98、2.116，《斐多》108e，《论天》297a8 和普鲁塔克《论月球上所显现的面貌》（Περὶ τοῦ ἐμφαινομένου προσώπου τῷ κύκλῳ τῆς σελήνης）923–924（中译文见 2016: 9–12；该译本未标注斯特方码）。

[7] 本节的内容显得尤其晦涩、复杂，而且西塞罗有意避免过多的细节影响这部分描述的恢宏特征。关于古代哲学对天球运动声的讨论，详见 PEASE 1958: 1019–1020。现代学者对这种观念之历史的讨论可见 BOYANCÉ 1936a: 104–115、BURKERT 1972: 350–357。

[8] 由……连成（intervallis coniunctus imparibus）：《斯奇皮欧之梦》的抄本上用的都是 coniunctus，但抄本 A 的校改者将其改作 disiunctus[隔开的/断开的]。disiunctus 显然无法与后文形成对比，造成 sed tamen[但是仍然]显得突兀。coniunctus[连成的]对应于古希腊音乐术语 συνημμένος。鲍威尔（POWELL 1990: 172）的解释很有道理：对于古代的弦乐器来说，演奏者无法停止在一个音符上，而我们的观念很容易受钢琴演奏的影响而把八度理解为一系列分开的音符。

例合理分布，由球体自身的推动和运动引起；[1]它用低沉的音协调高昂的音，均衡地产生各种谐和乐音[2]。' 其实，如此剧烈的运动不可能在寂静中被激发，而且自然要求[3]它们在一个最边缘处低沉地作响，而在另一边高昂地发声。由于这个原因，属于天空的、缀有星辰的那一最高的轨道——它的旋转相当迅速——伴着高昂、洪亮的声音运动，而最下方的属于月亮的这一条轨道则伴着最低沉的声音运动。[4]由于[位列]第九的地球总是保持不动地固着在一处，它就拥有宇宙的中心位置。而那八条轨道——其中两条力度相同[5]——发出因间隔而各异的七种声音；这数字几乎就是万物之枢。有学识的人用琴弦和歌咏模仿之，[6]为自己开辟归返此处的路途，就好像其他那些以出众的天赋在属人的生命中修习属神学问[7]的人。**23.** [19]人的耳朵由于被这声音充塞而失了聪，你们没有任何[比听觉]更迟钝的感觉了。就好像，在尼罗河从峻极的山岭奔流至那被称作卡塔杜帕[8]的地方，居住于彼处附近的那个部族由于巨大的声响而丧失听觉。事实上，整个宇宙因极速转动而[产生]的这一声音是如此巨大，以至于人的耳朵不可能接收它，正如你们无法直视太阳，[9]而

---

[1] 天球的运动引发声响，这一观念来自毕达哥拉斯，也见于《王制》10.617b、《论天》2.290b18。

[2] 谐和乐音（concentus）：英译本大多译作 harmonies。另见《论共和国》2.69。

[3] 自然要求（natura fert ut）：或意译作与自然相洽的是。参见 *OLD*[2] 词条 fero 21 以及《论义务》1.121：si natura non feret ut quaedam imitari possint[如果自然不允许他们有能力模仿某些事情]。

[4] 柏拉图则说月亮运动得最快，而且发出最高昂的声音，参见《王制》10.617b。

[5] 玛克若比乌斯《注疏》2.4.9 认为这句话的意思是，水星和金星具有相同的运动速度，因而它们发出相同的声响。但是鲍威尔（POWELL 1990: 160）和泽策尔（ZETZEL 1998: 241）都认为西塞罗这里的意思是月到最外层的穹苍是一个八度，玛克若比乌斯误以为水星和金星彼此作伴（假设如此，那么太阳的声音也得与它们的相同）。《蒂迈欧》36d 中说太阳、水星和金星的运动速度相同。

[6] 参见《图斯库路姆论辩集》5.113。

[7] 属神的学问（divina studia）：指哲学、数学、星象学和音乐。西塞罗在《论老年》24 中用这个短语来指哲学和作诗术。另见《图斯库路姆论辩集》1.72。

[8] 卡塔杜帕（Catadupa）是尼罗河的一处大瀑布，在阿斯旺以南，是古埃及的南部边界。Catadupa 一词来自古希腊语 καταδουπεῖν[伴随着巨响而下落]，参见希罗多德《原史》2.17、老普林尼《博物志》5.54。

[9] 参见《图斯库路姆论辩集》1.73、《斐多》99d 和《王制》7.515c–516b。

你们的目力和视觉被它的光线制服。

24. [XIX][20] "尽管我自己对这些感到惊异，我依旧一再让双眼向地球转回。于是阿弗瑞卡努斯说："我感到，你甚至现在还在关注人类的居所和家园。倘若它在你看来如其现在所是的那般[1]渺小，那么你就一直看着这些属天之事、蔑视那些属人之事吧[2]！"[3]因为，在人们的言谈中，你能追求什么名望，或者什么值得寻求的荣光？你看：地球上有人居住的地方稀少而狭小，甚至在这些有如斑点[4]的人居之外，也分布着广袤的荒漠；那些居住在地球上的人不仅被这样隔开，以至于他们当中的一些人无法与另一些人交流，而一部分人与你们站成斜角，一部分人与你们站成直角，一部分人站在你们的对面[5]——你们当然不可能从他们那儿期待任何荣光。**25.** [XX][21]你瞧见吗，同一个地球就好像被一些带子[6]缠绕、包围；你看到吗，其中相隔最远、各自挨着天空的那两极的带子被冰雪封冻，而中间最宽的那条则被太阳[发出]的热量炙烤？有两条可供人居住，其中南边的那条，那里站着的人踏出[7]与你们相对的足迹，与你们的种族无关。你们所居住的这另一条上有北风吹拂[8]——

---

[1]　如……那般（ut est）：这个表达强调普通人所看到的现象与神明所见的真实情况之间有所差异，参见第 15 节及相关注释。斯奇皮欧对宇宙的理解也正在提升。

[2]　蔑视……吧（contemnito）：泽策尔（ZETZEL 1998: 242–243）把这个词理解作《斯奇皮欧之梦》的主要劝谕，但否认其具有非政治性，因为西塞罗认为灵魂的永恒幸福必须以参与公共生活为基础。对比西塞罗在《论预言》2.2 对《图斯库路姆论辩集》第一卷的描述。

[3]　参见《图斯库路姆论辩集》1.109、《论共和国》1.26–27 和《天象学》1.352a27。

[4]　斑点（maculis）：这个词带有轻蔑的含义。

[5]　参见《图斯库路姆论辩集》1.68、《学园派前篇》2.123 和《蒂迈欧》63a。

[6]　带子（cingulis）：对应于古希腊语 ζῶνη［带子/地带］，英语 zone 就来自这个希腊语单词。西塞罗这里提到了五条带子或说五个地带，与事实基本接近，而且这也是古代地理学的观点。参见《图斯库路姆论辩集》1.45、《论诸神的本性》1.24、《天象学》2.362b、《稼穑诗》1.232 及下、奥维德《变形记》1.49、斯特拉波《地理志》2.2.2（其中把五带的划分归诸巴门尼德）和《名哲言行录》7.155。西塞罗这里的意思是，地球有两个寒带（南北极）、两个温带和一个热带，其中仅温带有人居住，而且热带无法穿越。不过这并非当时普遍的观点。

[7]　踏出（urgent）：此为诗体表达，参见 *OLD*[2] 词条 urgeo 1。

[8]　有北风吹拂（subiectus aquiloni）：诗体表达。对比第 17 节 cui subiecti［在(穹苍)之下］和《图斯库路姆论辩集》4.57。

你瞧，它在多么微小的比例上与你们相关！其实，由你们耕耘的[1]整块土地两端狭窄，侧边较宽，[2]就是一座小岛，[3]被那片你们在地球上称作阿特拉斯海、[4]大海、欧克阿诺斯的海洋环绕。尽管它拥有如此名号，你看它却多么渺小。**26.**[22]难道你的名字，或者我们中任何人的名字，能从这些已被耕耘、为人所知的土地越过这座你瞧见[5]的高加索山[6]吗，或者游过恒河[7]？在太阳升起或落下的其余最远的地区，[8]或者北风或南风所在的地区，谁会听到你的名字？若除去这些，你当然就会发现，你们的荣光希望自己得到传扬[的地方]多么狭窄！而那些正在谈论我们的人，他们又会谈论多久？[9] **27.**[XXI][23]实际上，即便未来之人的那些苗裔[10]想要接着把从父辈那里听到的对我们每个人的称赞[11]流传后世，但是，由于洪水和大地的烈火——它们必然在特定的时候发生[12]——我

---

[1] 由……的（quae colitur a vobis）：泽策尔（ZETZEL 1998: 244）认为这个表达翻译自古希腊语 οἰκουμένη[有人居住的地方]，后者没有拉丁语对应物，其所包含了欧罗巴、阿非利加和亚细亚。我们这里参考毕希纳的德译 das von euch bebaut wird，按拉丁语的字面含义译出。

[2] 参见斯特拉波《地理志》2.5.6、2.5.14 和 11.11.7。对于西塞罗来说，这里重要的不是地理事实，而是他想要通过这种修辞来建构的政治观念和宇宙秩序。

[3] 参见《论诸神的本性》2.165。

[4] 阿特拉斯海（mari ... Atlanticum）：参见 OLD² 词条 Atlanticus。在这里指的是环绕着有人居住的陆地的大海，参见《论宇宙》392b20 及下、珀吕比欧斯《罗马兴志》16.29.6。

[5] 你瞧见（cernis）：相较于第 17—19 节，斯奇皮欧此时离地球更近。

[6] 高加索山（Caucasum）：这个词所指的地方可能比现今高加索山更往东。

[7] 恒河（Gangen）：古代文献中常常提到恒河，作为已知世界的最东端。

[8] 当斯奇皮欧在西班牙作战时，他几乎已到达了欧罗巴的最西端。

[9] 他们……谈论多久（quam loquentur diu）：泽策尔（ZETZEL 1998: 245）注意到，这里的反常词序凑出了两个长短长音步。洛克伍德（ROCKWOOD 1903: 15）则认为这里的词序强调 diu[长久地]。

[10] 苗裔（proles）：这个单词是一个诗体表达，参见《论演说家》3.153、《论法律》3.7、《论共和国》2.40 和《论诸神的本性》2.159。

[11] 从……称赞（laudes uniuscuiusque nostrum a patribus acceptas）：根据三个英译本和洛克伍德注，这个短语不可译作我们每个人从父辈那里得来的称赞。另见《论法律》3.4、《论老年》25 和《论义务》2.63。

[12] 参见《论诸神的本性》2.118、《蒂迈欧》22c 和《法义》3.677a。在柏拉图之后，水灾和火灾被认为与大年（见第 24 节注释）的"季节"有关，另见《论善恶之极》2.102、《论诸神的本性》2.51 和《论万物的本性》5.380 及下。不过，西塞罗后面才提到了大年，在这里没有强调这种关联。在廊下派看来，在大年结束时会发生 ἐκπύρωσις[大火灾]，整个宇宙都会毁灭。不过西塞罗认为宇宙是永恒的，周期性的灾难只是人类历史中一个阶

们不仅无法求取永恒的荣光，而且甚至无法求取长久的¹荣光。更何况，这有什么意义——那些后来出生的人会有关于你的言谈——既然那些先前出生的人不曾有过任何[关于你的言谈]，他们并不更少，²且必然更优秀；³ **28.** [XXII][24]尤其是，既然在能够听闻我们的名字的那些人中，没有谁能保有一整年的记忆？须知，人类一般仅仅以太阳，亦即单一星体的回归来度量一年，可实际上，当所有星辰回到它们当初⁴由之出发的同一处，并在很长的间隔后使整个天空恢复了原先的格局时，那才真的可以被称作一周年⁵——我都不敢说在这之中包含着多少人类世代。⁶而实际上，如人类所见过的那样，当罗慕路斯的灵魂进入这一些圣域时，太阳一度亏缺且熄灭，⁷每当⁸太阳在同一位置和同一时间再次亏缺时，看吧，在所有星座和星辰都被唤回到起点时，就满了一年。你要知道，实际上这样一年的二十分之一都尚未过去⁹。**29.** [XXIII][25]因此，¹⁰倘若你对回到这个地方——在这里，一切都属于伟大而出众的君子——不抱希望，那么这种属人的、都无法持续一整年之一瞬的荣光，究竟价值几何？因而，倘若你打算从高处俯瞰并注视这一居所和永恒的

段的结束。水灾和火灾的并举另见于《论预言》1.111。

¹ 长久的（diuturnam）：呼应第 23 节最后的 quam loquentur diu[他们会谈论多久]。

² 比较拉丁语习语 abiit ad plures[他去往多数人那里]（死亡的委婉语）。

³ 类似的观念另见于《论共和国》5.1–2、《论万物的本性》3.1026 和贺拉斯《颂诗集》3.6.46–48。

⁴ 当初（semel）：除洛布本外，其余英译本均漏译这个词，德译本均不误。

⁵ 一周年（vertens annus）：参见 *OLD²* 词条 uerto 1c。柏拉图在《蒂迈欧》39d 中说，每当天球回归到相同的位置便构成一个周期，此即所谓的"大年"。这个周期有时是由所谓的"柏拉图的数"（参见《王制》8.546b）决定的。一个大年约略相当于三万六千太阳年，不过许多作者给出的时间更短。西塞罗在《霍尔腾西乌斯》残篇 80–81 中给出的时间是 12954 太阳年，玛克若比乌斯在《注疏》2.11.11 中的估计是一万五千年。

⁶ 人世的短暂另见于《图斯库路姆论辩集》1.94。

⁷ 参见《论共和国》1.25、2.17。传统上认为罗慕路斯卒于公元前 716 年，而斯奇皮欧之梦发生在公元前 149 年，两者的差 567，乘以 20 得到 11340，小于上文注释中的数。

⁸ 每当（quandoque）：这是一个非常罕见的用法。

⁹ 过去（esse conversam）：直译作被绕过，参见第 12 节的注释。

¹⁰ 因此（quocirca）：西塞罗常常用这个词来引出哲学论述的结论，也用它来引出演说词的结束语。

家园，¹既不把自己交给俗众的闲言碎语，也不寄自己事业的希望于属人的奖赏，德性本身就应该凭靠自己的魅力把你带往真正的荣耀。²让其他人自己去看他们关于你所谈论的[内容]吧，反正他们还是会说的。而那所有的闲言碎语也都被局限于你所看见的这些狭窄之处，并且，关于任何人的闲言碎语从来都不是持久的。它既会因为人们的逝去而被埋没，又会因为后世的遗忘而被熄灭。'³

30. [XXIV][26]"当他说完这些，'真的，'我说，'阿弗瑞卡努斯啊，倘若仿佛有一条通往天空入口的小径⁴实际上向那些对祖邦有贡献的人敞开，那么，尽管我从年少时就循着家父和您的足迹前行，未曾辱没你们的荣耀，不过，既然如此丰厚的奖赏现在已得到展现，我就会以警惕得多的方式努力。'

"而他说：'你就努力吧，而且要明白这点，有死的不是你，而是这具肉体。因为，你本人并非那个形象所展示的那个[你]，是每个人的心灵，⁵而非那个可以用手指指认的外形，才是每个人。因此，你要知道你是一位神明⁶——倘若神明事实上⁷是那有活力者、有感觉者、有记忆者、

---

¹ 指灵魂在天上的真正家园，参见《图斯库路姆论辩集》1.82、《阿克西欧科斯》372a。

² 因而……荣耀（igitur alte spectare si voles atque hanc sedem et aeternam domum contueri, neque te sermonibus vulgi dedideris, nec in praemiis humanis spem posueris rerum tuarum, suis te oportet illecebris ipsa virtus trahat ad verum decus）：这是将来更大可能性条件句。鲍译、福译和泽注（ZETZEL 1998: 248）都不把 dedideris 和 posueris 视作禁止虚拟式。西塞罗在这里可能想到了赫拉克勒斯的选择，参见《回忆苏格拉底》2.1.21–33。

³ 它……熄灭（et obruitur hominum interitu, et oblivione posteritatis exstinguitur）：注意这个十字配列：连词—动词—属格定语—中心名词—连词—中心名词—属格定语—动词。

⁴ 仿佛……小径（quasi limes ad caeli aditum）：参见第 15 节。

⁵ 参见《图斯库路姆论辩集》1.52 及注释。

⁶ 如果"人是灵魂"这一观念与柏拉图或亚里士多德的"灵魂是属神的"（参见《斐多》80a、《王制》10.611e、《法义》10.899d 和《尼各马可伦理学》第十卷）这一观念结合在一起，那么自然就会得出"人是神明"这一结论。西塞罗在《图斯库路姆论辩集》1.52 和 1.65 论证了灵魂的神圣性，而且在许多地方（《图斯库路姆论辩集》5.70、《论法律》2.55、《论善恶之极》2.114、《论诸神的本性》1.31、《论友谊》13 和《论义务》3.44）都提到过这一观念。另外，西塞罗还在《图斯库路姆论辩集》5.38、《论诸神的本性》1.27、《论预言》1.110 和《论老年》78 提到，属人灵魂来自属神心灵。

⁷ 倘若……事实上（si quidem）：泽策尔（ZETZEL 1998: 250）认为这里应该作 siquidem[既然]，与《论共和国》1.19 的 siquidem 同属罕见用法，表达原因。参见 OLD² 词条

有预见者，是那如此统治、节度并推动在其掌控下的那具肉体的[存在]，就像那至尊之神统治、节度并推动这宇宙。[1]正如那一位永恒的神明推动某一部分上有死的宇宙，永生的灵魂也这样推动易朽的肉体。**31.** [XXV][27]因为，那永远运动[2]之物是永恒的。而当运动停止的时候，那对某物实施推动、自身受他物驱动的东西必定停止存活。因此，唯独那自我推动之物[3]，由于永不离弃自身，也就永不停止运动。而事实上，对于其他那些运动之物而言，这就是运动的来源，这就是运动的本原。然而，本原没有任何源头；因为一切都从本原中生发，而它自身不可能从任何他物中产生；因为，生成于他物的那个事物不会是本原。而如果它永不生发，那么它也就永不灭亡。因为，那一个息灭的本原不会由他物复生，它也不会从自身之中创生他物，倘若事实上万物都必然从本原生发。从而就有这一[事实]：运动的本原就出自那一被自身推动之物，而它既不可能被产生，也不可能死灭，否则，整个天空必定倾覆，整个自然必定止息，而且不可能获得任何起初施加后推动[它们]的力量。**32.** [XXVI][28]因此，既然显而易见的是，那恰恰被自身推动之物[4]是永恒的，那么有谁会否认这种本性是被赋予灵魂的？事实上，所有被外在动力驱动之物都是无生命的，而作为生命体的那个事物被内在的、属于自身的运动激发，因为这是灵魂特有的本性和力量[5]。如果在万物中，唯有它[6]是那自我推动[7]之物，那么它当然就不是被产生的，而是永恒的。[8] **33.**

---

siquidem 3。

[1] 对比第 17 节对太阳的描述。

[2] 永远运动（semper movetur）：西塞罗的译文与《斐德若》中世纪抄本上的 ἀεικίνητον 相符，而《奥克西林库斯纸草》1017 提供的异文 αὐτοκίνητον[自我运动的]似更佳。

[3] 那……之物（quod sese movet）：《图斯库路姆论辩集》1.53 作 quod se ipsum movet[那恰恰自我推动之物]，与柏拉图原文 τὸ αὐτὸ κινοῦν 更贴近。

[4] 那……之物（id ... quod a se ipso moveatur）：《论辩集》1.54 作 quod se ipsum moveat[那恰恰自我推动之物]，这里的译文更贴近柏拉图的 τοῦ ὑφ' ἑαυτοῦ κινουμένου。

[5] 本性和力量（natura ... atque vis）：这个短语也见于《论辩集》1.66。

[6] 它（quae）：参见《论辩集》1.54 的相关注释。

[7] 自我推动（sese moveat）：《论辩集》1.54 的 se ipsa moveat[恰恰自我推动]语气更强。

[8] 第 27—28 节与《图斯库路姆论辩集》1.53b—54 几乎完全相同，是《斐德若》245c—

[29]你就在各种最好的事上磨练它吧！而最好的关切是针对祖邦安危的，[1]受它们驱动、磨练之后，灵魂就会更加迅速地飞往它的这处居所和家园；而且它会更快地做这件事，倘若甚至当它还禁锢于肉体时就向外探伸，在沉思外面的那些事时尽可能地把自己带离肉体。至于那些委身于肉体的快乐、表现得如同其仆役，[2]还在各种欲念的驱使下臣服于快乐而触犯诸神和人类的律法的人，[3]他们的灵魂脱离肉体后就会绕着那颗地球旋转，而且不会转回这个位置，直至历经许多世代的波折。'[4]他离开了，我脱离了梦境。"[5]

246a 的拉丁语译文，相当精确和优美。泽策尔不认同齐格勒（Ziegler）的说法——后者因为玛克若比乌斯《注疏》在一些细节上与《图斯库路姆论辩集》中的译文相符而认为这里的译文是一个早期版本。西塞罗在《图斯库路姆论辩集》中提到了出处，在这里没有。但是，我们并不能说西塞罗这里在抄袭，因为阿弗瑞卡努斯的灵魂对所说的这些有直接的体验，而非来自阅读柏拉图。这段论证的梗概见于《论老年》78。牛顿定律显然也不适用于西塞罗的宇宙。译者认为，西塞罗这里有意不提柏拉图，也有意不提对应的任何一个希腊语表达（对比第 16 节）：对于此时的阿弗瑞卡努斯和斯奇皮欧而言，"柏拉图用希腊语写了《斐德若》"只是发生在地球上的一个事件（图斯库路姆庄园里的玛尔库斯和他的门生也在这个地球上），他们在高处的灵魂已经超越了这个事实。对于亲身体验到灵魂不朽的阿弗瑞卡努斯来说，他用拉丁语所讲的和柏拉图用希腊语所写的，都是原文。

[1] 西塞罗在这里回归到治邦理政的主题，参见《论共和国》1.2。西塞罗另外融合了柏拉图的学说，亦即哲学沉思和对尘世的蔑视促使灵魂回到天上的家园（参见《斐多》67a，另见《图斯库路姆论辩集》1.43、1.72、1.75 和《蒂迈欧》47c）。

[2] 参见《斐多》66d、81b。

[3] 这些屈从于身体的人无法抵达穹苍，直到他们的罪过得到净化（参见《斐多》81c）。在后来的作家（比如普鲁塔克）那里，低劣的灵魂居住在月亮的轨道下方，这一说法或许是为了融合《斐多》和《蒂迈欧》中的宇宙论，亦即月亮的轨道是天地的边界（参见第 17 节）。《阿克西欧科斯》371b 把哈德斯置于地球大气层的下半部分。与柏拉图不同的是，西塞罗并不强调灵魂的审判，而仅仅关注正人君子所得到的奖赏。

[4] 西塞罗这里可能想到了《王制》10.615a 及下（灵魂在一千年之后转世），另见《斐德若》248c–249a。

[5] 大多数注家均同意《论共和国》结束于此，但是毕希纳（BÜCHNER 1984: 440–441）觉得这样的结尾太过突兀——至少莱利乌斯肯定会作出一番评论。对此，鲍威尔（POWELL 1990: 166）认为西塞罗戛然而止的笔法恰恰达到了其所预期的效果。泽策尔（ZETZEL 1998: 253）依据《王制》10.621b–d 和《论演说家》3.228–230 推测后面可能还有一段内容，涉及对话参与者的离场。

附 注

尽管毕希纳（BÜCHNER 1984: 441）怀疑《论共和国》并不止于此处（见译文注释），但他并未否认西塞罗及其作品的卓越。在反思 19 世纪的研究时，毕希纳明确谓之"太过失败"（so wenig zum Erfolg）。他举出的一个极端例子是，孔哈特（H. Kunhardt）以《斯奇皮欧之梦》为托名之作；毕希纳还提到，"来源问题当时似乎为各种矛盾提供了解决方法"（Lösungen von mancherlei Widersprüchen ... schien die Quellenfrage zu bieten，楷体强调为引者所加，另见本稿第 xxxiv xxxv 页脚注）。

然而，在 19 世纪之前，智识人对西塞罗及其作品的态度并非如此。孟德斯鸠在《西塞罗赞》（*Discours sur Cicéron*）一文中这样盛赞西塞罗：

> 他配得上罗马演说家的称号，就同样配得上哲学家的称号。人们甚至可以说，他在吕克昂/学园里比在讲坛上更出众：他的哲学作品独树一帜，而他的口才却不乏对手。
>
> 他是罗马人里第一个把哲学从学究手中夺过，并使之脱离囿于一门外语的窘境的人。[1]

孟德斯鸠承认了西塞罗的修辞功力，但他更加强调的却是西塞罗的哲人身份及其哲学作品中的原创性：孟德斯鸠把西塞罗定义为罗马哲人。

定义（definitio）似乎使我们在时间和空间上划出了西塞罗的界限（finis）。正是在界限、边界的意义上，finis 一词衍生出了疆域、领土、极限、终点和目的等多种含义。如果这位哲人为其时空所限，那么他何以能够对身处另一疆域的我们具有意义？或者说，他是否可以进入我们的思想场域？

为罗马而思考、奔走一生的西塞罗在《图斯库路姆论辩集》中这样说：

> 在这个共同体中，为了共同体而被杀害的如此众多、如此伟岸的英雄们思考过什么？他的名字会与生命局限于相同的范围（finibus）吗？（1.32）

---

[1] 中译文引自孟德斯鸠 2015，据法文文本（CAILLOIS 1949: 93–98）和英译文（MONTESQUIEU 2002）有所修改。感谢毕唯乐在法语翻译方面提供的帮助。

显然，西塞罗不承认一个卓越的灵魂可能在时空上受到限制。与此相应的是，他在《论共和国》6.26–27 说，永恒的神明推动着有死的宇宙，一旦运动停止，后者就不再存活。西塞罗先前（6.25）毫无保留地把他毕生从事的政治活动归属到有朽的那类，甚至说罗马只不过是一个"点"（punctum, 6.16）而已——他带领读者跳出罗马和地球的限制，试图从不朽者的角度俯察整个宇宙。

西塞罗为罗马人呈现出作为超越性之代表的神明和宇宙，既保守住了政治事务的意义，又对政治事务的意义加以明确的严格限制。有人说西塞罗失败了。但这不怪他。倘若我们愿意承认西塞罗的观念颇有可取之处，那么在维吉尔的《埃涅阿斯纪》中与之对立的诸多表达显然就是罗马人之败坏的证据——

> 对于这些[罗马]人，我（尤比特）不设下[帝]国的边界（metas），也不设下
> 　　期限（tempora）：
> 我给予[他们]无限的统治权（imperium sine fine）。（1.278–279）

> [阿波罗说]埃涅阿斯的这座家宅将要主宰全世界（cunctis dominabitur o-
> ris），
> [他的]孩子的孩子以及生于这些人的人亦然。（3.97–98）

> 孩子啊，你瞧，经他占卜，那著名的罗马
> 将使[它的]统治权（imperium）抵达大地[的边界]（terris），使[他的]灵魂
> 　　抵达奥林波斯。（6.781–782）

> 你，罗马人，要记得用大权（imperio）统治（regere）人民——
> 这些会是你的技艺。（6.851–852）

取消这种限制不仅在西塞罗看来是一种僭越，而且在基督教看来也是如此：[1]

---

[1] 西塞罗对拉丁教父影响巨大（参见 ALTMAN 2015b）。另外，《天主教教理》（1992）中唯一引用的教外作家就是西塞罗。其中第 1956 条引用《论共和国》3.33，论证自然道德律（lex moralis naturalis）奠定在理性之中，具有普遍性，与人的尊严、基本的权利和义务直接相关。在基督教看来（参见拉辛格 2002：259），对局限的"错误判断"（Verkennung）与"罪恶的真正本质"（das eigentliche Wesen der Sünde）不无关联。

他的王权将不会有终结（non erit finis）。（《路加福音》1.33）

[他]给他们立定了年限（definiens statuta tempora）和他们所居处的疆界（terminos）。（《宗徒大事录》17.26）

对西塞罗所划定的界限的僭越甚至毫无避忌地见于《埃涅阿斯纪》全诗的第一个词：arma[刀兵]。即便我们真的没有理由把这种败坏归咎于诗人维吉尔，我们依旧能够看到，这种观念延绵至今：芝加哥大学的古典学教授巴奇不懂中文，却居然断言"中国古典学的冲动完全是民族主义的"（此为甘阳先生的概括，巴氏的原话见 BARTSCH 2018）。[1]在《埃涅阿斯纪》中，尽管"帝国的扩张将一直持续"，但是在古典罗马看来，"所有异族人都是潜在的伙伴，所有战争皆为内战"（参见托尔 2020）。与此截然不同的是，大洋彼岸的所谓"新罗马"却在"伙伴"之间引发"内战"和敌意。

另一位西方学者（坎普 2020: 25–26）企图为《埃涅阿斯纪》中的那些内容加以掩饰和辩解，结果却是此地无银三百两。他引用塔西佗《编年纪事》（1.11），信誓旦旦地说，奥古斯都"对继位者的忠告是，千万不要越过帝国现有的疆界"。然而，相关内容实则是其继位者提贝瑞乌斯所宣读的遗嘱的"附带[的]条款"（addideratque consilium）。且不论塔西佗已经说过，提贝瑞乌斯的"这番话中更多的是冠冕堂皇而非忠实可靠[的内容]"（plus in oratione tali dignitatis quam fidei erat），即便这是奥古斯都的真实想法，那也不过是"出于[对继承者的]嫉妒"

---

　[1] 巴奇在她发布于美国中部时间 2022 年 4 月 30 日 8 时 05 分的推特下回复某位网友，声称自己的"普通话"水平高于甘阳先生的英语水平。但实际上，她在 4 月 28 日 17 时 31 分的推特中打错了拼音，而在 1 月 27 日 18 时整的推特中说，自己完全不懂为什么 Germany 一词会被译作"德国"。显然，巴奇只是汉语初学者，可能亦不通晓德语（据一位曾与她有过数次推特互动的学友所言，直至 2021 年春天，她还在学习偏旁部首）。

　巴奇在她的《埃涅阿斯纪》英译本中面对那些诗行的态度显得暧昧不清。尽管她似乎不愿意肯定对界限的僭越，但是她也没有非常明确地加以批判。巴奇试图提供另一种理解维吉尔的途径，但是她的解读反倒坐实了那些诗行对西方文明的影响。她的译本前言避重就轻，在提到那些涉嫌宣扬无限侵略和扩张的诗行时用"一部民族叙事诗"（a national epic，参见 BARTSCH 2021: xxiii）来形容《埃涅阿斯纪》。但是，这难道不是在直接承认她的民族恰恰就以这种行径为特征？另外，巴奇勾勒出被维吉尔刻意隐藏在虔敬的英雄形象之下的不虔敬的叛徒和骗子埃涅阿斯的形象，认为维吉尔临终时要求销毁诗稿的原因正在于他不愿看到自己的作品沦为帝国主义的宣传工具。然而诗人的遗愿并未实现——不仅奥古斯都，甚至两千年后的墨索里尼也把自己与埃涅阿斯"媲美"。

（per invidiam）。这位西方的古典学者并没有在智识上判断 sine fine［无边界］是不义的，仅仅宣称相关诗行"不应"被解读为维吉尔对 sine fine 的支持，也并未给出一种所谓正确的理解——因而，这种"不应"本质上只是政治正确的说辞。坎普的手足无措反倒提示我们，这恰恰就是"我们由上天赋予的使命就是在美洲拓展疆土"等等不正义观念的根本来源。

　　一位当代的西方古典学者显然已经承认，高加索人种对其他人的"压迫、剥削和屠杀"就发源于对某些有品质问题的古代观念的"理想化"以及对所谓罗马政治统绪的"继承"（参见莫利 2020: 26）。与此同时，sine fine［无边界］地扩张恰恰是西方帝国具有的两大主要特征之一（参见加尔通 2013: 169，转引自刘小枫 2021）。因此我们不禁要问：

　　　　西塞罗啊，既然你的灵魂已然脱离了留在大地中的肉身，告诉我们吧，真正的罗马此刻究竟在何方？

　　既然西塞罗承认政治的界限而又超越时空的限制，那么，他就与我们有相同的目的。哲人西塞罗的灵魂不会拘泥于领土意义上的罗马。对他而言，现在是时候与我们一起探寻真罗马了。

图 6 古罗马广场废墟（引自 GREENOUGH & KITTREDGE 1896）

《牛津古典学词典》第四版"西塞罗"词条

[译者按]词条分为生平和作品两个版块，后者含演说词、修辞学作品、诗歌、书信和哲学作品五个部分，参考文献有六组（仅译出个别说明性文字）。另可参阅《大保利古典学百科全书》《博睿新保利》中的相关词条以及"哲学史纲要"（Grundriss der Geschichte der Philosophie）丛书中的介绍和尤其详细的参考文献（GAWLICK & GÖRLER 1994）。

原文通过标注星号（*）或是在 see、see also 后使用小型大写字母（此时行文中的用词不同于词目，对比词条开头的单数形式 eques 后的 see EQUITES 与1514b 的*equites）来表示交叉引用。中译文保留原文的形式，不作改变，置于括号中。

原文引用西塞罗书信时仅仅给出卷章节号，中译文在方括号中另外注明贝利（S. Bailey）本的书信编号，以便读者查阅西塞罗原文。原书页码置于正文的方括号中，数字后的字母 a、b 分别表示左栏和右栏。脚注均为译注。

生 平

西塞罗是家中长子，他有一个弟弟。西塞罗的父亲是阿尔皮努姆（*Arpinum）的一位富有且人脉资源丰富的骑士（eques，参见 EQUITES, *Origins and republic*）。西塞罗出生于公元前 106 年 1 月 3 日。这是伽·马略（C. *Marius (1)）的第一个执政官任期的次年。西塞罗的祖母格剌提迪阿（Gratidia）与马略家族（也来自阿尔皮努姆）有姻亲关系。他的父亲有智识和抱负（他在西塞罗竞选执政官的那一年去世），也许是在路·利奇尼乌斯·克拉苏（L. *Licinius Crassus）的建议下，让他的两个儿子在罗马（后来在希腊）接受了出色的哲学和修辞学教育——他们的两个表兄弟则是他们的同学。前 90/89 年，西塞罗在庞培的父亲格奈·庞培·斯特剌波（Cn. *Pompeius Strabo）麾下服役，而且陪同两位杰出的斯凯沃拉（Q. *Mucius Scaevola (1), (2)）接待法律咨询。他在前 81 年处理了他的第一个案件（发表了《为克维恩克提乌斯辩护》），并在前 80 年通过为被控弑亲的阿美瑞阿的色克斯·若斯奇乌斯（Sex. *Roscius）成功辩护而一举成名。这起案件对当时的独裁官苏拉（*Sulla）的治理造成了负面影响。前 79 年至前 77 年期间，西塞罗在雅典和罗德岛（*Rhodes）学习哲学和演说。他在罗德岛的波塞冬尼欧斯（*Posidonius (2)）那里听讲，在士麦那（*Smyrna）拜访了普·茹提利乌斯·茹福斯（P. *Rutilius Rufus）。

健康状况大为改善后，西塞罗回到罗马以继续担任公职，当选为前 75 年的财务官。他当时在西西里岛西部供职一年，又被选为前 66 年的裁判官，每次都是在可以成为合法候选人的最早年龄。前 70 年，西塞罗在控告伽·维勒斯（C. *Verres）榨取、勒索西西里人的案件中胜诉，完胜了比他大八岁的[1514b]昆·霍尔腾西乌斯·霍尔塔路斯（Q. *Hortensius Hortalus）。西塞罗后来取代霍氏成为了罗马律师界的领军人物。他在担任裁判官期间发表了一篇演说词（《论格奈·庞培的指挥权》），巧妙地化解了贵族派（*optimate）的强烈反对而支持护民官伽·玛尼利乌斯（C. *Manilius）的提议，将米特拉达梯（*Mithradates）战争的指挥权移交给庞培（*Pompey）。这是西塞罗第一次公开表达对庞培的赞赏。庞培从此成为西塞罗的政治忠诚的焦点，只有偶尔的短暂中断。西塞罗被选为前 63 年的执政官——他是前 94 年以来第一个没有任何政治背景的新人（*novus homo）——因为在一片贫瘠的田野中（其中有卡提利纳［参见 SERGIUS CATILINA, L.］，他先前两次试图获得这一职位），西塞罗作为一名演说家的声誉以及他在贵族、骑士（*equites）和意大利名流方面的耕耘得到了回报。尽管受一个软弱无力且事实上不可靠的同僚伽·安东尼·许卜瑞达（C. *Antonius 'Hybrida'）阻碍，西塞罗非常出色地获得了证据，使元老院相信了卡提利纳阴谋的严重性。"元老院紧急决议"（*senatus consultum ultimum）通过后，卡提利纳逃离罗马，前往他在伊特鲁里亚的军队，而五名在罗马社会和政治上地位显赫的同谋，包括一名裁判官普·科尔内利乌斯·冷图路斯·苏剌（P. *Cornelius Lentulus Sura），被逮捕了，并于 12 月 5 日（望前九日）被处决。尽管元老院辩论过后在玛·珀尔奇乌斯·卡托（M. *Porcius Cato）的影响下同意处决他们，但这一行为本身侵犯了城邦民的受审判权，其正当性只有凭借紧急决议的通过才能得到证明，而且责任在于西塞罗个人。虽然这样做的合法性在恐慌局面的第一时间就得到了罗马社会各阶层的认可，但严格地说，其合法性是有问题的，西塞罗如此大肆地夸耀那一行动的做法并不明智（就算是在写给身处东方的庞培的一封漫不经心的长信中这样夸耀也不明智，《为苏拉辩护》67、《为璞兰奇乌斯辩护》85，参见《致亲友书》5.7[= 3 SB]）。[1]西塞罗在前 60 年发表了他三年前的演说（包括反卡提利纳的演说词），以散文和诗歌形式用希腊语和拉丁语书写了他的行动，而且邀请其他人（包括波塞冬尼欧斯）也这样做。西塞罗直到生命的终点都没有动摇过这一信念：自己的行动是正当的，而且自己曾把罗马从灾难中拯救出来。

尽管西塞罗不太可能避免遭到起诉，但他还是拒绝了凯撒（*Caesar）的提议——这一提议可能以政治自主为代价来挽回局面。前 61 年，普·克洛迪乌斯·普珥刻尔（P. *Clodius Pulcher）因为被控乱伦而与西塞罗交恶。他在前 58 年以护民官（参见 TRIBUNI PLEBIS）的身份提出一项法案，重新颁布了任何未经审判而处决罗马公民的人都应被流放的法律。西塞罗没有等待起诉，而是逃离罗马去了马其顿。于是克洛迪乌斯通过了第二项法案（西塞罗认为这项宣布他是流亡者的法案不合于罗马政制）。西塞罗在帕拉丁山的房子被克洛迪乌斯手下的暴徒毁坏，其中的部分场地后来被用作自由女神的圣祠。西塞罗在图斯库路姆（*Tusculum）的庄园也被严重损坏。凭借庞培迟到的支持以及在护民官提·安尼乌斯·米洛（T. *Annius Milo）的支持——后者像克洛迪乌斯去年所做的那样不负责任地使用了暴力——西塞罗于前 57 年 8 月 4 日被平民大会的法律召回。他返回时在意大利和罗马都受到了热烈欢迎。西塞罗于 9 月 4 日抵达罗马。

西塞罗在冬天忙碌着为确保他的财产损失得到充分的公共赔偿而努力，并在元老院和法庭上支持对召回自己承担主要责任的人。凯撒、庞培和克拉苏（*Crassus）于前 56 年 4 月在路卡（*Luca）恢复了他们的政治联盟。此时，西塞罗切断庞培与凯撒的密切的政治联系的希望破灭了，他的尝试因为被听命于凯撒的克洛迪乌斯打

---

[1] 这里所说的"一封漫不经心的长信"（a long and indiscreet letter）指的就是《致亲友书》5.7（作于公元前 62 年），西塞罗在那两篇演说词中用比较负面的表达提到了这封信。

断而结束。西塞罗被迫接受惨烈的现实（关于他的"反悔"['palinode']或说态度的转变，参见《致阿特提库斯书》4.5[=80 SB]；关于他后来对这一转变的叙述，参见《致亲友书》1.9[=20 SB]）。西塞罗旋即在元老院（比如在《论执政官的行省》中）和公共平台热情地发言支持凯撒，把后者当作一位长期的政治盟友。他宣称，接受三巨头无可争辩的优势地位是一名现实主义者、一位智慧者（sapiens）的行为（"应当由于局势而赞同"[temporibus adsentiendum]，《致亲友书》1.9.21[=20 SB]），而仅仅在谈话和书信中向诸如提·珀姆珀尼乌斯·阿特提库斯（T. *Pomponius Atticus）等亲密朋友透露了他的自尊心——他的尊严（dignitas）——所受到的严重伤害。他没有再与共和政治的崩溃世界[1515a]有所瓜葛，而是投身于写作。他仅仅把写作视为根柢的收获生命的一个前绝的替代品（《论演讲家》出脱了前 55 仨《论共和国》完成于前 51 年）。[1]他在庞培和凯撒的压力下被迫接受了一些辩护委托，因此感到难堪。前 54 年，他为普·瓦提尼乌斯（P. *Vatinius）成功辩护，但为奥·伽比尼乌斯（A. *Gabinius (2)）辩护失败。前 52 年初，米洛被控谋杀克氏。在一个挤满士兵的法庭上，西塞罗未能为米洛作充分的辩护，这也使他蒙羞。[2]在这段时期，西塞罗获得了一丝安慰：他在前 53 或前 52 被选为鸟卜官，取代了他先前的门生，年轻的普·利奇尼乌斯·克拉苏（P. *Licinius Crassus (2)），后者在卡雷（*Carrhae）被杀。

　　在内战爆发前的 18 个月里，西塞罗不在罗马。按照庞培在前 52 年提出的行省法案（lex de provinciis）的规定，他被选为西利西亚总督，任期是前 51 年夏至前 50 年夏。如果说西塞罗不是强势的总督，那么他也是正义的总督。但是，西塞罗对自己的任命有所恐惧，认为这是远离罗马的第二次贬谪。然而，他的部队在阿玛诺斯山成功击败了强盗。西塞罗在战报中记录了此事，而罗马为此举行了谢神祭（supplicatio）。西塞罗回到了罗马——他的扈从（参见 LICTORES）手中的束棒（*fasces）周围饰有褪色的桂冠——希望能够庆祝一场凯旋。然而，西塞罗卷入了内战的漩涡。

　　尽管西塞罗被罗马官方任命为卡普阿（*Capua）地区的长官，但他起初并未随庞培和执政官们离开罗马。前 49 年 3 月 28 日，凯撒在福尔米埃（*Formiae）见到了西塞罗，并且有条件地邀请他加入留在罗马的那部分元老院，但西塞罗非常坚决地予以回绝（《致阿特提库斯书》9.11a[=178a SB，收信人是凯撒]、[3]《致阿特提库斯书》9.18[=187 SB]）。西塞罗长时间的、直到此刻的犹豫不决完全不是一件令人羞愧的事情。这种犹豫不决现在结束了，而且西塞罗加入了身处希腊的共和派，从而用他刻薄的批评刺激他们的各位领导者。西塞罗本人对他们感到失望，因为后者对共和主义的事业完全失去了理想主义的忠诚。在他并未参与的法尔撒洛斯（*Pharsalus）战役结束后，西塞罗拒绝了卡托关于指挥残余的共和派军队的邀请，并且在得到凯撒的宽免后回到了意大利。但是，西塞罗的政治生涯已经结束，而他完完全全不认同凯撒的统治。西塞罗能做的只有回归自己的写作。他当时唯一重要的演说是在前 46 年（撰写《布鲁图斯》的那一年）在元老院发表的，赞扬凯撒对玛·克劳

---

[1] 这个论断可能过于绝对了。

[2] 参见本稿页 313 注 3。

[3] 西塞罗把这封信的副本与《致阿特提库斯书》9.11（=178 SB）一同寄给了阿氏。

迪乌斯·玛尔刻珥路斯（M. *Claudius Marcellus (4)，前 51 年的执政官）的宽免——后者做了大量促使内战爆发的事情。

西塞罗没有被邀请参加前 44 年刺杀凯撒的阴谋，这一点并非无关紧要。他在 3 月 15 日听到凯撒遇刺的消息后极其欢乐地称赞此事（例如《致亲友书》6.15[= 322 SB]）。西塞罗的政治生涯重启了，并且他拥有了属于一位前执政官的所有威望（auctoritas）。不到三个月，西塞罗就公开宣称玛尔库斯·安东尼（M. *Antonius (2)）原本也应该被杀死（《致阿特提库斯书》15.11.2[= 389 SB]）。西塞罗接受了年轻的凯撒（屋大维，参见 AUGUSTUS）的示好，对后者的许多非法行径不加追究，被他的年轻所误导而错误地低估了他的政治敏锐性，而且对这一事实视而不见：屋大维绝不可能与布鲁图斯（*Brutus）和卡斯西乌斯（*Cassius）和解。他通过一次又一次的演说（诸篇《反腓力》，第一篇发表于前 44 年 9 月 2 日，最后一篇发表于前 43 年 4 月 21 日），[1]尽力劝说元老院宣布安东尼为公敌。前 43 年 4 月，安东尼在山内高卢战败后，屋大维暂时愚弄了西塞罗，也许是通过暗示会与他一同当执政官的手段。但是屋大维的意图并非如此。他进驻罗马为自己和舅父佩迪乌斯（Q. *Pedius）争取到执政官的地位，并且组成了三头同盟（参见 TRIUMVIRI）。随后，他没有反对安东尼把西塞罗列入公敌宣告——而这就是新政权的开端（参见 PROSCRIPTION）——的名单。当西塞罗并非非常果断地试图从海上逃跑时，士兵们抓住了他。西塞罗的奴仆们没有抛弃他。西塞罗在前 43 年 12 月 7 日无畏地死去了。

[1515b]西塞罗在政治上有充分理由憎恶克洛迪乌斯，他还憎恶玛·克拉苏；在晚年则憎恶安东尼。对于比他小 11 岁的卡托的性情，西塞罗毫无保留地尊重，而且在前 45 年（此时卡托已经去世）发表了对卡托的颂词。但是，在政治上，尤其是在前 62 年庞培从东方回来后的几年中，西塞罗认为卡托的不妥协的强硬态度（他的坚持/坚定[constantia]）是不明智的。卡托也从未掩饰自己对西塞罗随机权变策略的厌恶，无论是在这个时期还是在前 56 年他向三巨头屈服的时候。西塞罗从未与庞培建立过密切的关系，而特别是在庞培于前 62 年返回后，西塞罗渴望与庞培建立这种关系，从而暗示庞培，自己可以成为这位"斯奇皮欧"的"莱利乌斯"（参见 LAELIUS (2), C.、CORNELIUS SCIPIO AEMILIANUS, P.）。在他的同时代人中，或许很少有人比他一直以来的对手凯撒更加尊敬他。凯撒虽然经常有西塞罗无法容忍的傲慢，但他总是友好地对待西塞罗。在面对他人的政治意图时，西塞罗并非一位有鉴别力的评判者，因为他太容易被奉承左右，又对奉承不加批判，而且政治上受到了某种孤立。西塞罗对现存的共和政制忠心耿耿，并不怎么批判，而且迷恋"诸阶层的同心"（"concordia ordinum"）的幻像。[2]西塞罗从来都不是一个自由主义改革者（平民派[popularis]），不过他也从未完全接受业已形成的贵族派（optimates）——其中最卑劣的人

---

[1] 需要注意，十四篇《反腓力》中的第三至第十四篇才是严格意义上的"反腓力"演说词，第一、第二篇可能是由于语境与其余十二篇相近而后来被加入这一系列的，参见 MANUWALD 2015: 8。原文的表述可能会模糊这一区别。

[2] 作者把"诸阶层的同心"贬低为"幻像"（mirage），但它实际上是西塞罗的政治哲学中相当重要的观念，而且在实践层面并非一无所成，参见 MANUWALD 2015: 32, 63。

鄙视西塞罗的社会出身，而其他人不信任他的人格，正如西塞罗不信任他们一样。关于 populares 和 optimates，参见 OPTIMATES。而且，由于西塞罗没有显贵或成功的将军的身份（clientela），所以他缺乏威望（auctoritas）。正是这种政治上的孤立（参见前 61/60 年的《致阿特提库斯书》1.17[= 17 SB]、1.18.1[= 18 SB]）增强了他与骑士提·珀姆珀尼乌斯·阿特提库斯的密切联系的重要性。后者在拉丁语和希腊语方面造诣极高，是西塞罗的银行业务员、财务顾问、出版商和最慷慨、最宽容的朋友。

西塞罗与特壬提阿（*Terentia）育有一对子女。西塞罗对女儿图珥利阿（*Tullia (2)）感情深厚。她在前 45 年的去世是西塞罗个人生活中所遭受的最严重的打击。西塞罗的儿子是玛·图珥利乌斯·西塞罗（M. *Tullius Cicero (2)）。西塞罗与特壬提阿的婚姻经历了半个甲子的风风雨雨，直到他对特壬提阿[illegible]，在前 [illegible] 年冬天离婚，与年轻的普布利利阿结婚。西塞罗反过来几乎立即就与普氏离婚了。作为主人的西塞罗与他的家人善待了他的奴隶，与玛·图珥利乌斯·提若（M. *Tullius Tiro）情谊深厚。在《致亲友书》第十六卷中，有 21 封信是写给提若的。西塞罗在前 53 年给予提若自由，[1]“做我们的朋友而非奴隶”，如昆·图珥利乌斯·西塞罗（Q. *Tullius Cicero (1)）所言（《致亲友书》16.16.1[= 44 SB]）。[2]

西塞罗从不是一名真正的富豪。他在坎帕尼亚、阿尔皮努姆和福尔米埃有八处乡村住宅，在图斯库路姆有一处郊区庄园。西塞罗对他在罗马帕拉丁山（*Palatine）的房子极为得意——他在前 62 年以 350 万色斯忒尔提乌斯买下了这栋宅子（《致亲友书》5.6.2[= 4 SB]）。

除了现存的共和国晚期的史书、普鲁塔克的《西塞罗传》以及普鲁塔克为西塞罗同时代的杰出人物所作的传记（尤其是后两者），我们对西塞罗的大部分了解都来自他本人的著作，特别是他的信件，其中只有少数在写作时对出版有所考虑。从而，西塞罗的声誉受到了影响，因为我们对他个人生活中最私密的部分有了深入的了解。在这方面，他一直是自己最大的敌人。西塞罗的批评者们并不合适地突出了他那极端的亢奋和压抑以及频繁表达自己明显的虚荣心的行为。（参见 J. P. V. D. Balsdon, ‘Cicero the Man’, in Dorey (ed.), *Cicero*.）

参考文献

G. Boissier, *Cic. and his Friends* (1897); J. L. Strachan-Davidson, *Cic. and the Fall of the Roman Republic* (1894); E. G. Sihler, *Cic. of Arpinum* (1914); E. Ciaceri, *Cicerone e i suoi tempi*[2] (1939–41); H. Strasburger, *Concordia Ordinum* (1931); G. C. Richards, *Cic., a Study* (1935); H. Willrich, *Cic. und Caesar* (1944); H. Frisch, *Cic.'s Fight for the Republic* (1946); F. R. Cowell, *Cic. and the Roman Republic* (1948); J. Carcopino, *Cic., the Secrets of his Correspondence* (1951, reviewed, *JRS* 1950, 134; *CR* 1952, 178);[3] F. Lossmann, *Cic.*

---

[1] 西塞罗原本打算在提若 50 岁生日那天（前 53 年 4 月 28 日）解除提若的奴隶身份，然而提若病了，于是西塞罗就亲自去了提若那里，参见《致亲友书》16.10.1[= 43 SB]。

[2]《致亲友书》16.16.1 是昆图斯致兄长的信（作于前 53 年 5 月末或 6 月初）。“做我们的朋友而非奴隶”的原文是 nobis amicum quam servum esse。*tempi* 后的 2 表示第二版。

[3] 此系法语著作的英译本，原名 Les secrets de la Correspondance de Cicéron。卡尔科皮诺（J. Carcopino，1881—1970）是二十世纪法国最重要的古典学者之一，可他不仅当了“维希法国”的教育与青年部部长，而且真诚地效忠维希政权，甚至出于自己的意识形态偏见而在《西塞罗通信中的秘密》中存心诋毁、肆意歪曲西塞罗，从而为贝当（P. Pé-

und Caesar im Jahre 54 (1962); K. Büchner, *Cicero* (1964); T. A. Dorey (ed.), *Cicero* (1965); R. E. Smith, *Cic. the Statesman* (1966); M. Gelzer, *Cicero* (1969); E. Rawson, *Cicero, a Portrait* (1975); T. N. Mitchell, *Cicero: The Ascending Years* (1979) and *Cicero the Senior Statesman* (1991); A. Lintott, *Cicero as Evidence* (2008).[1]

巴尔斯登（J. P. V. D. Balsdon）、格里芬（M. T. Griffin） 撰

作 品

演说词

[1516a]西塞罗的演说词中有 58 篇完整或部分存世；其他许多演说词没有出版或者佚失了（克劳福德[Crawford]提到了 88 篇）。

如果西塞罗决定出版一篇演说词，那么他的通常做法是在口头发表过后"写下"（conficere）一个版本。在一个实例中，我们知道他按照讲稿发表了演说（《归来后在元老院的[演说]》）；在其他情况下，似乎只有一些重要段落（主要是开场白和结束语）是事先完全写好的。正如亨伯特（Humbert）所示，在许多情况下，西塞罗出版的法庭演说词肯定是实际诉讼程序的缩编版；对证人的询问被大量省略了，一些论证环节只留下了标题。在为出版作准备时，西塞罗在多大程度上改动了演说词的内容或重点，这一问题存在争议。有人认为，这些演说词一般得到了修改以符合出版时（而非口头发表时）的政治局势。另一方面，有人指出，西塞罗出版演说词的公开理由是为后人提供成功的演说范例，以供模仿和欣赏，而这自然会限制合理改动的范围，而且，西塞罗的读者群体也会有所限制，因为不少读者当时就在演说现场。

在某些情况下，有证据表明我们的文本并不代表一场实际发表的演说。五篇《反维勒斯之二审演说词》是为了用于法庭而准备的，但是一般认为它们没有得到口头发表，因为维勒斯（*Verres）在《一审演说词》发表之后就去流亡了。第二篇《反腓力》没有口头发表，而是以短论的形式流传，尽管它遵循了元老院演说的惯例。然而还存在例外。《为米洛辩护》就是另一种形式的罕见例外：那次演说并不成功，但是演说词却出版了。我们的信息来源宣称或暗示，他们获得了实际演说的记录稿（包含数次被打断的情况），[2]而它与西塞罗出版的演说词有所不同——尽管，相较于西塞罗的其他大多数演说词的情况，并没有证据表明，《为米洛辩护》与之前口头发表的演说在内容方面有更大的差异（J. N. Settle, *TAPA* 1963, 268–80）。[3]

西塞罗的演说家声誉取决于持续的成功实践，尽管他的古代诋毁者如现代诋毁者所做的那样从西塞罗相对罕见的失败中捞取了很多利益。就西塞罗的一次次成功

---

tain）"背书"（关于纳粹分子对西塞罗的否定，另见本稿页 xxii 注 1）；莱维（LÉVY 2015）对卡著及卡氏的品格作了具体且不留情面的批判。贝利（BAILEY 1980: x）称卡著"恶毒而完全不可信"（venomous and totally untrustworthy），而且批评英译本与原书一样糟糕，自己为了警告读者才提到它们；玛索（MASO 2022: 1）则谓之"心存恶意"（malevolent）。

[1] 晚近的德语西塞罗传记如 BRINGMANN 2014。

[2]《波比奥评注》（参见本稿页 333 注 5）中提到：in quo omnia interrupta et inpolita et rudia, plena denique maximi terroris agnoscas[其中一切都支离破碎、未经打磨而粗糙，总之你会了解到(那场演说)充满了巨大的恐慌]（拉丁文本见于 HILDEBRANDT 1971: 61）。

[3] 塞特尔此文反驳了这两种观点：西塞罗在法庭上为米洛辩护时因怯场而发挥逊色；西塞罗出版的《为米洛辩护》与先前口头发表的有较大差异。另见 KEELINE 2021: 37–44。

而言，他发表演说时的风貌肯定起到了很大的作用，而以书面形式发表的演说词则几乎无法给人留下对此的印象。不过，从已出版的演说词中也可以看到西塞罗的一些辩护实力，这些力量使得西塞罗成为了他那个时代的一流法庭演说家（施特罗[Stroh]尤其清楚地阐明了这一点）。对于现代读者来说，政治演说也许更难理解：西塞罗的自我夸耀和毫无约束的詈言（*invectives）往往让那些成长于现代西方社会的人感到厌恶，而对西塞罗的政治立场的否定则会妨碍对其演说术的理解。我们易于对尤威纳利斯（*Juvenal）所说的"神圣的《反腓力》"（亦即《反腓力》第二篇）[1]不屑一顾，如果我们不了解产生这篇或其他演说词的历史环境以及西塞罗借以使它们几乎为所有人所赞赏的各种演说家品质。

西塞罗的演说风格并没有完全保持一致，正如他本人所观察到的那样，他在年轻时有一种浮夸的倾向（所谓的亚细亚风格[*Asianism]），《为阿美瑞阿的若斯奇乌斯辩护》就是最好的例子（参见 F. Solmsen, *TAPA* 1938, 542–56）。后来，这种倾向由于西塞罗的日益成熟及其演说样式的改变而有所缓和。他的风格在某种程度上也取决于演说的场合；西塞罗对元老院和[1516b]人民的演说、对全体审判员的演说以及对单独一位仲裁者的演说在方式上都有差异，而且西塞罗本人也谈到了适合演说的不同部分的不同风格（叙述的时候平实，演说最后诉诸情感时则恢宏，等等）。然而，在西塞罗的一生中，他的诸多演说词在韵律的整齐性、句子结构的流畅性和平衡性以及对词汇和惯用语的精心选择等方面是一致的（关于演说词的风格，参见洛朗[Laurand]的著作）。与西塞罗同时代的一些人批评他的风格，谓之缺乏活力（塔西佗《关于演说家的对话》[*Dialogus de oratoribus*]18），后来的修辞家则谓之啰嗦而欠缺可引用性（《对话》22）。

西塞罗精湛地运用了他那个时代通行的修辞学理论，而且还更加精湛地运用了雅典演说术中伟大的古典演说模式。大多数古代的谋篇惯例、修辞格以及标准的论证模式都可以在他笔下找到范例。西塞罗的一些演说词一直被后来的修辞学家（比如昆体良[*Quintilian]）作为临摹的典范；但是西塞罗从未仅仅为了遵守规则而遵守那些规则，而且，我们可以发现一些这样的例子——西塞罗偏离了修辞家们所推荐的做法，但却取得了非常好的效果。

在现存的西塞罗演说词中，三篇作于西塞罗任西西里总督之前：《为阿美瑞阿的若斯奇乌斯辩护》（前 80 年，来自西塞罗参与的第一场重大的公开庭审）、《为克维恩克提乌斯辩护》和《为谐剧演员若斯奇乌斯辩护》）。然后是前 70 年维勒斯案的一系列演说词（通称为"维勒斯演说集"[Verrines]）：《与凯奇利乌斯竞当起诉人》《反维勒斯之一审演说词》以及五篇《二审演说》。《为图珥利乌斯辩护》《为封忒尤斯辩护》和《为凯奇纳辩护》作于前 69 年左右。[2]现存的西塞罗演说词中有两篇作于西塞罗的裁判官任期，亦即《为玛尼利乌斯法案辩护》（又名论格奈·庞培的指挥权）和《为克路恩提乌斯辩护》。在西塞罗本人出版的"执政官"演说集（根据《致阿特提库斯书》2.1.3[= 21 SB]的说法，其中有 12 部演说词；但是参见 W. C. McDer-

---

1 参见《讽刺诗集》（*Satirae*）10.125。对这篇演说词的中文研究如杨渊清 2015。
2 "作于前 69 年左右"的原文作 date from 69，据现今通行的作品定年改。

mott, *Philologus* 1972, 277–84）中，我们有《论土地法案：反对茹珥路斯》《为被控叛国的剌比瑞乌斯辩护》以及四篇《反卡提利纳》这三部演说词。《为穆热纳辩护》也是前 63 年的作品。在随后数年的演说词中，《为苏拉辩护》《为阿尔奇阿斯辩护》（均作于前 62 年）和《为弗拉克库斯辩护》（前 59 年）流传至今。另一组是在前 57 年流亡归来时和在次年发表的几篇演说：《归来后在元老院的[演说]》《归来后对公民的[演说]》《论他的家宅》[1]《论脏卜官的回应》《为色斯提乌斯辩护》以及《对瓦提尼乌斯的盘问》。在元老院发表的演说词《论执政官的行省》以及分别为凯利乌斯·茹福斯（*Caelius Rufus）和路·科尔内利乌斯·巴珥布斯（L. *Cornelius Balbus (1)）所作的辩护词也是前 56 年的作品。斥詈词《反皮索》发表于前 55 年。在前 54 年的西塞罗演说词中，为我们所拥有的是《为璞兰奇乌斯辩护》和《为剌比瑞乌斯·珀斯图穆斯辩护》。前 52 年，西塞罗为提·安尼乌斯·米洛（T. *Annius Milo）辩护，但没有成功。在动身前去主政西里西亚之前，西塞罗出版了这篇演说词。在前 46—前 45 年，西塞罗分别为玛·克劳迪乌斯·玛尔刻珥路斯（M. *Claudius Marcellus (4)）、利伽瑞乌斯（*Ligarius）和伽拉提阿/迦拉达（Galatia）国王得约塔茹斯（*Deiotarus）向得胜的凯撒发表了演说。除此之外，凯撒的独裁官任期并没有为西塞罗提供机会来发挥他的辩才，西塞罗当时致力于撰写修辞学和哲学论著。在前 44—前 43 年短暂回归公共生活期间，西塞罗发表了一系列被称为反腓力的演说词（根据的是他本人的玩笑性建议，参见《致布鲁图斯书》2.3.4[=2 SB]）。它们直接或间接地表达了他对玛·安东尼（M. *Antonius (2)）的反对；参见 DEMOSTHENES (2)。其中有 14 篇存世，至少 3 篇已经亡佚。

参考文献
"牛津古典文献丛刊""比代文库"和"托伊布纳希腊罗马文献丛刊"中都有全套的西塞罗演说词校勘本；零星出版的校勘本数量众多，此处省略。
J. Humbert, *Les Plaidoyers écrits et les plaidoiries réelles de Cicéron* (n.d.); J. Crawford, *M. Tullius Cicero: The Lost and Unpublished Orations* (1984); W. Stroh, *Taxis und Taktik: Die advokatische Dispositionskunst in Ciceros Gerichtsreden* (1975); C. Neumeister, *Grundsätze der forensischen Rhetorik, gezeigt an Gerichtsreden Ciceros* (1964); C. W. Wooten, *Cicero's Philippics and their Demosthenic Model* (1983); J. M. May, *Trials of Character* (1988); G. Kennedy, *The Art of Rhetoric in the Roman World* (1972); L. Laurand, *Étude sur le style des discours de Cicéron*, 3 vols., 2nd edn. (1925–7); C. Steel, *Cicero, Rhetoric and Empire* (2001); J. G. F. Powell and J. J. Paterson (eds.), *Cicero the Advocate* (2004); I. Gildenhard, *Creative Eloquence* (2011).

修辞学作品

[1517a]（甲）《论取材》，作于西塞罗青年时代。这部著作关注修辞性论证的一些技巧，与佚名的《献给赫壬尼乌斯的修辞学著作》（*Rhetorica ad Herennium）的部分内容非常相似（后者曾经被错误地归于西塞罗名下）。

（乙）《论演说家》（前 55 年）、《布鲁图斯》和《演说家》（前 46 年）代表了西塞罗对(拉丁)修辞学（*rhetoric）理论的主要贡献，而且西塞罗本人把它们与自己的哲学作品归在一起。这三部作品展现出一个理想化的演说家形象，亦即一位受过博雅之教的修辞术大师。在这一形象中，希腊修辞学理论在技巧方面仍有其地位，但西塞罗以文学知识、哲学知识、一般的文化素养以及理想的罗马贤良所需的性情品质来作为补充。这一点得到了后来的罗马作家（比如昆体良[*Quintilian]）的认可，

---

[1] 这两部演说词有其他名称，详见《西塞罗作品列表》。

对古学复兴时期的性情和教育理想影响深远。《论演说家》与西塞罗随后撰写的更具雄心的《论共和国》密切相关。他在前者中描绘的理想的演说家与在后者中描绘的理想的政治家没有什么不同。《布鲁图斯》大量关注罗马演说术的历史，而《演说家》更侧重风格方面的技巧。《布鲁图斯》和《演说家》这两部作品的写作背景是关于出色的演说术风格的争论。在争论的过程中，西塞罗因为坚持（就像看起来的那样）他年轻时的"亚细亚"风格而遭受批评，朴素的"阿提卡"风格则作为一种理想的风格得到推崇。西塞罗对此作出了回应：他尝试表明，不同的风格服务于不同的目的，实际的雅典演说术比"阿提卡派"所允许的有更多变化，理想的演说家应该掌握数种风格，恰恰包括西塞罗式的恢宏的演说风貌（用于合适的场合），德摩斯梯尼（*Demosthenes (2)）而非亚细亚的修辞家——被宣称是这种风格的一个典例。虽然这场争论在某种意义上是短暂的，但是这些作品包含了许多有趣的内容，涉及罗马演说家看待其技艺的方式；《布鲁图斯》则是一座罗马演说家的群体传记学（prosopographical）信息和罗马修辞学批评的宝藏（参见 ASIANISM）。

（丙）西塞罗还有一些较次要的修辞学作品。《演说术的各个部分》是一部对话（*dialogue），西塞罗在书中指导儿子学习修辞技艺的一些要点。此书写作时间不明，但肯定是在他儿子接近成年的时候。《论位篇》作于前 44 年，受题献人是伽·特热巴提乌斯·忒斯塔（C. *Trebatius Testa），对亚里士多德的同名作品作了内容阐释。《论那类最好的演说家》的真实性有争议。这是埃斯奇内斯（*Aeschines (1)）《诉克忒西封》和德摩斯梯尼《金冠辞》的译文（可能曾经存在也可能不曾存在）的前言[1]。

参考文献

校勘本 *De Inventione*: E. Stroebel (Teubner, 1915). *De oratore*: A. S. Wilkins (1895);[2] K. Kumaniecki (Teubner, 1969); 笺注本 A. Leeman and H. Pinkster (1981–2008).[3] *Brutus*: A. E. Douglas (1966). *Orator*: J. Sandys (1885); R. Westman (Teubner, 1980). 次要版本 A. S. Wilkins (OCT, 1903). A. Michel, *Rhétorique et philosophie chez Cicéron* (1960); A. D. Leeman, *Orationis Ratio* (1963); G. V. Sumner, *Orators in Cicero's Brutus* (1973); G. M. A. Grube, *Phoenix* 1962, 234–57 repr. in *The Greek and Roman Critics* (1965); A. E. Douglas, *ANRW* (1973), 1.3.95–138.[4]

诗 歌

西塞罗早先有蹩脚诗人的名声。[5]这一评价的根据是其自传性作品中的两行 o

---

[1] 原文作 introduction，但称作"前言"（preface/prooemium）或许更加合适，参见巴拉兹（BARAZ 2012: 6–8）对《阿特提库斯书》16.6.4（= 414 SB）的解读。

[2] 1895 原文作 1892，更改理由见本稿页 326 注 3。

[3] 1981–2008 原文作 1981- ，与第三版的修订版（2003）相同，据实际情况更新。

[4] 138 原文作 137。道格拉斯此文最后分十六类罗列了 1945 至 1972 年间研究西塞罗修辞学作品的诸多文献。

[5] 对比普鲁塔克《西塞罗传》2.4–5：西塞罗"不仅被视作罗马人中最优秀的演说家，而且被视作最优秀的诗人"（ἔδοξεν οὐ μόνον ῥήτωρ, ἀλλὰ καὶ ποιητὴς ἄριστος εἶναι Ῥωμαίων）；其诗名的没落是由于"众多的后起之秀"（πολλῶν εὐφυῶν ἐπιγενομένων）。玛尔齐尼亚克（MARCINIAK 2015）考察了后世对西塞罗诗歌的"刻板印象"（stereotype）。毕晓普（BISHOP 2018）进一步探究了其背后的"文体本质主义"（genre essentialism）。她提出，对西塞罗诗歌的负面评价来源于对其散文作品的"经典化"（canonization）以及西塞罗转变为受制于僭政的、共和时期的修辞学之象征的过程；这种经典化非常依赖《反腓力》，而其中的

fortunatam natam me consule Romam［哦，幸运的罗马，诞生于我当执政官的时候］和 cedant arma togae, concedat laurea laudi［愿武器让位于托袈，愿桂冠让位于赞誉］（laudi ［赞誉］有异文 linguae［舌头］，这可能是讽刺性的）。[1]这些诗行的明显缺点是带有天真的自负和有点老套的押韵（*assonance）偏好。概而言之，西塞罗是一位不乏诗才的平庸诗人（versifier），而且，尽管他仰慕老一辈的诗人，但在诗歌技艺方面比他同时代的卢克莱修（*Lucretius）时髦。西塞罗有时似乎具有真诚的诗歌抱负，而且没有把诗歌创作仅仅视为一种业余才能。在《他的执政官生涯》[2]（西塞罗本人在《论预言》1.17 中引用了有实质性内容的一段）和《论他的［艰难］时光》中，他选择把诗歌作为自我宣传的工具，这一点在古代比在现代背景下或许更不[1517b]令人感到惊讶。除此以外，西塞罗还创作了一首叙事诗（可能比较短小），写的是他的阿尔皮努姆同乡马略（C. *Marius (1)）。这首诗肯定在公元前一世纪五十年代流传过（西塞罗在《论法律》开头提到了此诗）。在西塞罗的诗歌中，在抄本传统中唯一存留至今的那一部分是所谓的《阿剌托斯集》。这 469 行诗是阿剌托斯（*Aratus (1)）《星象》的译文。[3]作为改写希腊化时期的教诲诗（*didactic poetry）的一部分传统和维吉尔《稼穑诗》的先驱，这首译诗很有价值。还有一些零散的西塞罗佚诗残篇。西塞罗在其哲学作品中专门翻译过几段希腊诗歌来引用（他偏好引用译文而非希腊原文）。

参考文献

版本 W. W. Ewbank, *The Poems of Cicero* (1933); A. Traglia, *Ciceronis Poetica fragmenta* (1963); *Aratea*, ed. J. Soubiran (Budé, 1972). E. Courtney, *FLP*. G. B. Townend, in T. A. Dorey (ed.), *Cicero* (1965).

书　信

现存的西塞罗书信是其生平、当时的历史以及罗马社会生活的宝贵的资料库。西塞罗去世后，他的被释奴玛·图珥利乌斯·提若（M. *Tullius Tiro）出版了 16 卷《致亲友书》。西塞罗写给提·珀姆珀尼乌斯·阿特提库斯（T. *Pomponius Atticus）的信则被收信人保存了下来（不包含阿特提库斯的回信），而且内珀斯（*Cornelius Nepos）曾经见到过（内珀斯《阿特提库斯传》16.2–4 提到过 11 卷书信集）。[4]在尼禄统治时期以及之后，这些书信都曾流通，不过阿斯科尼乌斯（*Asconius）没有提到它们，这表明他没有得见这些书信。我们现有的《致阿特提库斯书》计 16 卷，可能是内珀斯所知的书信集的一个扩充版本。我们还有较小的书信集《致胞弟昆图斯书》（包含《竞选短论》[*Commentariolum petitionis]）和《致布鲁图斯书》。显然，古代还有其他西塞罗书信集。《致亲友书》不仅包含西塞罗本人的信，而且还包含了不同作者写给西塞罗的信。

这些信件完全不是为出版而写的；就目前所知，直到前 44 年，西塞罗才考虑出

2.19–20 又讨论了对自己诗作的嘲讽，因此西塞罗本人也为后世的批评提供了可能。

[1] 沃尔克、泽策尔（VOLK & ZETZEL 2015）认为，laudi 和 linguae 都出自西塞罗本人之手，他和这首诗的其他引用者（比如凯撒、卡托）会根据语境的需要选择合适的异文。

[2] 又名论他的执政官生涯，详见《西塞罗作品列表》。

[3]《星象》至少有 480 行传世（比如晚近的校勘本 SOUBIRAN 1972），参见《西塞罗作品列表》。这个错误亦见于之前的几个版本。

[4] 据洛布本异文栏，抄本中作 XI，但是阿珥都斯改作 XVI。

版这些信件的选集（《致阿特提库斯书》16.5.5[＝410 SB]，参见《致亲友书》16.17.1[＝186 SB]），而且我们不清楚这个想法是否曾以那种形式付诸实践。它们在措辞的礼节方面差别很大。在一个极端上，其中包含官方信函和具有半公开性质的、涉及重要政治事务的信件，其风格类似于公共演说；在另一个极端上，我们可以发现西塞罗写给家庭成员的便条和他与阿特提库斯之间不拘礼节的交流，常常相当曲里拐弯而又非常口语性。参见 LETTERS, LATIN。

参考文献
版本 D. R. Shackleton Bailey, *Cicero's Letters to Atticus* (1965–70); *Ad Familiares* (1977); *Ad Quintum fratrem* and *Ad Brutum* (1980); G. Hutchinson, *Cicero's Correspondence: a Literary Study* (1998).
鲍威尔（J. G. F. Powell）撰

哲学作品[1]

除了关于修辞的著作（修辞学是希腊化哲学课程的一个重要部分[不过参见后文]），西塞罗的哲学著述分为以下两部分：（甲）西塞罗在担任西里西亚总督之前的几年中撰写的涉及政治哲学和邦政技艺（statecraft）的著作；（乙）涉及认识论、伦理学和神学（代替自然学）的作品，这些作品是在前45年2月至前44年11月这一令人难以置信的短暂时期内写成的。西塞罗在《论预言》2.1–4中给出了其哲学作品的列表，而且作了一番解释。[2]

《论共和国》是普·科尔内利乌斯·斯奇皮欧·埃米利乌斯（P. *Cornelius Scipio Aemilianus）、伽·莱利乌斯（C. *Laelius (2)）以及其他人之间的对话。我们只有这六卷书的部分内容（包括由玛克若比乌斯[*Macrobius]完整保存的《斯奇皮欧之梦》）。西塞罗在《论共和国》中讨论了理想的国家，始终着眼于罗马共和国的历史，而且赞成结合了所有三种主要政体（君主[1518a]制、贤良制和平民制）[3]元素的政制。他的讨论反映了当时的政治情况，而且他期待一位有谋略的贤人（西塞罗可能一度赋予庞培[*Pompey]这个角色）来治疗罗马的政治疾病。但是，《论共和国》对后世的主要吸引力在于它对属人的正当（human rights）以及对一个人参与到人间（humanity）和宇宙的主张。廊下派学说（*Stoicism）中的各种折中性演进（eclectic developments）和西塞罗本人的偏好促进了这一观念的发展。西塞罗可能在《论共和国》成书后立即撰写了《论法律》（参见《论法律》1.15），但是并没有发表。（《论法

---

[1] 相较于生平版块和作品版块中的其他几个部分，哲学作品部分与当下西塞罗研究的进展似乎明显脱节。以《论共和国》为例，晚近的导论（比如 ZETZEL 1998: 1–36）关注西塞罗与柏拉图、珀吕比欧斯之间的联系和异同，并不特别强调他对廊下派的吸收；然而，这部分词条却反复提到廊下派，仅仅提到柏拉图一次，甚至完全忽略了珀吕比欧斯（参见后文关于《论法律》《论义务》的注释）。在参考文献方面，编者没有提到《论共和国》的毕希纳注本（BÜCHNER 1984）和策泽尔英译（ZETZEL 1999）；尽管提到了戴克的《论诸神的本性》第一卷注本和《论义务》注本，却忽略了他的《论法律》注本（DYCK 2007）。另外，自第三版开始，原本紧接着修辞学作品的哲学作品部分被置于词条最后，与前者之间隔着诗歌和书信，这种编排方式的科学性也值得商榷。

[2] 原文作 2.1，据《论预言》改，后同。

[3] 原文作 monarchy, oligarchy, and democracy，据《论共和国》1.42、1.69 和 3.23 改。

律》没有出现在《论预言》2.1 及下的列表中，也没有在书信中得到专门的提及）。
在现存的三卷中（玛克若比乌斯引用了第五卷，而《论法律》3.47 中提到的审判（iu-
dicia）一般被认为指的是第四卷的主题），西塞罗阐述了廊下派的基于理性的神定法
（divinely sanctioned Law）概念，而且讨论了与宗教和职官有关的法律规定，主要借
鉴了公元前二世纪廊下派哲人巴比伦的第欧根尼（*Diogenes (3)）。[1]

在凯撒任独裁官期间，西塞罗在政治上并不活跃。女儿图珥利阿的去世最终导
致他在哲学写作中寻求安慰。西塞罗对这些哲学主题的兴趣始于他的早年——当时
他在雅典随伊壁鸠鲁派的（参见 EPICURUS）斐德若（*Phaedrus (3)）和芝诺（*Zeno
(5)）、学园派的拉瑞斯撒的菲隆（*Philon (3)）和阿斯卡隆的安提欧科斯（*Antiochus
(11)）学习，还在罗德岛（*Rhodes）随廊下派的波塞冬尼欧斯（*Posidonius (2)）学
习；西塞罗还与廊下派的迪欧多托斯（*Diodotus (3)）有多年的交往（迪氏曾住在他
家中，并在那里去世）——一直延续到内战结束不久之后的那段时期；当时，伽·玛
提乌斯（C. *Matius）催促西塞罗在混乱的时代从事哲学写作（《致亲友书》11.27.5
[= 348 SB]）。以前对西塞罗而言是一种有用的练习（参见《图斯库路姆论辩集》2.9；
他在《演说家》12 中称之为学园[*Academy]而非修辞家的作坊的产物）以及演说材
料的来源（参见《论演说家》1.56[2]和《演说家》113 及下；《廊下派的反论》似乎在
前 46 年年初才出版，可能是西塞罗在准备这种材料时所做的练习）的东西如今成为
了避风港（《致亲友书》7.30.2[= 265 SB]）和痛苦的解药（doloris medicina，《学园
派之书》1.11）。西塞罗需要使自己重拾信心，他也希望自己以哲学作家的身份成名
（在《论义务》1.2 及下，西塞罗承认自己的哲学知识不足，但他对比了自己作为文
体家的优秀品质）。但是，西塞罗为这项任务做了充分的准备，因为他从迪欧多托斯
那里学到了廊下派辩证法，从漫步派（*Peripatetics）那里学到了修辞学以及从问题

---

[1] 译者对这一说法表示怀疑。西塞罗在《论法律》第三卷开头说自己要"如先前所设
定的那样追随那位属神的君子"（sequar ... , ut institui, divinum illum virum），亦即追仿柏
拉图。西塞罗的确在 3.13 提到了第欧根尼（书中唯一一次），但黑氏的位置次于忒欧弗剌
斯托斯；后文（3.14）还提到了"伟大而尤其博学的"（magno ... et in primis erudito）帕奈
提欧斯。西塞接着说，"那些[涉及官职的]东西，更多地源出于以柏拉图为首的[学园派]
这一系"（ab hac familia magis ista manarunt, Platone principe；另见《论善恶之极》4.61，
参见 DYCK 2007: 484）。因此我们可以说，奥宾克等人（OBBINK & WAERDT 1991）在解读
他们所整理的第欧根尼作品的纸草残篇时称西塞罗"特别提到"（names in particular）、"单
独举出"（singled out）、"称赞"（praises）第氏或其著作，都是比较夸张的、避重就轻的
说法，并无坚实的本文依据。或许正是因为如此，戴克（DYCK 2007: 483）针对 3.13 的笺
注中仅仅说奥宾克等人的考订工作为第欧根尼的政治哲学研究提供了纸草文献，并未引
述他们对西塞罗的判断，反而强调西塞罗与柏拉图之间的关联。实际上，戴克所不赞同
的不仅是奥宾克强加给西塞罗的"廊下派来源"：一方面，他认为西塞罗在写作理念上效
仿了柏拉图（参见 1.15）；另一方面，戴克在整体上反对来源研究（详见本稿第 xxxiv–xxxv
页脚注）所基于的把柏拉图、第欧根尼、帕奈提欧斯、波塞冬尼欧斯或者安提欧科斯作为
西塞罗的"单一来源"（a single source）的假设（参见 DYCK 2007: 49–50）。如果考虑到这
一点，那么奥宾克在参考文献中未提及戴克的《论法律》注本的事实也就不令人奇怪了。
[2] 原文作 1.5，第三版同，据第一、第二版改。

的正反两方面来论证的做法，而学园派则教他去反驳任何一个论证。此外，西塞罗还了解并仔细聆听了他那个时代最有魅力的一些哲人（亦即当时一些喜欢炫耀的人）[1]的说法。西塞罗对柏拉图（*Plato (1)）相当钦佩和尊敬（deus ille noster[我们的那位神明(柏拉图)]，《致阿特提库斯书》4.16.3[= 89 SB]），对亚里士多德（*Aristotle）也是如此。西塞罗宣称要仰赖苏格拉底（*Socrates,《学园派之书》1.3），这掩盖了其怀疑论的探究方法和对伦理学的强调。西塞罗的目的首先是为罗马人提供哲学文献和术语，而这些会取代希腊哲人——在智识方面，罗马人迄今一直依赖着他们。希腊化哲人的残存下来的作品暗示，西塞罗并不是唯一一个严格遵循他的希腊来源以便与他们展开论争的人。但是一些学者把西塞罗的这句话理解得太过严肃了，即以为……即虚假的攻击～……………………，…………………………，…………tum adfero, quibus abundo[它们是复制品，不费什么力气就弄出来了；我只不过加了些词，而我在这方面绰绰有余]（《致阿特提库斯书》12.52.3[= 294 SB]）。[2]贝利提出，这句话甚至并不涉及西塞罗的哲学作品。更可靠的是西塞罗的这一说法（《论义务》1.6）：他（在那部作品中）遵从廊下派，不是作为一名单纯的翻译者，而是按照他认为合适的方式从廊下派这一来源中有所汲取，而且（《论善恶之极》1.6）在所选择的权威中添加自己的"判断"（iudicium）和"写作的安排/秩序"（scribendi ordo）。

有两部失传的作品可能最先出现：[3]《安慰》，西塞罗试图以这部作品就图珈利阿（*Tullia (2)）的去世自我安慰（西塞罗在这里对自己发言，很是独特）；《霍尔腾西乌斯》，此书劝人学习哲学，深深影响了圣奥古斯丁（St *Augustine；它使他转向了天主，[1518b]参见《忏悔录》3.4.7）。《论预言》2.1–4 的列表表明，西塞罗迅速推进，建立了自己所描述的希腊化哲学大全：排在劝学性的《霍尔腾西乌斯》之后的是《学园派之书》，此书的主题是认识论（尤其关注真理的标准），原本有两卷，名为《卡图路斯》和《路库珈路斯》，其中只有第二卷传世；但西塞罗后来改成了四卷本，我们拥有其中第一卷的一部分（《学园派后篇》）。[4]《学园派之书》探讨了阿尔克西拉欧斯（*Arcesilaus (1)）之后的新学园派的观点，尤其是卡尔内阿德斯（*Carneades）关于不可能获取确定的知识的观点——不过它承认，一些真实的事物比其他一些更加可信。西塞罗受到这种建议（《论预言》2.150）的吸引：在认可逼近真相

---

[1] 可能指一些伊壁鸠鲁派的哲人，参见《图斯库路姆论辩集》4.6、5.26 和 5.73。

[2] 原文中 quibus 前无逗号，据贝利本补。关于这句话，温（WYNNE 2019: 20–23）作了一些解释来反对单一来源假说（见上文注释）。译者另有他文详论此信。

[3] 原文作 several lost works probably came first: a De gloria (a eulogy of M. *Porcius Cato (2))。作者很可能混淆了《论荣光》（前 44 年）和《卡托》（前 46 年），因此称前者为卡托的颂词并将其与《安慰》和《霍尔腾西乌斯》一同作为西塞罗第二组哲学作品的开端。PHILIPPSON 1939、BÜCHNER 1964: 429–430、BRINGMANN 1971: 196–205、GAWLICK & GÖRLER 1994 和 NICKEL 2014: 254 都未将《论荣光》与《卡托》等同。第二版没有提及《论荣光》，仅提到《安慰》和《霍尔腾西乌斯》，此时 two lost works probably came first 的表述较符合事实，译者从之。另见《西塞罗作品列表》。

[4] 更准确的说法是：第二版四卷本即《学园派后篇》（严格意义上的《学园派之书》），其中第一卷部分传世；原本的两卷勉强可算作《学园派前篇》。详见《西塞罗作品列表》。

的各种事物（simillima veri）之前，对于不同的理论，要给予不带偏见的考虑。西塞罗有时把自己描述为学园派的成员（《图斯库路姆论辩集》2.5、4.47）。事实上，西塞罗在总体上保持不变，一直倾心于菲隆早先的教诲，认为不可能存在确定的知识，但他留有余地，宣称自己可以在各个场合采取任何看起来最可信的立场。

　　因此，在伦理学问题上，西塞罗常常倾向于廊下派学说，因为他对伊壁鸠鲁派感到反感。这一点明显见于《论善恶之极》。西塞罗在此书中汇集并依次回应了伊壁鸠鲁派和廊下派提出的关于至善（summum bonum）的理论，然后在第五卷给出了安提欧科斯的所谓的"旧学园派"的观点。西塞罗在《论善恶之极》中对各个学派的伦理学立场作了大全式的考察，而在《图斯库路姆论辩集》中转向幸福生活的各种灵魂学问题——死亡、痛苦、悲伤、[1]恐惧、激情以及其他心灵的紊乱——还有对于幸福而言至关重要之物（其中包括德性，按照廊下派的说法）的问题。西塞罗在很大程度上关心的是消除他本人的疑虑，而且他被廊下派在这些主题上的教诲打动，因而他以热烈的激情与洋溢着的优美写下了这部作品。

　　与同时代的伊壁鸠鲁派的菲洛得摩斯（*Philodemus）相仿，对于西塞罗来说，神学沉思取代了对自然哲学和自然学原因的完整解释（比如我们在卢克莱修[*Lucretius]、伊壁鸠鲁或者克律西璞珀斯[*Chrysippus]那里发现的那些解释；尽管《图斯库路姆论辩集》第一卷在关注灵魂的物质组成以及理性的因果链时也探讨了唯物论）。因此，西塞罗随后撰写了三卷本的《论诸神的本性》，每一卷分别致力于阐述一个学派（伊壁鸠鲁派、廊下派和学园派）对诸神的本性和神明之存在的观点，以及神明在人类文化和国家中的作用。威珥勒尤斯在第一卷呈现了伊壁鸠鲁派的观点，巴珥布斯在第二卷呈现了廊下派的观点，然后西塞罗让科特塔在第三卷呈现学园派的怀疑论。西塞罗以自己的观点组成的典型的学园派的表达完成了论辩：廊下派的论证更有可能是正确的（ad veritatis similitudinem … propensior[更加接近真理的表象]，3.95）。在一部后来的（出版于凯撒遇刺后不久，《论预言》2.4）作品（两卷本的《论预言》）中，西塞罗考察了廊下派关于命运的信念以及预言的可能性，使用了更多或许展现了通俗性解释的逸闻和引文。在这部作品中，西塞罗没有表现出对廊下派观点的同情——他们对预言（*divination）的有效性的承诺基于各种复杂的逻辑原则和宇宙性的同情共感（cosmic sympathy）。西塞罗虔诚地重申（2.148），他相信一个神圣的是者的存在——他主张，保持传统的礼仪和仪式是审慎之举——而这掩盖了西塞罗在神学和宗教问题上对国家的高于一切的关注。最后，《论命运》残篇讨论了更加专门的意志问题，并且决定反对廊下派的决定论。

　　两篇怡人而优美的散文《老卡托论老年》（可能作于凯撒遇刺前不久，而且见于《论预言》中的列表）和《莱利乌斯论友谊》具有等同的专门性。它们再一次体现了西塞罗的焦虑——他渴望在一个紧张而危险的时代让自己重拾信心或者有所作为。西塞罗就道德哲学而写的最后一部作品《论义务》（成书于前44年11月）旨在根据[1519a]廊下派的准则，尤其（第一、第二卷）是帕奈提欧斯（*Panaetius）的教诲，

---

[1]　原文作 grief, pain，据《图斯库路姆论辩集》乙正。

就各种行为问题提供建议（表面上是写给他儿子的）。[1]

这三部作品，还有《图斯库路姆论辩集》和《斯奇皮欧之梦》，最受中世纪读者欢迎。当时，作为政治人和演说家的西塞罗的作品几乎被人遗忘，在古学复兴时期才得到再次的发现。西塞罗对欧洲思想和文学的影响使得他认为希腊哲学中有趣和重要的内容毫无疑问地成为了古学复兴时期和启蒙运动时期的哲学必修课。作为一位拉丁语哲学词汇创造者和一位哲学文体家，西塞罗取得了卓越的成就。

参考文献

版本 Eng. trans. of Cicero's philosophical works are available in the Loeb Classical Library series. More detailed editions, with notes: *Rep.* H. Last, G. H. Poyser (1948); G. H. Sabine, S. B. Smith, *On the Commonwealth*, introd. and trans. (1929). *Leg.* bk. 1, N. Rudd and T. Wiedemann (1987). C. Meissner, G. Landgraf (Ger.), *Somnium Scipionis* (1915). *Acad.* (45 BC), I. S. Reid (1885). *Paradoxa Stoicorum* (46 BC), A. G. Lee (1953). Editions. Eng. trans. of Cicero's philosophical works are available in the Loeb Classical Library series (complete) and in the Oxford World's Classics (*Rep.* and *Leg.*, Nial Rudd (1998)); *Nat. D.*, P. G. Walsh (1998)). More detailed editions, with notes: *Rep.* [selections] J. E. G. Zetzel (1995). *Leg.* bk. 1, N. Rudd and T. Wiedemann (1987). *Acad.* (45 BC), J. S. Reid (1885). *Paradoxa Stoicorum* (46 BC), M. Ronnick (1991). *Fin.* (45 BC), J. S. Reid (1925); R. Rubrichi (Ital.) (1938); bk. 3 with *Paradoxa Stoicorum*, M. R. Wright (1990). *Tusc.* (45 BC), M. Pohlenz and O. Heine, 4th edn. (1957); O. Gigon, 2nd edn. (1970); M. Giusta (1984); bks. 1, 2, and 5 A. E. Douglas (1985, 1990). *Nat. D.* (45 BC), A. S. Pease (1955). bk.1 A. R. Dyck (2003). *Div.* A. S. Pease, vol. 1 (1920); vol. 2 (1923); bk. 1 D. Wardle (2006). *Fat.* (44 BC), O. Yon, 3rd edn. (1950); R. W. Sharples (1989). *Laelius de amicitia* (44 BC), J. S. Reid (1887); with *Somnium Scipionis*, J. G. F. Powell (1990). *Cato Maior de senect.* (44 BC), J. G. F. Powell (1988). *Off.*, A. R. Dyck (1996); M. T. Griffin and E. M. Atkins (1991).

一般性文献 J. G. F. Powell (ed.), *Cicero The Philosopher* (1995); M. Fox, *Cicero's Philosophy of History* (2007). Useful summaries of each of the works with notes in P. MacKendrick, *The Philosophical Books of Cicero* (1989). Intellectual context: E. Rawson, *Intellectual Life in the Late Roman Republic* (1985); A. A. Long and D. N. Sedley, *The Hellenistic Philosophers*, 2 vols. (1987); J. Annas, *Hellenistic Philosophy of Mind* (1993); and the essays and bibliog. in M. Schofield and G. Striker, *The Norms of Nature* (1985) and M. Griffin and J. Barnes, *Philosophia Togata* 1 (1989), 2 (1997). On Cicero's adherence to a particular school of philosophy: J. Glucker, in J. Dillon and A. A. Long (eds.), *The Question of 'Ecclecticism': Studies in Later Greek Philosophy* (1988), and more broadly, *Antiochus and the Later Academy* (1978).[2] On philosophical language: Merguet's Lexicon (1873–4); M. O. Liscu, *L'Expression des idées philosophiques chéz Cicéron* (1937); and for Cicero as imitator and translator: Powell, in Powell (1995) 273–300. For Cicero's philosophical works on subsequent ages: T. Zielinski's standard work, *Cicero im Wandel der Jahrhunderte* (1912), may be supplemented by R. Chevalier (ed.), *Présence de Cicéron* (1984).

西蒙（J. H. Simon）、奥宾克（D. Obbink）[3] 撰

[1] 这一描述似乎不全面。首先，《论义务》并未全盘照搬帕氏的学说，而是带有西塞罗"以自己的判断和裁断"（iudicio arbitrioque nostro）作出的"纠正"（correctione），参见 1.6、2.60 和 3.7；其次，这种做法恰恰得益于学园派给予的"巨大的许可"（magnam licentiam，3.20）；再次，书中提到的各种义务在廊下派看来"仿佛是某些次等的高尚之事"（quasi secunda quaedam honesta，3.15）。如潘戈（PANGLE 1999）所言，由于《论义务》的目标读者"缺乏智慧"（lack wisdom），因此西塞罗的首要任务是防止他们因为虚假的、外在的善而抛弃"次等的德性"（secondary virtue），而非论述真实的或专属于智慧者的德性，《论义务》因而呈现出较多的廊下派哲学而非柏拉图、亚里士多德哲学的色彩。

[2] 原作两个句号（..）。错因是删去旧版的 Theology as a special topic: M. van den Bruwaene, *La Théologie de Cicéron* (1939). 时少删了句号。此书出版于 1937 年，而且并非没有参考价值。格鲁克（GLUCKER 1988）认为西塞罗在前 81/80 年至前 45 年间属于旧学园派，这一时期前后则属新学园派（格氏似受来源研究的影响而忽视了西塞罗的修辞，他的文本解读值得商榷，参见 GÖRLER 1995）。关于西塞罗在方法论上与学园派的关系，亦可参阅 SKVIRSKY 2019（作者认为西塞罗并不强调"悬置"[ἐποχή]，而其哲学思考的特征是"怀疑"[dubitare]，有一定启发；但是此文未涉及书信，尤其是《致阿特提库斯书》13.21.3[= 351 SB]对 ἐπέχειν[悬置/抑止]的拉丁语译文的讨论[sustinere(抑止)还是 inhibere(抑止/划倒桨)]）。关于这三种文献，参见 MASO 2022: 68, 107, 111。

[3] 奥宾克并非西塞罗研究专家，而是纸草学者。这名前牛津大学教师因监守自盗和走私文物而名声狼藉，参见柳博赟 2020。译者认为，作品版块或许应由鲍威尔来撰写。

西塞罗作品列表

本表曾刊于顾枝鹰 2018，收入本稿时有较多订正和增补。本表主要参考 STEEL 2013: 374–376，基本遵循了其中的定年和排序，但提到了更多的篇目。容尼克所编的纪年表在篇目和定年上与本表稍有出入，而其形式尤为直观，故附于本表之后。

关于西塞罗的哲学散文，详见 PHILIPPSON 1939，书信（及书信残篇）详见 BÜCH-NER 1939a。书信残篇的校勘见于 BAILEY 1988，英译见于 BAILEY 2002（具体篇目本表从略）。完全佚失和未刊的演说词（无残篇，我们仅仅通过旁证[testimonium]得知这约八十篇演说词的存在，本表从略）详见 CRAWFORD 1984。残篇演说词的辑佚和笺注有 CRAWFORD 1994。残诗（和诗歌译文）的辑本如 MOREL, BÜCHNER & BLÄNS-DORF 2011: 153–184，英文译注本有 EWBANK 1933，笺注如 COURTNEY 2003: 149–178。关于各种残篇，也可见 BÜCHNER 1939b 中的考证和梳理。残篇的其他辑本如 MUEL-LER 1879: 231–434、TRAGLIA 1950 和 GARBARINO 1984。

本表第一部分按写作时间的先后罗列年代明确的 97 种作品，第二部分以原名的字母顺序罗列时间无法准确断定的 15 种作品，第三部分含佚名和托名作品 5 种。

作　品	作品中译名	时　间
1　*De inventione*	《论取材》[1]	91—80
2　*Aratea*	《阿剌托斯集》（残诗）[2]	91—80

---

[1] 西文简写作 *Inv. Rhet.* 是为了与托名西塞罗和托名撒珥路斯提乌斯的《斥詈词》（*Invectivae*）相区别（见本表倒数第二个注释）。有人将书名译作论发明，不确，参见王焕生 2008: 195–196、DOUGLAS 1994: 5。此书在晚期古代可能也被称作《修辞学之书》（*Rhetorici libri*），参见 HUNT 1998: 16。晚近的重要版本如 ACHARD 1994。

[2] 阿剌托斯（Ἄρατος）是公元前三世纪的诗人，廊下派。其诗作基于柏拉图的学生厄乌多克索斯（Εὔδοξος）的散文，今存逾千行（西塞罗译文今存约六百行）。根据研究者们的说法，阿剌托斯可能把自己的作品称作 Φαινόμενα[星象]，诗中描述了苍穹、星宿以及人们可以由这两者获得的征兆。在阿剌托斯去世后，语法学家才把后一部分作为单独的一首诗，冠以 Διοσημεῖαι[征兆]之名，而廊下派的波厄托斯（Βοηθός）将其称作 Προγνώσεις[预知]。西塞罗在《论法律》2.7 和《论诸神的本性》2.104 中都把阿剌托斯的《星象》称作 carmen Arateum[阿剌托斯的诗歌]，而在《致阿特提库斯书》2.1.11（=21 SB，公元前60 年）、《论预言》1.13 等处将其第二部分称作 Prognostica[天象／预知]，显然也把它视作一首独立的诗歌。我们难以确定西塞罗给第一部分赋予了什么标题。不过后人提供了一些信息，比如语法学家璞瑞斯奇阿努斯（Priscianus）明确分了 Cicero in Arato[西塞罗《阿剌托斯诗》译本]和 Cicero in Prognosticis[西塞罗《天象》译本]，等等。尤班克（EWBANK 1933: 23）推断，西塞罗起初并未用 Phainomena 这个名称，而是称之为 carmen Arateum，直到公元前 60 年才重新赋予第二部分 Prognostica 一名；但是毕希纳（BÜCHNER 1939b）不太认同这一看法。利奥（LEO 1914）根据《致阿特提库斯》2.1.11 中的 Prognostica mea cum oratiunculis prope diem exspecta[请你随时等候我的《天象》以及七七八八的演说词]

作　品	作品中译名	时　间
3　*Oeconomici libri*	《治家者之书》（残篇）[1]	约 85
4　*Pro Quinctio*	《为克维恩克提乌斯辩护》	81
5　*Pro Roscio Amerino*	《为阿美瑞阿的若斯奇乌斯辩护》	80
6　*Pro Vareno*	《为瓦热努斯辩护》（残篇）	77?—76
7　*Cum quaestor Lilybaeo decederet*	《当财务官离开利吕拜昂》（残篇）	74
8　*Pro Vario*	《为瓦瑞乌斯辩护》（残篇）	71
9　*Pro Caecina*	《为凯奇纳辩护》	71—68
10　*Divinatio in Caecilium*	《与凯奇利乌斯竞当起诉人》	70
11　*In Verrem*	《反维勒斯》[2]	70
12　*Pro Fonteio*	《为封忒尤斯辩护》	69
13　*Pro Oppio*	《为欧璞皮乌斯辩护》（残篇）	69
14　*Pro Roscio comoedo*	《为谐剧演员若斯奇乌斯辩护》	77—66
15　*Pro lege Manilia*	《为玛尼利乌斯法案辩护》	66
或 *De imperio Cn. Pompei*	或《论格奈·庞培的指挥权》	
16　*Pro Cluentio*	《为克路恩提乌斯辩护》	66
17　*Pro Fundanio*	《为芬达尼乌斯辩护》（残篇）	66?
18　*De Manilio*	《论玛尼利乌斯》	66—65
或 *Pro Manilio*	或《为玛尼利乌斯辩护》（残篇）	

一语推测，"［西塞罗］当时修订了那首诗并且公开发表了"（er das Gedicht damals neubear-beitet und publicirt hat）。除了西塞罗，一位日耳曼尼库斯·凯撒（Germanicus Caesar）和四世纪作家阿维厄努斯（Avienus）也翻译过阿剌托斯的诗歌（关于这两者和他们的译本，参见哈梅尔 2020: 167）。在已提到的文献之外，译者得见的其他相关研究是 TRAGLIA 1962（意拉对照本）、BUESCU 1966（法拉对照本）和 SOUBIRAN 1972（比代版法拉对照本），详细的研究书目见 GEE 2013。有专家认为 TOWNEND 1965 对西塞罗诗作的评述较为公允细致（参见 DOUGLAS 1968: 1），另见后文关于《蒂迈欧》译本的注释。

　　[1] 色诺芬《治家者》译本，可能较为直译，参见《论义务》2.87，另见 PHILIPPSON 1939。
　　[2] 分为《一审演说词》和《二审演说词》，前者计 18 章，后者篇幅较大，分为五卷。尽管维勒斯的辩护人是著名演说家霍尔腾西乌斯，但西塞罗依旧胜诉，威望大增。

作　品	作品中译名	时　间
19　*De rege Alexandrino*	《论亚历山大里亚的国王》（残篇）[1]	65
20　*Pro Cornelio I & II*	《为科尔内利乌斯辩护前后篇》（残篇）	65
21　*Pro Gallio*	《为伽珥利乌斯辩护》（残篇）	64
22　*In toga candida*	《身着候选者白袍》（残篇）[2]	64
23　*De lege agraria contra Rullum*	《论土地法案：反对茹珥路斯》	63[3]
24　*Pro Rabirio perduellionis reo*	《为被控叛国的剌比瑞乌斯辩护》	63
25　*De proscriptorum liberis*	《论被宣布为公敌者的子女》（残篇）	63
26　*De Othone*	《论欧托》	63
或 *Cum a ludis contionem avocavit*	或《当他从赛会中召集预备会》（残篇）[4]	
27　*In Catilinam*	《反卡提利纳》	63
28　*Pro Murena*	《为穆热纳辩护》	63
29　*Contra contionem Q. Metelli*	《反对昆·美炅珥路斯的预备会》（残篇）	62
30　*Pro Sulla*	《为苏拉辩护》	62
31　*Pro Archia*	《为阿尔奇阿斯辩护》	62
32　*In Clodium et Curionem*	《反克洛迪乌斯和库瑞欧》（残篇）[5]	61
33　*De consulatu suo*	《论他的执政官生涯》（残诗）[6]	60

---

[1] 亦有观点认为这篇演说作于公元前 56 年，考证详见 CRAWFORD 1994: 43。

[2] 阿斯科尼乌斯（Asconius）为西塞罗的一些演说词作过注（原文和英译可见 SQUIRES 1990）。阿注抄本中所用的完整标题是 In senatu in toga candida contra C. Antonium et L. Catilinam competitores[在元老院中身着候选者白袍反驳竞争者伽·安东尼和路·卡提利纳]。关于阿氏，参见桑兹 2020: 322–323。

[3] 关于公元前 63 年的多篇演说词的顺序，参见《致阿特提库斯书》2.1.3（= 21 SB）。

[4] 这篇即兴的预备会演说（*contio* speech）意在安抚民众的情绪——他们在一次剧场表演中对欧托（L. Roscius Otho）表达不满，因为这位平民护民官在四年前成功推行的一部法案使骑士获得了特殊的座位优待（参见 VASALY 2013、CRAWFORD 1994: 213–214）。

[5] 这篇演说词的背景即克洛迪乌斯在凯撒家亵渎德善女神祭仪的事件。

[6] 叙事诗，三卷，主要关于西塞罗公元前 63 年的执政官职位。考特尼（COURTNEY 2003: 156）引用古代语法学家诺尼乌斯和基督教作家拉克坦提乌斯所录的标题，称之为 Consulatus suus[他的执政官生涯]，但毕希纳（BÜCHNER 1939b）根据《论预言》1.17 和《布鲁图斯》132 认为题名当作 De consulatu suo，斯蒂尔（STEEL 2013: 374）也采用后一

作　品	作品中译名	时　间
34 *Pro Flacco*	《为弗拉克库斯辩护》	59
35 *Post reditum in senatu*	《归来后在元老院的[演说]》[1]	57
36 *Post reditum ad populum*	《归来后对人民的[演说]》[2]	57
37 *De domo sua*	《论他的家宅》	57
38 *Pro Sestio*	《为色斯提乌斯辩护》	56
39 *In P. Vatinium testem interrogatio*	《对证人普·瓦提尼乌斯的盘问》	56
40 *Pro Caelio*	《为凯利乌斯辩护》	56
41 *De haruspicum responsis*	《论脏卜官的回应》	56
42 *De provinciis consularibus*	《论执政官的行省》	56
43 *Pro Balbo*	《为巴珥布斯辩护》	56
44 *In Pisonem*	《反皮索》	55
45 *De oratore*	《论演说家》[3]	55
46 *De iure civili in artem redigendo*	《论把市民法化为一种体系》（残篇）[4]	55
47 *De temporibus suis*	《论他的[艰难]时光》（残诗）[5]	56—54
48 *Pro Scauro*	《为斯考茹斯辩护》	54
49 *Pro Plancio*	《为璞兰奇乌斯辩护》	54
50 *Pro Vatinio*	《为瓦提尼乌斯辩护》（残篇）	54

标题。研究论文如 VOLK 2013。

　[1] 又名 Cum senatui gratias egit[当他向元老院致谢]，等等。较新的研究如 MANUWALD 2021。

　[2] 又名 Post reditum ad Quirites[归来后对公民的(演说)]、Cum populo gratias egit[当他向人民致谢]，等等。较新的研究如 MANUWALD 2021。

　[3] 威尔金斯校注本第一卷有第三版（WILKINS 1895），然而晚近的影印本（比如 WILKINS 1962）却以 1888 年第二版为底本。KUMANIECKI 1969、MAY 2002 等书似皆未注意。

　[4] 参见《阿提卡之夜》1.22.7。

　[5] 叙事诗，讲述西塞罗的流亡和返回，可能并未完成或者未曾公开发表；标题中的 tempus 意为艰难时光、危机时期（参见 COURTNEY 2003: 174）。

作　品	作品中译名	时　间
51 suave ἔπος	《一首怡人的叙事诗》[1]	54
52 *Pro Rabirio Postumo*	《为剌比瑞乌斯·珀斯图穆斯辩护》[2]	54—53
53 *De aere alieno Milonis*	《论米洛的债务》（残篇）	53
54 *Pro Milone*	《为米洛辩护》	52
55 *De legibus*	《论法律》	52 后
56 *De re publica*	《论共和国》	51
57 *De concordia*	《论同心》[3]	49
58 *Brutus*	《布鲁图斯》	46
59 *Paradoxa Stoicorum*	《廊下派的反论》	46
60 *De optimo genere oratorum*	《论那类最好的演说家》[4]	46
61 *Cato*	《卡托》（残诗）[5]	46
62 *Orator*	《演说家》	46
63 *Pro Marcello*	《为玛尔刻珥路斯辩护》	46
64 *Pro Ligario*	《为利伽瑞乌斯辩护》	46
65 *Marius*	《马略》（残诗）	45 前
66 *Consolatio*	《安慰》（残篇）[6]	45

---

[1] 参见《致胞弟书》3.7.6（＝27 SB）。

[2] 关于这篇演说词的写作时间，参见 SIANI-DAVIES 2001: 75。

[3] 这可能是一篇政治演说词，原计划在元老院中发表，意在修复凯撒与庞培之间的关系，但未完成，参见《致阿特提库斯书》8.11.7（＝161 SB）、8.12.6（＝162 SB）和 9.9.2（＝176 SB），另见 HÄFNER 1928: 34 及下（转引自 WEBSTER 1930、BÜCHNER 1939a）。

[4] 晚近有重要的校勘本 GIOMINI 1995。

[5] 参见《致阿特提库斯》12.4.2（＝240 SB）。贝利（BAILEY 1966: 302）提到《卡托》作于当年 5 月或 6 月，《演说家》作于 10 月末。《阿提卡之夜》13.20.3 把它叫做 Laus Catonis［卡托颂］，但是西塞罗本人在《演说家》35、《论预言》2.3 以及多封致阿特提库斯的书信中都称之为 Cato［卡托］。另外，凯撒针对西塞罗此著所作的《驳卡托》（*Anticato*）亦是证据（参见《演说家的培育》1.5.68、《阿提卡之夜》4.16）。

[6] 参见"译者弁言"。

作 品	作品中译名	时 间
67　*Hortensius*	《霍尔腾西乌斯》（残篇）[1]	45
68　volumen prohoemiorum	一沓前言[2]	45
69　*Academici libri*	《学园派之书》[3]	45

---

[1] 这部对话的主旨是劝勉读者学习哲学。可视作西塞罗后续几部哲学作品的引言（参见 POWELL 1995a: xiv）。另见《图斯库路姆论辩集》2.4。奥古斯丁在《忏悔录》3.4.7 和 8.7.17 提到过这部作品对他的影响。另有学者认为，西塞罗从《霍尔腾西乌斯》（以及《廊下派的反悖》）开始以哲学的角度回应当时的现实政治问题，而且，《霍尔腾西乌斯》是个分水岭，标志着西塞罗评判哲学和修辞学的相对关系的方式发生了转变（参见 GILDEN-HARD 2007: 54）。译者得见的研究性辑本是 GRILLI 1962。

[2] 参见《致阿特提库斯书》16.6.4（＝414 SB，公元前 44 年 7 月 25 日）：

> 现在请承认（cognosce）自己的疏漏吧！我给你寄过一卷《论荣光》，而其中的前言（prohoemium）就是《学园派[之书]》第三[卷]中的。发生这种情况，是由于这一原因——我拥有一沓（volumen）前言。我惯于在铺展某部论著（σύγγραμμα）时从中选取[一篇]。因此，由于我不记得自己已经用掉了那篇前言，就在图斯库路姆庄园把它置于那卷寄给你的书中了。可是，当我在船上阅读《学园派[之书]》时，我意识到了自己的错误。因此，我立刻急就出（exaravi）一篇新的前言并给你寄来了。请你把那篇裁去，贴上这篇吧。

菲利普森说，西塞罗在之前的对话中效仿亚里士多德，先撰写各种前言，但《论法律》是例外。根据昆体良《演说家的培育》10.5.11 的说法，这一习惯可能是由西塞罗的修辞练习造成的。这沓前言未曾公开发表。参见 PHILIPPSON 1939。

动词 cognosce 是命令式第二人称单数，但第一人称物主代词 meam 表明西塞罗显然是在对自己说话。另需注意这里的 erratum[错误]是单数——西塞罗认为他不该重复使用前言，而预先写好前言备用则并无问题。exarare 的基本含义是耕地，引申为在蜡板上书写（参见 *OLD*[2] 词条 exaro 4）。蒂勒尔和珀泽（TYRRELL & PURSER 1915: 392）解释作匆匆写下，引《致阿特提库斯书》12.1.1（＝248 SB）为证，得到贝利（BAILEY 1967: 246）的支持。

[3] 亨特（HUNT 1998: 13–16）对这一书名作了详细的说明和考证，简述如下：

《学园派之书》的所谓第一版即《卡图路斯》和《路库珥路斯》，两个书名见于《致阿特提库斯书》13.32.3（＝305 SB）。西塞罗随后把这两部作品编到一起并加以扩充，构成了严格意义上的或说第二版的《学园派之书》。西塞罗在公元前 45 年 6 月下旬致阿特提库斯的四封书信对其有所提及，使用了四种不同的表达方式：Ἀκαδημικὴ σύνταξις[涉及学园派的系统性论述]（13.2.3[＝320 SB，23 日]和 13.16.1[＝323 SB，26 日]）、de Academicis[关于学园派的(内容)]（13.13.1[＝321 SB，24 日]）、Academica omnis quaestio[学园派的整个问题]（13.19.3[＝326 SB，29 日]）和 haec Academica[这些涉及学园派的内容]（13.19.5）。但是，这四种称呼都不是正式的书名，只是西塞罗根据语境中的具体需要不断变化的措辞。《致阿特提库斯书》16.6.4（＝414 SB）使用了 De gloria liber[《论荣光之书》] / 一卷《论荣光》]这个表达，随后把我们这里讨论的作品称作 Academici [libri]。与此同时，《图斯库路姆论辩集》2.4、《论诸神的本性》1.11 和《论预言》2.1 这三处也都出现了 quattuor Academici libri[四卷《学园派之书》]这一表述。《论义务》2.8 和《蒂迈欧》1.1 用了复数夺格 Academicis，无法确定相应的主格是-ci 还是-ca）。不仅如此，后来的大多数古代学

作　品	作品中译名	时　间
70 *Catulus*	《卡图路斯》（已佚）[1]	45
71 *Lucullus*	《路库珥路斯》[2]	45
72 συμβουλευτικόν	一封建议[信][3]	45
73 σύλλογος πολιτικός	一部邦政会谈[4]	45
74 *De finibus bonorum et malorum*	《论善恶之极》[5]	45

者诸如拉克坦提乌斯、诺尼乌斯和散文作家卡佩珥拉（Martianus Capella）所用的称呼都可以印证西塞罗所用的书名是 Academici libri；只有语法学家迪欧美得斯（Diomedes）的《语法技艺》（*Ars grammatica*）的抄本上出现过 Academiarum tertio[在《诸学园》第三（卷）]这个说法，但是被晚近的学者勘正为 Academicorum tertio[《学园派（之书）》第三（卷）]（参见 KEIL 1857: 377）。15 世纪末到 19 世纪早期的校勘者们把这部作品称作 Academicae quaestiones[学园派的问题]，而现今常用的 Academica[学园派]的标题首次见于戴维斯（John Davies）在 1725 年刊行的版本，在 19 世纪下半叶通行起来。著名学者里德（REID 1885）也使用了这个错误的标题，他的理由就是上面提到的西塞罗随机应变的措辞，不足为据。这个名字又扩展为 Academica posteriora[学园派后篇]，1816 年由舒茨（Gottfried Schütz）生造。值得注意的是，《大保利古典学百科全书》的西塞罗词条采用了准确的书名（参见 PHILIPPSON 1939）。

今通行本《学园派之书》有两卷，第二卷是第一版中的《路库珥路斯》，第一卷是第二版四卷中的首卷。在西文文献中，后者可能被称作 Academicus primus、Acad. I[《学园派（之书）》第一（卷）]和 Acad[emica] post[eriora] I[《学园派后篇》第一（卷）]。鲍威尔提醒我们，西塞罗本人看起来并没有把《卡图路斯》和《路库珥路斯》合称的想法，但由于《路库珥路斯》与《学园派之书》抄写在一起，部分学者就把《卡图路斯》和《路库珥路斯》合称为 Academica priora[学园派前篇]。这一做法勉强可以接受，然而把《路库珥路斯》称作 Acad. II 的做法很不妥当，有相当大的误导性。参见 POWELL 1995a: xv–xvi。

[1] 见上注。

[2] 今通行本《学园派之书》第二卷，见上上注。

[3] 这是一封致凯撒的书信（参见《致阿特提库斯书》12.40.2[= 281 SB]、13.26.2[= 286 SB]）。西塞罗在 5 月 13 日写成此信，但从未寄出或公开发表（参见 BAILEY 1966: 331）。

[4] 参见《致阿特提库斯书》13.30.2（= 303 SB）：volo aliquem Olympiae aut ubivis πολιτικὸν σύλλογον more Dicaearchi, familiaris tui[我打算（撰写）一部在奥林匹亚或随便哪里的 πολιτικὸς σύλλογος（邦政会谈），按照你的亲友迪凯阿尔科斯的方式]。不过，西塞罗似乎很快就放弃了这个打算（参见 BAILEY 1966: 349）。另见《图斯库路姆论辩集》1.21、1.77 及相关注释。

[5] 有人译作论至善和至恶或论目的。西塞罗哲学著作的研究权威鲍威尔（POWELL 1995a: xiv–xv）明确指出，书名中的 finis（对应于古希腊语 τέλος）既表达善恶的终极（ultimate）和极端/极致（extreme case），也表达行为的终点/极点（end）和目标/目的（aim），难以用日常的英语来翻译。译者接受这一观点，故选择以单独的一个极字来保留 finis 的多重意味。《史记·礼书》："天者，高之极也；地者，下之极也；日月者，明之极也。"（极致）《唐风·鸨羽》："悠悠苍天，曷其有极？"（终极）《荀子·儒效》："宇中六指谓之极。"（边界）《论善恶之极》前两卷又合称《托尔夸图斯》（*Torquatus*），因为这两卷主要涉及

作　品	作品中译名	时　间
75 laudatio Porciae	珀尔奇阿的悼词（已佚）[1]	45
76 *Tusculanae disputationes*	《图斯库路姆论辩集》[2]	45
77 *Protagoras*	《普罗塔戈拉》[3]	45
78 *Timaeus* 或 *De universo*	《蒂迈欧》或《论宇宙》[4]	45
79 *De natura deorum*	《论诸神的本性》[5]	45
80 *De rege Deiotaro*	《论得约塔如斯王》	45
81 *Partitiones oratoriae*	《演说术的各个部分》[6]	54—44

伊壁鸠鲁派的学说，由托氏作为其代言人。

[1] 这是西塞罗为阿赫诺巴尔布斯（Ahenobarbus）的妻子、小卡托的姐妹所撰的悼词（参见《致阿特提库斯书》13.37.3[= 346 SB]、13.48.2[= 345 SB]），作于 8 月（参见 PHILIPP-SON 1939）。

[2] 参见"译者弁言"。

[3] 西塞罗可能完整地直译了柏拉图的《普罗塔戈拉》（参见 PHILIPPSON 1939）。

[4] 译自柏拉图的《蒂迈欧》，可能是一篇对话的一部分，之前有西塞罗自己撰写的引言。公元前 51 年 7 月，西塞罗在去往西利西亚的途中与毕达哥拉斯哲学的罗马革新者菲古路斯（P. Nigidius Figulus）、漫步派哲人克剌提璞珀斯（Κράτιππος）在以弗所相见。在这篇作品中，西塞罗以卡尔内阿得斯的方式与这两人对话，就好像在《论诸神的本性》《论预言》和《论命运》中那样，与自然哲人展开论战。菲古路斯可能表达运用《蒂迈欧》的毕达哥拉斯-柏拉图学派的观点，克氏则代表漫步派。西塞罗只翻译了一部分，不太想把它完整译出。然而，这篇直译译文相当严谨，没有脱漏、妄增和误译（参见 PHILIPPSON 1939）。西塞罗所译《蒂迈欧》的版本诸如 PLASBERG & AX 1965、PINI 1965、GIOMINI 1975、GIOMINI 1976 和 BAYER & BAYER 2006。

关于西塞罗的译文，较早的重要研究文献是 PONCELET 1957 和 JONES 1959，但西塞罗研究专家道格拉斯（DOUGLAS 1968: 34）不赞同，因为他们以较为偏颇而激进的态度批判西塞罗对自己的母语过于温和、保守从而导致拉丁语无法作为抽象的哲学思辨的媒介；重要的研究文献另有 POWELL 1995, 2007, 2013a、GLUCKER 2012, 2015（研究西塞罗翻译思想的中文论文如刘芳 2016，但作者的引文中译有明显错误，文章的论证过程有漏洞）。

关于西塞罗《蒂迈欧》译本的各种版本，可参见 LANDFESTER & EGGER 2009: 185–186。不过需要注意，LANDFESTER & EGGER 2009: 181, 183, 184 说 MOLAGER 1971 一书中包括《蒂迈欧》《学园派之书》《论诸神的本性》和《廊下派的反论》，但实际上这一册比代本中仅有《廊下派的反论》。

[5] 有人译作论神性。但是书名原文和全书内容并不强调与后世所谓"人性"观念对立的"神性"。晚近的重要版本如 VAN DEN BRUWAENE 1970–1986、AUVRAY-ASSAYAS 2019。

[6] 这里的 partitio 不宜译作分类。该词在全书中数次出现，但晚近的重要校勘本 GIO-MINI 1996 在主题索引中仅提到第 139 节（全书结尾）——只有这里的 partitio 才是术语：expositae tibi omnes sunt oratoriae partitiones, quae quidem e media illa nostra Academia efflo-ruerunt, neque sine ea aut inveniri aut intellegi aut tractari possunt[演说术的所有部分都已为

作 品	作品中译名	时 间
82 *Cato maior de senectute*	《老卡托论老年》[1]	44
83 *De divinatione*	《论预言》[2]	44
84 *De fato*	《论命运》	44
85 *Laelius de amicitia*	《莱利乌斯论友谊》	44
86 *De gloria*	《论荣光》（残篇）[3]	44
87 *Topica*	《论位篇》[4]	44
88 *De officiis*	《论义务》	44
89 *De virtutibus*	《论德性》（残篇）[5]	44

你呈现。实际上，这些部分绽放自我们的那个中期学园，而且，若无这个学派，那些部分就不可能得到发现、认识或者运用]。

[1] 王焕生先生的《论老年》译本与徐学庸教授的译本各有千秋，参见顾枝鹰 2020c。

[2] 有人把书名译作论占卜。译者认为，这个书名的中译应沿用王焕生（2008: 205–206）所用的论预言，或者译作论预知。西塞罗本人在《论预言》1.1 给出了定义：divinationem ... id est praesensionem et scientiam rerum futurarum[预知也就是对各种未来事件的预先知晓和察知]，而且他在书中明确区分了 divinatio[预知/预言]、augurium[占卜]和 oraculum[神谕]等概念，例如 1.32 的 ille augurio acto posse respondit[他在经过占卜后回答说可以]、1.37 的 conlegit innumerabilia oracula Chrysippus[克律西璞珀斯收集了数不清的神谕]、1.116 的 eodem modo et oraculorum et vaticinationum[以相同的方式(解释)神谕和乩语]以及 1.4 的 hariolorum etiam et vatum furibundas praedictiones[神汉和巫觋的迷狂预言]。显然，divinatio 一词并不局限于 "作为一门技艺的"（quod particeps esset artis，《论预言》1.34）占卜。另外，西塞罗有一部名为 De auguriis[论占卜]的著作，见后文。另见《图斯库路姆论辩集》1.73。

[3] 二卷，参见《论义务》2.31、《阿提卡之夜》15.6（PHILIPPSON 1939 把 XV 误写作 XII），另见上文一沓前言的注释。除了之前提到的 MUELLER 1879 和 GARBARINO 1984 之外，《论荣光》的辑本还有 SIMBECK & PLASBERG 1917。

[4] 有人译作论题篇、地方论。中译见徐国栋 2016: 28–56，研究如徐国栋 2016: 60–205、舒国滢 2020: 210–243 和 REINHARDT 2003。

[5] 一卷。加尔巴里诺（GARBARINO 1984: 65）的辑佚仅有两段文字：其一是耶柔米的旁证（来自他对《匹加利亚》的注疏），说西塞罗特别就四枢德写了一卷著作；其二是辑自语法学家卡瑞西乌斯（Charisius）的残篇，仅三个单词：illud neutiquam probantes[(他们)绝不认同那一点]。西塞罗未曾在书信中提到过这部作品的标题，但《致阿特提库斯书》15.13a.2（= 417 SB）或许影射了此书。《论德性》有可能是《论义务》的补充（参见 PHILIPPSON 1939）。

另外，十五世纪法国作家安托万（Antoine de La Sale）为王子所作的教科书《色拉》（*La Salade*，这一书名既是与作者名字有关的文字游戏，又与全书内容相关：此书包含众多主题，犹如多种蔬菜、药草组成的色拉）中的几段文字提到了某位蒂勒（Tulles）。这些内容在 1903 年由瑞典的瑟德耶尔姆（Werner Söderhjelm）出版。瑟氏依据另一些学者的看法，认为安托万在写作时参考了西塞罗的《论德性》。随后，克内尔林格在 1908 年依据法语原文出版了法拉对照本（KNOELLINGER 1908）。托伊布纳版《论义务》校勘本（PLASBERG, AX & ATZERT 1971）中也附上了克氏的拉丁语译文。加尔巴里诺则不认为安托万参考了西塞罗的《论德性》，因此她的残篇辑本中未收录拉译，仅附有法语原文供读者自行判断。注意，西塞罗的确作过《论德性》，参见 VON ALBRECHT 2012: 438–439。

[1] 共 14 篇，主体部分为第三至第十四篇，与德摩斯梯尼的《反腓力》相应。

[2] 参见《致阿特提库斯书》2.6.1–2（= 26 SB）、14.17.6（= 371 SB），可能与《反腓力》大约同时出版（参见 BÜCHNER 1939a）；不过 HÄFNER 1928 认为这部史书过于私人，可能实际上并未公开（转引自 WEBSTER 1930）。这部秘史的标题可能是 De consiliis suis[论他的决策]，参见阿斯科尼乌斯《〈身着候选者白袍〉注》中的 et hoc ipse Cicero in expositione consiliorum suorum significat[而且西塞罗本人在对其决策的呈现中表明了这点]（参见 SQUIRES 1990: 130–131）和迪翁《罗马史》39.10.2 的 βιβλίον μέντοι τι ἀπόρρητον συνέθηκε, καὶ ἐπέγραψεν αὐτῷ ὡς καὶ περὶ τῶν ἑαυτοῦ βουλευμάτων ἀπολογισμόν τινα ἔχοντι[不过，（西塞罗）私下编了某本小书，而且给它冠以标题，就好像它还为自己的种种决策给出了某一理由]。参见 MUELLER 1879: 338–339、GARBARINO 1984: 89–92。

[3] 西塞罗在《致阿特提库斯书》14.17.6（= 371 SB）拒绝了阿氏的要求，认为在凯撒死后"驳斥那一党派的不义"（contra illas nefarias partis ... dici）比在凯撒活着时风险更大，而在 15.4.3（= 381 SB）对阿提库斯承诺会为他撰写一部赫拉克勒伊得斯式的作品。关于赫拉克勒伊得斯，参见《图斯库路姆论辩集》5.8。所谓赫拉克勒伊得斯式的作品，即类似《论共和国》那样由历史人物（而非作者本人）作为发言者的对话，参见《致胞弟书》3.5.1（= 25 SB），另见 SCHWARZ 1897。在这部作品中，谋杀凯撒的特热波尼乌斯（Trebonius）为他们的行为辩护（参见 PHILIPPSON 1939）。

[4] 参见普林尼《博物志》31.12 和 31.51。

[5] 此诗讲述特剌喀斯国王刻玉克斯（Κήυξ）和妻子阿珂曲欧内（Ἀλκυόνη）遭遇海难

作　品	作品中译名	时　间
100 *Commentarii causarum*	《案件笔记》（残篇）[1]	—
101 *De auguriis*	《论占卜》（残篇）[2]	—
102 *De expeditione Britannica*	《论不列颠远征》（已佚）[3]	—
103 *Epigrammata*	《铭辞集》（存疑）[4]	—
104 *Edictum Lucii Racilii tribuni plebi*	《平民护民官路奇乌斯·剌奇利乌斯的通告》（已佚）[5]	—
105 *Facete dicta*	《妙语集》（残篇）[6]	—
106 Γεωγραφικά	《地理志》（未完成）[7]	—
107 *Limon*	《草场》（残诗）[8]	—

而变为翠鸟的故事。

[1] 这是西塞罗本人为演说所做笔记。如果演说词随后未能发表，那么就有可能通过《案件笔记》得以流传下部分内容。西塞罗的被释奴提若（Tiro）曾出版过至少十三卷案件注释。参见《演说家的培育》4.1.69、10.7.31 以及 RUSSELL 2001: 212–213。

[2] 仅存极少残篇（参见 MUELLER 1879: 312、GARBARINO 1984: 94–95）。关于其写作时间，学者们有两种意见：它可能晚于《论预言》，理由是西塞罗在《论预言》2.1–4 罗列其哲学作品时并未提到；另一种意见认为西塞罗在当选占卜官后便开始写作《论占卜》，《致亲友书》3.9.3（= 72 SB）可能就是对此著的暗示，而它未在《论预言》2.1–4 得到提及的可能原因是它并非哲学著作（参见 PEASE 1923: 346）。

[3] 可能是与弟弟昆图斯合作的，参见《致胞弟书》2.16.4（= 20 SB），但西塞罗是否完成了他的部分则不得而知，也没有任何内容流传下来，详见 EWBANK 1933: 19 及下、BÜCHNER 1939b。

[4] 大都仅存标题，或者传世内容极少，详见涉及西塞罗诗歌的文献。

[5] 意大利波比奥（Bobbio）修道院藏有一部针对西塞罗演说词的评注，称作《波比奥评注》（*Scholia Bobiensia*）。其中对《为璞兰奇乌斯辩护》第 77 节的评注提到：exstat autem libellus eiusdem Ciceronis qui ita inscribitur: Edictum Lucii Racilii tribuni plebi: quod sub nomine ipsius Cicero scripsit in invectionem P. Clodi[然而有一部小书同样是西塞罗所作，它被冠以这一标题：《平民护民官路奇乌斯·剌奇利乌斯的通告》——西塞罗以那人的名义写了这份（通告）斥责普·克洛迪乌斯]（拉丁文本见于 HILDEBRANDT 1971: 146、STANGL 1912: 166 和 MUELLER 1879: 341）。

[6] 《妙语集》在西塞罗身前就流传开来，这是由他的朋友特热波尼乌斯和提若收集、整理的，参见《致亲友书》7.32.1（= 113 SB）、15.21.2（= 207 SB）以及昆体良《演说家的培育》6.3.5。

[7] 西塞罗曾动念撰写地理学著作，但最终放弃，参见《致阿特提库斯书》2.4.3（= 24 SB，公元前 59 年）、2.6.1（= 26 SB）等处。

[8] 根据毕希纳（BÜCHNER 1939b）的理解，草场一名表达 satura[杂烩]的意思，即"由形形色色的内容组成的诗歌"（Gedicht mannigfachen Inhaltes）。他引用《苏达辞书》对公元前一世纪亚历山大派的语法学家帕姆菲洛斯（Πάμφιλος）的介绍，说帕氏把自己的 ποι-

作 品	作品中译名	时 间
108 *Nilus*	《内伊洛斯》（残诗）[1]	—
109 *Pro negotiatoribus Achaeis*	《为希腊批发商们辩护》（已佚）	—
110 *Pontius Glaucus*	《海神格劳科斯》（残诗）[2]	—
111 *Thalia maesta*	《悲伤的塔勒雅》（残诗）[3]	—
112 *Uxorius*	《宠妻者》（已佚）	—
113 [*Commentum totum perditum*]	《尤通庭心》（佚佚）[4]	—
114 [*Epistulae ad Octavianum*]	《致屋大维书》（托名）[5]	—
115 [*In Sallustium*]	《反撒珥路斯提乌斯》（托名）[6]	—
116 [*Pridie quam in exilium iret*]	《在他流亡前的那天》（托名）[7]	—
117 [*Rhetorica ad Herennium*]	《献给赫壬尼乌斯的修辞学著作》（托名）[8]	—

κίλων περιοχή[一团斑驳的(文辞)]称作 λειμών[草场]，普林尼《博物志·前言》24、《阿提卡之夜·前言》6 中亦然。

[1] 内伊洛斯（Νεῖλος）是埃及的赫拉克勒斯的父亲，参见《论诸神的本性》3.42。

[2]《海神格劳科斯》的故事可能涉及变形：皮奥夏渔夫格劳科斯（Γλαῦκος）变为了海神。不过这首亚历山大派风格的长短格四拍诗的标题也可能意为波光粼粼的大海，因为 γλαυκός 意为闪光的、灰色的（参见普鲁塔克《西塞罗传》2.3 以及 MOLES 1988: 149）。

[3] 篇目名称存疑。塔勒雅（Θάλεια）系九位缪斯之一，司谐剧。

[4] 此著具有书信的形式（模仿西塞罗胞弟昆图斯的口吻），但内容上属修辞学论著，有中译本（2011）。晚近的英语研究如 TATUM 2018（较详备），其他英译如 TAYLOR & MUR-RELL 1994、HENDRICKSON 1903，"洛布古典丛书"中亦有英译（见于 BAILEY 2002）。德语研究 LASER 2001 获得的评价不高（参见 MORSTEIN-MARX 2004 等书评），"图斯库路姆丛书"中亦有德译（见于 KASTEN 1965）。意大利语研究 NARDO 1970 较重要。"牛津古典文献丛刊""托伊布纳希腊罗马文献丛刊"中有校勘本（WATT 1958、BAILEY 1988）；"比代文库"似未收录，但有该丛书之外的法拉对照注释本 PROST 2017。

[5] 可能是古代修辞学校中的学生习作，英译见于 BAILEY 2002。

[6] 与托名撒珥路斯提乌斯的《反西塞罗》（*In Ciceronem*）合称为《斥詈词》（*Invecti-vae*），可能也是学生习作。两篇演说词的英译见于 BAILEY 2002。研究性版本有 NOVO-KHATKO 2009。另见本表第一个注释。

[7] 较新的研究如 MANUWALD 2021。

[8] 这部作品也可能名为论发言之道（De ratione dicendi，参见 CAPLAN 1954: xv），洛布本英译作 On the Theory of Public Speaking[论公共演说的理论]。关于此书的内容，参见高辛勇 1997: 131–135。另需强调的是，学界其实已公认这并非西塞罗的作品。根据德国古典学家冯·阿尔布雷希特（VON ALBRECHT 2012: 495）的说法，热吉乌斯（Raphael Regius）在 1491 年第一个提出这部作品不应归于西塞罗名下。高峰枫（2008）明确说"主导性的意见仍视之为西塞罗的著作"的说法系谬论。晚近的重要版本如 ACHARD 1989。

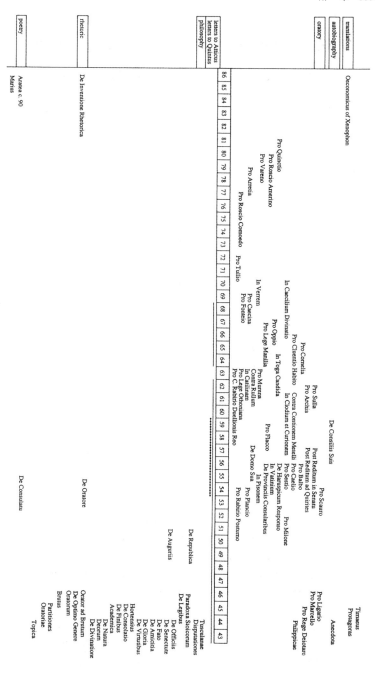

图 7 西塞罗作品纪年表（引自 RONNICK 1991: 200）

简化版拉丁语、古希腊语汉字转写（音译）表（第四稿）

	a, α	e, ε, η	i, ι	o, ο, ω	u, ου	y, υ	ae, αι	au, αυ
c(h), κ, χ	卡	刻	奇	科	库	曲	凯	考	克
g, γ	伽	革	吉	戈	古	巨	盖	高	格
t(h), τ, θ	塔	忒	提	托	图	缇	泰	陶	特
d, δ	达	得	迪	多	都	笛	代	道	德
p, π	帕	佩	庇	珀	曹	工	瓜	泡	璞
b, β	巴	贝	比	波	布	彼	拜	包	卜
n, ν	纳	内	尼	诺	努	倪	奈	瑙	恩
m, μ	玛	美	米	摩	穆	密	迈	茂	姆
r, ρ	剌	热	瑞	若	茹	律	赖	绕	尔
l, λ	拉	勒	利	洛	路	吕	莱	劳	珥
s, σ, ς	撒	色	西	索	苏	叙	赛	扫	斯
h, '	哈	赫	希	霍	胡	绪	海	浩	曷
v	瓦	威	维	沃	武	宇	外	渥	乌
f, ph, φ	法	斐	菲	佛	福	费	蜚	孚	弗
i, j	雅	耶	依	约	尤	聿	野	幺	伊
	阿	厄	伊	欧	乌	玉	埃	奥	

［说　明］

一、本表的三条基本原则：

（1）尽可能采用古典式发音。

（2）字母不同，用字不同。

（3）音译用字尽可能少。

二、使用规则七条：

（1）名人、名地、名山、名水等等悉从旧译，例如 Ἀθῆναι = 雅典（而非阿忒奈）。

（2）名从主人，古希腊语专名不按拉丁语形式音译，例如 Ἰσαῖος = Isaeus = 伊赛欧斯（而非伊赛乌斯）。

（3）派生词兼取形式和含义，例如 Tusculanae disputationes = 图斯库路姆论辩集（既非图斯库拉奈论辩集[纯取形式]，亦非小乳香论辩集[纯取含义]）。

（4）表格中未涉及的双元音的两部分拆开音译，第二部分与其后的元音一起音译，例如 poea = ποια = πωια = πωα = 珀雅；带分音符的字母单独音译，例如 poëa = 珀厄阿，ποϊα = 珀伊阿。

（5）κ、γ、χ 和 ξ 前的软腭鼻音 γ = 恩。

（6）双辅音 = 前一个辅音 + 后一个辅音与元音的组合，例如 za = ζα = 孜达；qu 类似，例如 qui = 克维。

（7）若音节以 n（ν）或软腭鼻音 γ 结尾，则视情况处理，例如 lan = λαν = 兰，phin = φιν = 菲恩。

参考文献

阿尔特曼, 2011. 如何解释西塞罗的《论预言》. 吴明波, 译//刘小枫、陈少明 2011: 69–85.
阿里斯托芬, 2006. 云　马峰[M]. 罗念生, 译. 上海: 上海人民出版社.
阿里斯托芬, 2021. 财神[M]. 黄薇薇, 译. 北京: 华夏出版社.
阿伦斯多夫, 2021. 荷马与古典文明的基础. 陈哲泓, 译//洪涛 2021: 3–22.
阿特金斯, 2000. 第二十四章　西塞罗. 晏绍祥, 译//罗、斯科尔德 2000: 454–489.
艾伦, 格里诺, 2017. 拉丁语语法新编[M]. 顾枝鹰, 杨志城, 等, 译注. 上海: 华东师范大学出版社.
爱比克泰德, 2009. 爱比克泰德论说集[M]. 王文华, 译. 北京: 商务印书馆.
奥古斯丁, 1963. 忏悔录[M]. 周士良, 译. 北京: 商务印书馆.
奥古斯丁, 2008. 上帝之城: 驳异教徒（中）[M]. 吴飞, 译. 上海: 上海三联书店.
奥古斯丁, 2009. 上帝之城: 驳异教徒（下）[M]. 吴飞, 译. 上海: 上海三联书店.
奥勒利乌斯, 2010. 沉思录: 古希腊文全译本[M]. 王焕生, 译. 上海: 上海三联书店.
奥维德, 2008. 变形记[M]. 杨周翰, 译. 北京: 人民文学出版社.
奥维德, 2018. 哀歌集·黑海书简·伊比思[M]. 李永毅, 译注. 北京: 中国青年出版社.
巴洛, 2008.《论共和国》中的学而优则仕. 邱立波, 译//刘小枫 2008b: 61–80.
柏拉图, 2009. 阿尔喀比亚德[M]. 梁中和, 译/疏. 北京: 华夏出版社.
柏拉图, 2012. 理想国[M]. 王扬, 译注. 北京: 华夏出版社.
柏拉图, 2015. 柏拉图四书[M]. 刘小枫, 编译. 北京: 生活·读书·新知 三联书店.
柏拉图, 2017. 苏格拉底的申辩[M]. 修订版. 吴飞, 译/疏. 北京: 华夏出版社.
柏拉图, 2018. 柏拉图书简[M]. 彭磊, 译注. 北京: 华夏出版社.
柏拉图, 2021a. 斐洞[M]. 溥林, 译. 北京: 商务印书馆.
柏拉图, 2021b. 苏格拉底的申辩[M]. 溥林, 译. 北京: 商务印书馆.
伯纳德特, 2005. 神圣的罪业: 索福克勒斯的《安提戈涅》义疏[M]. 张新樟, 译. 北京: 华夏出版社.
伯瑞, 2005. 进步的观念[M]. 范祥焘, 译. 上海: 上海三联书店.
陈恒, 洪庆明, 2016. 古典学评论: 世界历史评论（第 5 辑）[M]. 上海: 上海人民出版社.
陈明珠, 2020.《诗术》译笺与通绎[M]. 北京: 华夏出版社.
陈文洁, 2019. 西塞罗《论占卜》的意图//彭磊 2019: 220–235.
程茜雯, 2018. 卢奇安重写神话[D]. 北京: 北京语言大学.
程志敏, 郑兴凤, 2017. 克力同章句[M]. 北京: 华夏出版社.
崔延强, 梁中和, 2020. 努斯: 希腊罗马哲学研究（第 1 辑）　爱智与教育: 古代柏拉图主义的思想实
　践[M]. 上海: 上海人民出版社.
段红玉, 2021. 西塞罗与罗马共和末期的政治（公元前 49 年—前 43 年）: 以西塞罗书信为中心[D]. 长
　春: 东北师范大学.
多尔帕齐, 2021. 地缘政治学的世界: 行动中的地缘政治学[M]. 方旭, 张培均, 译. 上海: 华东师范
　大学出版社.
恩披里柯, 2019. 皮浪学说概要[M]. 崔延强, 译注. 北京: 商务印书馆.
范·埃姆德·博阿斯, 莱夫斯巴隆, 豪廷克, 等, 2021. 剑桥古典希腊语语法[M]. 顾枝鹰, 杨志城, 张
　培均, 等, 译. 上海: 华东师范大学出版社.
傅永东, 1992. 西塞罗《论共和国》通论·中文拉丁文对译[D]. 长春: 东北师范大学.
高峰枫, 2008. 西塞罗的愤怒[N]. 东方早报·上海书评, 08-24.
高辛勇, 1997. 修辞学与文学阅读[M]. 北京: 北京大学出版社.
革利乌斯, 2014. 阿提卡之夜: 第 1–5 卷[M]. 周维明, 虞争鸣, 吴挺, 等, 译. 北京: 中国法制出版社.
革利乌斯, 2018. 阿提卡之夜: 第 6–10 卷[M]. 周维明, 虞争鸣, 吴挺, 等, 译. 北京: 中国法制出版社.
革利乌斯, 2021. 阿提卡之夜: 第 11–15 卷[M]. 周维明, 虞争鸣, 吴挺, 等, 译. 北京: 中国法制出版社.
革利乌斯, 2021. 阿提卡之夜: 第 16–20 卷[M]. 周维明, 虞争鸣, 吴挺, 等, 译. 北京: 中国法制出版社.
格里马尔, 1998. 西塞罗[M]. 董茂永, 译. 北京: 商务印书馆.
葛恭, 2010. 柏拉图与政治现实[M]. 黄瑞成, 等, 译. 上海: 华东师范大学出版社.
顾枝鹰, 2018. 西塞罗《图斯库路姆论辩集》卷一研究[D]. 北京: 中国人民大学.
顾枝鹰, 2019.《图斯库路姆论辩集》书名微义[J]. 国外文学, (4): 73–83.
顾枝鹰, 2020a. 德性、幸福生活与哲人自道: 西塞罗《图斯库路姆论辩集》第五卷前言绎读//崔延强、
　梁中和 2020: 109–133.
顾枝鹰, 2020b. 关于古典文学翻译的札记数则//西南大学古典文明研究所 2020: 282–285.
顾枝鹰, 2020c. 西塞罗《论老年》徐学庸译本第二版译文商榷//崔延强、梁中和 2020: 369–379.
顾枝鹰, 2021. 试论中文出版物中拉丁语和古希腊语的断字规则//孙伟 2021: 156–162.
哈梅尔, 2020. 非凡抄本寻访录[M]. 林国荣, 译. 北京: 社会科学文献出版社.
荷马, 1994. 荷马史诗·伊利亚特[M]. 罗念生, 王焕生, 译. 北京: 人民文学出版社.
荷马, 1997. 荷马史诗·奥德赛[M]. 王焕生, 译. 北京: 人民文学出版社.
荷马, 2000. 伊利亚特[M]. 陈中梅, 译. 南京: 译林出版社.
贺拉斯, 2017. 贺拉斯诗全集[M]. 拉中对照译注本. 李永毅, 译注. 北京: 中国青年出版社.
洪涛, 2021. 荷马与西方传统: 复旦政治哲学评论（第 13 辑）[M]. 上海: 上海人民出版社.

黄瑞成, 2021. 路基阿诺斯《拍卖生活》中的毕达哥拉斯[J]. 上海文化, (02): 39–50.
加尔通, 2013. 美帝国的崩溃: 过去、现在与未来[M]. 阮岳湘, 译. 刘成, 审校. 北京: 人民出版社.
卡图卢斯, 2008. 卡图卢斯《歌集》[M]. 拉中对照译注本. 李永毅, 译注. 北京: 中国青年出版社.
凯撒, 2015.《高卢战记》译笺·第一卷[M]. 顾枝鹰, 译笺. 上海: 华东师范大学出版社.
坎普, 2020. 维吉尔《埃涅阿斯纪》导论[M]. 高峰枫, 译. 北京: 华夏出版社.
克里斯, 2008.《论义务》一书的意图. 李永晶, 译//刘小枫 2008b: 81–95.
拉尔修, 2010. 名哲言行录[M]. 希汉对照本. 徐开来, 溥林, 译. 桂林: 广西师范大学出版社.
拉辛格, 2002. 基督教导论[M]. 静也, 译. 雷立柏, 校. 上海: 上海三联书店.
雷克辛, 2008.《论法律》中的宗教. 林志猛, 译//刘小枫 2008b: 96–110.
李维, 2005. 建城以来史 前言·卷一[M]. 穆启乐, 等, 译. 上海: 上海人民出版社.
梁中和, 2019. 古典柏拉图主义哲学导论[M]. 上海: 华东师范大学出版社.
林志猛, 2019. 柏拉图《法义》研究、翻译和笺注[M]. 上海: 华东师范大学出版社.
刘芳, 2016. 西塞罗翻译思想的历史语境重读[J]. 中国翻译, (2): 22–28.
刘玮, 2010. 评徐松岩译《伯罗奔尼撒战争史》[J]. 史学理论研究, (03): 134–144.
刘玮, 2017. 西方政治哲学史: 第一卷 从古希腊到宗教改革[M]. 北京: 中国人民大学出版社.
刘小枫 2008a 古典释文经读（上册）[M] 李世祥 邰立波 等 译 北京: 华夏出版社
刘小枫 2008b 古典释文经读（下册）[M] 李世祥 邰立波 等 译 北京: 华夏出版社
刘小枫, 2017. 古典学与古今之争[M]. 增订本. 北京: 华夏出版社.
刘小枫, 2019. 巫阳招魂: 亚里士多德《诗术》绎读[M]. 北京: 生活·读书·新知 三联书店.
刘小枫, 2021. 中译本前言//多尔帕伦 2021: 1–19.
刘小枫, 陈少明, 2011. 西塞罗的苏格拉底: 经典与解释（第35辑）[M]. 北京: 华夏出版社.
柳博赟, 2020. 牛津教行骗记[Z/OL]. https://www.thepaper.cn/newsDetail_forward_8607887
娄林, 2015. 孟德斯鸠论政治衰败: 经典与解释（第43辑）[M]. 北京: 华夏出版社.
娄林, 2020. 罗马的建国叙述: 经典与解释（第54辑）[M]. 北京: 华夏出版社.
卢克莱修, 2012. 物性论[M]. 蒲隆, 译. 南京: 译林出版社.
陆谷孙, 2007. 英汉大词典[M]. 第2版. 上海: 上海译文出版社.
陆克瑞提乌斯, 2018. 论万物的本质[M]. 徐学庸, 译注. 台北: 台湾大学出版社.
陆玲娣, 朱家桐, 2017. 拉汉科技词典[M]. 北京: 商务印书馆.
路吉阿诺斯, 2003. 路吉阿诺斯对话集[M]. 周作人, 译. 北京: 中国对外翻译出版公司.
罗, 斯科菲尔德, 2000. 剑桥希腊罗马政治思想史[M]. 晏绍祥, 译. 北京: 商务印书馆.
罗德之, 2012. 柏拉图的政治理论: 以及施特劳斯与沃格林的阐释[M]. 张新刚, 译. 刘擎, 校. 上海:
    上海三联书店.
罗念生, 2016. 罗念生全集[M]. 增订典藏版. 上海: 上海人民出版社.
罗念生, 水建馥, 2004. 古希腊语汉语词典[M]. 北京: 商务印书馆.
罗森, 2015. 西塞罗传[M]. 王乃新, 王悦, 范秀琳, 译. 北京: 商务印书馆.
马泰伊, 1997. 毕达哥拉斯和毕达哥拉斯学派[M]. 管震湖, 译. 北京: 商务印书馆.
麦克科马可, 2011. 道德与政治: 西塞罗如何捍卫罗马共和国. 吴明波, 译//刘小枫、陈少明 2011: 51–68.
梅尔泽, 2018. 字里行间的哲学: 被遗忘的隐微写作史[M]. 赵柯, 译. 上海: 华东师范大学出版社.
美国不列颠百科全书公司, 1985. 简明不列颠百科全书: 第1册[M]. 中国大百科全书出版社, 编译.
    北京: 中国大百科全书出版社.
孟德斯鸠, 2015. 西塞罗赞. 杨志луо, 译//娄林 2015: 306–319.
苗德秀, 彭加德, 1983. 中华拉丁大辞典[M]. 第2版. 香港: 保禄印书馆.
缪灵珠, 1998. 缪灵珠美学译文集: 第1卷[M]. 章安祺, 编订. 北京: 中国人民大学出版社.
莫州, 2020. 古典学为什么重要[M]. 曾毅, 译. 北京: 北京大学出版社.
奈波斯, 2005. 外族名将传[M]. 刘君玲, 等, 译. 张强, 校. 上海: 上海人民出版社.
尼采, 2018. 古修辞讲稿[M]. 屠友祥, 译. 上海: 华东师范大学出版社.
欧里庇得斯, 2003. 欧里庇得斯悲剧集[M]. 周作人, 译. 北京: 中国对外翻译出版公司.
彭磊, 2019. 普鲁塔克与罗马政治: 经典与解释（第53辑）[M]. 北京: 华夏出版社.
普劳图斯, 2015. 古罗马戏剧全集: 普劳图斯[M]. 王焕生, 译. 长春: 吉林出版集团有限责任公司.
普鲁塔克, 1990. 希腊罗马名人传（上册）[M]. 黄宏煦, 主编. 陆永庭, 吴彭鹏, 等, 译. 北京: 商务印书馆.
全国信息与文献标准化技术委员会, 2015. 信息与文献 参考文献著录规则: GB/T 7714—2015[S].
    北京: 中国标准出版社.
塞涅卡, 1989. 幸福而短促的人生: 塞涅卡道德书简[M]. 赵又春, 张建军, 译. 上海: 上海三联书店.
桑兹, 2010. 西方古典学术史: 第1卷[M]. 张治, 译. 上海: 上海人民出版社.
桑兹, 2021. 西方古典学术史: 第2卷[M]. 张治, 译. 上海: 上海人民出版社.
色诺芬, 2007. 居鲁士的教育[M]. 沈默, 译笺. 北京: 华夏出版社.
色诺芬, 2019. 色诺芬《斯巴达政制》译笺[M]. 陈戈女, 译笺. 上海: 华东师范大学出版社.
佘山修院, 1999. 圣经·新约全集[M]. 注释本. 上海: 天主教上海教区光启社.
施特劳斯, 2018. 西塞罗的政治哲学[M]. 尼科尔斯, 编订. 于璐, 译. 上海: 华东师范大学出版社.
舒国滢, 2020. 法学的知识谱系[M]. 北京: 商务印书馆.
思高圣经学会, 2016. 圣经[M]. 北京: 中国天主教主教团.
斯特拉波, 2014. 地理学[M]. 李铁匠, 译. 上海: 上海三联书店.
斯威夫特, 2015. 图书馆里的古今之争[M]. 李春长, 译. 北京: 华夏出版社.
孙伟, 2021. 中外人文精神研究（第14辑）[M]. 北京: 人民出版社.
塔西佗, 1959. 阿古利可拉传 日耳曼尼亚志[M]. 马雍, 傅正元, 译. 北京: 商务印书馆.
塔西佗, 1981. 塔西佗《编年史》[M]. 王以铸, 崔妙因, 译. 北京: 商务印书馆.
泰伦提乌斯, 2015. 古罗马戏剧全集: 泰伦提乌斯[M]. 王焕生, 译. 长春: 吉林出版集团有限责任公司.

托尔, 2020.《埃涅阿斯纪》与罗马的建构. 杨美姣, 译. 周行, 校//娄林 2020: 57–90.
王焕生, 1998. 古罗马文艺批评史纲[M]. 南京: 译林出版社.
王焕生, 2008. 古罗马文学史[M]. 北京: 中央编译出版社.
维吉尔, 1999. 埃涅阿斯纪[M]. 杨周翰, 译. 南京: 译林出版社.
维拉莫维茨, 2008. 古典学的历史[M]. 陈恒, 译. 北京: 生活・读书・新知 三联书店.
维特鲁威, 2012. 建筑十书[M]. 罗兰, 英译. 豪, 评注/插图. 陈平, 中译. 北京: 北京大学出版社.
沃格林, 2019. 政治观念史稿・卷六: 革命与新科学[M]. 修订版. 谢华育, 译. 上海: 华东师范大学出版社.
吴金瑞, 1965. 拉丁汉文辞典[M]. 台北: 光启文化事业.
吴经熊, 1949. 新经全集[M]. 香港: 公教真理学会.
吴桐, 2021.《历史文库》战争叙事中的情感要素[D]. 长春: 东北师范大学.
吴雅凌, 2010. 神谱笺释[M]. 北京: 华夏出版社.
吴雅凌, 2015. 劳作与时日笺释[M]. 北京: 华夏出版社.
西南大学古典文明研究所, 2020. 古典学评论 (第 6 辑)[M]. 上海: 上海人民出版社.
西塞罗, 1998. 论灵魂[M]. 第 1 版. 王焕生, 译. 西安: 西安出版社.
西塞罗, 1999. 论义务[M]. 王焕生, 译. 北京: 中国政法大学出版社.
西塞罗, 2003. 论演说家[M]. 王焕生, 译. 北京: 中国政法大学出版社.
西塞罗, 2006a. 论法律[M]. 王焕生, 译. 北京: 上海人民出版社.
西塞罗, 2006b. 论共和国[M]. 王焕生, 译. 上海: 上海人民出版社.
西塞罗, 2009. 论灵魂[M]. 第 2 版. 王焕生, 译. 西安: 西安出版社.
西塞罗, 2011a. 论老年 论友谊[M]. 王焕生, 译. 上海: 上海人民出版社.
西塞罗, 2011b. 赢了再说[M]. 邓伯宸, 译. 台北: 立绪文化事业有限公司.
西塞罗, 2018. 西庇阿之梦[Z/OL]. 谢品巍, 译. https://read.douban.com/reader/essay/48295829
西塞罗, 等, 2017. 怀疑的理性[M]. 魏奕昕, 译. 梁中和, 编校. 上海: 华东师范大学出版社.
希罗多德, 1959. 希罗多德 历史[M]. 王以铸, 译. 北京: 商务印书馆.
谢大任, 1988. 拉丁语汉语词典[M]. 北京: 商务印书馆.
谢大任, 张廷琚, 王佩侠, 1981. 拉汉医学词汇[M]. 上海: 上海科学技术出版社.
新华通讯社译名室, 2007. 世界人名翻译大辞典[M]. 修订版. 北京: 中国出版集团中国对外翻译出版公司.
徐国栋, 2016. 地方论研究: 从西塞罗到当代[M]. 北京: 北京大学出版社.
徐国栋, 2019.《十二表法》研究[M]. 北京: 商务印书馆.
亚里士多德, 1959. 形而上学[M]. 吴寿彭, 译. 北京: 商务印书馆.
亚里士多德, 1965. 政治学[M]. 吴寿彭, 译. 北京: 商务印书馆.
亚里士多德, 1985. 动物四篇[M]. 吴寿彭, 译. 北京: 商务印书馆.
亚里士多德, 1991. 亚里士多德全集: 第 2 卷[M]. 苗力田, 主编. 北京: 中国人民大学出版社.
亚里士多德, 1993. 亚里士多德全集: 第 7 卷[M]. 苗力田, 主编. 北京: 中国人民大学出版社.
亚里士多德, 1994. 亚里士多德全集: 第 8 卷[M]. 苗力田, 主编. 北京: 中国人民大学出版社.
亚里士多德, 1995. 亚里士多德全集: 第 6 卷[M]. 苗力田, 主编. 北京: 中国人民大学出版社.
亚里士多德, 1996. 诗学[M]. 陈中梅, 译注. 北京: 商务印书馆.
亚里士多德, 1999. 灵魂论及其他[M]. 吴寿彭, 译. 北京: 商务印书馆.
亚里斯多德, 2003. 亚里斯多德《创作学》译疏[M]. 王士仪, 译疏. 台北: 联经出版事业股份有限公司.
杨立, 2016. 神性与德性: 西塞罗学"斯基庇奥之梦"绎读[D]. 重庆: 四川外国语大学.
杨渊清, 2015. 西塞罗第二篇《反腓力辞》译注[D]. 长春: 东北师范大学.
杨志城, 2021. 何为居鲁士的教育[J]. 北京大学教育评论, 19 (01): 153–164.
伊壁鸠鲁, 卢克莱修, 2004. 自然与快乐: 伊壁鸠鲁的哲学[M]. 包利民, 等译. 北京: 中国社会科学出版社.
伊索克拉底, 2015. 古希腊演说词全集: 伊索克拉底卷[M]. 李永斌, 译. 长春: 吉林出版集团有限责任公司.
尤斯提尼阿努斯, 2008. 学说汇纂: 第 1 卷: 正义与法・人的身份与物的划分・执法官[M]. 罗智敏, 译.
　　纪蔚民, 校. 北京: 中国政法大学出版社.
于璐, 2020. 西塞罗自然法思想研究[D]. 重庆: 重庆大学.
余友辉, 2010. 修辞学、哲学与古典政治: 古典政治话语的修辞学研究[M]. 北京: 中国社会科学出版社.
张培均, 2018. 德性败坏与罗马共和的衰亡: 撒路斯提乌斯《纪事》研读[D]. 北京: 中国人民大学.
张巍, 2016. 全译梭伦诗残篇//陈恒、洪庆明 2016: 297–319.
张巍, 2017. 诗人的变形[N]. 文汇报, 05-26 (W03).
张巍, 2018. 希腊古风诗教考论[M]. 北京: 北京大学出版社.
张文江, 2019. 探索中华学术: 张文江学术论集[M]. 贵阳: 孔学堂书局.
章雪688, 2017. 西塞罗与法权国家//刘玮 2017: 204–245.
周定国, 2007. 世界地名翻译大辞典[M]. 北京: 中国对外翻译出版公司.
宗福邦, 陈世铙, 萧海波, 2003. 故训汇纂[M]. 北京: 商务印书馆.
ACHARD G, 1989. Rhétorique à Herennius. Paris: Les Belles Lettres.
——, 1994. Cicéro: De l'invention. Paris: Les Belles Lettres.
ADAMS J P, 1988. Cicero: Tusculan Disputations I (Douglas). The Classical World, 82 (1): 53–54.
ALTMAN W H F, 2009. Womanly humanism in Cicero's Tusculan Disputations. Transactions of the American Philological Association, 139 (2): 411–445.
——, 2015a. Brill's Companion to the Reception of Cicero. Leiden: Brill.
——, 2015b. Introduction // ALTMAN 2015a: 1–15.
——, 2016a. The Revival of Platonism In Cicero's Late Philosophy: Platonis Aemulus and the Invention of Cicero. Lanham: Lexington Books.
——, 2016b. Preface // ALTMAN 2016a: xi–xxxii.
——, 2016c. Womanly humanism in the Tusculanae disputationes // ALTMAN 2016a: 127–158.

——, 2016d. Epicurus, Chrysippus, and Homer in De fato // ALTMAN 2016a: 197–215.
ANON., 1683. The Five Days Debate at Cicero's House in Tusculum. London: Printed for Abel Swalle.
——, 1715. M. Tully Cicero's Five Books of Tusculan Disputations. London: Printed for Jonas Brown.
ANTHON C, 1852. Cicero's Tusculan Disputations. New York: Harper & Brothers, Publishers.
ARWEILER A, 2003. Cicero Rhetor: Die Partitiones oratoriae und das Konzept des gelehrten Politikers. Berlin: Walter De Gruyter.
ATKINS J W, 2013. Cicero on Politics and the Limits of Reason: The Republic and Laws. Cambridge: Cambridge University Press.
ATKINS J W, BÉNATOUÏL T, 2022. The Cambridge Companion to Cicero's Philosophy. Cambridge: Cambridge University Press.
AUVRAY-ASSAYAS C, 2019. Cicéron: La nature des dieux. https://www.unicaen.fr/puc/sources/ciceron/accueil
BAILEY C, 1947. Titi Lucreti Cari De rerum natura libri sex: vol. 2. Oxford: The Clarendon Press.
BAILEY S, 1965. Cicero's Letters to Atticus: vol. 2. Cambridge: Cambridge University Press.
——, 1966. Cicero's Letters to Atticus: vol. 5. Cambridge: Cambridge University Press.
——, 1967. Cicero's Letters to Atticus: vol. 6. Cambridge: Cambridge University Press.
——, 1977. Cicero: Epistulae ad familiares: vol. 2. Cambridge: Cambridge University Press.
——, 1980. Cicero: Epistulae ad Quintum fratrem et M. Brutum. Cambridge: Cambridge University Press.
——, 1986. M. Tulli Ciceronis Tusculanae disputationes (Giusta). Gnomon, 58 (8): 735–736.
——, 1988. M. Tulli Ciceronis scripta quae manserunt omnia: fasc. 38: Epistulae ad Quintum fratrem, Epistulae ad M. Brutum accedunt Commentariolum petitionis, Fragmenta epistularum. Berolinum: Walter De Gruyter.
——, 2001. M. Tulli Ciceronis De finibus bonorum et malorum (Reynolds). The Classical Review, 51 (1): 48–49.
——, 2002. Cicero: Letters to Quintus and Brutus, Letter Fragments, Letter to Octavian, Invectives, Handbook of Electioneering. Cambridge: Harvard University Press.
BAITER J G, 1863. M Tulli Ciceronis Tusculanarum disputationum libri quinque. Lipsia: Officina Bernhardi Tauchnitz.
BALBO A, 2008. Paideia Romana: Cicero's Tusculan Disputations (Gildenhard). Revue de philologie, de littérature et d'histoire anciennes, 82 (1): 203–205.
BALSDON J P V D, GRIFFIN M T, POWELL J G F, et al., 2012. Tullius (RE 29) Cicero (1), Marcus, the famous orator Cicero // HORNBLOWER, SPAWFORTH & EIDINOW 2012: 1514–1519.
BARAZ Y, 2012. A Written Republic: Cicero's Philosophical Politics. Princeton: Princeton University Press.
BARTSCH S, 2018. The ancient Greeks in modern China: Interpretation and metamorphosis // RENGER & FAN 2018: 237–257.
——, 2021. Vergil: The Aeneid. New York: Random House.
BAYER K, BAYER G, 2006. Timaeus: De universitate (Über das Weltall). Düsseldorf: Artemis & Winkler Verlag.
BEGEMANN E, 2015. Damaged go(o)ds: Cicero's theological triad in the wake of German historicism // ALTMAN 2015a: 247–280.
BEGLEY W E L, 2014, On the reception of Cicero's Tusculan Disputations in the region of liège from the 9th to the 11th century. Chapel Hill: University of North Carolina at Chapel Hill.
BÉNATOUÏL T, 2022. Introduction // ATKINS & BÉNATOUÏL 2022: 1–6.
BISHOP C, 2018. Pessimus omnium poeta: Canonization and the ancient reception of Cicero's poetry. Illinois Classical Studies, 43 (1): 137–159.
BLOOM A, 2016. The Republic of Plato. 2nd ed. New York: Basic Books.
BONJOUR M. 1975. Terre natale: Études sur une composante affective du patriotisme romain. Paris: Belles lettres.
BOYANCÉ P, 1936a. Etudes sur le Songe de Scipion. Bordeaux: Feret et Fils.
——, 1936b. Les méthodes de l'histoire litteraire: Cicéron et son oeuvre philosophique. Revue des études latines, 14: 288–309.
BRINGMANN K, 1971. Untersuchungen zum späten Cicero. Göttingen: Vandenhoeck & Ruprecht.
——, 2014. Cicero. 2., durchgesehene und um ein Vorwort ergänzte Auflage. Darmstadt: Wissenschaftliche Buchgesellschaft.
BRINGMANN K, LEONHARDT J, 2003. Cicero // CANCIK & SCHNEIDER 2003: 317–327.
BÜCHNER K, 1939a. M. Tullius Cicero: Briefe // WISSOWA, KROLL & MITTELHAUS 1939: 1192–1235.
——, 1939b. M. Tullius Cicero: Fragmente // WISSOWA, KROLL & MITTELHAUS 1939: 1236–1274.
——, 1964. Cicero: Bestand und Wandel seiner geistigen Welt. Heidelberg: Carl Winter Universitätsverlag.
——, 1966. Marcus Tullius Cicero: Gespräche in Tuskulum. zweite, durchgesehene Auflage. Zürich: Artemis Verlag.
——, 1984. Marcus Tullius Cicero: De re publica. Heidelberg: Carl Winter Universitätsverlag.
——, 2004. Marcus Tullius Cicero: De re publica (Vom Gemeinwesen). Stuttgart: Reclam jun. GmbH & Co.
BUESCU V, 1966. Cicéron: Les Aratea. verbesserter reprografischer Nachdruck der Ausgabe Bukarest 1941. Hildesheim: Georg Olms Verlagsbuchhandlung.
BURKERT W, 2004. Mikroskopie der geistesgeschichte: Bruno Snells „Entdeckung des Geistes" im kritischen Rückblick. Philologus, 148 (1): 168–182.
BURKERT W L, 1972. Lore and Science in Ancient Pythagoreanism. trans. Edwin L. Minar, Jr. Cambridge: Harvard University Press.
CAILLOIS R, 1949. Montesquieu: Œuvres complètes: vol. 1. Paris: Éditions Gallimard.
CAMPBELL D A, 1988. Greek Lyric: vol. 2. Cambridge: Harvard University Press.
CANCIK H, SCHNEIDER H, 2003. Brill's New Pauly: Encyclopaedia of the Ancient World: Antiquity: vol. 3: Cat–Cyp. English edition. Leiden: Brill.

CAPLAN H, 1954. [Cicero]: Rhetorica ad Herennium. Cambridge: Harvard University Press.
CASOLI A, 2019. Die numismatische Bibliothek des Basilius Amerbach // STERMITZ 2019: 99–130.
CASTON V, 2020. Oxford Studies in Ancient Philosophy: vol. 58. Oxford: Oxford University Press.
CHASE T, 1868. Cicero's Tusculan Disputations, Book First; The Dream of Scipio; and Extracts from the Dialogues On Old Age and Friendship with English Notes. Cambridge: Sever and Francis.
CLARK A C, 1906. Dougan's Tusculan Disputations. The Classical Review, 20 (2): 119–122.
CLARK G, RAJAK T, 2002. Philosophy and Power in the Graeco-Roman World: Essays in Honour of Miriam Griffin. Oxford: Oxford University Press.
COLLARD C, CROPP M, 2008. Euripides: Fragments: Oedipus – Chrysippus, Other Fragments. Cambridge: Harvard University Press.
CONSILIUM AB ACADEMIIS SOCIETATIBUSQUE DIVERSARUM NATIONUM ELECTUM, 1900–. Thesaurus linguae Latinae. Berolinum: Walter De Gruyter.
CORBEILL A, 2013. Cicero and the intellectual milieu of the late Republic // STEEL 2013: 9–24.
COURTNEY E, 2003. The Fragmentary Latin Poets. 2nd ed. Oxford: Oxford University Press.
CRAWFORD J W, 1984. M. Tullius Cicero: The Lost and Unpublished Orations. Göttingen: Vandenhoeck & Ruprecht.
——, 1994. M. Tullius Cicero: The Fragmentary Speeches: An Edition with Commentary. Georgia: Scholars Press.
CURTIUS Q, 2021. Cicero: Tusculan Disputations. Charleston: Fortress of the Mind Publications.
DAVIE J, GRIFFIN M T J, 2017. Cicero on Life and Death. Oxford: Oxford University Press.
DE WITT N W, 1928. Cicero: Tusculan Disputations (King). Classical Philology, 23 (1): 92.
DI TILLIO Z, 2016. Cicerone: Tusculanae disputationes (Le Tuscolane). Chieti: Casa Editrice Vestigium.
DI VIRGINIO A, 1996. Cicerone: Le Tusculane. Milano: Arnoldo Mondadori Editore.
DIGGLE J, 2021. The Cambridge Greek Lexicon. Cambridge: Cambridge University Press.
DILLON J M, LONG A A, 1988. The Question of "Eclecticism": Studies in Later Greek Philosophy. Berkeley: University of California Press.
DOREY T A, 1965. Cicero. London: Routledge & K. Paul.
DÖRRIE H, 1962. Max Pohlenz. Gnomon, 34 (6): 634–636.
DOUGAN T W, 1905. M. Tulli Ciceronis Tusculanarum disputationum libri quinque: vol. 1. Cambridge: Cambridge University Press.
DOUGAN T W, HENRY R M, 1934. M. Tulli Ciceronis Tusculanarum disputationum libri quinque: vol. 2. Cambridge: Cambridge University Press.
DOUGLAS A E, 1965. Latin prose prefaces. The Classical Review, 15 (3): 324–325.
——, 1968. Cicero. Oxford: The Clarendon Press.
——, 1990a. Cicero: Tusculan Disputations II & V. Warminster: Aris & Phillips.
——, 1990b. Three passages in Cicero, Tusculan Disputations II (16, 48–49, 49–50). Liverpool Classical Monthly, 15 (7): 101–105.
——, 1994. Cicero: Tusculan Disputations I. reprinted with corrections. Warminster: Aris & Phillips.
——, 1995. Form and content in the Tusculan Disputations // POWELL 1995a: 197–218.
DREXLER H, 1964. M. Tulli Ciceronis Tusculanarum disputationum libri quinque. Mediolanum: Sumptibus Arnoldi Mondadori.
——, 1966. Die Entdeckung des Individuums. Salzburg: Otto Müller Verlag.
DYCK A, 1996. Cicero the Philosopher: Twelve Papers (Powell). Bryn Mawr Classical Review, 1996.04.34. https://bmcr.brynmawr.edu/1996/1996.04.34.
——, 2000. M. Tulli Ciceronis De finibus bonorum et malorum (Reynolds). Bryn Mawr Classical Review, 2000.07.21. https://bmcr.brynmawr.edu/2000/2000.07.21.
——, 2004. Cicero on the Emotions: Tusculan Disputations 3 and 4 (Graver). The Classical World, 97 (2): 220–221.
——, 2005. M. Tulli Ciceronis scripta quae manserunt omnia: fasc. 43: De finibus bonorum et malorum (Moreschini). Bryn Mawr Classical Review, 2005.11.18. https://bmcr.brynmawr.edu/2005/2005.11.18.
——, 2007. A Commentary on Cicero, De legibus. Ann Arbor: The University of Michigan Press.
——, 2011. Temps et éternité dans l'oeuvre philosophique de Cicéron (Luciani). Bryn Mawr Classical Review, 2011.11.08. https://bmcr.brynmawr.edu/2011/2011.11.08.
——, 2020. Commentary on Cicero De divinatione II. Ann Arbor: University of Michigan Press.
EAST K A, 2017. The Radicalization of Cicero: John Toland and Strategic Editing in the Early Enlightenment. London: Palgrave Macmillan.
ENGELS D, 2010. Philosophie unter der Tyrannis: Ciceros Tusculanae disputationes (Lefèvre). Latomus, 69 (4): 1120–1123.
EVERITT A, 2003. Cicero: Ein turbulentes Leben. Köln: DuMont Buchverlag.
EWBANK W W, 1933. The Poems of Cicero. New York: Garland Publishing, Inc.
EYBEN E, 1993. Restless Youth in Ancient Rome. trans. Daly P. London: Routledge.
FALCONER W A, 1979. Cicero: De senectute, De amicitia, De divinatione. Cambridge: Harvard University Press.
FLASHAR H, 1994. Die Philosophie der Antike: Band 4: Die hellenistische Philosophie. völlig neubearbeitete Ausgabe. Basel: Schwabe Verlag.
FLETCHER G B A, 1932. The Tusculans in the Budé series. The Classical Review, 46 (4): 171–172.
FOHLEN G, HUMBERT J, 2011a. Cicéron: Tusculanes: tome 1. 7ᵉ tirage. Paris: Les Belles Lettres.
——, 2011b. Cicéron: Tusculanes: tome 2. 7ᵉ tirage. Paris: Les Belles Lettres.
FOTT D, 2014. Marcus Tullius Cicero: On the Republic and On the Laws. Ithaca: Cornell University Press.
GARBARINO I, 1984. M. Tulli Ciceronis fragmenta: Ex libris philosophicis, ex aliis libris deperditis, ex scriptis

incertis. Mediolanum: Sumptibus Arnoldi Mondadori.
GARCIA D R, 2009. Heraclit el Mitògraf: Edició crítica, traducció i comentari. Barcelona: Universitat Autònoma de Barcelona.
GAWLICK G, GÖRLER W, 1994. Cicero // FLASHAR 1994: 991–1168.
GEE E, 2013. Cicero's poetry // STEEL 2013: 88–106.
GELZER M, 1939. M. Tullius Cicero: Als Politiker // WISSOWA, KROLL & MITTELHAUS 1939: 827–1091.
GEORGES K E, 2019. Der neue Georges: Ausführliches lateinisch-deutsches Handwörterbuch. 16. Auflage. Darmstadt: Wissenschaftliche Buchgesellschaft.
GIGON O, 1970. Gespräche in Tusculum. Düsseldorf: Artemis & Winkler Verlag.
GILDENHARD I, 2007. Paideia Romana: Cicero's Tusculan Disputations. Cambridge: The Cambridge Philological Society.
GIOMINI R, 1975. M. Tulli Ciceronis scripta quae manserunt omnia: fasc. 46: De divinatione, De fato, Timaeus. Leipzig: BSB B. G. Teubner Verlagsgesellschaft.
——, 1976. Ricerche sul testo del Timeo ciceroniano. Roma: Angelo Signorelli Editore.
——, 1995. M. Tulli Ciceronis De optimo genere oratorum. Roma: Aedes «Herder».
——, 1996. M. Tulli Ciceronis Partitiones oratoriae. Roma: Aedes «Herder».
GIUSTA M, 1984. M. Tulli Ceronis Tusculanae disputationes. Torino: Aedes Io Bapt Paraviae et Sociorum.
——, 1991. Il testo delle Tusculane. Torino: Casa Editrice Le Lettere.
GLARE P G W, 2012. Oxford Latin Dictionary. 2nd ed. Oxford: Oxford University Press.
GLUCKER J, 1984. Chapter and verse in Cicero. Grazer Beiträge, 11: 103–112.
——, 1988. Cicero's philosophical affiliations // DILLON & LONG 1988: 34–69.
——, 2012. Cicero's remarks on translating philosophical terms – some general problems // GLUCKER & BURNETT 2012: 37–96.
——, 2015. Cicero as translator and Cicero in translation. フィロロギカ——古典文献学のために, (10): 37–53.
GLUCKER J, BURNETT C, 2012. Greek into Latin from Antiquity until the Nineteenth Century. London: Warburg Institute.
GOLDBERG S M, MANUWALD G, 2018a. Fragmentary Republican Latin: vol. 1. Cambridge: Harvard University Press.
——, 2018b. Fragmentary Republican Latin: vol. 2. Cambridge: Harvard University Press.
GÖRLER W, 1974. Untersuchungen zu Ciceros Philosophie. Heidelberg: Carl Winter Universitätsverlag.
——, 1987. Tusculan Disputations I (Douglas). Gnomon, 59 (5): 448–450.
——, 1992. Tusculan Disputations II & V (Douglas). Gnomon, 64 (2): 117–120.
——, 1995. Silencing the troublemaker: De legibus 1.39 and the continuity of Cicero's scepticism // POWELL 1995a: 85–113.
——, 1996. Zum Literarischen Charakter und zur Struktur der Tusculanae disputationes // MUELLER-GOLDINGEN, SIER & BECKER 1996: 189–215.
GOTTSCHALK H B, 1980. Heraclides of Pontus. Oxford: Oxford University Press.
GOULD R A, 1968. Cicero's indebtedness to the platonic dialogues in Tusculan Disputations I. Princeton: Princeton University.
GRANT M, 1971. Cicero: On the Good Life. London: Penguin Books.
GRAVER M, 2002. Cicero on the Emotions: Tusculan Disputations 3 and 4. Chicago: The University of Chicago Press.
GREENOUGH J B, KITTREDGE G L, 1896. Select Orations of Cicero. Boston: Ginn and Company.
GREENOUGH J B, KITTREDGE G L, HOWARD A A, et al., 1903. Allen and Greenough's New Latin Grammar for Schools and Colleges. Boston: Ginn & Company.
GRIFFIN M, 2013. Paideia Romana: Cicero's Tusculan Disputations (Gildenhard). The Journal of Roman Studies, 103: 321–323.
GRIFFIN M, BARNES J, 1997. Philosophia Togata I: Essays on Philosophy and Roman Society. with corrections. Oxford: Clarendon Press.
GRILLI A, 1962. M. Tulli Ciceronis Hortensius. Milano: Istituto Editoriale Cisalpino.
GUIDOBALDI M P, PESANDO F, 1993. Scripta Latina: Index editionum quae ad usum historicorum maxime adsunt. Roma: Aedes Quasariana.
GUILLAUMONT F, 2010. Philosophie unter der Tyrannis: Ciceros Tusculanae disputationes (Lefèvre). Gnomon, 82 (6): 514–517.
GULICK C B, 1957. Athenaeus: The Deipnosophists: vol. 4. London: William Heinemann Ltd.
HÄFNER S, 1928. Die literarischen Pläne Ciceros. Coburg: Druckerei des Coburger Tageblatt.
HAMMER D, 2008. Roman Political Thought and the Modern Theoretical Imagination. Oklahoma: University of Oklahoma Press.
HANCHEY D P, 2013. Rhetoric and the immortal soul in Tusculan Disputation 1. Syllecta classica, 24: 77–103.
HARDER R, 1960. Kleine Schriften. Munich: C. H. Beck.
HEINE O, 1873. Ciceronis Tusculanarum disputationum libri v für den Schulgebrauch. zweite verbesserte Auflage. Leipzig: Verlag von B. G. Teubner.
——, 1892. Ciceronis Tusculanarum disputationum libri v für den Schulgebrauch: erstes Heft: libri i et ii. vierte verbesserte Auflage. Leipzig: Druck und Verlag von B. G. Teubner.
——, 1957. Ciceronis Tusculanarum disputationum libri v: zweites Heft: libri iii–v. Nachdruck der 4. Auflage von 1929. Stuttgart: B. G. Teubner Verlagsgesellschaft.
HENDRICKSON G L, 1903. The Commentariolum petitionis Attributed to Quintus Cicero: Authenticity, Rhetorical Form, Style, Text. Chicago: The University of Chicago Press.
HILDEBRANDT P, 1971: Scholia in Ciceronis orationes Bobiensia. editio stereotypa editionis anni 1907. Stutgar-

dia: Aedes B. G. Teubneri.
HILL G F, 1903. Illustrations of School Classics. London: Macmillan and Co.
HOMMEL H, 1968. Ciceros Gebetshymnus an die Philosophie: Tusculanen V 5. Heidelberg: Carl Winter Universitätsverlag.
HORNBLOWER, S, SPAWFORTH A, EIDINOW E, 2012. The Oxford Classical Dictionary. 4th ed. Oxford: Oxford University Press.
HUBBELL H M, 1976. Cicero: De inventione, De optimo genere oratorum, Topica. Cambridge: Harvard University Press.
HUNT T J, 1998. A Textual History of Cicero's Academici libri. Leiden: Brill.
IANUS L, 1848. Macrobii Ambrosii Theodosii opera quae supersunt: vol. 1: Commentarii in Ciceronis Somnium Scipionis. Quedlinburgum: Typis et Sumptibus Godofredi Bassii.
INWOOD B, WARREN J, 2020. Body and Soul in Hellenistic Philosophy. Cambridge: Cambridge University Press.
JANSON T, 1964. Latin Prose Prefaces: Studies in Literary Conventions. Stockholm: Almqvist & Wiksell.
JONES D M, 1959. Cicero as a translator. Bulletin of the Institute of Classical Studies, 6: 22–34.
KAIBEL G, 1887. Athenaei Naucratitae Dipnosophistarum libri xv: vol. 2: libri vi–x. Lipsia: Aedes B. G. Teubneri.
KASTEN H, 1965. M. Tulli Ciceronis Epistulae ad Quintum fratrem, Epistulae ad Brutum, Fragmenta epistularum, accedit Q. Tulli Ciceronis Commentariolum petitionis (M. Tullius Cicero: An Bruder Quintus, An Brutus, Brieffragmente, dazu, Q. Tullius Cicero: Denkschrift über die Bewerbung). München: Heimeran Verlag.
KASTER B, 2002. Cicero on the Emotions: Tusculan Disputations: 3 and 4 (Graver). Bryn Mawr Classical Review, 2002.09.15. https://bmcr.brynmawr.edu/2002/2002.09.15.
KASTER R A, 2020. Cicero: Brutus and Orator: Translated, with Introduction and Notes. Oxford: Oxford University Press.
KEELINE T J, 2021. Cicero: Pro Milone. Cambridge: Cambridge University Press.
KEIL H, 1857. Gramatici Latini: vol. 1. Lipsia: Aedes B. G. Teubneri.
KENNEDY S M, 2006, On Tusculanarum disputationum liber I: Dividing the body and soul: An examination of the physics and ethics in Cicero's Tusculans book I, On the contempt of death. Exeter: University of Exeter.
——, 2010, M. Tulli Ciceronis Tusculanarum disputationum de libro primo commentarius. Exeter: University of Exeter.
KEYES C W, 1977. Cicero: De re publica, De legibus. Cambridge: Harvard University Press.
KING J E, 1971. Cicero: Tusculan Disputations. 2nd ed. Cambridge: Harvard University Press.
KIRFEL E A, 1997. Tusculanae disputationes (Gespräche in Tusculum). Stuttgart: Philipp Reclam jun. GmbH & Co.
KITTEL H, FRANK A P, HERMANS H G T, et al., 2007. Übersetzung – Translation – Traduction: An International Encyclopedia of Translation Studies: vol. 2. Berlin: Walter De Gruyter.
KNAPP C, 1927. Cicero: Tusculan Disputations (King). The Classical Weekly, 21 (3): 18–19.
KNOCHE U, 1934. Der römische Ruhmesgedanke. Philologus, 43: 102–124.
KNOELLINGER H, 1908. M. Tullii Ciceronis De virtutibus libri fragmenta. Lipsia: Aedes B. G. Teubneri.
KOCH B, 2006. Philosophie als Medizin für die Seele: Untersuchungen zu Ciceros Tusculanae disputationes. Stuttgart: Franz Steiner Verlag.
KREMMYDAS C, TEMPEST K, 2013. Hellenistic Oratory: Continuity and Change. Oxford: Oxford University Press.
KROLL W, 1939. M. Tullius Cicero: Rhetorischen Schriften // WISSOWA, KROLL & MITTELHAUS 1939: 1091–1103.
KUHLMANN P, SCHNEIDER H, 2014. Brill's New Pauly: History of Classical Scholarship: A Biographical Dictionary. trans. and ed. Duncan Smart and Chad M. Schroeder. Leiden: Brill.
KÜHNER R, 1874. M. Tulli Ciceronis Tusculanarum disputationum libri quinque. 5th ed. Hannovera: Sumptibus Librariae Aulicae Hahnianae.
KUMANIECKI K F, 1959. Tradition et apport personnel dans l'oeuvre de Cicéron. Revue des études latines, 37: 171–183.
——, 1969. M. Tulli Ciceronis scripta quae manserunt omnia: fasc. 3: De oratore. Leipzig: BSB B. G. Teubner Verlagsgesellschaft.
LA BUA G, 2009. Paideia Romana: Cicero's Tusculan Disputations (Gildenhard). Bryn Mawr Classical Review, 2008.03.28. https://bmcr.brynmawr.edu/2008/2008.03.28
LANDFESTER M, EGGER B, 2009. Brill's New Pauly: Supplements 2: Dictionary of Greek and Latin Authors and Texts. trans. and ed. Jerk T and Dallman V. Leiden: Brill.
LASER G, 2001. Quintus Tullius Cicero: Commentariolum petitionis. Darmstadt: Wissenschaftliche Buchgesellschaft.
LE DOZE P, 2013. Temps et éternité dans l'oeuvre philosophique de Cicéron (Luciani). Latomus, 72 (3): 866–868.
LEFÈVRE E, 2008. Philosophie unter der Tyrannis: Ciceros Tusculanae disputationes. Heidelberg: Universitätsverlag Winter.
LEO F, 1914. Die römische Poesie in der sullanischen Zeit. Hermes, 49 (2): 161–195.
LÉVY C, 2015. Ancient texts, contemporary stakes: J. Carcopino as reader of Cicero's Letters. trans. Lex Paulson // ALTMAN 2015a: 198–212.
——, 2022. Cicero and the creation of a Latin philosophical vocabulary // ATKINS & BÉNATOUÏL 2022: 71–87.
LEWIS C T, SHORT C, 1879. A Latin Dictionary. Oxford: The Clarendon Press.
LIDDELL H G, SCOTT R, 1996. A Greek-English Lexicon. 9th ed. with a revised supplement. Oxford: The Clarendon Press.
LINTOTT A, 2013. Plutarch: Demosthenes and Cicero. Oxford: Oxford University Press.
LLOYD-JONES H, 2003. Sophocles: Fragments. 2nd ed. Cambridge: Harvard University Press.
LONG A A, 1986. Hellenistic Philosophy: Stoics, Epicureans, Sceptics. 2nd ed. London: Duckworth.

——, 2006. From Epicurus to Epictetus: Studies in Hellenistic and Roman Philosophy. Oxford: Clarendon Press.
LUCIANI S, 2010. Temps et éternité dans l'oeuvre philosophique de Cicéron. Paris: Presses de l'université Paris-Sorbonne.
LUNDSTRÖM S, 1964. Vermeintliche Glosseme in den Tusculanen. Uppsala: Almqvist & Wiksell International.
——, 1982. Ein textkritisches Problem in den Tusculanen. Uppsala: Almqvist & Wiksell International.
——, 1986. Zur Textkritik der Tusculanen. Uppsala: Almqvist & Wiksell International.
MACKENDRICK P, 1989. The Philosophical Books of Cicero. London: Duckworth.
——, 1995. The Speeches of Cicero: Context, Law, Rhetoric. London: Duckworth.
MADVIGIUS J H, 1876. M. Tulli Ciceronis De finibus bonorum et malorum libri quinque. editio tertia emendata. Haunia: Impensis Librariae Gyldendalianae (Frederici Hegel).
MAIN W H, 1824. The Tusculan Disputations of Cicero. rev. ed. London: W. Pickering.
MALCOVATI H, 1970. M. Tulli Ciceronis scripta quae manserunt omnia: fasc. 4: Brutus. 2nd ed. Leipzig: BSB B. G. Teubner Verlagsgesellschaft.
MARCINIAK K, 2015. Cicero's Lame Pegasus: Humanists and classicists on the poetic experiments of the master of rhetoric. Thersites, 2: 81–111.
MARINONE N, 1955. M. Tullio Cicerone, Opere politiche e filosofiche. vol. 2: I termini estremi del bene e del male, Discussioni tusculane, La natura degli dei. Milano. Unione Tipografico Editrice Torinese.
MANUWALD G, 2015. Cicero. London: I.B. Tauris.
——, 2021. Cicero, Post reditum Speeches: Introduction, Text, Translation, and Commentary. Oxford: Oxford University Press.
MASO S, 2022. Cicero's Philosophy. Berlin: Walter de Gruyter.
MAY J M, 2002. Brill's Companion to Cicero: Oratory and Rhetoric. Leiden: Brill.
MCCONNELL S, 2014. Philosophical Life in Cicero's Letters. Cambridge: Cambridge University Press.
——, 2022. Cicero on the emotions and the soul // ATKINS & BÉNATOUÏL 2022: 150–165.
MEISSNER C, 1873. M. Tullii Ciceronis Tusculanarum disputationum ad M. Brutum libri quinque für den Schulgebrauch. Leipzig: Richter & Harrassowitz.
MERGUET H, 1887. Lexikon zu den Schriften Cicero's mit Angabe sämtlicher Stellen: zweiter Teil: Lexikon zu den philosophischen Schriften: erster Band. Jena: Verlag von Gustav Fischer.
MIX E R, 1968. Ciceros Gebetshymnus an die Philosophie: Tusculanen V 5 (Hommel). The Classical World, 62 (3): 102.
MOLAGER J, 1971. Cicéron: Les paradoxes des stoïciens. Paris: Les Belles Lettres.
MOLES J L, 1988. Plutarch: The Life of Cicero. Warminster: Aris & Phillips.
MONTANARI F, 2015. The Brill Dictionary of Ancient Greek. Leiden: Brill.
MONTESQUIEU, 2002. Discourse on Cicero. trans. David Fott. Political Theory, 30 (5): 733–737.
MOORE L, 1936. A study of metaphors and similes in Cicero's Tusculan Disputations. Austin: University of Texas at Austin.
MOREL W, BÜCHNER K, BLÄNSDORF J, 2011. Fragmenta poetarum Latinorum epicorum et lyricorum praeter Enni Annales et Ciceronis Germanicique Aratea. Berlin: Walter De Gruyter.
MORESCHINI C, 2005. M. Tulli Ciceronis scripta quae manserunt omnia: fasc. 43: De finibus bonorum et malorum. Monachium: Aedes K. G. Saur.
MORSTEIN-MARX R, 2004. De petitione consulatus. The Classical Review 54 (2): 362–363.
MOST G W, 2007. Hesiod: The Shield, Catalogue of Women, Other Fragments. Cambridge: Harvard University Press.
MUELLER C F W, 1879. M. Tulli Ciceronis scripta quae manserunt omnia: partis 4 vol. 3. Lipsia: Sumptibus et Typis B. G. Teubneri.
MUELLER-GOLDINGEN C, SIER K, BECKER H, 1996. Λημαικά: Festschrift für Carl Werner Müller zum 65. Geburtstag am 28. Januar 1996. Berlin: Walter De Gruyter.
MÜLLER G M, MÜLLER J, 2020. Cicero ethicus: Die Tusculanae disputationes im Vergleich mit De finibus bonorum et malorum. Heidelberg: Universitätsverlag Winter.
NADON C, 2016. Leo Strauss: Lectures on Xenophon. Chicago: Estate of Leo Strauss.
NARDO D, 1970. Il "Commentariolum petitionis": La propaganda elettorale nella "ars" di Quinto Cicerone. Padova: Liviana Editrice.
NEDERMAN C J, 2020. The Bonds of Humanity: Cicero's Legacies in European Social and Political Thought, ca. 1100–ca. 1550. University Park: The Pennsylvania State University Press.
NICKEL R, 2010. Marcus Tullius Cicero: Der Staat (De re publica). Mannheim: Artemis & Winkler Verlag.
——, 2014. Lexikon der antiken Literatur. Marburg: Tectum Verlag.
NISBET R G M, 1966. Interpolations in the Tusculans. The Classical Review, 16 (1): 57–58.
NOVOKHATKO A A, 2009. The Invectives of Sallust and Cicero: Critical Edition with Introduction, Translation, and Commentary. Berlin: Walter de Gruyter.
NUTTING H C, 1909. Cicero: Tusculanae disputationes: I · II · V. Boston: Allyn and Bacon.
——, 1935a. Cicero, Tusculanae disputationes 1.94. The Classical Weekly, 28 (23): 182.
——, 1935b. Cicero, Tusculanae disputationes 2.37–38. The Classical Weekly 29 (4): 31–32.
OBBINK D, WAERDT P A V, 1991. Diogenes of Babylon: The stoic sage in the city of fools. Greek, Roman and Byzantine studies, 32 (4): 355–396.
OLSON S D, 2008. Athenaeus: The Learned Banqueters: Books 8–10.420e. Cambridge: Harvard University Press.
——, 2020. Athenaeus Naucratites: Deipnosophistae: vol. 3.a: libri viii–xi. Berlin: Walter De Gruyter.
ORELLIUS I C, BAITERUS I G, 1956. Onomasticon Tullianum: Continens M. Tullii Ciceronis vitam historiam litterariam: Indicem geographicum et historicum, indicem legum et formularum, indicem Graeco-Lati-

num, fastos consulares. vol. 1. reprografischer Nachdruck der Ausgabe Zürich 1836. Hildesheim: Georg Olms Verlagsbuchhandlung.

OTIS G A, 1839. The Tusculan Questions. Boston: James B. Dow, Publisher.

OTTOLINI A, 1933a. Tusculanarum disputationum liber primus. Milano: Carlo Signorelli Editore.

——, 1933b. Tusculanarum disputationum liber secundus. Milano: Carlo Signorelli Editore.

PANGLE T L, AHRENSDORF P J, 1999. Justice among Nations. Lawrence: University Press of Kansas.

PANGLE T L, 1999. The Stoics and Cicero // PANGLE & AHRENSDORF 1999: 51–72.

PAPANGHELIS T D, HARRISON S J, FRANGOULIDIS S, 2013. Generic Interfaces in Latin Literature: Encounters, Interactions and Transformations. Berlin: Walter de Gruyter.

PATON W R, 1918. The Greek Anthology: vol. 5. London: William Heinemann.

PAUL B R, ARNOLD T K, 1851. Selections from Cicero: Part III: The Tusculan Disputations with English Notes. London: Francis & John Rivington.

PEABODY A P, 1886. Cicero's Tusculan Disputations. Boston: Little, Brown, and Company.

PEASE A S, 1920. M. Tulli Ciceronis de divinatione: Liber primus. Illinois: The University of Illinois.

——, 1923. M. Tulli Ciceronis de divinatione: Liber secundus. Illinois: The University of Illinois.

——, 1955. M. Tulli Ciceronis de natura deorum: Liber primus. Cambridge: Harvard University Press.

——, 1958. M. Tulli Ciceronis de natura deorum: Libri secundus et tertius. Cambridge: Harvard University Press.

PHILIPPSON R, 1939. M. Tullius Cicero: Philosophischen Schriften // WISSOWA, KROLL & MITTELHAUS 1939: 1104–1192.

PINI F, 1965. M. Tulli Ciceronis Timaeus. Milano: Arnoldo Mondadori Editore.

PLASBERG O, 1922. M. Tulli Ciceronis scripta quae manserunt omnia: fasc. 42: Academicorum reliquiae cum Lucullo. Lipsia: Aedes B. G. Teubneri.

PLASBERG O, AX W, 1933. M. Tulli Ciceronis scripta quae manserunt omnia: fasc. 45: De natura deorum. Lipsia: Aedes B. G. Teubneri.

——, 1965. M. Tulli Ciceronis scripta quae manserunt omnia: fasc. 46: De divinatione, De fato, Timaeus. editio stereotypa editionis primae (1938). Stutgardia: Aedes B. G. Teubneri.

PLASBERG O, AX W, ATZERT C, 1971. M. Tulli Ciceronis scripta quae manserunt omnia: fasc. 48: De offciis, De virtutibus. Leipzig: BSB B. G. Teubner Verlagsgesellschaft.

POHLENZ M, 1909. De Ciceronis Tusculanis disputationibus. Gottinga: Officina academica Dieterichiana.

——, 1911. Die Personenbezeichnungen in Ciceros Tusculanen. Hermes, 46 (4): 627–629.

——, 1918. M. Tulli Ciceronis scripta quae manserunt omnia: fasc. 44: Tusculanae disputationes. Lipsia: Aedes B. G. Teubneri.

——, 1931. Cicéron: Tusculanes: tome 1 (Fohlen & Humbert). Gnomon, 7 (12): 625–630.

——, 1935. M. Tulli Ciceronis Tusculanarum disputationum libri quinque: vol. 2 (Dougan & Henry). Gnomon, 11 (1): 27–30.

——, 1957. Ciceronis Tusculanarum disputationum libri v: mit Benützung von Otto Heines Ausgabe: erstes Heft: libri i et ii. Nachdruck der 5. Auflage von 1912. Stuttgart: B. G. Teubner Verlagsgesellschaft.

PONCELET R, 1957. Cicéron traducteur de Platon: L'expression de la pensée complexe en latin classique. Paris: E. de Boccard, Éditeur.

POWELL J G F, 1987. The Tusculans. The Classical Review, 37 (1): 29–34.

——, 1988. The Text of the Tusculans. The Classical Review, 38 (2): 257–259.

——, 1990. Cicero: On Friendship & The Dream of Scipio. Warminster: Aris & Phillips.

——, 1991. Cicero on pain and happiness. The Classical Review, 41 (1): 67–68.

——, 1995a. Cicero the Philosopher: Twelve Papers. Oxford: The Clarendon Press.

——, 1995b. Introduction: Cicero's philosophical works and their background // POWELL 1995a: 1–35.

——, 1995c. Cicero's translations from Greek // POWELL 1995a: 273–300.

——, 1996. Il testo delle 'Tusculane' (Giusta). Gnomon, 68 (7): 645–646.

——, 2006. M. Tulli Ciceronis De re publica, De legibus, Cato maior de senectute, Laelius de amicitia. Oxonia: Typographeum Clarendonianum.

——, 2007. Translation and culture in ancient Rome: Cicero's theory and practice of translation // KITTEL, FRANK, HERMANS, et al. 2007: 1132–1137.

——, 2013a. Cicero's style // STEEL 2013: 41–72.

——, 2013b. The Embassy of the three philosophers to Rome // KREMMYDAS & TEMPEST 2013: 219–247.

PREUS A, 2015. Historical Dictionary of Ancient Greek Philosophy. 2nd ed. Lanham: Rowman & Littlefield.

PROST F, 2017. Quintus Tullius Cicéron: Petit manuel de la campagne électorale; Marcus Cicéron: Lettres à son frère Quintus I, 1 et 2. Paris: Les Belles Lettres.

RADKE G, 1968. Cicero: Ein Mensch seiner Zeit. Berlin: Walter de Gruyter & Co.

RAWSON E, 1983. Cicero: A Portrait. London: Bristol Classical Press.

REEVE M D, 1998. Il testo delle 'Tusculane' (Giusta). The Classical Review, 48 (1): 200–201.

——, 2006. Tulli Ciceronis De finibus bonorum et malorum (Reynolds). Exemplaria classica, 10: 354–359.

REICH K, BRINGMANN K, ZEKL H G, 1969. Cicero: Gedanken über Tod und Unsterblichkeit: Somnium Scipionis, Tusculanae disputationes I, Cato Maior. Hamburg: Felix Meiner Verlag GmbH.

REID J S, 1885. M. Tulli Ciceronis Academica. London: Macmillan and Co.

——, 1930. M. Tulli Ciceronis pro P. Cornelio Sulla oratio ad iudices. Cambridge: Cambridge University Press.

REINHARDT T, 2003. Marcus Tullius Cicero: Topica. Oxford: Oxford University Press.

RENGER A, FAN X, 2018. Receptions of Greek and Roman Antiquity in East Asia. Leiden: Brill.

REYNOLDS L D, 1983. Texts and Transmission: A Survey of the Latin Classics. Oxford: Clarendon Press.

————, 1998. M. Tulli Ciceronis De finibus bonorum et malorum. Oxonia: Typographeum Clarendonianum.

ROCKWOOD F E, 1903. M. Tulli Ciceronis Tusculanarum disputationum liber primus et Somnium Scipionis. Boston: Ginn and Company.

RONCONI A, 1967. Cicerone: Somnium Scipionis. seconda edizione. Firenze: Felice Le Monnier.

RONNICK M V, 1991. Cicero's »Paradoxa Stoicorum«: A Commentary, an Interpretation, and a Study of its Influence. Frankfurt: Peter Lang.

RUCH M, 1972. Ciceros Gebetshymnus an die Philosophie: Tusculanen V 5 (Hommel). Revue des études anciennes, 74 (1): 290–292.

RUSSELL D A, 2001. Quintilian: The Orator's Education: Books 3–5. Cambridge: Harvard University Press.

SCHÄUBLIN C, 2013. Über die Wahrsagung (De divinatione). 3., überarbeitete Auflage. Berlin: Akademie Verlag.

SCHMIDT O E, 1893. Der Briefwechsel des M. Tullius Cicero von seinem Prokonsulat in Cilicien bis zu Caesars Ermordung. Leipzig: Druck und Verlag von B. G. Teubner.

SCHOFIELD M, 1986. Cicero for and against divination. The Journal of Roman Studies, 76: 47–65.

————, 1995. Cicero's definition of res publica // POWELL 1995a: 63–83.

————, 2002. Academic Therapy: Philo of Larissa and Cicero's project in the Tusculans // CLARK & RAJAK 2002: 92–107.

————, //// The Tusculan Disputations. The Classical Review, 59 (1): 178–180.

SCHÜTRUMPF E, 2008. Heraclides of Pontus: Texts and Translation. New Brunswick: Transaction Publishers.

SEDLEY D, 1997. Philosophical Allegiance in the Greco-Roman World // GRIFFIN & BARNES 1997: 97–119.

SENG H, 1998. Aufbau und Argumentation in Ciceros "Tusculanae disputationes". Rheinisches Museum für Philologie, 141 (3/4): 329–347.

SEYFFERTUS M, 1864. M. Tulli Ciceronis Tusculanarum disputationum libri quinque. Lipsia: Otto Holtze.

SIANI-DAVIES M, 2001. Marcus Tullius Cicero: Pro Rabirio Postumo. Oxford: Clarendon Press.

SIMBECK K, PLASBERG O, 1917. M. Tulli Ciceronis scripta quae manserunt omnia: fasc. 47: Cato maior, Laelius, De gloria. Lipsia: Aedes B. G. Teubneri.

SMALLEY F, 1892. Introduction and Notes to the Fifth Book of Cicero's Tusculan Disputations. Syracuse: Syracuse University.

SKVIRSKY A, 2019. Doubt and dogmatism in Cicero's Academica. Archai, 27: e02705.

SONTHEIMER W, 1990. Marcus Tullius Cicero: Über den Staat. Stuttgart: Philipp Reclam jun. GmbH & Co.

SOUBIRAN J, 1972. Cicéro: Aratea; Fragments poétiques. Paris: Les Belles Lettres.

SQUIRES S, 1990. Asconius: Commentaries on Five Speeches of Cicero. Bristol: Bristol Classical Press.

STAHL W H, 1990. Macrobius: Commentary on the Dream of Scipio. New York: Columbia University Press.

STANGL T, 1912. Ciceronis orationum scholiastae: Asconius, Scholia Bobiensia, Scholia Pseudasconii Sangallensia, Scholia Cluniacensia et recentiora Ambrosiana ac Vaticana, Scholia Lugdunensia sive Gronoviana et eorum excerpta Lugdunensia: vol. 2. Vindobona: Aedes F. Tempsky.

STEEL C, 2009. Paideia Romana: Cicero's Tusculan Disputations (Gildenhard). Phoenix, 63 (3/4): 406–407.

————, 2013. The Cambridge Companion to Cicero. Cambridge: Cambridge University Press.

STENUIT B, 2009. Paideia Romana: Cicero's Tusculan Disputations (Gildenhard). Latomus, 68 (2): 530.

STERMITZ M, 2019. Sammlungen und Sammler: Tagungsband zum 8. österreichischen Numismatikertag. Klagenfurt: Landesmuseum für Kärnten.

STEWART H, 1929. Cicero: Tusculan Disputations (King). The Classical Review, 43 (1): 42.

STUCCHI S, 2011. Philosophie unter der Tyrannis: Ciceros Tusculanae disputationes (Lefèvre). Aevum, 85 (1): 245–247.

STULL W, 2012. Reading the Phaedo in Tusculan Disputations 1. Classical Philology, 107 (1): 38–52.

SULLIVAN P A, 1951. The Plan of Cicero's Philosophical Corpus. New York: Fordham University.

TATUM W J, 2018. Quintus Cicero: A Brief Handbook on Canvassing for Office (Commentariolum petitionis). Oxford: Oxford University Press.

TAYLOR H, 1918. Cicero: A Sketch of his Life and Works. Chicago: A. C. McClurg & Co.

TAYLOR D W, MURRELL J, 1994. A Short Guide to Electioneering: (?) Quintus Cicero's Commentariolum petitionis. 2nd ed. London: The London Association of Classical Teachers.

TISCHER G, SOROF G, 1887. M. Tullii Ciceronis Tusculanarum disputationum ad M. Brutum libri quinque: Buch iii bis v. achte Auflage. Berlin: Weidmannsche Buchhandlung.

————, 1899. M. Tullii Ciceronis Tusculanarum disputationum ad M. Brutum libri quinque: Buch i und ii. neunte Auflage. Berlin: Weidmannsche Buchhandlung.

TOLAND J, 1715. Character of M. Tully Cicero // ANON. 1715: xii–xxiv.

TOWNEND G B, 1965. The poems // DOREY 1965: 109–134.

TRAGLIA A, 1950. Ciceronis poetica fragmenta. fasciculus prior. Roma: Casa Editrice Gismondi.

————, 1962. Marco Tullio Cicerone: I frammenti poetici. Milano: Arnoldo Mondadori Editore.

TREGDER P H, 1841. M. Tulli Ciceronis Tusculanarum disputationum libri quinque. Haunia: Ex officina Blanci Lunonis.

TREGGIARI T, 2007. Terentia, Tullia and Publilia: The Women of Cicero's Family. London: Routledge.

TYRRELL R Y, PURSER L C, 1906. The Correspondence of M. Tullius Cicero: vol. 2. 2nd ed. Dublin: Hodges, Figgis, & Co.

————, 1915. The Correspondence of M. Tullius Cicero: vol. 5. 2nd ed. Dublin: Hodges, Figgis, & Co.

VAN DEN BRUWAENE M, 1968. M. Tulli Ciceronis opera omnia quae extant critico apparata instructa consilio et auctoritate collegi Ciceronianis studiis provehendis. Latomus, 27 (2): 438–449.

————, 1970. Cicéron: De natura deorum: Livre premier. Bruxelles: Latomus Revue d'Études Latines.

——, 1972. Gespräche in Tusculum (Gigon). Latomus, 31 (1): 210–211.
——, 1978. Cicéron: De natura deorum: Livre ii. Bruxelles: Latomus Revue d'Études Latines.
——, 1981. Cicéron: De natura deorum: Livre iii. Bruxelles: Latomus Revue d'Études Latines.
——, 1982. Ein textkritisches Problem in den Tusculanen (Lundström). Latomus, 44 (1): 221–222.
——, 1986. Cicéron: De natura deorum: Tables. Bruxelles: Latomus Revue d'Études Latines.
——, 1987. M. Tulli Ciceronis Tusculanae disputationes (Giusta). L'antiquité classique, 56: 372–373.
VASALY A, 2013. The political impact of Cicero's speeches // STEEL 2013: 141–159.
VENINI P, 1986. M. Tulli Ciceronis Tusculanae disputationes (Giusta). Athenaeum, 64: 279–281.
VOLK K, 2013. The genre of Cicero's De consulatu suo // PAPANGHELIS, HARRISON & FRANGOULIDIS 2013: 93–112.
VOLK K, ZETZEL, J E G, 2015. Laurel, tongue and glory (Cicero, De consulatu suo fr. 6 Soubiran). Classical Quarterly, 65 (1): 204–223.
VON ALBRECHT M, 1973. M. Tullius Cicero: Sprache und Stil // WISSOWA, KROLL & MITTELHAUS 1973: 1237–1347.
——, 2012. Geschichte der Römischen Literatur: Von Andronicus bis Boethius und ihr Fortwirken. 3 Auflage. Berlin: Walter de Gruyter.
WACHSMUTH C, HENSE O, 1884. Ioannis Stobaei Anthologium: vol. 2. Berolinum: Apud Weidmannos.
WALLIES M, 1891. Alexandri Aphrodisiensis in Aristotelis Topicorum libros octo commentaria. Berolinum: Typis et Impensis Georgii Reimeri.
WALSH P G, 1961. Cicero, Tusculan Disputations v. 14. The Classical Review, 11 (2): 108.
WARMINGTON E H, 1936. Remains of Old Latin: vol. 2: Livius Andronicus, Naevius, Pacuvius, Accius. Cambridge: Harvard University Press.
——, 1956. Remains of Old Latin: vol. 1: Ennius, Caecilius. revised ed. Cambridge: Harvard University Press.
——, 1967. Remains of Old Latin: vol. 3: Lucilius, The Twelve Tables. revised ed. Cambridge: Harvard University Press.
WATT W S, 1958. M. Tulli Ciceronis Epistulae: vol. 3: Epistulae ad Quintum fratrem, Epistulae ad M. Brutum, Fragmenta epistularum, accedunt Commentariolum petitionis et Pseudo-Ciceronis Epistula ad Octavianum. Oxonia: Typographeum Clarendonianum.
WATTON W, 2022. Cicero ethicus: Die Tusculanae disputationes im Vergleich mit De finibus bonorum et malorum (Müller & Müller). Bryn Mawr Classical Review, 2022.01.30. https://bmcr.brynmawr.edu/2022/2022.01.30.
WEBER R, GRYSON R, 2007. Biblia sacra: Iuxta vulgatam versionem. editionem quintam emendatam retractatam. Stuttgart: Deutsche Bibelgesellschaft.
WEBSTER T, 1930. Ciceroniana. The Classical Review, 44 (1): 25–29.
WESTMAN R, 2002. M. Tulli Ciceronis scripta quae manserunt omnia: fasc. 5: Orator. editio stereotypa editionis prioris (1980). Monachium: Aedes K. G. Saur.
WILKINS A S, 1895. M. Tulli Ciceronis De oratore libri tres: Liber I. 3rd ed. Oxford: The Clarendon Press.
——, 1962. M. Tulli Ciceronis De oratore libri tres. reprint of the Oxford University Press 1892. Amsterdam: Adolf M. Hakkert - Publisher.
WILLE G, 1967. Musica Romana: Die Bedeutung der Musik im Leben der Römer. Amsterdam: B. R. Grüner Publishing Company.
WINTERBOTTOM M, 1994. M. Tulli Ciceronis De officiis. Oxonia: Typographeum Clarendonianum.
WISSOWA G, KROLL W, MITTELHAUS K, 1939. Paulys Real-encyclopädie der classischen Altertumswissenschaft: zweite Reihe [R–Z]: dreizehnter Halbband: Tributum bis M. Tullius Cicero. neue Bearbeitung. Stuttgart: J. B. Metzlersche Verlagsbuchhandlung.
——, 1973. Paulys Realencyclopädie der classischen Altertumswissenschaft: Supplementband xiii: Tributum bis M. Tullius Cicero. neue Bearbeitung. München: Alfred Druckenmüller Verlag.
WOOD E J, 1935. Tusculan Disputations (Dougan & Henry). The Classical Review, 49 (2): 84–85.
WOOLF R, 2004. Cicero: On Moral Ends. Cambridge: Cambridge University Press.
WRIGHT M R, 2006. Cicero on the Emotions: Tusculan Disputations 3 and 4 (Graver). Classical Bulletin, 82 (2): 278–279.
WYNNE J P K, 2008. Cicero on the Philosophy of Religion: De natura deorum and De divinatione. Ithaca: Cornell University.
——, 2019. Cicero on the Philosophy of Religion: On the Nature of the Gods and On Divination. Cambridge: Cambridge University Press.
——, 2020a. Cicero on the soul's sensation of itself: Tusculans 1.49–76 // INWOOD & WARREN 2020: 199–230.
——, 2020b. Cicero's Tusculan Disputations: A sceptical reading // CASTON 2020: 205–238.
YONGE C D, 1899. Cicero's Tusculan Disputations, The Nature of the Gods, and The Commonwealth. New York: Harper & Brothers Publishers.
ZELLER E, 1870. The Stoics, Epicureans, and Sceptics. trans. by O. J. Reichel. London: Longmans, Green, and Co.
ZETZEL J E G, 1998. Cicero: De re publica: Selections. Cambridge: Cambridge University Press.
——, 1999. Cicero: On the Commonwealth and On the Laws. Cambridge: Cambridge University Press.
ZIEGLER K, GÄRTNER H, 1994. Plutarchus: Demosthenes et Cicero. Stutgardia: Aedes B. G. Teubneri.
ZUMPT C G, SCHMITZ L, ANTHON C, 1856. A Grammar of the Latin Language. 3rd ed. New York: Harper & Brothers, Publishers.
ГАСПАРОВА М Л, 2017. Марк Туллий Цицерон: Избранные сочинения. ООО Группа Компаний «РИПОЛ классик».
УТЧЕНКО С Л, 1972. Цицерон и его время. Москва: Издательство «Мысль».

译后记

译者对西方古语了解尚浅，亦不精于义理探究，甚至对母语的体悟也难免粗糙：这个简注本只是一份读书笔记，属于愿成为西塞罗的属己读者的人。

上焕土先生的一种西塞罗情怀，逐步引领一个年恓读古帖识了那位古老而庄重的灵魂。若无前辈的《图斯库路姆论辩集》第一卷译本以及他的指点与支持，那个读者或许就无法有幸也成为西塞罗的译者。

上海交通大学李鹏女史于 2019 年 8 月发来了她先前根据基尔福本译出的约 7000 字未定稿（1.1–14 和 5.1 的译文，含注释和索引）以及她扫描的珀伦茨笺注本（译者久寻未果）。中山大学哲学系（珠海）王晓朝教授在 2019 年 11 月发来了他的译文全稿。西南民族大学哲学学院李蜀人教授在 2020 年 8 月得知拙译初稿也已完成后曾鼓励译者继续推进。

刘小枫、肖有志、彭磊、李致远、王双洪、罗峰、黄薇薇、何博超、吴雅凌、李慧、郭子龙等老师在义理和语文上给予了引导和指教。

高山奎、罗晓颖、潘亦婷、胡镓、娄林、陈斯一、梁中和、冯庆等老师先后在学术论坛上对译者的初步观点提出了细致、中肯的意见。

归伶昌、徐逸飞、何源、贺向前、陈可琦、古原驰、毛振婷、陈石、李晨煜、刘勋、刘旭、杨立军、贺腾、李莲、张驰宇、方凯成、张子男、韦豪、朱镭博、陈元瑗、王旭、潘震、张海龙、金炎、朱学贤、孟熙元、陈镒等学友协助复制了重要的参考资料，对未定稿提出了恰切的批评。

鲍威尔（J. G. F. Powell）、格鲁克（J. Glucker）、潘戈（T. Pangle）、巴尔博（A. Balbo）、玛努瓦尔德（G. Manuwald）、温（J. P. F. Wynne）、顾斯文（S. Günther）、弗兰切塞（C. Francese）、鲁宾斯坦（L. Rubinstein）、吕西亚尼（S. Luciani）教授提供了一些学术资源，解答了译者的疑惑。

白钢、梅华龙、刘昌玉、范文轩老师回答了涉及古波斯语、腓尼基语和阿卡德语的相关问题。

刘奕、潘涛、王前老师以及吴玉、李倚天、何启文学友协助调查了日、韩译本的情况，解决了假名、谚文的标点和字体问题。沈翰麟、王班班学友协助处理了荷兰语人名的音译问题。

西塞罗读书会的其他成员叶友珍、王晖、张遥、张云天、李斌杰、张梦怡、许越、王月、聂汝杰、方佛送、刘枢元学友试读了第五卷的初稿，译者在与他们的讨论中受到了不少启发。

师友们的帮助对本稿和后续研究多有助益。

国家留学基金管理委员会资助译者以联合培养博士研究生的身份赴得克萨斯大学奥斯汀分校（The University of Texas at Austin）访问一年，译者得以深入对西塞罗的理解。在此向留基委和得大奥斯汀分校致以由衷的感谢。

另外，感谢国际西塞罗之友协会（Société Internationale des Amis de Cicéron）接纳译者成为第一名中国籍会员。

华东师范大学出版社六点分社第四次接受了译者的稿件。经典的翻译和理解之路因"六点"的陪伴而明亮了许多……

译者起初缺乏动力和信心。幸亏毕唯乐督促，翻译工作才得以步入正轨。也正是有赖于她的批评，译文方才勉强可读，不致太过佶屈聱牙。不仅如此，她还协助译者逐字校对了《斯奇皮欧之梦》的译稿，作了不少修改，而且订正了《西塞罗赞》的引文。

最要感恩的，自然是生养我的父母与土地。

谨以本书献给我的祖母。

顾枝鹰

2021 年 8 月 15 日

于上海徐家汇藏书楼

图书在版编目（CIP）数据

图斯库路姆论辩集/(古罗马)西塞罗著；顾枝鹰译注. —上海：华东师范大学出版社，2022
ISBN 978-7-5760-2702-0

I. ①图… II. ①西… ②顾… III. ①西塞罗（Cicero, Marcus Tullius 前 106—前 43 年）—
哲学思想—研究 IV. ①B502.42

中国版本图书馆 CIP 数据核字（2022）第 036523 号

华东师范大学出版社六点分社
企划人　倪为国

本书著作权、版式和装帧设计受世界版权公约和中华人民共和国著作权法保护

经典与解释·古典学丛编

图斯库路姆论辩集

著　　　者　(古罗马)玛尔库斯·图珥利乌斯·西塞罗
译 注 者　顾枝鹰
责任编辑　王　旭
责任校对　徐海晴
排　　版　顾枝鹰
封面设计　吴元瑛

出版发行　华东师范大学出版社
社　　址　上海市中山北路 3663 号　　邮编　　200062
网　　址　www.ecnupress.com.cn
电　　话　021-60821666　　行政传真　021-62572105
客服电话　021-62865537　　门市(邮购)电话　021-62869887
地　　址　上海市中山北路 3663 号华东师范大学校内先锋路口
网　　店　http://hdsdcbs.tmall.com/

印 刷 者　上海盛隆印务有限公司
开　　本　890×1240　1/32
插　　页　2
印　　张　12.5
字　　数　330 千字
版　　次　2022 年 7 月第 1 版
印　　次　2022 年 7 月第 1 次
书　　号　ISBN 978-7-5760-2702-0
定　　价　106.00 元

出 版 人　王　焰

（如发现本版图书有印订质量问题，请寄回本社客服中心调换或电话 021-62865537 联系）